Bouwstenen van management en organisatie

Voor *Cootje*
Sanne
Yvonne

Bouwstenen van management en organisatie

prof. dr. D.J. Eppink
dr. G.P. Melker
ir. drs. P.J. Tack

Vierde druk

Concept uitgeefgroep

Meer informatie over deze en andere uitgaven kunt u verkrijgen bij:

Concept uitgeefgroep
Postbus 447
1213 PD Hilversum
Tel.: 035 7506 117
E-mail: info@conceptuitgeefgroep.nl

Eerste druk 2011
Tweede druk 2013
Derde druk 2016
Vierde druk 2019
Vierde druk, herziene oplage 2021

Vormgeving: Manipal publishing services
Redactie: Lia Hesemans

NUR: 801
ISBN: 978 90 5516313 7

Inhoudsopgave

7 Samenwerkingsstrategie: alleen of samen concurreren?

Deel II Operationeel management: van strategie naar operaties

8 Mensen: leidinggeven en ontwikkelen

9 Mensen: motiveren en belonen

13 Methoden: beheersen van kwaliteit

Deel III Organisatieontwerp: van strategie en operaties naar organisatiestructuur

14 Arbeidsverdeling

15 Relaties en bevoegdheden

16 Coördinatie

17 Van strategie via operaties naar organisatiestructuur

Voorwoord

Concept uitgeefgroep is ontstaan om te voorzien in de behoefte aan studieboeken die meer dan andere zijn toegesneden op het onderwijs voor werkenden en volwassenen met praktijkervaring. Voor deze doelgroep is een op de praktijk gerichte aanpak een vereiste. Ook voor het voltijds hoger onderwijs lijkt die praktijkgerichte aanpak van belang. Het presenteren van theorie met een duidelijk verband met de vragen waar een manager tegenaan loopt, spreekt ook daar aan.

De drie delen waaruit dit boek bestaat, gaan over de drie belangrijkste vragen waar managers zich voor gesteld zien. Dat zijn de strategische en operationele vragen en de vraag naar het best passende organisatieontwerp. Om een organisatie succesvol te maken, moeten die drie vragen goed en in samenhang worden beantwoord. De theorieën die in de drie delen behandeld worden, kunnen de manager in de praktijk helpen die vragen beter te beantwoorden dan met alleen gezond verstand en intuïtie. Elke oplossing die door een manager of door een groep managers samen met hun medewerkers wordt ontwikkeld, is uniek, omdat elke situatie uniek is. Daarbij kunnen theoretische inzichten de manager helpen. De theorie geeft structuur aan het oplossen van het probleem en de manager brengt zijn kennis, ervaring en creativiteit in.

Snelle en eenvoudige oplossingen van managementvraagstukken leiden zelden tot succes, ook al zijn de boeken die deze vraagstukken beschrijven vaak wel bestsellers.

Theorie is te zien als het geheel van instrumenten of gereedschappen dat een manager ten dienste staat. Het is de taak van de manager het bij een vraagstuk passende instrumentarium te zoeken. De vergelijking met een timmerman dringt zich op. Als hij van één plank er twee wil maken, krijgt hij het beste resultaat door een zaag te gebruiken. De plank in twee stukken krijgen met een beitel en een hamer kan ook, maar is een heel gedoe en geeft een veel minder fraai resultaat. Als de timmerman met een hamer op zijn duim in plaats van op een spijker slaat, is dat de schuld van de timmerman en niet van de hamer. Als een manager de verkeerde theoretische benadering toepast op een vraagstuk, is dat de schuld van de manager en niet van de theorie. Dit boek wil managers en zij die dat willen worden een overzicht geven van de belangrijkste theorieën op het gebied van management en organisatie. Dit kan helpen bij het vinden van de best bij een vraagstuk passende theoretische aanpak.

Bouwstenen van management en organisatie is niet alleen te gebruiken als een boek dat van het eerste tot het laatste hoofdstuk, in die volgorde, wordt bestudeerd. Dat is wel de structuur die eraan ten grondslag ligt. De afzonderlijke delen van het boek zijn echter ook goed te gebruiken voor modulaire cursussen met als onderwerp strategisch management, operationeel management of organisatieontwerp. Als een lezer of docent bijvoorbeeld wil beginnen met het onderwerp organisatiestructuur, dan kan hij de strategie en de daaruit voortvloeiende operaties (deel I en deel II) als gegeven aannemen. In deel III komen dan de elementen voor een succesvol organisatieontwerp aan de orde. De eerste twee paragrafen van hoofdstuk 17 zijn aan het begin van een cursus goed te gebruiken om te illustreren dat een succesvolle organisatie een unieke samenhang heeft tussen strategie, operaties en organisatieontwerp. Er bestaan geen universele recepten voor succes.

Onze oproep aan docenten en lezers in de derde druk om suggesties voor aanvullingen en verbetering te doen, heeft geleid tot aanpassingen in deze vierde druk. Voor de suggesties zijn wij hen zeer erkentelijk.

Door het hele boek heen zijn literatuur, voorbeelden en cases geactualiseerd en zijn onduidelijkheden en onvolkomenheden verbeterd. Ook komen nieuwe onderwerpen aan bod en zijn kaderteksten en Extra's vervangen. De belangrijkste daarvan zijn:

De voorbeeldcases aan het begin van elk deel zijn komen te vervallen. In plaats daarvan beginnen de hoofdstukken 2 tot en met 17 met een korte case die een situatie schetst waarin een of meer theoretische onderwerpen uit dat hoofdstuk te herkennen zijn. Deze situaties geven fictieve of geanonimiseerde levensechte situaties weer. Een overzicht van deze cases is direct na dit voorwoord te vinden, met daarin weergegeven de sector en de relatie met het hoofdstuk.

In hoofdstuk 2 komt in 2.1.2 de studie naar tijdsbesteding van topmanagers van Porter en Nohria (2018) aan de orde. In 2.4.1 wordt kort aandacht besteed aan de aanbevelingen van Gregersen over brainstorming (2018). Het thema Ethiek en besluitvorming komt in 2.4.2 aan de orde. Aan dat onderwerp is ook een kadertekst gewijd. Extra 2.6 geeft op basis van Mintzberg (2013) inzicht in de variëteit van het werk van managers.

In hoofdstuk 3 is aan het eind van 3.1 een kadertekst opgenomen met aanwijzingen hoe het model van Porter gebruikt kan worden. In 3.4 komt in een kadertekst het begrip disruptie aan de orde. In 3.5 staat een kadertekst waarin duidelijk wordt dat eind jaren zeventig van de vorige eeuw al gewerkt werd aan de technieken die nu het internet der dingen mogelijk maakt. In 3.6 is een kadertekst over de informatiebronnen van een succesvolle ondernemer geplaatst.

In hoofdstuk 4 is de Extra over TomTom vervangen door een Extra over RTL Nederland.

In de hoofdstukken 5, 6 en 7 zijn de paragrafen over strategie en winstgevendheid komen te vervallen, evenals 5.3.3 over juridische vormen van verticale spreiding. Uit reacties van gebruikers bleken deze minder relevant voor de doelgroep.

In hoofdstuk 5 zijn veel voorbeelden geactualiseerd en nieuwe toegevoegd. De Extra over buurtzorg is vervangen door Franse slag in de zorg.

In 6.2 is een kadertekst opgenomen over de laagstekostenstrategie bij gemeenten.

Extra 7.8 over de voorgenomen fusie tussen AVRO en TROS is vervangen door Studenten dupe van conflict tussen samenwerkende mbo's.

In hoofdstuk 8 wordt het verschil tussen managers en leiders geïllustreerd met het voorbeeld van de Van den Tweel Groep. Op verschillende plaatsen in dit hoofdstuk komen tekorten aan arbeidskrachten aan de orde en hoe daarop kan worden ingespeeld.

In 9.2.3 is de tekst over het beloningsbeleid van de raad van bestuur van KPN geüpdatet.

In 11.3 staat nu een kadertekst over de toenemende invloed van additive manufacturing (3D printing). Ook is er aandacht voor de flexibiliteit van gebouwen en viaducten.

12.1.5 besteedt aandacht aan lean manufacturing. De nieuwe kadertekst in 12.2.1 gaat in op het project van Mortonhall Golf Club in Edinburgh om nieuwe doelgroepen aan zich te kunnen binden.

13.7.2 (HKZ-keurmerk) en 13.7.3 (PREZO) zijn geactualiseerd. Extra 13.12 is vervangen door Protocollen overboord, personeel blij.

De kadertekst in 14.1 is aangepast aan de nieuwe situatie in de genoemde steden.

In 15.2.1 is een nieuwe kadertekst opgenomen over het besluit van Canon om de besluitvorming rond Océ meer te centraliseren.

In 16.3.3 is een kadertekst opgenomen waarin staat dat teams als coördinatiemiddel al bestonden en dat zelfsturende teams een gevolg zijn van de decentralisatie van besluitvorming naar die teams.

De nieuwe tekst van 17.3 gaat in op de vraag hoe snellere omgevingsveranderingen van invloed zijn op de kenmerken van mensen die er goed mee kunnen omgaan en hoe het organisatieontwerp erdoor moet veranderen. Agility komt kort aan de orde.

In Capita Selecta 1 is op veler verzoek aandacht besteed aan de evolutie van het managementdenken. Het onderdeel over corporate governance uit de derde druk is komen te vervallen. Gebruikers gaven aan dat dit niet of nauwelijks in hun lessen aan de orde kwam. In Capita Selecta 4: Configuratiebenaderingen is nu ook aandacht voor het 7S-model van McKinsey. Capita Selecta 5 Van strategie naar operaties geeft een gestileerd voorbeeld van de vertaling van een laagstekostenstrategie van een automobielfabrikant naar een aantal afdelingen uitgewerkt naar mensen, middelen en methoden. Capita Selecta 6 geeft een overzicht van de management tools die in de verschillende hoofdstukken en Capita Selecta aan de orde komen.

Wij nodigen docenten en gebruikers bij deze vierde druk weer uit om hun ervaringen met dit boek en de bijbehorende website met ons te delen. Ook staan wij open voor suggesties voor verbeteringen.

Voor docenten die het boek gebruiken, zijn op de www.conceptuitgeefgroep.nl beschikbaar:

- PowerPoint presentaties per hoofdstuk;
- een stappenplan voor caseanalyse.

Het was een voorrecht en een genoegen de volgende personen voor dit boek te interviewen: Bernadette Giefer van Mortonhall Golf Club in Edinburgh, Jorrit Heinen, dga van Heinen Delfts Blauw, Diederick en Wyboud Kloppenburg van Modesta, Paul Polman, toenmalig CEO van Unilever, Gerard van den Tweel, dga Van den Tweel Groep. Op meerdere plaatsen is gebruikgemaakt van informatie uit ons werk als adviseur, toezichthouder, of bestuurslid, op voorwaarde van anonimiteit. Wij zijn eenieder erkentelijk voor de directe of indirecte medewerking aan dit boek.

Graag willen wij onze uitgever, Lotte van den Berg, bedanken voor haar stimulerende opdrachtgeverschap enerzijds en haar collegiale opstelling anderzijds. Verder bedanken we ook onze redacteur Lia Hesemans voor haar uitstekende werk. Eventuele onvolkomenheden zijn voor de verantwoordelijkheid van de auteurs.

Het boek is opgedragen aan onze echtgenotes, Cootje, Sanne en Yvonne, die het tot stand komen van dit boek van nabij hebben meegemaakt. Zij hebben, niet voor het eerst, begrepen dat je een 'broedende kip' beter niet kunt storen. Dank voor jullie begrip en geduld!

Putten,	Jan Eppink
's-Hertogenbosch,	Gert-Jan Melker
Hoorn,	Peter Tack

Juni 2019

Overzicht van de inleidende cases per hoofdstuk

Deze cases dienen ter illustratie van het onderwerp en de thematiek van dat hoofdstuk aan de hand van voorbeelden van verschillende organisaties uit uiteenlopende sectoren.
NB. De cases en daarin optredende 'spelers' zijn fictief. Gelijkenis met bestaande organisaties en personen is niet beoogd.

		Onderwerp	Thematiek	Soort organisatie (en sector)
	H1	n.v.t.	-	-
	H2	Besluitvorming	Afwegingen tussen economische belangen en ethische vragen	Keten van kledingwinkels (retail textiel)
Deel I	**H3**	Omgeving	Invloed van factoren in de macro-omgeving en van concurrentiekrachten in de meso-omgeving	Zakelijk dienstverlener (ICT)
	H4	Strategieontwikkeling	Inspelen op kansen en bedreigingen, rekening houdend met sterke en zwakke kanten (SWOT)	Toeleverancier (industrie)
	H5	Waar concurreren	Drie manieren van strategische spreiding	Kunstmuseum (cultuur)
	H6	Hoe concurreren	Twee manieren van strategisch positioneren	Snackbar vs. restaurant (horeca)
	H7	Met wie samenwerken en hoever	Afweging van vormen van strategische samenwerking	Milieuorganisaties (belangenbehartiging)
Deel II	**H8**	Leidinggeven en ontwikkelen	Situationeel leiderschap en de wijze van invoering daarvan	Gemeente (overheid)

>>

>>

		Onderwerp	Thematiek	Soort organisatie (en sector)
	H9	Motiveren en belonen	Motiveren en belonen en de uitwerking daarvan in de organisatiecultuur	Callcenters (functionele ondersteuning)
	H10	Balanced scorecard	Hoe te komen tot meer overzicht en beter onderbouwde beslissingen	Garagebedrijf (automotive)
	H11	Duurzame productiemiddelen	Veranderingen in huisvesting en in ICT-voorzieningen	Makelaarskantoor (onroerend goed)
	H12	Projectmatig werken	Opzet en uitvoering van een groot evenement	Service Club (goede doelen/vrijwilligers)
	H13	Kwaliteitszorg	Kwaliteitszorg als collectieve actie	Brancheorganisatie (vertegenwoordiging)
Deel III	**H14**	Arbeidsverdeling	Groei van een onderneming in omvang en complexiteit	Kopieershop/uitgeverij (media)
	H15	Bevoegdheden	Centralisatie en decentralisatie als op- en neergaand fenomeen	Bankbedrijf (bancair)
	H16	Coördinatievoorzieningen	Noodzaak tot afstemming op diverse terreinen binnen een complexe organisatie	Scholengemeenschap (onderwijs)
	H17	Samenhang tussen strategie, operaties en organisatieontwerp	Hoe organisaties binnen een sector onderling kunnen verschillen	Woonzorgorganisatie (huisvesting en zorg)

Over de auteurs

Jan Eppink

Prof. dr. D.J. (Jan) Eppink is als hoogleraar Management en Organisatie jarenlang verbonden geweest aan de Faculteit der Economische Wetenschappen en Bedrijfskunde van de Vrije Universiteit Amsterdam. Daarvoor was hij zes jaar werkzaam in het bedrijfsleven. Hij heeft als freelance adviseur voor onder andere de adviesbureaus Berenschot, Felix & Co. en Boer & Croon gewerkt. Eppink is een autoriteit op het gebied van strategie en organisatiemanagement en is lid geweest van toezichthoudende organen van ondernemingen en zorginstellingen, van Nederlandse en internationale verenigingsbesturen, van de redactieraad van Strategic Management Journal en van Journal of Long Range Planning. Ook was hij lid van verschillende adviesorganen.

Gert-Jan Melker

Dr. G.P. (Gert-Jan) Melker is als universitair docent verbonden aan de School of Business and Economics (SBE) van de Vrije Universiteit Amsterdam en aan het Center Accounting, Auditing & Control van Nyenrode Business University. Melker is tevens (kern)docent Organisatie en Management bij IBO Business School.

Peter Tack

Ir. drs. P.J. (Peter) Tack is civiel ingenieur en bedrijfskundige. Bij diverse ministeries vervulde hij uiteenlopende functies. Hij was medeoprichter en managing partner van een adviesbureau. Sinds 1991 is hij verbonden aan de Faculteit der Economische Wetenschappen en Bedrijfskunde van de Vrije Universiteit Amsterdam. Hij heeft zich gespecialiseerd in strategie en bestuur van branche- en beroepsorganisaties. Op basis daarvan was hij medeoprichter en gedurende tien jaar programmaleider van de Academie voor Verenigingsmanagement.

1 Inleiding

1 Inleiding

Goed werkende en succesvolle organisaties komen niet toevallig tot stand. Om goed te functioneren en te slagen, moeten veel dingen tegelijk goed gaan. Een vergelijking met topsporters of mooi ontworpen gebouwen ligt voor de hand. Een tennisser van wereldklasse moet alle slagen perfect beheersen, een goede looptechniek hebben en over een ijzersterke conditie beschikken. Scoort hij niet op alle punten bovengemiddeld, dan is succes op topniveau niet bereikbaar. Een ijzersterke service of forehand alleen leidt niet tot succes. Hij kan een verdienstelijk tennisser zijn zonder de echte top te halen. Bij een mooi ontworpen gebouw zijn alle onderdelen met elkaar in evenwicht. De afmetingen kloppen, de verhoudingen zijn goed, de materiaalkeuze is uitstekend; het gebouw als geheel heeft een aangename uitstraling. Beide voorbeelden geven aan dat succes niet bepaald wordt door één enkele zaak, maar dat alle elementen op elkaar afgestemd moeten zijn. De afzonderlijke bouwstenen en de manier waarop die tot één geheel zijn gemaakt, bepalen of een gebouw mooi of niet mooi is.
Voor organisaties geldt hetzelfde. Een organisatie die alleen maar op één punt goed is, zal zelden of nooit op de lange duur succesvol zijn. Een succesvolle organisatie is opgebouwd uit afzonderlijke bouwstenen die een juiste samenhang vertonen.
Om succesvol te zijn moet een organisatie ervoor zorgen dat zij producten of diensten levert die klanten willen kopen. Worden de producten of diensten niet gekocht, dan is er geen geld om de organisatie voort te zetten. Er moet personeel worden ontslagen en leveranciers en andere schuldeisers krijgen hun vorderingen niet betaald. Om de kosten te kunnen dekken, moeten de producten en diensten niet alleen verkocht worden, maar moet de kostprijs ook lager zijn dan de verkoopprijs. Het hele voortbrengingsproces moet dus kloppen en aansluiten bij de producten en diensten die de organisatie verkoopt. Naarmate meer mensen bij de organisatie betrokken zijn, is een goede werkverdeling over het personeel nodig en ook goed samenspel. Denk aan een voetbalelftal, waar de keeper en de verdedigers ervoor zorgen dat de tegenpartij geen doelpunten maakt en dat de eigen aanvallers kunnen scoren.

Een succesvolle organisatie is opgebouwd uit drie bouwstenen. De eerste is de strategie, waarin de geleverde producten en diensten aansluiten bij de wensen uit de samenleving. Die strategie moet goed worden uitgevoerd. Daar moeten de twee andere bouwstenen, het operationele deel van de organisatie en de organisatiestructuur, voor zorgen. Bij de bouwsteen organisatiestructuur gaat het om de verdeling van het werk over de mensen en de manier waarop zij met elkaar samenwerken. De drie bouwstenen moeten op elkaar aansluiten: de strategie zorgt ervoor dat de producten en diensten aansluiten bij de wensen uit de omgeving van de organisatie. Dit is in figuur 1.1 weergegeven. De strategie geeft aan hoe de organisatie wil voldoen aan de wensen uit de omgeving. De strategie is de koppeling tussen de buitenwereld (de externe omgeving) en de binnenwereld van de eigen organisatie.

Figuur 1.1 Drie bouwstenen in lijn met de omgeving

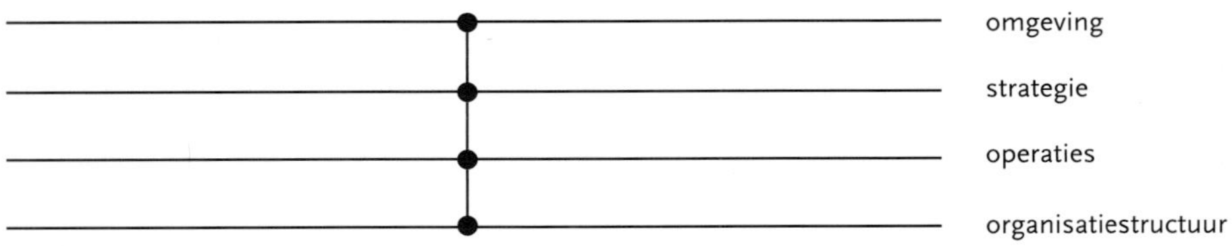

Als op een bepaald moment de eisen uit de externe omgeving (gaan) veranderen, moet de organisatie daarop inspelen. Doet zij dat niet, dan gaan buitenwereld en binnenwereld uit de pas lopen en komt het voortbestaan in gevaar. Dit is weergegeven in figuur 1.2.

Figuur 1.2 Drie bouwstenen uit de pas met de omgeving

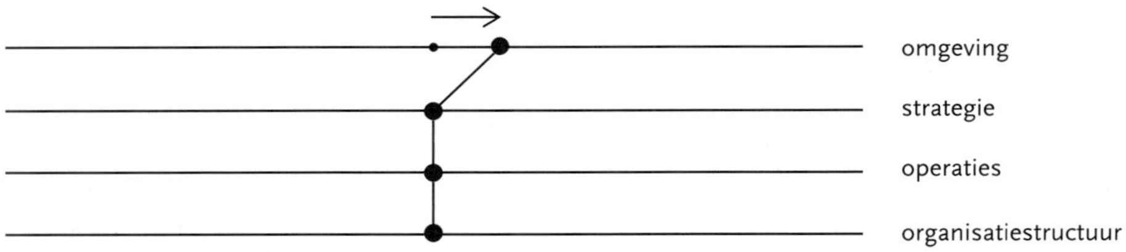

Er zijn talrijke voorbeelden waarbij een eerder succesvolle organisatie later minder succes heeft, of soms zelfs failliet gaat, omdat ze de veranderingen niet zag aankomen en/of er niet tijdig op reageerde. Zo was IBM in de jaren tachtig van de vorige eeuw de eerste onderneming die pc's maakte waar het grote publiek vertrouwen in had. Door gebrek aan succes verkocht IBM deze divisie in 2004 aan de Chinese onderneming Lenovo. Veel Europese autofabrikanten zijn de laatste dertig jaar door gebrek aan succes van het toneel verdwenen. Denk aan Duitse fabrikanten als Borgward en Glas en Franse automakers als Simca en Panhard. De Engelse merken Austin, Riley en Triumph bestaan ook niet meer.
Het grootste Duitse autoconcern Volkswagen AG (VAG) heeft in het verleden aan de rand van de afgrond gestaan. Eind jaren zestig van de vorige eeuw had Volkswagen geen antwoord op de opkomst van concurrenten die compacte auto's met voorwielaandrijving leverden. Denk bijvoorbeeld aan de Mini en auto's van Franse fabrikanten. De al tientallen jaren bestaande VW Kever verloor steeds meer marktaandeel. Pas toen in 1974 de eerste versie van de Golf (met voorwielaandrijving) op de markt kwam, keerden de kansen. Dit was de redding van het concern: strategie, operaties en organisatieontwerp werden aangepast aan de nieuwe eisen van de omgeving. Dit is weergegeven in figuur 1.3.

Figuur 1.3 Drie bouwstenen weer in lijn met de omgeving

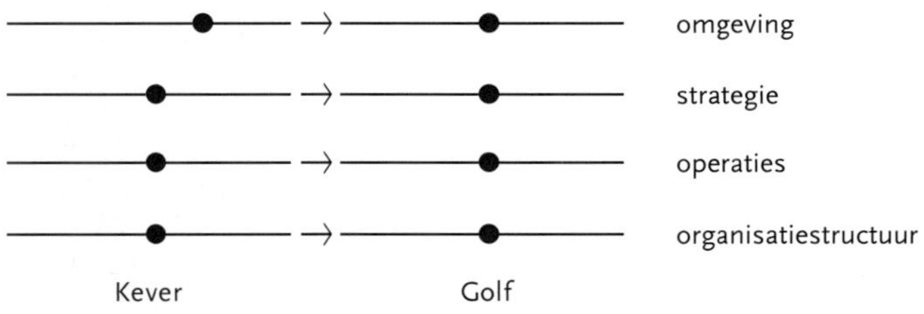

In september 2015 blijkt dat VAG niet goed heeft ingespeeld op de veranderende wetgeving over emissies van dieselmotoren in de VS. Deze werd steeds strenger en VAG had niet de technologie in huis (of wilde die niet gebruiken) om daaraan tegemoet te komen.

Opbouw van het boek

Het boek bestaat uit:
- inleiding (hoofdstuk 1 en 2);
- drie delen;
- zes Capita Selecta.

De opbouw van het boek is in figuur 1.4 weergegeven. De drie bouwstenen vormen de elementen voor een evenwichtig gebouw. De Capita Selecta bezien de directe vraagstukken van management en organisatie vanuit een aanvullende, bredere optiek.

Figuur 1.4 Drie bouwstenen van management en organisatie

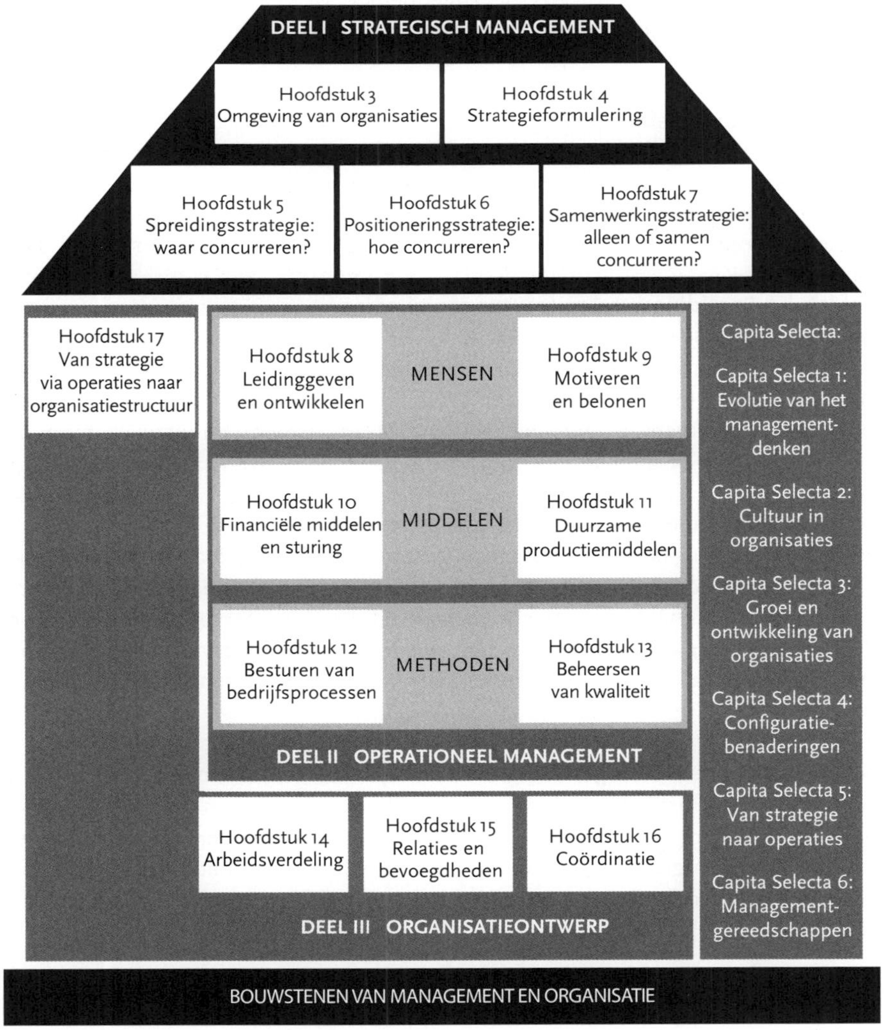

THEORIE

Hoofdstuk 2 Management, organisatie en besluitvorming
In hoofdstuk 2 komen algemene begrippen rond management en organisatie aan bod. Het managen van organisaties houdt in dat over veel verschillende zaken beslissingen moeten worden genomen. Daarom krijgt het proces van besluitvorming in dit hoofdstuk de nodige aandacht.
Daarnaast wordt aandacht besteed aan het werk van de manager. Het besluitvormingsproces verloopt in een aantal fasen: van het ontdekken van een probleem tot en met het vinden van een passende oplossing.

Deel I Strategisch management: van omgeving naar strategie

Hoofdstuk 3 Omgeving van organisaties
Hoofdstuk 3 beschrijft de invloed van de externe omgeving op de organisatie. Geen enkele organisatie kan succesvol zijn als die geen juiste afstemming heeft met haar omgeving. Deze bestaat uit de macro- en de meso-omgeving. Een instrument om de meso-omgeving te beschrijven is het vijfkrachtenmodel, dat inzicht geeft in concurrentieverhoudingen. De macro-omgeving kan in kaart gebracht worden met brede maatschappelijke trends, volgens de zogenoemde DESTEP-rubricering. De meso-omgeving staat onder invloed van de macro-omgeving. Beide moeten dus in samenhang gezien worden.

Hoofdstuk 4 Strategieformulering
Hoofdstuk 4 beschrijft het proces van strategieformulering in verschillende stappen. Ook geeft het aan welke technieken daarbij gebruikt kunnen worden. De strategie van een organisatie ligt vast in de keuzes die zij maakt over de spreiding (waar concurreren), de positionering (hoe concurreren) en de samenwerking (alleen of samen).

Hoofdstuk 5 Spreidingsstrategie: waar concurreren?
Hoofdstuk 5 behandelt de keuze voor de spreiding. Het gaat daarbij om de breedte van het pakket van producten en diensten, de geografische spreiding en de mate van verticale spreiding in de bedrijfskolom. Er worden vragen behandeld die van belang zijn bij het bepalen van de spreidingsstrategie. Daarnaast worden technieken om een antwoord te vinden besproken.

Hoofdstuk 6 Positioneringsstrategie: hoe concurreren?
Hoofdstuk 6 gaat in op de positioneringsstrategie: op welke manier wil de organisatie dat haar producten en diensten zich in positieve zin onderscheiden van die van de concurrenten? Twee uiterste vormen zijn de laagstekostenstrategie en de differentiatiestrategie. De voordelen en gevaren van die twee strategieën komen aan bod. Welke stappen moet de organisatie volgen om tot een goede strategie te komen?

Hoofdstuk 7 Samenwerkingsstrategie: alleen of samen concurreren?
Hoofdstuk 7 beschrijft welke externe factoren ertoe kunnen leiden dat een organisatie moet overwegen met een andere samen te werken. Als besloten wordt tot samenwerking, is het van groot belang aan te geven welke doelen met die samenwerking moeten worden bereikt. Daarna komt het totstandkomingsproces van samenwerking aan de orde.

Deel II Operationeel management: van strategie naar operaties
Om als organisatie succesvol te zijn, is het nodig de geformuleerde strategie om te zetten in acties. Het denken bij strategieformulering moet het management verder vertalen in het doen in de dagelijkse praktijk. De operaties moeten 'in lijn' zijn met de strategie. Een nieuwe of aangepaste strategie brengt met zich mee dat de organisatie andere dingen gaat doen, of dingen anders gaat doen. Deze kritische kerntaken verschillen sterk per strategie. Denk aan het verschil tussen operationele activiteiten die nodig zijn om een laagstekostenstrategie tot een succes te maken en die voor een succesvolle differentiatiestrategie. Kijk bijvoorbeeld naar de verschillen in winkelinrichting en de service tussen Aldi en Lidl en Albert Heijn.

Gezien de veelheid van strategische alternatieven is het niet mogelijk om elke concrete 'vertaling' van strategieverandering naar veranderingen in kritische kerntaken te geven. Wel is het mogelijk aan te geven op welke terreinen die aanpassingen van de operaties aan de strategie kunnen liggen. Die terreinen zijn:
- mensen;
- middelen;
- methoden.

Hoofdstuk 8 Mensen: leidinggeven en ontwikkelen
Hoofdstuk 8 gaat in op de manier waarop medewerkers geleid en ontwikkeld kunnen worden. Welke bronnen van invloed heeft de manager om het gedrag van zijn medewerkers te beïnvloeden? Verschillende leiderschapstheorieën komen aan bod. Sommige daarvan zijn universeel, andere zijn situatieafhankelijk. Managers kunnen hun medewerkers op verschillende manieren opdrachten geven.
Humanresourcesmanagement en managementdevelopment moeten ervoor zorgen dat op het juiste moment de juiste aantallen mensen en managers met de juiste eigenschappen beschikbaar zijn en zo nodig beschikbaar komen.

Hoofdstuk 9 Mensen: motiveren en belonen
Hoofdstuk 9 beschrijft de benaderingen die zijn ontwikkeld om medewerkers te motiveren en te belonen. Bij motivatie maakt men onderscheid tussen inhoudstheorieën, die aangeven wat mensen motiveert, en procestheorieën, die beschrijven hoe het proces van motivatie te beïnvloeden is.
Beloningsstelsels zorgen ervoor dat medewerkers de juiste vorm van financiële en niet-financiële motivatie krijgen om tot goede prestaties te komen. Beloningsstelsels berusten vaak op functieclassificatie en kunnen bestaan uit een vaste en een variabele op prestatie gebaseerde component.

Hoofdstuk 10 Middelen: financiële middelen en sturing
Hoofdstuk 10 bespreekt hoe de financiële middelen van een bedrijf gestuurd kunnen worden. Met behulp van financiële en andere cijfers kan de leiding inzicht krijgen in het verloop van de bedrijfsprocessen.
Budgettering is een bekend middel om plannen te vertalen in financiële bedragen waarvoor managers verantwoordelijk zijn. Aan budgettering kleven soms bezwaren die met nieuwere manieren misschien weggewerkt kunnen worden.
Bij het financieel aansturen van afdelingen of grotere bedrijfsonderdelen kan de leiding ervoor kiezen deze als kostencentra, opbrengstencentra, uitgavencentra, winstcentra of investeringscentra te behandelen.

De balanced scorecard is een aanpak die niet alleen naar de financiële kant kijkt, maar ook de invalshoek van de klant, het leren en groeien en de interne bedrijfsprocessen in samenhang beoordeelt.

Hoofdstuk 11 Middelen: duurzame productiemiddelen
Hoofdstuk 11 gaat in op duurzame productiemiddelen. Deze zijn te onderscheiden in gebouwen, machines en installaties, ICT-infrastructuur en vervoermiddelen. Bij de aanschaf ervan moet de leiding beoordelen of de middelen gekocht, gehuurd of geleaset worden. Ook moet de vraag onder ogen worden gezien hoe groot de flexibiliteit moet zijn en of er standaard- of maatwerk wordt aangeschaft.
In sommige situaties is de rol van de overheid ook van belang. Denk aan de mogelijkheid subsidies of belastingvoordeel te krijgen.

Hoofdstuk 12 Methoden: besturen van bedrijfsprocessen
Hoofdstuk 12 bespreekt methoden voor het beheersen van bedrijfsprocessen. Deze hebben al sinds het eind van de negentiende eeuw veel belangstelling gekregen. Zo is er al lang sprake van verschillende vormen van productieplanning. Later komt daar de aandacht voor het beheersen van goederenstromen bij, inclusief het voorraadbeheer. Meer recent is als oplossing voor deze problematiek enterprise resource planning (ERP) ontwikkeld. Om aan problemen met ERP-systemen tegemoet te komen, wordt nu verschillende software op het gebied van business process management (BPM) ontwikkeld.
Voor eenmalige, maar soms langdurende projecten, zijn verschillende vormen van projectplanning ontwikkeld, waaronder netwerkplanning.

Hoofdstuk 13 Methoden: beheersen van kwaliteit
In hoofdstuk 13 passeren methoden voor kwaliteitsbeheersing de revue. Eerst komt de vraag wat kwaliteit is aan de orde. Een hoge kwaliteit van de geleverde producten of diensten ten opzichte van de concurrenten heeft een positieve invloed op de winstgevendheid. Veel technieken op het gebied van kwaliteitsverbetering zijn in de VS ontwikkeld, maar voor het eerst op grote schaal door Japanse bedrijven toegepast. In Nederland is een veelgebruikt model het INK-model, dat is afgeleid van het eerder ontwikkelde EFQM-model. Kwaliteit van diensten vraagt vanwege de ontastbaarheid van een dienst vaak een andere aanpak. Het klovenmodel kan hierbij inzicht geven.

Deel III Organisatieontwerp: van strategie en operaties naar organisatiestructuur
Voor iemand met een eenmansbedrijf is organiseren meestal geen probleem. Zo iemand moet om succesvol te zijn wel een goede strategie (wat ga ik maken en verkopen?) en een goed operationeel plan (hoe ga ik het product maken en verkopen?) hebben. Omdat er maar één persoon werkt, is een organisatiestructuur nog niet nodig. Een organisatiestructuur dient immers om de samenwerking tussen mensen te regelen. Stel dat het eenmansbedrijf succesvol is en de vraag naar het product groeit. Op een bepaald moment ontstaat de situatie dat die ene persoon het werk niet meer aankan. Er zullen dus een tweede en een derde persoon, en misschien nog veel meer personen, bij moeten komen. De vragen die de ondernemer dan moet oplossen, zijn:
- *Wie moet wat gaan doen*? Maakt iedereen het product van het begin tot het eind, of doet iedereen een deel van het werk en geeft hij dat door aan een andere medewerker als hij het heeft gemaakt?

- *Mogen anderen ook een deel van de beslissingen nemen*, of blijft de ondernemer zelf alle beslissingen nemen?
- Hoe regelen we de *onderlinge afstemming* van het werk van de verschillende medewerkers?

Hoofdstuk 14 Arbeidsverdeling

Hoofdstuk 14 besteedt aandacht aan verschillende manieren waarop de werkzaamheden in een organisatie over verschillende mensen en afdelingen verdeeld kunnen worden. Arbeidsverdeling komt tot stand door de toepassing van het kosten- en het bestuursmotief. Beide werken in verticale en horizontale richting. Door de verticale werking van het kostenmotief ontstaan verschillende lagen in de organisatie. Het bestuursmotief moet ervoor zorgen dat deze lagen door middel van hiërarchisering met elkaar verbonden worden.

Door de horizontale werking van het kostenmotief ontstaat functionalisatie, die de vorm kan hebben van horizontale differentiatie of van specialisatie. Horizontale differentiatie en specialisatie hebben verschillende voor- en nadelen. Deze moeten in een specifieke situatie goed tegen elkaar afgewogen worden. Naast de organieke structuur die bestaat uit afdelingen op verschillende niveaus, bestaat de personele structuur die is ingevuld met functies en mensen. Taakverdeling en functievorming vormen de brug tussen organieke en personele structuur.

Hoofdstuk 15 Relaties en bevoegdheden

Hoofdstuk 15 gaat in op de relaties en de spreiding van beslissingsbevoegdheden binnen de organisatie.

De lijnrelatie is in elke organisatie te vinden. Dit is de hiërarchische relatie tussen de manager en zijn ondergeschikte medewerker. Door de beperkingen van de lijnrelatie zijn in de loop der tijd als aanvullingen daarop de stafrelatie en de functionele relatie ontstaan. Laterale en diagonale relaties zijn overlegrelaties tussen personen en afdelingen op hetzelfde niveau respectievelijk met andere personen of afdelingen op andere niveaus.

Spreiding van beslissingsbevoegdheden is nodig om te voorkomen dat beslissingen alleen aan de top van de organisatie genomen kunnen worden. In een concrete situatie zijn verschillende factoren van invloed op de optimale spreiding.

Hoofdstuk 16 Coördinatie

Hoofdstuk 16 beschrijft waarom coördinatie nodig is en welke voorzieningen er zijn om die tot stand te brengen. Coördinatie is nodig doordat door arbeidsverdeling de samenhang tussen werkzaamheden wordt doorbroken. De samenhang kan meer of minder intensief zijn. Bij elk soort samenhang past een bepaald soort coördinatievoorziening. Deze kan variëren van elementair tot complex.

Hoofdstuk 17 Van strategie via operaties naar organisatiestructuur

Hoofdstuk 17 laat zien dat succesvolle organisaties met verschillende strategieën ook verschillende organisatiestructuren hebben. Voor de verschillende soorten strategie (spreiding, positionering en samenwerking) wordt nagegaan welke vorm van arbeidsverdeling, welke mate van decentralisatie en welke coördinatievoorzieningen daar het best bij passen. Hoe meer de eisen aan de organisatiestructuur van de gekozen strategieën uiteen lopen, hoe groter de kans is dat de strategie niet goed kan worden uitgevoerd. Sommige combinaties kunnen beter niet gekozen worden.

Om te beoordelen of de organisatiestructuur het uitvoeren van de strategie mogelijk maakt, zijn negen tests ontwikkeld.

Capita Selecta
De Capita Selecta bekijken de vraagstukken van management en organisatie zoals die in dit boek zijn behandeld vanuit een aanvullende, bredere optiek.
Capita Selecta 1 laat zien hoe in de loop der tijd verschillend over organisaties is gedacht. Van de allereerste visies op organisaties zijn in huidige visies nog steeds kenmerken te herkennen.
Capita Selecta 2 bekijkt de organisatie door de bril van de cultuur. De cultuur van een afdeling, organisatie of een land is van invloed op de manier van denken daarbinnen. Denk aan de invloed op de manier van strategie formuleren of het kiezen voor een bepaald organisatieontwerp. De cultuurdimensies, zoals die door verschillende onderzoekers zijn ontwikkeld, worden besproken.
Capita Selecta 3 gaat in op het vraagstuk van groei en ontwikkeling van organisaties. Organisaties maken meestal een groei door. In die groei zijn een aantal fasen te herkennen. Bij elk van die fasen past een bepaalde aanpak van strategieformulering, het aansturen van de operaties en een organisatiestructuur. Het is nodig de nieuwe eisen die een voortgaande groei aan de organisatie stelt vroeg te onderkennen en de organisatie daarop aan te passen. Als dat niet gebeurt, raakt de organisatie meestal in een crisis.
Capita Selecta 4 bespreekt kort de configuratiebenaderingen zoals Miles en Snow en Mintzberg die ontwikkelden. De configuraties van Mintzberg zijn onderdeel van veel onderwijsprogramma's. De redeneertrant achter zijn configuraties is anders dan de opzet van dit boek. Daarom is gekozen voor een plaats bij de Capita Selecta. Om de configuraties van Mintzberg in perspectief te zetten, komt de iets eerder ontwikkelde configuratiebenadering van Miles en Snow ook aan bod. Het door McKinsey ontwikkelde 7S-model krijgt ook aandacht.
Capita Selecta 5 geeft een gestileerd voorbeeld van de vertaling hoe de organisatieleiding een laagstekostenstrategie kan vertalen naar operaties in een aantal afdelingen. Voorbeelden van kritieke kerntaken per afdeling komen naar voren met een indicatie van de veranderingen die per afdeling nodig zijn in Mensen, Middelen en Methoden.
Capita Selecta 6 geeft een overzicht van de verschillende managementtools die in de verschillende hoofdstukken en Capita Selecta staan beschreven.

Opzet van elk hoofdstuk

Elk hoofdstuk begint met een weergave van de kernstof. Daarna wordt deze stof meer in detail besproken. Ertussenin staan veel voorbeelden die de theorie illustreren of die soms laten zien dat er uitzonderingen bestaan op wat er in de theorie is weergegeven. Het boek gaat immers uit van een situatieafhankelijke benadering. Dit wil zeggen dat elke organisatie moet zoeken naar de eigen unieke oplossing en dat er geen universele, in alle situaties toepasbare theorieën zijn.

De vragen en opdrachten in het deel 'Praktijk' stellen de lezer in staat te toetsen of de stof begrepen is. Na de vragen en opdrachten heeft het praktijkdeel nog een caseopdracht. De antwoordindicaties staan in de paragraaf die volgt op de paragraaf 'Extra'.

In sommige opleidingen wordt de stof uit dit boek mede geëxamineerd met meerkeuzevragen. Om de gebruikers van dit boek vertrouwd te maken met dit soort examenvragen, is een verzameling oefenvragen met antwoorden gemaakt. Deze is te vinden is op www.conceptuitgeefgroep.nl.

In de paragraaf 'Extra' wordt de ene keer ingegaan op een praktijksituatie, de andere keer vindt er een verdieping plaats van de behandelde theorie. Ook zijn er enkele hoofdstukken waarin een samenvatting wordt gegeven van een belangrijk artikel uit een managementtijdschrift.

Oefencase 'Entrance & Security Systems'

De oefencase 'Entrance & Security Systems' (ESS) speelt een belangrijke rol in dit boek: deze maakt duidelijk hoe de behandelde theorie voor een manager in de praktijk van nut kan zijn. De case is geïnspireerd op een bestaande onderneming: Koninklijke Boon Edam, vooraanstaand producent en marktleider, ook buiten Nederland, van toegangstechnologie, in het bijzonder van draaideuren en aanverwante toegangssystemen (www.boonedam.nl). De inhoud is geheel gefingeerd als oefencase met een onderwijskundig doel. Overeenkomst met de werkelijkheid van het genoemde of een ander bedrijf is niet nagestreefd.

De oefencase loopt door het gehele boek heen. Aan het eind van elk hoofdstuk wordt het verhaal vervolgd met een opdracht die uitgevoerd kan worden met de kennis die u als lezer in dat hoofdstuk hebt opgedaan. Daarbij wordt u in verschillende rollen geplaatst. Dat kan een medewerker van het bedrijf of een organisatieadviseur van buitenaf zijn. In het boek is, vanwege de beschikbare ruimte, alleen de eindconclusie van de opdracht weergegeven. Voor de analyses die hieraan ten grondslag liggen, wordt verwezen naar www.conceptuitgeefgroep.nl.

Bent u in de praktijk werkzaam? Dan kunt u de opdrachten van de oefencase aan het eind van de hoofdstukken ook uitvoeren met uw eigen organisatie als onderwerp. Zo komt stap voor stap een analyse tot stand die kan leiden tot nieuwe inzichten. Door de opdrachten allemaal uit te voeren, voorkomt u dat (te) snel conclusies worden getrokken of belangrijke zaken worden overgeslagen.

2 Management, organisatie en besluitvorming

2. Soms is er een ramp nodig....

Voorgeschiedenis
Op 24 april 2013 stortte het Rana Plaza-gebouw in, een acht verdiepingen tellend bedrijfspand in Bangladesh. Daarin zaten vijf kledingfabrieken. Bij die ramp kwamen 1.134 mensen om het leven. Vooral vrouwen waren het slachtoffer. Een half jaar eerder eiste elders in het land een brand in een kledingfabriek 117 levens. De producten uit die fabrieken werden vervaardigd voor ook in Nederland bekende kledingmerken en -winkels. Nadat de wereld door deze rampen was wakker geschud, is er een beweging op gang gekomen om arbeidsomstandigheden bij de productie van kleding en textiel, vooral in lagelonenlanden, onder toezicht te stellen en te verbeteren.

In de winkel
Schoorl Kleding (SK) is een keten met meer dan duizend winkels in Europa. En ze breiden jaarlijks nog steeds uit. Ze profileren zich in hun reclame met 'betaalbare kleding, goed en verantwoord'. Jeannette Leeflang is filiaalchef in een van de Nederlandse winkels. Ze is eraan gewend dat mensen die horen waar ze werkt, daarover vragen stellen. Zoals: "Zulke lage prijzen, gaat dat niet ten koste van de kwaliteit?" Of er wordt beweerd: "Dat kan alleen door fors in de lonen te knijpen." Erger nog: "Dat heeft vast te maken met kinderarbeid." Een aantal jaren geleden zat Jeannette dan nog met een mond vol tanden. Ook zij had weleens twijfels, maar wilde haar werkgever niet afvallen. Hooguit kon ze zeggen: "Met dure kleding kan ook van alles mis zijn." Tegenwoordig kan ze een steviger weerwoord geven: "Ik snap dat je dat denkt, maar SK doet er van alles aan om winst te maken op een verantwoorde manier. Kijk maar op onze website. Daar vind je een maatschappelijk jaarverslag waarin dat precies wordt uitgelegd. En dan hebben we het niet alleen over fatsoenlijke arbeidsomstandigheden, maar ook over duurzame grondstoffen en zo zuinig mogelijk transport vanuit Azië tot in de winkel."

Op het hoofdkantoor
Jonas Buitenzorg, het hoofd Public Relations van SK, heeft dit jaar iets nieuws gelanceerd: de spreekbeurt-app. Kinderen kunnen die downloaden. Via de app krijgen ze aanwijzingen en tips als ze een spreekbeurt willen houden over kleding. Hoe bijvoorbeeld een T-shirt wordt gemaakt en uiteindelijk in de winkel belandt. In dat verhaal wordt benadrukt dat de slogan 'goed en goedkoop' voortdurend moet worden bewaakt en hoe SK dat doet.

Op nationaal niveau
Een brede coalitie van bedrijven en andere organisaties in Nederland heeft het Convenant Duurzame Kleding en Textiel ondertekend. SK is een van de deelnemende bedrijven. Door deze collectieve actie worden bedrijven gestimuleerd om duurzaam werken vol te houden, in de wetenschap dat concurrenten zich aan dezelfde spelregels houden. Het convenant gaat niet alleen over arbeidsomstandigheden, maar ook over het belang van onafhankelijke vakbonden en over milieubescherming.

Deze case laat zien hoe organisaties in hun besluitvorming afwegingen kunnen en soms zelfs moeten maken van ethische tegenover economische belangen. Ook wordt duidelijk dat collectieve actie nodig is om individuele actie te ondersteunen en vol te houden.

Kernstof

Management en organisaties zijn van groot belang voor het welzijn en de welvaart van mensen en samenleving. Management heeft drie betekenissen (paragraaf 2.1.1):

1. een groep functionarissen in een organisatie;
2. de activiteiten die deze functionarissen uitvoeren;
3. een vakgebied.

Verschillende onderzoekers hebben het werk van managers bestudeerd en de essentie ervan weergegeven (paragraaf 2.1.2). Zo beschrijft Mintzberg het werk van de manager aan de hand van drie rollen: de interpersoonlijke, de informationele en de besluitvormende rol. Kotter geeft aan waar de manager zich mee bezig moet houden: het vaststellen van de agenda, het ontwikkelen van een netwerk en het uitvoeren van de taken om de agenda uit te voeren. De taken van de manager worden ingedeeld in dirigerende taken, gericht op de uitvoering, en constituerende taken, gericht op het vormgeven van de strategie en de organisatiestructuur.

Organisatie kent drie betekenissen (paragraaf 2.2.1):

1. een *eenheid*, waarin mensen, middelen en methoden zijn samengebracht om doelen te bereiken;
2. de *wijze waarop de organisatie is ingericht* en vormgegeven;
3. *de activiteit organiseren*.

Organisaties streven naar het bereiken van resultaten in de vorm van producten en diensten. Deze vormen de output. Om deze te kunnen realiseren, moet de organisatie allerlei vormen van input verwerven. Denk aan menskracht, grondstoffen, informatie en financiën. Het omzetten van input in output noemt men wel de *throughput* of transformatie (paragraaf 2.2.2).

Organisatietheorieën kunnen verschillend van aard zijn (2.3). Men kan ze indelen naar de mate waarin ze de werkelijkheid beschrijven of aanwijzingen geven om die te verbeteren (voorschrijven) (paragraaf 2.3.1). Theorieën kan men ook indelen naar de mate van geldigheid: sommige theorieën zijn universeel, terwijl andere situatieafhankelijk van karakter kunnen zijn (paragraaf 2.3.2).
Op het gebied van management en organisatie zijn veel theorieën gebaseerd op onderzoeken in de praktijk (paragraaf 2.3.3).

Om een organisatie goed te laten functioneren, is het van belang dat problemen worden opgelost door de juiste besluiten te nemen. Het *besluitvormingsproces* (paragraaf 2.4.1) is op te delen in drie fasen: het formuleren van het probleem, het ontwikkelen van oplossingsrichtingen en het maken van de uiteindelijke keuze. Soms moet men terug naar een eerdere fase. In de drie fasen van het proces kunnen verschillende technieken behulpzaam zijn om tot betere resultaten te komen. Het aantal mogelijke oplossingsrichtingen kan vergroot worden door brainstorming en lateraal denken. Bij het maken van de uiteindelijke keuze zijn veel technieken voorhanden. In dit hoofdstuk worden de beslissingsmatrix en de beslissingsboom besproken. Paragraaf 2.4.2 gaat in op de ethische kanten van besluitvorming. Ondanks het gebruik van zulke technieken moet de manager bij besluitvorming rekening houden met een gebrek aan objectieve rationaliteit (paragraaf 2.4.3). De doelen van de organisatie en het individu lopen niet altijd parallel. Daarnaast kunnen verschillende personen een verschillend gewicht toekennen aan eenzelfde eindresultaat. Dit kan leiden tot uiteenlopende voorkeuren voor de verschillende oplossingen. Door verdere discussie moet men overeenstemming bereiken.

2 Management, organisatie en besluitvorming

In dit hoofdstuk komen de begrippen management, organisatie en besluitvorming aan bod. De begrippen management en organisatie hebben diverse betekenissen. Over beide zijn verschillende theorieën ontwikkeld. Het is belangrijk dat die verschillen duidelijk zijn bij het nagaan of de toepassing van een theorie zal werken in de eigen organisatie. Managers nemen veel beslissingen. Slechte beslissingen leiden meestal tot onjuiste en negatieve uitkomsten. Daarom wordt het besluitvormingsproces in een aantal stappen uiteengezet: we bespreken technieken die bijdragen aan het nemen van betere beslissingen en het bereiken van de gewenste resultaten.

2.1 Wat is management?

2.1.1 Betekenissen van het woord management

Gedurende ons hele leven hebben we met managers en organisaties te maken. Nog voor de geboorte is een baby al in een zorgcentrum geweest. Tijdens ons leven hebben we er continu mee te maken, op school, bij het sporten en op het werk. Na het leven verzorgen organisaties de vereiste administratieve handelingen en de uiteindelijke uitvaart. Managers geven leiding op verschillende niveaus in die organisaties en nemen beslissingen over vragen die acuut opkomen of die zich op de langere termijn zullen voordoen.

Het begrip management heeft drie betekenissen. De eerste is die van een bepaalde *groep functionarissen* in organisaties. Zo spreekt men wel van topmanagement, middenmanagement en uitvoerend of eerstelijnsmanagement. Een manager is iemand die in een organisatie het handelen van andere mensen stuurt. Hiervoor wordt ook wel de term leidinggevende gebruikt. In deze betekenis is er altijd management geweest.
De tweede betekenis is die van de *activiteiten* van managers. Als de resultaten van die activiteiten goed zijn, spreekt men van excellent management. In het omgekeerde geval is er sprake van mismanagement. De derde betekenis is die van een *vakgebied*. Deze term verwijst naar alle kennis en kunde die op dat gebied in de loop der tijd is ontstaan. In deze betekenis is het begrip management veel jonger. De eerste boeken over management verschenen pas in het begin van de twintigste eeuw. Denk aan de publicaties van Fayol (1916/1970) en Taylor (1913).

2.1.2 Rollen van managers

Managers vervullen verschillende rollen om hun werk goed te doen. Fayol onderscheidt rollen die op het vlak liggen van vooruitzien (en plannen), organiseren, opdrachten geven, coördineren en controleren. Als een manager hoog in de organisatie zit, ligt het zwaartepunt bij het plannen en organiseren. Dat zijn de zogenaamde *constituerende* taken van het management. Managers op lagere niveaus houden zich vooral bezig met het geven van opdrachten en de controle op de uitvoering ervan. Dit worden *dirigerende* taken genoemd. In vrijwel alle gevallen vervult een manager een mix van constituerende en dirigerende taken.

Mintzberg (1973) onderzocht het werk van vijf managers in de praktijk en noteerde precies waar ze mee bezig waren en hoelang ze met verschillende taken bezig waren. Hij onderscheidt drie groepen van activiteiten of rollen van de manager:
- interpersoonlijke rollen;
- informationele rollen;
- besluitvormende rollen.

Bij de *interpersoonlijke* rollen treedt de manager naar buiten als boegbeeld van de organisatie: als leider die zijn mensen motiveert en aanstuurt en als onderdeel van een netwerk. Bij de *informationele* rollen houdt de manager goed in de gaten wat er allemaal in en buiten de organisatie gebeurt, verspreidt hij informatie intern en informeert hij de buitenwereld over wat de organisatie doet. In de *besluitvormende* rollen is de manager ondernemer: hij lost problemen op, wijst middelen toe en onderhandelt intern en extern.
Mintzberg constateert dat de helft van de activiteiten van de manager korter duurt dan negen minuten. Hij karakteriseert het werk van managers dan ook met termen als kortstondig, gevarieerd en gefragmenteerd. Op grond van een enigszins vergelijkbare studie komt Kotter (1982) tot andere conclusies over het werk van de manager. Hij constateert ook dat managers slechts een korte tijd met een activiteit bezig zijn, maar in tegenstelling tot Mintzberg ziet hij wel een patroon in het werk van de effectieve manager. Die is in de eerste plaats bezig met *agenda setting*, het vaststellen van de problemen die om een oplossing vragen. Ook ontwikkelt de effectieve manager een *netwerk* van mensen dat behulpzaam kan zijn om de organisatie succesvol te maken. Ten slotte zorgt de effectieve manager ervoor dat de agenda *uitgevoerd* wordt met behulp van het netwerk. Porter en Nohria (2018) komen op grond van hun studie tot weer andere inzichten. Zij verzamelden van 27 voorzitters van raden van bestuur (CEO's) van grote ondernemingen cijfers over hun totale tijdsbesteding van bijna 60.000 uren. Van hun tijdsbesteding was 72% vooraf gepland en 28% niet. 70% van de activiteiten van deze CEO's duurde langer dan een uur. De verschillen in uitkomsten zijn deels te verklaren door de iets verschillende opzet van het verzamelen van de gegevens, maar ook voor een groot deel door de selectie van de managers. Mintzberg onderzocht vijf managers gedurende hun werkweek (ongeveer 40 uur). Een was directeur van een lokale school en een andere van een lokaal ziekenhuis. De andere drie stonden aan het hoofd van een onderneming. De managers uit het onderzoek van Kotter leidden allen een onderneming. Kotter keek ook naar andere zaken dan alleen tijdsbesteding, bijvoorbeeld ondernemingsplannen. Hij interviewde ook mensen die met de managers samenwerkten.

2.2 Wat is organisatie?

2.2.1 Betekenissen van het woord organisatie

Het begrip organisatie heeft verschillende betekenissen. De eerste betekenis is die van een *eenheid* waarin mensen, middelen en methoden (werkwijzen) zijn samengebracht om vooraf geformuleerde resultaten te bereiken. Denk aan organisaties als

Shell en Unilever, maar ook aan kleinere, zoals een sportvereniging in een dorp en een buurtwinkel. Een tweede betekenis is die van de wijze waarop die organisatie is *ingericht*. Hoe is de structuur en waar zijn de vestigingen gelegen? De derde betekenis van het woord heeft betrekking op de *activiteit* van het organiseren zelf. In die zin spreekt men bijvoorbeeld van de organisatie van een wereldkampioenschap.

2.2.2 Organisatie als systeem van invoer, doorvoer en uitvoer

Alle organisaties streven naar het bereiken van vooraf geformuleerde resultaten. Om die te bereiken, moet een organisatie bepaalde goederen of diensten aan afnemers leveren. Dit noemt men de *output* van een organisatie. Om die output te kunnen leveren, moet de organisatie grondstoffen en andere middelen inkopen bij leveranciers. Dit noemt men de *input*. Binnen de organisatie wordt de input omgevormd tot output. Dit proces noemt men de *throughput* of het transformatieproces. Figuur 2.1 geeft dit weer.

Figuur 2.1 Organisatie als systeem van input, throughput en output

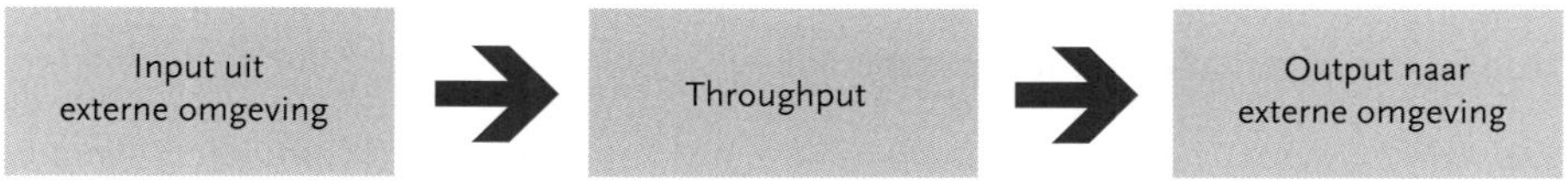

Bij de throughput onderscheidt men de logistieke activiteiten en de ondersteunende activiteiten van de organisatie (Ansoff, 1969). Bij de logistieke gaat het om activiteiten die de uiteindelijke producten en diensten van de organisatie direct voortbrengen. De ondersteunende activiteiten sturen de logistieke (primaire) activiteiten aan. Hier ligt een nauw verband met de eerdergenoemde dirigerende en constituerende taken van de leiding. Samengevoegd geeft dit het schematische beeld van een organisatie (figuur 2.2).

Figuur 2.2 Het proces van input, throughput en output

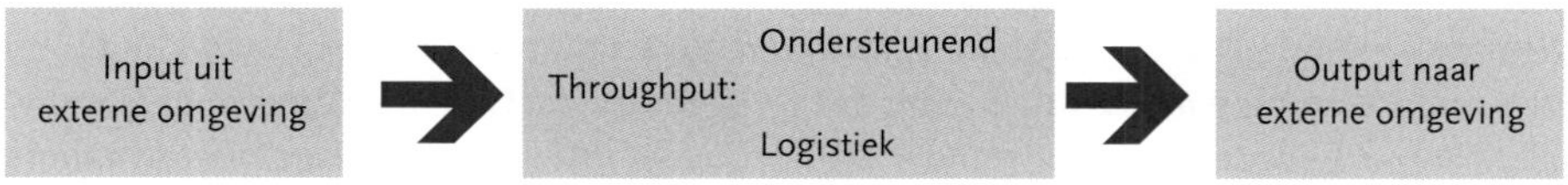

2.3 Kenmerken van theorie over management en organisatie

Over management en organisatie is sinds het begin, zo'n honderd jaar geleden, veel onderzocht en geschreven. De theorie over management en organisatie wordt vanuit verschillende invalshoeken gezien. Zo verschillen theorieën van elkaar al naargelang ze *beschrijvend* (descriptief) of *voorschrijvend* (prescriptief of normatief) zijn. Theorieën verschillen ook in reikwijdte van geldigheid: sommige theorieën zijn universeel van aard, terwijl andere situatieafhankelijk zijn. Die laatste vat men samen onder de term contingentiebenaderingen.

2.3.1 Beschrijvende en voorschrijvende theorie

Een beschrijvende theorie geeft weer hoe de werkelijkheid eruitziet volgens de ontdekker ervan. Zo'n theorie beschrijft de elementen van de werkelijkheid en de verbanden

ertussen, maar legt niet de relatie met succes. De theorie van Mintzberg (1973) over het werk van de manager is hier een voorbeeld van.
Een voorschrijvende theorie gaat een stap verder en geeft aan hoe de werkelijkheid te verbeteren is. In het eenvoudigste geval is zo'n theorie een universeel recept voor succesvol handelen. In veel andere gevallen geeft een dergelijke theorie een aanpak om stapsgewijs tot een beter resultaat te komen. De theorie van Kotter over het werk van de manager is een voorbeeld van een voorschrijvende theorie.
Opvallend is dat velen in ons land en daarbuiten, de theorieën van Mintzberg toch als voorschrijvend opvatten en gebruiken, terwijl Mintzberg ze niet zo bedoeld heeft. Mintzberg heeft dit naar voren gebracht tijdens verschillende workshops en ook in een persoonlijk gesprek met een van de auteurs in 2002. Onderzoek van Doty, Glick en Huber (1993) toonde verder aan dat de vijf configuraties (simple structure, machine bureaucracy, professional bureaucracy, divisionalized form en adhocracy[1]) die Mintzberg (1983) ontwikkelde, in de praktijk niet tot goede resultaten leiden.[2] Het lijkt alsof veel managers elke theorie, beschrijvend of voorschrijvend, als een recept voor de praktijk beschouwen. Voorzichtigheid is geboden.

2.3.2 Universele en situatieafhankelijke theorie

Een *universele theorie* geeft aan hoe de werkelijkheid er altijd uitziet. Soms geeft een dergelijke theorie aanwijzingen voor de praktijk, die dan altijd en overal tot succes zouden moeten leiden. Veel populaire managementboeken geven op die manier universeel geldige recepten voor succes. In de praktijk volgt echter lang niet in alle gevallen succes na toepassing van de aanbevelingen, of dat er veel uitzonderingen op de regel zijn. Zo constateert Woodward (1958) in haar onderzoek naar structuurkenmerken van succesvolle ondernemingen dat zulke ondernemingen zeer uiteenlopende kenmerken hebben. Er was geen patroon in te herkennen. Na verdere analyses ontdekte zij dat als men de gebruikte productietechnieken in de beschouwing betrekt, succesvolle ondernemingen wél vergelijkbare structuurkenmerken vertonen. Zo bestaan er grote verschillen in structuur tussen bijvoorbeeld een onderneming met kleinserie- en stukproductie en een olieraffinaderij die gekenmerkt wordt door doorstroomproductie. Succesvolle olieraffinaderijen hebben wel onderling vergelijkbare kenmerken. Zo'n *situatieafhankelijke benadering* is bij veel andere managementvraagstukken ook terug te vinden. Ook in dit boek is de situatieafhankelijke benadering te herkennen. Wat tot succes leidt, hangt in hoge mate af van de aard van de situatie in een onderneming, bedrijfstak of land.

2.3.3 Praktijk en onderzoek

Veel theorie op het gebied van management en organisatie is gebaseerd op de praktijk. Zo schreven Fayol en Taylor aan het begin van de vorige eeuw hun werken over management op basis van hun eigen ervaringen in respectievelijk een kolenmijn en een staalbedrijf. Veel hedendaagse theorieën zijn geformuleerd op basis van onderzoek in organisaties. Soms is dat onderzoek zeer wetenschappelijk opgezet, terwijl in andere gevallen op de gebruikte aanpak wel wat kritiek te leveren is. Het lijkt er soms op dat

---

[1] In Mintzberg, H., Ahlstrand, B., Lampel, J. (2009). *Strategy Safari*, second edition. Harlow: FT-Prentice-Hall, worden twee configuraties toegevoegd: de missionary organization en de political organization.

[2] Zie voor een verdere uiteenzetting Capita Selecta 4 'Configuratiebenaderingen'.

managers inzichten uit een theorie overnemen en toepassen, zonder na te gaan hoe betrouwbaar die theorie is. Rosenzweig (2007) liet zien dat veel claims die voortkomen uit onderzoek met argwaan bekeken moeten worden. Een manager die wil checken of een theorie onderbouwd is, kijkt naar: 1) de achtergrond van de onderzoeker, is die academicus of praktijkmens? 2) wat zijn de feiten waarop het onderzoek berust? 3) hoe zijn de feiten verzameld en geanalyseerd? en 4) hoe groot was de steekproef en hoe was die samengesteld? Ook Engelfriet (2017) geeft aan dat veel van de successen die in boeken en artikelen beschreven staan vaak moeilijk te checken zijn. Als een manager overweegt de gedane aanbevelingen toe te passen, is het goed de vraag te stellen in hoeverre de situatie van de eigen organisatie verschilt of overeenkomt met die van de bedrijven uit het onderzoek. Wat goed kan werken in een R&D-laboratorium hoeft nog niet tot succes te leiden op een productieafdeling.[3]

2.4 Wat is besluitvorming?

In het dagelijks leven van managers zijn situaties vaak anders dan wenselijk is en wijken ze af van de doelen die in de organisatie zijn afgesproken. Men spreekt dan van een probleem: een feitelijke of verwachte afwijking van de afgesproken norm. Een probleem kan acuut zijn, bijvoorbeeld ernstige ziekte van een belangrijke medewerker of het uitvallen van het IT-systeem. Soms doet een probleem zich pas op de langere termijn voor, wanneer men bijvoorbeeld constateert dat de bevolkingsomvang stagneert of dat er sprake is van vergrijzing en ontgroening. In het algemeen kunnen problemen zich voordoen op elk van de drie managementgebieden: strategie, operaties en structuur.

2.4.1 Fasen in besluitvorming

Het proces van besluitvorming verloopt in een aantal fasen, die alle moeten worden doorlopen. Dit is weergegeven in figuur 2.3.

Figuur 2.3 Fasen van besluitvorming

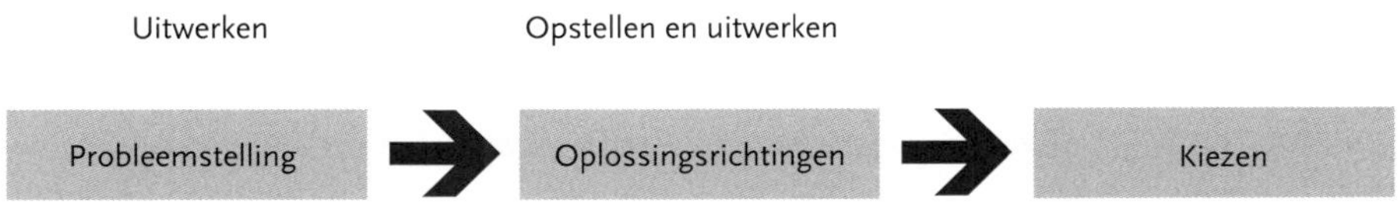

In deze figuur is het proces lineair weergegeven. In werkelijkheid is vaak te zien dat de betrokkenen naar voorgaande fasen teruggaan als blijkt dat oplossingsrichtingen niet leiden tot een verbetering van de situatie. Soms komt in een verdere fase informatie beschikbaar die erop wijst dat het probleem niet (geheel) juist is vastgesteld. Voor een goede probleemoplossing is het noodzakelijk alle drie de fasen goed door te lopen. Een manager is niet altijd bij alle fasen intensief betrokken, terwijl hij wel verantwoordelijk is voor het eindresultaat. Om die verantwoordelijkheid te kunnen dragen, dient de manager zeker te stellen dat aan alle fasen voldoende aandacht is besteed.

[3] Zie bijvoorbeeld: Lawrence, P.R. en Lorsch, J.W. (1967) Organization and Environment. Managing Differentiation and Integration.

Fase 1: uitwerken probleemstelling

Het proces van besluitvorming begint zodra zich signalen aandienen die wijzen op een mogelijk probleem. Operationele problemen zijn meestal duidelijk zichtbaar. Strategische problemen zijn niet altijd duidelijk waarneembaar. Hoe duidelijker de normen zijn, hoe beter het is na te gaan of er mogelijk een probleem bestaat of zal ontstaan. In jaarplannen is bijvoorbeeld afgesproken dat marktaandelen en/of cashflow met een bepaald percentage zullen groeien. Als de werkelijkheid daarbij achterblijft, is dat een signaal om te achterhalen wat de oorzaak daarvan is, om in de volgende fase naar oplossingen te zoeken en die uit te werken.

Om zicht te krijgen op de oorzaak van het probleem is het soms nuttig om een krachtenveldanalyse te maken. Daarbij maken de betrokkenen een inventarisatie van de krachten die belemmerend zijn en die de situatie kunnen verbeteren.
Stel dat in een fabriek blijkt dat de medewerkers veel fouten maken. Het doel is het aantal fouten te verminderen of zelfs geheel weg te werken. Figuur 2.4 geeft een voorbeeld van een krachtenveldanalyse met als doel het aantal fouten met 50% te verminderen.

Figuur 2.4 Voorbeeld krachtenveldanalyse

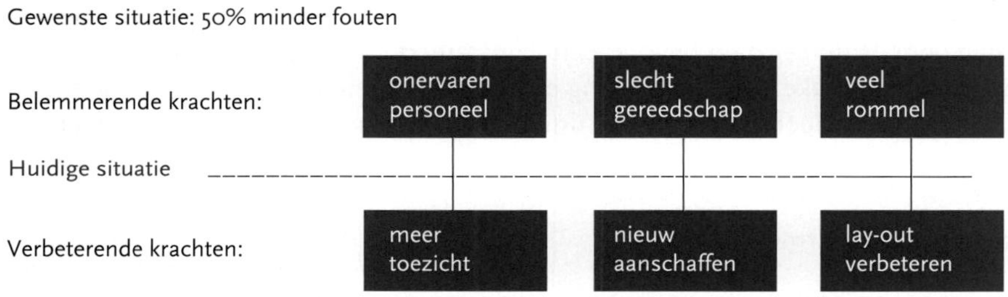

Deze krachtenveldanalyse helpt:
- bij het inzichtelijk maken van de krachten die het resultaat beïnvloeden;
- bij het bepalen hoe die krachten in te zetten zijn om het aantal fouten met 50% te verminderen.

In de praktijk blijkt nogal eens dat de betrokkenen de signalen verkeerd interpreteren of zelfs bewust verkeerd voorstellen. Een goede besluitvorming vereist dat betrokkenen zelfstandig op zoek gaan naar belangrijke informatie en de informatievoorziening niet in goed vertrouwen overlaten aan anderen. De ervaring leert dat er naast integere mensen in organisaties ook mensen zijn die ten koste van 'veel' alleen de eigen doelen nastreven. Managers moeten dit onder ogen willen zien.

Het dieselschandaal is een recent voorbeeld van besluitvorming die bewust gestuurd is door het geven van verkeerde informatie of het achterhouden of onderdrukken van juiste informatie.
De Volkswagen Groep constateerde dat de uitstoot van schadelijke stoffen bij bepaalde dieselmotoren boven de norm in de VS zou uitkomen. Daardoor zou Volkswagen zijn auto's met die motoren daar niet mogen verkopen. Het probleem werd niet opgelost door de werkelijke uitstoot tijdens normaal gebruik te verlagen, maar door het toepassen van 'sjoemelsoftware' die ervoor zorgde dat tijdens tests op de rollenbank de gemeten uitstoot onder de norm bleef. In het najaar van 2015 kwamen de Amerikaanse autoriteiten achter deze fraude. De schade in de vorm van boetes en het terugroepen van auto's staat nog niet vast. In de VS gaat het om 482.000 auto's die sinds 2008 verkocht zijn. De maximale boete is $ 37.500 per verkochte auto. Bij elkaar kan de boete in de VS oplopen tot $ 18 miljard. Wereldwijd gaat het om 11 miljoen auto's met 'sjoemelsoftware' (*Time*, 5 oktober 2015, p. 7-8). Inmiddels is duidelijk dat niet alleen Volkswagen zich schuldig heeft gemaakt aan het verdraaien van de feiten. Het FD meldt op 7 maart 2019 dat een boete dreigt, niet alleen voor Volkswagen, maar ook voor Audi, BMW en Daimler. Al in 2007 zouden er geheime besprekingen tussen deze fabrikanten zijn geweest over de technische problemen bij hun zoektocht naar schonere dieselmotoren. Zulk overleg tussen concurrenten is op grond van mededingingswetten verboden. De boete kan oplopen tot 10% van de jaaromzet van de vier bedrijven, die nu rond de € 500 miljard bedraagt.

Fase 2: opstellen en uitwerken van oplossingsrichtingen

Als de kernoorzaak vaststaat, kunnen betrokkenen oplossingsstrategieën ontwikkelen en nagaan wat de gevolgen van deze oplossingsrichtingen zijn.
In veel gevallen liggen de oplossingsrichtingen voor de hand of liggen ze zelfs al vast. Als iemand zich ziek meldt, weet de personeelsadministratie hoe ze moet handelen. De zieke werknemer moet aangemeld worden en de bedrijfsarts wordt op de hoogte gebracht. De niet gewerkte tijd moet in de administratie als ziekteverzuim vermeld worden. Na een paar dagen neemt de bedrijfsarts contact op met de zieke. Op dezelfde manier, maar iets ingewikkelder, gebeurt het bij brandmeldingen. Het staat dan nog niet vast wat er precies moet gebeuren om de brand te blussen, maar een aantal stappen is in ieder geval duidelijk. In een grote stad beslist, na de brandmelding, de centrale vanuit welke brandweerkazerne de blusauto moet vertrekken. Ter plekke stelt de brandweer vast wat er gedaan moet worden. Dat deel van het brand blussen vraagt om inspelen op de concrete en niet geheel te voorziene situatie.
In veel situaties staat de organisatie voor een probleem dat geheel of grotendeels nieuw is. De oplossingsrichting ligt niet voor de hand; de organisatie moet deze ontwikkelen. Er bestaat dus een verschil tussen situaties waarin routineoplossingen als standaard beschikbaar zijn en situaties waarin met improvisatievermogen en creativiteit nieuwe oplossingen moeten worden bedacht.

Creativiteit, het vermogen om iets nieuws te bedenken, wordt vaak opgevat als iets wat men wel of niet heeft. In de loop der tijd hebben verschillende auteurs en onderzoekers manieren ontwikkeld om creativiteit in organisaties te bevorderen. Vervolgens zijn die door verschillende organisaties en adviesbureaus verbeterd en verder uitgewerkt. Hierna volgt een korte beschrijving van twee bekende manieren om creativiteit te bevorderen: brainstorming en lateraal denken.

Brainstorming

Een van de eerste werken over brainstorming is van A.F. Osborn en verscheen in 1963. De techniek kent vier uitgangspunten. Het eerste is het ontwikkelen van zo veel mogelijk nieuwe ideeën. Het tweede is het voorkomen van kritiek op de ideeën die deelnemers naar voren brengen. De ervaring is dat, indien dat wel gebeurt, sommige deelnemers niet meer bereid zijn hun gedurfde suggesties naar voren te brengen. Het derde is het proberen ideeën met elkaar te combineren en te verbeteren. Het vierde is het stimuleren van het naar voren brengen van 'wilde' ideeën. Om die reden kunnen 'leken' op het gebied van het vraagstuk wel aan een brainstormsessie deelnemen. Zij benaderen het vraagstuk vaak vanuit gezichtspunten die anderen niet zien. Deze methode blijkt geschikt te zijn voor duidelijk omschreven problemen. Voor moeilijk te omschrijven problemen of die waarvoor veel technische kennis nodig is, is deze methode minder geschikt. Gregersen (2018) stelt dat betere oplossingen ook kunnen komen door in het begin van het brainstormproces betere vragen te stellen. Hij stelt voor om een sessie te beginnen met in twee minuten op hoofdlijnen te vertellen wat het probleem is. In de volgende periode van vier minuten moet de groep zo veel mogelijk vragen bedenken die het probleem vanuit nieuwe gezichtspunten kunnen verhelderen. De kans is groot dat daarbij vragen naar voren komen die nog niet bedacht waren en die kunnen leiden tot verrassende nieuwe oplossingen.

Lateraal denken

Lateraal denken werd bekend door de werken van De Bono, waarvan het eerste in 1971 verscheen. De Bono is van mening dat het normale, verticale denken niet tot nieuwe inzichten en oplossingen leidt. Dat denken is op logica gebaseerd en kent geen gedachtesprongen. Voor veel problemen is verticaal denken een aan te bevelen methode, maar niet voor nieuwe uitdagingen. Een aantal punten die De Bono naar voren brengt zijn: 1) herkennen van heersende gedachten; deze beïnvloeden het denken en dus moet je ze kennen om ze te kunnen omzeilen, 2) veranderen van gedachten door die *niet* te gebruiken, 3) van binnenuit veranderen door een heersende gedachte juist om te draaien of te overdrijven en 4) bevorderen van discontinuïteit door bijvoorbeeld het probleem anders te benoemen, of naar mensen uit een ander vakgebied te luisteren. Ook noemt De Bono het gebruik van analogieën en het noemen van een willekeurig woord om te zien welke nieuwe gedachten dat teweegbrengt. In tegenstelling tot brainstormen, dat in groepen gebruikt wordt, kan lateraal denken individueel toegepast worden.

Nadat de nieuwe oplossingsrichtingen zijn uitgewerkt, is het belangrijk de voordelen en de nadelen van elk alternatief vast te stellen. In veel gevallen brengen de bedenkers van een oplossingsrichting de voordelen ervan duidelijk naar voren. Bij hen bestaat de natuurlijke neiging om de nadelen minder prominent aan te geven. Voor degenen die het uiteindelijke besluit moeten nemen, is het van cruciaal belang alle kanten van elk voorstel zo objectief mogelijk aan de orde te stellen. Daarbij is het soms onvermijdelijk om advocaat van de duivel te spelen.

De directeur van een uitstekend draaiende middelbare school stelde eens aan zijn bestuur voor om met twee andere scholen voor voortgezet onderwijs te gaan fuseren. Hij stelde dit voor met de beste bedoelingen. Het ging hem om het voortbestaan van die twee andere scholen die met sluiting bedreigd werden en niet om een hoger inkomen, zoals kwade geesten zouden vermoeden. Als voordelen noemde hij meer geld van het ministerie van OCW en een zekerdere positie van het personeel in de nieuwe combinatie. Nadelen noemde hij niet. Een paar vergaderingen verder kwam na vragen vanuit het bestuur naar voren dat OCW per jaar slechts rond de € 10.000 meer zou betalen op een begroting van € 5 miljoen. In de discussie bracht het bestuur ook naar voren dat bij veel fusies van andere scholen de docenten zwaar gefrustreerd raakten en ziek thuiszaten, en dat de nadelen vaak enorm bleken te zijn. De afweging van de in eerste instantie niet genoemde nadelen afgezet tegen de te verwachten geringe voordelen leidde tot het besluit af te zien van de fusie. De school besloot wel de twee andere scholen, die uiteindelijk met elkaar fuseerden, bij te staan waar dat mogelijk was. Het bestuur speelde hier dus duidelijk de rol van advocaat van de duivel met het oogmerk alle 'voors' en 'tegens' boven water te krijgen.

THEORIE

Fase 3: kiezen uit oplossingsrichtingen

Voor het analyseren van de ontwikkelde oplossingsrichtingen en het maken van een uiteindelijke keuze zijn in de loop der tijd verschillende technieken ontwikkeld. Deze variëren van eenvoudig tot zeer complex. Hierna worden twee gebruikelijke technieken beschreven.

Beslissingsmatrix

In een beslissingsmatrix worden de verschillende te verwachten uitkomsten van de oplossingsrichtingen weergegeven. Bij een besluit om een nieuwe markt te ontwikkelen, spelen bijvoorbeeld de omvang van de markt, de snelheid waarmee die markt veroverd kan worden en de kosten die ermee gepaard gaan een rol. Het doel kan zijn de cashflow van de onderneming binnen drie jaar te verbeteren. Aan die norm worden de mogelijke oplossingen getoetst. Drie verschillende markten zijn onderzocht: A, B en C.
Figuur 2.5 geeft een voorbeeld met mogelijke uitkomsten.

Figuur 2.5 Beslissingsmatrix voor keuze nieuwe markt

Markt	omvang markt	snelheid	kosten	cashflow
A	groot	gering	hoog	negatief
B	middelgroot	redelijk	redelijk	neutraal
C	klein	hoog	beperkt	positief

Dit is een gestileerd voorbeeld, waarbij de te verwachten uitkomsten alleen in woorden zijn gegeven. Gezien de uitkomsten en de gestelde norm – namelijk bijdragen aan de cashflow – zal alternatief C gekozen worden. Het alternatief moet namelijk binnen drie jaar cashflow opleveren. Oplossing C is de enige van de drie die daaraan voldoet. Dat neemt niet weg dat bij een andere norm, bijvoorbeeld binnen vijf jaar een bijdrage leveren aan de cashflow, mogelijk alternatief B gekozen zou zijn.
Het is uiteraard mogelijk om deze matrix met cijfers in te vullen. In plaats van 'groot' wordt bij de omvang van de markt de exacte grootte aangegeven, evenals de schatting van de snelheid in jaren en een zo nauwkeurig mogelijke schatting van de kosten en de cashflow. Ook kan men gewichten toekennen aan de diverse aspecten. Als 'snelheid' belangrijker is dan 'kosten', dan kan aan 'snelheid' een twee keer zo zwaar gewicht worden toegekend.

Beslissingsboom

Een beslissingsboom geeft grafisch weer welke oplossingsrichtingen bestaan en welke externe omstandigheden van invloed zijn op de uitkomst.
Voortbordurend op een voorbeeld van drie andere markten (markt 1, 2 en 3) die de onderneming kan betreden, is dit uit te werken naar een beslissingsboom. In elk van de markten kan de onderneming te maken krijgen met veel of weinig concurrentie van bestaande aanbieders (= externe omstandigheid). De onderneming kan hierop reageren met reclamecampagnes die groot of beperkt zijn of geheel ontbreken (= eigen keuze). Deze boom van 'eigen keuze - externe omstandigheid - eigen keuze - uitkomst' resulteert in een kasstroom van een bepaalde omvang voor elke tak. Figuur 2.6 geeft een voorbeeld van een beslissingsboom.

Figuur 2.6 Beslissingsboom

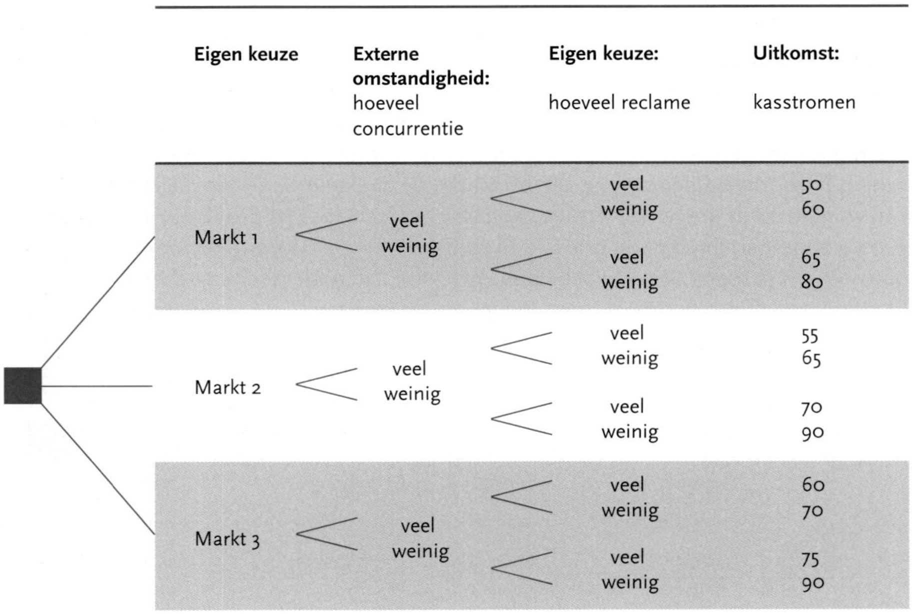

In dit voorbeeld kiest de leiding van de onderneming waarschijnlijk voor alternatief 3. In vrijwel alle mogelijke combinaties geeft dit een uitkomst die hoger is dan die van de twee andere markten. Door een beslissingsboom te gebruiken dwingen de betrokkenen zich tot het expliciet maken van wat de reactie van de concurrenten op hun eigen beslissingen kan zijn. In de praktijk is te zien dat ondernemingen weinig of helemaal geen rekening houden met de reactie die de concurrenten in petto hebben. Als een concurrent dan, zoals te verwachten is, probeert zich te verdedigen, is de verrassing soms groot. Bij strategie gaat het volgens Daems en Douma (2000) dan ook altijd om actie én reactie.

John-Harvey Jones, voormalig topman van het Britse chemiebedrijf ICI, beschreef in zijn boek *Making it Happen* dat managers van zijn divisies psychologische profielen van de topmanagers van hun concurrenten maakten. Van veel van die concurrenten was bekend op welk soort acties van de tegenpartij zij wel en niet reageerden. Sloeg een concurrent bijvoorbeeld hard terug als reactie op een prijsverlaging, maar niet op een stevige advertentiecampagne met hetzelfde effect, dan koos je voor die advertentiecampagne. Bij ICI hielden managers dus bij het bepalen van de eigen acties al rekening met het mogelijke gedrag van concurrenten. (AkzoNobel nam ICI in 2008 over.)

2.4.2 Ethiek en besluitvorming

In de voorgaande paragrafen is besluitvorming vanuit een 'technische' invalshoek beschreven. De fasen zijn verduidelijkt en nuttige technieken zijn besproken. Om tot goede besluiten te kunnen komen is deze invalshoek van groot belang, maar niet voldoende. Het is ook nodig om aandacht te besteden aan ethische afwegingen. Kimman (1991) omschrijft ethiek als '... een reflectie op de moraal, dat is het geheel van ongeschreven regels en gewoontes waarmee iets als fatsoenlijk of billijk genormeerd kan worden. Moraal is het feitelijke gedrag.' Ethisch gedrag is dus meer dan alleen het zich houden aan de geschreven wetten en regels. In de maatschappij en in organisaties spelen bij besluitvorming bijna altijd ook ethische aspecten een belangrijke rol. Dat kan in alle fasen van de besluitvorming aan de orde komen. Zijn bijvoorbeeld in een buitenlandse vestiging van een groot bedrijf de arbeidsomstandigheden wel goed genoeg? Krijgen boeren wel goede prijzen voor de producten die zij aanbieden? Dat zijn vragen die je niet met een simpel ja of nee kunt beantwoorden. Bij het bedenken van oplossingsrichtingen spelen ethische aspecten ook een rol. Wettelijk mag iets misschien wel, maar wellicht verzetten de bestaande waarden in een organisatie zich ertegen. In de politieke discussies op verschillende niveaus gaat de discussie uiteindelijk over wat de overheid moet doen in bepaalde gevallen. De visies van politieke partijen op een concrete vraag verschillen vaak nogal. Geen enkele partij streeft naar een onrechtvaardige inkomensverdeling, maar wat is concreet een rechtvaardige verdeling? Bij het kiezen uit de oplossingsrichtingen spelen die afwegingen ook een rol. Moet, bijvoorbeeld, het bestuur van een school in het primair onderwijs geld in reserve houden of besteden aan de verbetering van de kwaliteit van het onderwijs op de school?
Soms kan er ook een conflict zijn tussen zich houden aan de wet en doen wat goed is in een concrete situatie. Mag bijvoorbeeld een privépersoon door rood licht rijden of harder rijden dan de maximumsnelheid als hij op weg is naar het ziekenhuis, waar een

gezinslid met spoed is opgenomen? De laatste jaren is te zien dat veel organisaties zich duidelijker uitspreken over zulke ethische afwegingen. Denk bijvoorbeeld aan pensioenfondsen die niet langer willen beleggen in ondernemingen die in hun ogen niet ethisch handelen, zoals bedrijven die steekpenningen betalen of arbeiders niet goed behandelen.

> Opvallend is hoe weinig er wordt opgetreden tegen sommige spelers in de tech-sector. Uber is bemiddelaar tussen chauffeurs en klanten die een rit willen maken. Het bedrijf speelt dus een rol bij het personenvervoer, maar overtreedt daarbij de voor personenvervoer gestelde regels. Een paar dodelijke ongelukken in Nederland verder lijkt het er nu op dat de overheid strenger gaat optreden tegen chauffeurs die niet aan alle eisen van vakbekwaamheid voldoen. Paul Scheffer schrijft in een column over 'de morele bijziendheid van Uber die blijft verrassen'. Een ander voorbeeld is de rol die Facebook speelde bij het ter beschikking stellen van persoonlijke data van gebruikers aan Cambridge Analytica (CA). CA gebruikte die data om de verkiezingscampagne van Trump te ondersteunen. Het bedrijf is inmiddels failliet. Facebook heeft beterschap beloofd bij het gebruik van persoonsgegevens, maar heeft die belofte nog niet echt ingelost.

2.4.3 Menselijke rationaliteit is beperkt

Tot nu toe is het besluitvormingsproces beschreven als een objectief rationeel proces waarbij afstandelijke analyses een belangrijke rol spelen. Ook is in het kort aangegeven dat het proces niet altijd volgens het boekje verloopt. Uit onderzoek zijn daarvoor verklaringen aangedragen. Meestal zijn bij de besluitvorming verschillende functionarissen betrokken, die ieder hun eigen individuele inschatting geven van de situatie. Dat kan zijn omdat zij persoonlijke belangen bij de een of andere oplossing hebben. Het kan ook zijn dat een manager vanuit het belang van de eigen afdeling een bepaalde inschatting maakt. Dat is op zich niet vreemd, want de manager wordt beoordeeld op basis van de resultaten die hij op de eigen afdeling bereikt en niet die van een andere afdeling.

Op grond van hun onderzoeken spreken onder andere Simon en March (1958) en Ceyert en March (1963) in verschillende publicaties over beperkte of subjectieve rationaliteit. Absolute rationaliteit is niet bereikbaar. Pettigrew (1973) schrijft zelfs over politiek gedrag bij besluitvorming in organisaties. Soms lijkt het gedrag van personen irrationeel in de ogen van anderen, terwijl dat vanuit de desbetreffende persoon bekeken niet zo is. Zo leggen Levitt en Dubner (2005) uit hoe uit hun onderzoek te verklaren is dat veruit de meeste drugsdealers in Chicago nog bij hun moeder wonen. De meeste drugsdealers die aan het begin van hun 'carrière' staan, moeten zich vaak voor flinke bedragen inkopen bij een bende. Hun opbrengsten zijn beperkt (daarom wonen ze nog bij hun moeder) en de risico's zijn groot. De kans op gevangenisstraf of om doodgeschoten te worden, is hoog. Toch kiezen ze voor deze 'loopbaan' om de eenvoudige reden dat ze de kleine kans om rijk te worden hoger inschatten dan statistisch verdedigbaar is. Deze opvatting over de kans om rijk te worden is overigens niet anders dan de opvatting die ten grondslag ligt aan het opnieuw meespelen in de Staatsloterij. Daar is het prijzengeld immers veel lager dan het door de spelers gezamenlijk ingelegde bedrag. In 2009 keerde de Staatsloterij bijna 70% van de inkomsten uit in de vorm van prijzen.

Dijksterhuis (2008) beveelt aan om bij besluitvorming onbewuste processen een kans te geven. We kunnen bijvoorbeeld onbewust iets waarnemen, iets ergens van vinden, creatief zijn en beslissen. Onbewust met iets bezig zijn kost tijd, maar kan de kwaliteit van het uiteindelijk genomen besluit verbeteren. In het dagelijks spraakgebruik komen we dit tegen in de zegswijze 'ergens eerst een nachtje over slapen' of in de verwijzing naar het 'onderbuikgevoel' als intuïtieve raadgever.

Nobelprijswinnaar Kahneman (2011) onderscheidt bij besluitvorming twee systemen van denken. Systeem 1 is het snelle (fast) denken en systeem 2 is het langzame (slow) denken. Het snelle denken is intuïtief en emotioneel, het langzame denken is logisch en weloverwogen. Volgens hem laat recent onderzoek zien dat het snelle denken vaker voorkomt en meer invloed heeft dan we ons realiseren. Het denken van systeem 1 werkt snel, maar kan ingewikkelde kwesties niet aan en gaat vaak uit van vooroordelen. Goede beslissingen komen voort uit een juiste combinatie van beide systemen.

2.5 Vragen en opdrachten

1. **Management**
   a. Het begrip 'management' heeft drie verschillende betekenissen. Welke zijn dat? Geef bij elke betekenis een voorbeeld.

   b. Leg kort het verschil uit tussen constituerende en dirigerende taken van managers. Waarom is het in uw ogen belangrijk dat managers streven naar een goede mix tussen deze twee soorten taken?

   c. Welke drie groepen van activiteiten of rollen worden door Mintzberg onderscheiden? Licht deze rollen kort toe.

   d. Mintzberg en Kotter hebben beiden onderzoek gedaan naar het werk van de manager. Tot welke constatering komen beide auteurs en waarin verschillen zij van mening?

2. **Organisatietheorie**
   a. Wat is het verschil tussen een universele theorie en een contingentietheorie?

   b. Bent u het eens met de volgende stelling? 'De wetenschap heeft tot doel tot universele theorieën te komen; hierin ligt immers de toegevoegde waarde van de wetenschap.' Licht uw antwoord toe.

   c. Wat is het verschil tussen een descriptieve en een normatieve theorie?

   d. In dit hoofdstuk werden de fasen van het besluitvormingsproces besproken. Is dit model een voorbeeld van een descriptieve of van een normatieve theorie? Licht uw antwoord toe.

3. **Besluitvorming**
   a. Wat wordt verstaan onder een probleem? Geef een concreet voorbeeld van een bedrijfskundig probleem waarmee een manager geconfronteerd kan worden.

   b. Noem de drie fasen uit het besluitvormingsproces en licht deze kort toe.

   c. Werk de drie fasen uit voor het bij vraag a. genoemde managementprobleem. Neem in uw uitwerking ook een beslissingsmatrix op. Gebruik hiervoor maximaal tweehonderd woorden.

   d. Bent u het eens met de volgende stelling? 'Intuïtie in besluitvormingsprocessen is ongewenst.' Licht uw antwoord toe. Ga in uw toelichting in op de aanbeveling van Dijksterhuis over de rol van het onbewuste in besluitvorming.

2.6 Extra: Variëteit in het werk van managers

Soms wordt wel gevraagd: 'Wat doet een manager eigenlijk?' Die vraag wekt de indruk dat er zoiets is als 'het werk van de manager'. Mintzberg (2013) beschrijft de grote verschillen die er bestaan in het werk van managers. Hij beschrijft deze op basis van een studie waarin hij 29 managers elk een dag tijdens hun werk observeerde. Hij komt tot de conclusie dat er enorme verschillen zijn in wat managers doen. Deze zijn te verklaren uit de *externe context* waarin een organisatie actief is, de *aard* van de organisatie, de *actuele* druk waar de manager aan blootstaat en de *persoon* van de manager.

Externe context

Mintzberg maakt hier een onderscheid tussen de *sector* (bedrijfsleven, overheid, gezondheid en niet-gouvernementele organisaties, bijvoorbeeld Artsen zonder Grenzen) en de *bedrijfstak* (bijvoorbeeld industriële bedrijven en creatieve organisaties). Bedrijven hebben allemaal te maken met concurrenten, maar voor de helft van de managers was dit een groot issue. Slechts een van de negen overheidsmanagers[4] had te maken met grote politieke druk. In de gezondheidszorg was de aard van het werk van invloed, maar dat speelde vooral op het niveau van 'handen aan het bed'. Op hogere niveaus was dit veel minder zichtbaar. Niet-gouvernementele organisaties hebben vaak veel met de politiek te maken. Wat de *bedrijfstak* betreft is ook te zien dat die op uitvoerend niveau een veel grotere invloed op het werk van de manager heeft dan op een hoger niveau. Het werk van de orkestmeester is heel anders dan dat van een voorman in een fabriek. De werkzaamheden van een marketingmanager van een fabriek of van een orkest lijken wel meer op elkaar.

Aard van de organisatie

Hier maakt Mintzberg onderscheid tussen de *vorm, leeftijd en omvang* van en het *hiërarchische niveau* in de organisatie en het *soort werk*. Wat de vorm van de organisatie betreft onderscheidt Mintzberg verschillende configuraties (zie Capita Selecta 4). De vorm van de organisatie heeft vooral invloed op het werk van de managers als het om een professionele organisatie gaat en dan vooral op het uitvoerende werk. Ook een projectorganisatie en een eenvoudige structuur hebben invloed op het werk van een manager. In een grote organisatie zoals de Britse National Health Service is het werk van de manager aan de top anders van aard dan dat van een topmanager van een kleine privékliniek. Het werk van de manager op uitvoerend niveau lijkt in een grote en een kleine organisatie veel meer op elkaar. Managers op een hoog niveau in een organisatie houden zich bezig met strategie, maar hebben veel meer contact met klanten (meer uitvoerend) dan men zou denken. Uit de studie van Mintzberg blijkt dat het soort werk veel invloed heeft op wat de manager doet. Het werk van een manager op een productieafdeling verschilt inhoudelijk veel van dat van een manager op een financiële afdeling.

4 Tjeenk Willink (2018) wijst op het gevaar dat dreigt als overheidsorganisaties veel managementaanpakken uit het bedrijfsleven overnemen. De principes van de rechtstaat (onder andere rechtszekerheid) hebben voorrang op overwegingen als efficiëntie en mogen niet het slachtoffer worden van bezuinigingen.

EXTRA

Actuele druk

Van buitenaf komt veel druk op de organisatie en dus ook op de manager af. Dat heeft vaak een tijdelijk karakter. Denk aan een fusie, een onverwachte aanval van een concurrent of een ongewenst overnamebod. Dit speelt allemaal een rol, maar Mintzberg komt tot de conclusie dat er altijd wel iets dergelijks aan de hand is en dat het werk van de managers juist is het managen van deze 'exceptions'. Een ander soort druk is de mode om anders te gaan managen. Denk aan benaderingen als bijvoorbeeld zelfsturende teams en empowerment. De grote aandacht die managementpublicaties hieraan besteden, leidt er soms toe dat managers die voor dit soort trends gevoelig zijn, ze in verkeerde situaties gaan invoeren. Na verloop van tijd vlakt die aandacht wel weer af.

Persoon van de manager

Mintzberg ontdekte in zijn onderzoek dat de opleiding van een manager vaak bepaalt welk werk hij doet. Dat was met name het geval bij managers met een opleiding als jurist of als (para)medicus. De persoonlijke stijl speelt ook een rol; sommige managers zijn van nature meer behoudend of juist meer gericht op verandering. Dat bepaalt mede de invulling van hun werk. Bij vrijwel alle managers trof Mintzberg aan dat zij in hoge mate proactief waren. Ze grepen veel mogelijkheden aan om iets te veranderen of juist stabiliteit te benadrukken. Hoe managers hun werk invullen hangt ook af van of zij zichzelf zien als de top of juist het middelpunt van de organisatie.

Bronnen: Mintzberg, H., (2013) en Tjeenk Willink (2018).

2.7 Antwoorden

1. Management en managementactiviteiten

a. Groep van functionarissen (het topmanagement, een managementteam), activiteiten (het formuleren van een strategie, het geven van aanwijzingen) en vakgebied (opgebouwde kennis en kunde vastgelegd in boeken, wetenschappelijke tijdschriften en vakbladen).

b. Constituerende taken zijn taken die te maken hebben met plannen en organiseren. Dirigerende taken bestaan uit het geven van opdrachten en de controle op de uitvoering ervan. Constituerende taken hebben dus te maken met vooruitkijken en het bieden van een kader waarin gewerkt wordt. Dirigerende taken zijn gericht op het aansturen van mensen en het volgen van de primaire en secundaire processen.

c. Interpersoonlijke, informationele en besluitvormende activiteiten. Interpersoonlijke activiteiten: optreden als boegbeeld, motiveren en aansturen als leider. Informationele activiteiten: verspreiden van informatie en informeren van de buitenwereld. Besluitvormende activiteiten: ondernemen, problemen oplossen en onderhandelen.

d. Beide auteurs constateren dat het werk van managers uit kortdurende activiteiten bestaat. In tegenstelling tot Mintzberg ziet Kotter een patroon in het werk van de effectieve manager.

2. Organisatietheorie

a. Een universele theorie is een theorie die altijd opgaat, ongeacht de situatie. Een contingentietheorie houdt rekening met de situatie waarin deze wordt toegepast. We noemen een contingentietheorie ook wel een situatieafhankelijke theorie.

b. Oneens. Het is juist de taak van de wetenschap om rekening te houden met uiteenlopende situaties. De praktijk laat zich maar zelden vangen in algemene wijsheden. Natuurlijk is er niets mis met een universele theorie als blijkt dat deze in alle mogelijke situaties opgaat.

c. Een descriptieve theorie is een beschrijvende theorie; een dergelijke theorie geeft dus aan hoe bepaalde verschijnselen in de praktijk verlopen, zonder iets voor te schrijven. Een normatieve of prescriptieve theorie schrijft wel dingen voor; een normatieve theorie geeft een soort regel waaraan mensen of organisaties zich zouden moeten houden om succesvol te zijn.

d. Het besluitvormingsproces is een voorbeeld van een theorie die zowel descriptief als normatief kan zijn. Descriptief, omdat het laat zien hoe besluiten binnen bepaalde organisaties tot stand komen. Normatief, omdat het voorschrijft op welke manier besluiten tot stand zouden *moeten* komen; het model werkt hier dan als norm.

3. Besluitvorming

a. Een probleem is een feitelijke of verwachte afwijking van de afgesproken norm. Voorbeelden van managementproblemen zijn: daling van het marktaandeel, kwaliteitsproblemen, opvolgingsproblematiek bij het vertrek van een medewerker of manager, problemen bij de invoering van een nieuw computersysteem enzovoort.

b. Uitwerken probleemstelling (het analyseren van het probleem en het zoeken naar de oorzaken ervan), oplossingsrichtingen (het formuleren van alternatieven om het probleem op te lossen, bijvoorbeeld door middel van brainstorming of lateraal denken), kiezen (het analyseren van de oplossingsrichtingen en het maken van de keuze, bijvoorbeeld door middel van een beslissingsmatrix of een beslissingsboom).

c. Hier zijn vele antwoorden mogelijk. Belangrijk is dat de drie fasen duidelijk herkenbaar zijn en dat de fasen duidelijk worden afgerond. In de beslissingsmatrix moet duidelijk zijn wat de alternatieven zijn en waarop en hoe deze worden beoordeeld.

d. Aanhangers van Dijksterhuis zullen hier betogen dat het gewenst is om het onderbewuste zijn werk te laten doen en dat het gevoel belangrijk is bij het nemen van beslissingen. Tegenstanders van Dijksterhuis zullen intuïtie zo veel mogelijk willen uitsluiten. Of beslissingen geheel rationeel tot stand kunnen komen, is maar de vraag. Het geheel uitsluiten van gevoel is bij mensen onwaarschijnlijk.

Literatuur

Aangehaalde en aanbevolen literatuur

Ariel, D. (2010). *Predictably Irrational. The Hidden Forces That Shape Our Decisions.* New York: Harper Business & Economics.

Ansoff, H.I. (1969). Toward a Strategic Theory of the Firm, in: Ansoff, H.I. (red.) *Business strategy,* Harmondsworth: Penguin Books, 11-40.

Birkinshaw, J. (2014). Beware the Next Big Thing, *Harvard Business Review*, vol. 92, nr. 5, 50-57

Brandenburger, A. (2019). Strategy Needs Creativity, *Harvard Business Review,* vol. 97, nr. 2, 59-65

Brenninkmeijer, A. (2019). *Moreel Leiderschap*. Amsterdam: Prometheus

Bono, E. de (1971). *Lateral Thinking for Management.* Harmondsworth: Penguin.

Bono, E. de (1992). *Serious Creativity*. New York: Harper Business.

Courtney, H., Lavallo, D., Clarke, C. (2013) Deciding How to Decide, *Harvard Business Review*, vol. 91, nr. 11, 62-70.

Chandler, A.D. (1961). *Strategy and Structure: Chapters in the History of the American Industrial Enterprise.* Cambridge (Mass.): The M.I.T. Press.

Cyert, R.M. en March, J.G. (1963). *A Behavioral Theory of the Firm.* Englewood Cliffs: Prentice Hall.

Dijksterhuis, A. (2008). *Het slimme onbewuste. Denken met gevoel.* Amsterdam: Uitgeverij Bert Bakker.

Engelfriet, R. (2017). *De successillusie.* Z.p.: Haystack.

Eppink, D.J. en Have, S. ten (2008). Omgaan met tegenstellingen in de strategietheorie. Een situatieafhankelijke benadering. *MAB*, vol. 82, nr. 6, 301-311.

Fluit, E. van der (2016). *Professionals en 'the sweet spot of conflict'. Een etnografische studie onder vliegers.* Proefschrift Universiteit van Utrecht. Digitale versie beschikbaar via Universiteit van Utrecht.

Fayol, H. (1916/1970). *Administration Industrielle et Générale.* Parijs: Dunod (voor het eerst verschenen in 1916 in *Bulletin de la Société de l'Industrie Minérale*).

Gordon, W.J.J. (1961). *Synectics.* New York: Harper & Row.

Gregersen, H. (2018). Better Brainstorming, *Harvard Business Review*, Vol. 96, nr. 2, 64-71

Harvey-Jones, J. (1988). *Making it Happen. Reflections on Leadership.* Z.p.: Fontana/Collins.

Houtekamer, C. (2017). Schieten op de homo economicus, *NRC*, 10 oktober, Economie, p. E3

Javetskis, B. Koller, T. (2018). Debiasing the corporation: An interview with Nobel laureate Richard Thaler. *McKinsey Quarterly*, May 2018.

Kahneman, D. (2011). *Thinking Fast and Slow*. New York: Farrar, Straus and Giroux.

Keuning, D. en Eppink, D.J. (2012). *Management & Organisatie. Theorie en toepassing.* Groningen/Houten: Noordhoff Uitgevers.

Kimman, E.J. (1990). *Markethiek*. Assen: Van Gorcum

Kimman, E.J. (1991). *Organisatie ethiek*. Assen/Maastricht: Van Gorcum

Kotter, J.P. (1982). What Effective General Managers Really Do. *Harvard Business Review*, Vol. 60, nr. 6, 156-167.

Kotter, J.P. (1999).*John P. Kotter on What Leaders Really Do*, Boston: Harvard Business School Press

Lawrence, P.R., Lorsch, J.W. (1967). *Organization and Environment. Managing Differentiation and Integration*. Boston: Division of Research, Graduate School of Business Administration, Harvard University.

Levitt, S.D., en Dubner, S.J. (2010). *Superfreakonomics*. Londen: Penguin Books.

Levitt, S.D. en Dubner, S.J. (2005). *Freakonomics*. Amsterdam: De Bezige Bij.

Lewis, M. (2017). *The Undoing Project. A Friendship That Changed Our Minds*. New York/Londen: W.W. Norton 7 Comp.

Mintzberg, H. (1973). *The Nature of Managerial Work*. New York: Harper & Row.

Mintzberg, H. (1983). *Structures in Fives. Designing Effective Organizations*. Englewood Cliffs: Prentice-Hall.

Mintzberg, H. (2013). *Simply Managing*. Harlow: Pearson Education Limited.

Morgan, G. (1986). *Images of Organization*. Newbury Park: Sage.

Osborn, A.F. (1963). *Applied Imagination: Principles and Procedures of Creative Problem Solving (3rd ed.)*. New York: Charles Scribner's Son.

Pettigrew, A.M. (1973). *The Politics of Organizational Decision-making*. Londen/Assen: Tavistock/Van Gorcum.

Porter, M.E., Nohria, N. (2018). How CEOs Manage Time, *Harvard Business Review*, Vol. 96, nr. 4, 42-53.

Rosenzweig, P.M. (2007). *The Halo Effect... and Eight Other Business Delusions That Deceive Managers.* New York: Free Press.

Scheffer, P. (2019). De morele bijziendheid van Uber blijft verrassen. *NRC*, 30 januari, Opinie p 19

Stevens, R., moray, N., Bruneel, J, Clarysse, B. (2015). Attention Allocation to Multiple Goals: The Case for For-profit Social Enterprises, *Strategic Management Journal*, vol. 36, nr. 7, 1006-1016.

Simon, H.A. en March, J.G. (1958). *Organizations.* New York: Wiley and Sons.

Spradlin, D. (2012). Are You Solving the Right Problem? *Harvard Business Review*, vol. 90, nr. 9, 84-93.

Taylor, F.W. (1913). *The Principles of Scientific Management.* New York: Harper & Brothers.

Tjeenk Willink, H. (2018). *Groter denken, kleiner doen.* Amsterdam: Prometheus.

Woodward, J. (1958). Management and Technology, Problems of Progress in Industry 3. *HMSO*, 4-21.

Deel I
Strategisch management: van omgeving naar strategie

'Mijn conclusie, die is gebaseerd op mijn eigen ervaringen in de praktijk van de luchtvaart: strategie maakt inderdaad het verschil.'

Pieter Bouw
President-directeur KLM 1991-1997, CEO Swiss International Airlines 2001-2005.

'Every strategy must lay out clearly the specifics of the anatomy of the business, how it will make money now and in the future.'

Larry Bossidy en Ram Charan.
Larry Bossidy was Vice Chairman en Executive Officer van General Electric tot 1991 en CEO van Allied Signal van 1991-1999. In 1999 fuseerden Allied Signal en Honeywell en gingen verder onder de naam Honeywell. Bossidy werd de nieuwe CEO.
Ram Charan is adviseur van topmanagers van ondernemingen als General Electric Company, DuPont en andere Fortune 500-ondernemingen.

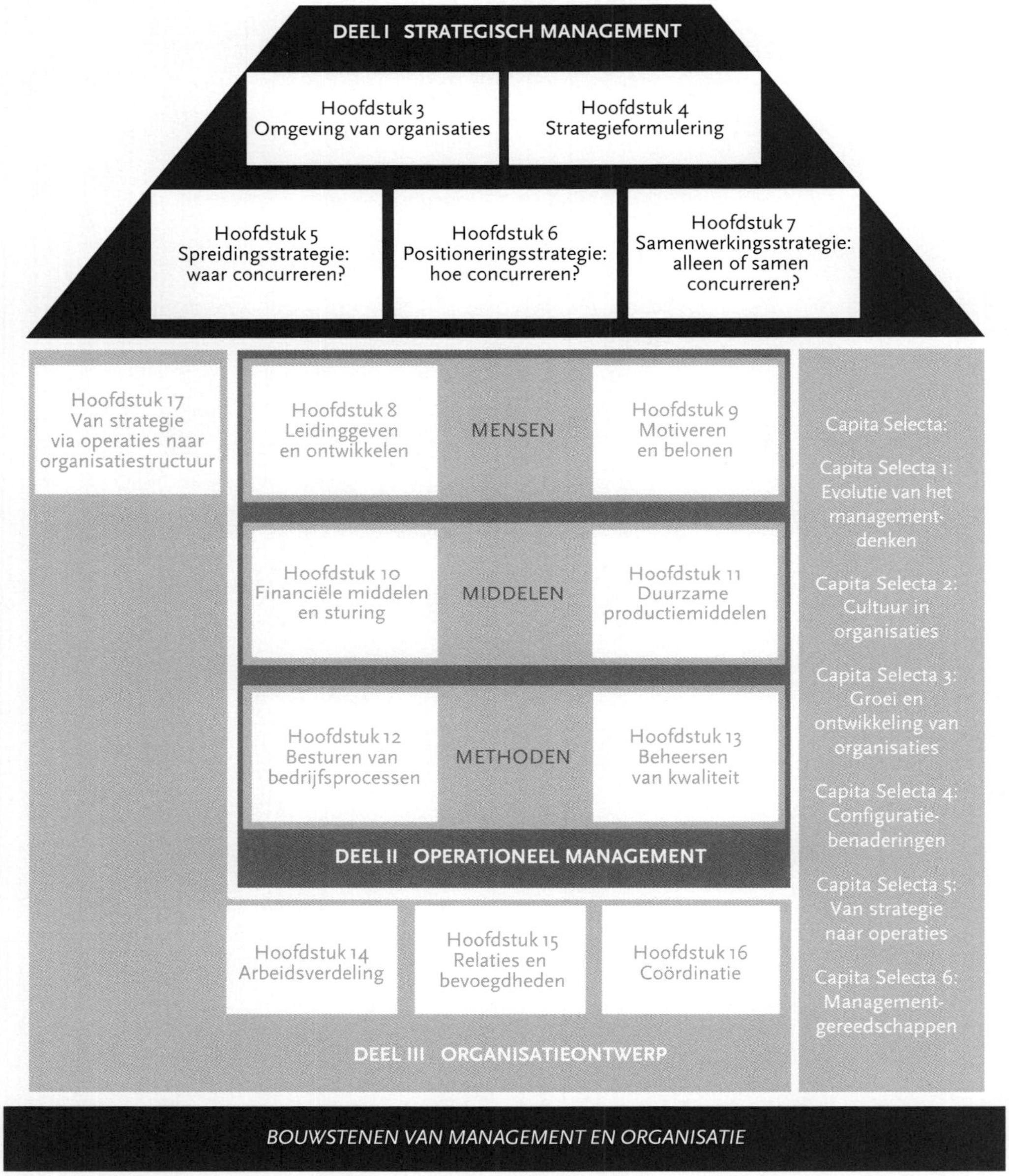
DEEL I STRATEGISCH MANAGEMENT
Hoofdstuk 3
Omgeving van organisaties
Hoofdstuk 4
Strategieformulering
Hoofdstuk 5
Spreidingsstrategie:
waar concurreren?
Hoofdstuk 6
Positioneringsstrategie:
hoe concurreren?
Hoofdstuk 7
Samenwerkingsstrategie:
alleen of samen
concurreren?
Hoofdstuk 17
Van strategie
via operaties naar
organisatiestructuur
Hoofdstuk 8
Leidinggeven
en ontwikkelen
MENSEN
Hoofdstuk 9
Motiveren
en belonen
Hoofdstuk 10
Financiële middelen
en sturing
MIDDELEN
Hoofdstuk 11
Duurzame
productiemiddelen
Hoofdstuk 12
Besturen van
bedrijfsprocessen
METHODEN
Hoofdstuk 13
Beheersen
van kwaliteit
DEEL II OPERATIONEEL MANAGEMENT
Hoofdstuk 14
Arbeidsverdeling
Hoofdstuk 15
Relaties en
bevoegdheden
Hoofdstuk 16
Coördinatie
DEEL III ORGANISATIEONTWERP
Capita Selecta:
Capita Selecta 1:
Evolutie van het
management-
denken
Capita Selecta 2:
Cultuur in
organisaties
Capita Selecta 3:
Groei en
ontwikkeling van
organisaties
Capita Selecta 4:
Configuratie-
benaderingen
Capita Selecta 5:
Van strategie
naar operaties
Capita Selecta 6:
Management-
gereedschappen
BOUWSTENEN VAN MANAGEMENT EN ORGANISATIE

3 Omgeving van organisaties

3. ICT-dienstverlener in een veranderend krachtenveld

Een uit de hand gelopen hobby

Carola Visser is directeur-eigenaar van Digital Support (DS), een ICT-dienstverlenend bedrijf dat zeventien jaar bestaat en gericht is op klanten uit het midden- en kleinbedrijf (mkb). Ze noemt haar bedrijf 'een uit de hand gelopen hobby'. Als bestuurslid van de voetbalclub van haar kinderen heeft ze voor die club destijds de eerste website gemaakt. Die zag er zo goed uit dat ook de school van de kinderen haar vroeg om te helpen met hun site. Toen vervolgens plaatselijke winkeliers haar benaderden, besloot ze er betaald werk van te maken. In die tijd, rond 1995, was websites bouwen nog een specialisme. Tien jaar later kon iedereen die een beetje handig is met computers zelf een website bouwen met gebruiksvriendelijke en soms zelfs gratis software die op de markt was gekomen. DS dreigde veel werk te verliezen.

Van een bedreiging een kans maken

Carola speelde echter handig op dit gevaar in door een online tool aan te bieden waarmee mkb'ers hun eigen website konden maken inclusief webhosting door DS. Zo wisten ze klanten juist nog steviger aan zich te binden. Er ontstond zelfs nieuw werk door. Het mkb moet namelijk meegaan in online trends. Een statische website ('uithangbord op internet') is tegenwoordig onvoldoende. Bedrijven hebben ook een webshop, interactie met klanten, nieuwsbrieven op maat, actie op meerdere social media en een mobiele app nodig. De gemiddelde mkb'er heeft daar geen verstand van en bovendien wel wat beters te doen. En zo wordt DS ingeschakeld voor 'responsive webdesign', nieuwsbriefredactie en -verspreiding, socialmediamanagement en appontwikkeling en -onderhoud.

Nog meer nieuw werk

Aangescherpte regelgeving inzake privacy levert ook meer nieuw werk op. Een doe-het-zelfketen kreeg een forse boete van de Autoriteit Persoonsgegevens nadat hackers vertrouwelijke klantgegevens wisten buit te maken via hun slecht beveiligde systemen. Het bleef bij een strenge waarschuwing toen de keten kon aantonen dat ze intussen DS hadden ingehuurd voor onderhoud van hun cybersecurity.
Onder druk van kritische consumenten en milieuactivisten willen of moeten bedrijven laten zien dat ze maatschappelijk verantwoord ondernemen (mvo). Ze vragen DS om hun online uitingen een mvo-uitstraling te geven. Die moeten bovendien consequent genderneutraal zijn en een afspiegeling van de diversiteit van de 17 miljoen mensen in ons land.

Partner wordt concurrent

DS is gegroeid als kool: van 9 medewerkers in 2013 naar 58 nu. ICT-vacatures zijn echter moeilijk te vervullen nu de economie is opgeleefd. Carola heeft het bemensingsprobleem opgevangen door werk uit te besteden aan Raypur Technologies (RT) in Bhopal, India. De mensen van RT zijn net zo bekwaam als Nederlandse ICT'ers en een stuk goedkoper, maar tot haar schrik heeft RT onlangs i-Partner opgekocht, een van haar Nederlandse concurrenten. Onder de dekmantel van i-Partner is RT nu zelf actief op de Nederlandse markt en heeft het zelfs al twee goede DS-klanten naar zich toe gelokt. Dit vraagt om actie van Carola, maar welke?

Deze case laat zien hoe een organisatie invloed ondervindt van algemene ontwikkelingen in de macro-omgeving en van specifieke concurrentiekrachten in de meso-omgeving.

Kernstof

De externe omgeving is op te delen in de meso- en de macro-omgeving.

De meso-omgeving (paragraaf 3.1)
De bedrijfstak waarin een organisatie actief is, wordt de meso-omgeving genoemd. Met de partijen in de meso-omgeving heeft een organisatie direct contact. Om de structuur van een bedrijfstak te onderzoeken, ontwikkelde Porter het vijfkrachtenmodel. Met dit model kan de manager het structurele rendement van een bedrijfstak in kaart brengen. In de visie van Porter hangt het structurele rendement af van vijf krachten:

- rivaliteit tussen de bestaande concurrenten binnen de bedrijfstak;
- onderhandelingsmacht van de leveranciers;
- onderhandelingsmacht van de afnemers;
- dreiging van substituutproducten of -diensten;
- dreiging van nieuwe toetreders tot de bedrijfstak.

De praktijk laat zien dat bedrijfstakken onderling in structureel rendement verschillen. Bedrijfstakken laten in de loop der tijd verschillende niveaus van rendement zien. Dat kan toenemen, maar ook afnemen.

De macro-omgeving (paragraaf 3.2)
Een meso-omgeving is niet het enige dat invloed heeft op het rendement van een organisatie. De bedrijfstak maakt deel uit van een ruimere macro-omgeving die de bedrijfstak beïnvloedt. Om die te analyseren, maakt men wel gebruik van de DESTEP-rubricering. Die deelt de macro-omgeving in de volgende groepen factoren in:

- demografische factoren;
- economische factoren;
- sociaal-maatschappelijke factoren;
- technologische factoren;
- ecologische factoren;
- politiek-juridische factoren.

Interactie macro- en meso-omgeving (paragraaf 3.3)
In een concrete situatie kan een organisatie iets willen weten over een enkel onderdeel van de omgeving. Een bepaalde invloedsfactor kan dan los van andere onderzocht worden. In situaties dat de organisatie de strategie wil toetsen of herformuleren, is het aan te bevelen alle groepen factoren in kaart te brengen en te zoeken naar onderlinge verbanden. De geschiedenis van het bedrijfsleven laat zien dat grote verschuivingen soms tot stand komen doordat bepaalde ontwikkelingen elkaar versterken of in samenhang iets mogelijk maken.

Veranderlijkheid van de omgeving (paragraaf 3.4)
Men hoort weleens de opmerking dat alles snel verandert in de huidige maatschappij. Het valt niet te ontkennen dat bepaalde ontwikkelingen snel lijken te gaan. Zo is internet in twintig jaar tijd een niet meer weg te denken technologische factor geworden. Op andere vlakken gaan de ontwikkelingen minder snel of zijn ze redelijk goed te voorspellen. Sommige zaken lijken zelfs onveranderlijk. Neem de meubels die ontwerper H.W. Gispen in de jaren dertig van de vorige eeuw ontwierp. Deze worden nog steeds verkocht.

In een interview in *Harvard Business Review* (Kirby en Stewart, 2007) stelde Jeff Bezos, de CEO van Amazon.com, dat het belangrijk is te weten wat er niet verandert. Als klanten voortdurend dezelfde wensen hebben, bijvoorbeeld lage prijzen en snelle levering, moet je daar ook je best voor blijven doen.

Voorspellingstechnieken (paragraaf 3.5)
De organisatie kan met verschillende technieken een beeld proberen te krijgen van de toekomstige omgeving. Drie daarvan zijn de historische analogie, het scenario en het oppikken van zwakke signalen. Bij de historische analogie kijkt men of de eerste tekenen van een ontwikkeling die men waarneemt in het verleden tot grote veranderingen leidde. We zien dat auto's op de Europese markt nu uit 'nieuwe' landen als India en China komen. Dit verschijnsel heeft zich eerder voorgedaan toen de eerste auto's uit Japan hiernaartoe kwamen. Het is niet uit te sluiten dat de nieuwe aanbieders het succes van de Japanse fabrikanten kunnen herhalen. Scenario's zijn voorstellingen die men van de toekomst maakt. Het zijn geen voorspellingen, maar alternatieve beelden van de toekomst. Bij het oppikken van zwakke signalen speurt de organisatie de omgeving af om potentieel belangrijke ontwikkelingen in een vroeg stadium te ontdekken. Naarmate die signalen sterker en duidelijker worden, kan de organisatie nagaan wat die gaan betekenen en hoe erop gereageerd kan worden.

Bronnen van informatie (paragraaf 3.6)
Voor het maken van een omgevingsanalyse raadpleegt een manager verschillende informatiebronnen. Het is aan te raden meer dan één bron te raadplegen als op basis van de uitkomst van de analyse belangrijke beslissingen volgen. Er zijn gevallen bekend dat de opvattingen die de manager tegenkomt elkaar tegenspreken. Verder graven in andere informatiebronnen kan helpen een scherper beeld van de toekomst te krijgen, of legt bloot waar onvoldoende overeenstemming bestaat. In het laatste geval zal de leiding van de organisatie moeten beslissen van welke veronderstellingen zij wil uitgaan bij het maken van plannen.

3 Omgeving van organisaties

Voor een organisatie is de externe omgeving op twee manieren belangrijk. In de eerste plaats is het de afzetmarkt van producten en diensten. Daarnaast is de externe omgeving de bron waaruit de organisatie hulpbronnen moet betrekken om die producten en diensten voort te brengen. De externe omgeving is dus zowel afzet- als inkoopmarkt. De externe omgeving kan worden opgedeeld in een meso- en een macro-omgeving.[1] De meso-omgeving bestaat uit een bedrijfstak en ondernemingen die daar direct of indirect op inwerken. In een bedrijfstak leveren ondernemingen vergelijkbare producten of diensten, die met elkaar concurreren om de gunst van de afnemers. Deze concurrenten hebben directe contacten met leveranciers en afnemers. Mogelijke nieuwe toetreders en substituten hebben indirecte invloed. De macro-omgeving bestaat uit alle factoren en actoren die van invloed zijn op alle bedrijfstakken en organisaties. We beginnen met de beschrijving van de meso-omgeving. Deze is vaak het best herkenbaar.

3.1 Meso-omgeving: Porters vijfkrachtenmodel

De factoren die de hevigheid van de concurrentie in een bedrijfstak bepalen, kunnen met het vijfkrachtenmodel systematisch worden opgespoord en geanalyseerd. Op die manier wordt inzicht verkregen in de structurele winstgevendheid en aantrekkelijkheid van deze bedrijfstak, nu en in de toekomst (Porter, 1980, 2008). Dit inzicht biedt mogelijkheden om strategische alternatieven te ontwikkelen.

De concurrentiekrachten in het vijfkrachtenmodel zijn: de mate van rivaliteit tussen bestaande concurrenten in de bedrijfstak, de dreiging van nieuwe toetreders, de onderhandelingsmacht van afnemers, de dreiging van substituutproducten of -diensten en de onderhandelingsmacht van leveranciers. Het vijfkrachtenmodel is weergegeven in figuur 3.1.

Figuur 3.1 Het vijfkrachtenmodel van Porter (1980, 2008)

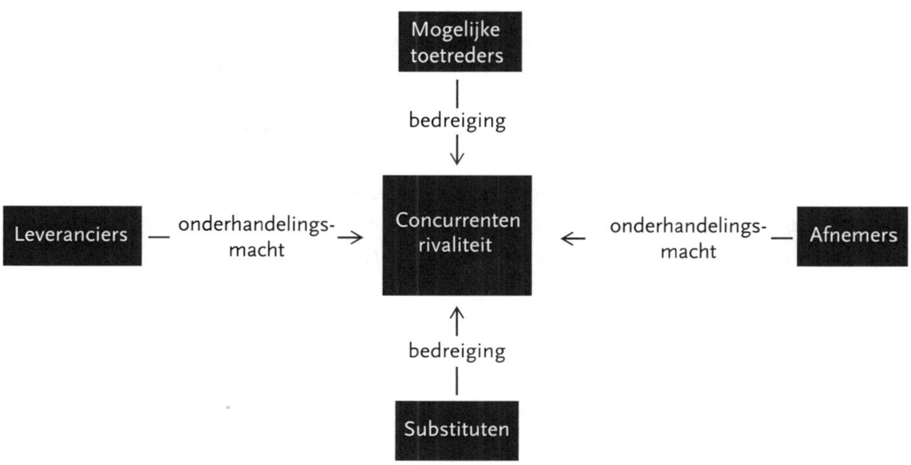

1 De micro-omgeving van een organisatie bestaat ook. Die bestaat uit de factoren en actoren aan de binnenkant (intern) van de organisatie.

Bij *rivaliteit tussen bestaande concurrenten* in de bedrijfstak gaat het om de druk die bedrijven voelen om de strijd aan te gaan met de huidige concurrenten. Mogelijkheden om de eigen positie te verbeteren ten koste van concurrenten spelen een belangrijke rol. Bij een beperkte groei van de markt kunnen bedrijven geneigd zijn het gevecht aan te gaan met hun directe concurrenten. Deze (ervaren) rivaliteit kan uiteindelijk leiden tot meer concurrentie. Denk aan het verlagen van de verkoopprijzen, het introduceren van nieuwe producten of het starten van felle reclamecampagnes. Factoren die deze rivaliteit beïnvloeden:

- de verhouding tussen vraag en aanbod: staan concurrenten elkaar naar het leven (meer aanbod dan vraag) of is er sprake van een vreedzame verdeling van de markt (vraag en aanbod min of meer in evenwicht)?
- de groei in de markt: het is een gegeven dat bij een hoge marktgroei veel nieuwe inspanningen moeten worden geleverd. Groei biedt ook meer kansen;
- de vaste productiekosten en het feit dat in markten waar het belangrijk is de capaciteit maximaal te benutten (bijvoorbeeld de luchtvaart met hoge vaste kosten) de prijzen veelal de neiging hebben te dalen;
- de mate van differentiatie in de bedrijfstak: als het niet goed mogelijk is het eigen aanbod te laten verschillen van dat van de concurrenten, is de concurrentie vaak hevig en wordt ze uitgevochten op prijs;
- hoge uittredingsdrempels, bijvoorbeeld door hoge niet-overdraagbare investeringen, waardoor uittreding gepaard gaat met onaanvaardbaar hoge afschrijvingen op activa op de balans.

Concurrentie in supermarktland

De totale omzet van supermarkten in ons land groeit nauwelijks. Te zien is dat een klein aantal ketens streeft naar het vergroten van hun marktaandeel. Dat leidt tot een hardere concurrentie. Bovendien gebruiken de ketens andere manieren om in de gunst van de klant te komen.

Dierenartsen: andere concurrentie?

Tot zo'n tien jaar geleden werkten dierenartsen alleen of samen in kleine zelfstandige klinieken. De laatste jaren worden zulke klinieken steeds vaker overgenomen door investeringsfondsen. Zo is Medivet met 260 klinieken in het Verenigd Koninkrijk eigendom van Inflexion (Londen). In ons land hebben investeerders als Ani Cura, Evidensia en CVS klinieken overgenomen. Zulke ketens van klinieken hebben onder andere schaalvoordelen bij inkoop, ondersteunende diensten en publiciteit. De concurrentie verandert daardoor.

De *dreiging die uitgaat van nieuwe toetreders* is afhankelijk van de barrières die een bedrijfstak opwerpt. Hoe meer barrières er zijn, hoe lastiger de toetreding en hoe geringer de dreiging ervan. Voorbeelden van toetredingsbarrières in bedrijfstakken:

- strikte voorwaarden, verbonden zijn aan het lidmaatschap van beroepsgroepen of brancheverenigingen;
- omschakelkosten van afnemers;
- bestaande concurrenten in de bedrijfstak die op grote schaal producten en diensten produceren en daarmee de kostprijs drukken;
- grote hoeveelheden kapitaal die benodigd zijn om een productieapparaat te starten;
- slechte of moeilijke toegang tot de bestaande distributiekanalen;
- belemmerende wet- en regelgeving.

Nieuwe toetreders in supermarktland
Het is alweer enige tijd geleden dat de van oorsprong Duitse ketens Aldi en Lidl naar ons land kwamen. Beide voerden een lageprijzenstrategie en werden aanvankelijk niet als belangrijke concurrenten gezien. Het marktaandeel van Aldi bedroeg in 2008 8,5% en in 2018 nog maar 6,8%. Lidl had in 2008 een marktaandeel van 4,8% dat in 2018 was gestegen tot 10,9%. De nieuwe toetreders haalden dus ruim 17% weg bij gevestigde ketens.

De dreiging die uitgaat van substituten bestaat uit het gevaar dat de vraag naar een product of dienst afneemt doordat nieuwe producten of diensten op de markt komen die hetzelfde kunnen en daarnaast beter of goedkoper zijn. Substitutie neemt verschillende vormen aan:
- Een veelvoorkomende vorm van substitutie is dat het ene product het andere vervangt, bijvoorbeeld het verzenden van post via een e-mail in plaats van een brief of skypen in plaats van opbellen.
- Een andere vorm van substitutie is de bevrediging van een behoefte door een compleet nieuw product of nieuwe dienst, waarmee een bestaand product of bestaande dienst volledig overbodig wordt. Een voorbeeld is de introductie van goedkope en kwalitatief hoogwaardige huishoudelijke apparaten, zoals stofzuigers en dvd-spelers, waardoor klanten sneller overgaan tot vervanging. Reparatie en onderhoudsdiensten worden overbodig.
- Een derde veelvoorkomende vorm van substitutie is de generieke substitutie: de bevrediging van een klantbehoefte door een product of dienst die sterk afwijkt van het bestaande product. Een voorbeeld van generieke substitutie is de situatie waarin een consument een flink bedrag heeft te besteden en kiest voor een nieuwe UHD-televisie in plaats van een tussendoorvakantie.

Substitutie in tv-land
De laatste jaren is te zien dat vooral jongere groepen kijkers hun nieuws en amusement niet meer bij de traditionele omroepen bekijken, maar ook op YouTube en sociale media. Grote groepen wat oudere kijkers zijn nog wel trouw aan het traditionele aanbod op de tv. Om ook in de toekomst nog kijkers te hebben, bieden traditionele omroeporganisaties steeds meer informatie aan in digitale vorm.

Substitutie in de financiële sector
Nederland nam als laatste van de EU-landen de PSD2-wet aan. Die wet maakt het mogelijk voor bedrijven om, na toestemming van de klant, inzicht te krijgen in zijn betalingen via de bankrekening. Met deze mogelijkheid kan de concurrentie in delen van het betalingsverkeer toenemen. Bestaande banken krijgen zo concurrentie van jonge, zogenoemde fintechbedrijven. Fintech is een samentrekking van financial en technology. Denk hierbij onder andere aan bedrijven als PayPal en het Nederlandse Adyen, die via internet enorme aantallen betalingen verwerken voor online aankopen.

De *onderhandelingsmacht van afnemers* beperkt de vrijheid van het bedrijf om de vraagprijs voor producten te verhogen. De macht van kopers is hoog in bedrijfstakken waarin:
- er sprake is van een concentratie van kopers en de kopers zich organiseren om een machtsblok te vormen;

THEORIE

- er veel aanbieders zijn en de kopers kunnen kiezen uit verschillende, onderling concurrerende bedrijven;
- de kosten van de componenten, de materialen en de arbeid voor het produceren van een product of dienst hoog zijn, waardoor de kopers veel tijd en aandacht besteden aan het zoeken en vinden van 'de beste koop'.

Afnemersmacht in de zorg
In het Nederlandse gezondheidsstelsel onderhandelt een klein aantal zorgverzekeraars met een zeer groot aantal huisartsen. Deze laatste mogen vanwege mededingingsregels niet gezamenlijk onderhandelen met de verzekeraars. Dat plaatst hen in een zwakke onderhandelingspositie.

De *onderhandelingsmacht van de toeleveranciers* beperkt de mogelijkheden voor het bedrijf om de kosten van in te kopen goederen en diensten te verlagen. Welke aspecten verhogen de onderhandelingsmacht van de toeleveranciers in een bedrijfstak?
- het aantal toeleveranciers dat in hoge mate unieke en kwalitatief hoogwaardige producten en diensten levert;
- toeleveranciers met een sterk merk;
- toeleveranciers die zelf beschikken over een ruim klantenbestand en het zich kunnen veroorloven een klant te verliezen.

Onderhandelingsmacht toeleverancier
In Nederland bestaat een beperkt aantal bedrijven dat carrosserie-onderdelen voor auto's fabriceert. Ruwweg onderscheiden we onderdelen voor lopende modellen en onderdelen voor klassieke auto's die uit productie zijn. Voor die laatste is er vaak maar één aanbieder. Die kan voor dit soort onderdelen hogere prijzen vragen en meer winst maken dan met onderdelen voor lopende modellen.

Het vijfkrachtenmodel is niet geschikt om de structurele winstgevendheid van bedrijven met verschillende producten en diensten in een keer in kaart te brengen. Doet men dat wel, dan ontstaat een beeld dat weinig inzicht geeft, omdat men geneigd zal zijn om naar het gemiddelde van de vijf krachten te zoeken. Dat gemiddelde is niet behulpzaam om voor bijvoorbeeld een productgroep een goede strategie te ontwikkelen. Het is beter om de analyse voor groepen van vergelijkbare producten of diensten te maken die los van elkaar in de markt staan of op verschillende markten actief zijn. Zo is het voor een bierbrouwer nodig om de analyse te maken voor het thuisverbruik én voor de leveranties via de horeca. Sommige krachten kunnen dezelfde uitwerking hebben, maar andere kunnen verschillen. Denk aan de onderhandelingsmacht van de kopers. Bij het uitvoeren van de vijfkrachtenanalyse is het belangrijk om naast een inschatting van de werking van de krachten op dat moment, ook na te gaan hoe die krachten in de toekomst anders kunnen gaan werken. In het algemeen is het zo dat naarmate de vijf krachten in intensiteit toenemen, dit de bedrijven beperkt in hun mogelijkheden om de prijs en de winst te verhogen. Sterke concurrentiekrachten hebben een bedreigend effect op de levensvatbaarheid. Daarentegen leveren zwakke concurrentiekrachten kansen op om in omzet en winst te groeien.

Aantrekkelijkheid bedrijfstakken verandert in de tijd

Uit de praktijk blijkt dat de winstgevendheid van bedrijfstakken in de loop der tijd verandert. Ook blijkt dat er grote verschillen bestaan tussen de winstgevendheid van bedrijfstakken op hetzelfde moment. In de atletiek, inmiddels ook een bedrijfstak, zijn in de loop der jaren de mogelijkheden om veel geld te verdienen enorm toegenomen. De Nederlandse atlete Fanny Blankers-Koen (zie foto van haar standbeeld) won op de Olympische Spelen in Londen in 1948 maar liefst vier gouden medailles. Een prestatie die zelden geëvenaard is. Als beloning mocht zij een nieuwe fiets in ontvangst nemen en een fraai boeket bloemen. Voor die tijd, in de opbouwperiode na de Tweede Wereldoorlog, waren dat mooie cadeaus.

Figuur 3.2 Standbeeld van Fanny Blankers-Koen

Bron: René & Peter van der Krogt

Tegenwoordig liggen de prijzen op het niveau van vele tienduizenden euro's. Daarnaast zijn er lucratieve sponsorcontracten voor topatleten. Denk aan Daphne Schippers, wereldkampioen 2015 en 2017 op de 200 meter hardlopen en een tweede plaats op de 100 meter in 2015. Een topatleet ontvangt bij deelname aan wedstrijden soms startgeld en kan daarnaast hoge geldprijzen winnen. Daphne Schippers heeft inmiddels sponsorcontracten afgesloten met onder andere Nike en Nuon.

Tussen verschillende sporten bestaan enorme verschillen in de hoogte van de geldprijzen en sponsorcontracten. Golf is een van de sporten waarmee de hoogste geldprijzen te winnen zijn. De winnaar van het British Open in 2018 verdiende met zijn overwinning ruim € 1,85 miljoen. Topgolfers verdienen met hun sponsorcontracten vaak vele malen meer dan met het prijzengeld. Bij denksporten bestaan grote verschillen in mogelijkheden om grote geldprijzen te winnen. Topschakers verdienen aanzienlijk meer dan topdammers.

In het bedrijfsleven zien we zulke verschillen ook. *Het Financieele Dagblad* publiceert elke maandag de verhouding tussen beurswaarde en omzet van ondernemingen in verschillende bedrijfstakken. Hoe groter de beurswaarde is in vergelijking met de omzet, hoe meer waarde beleggers toekennen aan elke euro omzet die een onderneming realiseert. In de uitgave van 11 maart 2019 is te zien dat de gezamenlijke beurswaarde van een aantal automobielfabrikanten gewaardeerd werd op 30 procent van de omzet. Bedrijven in de farmacie werden gemiddeld gewaardeerd op 4,5 maal de omzet, dus vijftienmaal zo hoog als automobielfabrikanten. Binnen de farmacie waardeerden de beleggers de omzet van biotechondernemingen gemiddeld op 4,4 maal de omzet en die van de traditionele aanbieders op 4,5 maal de omzet. Binnen bedrijfstakken zijn dus ook vaak segmenten te ontdekken die verschillen vertonen. Voor strategische beslissingen is het belangrijk inzicht te hebben in de krachten die verschillen in winstgevendheid, op eenzelfde moment of in de loop der tijd. Het model van Porter is daarbij behulpzaam.

Tijdens opleidingen is het de auteurs opgevallen dat deelnemers bij het 'invullen' van het vijfkrachtenmodel vaak denken dat het voldoende is om te noemen welke concurrenten er zijn, wie de leveranciers, wie de afnemers zijn et cetera. Het alleen opsommen van de concurrenten geeft geen of weinig inzicht in de hevigheid van de concurrentie. Dat geldt ook voor het alleen noemen van afnemers en leveranciers. Het gaat bij dit model over de machtsverhoudingen van bestaande en nieuwe partijen op dat moment en ook over hoe die machtsverhoudingen kunnen veranderen. Een nu winstgevende bedrijfstak kan over een paar jaar veel minder winstgevend zijn. Om nuttig met het model te werken is het in ieder geval nodig zorgvuldig de vijf krachten in detail te onderzoeken, zoals die op pagina 65 tot 70 beschreven zijn. Geef per partij de bestaande invloed een wegingscijfer, bijvoorbeeld 1 tot 5 en geef ook de trend aan van die kracht: wordt die groter of kleiner? Als men dit doet, komen daar vaak nieuwe inzichten uit voort die kunnen leiden tot een veel winstgevendere strategie.

3.2 Macro-omgeving

De macro-omgeving, waarbinnen de bedrijfstak een plaats heeft, kan men in kaart brengen met behulp van de DESTEP-rubricering. Deze afkorting staat voor de volgende groepen factoren:
- demografisch;
- economisch;
- sociaal-maatschappelijk;
- technologisch;
- ecologisch;
- politiek-juridisch.

3.2.1 Demografisch

Demografische factoren zijn van invloed op de *omvang* en de *samenstelling* van de bevolking, denk hierbij bijvoorbeeld aan de leeftijdsopbouw. De (veranderende) samenstelling

van bijvoorbeeld klantengroepen is hier van belang. Er moet worden opgemerkt dat demografische factoren in normale omstandigheden goed te voorspellen zijn, zeker als het de gehele bevolking van een land betreft. Tijden van oorlog en andere calamiteiten vormen een uitzondering op deze regel. De recente vluchtelingenstromen uit onder andere Syrië en Noord-Afrika zijn daar voorbeelden van. Op korte termijn levert dat problemen met de opvang op. Op de langere termijn kan deze opvang de optredende vergrijzing tegengaan.
Een belangrijke demografische ontwikkeling is de verandering van de *omvang van de bevolking*. Zo kunnen we zien dat die in sommige landen nu al daalt, zoals bijvoorbeeld in Japan. Sommige Europese landen krijgen hier op termijn mee te maken. In Nederland is er sprake van vergrijzing, waardoor het aantal werkenden dat de AOW-premies moet opbrengen daalt ten opzichte van het aantal ontvangers van het ouderdomspensioen. Daardoor neemt per werkende de last relatief en absoluut toe. Dat kan op langere termijn sociale spanningen opleveren. Om iets aan dit probleem te doen, is een aantal maatregelen genomen, bijvoorbeeld het geleidelijk verhogen van de AOW-leeftijd. De stijgende levensverwachting speelt niet alleen bij de AOW een rol, maar ook bij de aanvullende pensioenen.
De huidige demografische ontwikkeling leidt tot een toenemend tekort aan arbeidskrachten. De uitstroom van werknemers uit de arbeidsmarkt door pensionering wordt groter dan de instroom van jongeren en herintreders. In sommige sectoren is dit effect nog groter, omdat jongeren bijvoorbeeld niet in de industrie willen werken. Organisaties moeten zich extra inspannen om voldoende gekwalificeerd personeel aan te trekken.
Deze ontwikkeling levert problemen op, maar biedt ook kansen. Uit onderzoek blijkt dat de babyboomers (geboren in de jaren na de Tweede Wereldoorlog) die met pensioen gaan, redelijk welvarend zijn. Zij vormen dus een bron van nieuwe inkomsten voor ondernemingen en organisaties die daarop inspelen.
Op wereldschaal ziet men dat in landen als India en China de bevolking nog steeds groeit. Beide landen hebben meer dan een miljard inwoners. Er is echter een belangrijk verschil tussen beide landen. In China was tot voor kort de eenkindpolitiek van kracht. Een echtpaar mocht slechts één kind ter wereld brengen. India had deze wetgeving niet. Het effect daarvan is dat de bevolking van India op dit moment sneller groeit dan die van China en die binnen enkele decennia zal overtreffen (Garschagen, 2012).

Veranderingen in de *woonplaats* van de bevolking kunnen ook een rol spelen. In Nederland krijgen gebieden die ver van de Randstad liggen te maken met een krimp van de bevolking. Deze gaat gepaard met een dalende koopkracht en geringere belastingopbrengsten voor de lokale overheden. Op termijn neemt daardoor het voorzieningenniveau af, denk aan scholen en winkels. Dit maakt het voor nieuwkomers minder aantrekkelijk om zich daar te vestigen, hoezeer een gemeente zich daar ook voor inspant. Denk aan Blauwestad in de provincie Groningen. Een aantrekkelijk ontworpen gebied, maar onvoldoende aantrekkelijk om het geplande aantal nieuwe inwoners aan te trekken. Daartegenover staan nieuwe steden of stadsdelen dicht bij de grotere steden die zich wel voorspoedig ontwikkelen. Denk aan de enorme groei van Almere en de nieuwe wijken van steden als Utrecht en Amersfoort.

De *etnische samenstelling* van de bevolking is een derde aspect dat van invloed is op bedrijfstakken en individuele organisaties. De komst van inwoners uit andere landen heeft verschillende kanten. Een deel van de bevolking is er niet altijd gelukkig mee. Ze voelt zich niet meer thuis in de oude, maar minder vertrouwde, omgeving. Dit kan wederzijdse aanpassingsproblemen opleveren en sociale spanningen geven. Ervaring uit andere landen laat zien dat de kinderen van immigranten hebben leren leven en werken in hun nieuwe thuisland. De komst van andere etnische groepen geeft ook kansen. Zij vormen de nieuwe afzetmarkt en bieden nieuwe producten en diensten. In Nederland hebben bijvoorbeeld de hugenoten en de Joden eeuwen geleden het culturele leven extra kracht gegeven.

3.2.2 Economisch

Economische ontwikkelingen zijn voor elke organisatie van belang, of die nu wel of niet op winst gericht is. Een eerste aspect is daarbij de omvang en groei van het *nationaal inkomen* in verschillende landen. De veranderingen daarin zijn van invloed op de koopkracht en op de daaruit ontstane kansen voor aanbieders uit de thuismarkt of het buitenland. Vastgesteld is dat het economische zwaartepunt van de wereld aan het verschuiven is. Sommige berichten geven aan dat de markt voor auto's in China al even groot, zo niet groter is dan die in de VS. Terwijl de markt in de VS redelijk verzadigd is, groeit die in China nog steeds hard. In India leven miljoenen gezinnen met een koopkracht vergelijkbaar met het modale loon in Nederland. Prahalad (2005) heeft daarnaast laten zien dat ook aan de onderkant van de inkomenspiramide goede zaken zijn te doen. De benadering van de markt en de consument moet dan wel anders worden aangepakt dan in meer ontwikkelde landen. Zo meldt Prahalad dat Unilever in India losse zakjes shampoo verkoopt voor omgerekend $ 0,01 en er toch veel winst mee maakt.

Ook spelen *rentestanden en valutakoersen* een belangrijke rol bij het beeld van de economie. De hoogte van de rente is voor veel organisaties van belang. Levensverzekeringsmaatschappijen en pensioenfondsen garanderen meestal een bepaald rendement over een lange periode. Het goed in beeld hebben van de factoren die van invloed zijn op de rentestand is dan van groot belang. Een te lage rentestand kan betekenen dat de levensverzekeringen en de pensioenen niet voldoende gedekt zijn. De discussie daarover is sinds eind 2010 in volle gang, waarbij de stijgende levensverwachting het effect van de lage rentestand versterkt. Voor andere organisaties hebben valutaontwikkelingen een grote invloed op de resultaten. Soms leidt koersdaling van de eigen valuta tot een verbetering van de concurrentiepositie, omdat de prijzen voor buitenlandse afnemers dalen. Voor organisaties die producten en diensten uit het buitenland betrekken, worden de aankopen dan juist duurder. Daling en stijging van valutakoersen kan dus flinke invloed hebben op de economie als geheel en op de resultaten van een individuele organisatie.

Het *economisch evenwicht* in de wereld zal op de langere termijn gaan verschuiven. Voor de eeuwwisseling lag het economisch zwaartepunt in Noord-Amerika, Europa en Japan. Zuid-Korea was toen al een sterk opkomende natie. Van de zogenaamde BRICT-landen, Brazilië, Rusland, India, China en Turkije, werd rond 2000 verwacht dat zij sterk zouden groeien. Die groei kwam er wel, maar vlakte na 2013 af. De oorzaken daarvan verschillen per land. Onderzoekers van McKinsey, (Woetzel et al., 2018) een groot internationaal adviesbureau, wijzen op elf groeiende economieën die minder bekend zijn, maar wel de laatste 20 jaar rond 5% of meer groei hebben gerealiseerd. Dat zijn: Ethiopië (4,8%), Oezbekistan (5,1%), Vietnam (5,1%) Kazachstan (5,2%), India (5,3%), Laos (5,4%), Wit-Rusland (5,6%), Cambodja (5,8%), Turkmenistan (6,1%), Azerbeidzjan (8,2%) en Myanmar (8,95%). Frankopan (2018) wijst ook op de sterke opkomst van de economieën in Centraal-Azië. Ook hij constateert een verschuiving van de economische macht van west naar oost. In het FD (18 maart 2019) merkt Eurocommissaris Katainen (groei en banen) op: 'Europa mag geen onderaannemer worden van de Chinezen.'

3.2.3 Sociaal-maatschappelijk

Op *sociaal-maatschappelijk* gebied zijn ook ontwikkelingen te signaleren. In toenemende mate speelt *internet als communicatiemedium* een rol. Deels wordt dit mogelijk gemaakt door de technologie, maar deels ook doordat meer mensen, ook ouderen, gebruik gaan maken van het internet. Zo ontstaan er internetfora, waarop mensen van gedachten wisselen over zaken die hun interesse hebben. Nieuwtjes en ook nepnieuws gaan daardoor razendsnel de hele wereld over. Steeds meer ondernemingen en non-profitorganisaties weten wat er in de media over hen geschreven wordt. Verkeerde informatie die verspreid wordt, kan snel gesignaleerd en rechtgezet worden. In deze vorm is internet een soort rubriek 'Ingezonden stukken' in de krant, maar een die sneller werkt en waarin een redactie geen correcties aanbrengt op stijl en woordkeus. D'Aveni (2018) geeft voorbeelden van de manier waarop grote concerns ook gebruikmaken van uitingen op sociale media om de vraag naar producten te voorspellen.
Een andere ontwikkeling die de laatste jaren opkomt, is het zogenoemde *nieuwe werken*. Een precieze omschrijving van dit begrip treft men zelden aan. Het omvat nieuwe werkpatronen waarbij in een eenvoudig geval medewerkers van een adviesbureau op kantoor geen eigen vaste plek meer hebben. In een nieuw ziekenhuis dat in 2010 is geopend in Zutphen hebben de specialisten geen eigen vaste spreekkamers meer. Afhankelijk van de behoefte krijgen ze een steeds wisselende kamer op hun afdeling als werkplek aangewezen. Vanuit die plek kunnen zij de benodigde informatie over patiënten op een scherm oproepen. Hier is de nieuwe manier van werken dus niet mogelijk zonder ondersteuning van informatie- en communicatietechnologie (ICT). Dat geldt ook als het nieuwe werken wordt opgevat als niet meer plaats- en tijdgebonden werken. De werknemer kan bijvoorbeeld vanuit huis werken of onderweg in contact staan met het kantoor. Het spreekt vanzelf dat het nieuwe werken niet in alle situaties mogelijk is. In productieomgevingen, bijvoorbeeld bij werk aan een lopende band, is dit lang niet altijd mogelijk.

Ook de nadruk op *duurzaamheid* en *maatschappelijk verantwoord ondernemen* (mvo) neemt toe. Men weet dat de hulpbronnen van de wereld niet oneindig zijn en zo verantwoord mogelijk moeten worden gebruikt. Waar men vroeger duurzaamheid vaak opvatte in materiële zin, zien we nu steeds meer dat het begrip ook slaat op het duurzaam maken van arbeid. In zich ontwikkelende landen hebben arbeidskrachten ook recht op verbetering van arbeidsomstandigheden. Eind 2010 verscheen een bericht in de pers dat de ChristenUnie wil dat supermarkten een convenant opstellen waarin zij zich verplichten om in 2015 de huismerken op een duurzame manier te laten vervaardigen. Door de komst van internet is het koopgedrag van veel consumenten aan het verschuiven. De fysieke winkels blijven nog steeds bestaan, maar de omzetten stijgen niet meer en nemen in sommige branches zelfs af. Consumenten kopen steeds meer via internet. Het gevolg is leegstaande winkels in binnensteden en ook op het platteland. Een vergelijkbare verschuiving is te zien bij het boeken van reizen en het afsluiten van verzekeringen. De aanvankelijke angst bij het doen van online transacties neemt af. Om succesvol te blijven, zullen bedrijven door dit veranderende koopgedrag moeten zoeken naar mogelijkheden om daarop in te spelen. Naast deze voorbeelden is ook te zien dat eerder minder succesvolle detailhandelsketens de weg omhoog weer hebben gevonden. Een voorbeeld is Miss Etam, dat na een faillissement van enige jaren geleden weer succesvol is door een grondige herziening van de strategie (Pijpker, 2018).

3.2.4 Technologisch

Er vinden technologische vernieuwingen plaats die grote impact hebben op de samenleving en daarmee ook op organisaties. In tegenstelling tot wat dikwijls gedacht wordt, duurt het lang voordat ontdekkingen als producten en diensten op de markt komen. Voor veel consumenten verschijnen ze plotseling, maar in laboratoria is er soms meer dan tien jaar aan gewerkt. Hierna volgen een paar voorbeelden van technologische ontwikkelingen.

Internet is niet meer uit het leven weg te denken. Midden jaren negentig van de vorige eeuw was dit een noviteit die weinigen aansprak. In sommige traditionele telecombedrijven werd deze ontwikkeling wel gevolgd, maar er werd nog niet op grote schaal op ingespeeld. Met internet kon je toen ook nog niet veel. Fingar (2009) noemt de eerste versie ervan web 1.0. Met deze vorm van internet kon de gebruiker alleen informatie lezen. Web 1.0 is wat gebruik betreft te vergelijken met teletekst. De gebruiker kan alleen lezen, interactie is niet mogelijk.
Web 2.0 maakt die interactie wel mogelijk, waardoor de koper via internet bijvoorbeeld boeken kan kopen, een reis kan boeken of informatie kan ophalen of aanleveren bij Wikipedia. Web 3.0 maakt het mogelijk alle dingen te doen die met web 1.0 en web 2.0 ook mogelijk zijn, inclusief het gezamenlijk uitvoeren van processen. Denk aan het interactief ontwerpen van een product door de fabrikant en zijn toeleveranciers. De opkomst van web 3.0 maakt de opkomst van *cloud computing* mogelijk. Traditioneel waren gebruikers van computersystemen eigenaar van de hardware en de software die nodig zijn om bewerkingen uit te voeren. Bij *cloud computing* leveren gespecialiseerde ondernemingen de hardware en de software tegen betaling aan hun klanten als een dienst. Grote aanbieders van clouddiensten zijn onder andere Amazon Web Services en Microsoft Azure.

Verkocht aan een bieder in China

Kunst en kostbaarheden wisselen steeds gemakkelijker online van eigenaar, en steeds vaker zonder kijkdagen en zonder veilingmeester. Het verandert lokale veilinghuizen in wereldspelers. Zo ook het Zeeuws veilinghuis in Middelburg. Op 27 maart 2019 verwisselden honderden stukken Chinees porselein, Japanse gesneden beeldjes (netsukes) en nog veel meer, van eigenaar. 80% van de kopers komt uit het buitenland, schat René de Visser, directeur van het veilinghuis. In de niche van Aziatische kunst is het een wereldspeler.

Bron: FD (2019b), 20 april, p. 14-15

Biotechnologie is een werkterrein waar veel van te verwachten is. Met verschillende vormen die op dit gebied te onderscheiden zijn, kunnen gewassen verbeterd en nieuwe medicijnen ontwikkeld worden. De op deze manier verbeterde gewassen zijn beter bestand tegen bepaalde ziekten of hebben minder water nodig om te groeien dan gewone gewassen. In dit geval spreekt men van genetisch gemanipuleerde gewassen. Ondanks de voordelen die deze gewassen hebben, bestaat in sommige landen grote weerstand tegen het gebruik ervan. De medische toepassingen leveren ook voordelen op vergeleken met voorheen gangbare producten. Verschillende ondernemingen werken aan medicijnen tegen vormen van kanker, multiple sclerose en reumatische artritis. Het duurt vele jaren voor een ontdekt antilichaam op de markt komt in de vorm van een medicijn. Genmab is een Deens bedrijf dat een laboratorium met meer dan honderd onderzoekers in Utrecht heeft. Het bedrijf is in 1999 opgericht en werkt aan medicijnen tegen onder andere de ziekte van Kahler (multiple myeloma). In 2012 sloot Genmab een licentieovereenkomst met Janssen Pharmaceuticals, een onderdeel van Johnson & Johnson. In 2016 kwam het middel Darzalex op de markt dat in 2018 een omzet behaalde van ruim $ 2 miljard. Het is daarmee een zogenoemde blockbuster.

Nanotechnologie en *additive manufacturing* (3D printing) zijn terreinen die steeds meer nieuwe mogelijkheden gaan bieden. Nanotechnologie werkt met deeltjes die een grootte hebben van een miljardste van een meter. Toepassingen liggen op zeer verschillende terreinen. Wanneer zulke deeltjes bijvoorbeeld op kledingstof worden aangebracht, maakt dit de stof vuilafstotend. Op autoruiten aangebracht, worden deze veel minder vuil dan voorheen. Geavanceerdere toepassingen zijn er ook. In de medische wetenschap kunnen nanodeeltjes ervoor zorgen dat medicijnen alleen op de plekken komen waar ze moeten werken. De technologie biedt mogelijkheden voor de diagnose van ziekten, die voor de patiënt minder belastend zijn dan traditionele methoden, waarbij instrumenten in het lichaam moesten worden ingebracht. In Nederland ontwikkelt FEI elektronenmicroscopen en aanverwante apparatuur voor het gebruik bij nanotechnologie.

THEORIE

Additive manufacturing is een groep van technieken. *3D-printen* is een techniek waarmee onderdelen of complete producten met behulp van drukmachines uit poeder (van metaal of van andere grondstoffen) laagje voor laagje worden opgebouwd. De specificaties van het te printen product liggen digitaal vast en zijn relatief snel aan te passen. De te printen producten lopen uiteen van eenvoudig tot zeer specialistisch. Sommige onderdelen van straalmotoren worden ook al op die manier geprint. Voorheen werden zulke onderdelen geassembleerd uit losse elementen die elk afzonderlijk en door verschillende leveranciers werden gemaakt. Ook op het medische vlak liggen er veel toepassingen. Protheses om een deel van de kaak te vervangen of speciaal voor de patiënt gemaakte 'zaagmallen' voor het gebruik bij knieoperaties zijn daar twee voorbeelden van. D'Aveni (2018) geeft aan dat dit soort technieken op termijn de verdeling van de productie over de hele wereld kunnen gaan veranderen. Productiefaciliteiten bestaande uit additive manufacturing machines zijn vele malen flexibeler dan traditionele machines. Bovendien spelen arbeidskosten minder een rol en zijn de investeringen vrijwel even hoog, of je die in een lagelonenland doet of in een meer ontwikkelde economie.

3.2.5 Ecologisch

In de jaren zestig van de vorige eeuw is de belangstelling voor de milieuproblematiek toegenomen. Een van de gevolgen daarvan was dat er *veel meer* en *strengere regels* kwamen voor het verwijderen van verschillende soorten afval. Het scheiden van papier, tuinafval en restafval vindt zijn oorsprong in die tijd. Voor het verwijderen van elektrische apparaten wordt al jaren een verwijderingsbijdrage geheven bij aanschaf. Doordat de prijzen van grondstoffen zijn gestegen en omdat er mogelijk een tekort aan grondstoffen dreigt, worden afvalstoffen nu gerecycled. Zuinig gebruik van hulpbronnen is voor sommige producten een sterk verkoopargument geworden.
Bijzondere aandacht krijgt het verminderen van *CO_2-uitstoot*. Deze uitstoot is volgens velen de oorzaak van de gesignaleerde stijging van de gemiddelde temperatuur op aarde. Door allerlei technische maatregelen probeert men die uitstoot te

verminderen. De Nederlandse overheid probeert via belastingen op meer vervuilende vervoersmiddelen de consument te bewegen om schoner te gaan rijden. Bpm (de belasting van personenauto's en motorrijwielen) en bijtelling voor het gebruik van een auto van de zaak hangen af van de uitstoot van CO_2 per kilometer. Hoe hoger de uitstoot, hoe hoger de bpm en de bijtelling. Nog steeds geldt dat hoe meer CO_2 een auto uitstoot, hoe hoger de bpm is. Voor 2019 geldt de volgende regeling: op volledig elektrisch auto's is de bpm nul. De bijtelling voor elektrische auto's hangt af van de waarde: tot € 50.000 cataloguswaarde is de bijtelling 4%, voor het meerdere is de bijtelling 22%, net als voor benzine-en dieselauto's.

Milieu heeft ook te maken met het *gebruik van de open ruimte*. Het is van belang dat de bestaande natuur zo goed mogelijk in stand wordt gehouden. Dat vraagt plannen voor ruimtelijke ordening, volkshuisvesting en de aanleg van wegen. Bij de kabinetsformatie in 2010 is besloten de ministeries die zich daarmee bezighouden samen te voegen. Dit maakte het mogelijk al binnen dit ministerie tot een afweging van veel relevante aspecten te komen. Een nieuwe weg aanleggen kan leiden tot een geringere uitstoot van CO_2, maar het kan noodzakelijk zijn dat daarvoor een deel van een bos moet verdwijnen. Milieuoverwegingen spelen ook een rol waar het gaat om de manier waarop de mensheid in de toekomst aan *voedsel* komt. Mogen boeren in de toekomst binnen de EU wel gengewassen verbouwen? Is er echt sprake van overbevissing, en zo ja, wat gaat men daaraan doen? Hoeveel vlees kun je nog verantwoord eten, gezien de hoeveelheden water en voer die nodig zijn om vlees te produceren? Dat zijn vragen die voor de mensheid van belang zijn en ook voor de producenten in de voedselketen.

3.2.6 Politiek-juridisch

Op het politieke vlak en de *wet- en regelgeving* gebeurt veel wat van grote invloed is op allerlei organisaties. Dat kan zich afspelen op het niveau van de lokale, de regionale en de internationale overheden. Niet zelden treft men enige aarzeling in organisaties aan om erachter te komen wat er in politiek opzicht kan gebeuren. Vaak loont het de moeite om zich te informeren bij politici over wat hen bezighoudt of die politici juist te informeren over wat de organisatie voor ogen staat. Als dit lobbyen op een open en transparante manier gebeurt, kan de kwaliteit van de te nemen politieke beslissingen alleen maar toenemen. Door de toegenomen samenwerking tussen landen, de EU en de NAFTA (North American Free Trade Agreement) is te zien dat ondernemingen in de hoofdzetels van zulke organisaties eigen vertegenwoordigers hebben of dat gezamenlijk doen, om erachter te komen wat er speelt en gaat spelen. In toenemende mate staat de wetgeving in ons eigen land onder invloed van wat er in Brussel wordt afgesproken. Een voormalige directeur-generaal van een ministerie in Den Haag ging in zijn actieve tijd regelmatig naar Brussel. Op een bepaald moment stelde een collega-ambtenaar hem de vraag wat hij daar toch allemaal deed. Zijn antwoord, 'Veel van wat in Brussel beslist wordt, heeft grote invloed op onze eigen wetgeving', verbaasde de vragensteller zeer. Hij was er niet van op de hoogte dat actieve inmenging in Brusselse besluitvorming nodig was om eigen doelen te bereiken.
In veel landen was tot voor enige jaren het politieke krachtenveld redelijk te overzien. Er was een aantal gevestigde partijen die in wisselende coalities de regering vormden. De laatste jaren komen er steeds meer partijen op en de kiezer gaat meer 'zweven' dan voorheen. Dat maakt het moeilijker om een beeld van het toekomstige regeringsbeleid te vormen. Ook internationaal zijn de politieke verhoudingen aan het veranderen. Denk bijvoorbeeld aan de Brexit, die wel of niet doorgaat. Na jaren onderhandelen is midden maart 2019 nog steeds

niet duidelijk wat er zal gebeuren. President Trump van de US laat regelmatig bevriende landen schrikken met zijn Twitterberichten. Hij vindt China een land dat met invoerheffingen en andere maatregelen tot de orde moet worden geroepen. Aan de andere kant is China internationaal bezig met het zogenoemde Belt and Road-initiatief dat een nieuwe 'zijderoute' moet opleveren met uitbreiding van bestaande verbindingen met andere landen. Daarnaast is China bezig zijn militaire macht te vergroten en ook met het vestigen van bases in het buitenland. (zie o.a. Frankopan, 2018) Voor bedrijven maakt dat het moeilijker om plannen voor verdergaande internationalisatie te maken.

3.3 Interactie tussen de macro- en de meso-omgeving

Om een volledig beeld te krijgen van wat de toekomstige omgeving van de organisatie kan zijn, moet de invloed van de macro-omgeving op de bedrijfstak zichtbaar gemaakt worden. Een paar voorbeelden zullen dit verduidelijken. Als een onderneming zich afvraagt of er een kans bestaat op substituutproducten of -diensten, kan het nuttig zijn na te gaan of er technologische ontwikkelingen zijn die zoiets mogelijk kunnen maken. Bij de vraag hoe groot de toekomstige vraag naar het product of de dienst zal zijn, spelen factoren als omvang van de bevolking en koopkracht per inwoner een belangrijke rol. Of er nieuwe concurrenten komen, kan voor een deel afhangen van het karakter van de markt op een bepaald moment. Als er sprake is van een kopersmarkt (meer aanbod dan vraag) ligt dat niet voor de hand. Bij een verkopersmarkt (meer vraag dan aanbod) ligt het voor de hand dat zich nieuwe aanbieders op de markt gaan begeven. Dan zijn er nog potentiële kopers die niets kunnen kopen, met als gevolg stijgende verkoopprijzen. Ook interactie tussen twee macrokrachten kan iets nieuws mogelijk maken. Zo is internet mogelijk geworden door twee ontwikkelingen in de macro-omgeving. In de eerste plaats door technologische ontwikkelingen. Daarnaast was het nodig dat regelgeving op het gebied van telecommunicatie werd geliberaliseerd. Tot rond 1990 bestond er regelgeving die bepaalde langs welke centrales een gesprek tussen bijvoorbeeld een inwoner van Amsterdam en een inwoner van Rome werd afgewikkeld. Van die regel werd alleen in noodsituaties afgeweken. Internetberichten volgen een nauwelijks te voorspellen weg via de infrastructuur en waren niet onder de oude starre regelgeving onder te brengen. De liberalisering gecombineerd met technologische ontwikkelingen legde de basis voor internet zoals we dat nu kennen. In figuur 3.3 is zichtbaar gemaakt hoe de meso-omgeving (bedrijfstak) onder invloed van de macro-omgeving staat.

Figuur 3.3 Interactie macro- en meso-omgeving

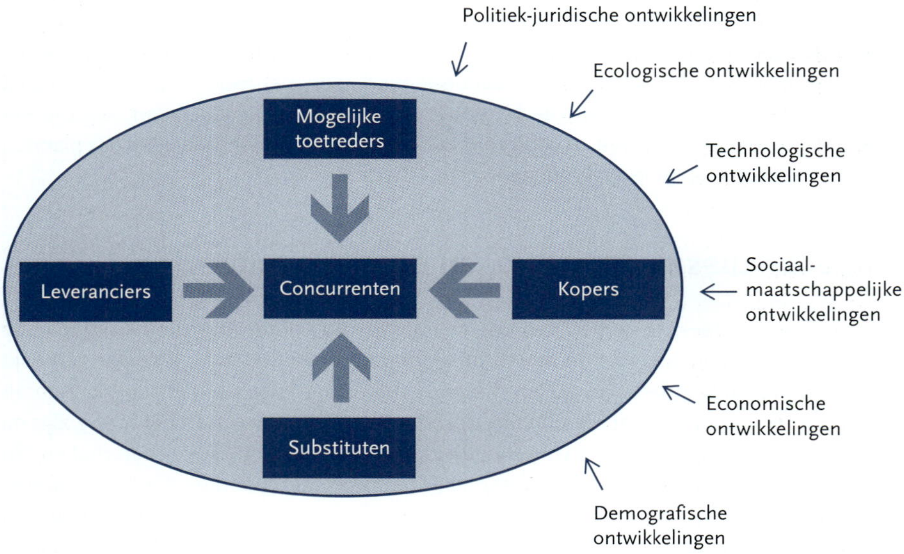

3.4 Veranderlijkheid van de omgeving

'Omstandigheden veranderen zo snel, dat je toch niets kunt voorspellen', hoort men weleens verkondigen. Het is een juiste constatering dat veel om ons heen verandert. Al die veranderingen maken het leven van de manager niet eenvoudiger. Dat een organisatie niet met grote nauwkeurigheid de toekomst over vele jaren kan voorspellen, klopt ook. Het gevolg daarvan is niet zelden dat managers dan maar helemaal geen moeite doen om iets over de toekomst te weten te komen. Wat we dan zien, is dat deze managers van de ene verrassing in de andere vallen en dat ze met hun organisatie steeds verder achter de feiten en de concurrenten aan lopen.

Wat is disruptie?
Christensen van Harvard Business School was rond de eeuwwisseling een van de eersten die binnen het managementdomein het begrip disruptie gebruikte. In de medische wetenschap werd het al langer gebruikt en betekent het woord ontwrichting. Nu wordt het in de managementliteratuur vaak gebruikt om te verwijzen naar grote, snelle en ingrijpende veranderingen, waardoor eerder succesvolle ondernemingen minder succesvol worden of zelfs ten onder gaan. Eerder werd voor hetzelfde verschijnsel ook wel het begrip turbulentie gebruikt. Christensen et al. (2015) wijzen erop dat het woord nu in veel ruimere zin gebruikt wordt dan het in eerste aanleg bedoeld was. Zij stellen dat er disruptie is als een kleine onderneming (disruptor) met beperkte middelen succesvol met een bestaande aanbieder gaat concurreren. Vaak valt de disruptor de gevestigde concurrent aan de onderkant van diens aanbod aan. De gevestigde aanbieder concentreert zich vaak op het topsegment van zijn klanten die de hoogste eisen

stellen en de hoogste prijs willen betalen en ook de meeste winst opleveren. Het langetermijneffect van de aanval op de onderkant wordt vaak niet gezien of wordt onderschat. Langzamerhand neemt de omzet van de disruptor toe en gaat die ook de hogere segmenten bedienen, vaak met lagere prijzen (en kosten) dan de gevestigde concurrent. De laatste ziet zich dan teruggedrongen op een kleiner wordende markt en geconfronteerd met steeds stijgende kosten om te voldoen aan de steeds hogere eisen en verwachtingen van het topsegment. Op het gebied van de smartphones is nu iets dergelijks te zien bij de opkomst van eerst het Koreaanse Samsung en later de Chinese aanbieders Huawei en Xiaomi. De oorspronkelijke nummer 1 Apple heeft al sinds enige jaren niet meer het grootste marktaandeel. Dat heeft Samsung nu. Maar voor hoelang nog?
De opkomst van de taxidienst Uber is volgens Christensen et al (2015) niet te zien als disruptie zoals zij die definiëren. Dat neemt niet weg dat de opkomst van Uber enorme invloed op de markt heeft gehad en nog heeft. De komst van Uber is geen disruptie, omdat die niet aan de onderkant van de markt begon die door bestaande aanbieders wordt verwaarloosd, of een hele nieuwe markt creëerde. Bovendien mikte Uber van het begin af aan met goede kwaliteit op bestaande klanten van taxibedrijven. Van langzaam in kwaliteit omhoog klimmen was geen sprake.
In de opvatting van Christensen et al. (2015) is disruptie een proces dat lang kan duren en waarvan gevestigde aanbieders het effect langere tijd niet zien en/of onderschatten. Dat vraagt om een andere aanpak dan de plotselinge opkomst van een nieuwe concurrent die frontaal de concurrentie aangaat.

Dat je helemaal niets over de toekomst kunt zeggen, is onjuist, zelfs in technologisch zeer snel vernieuwende sectoren. Een voorbeeld in dat verband is de wet van Moore, die stelt dat de rekencapaciteit van microprocessoren elke achttien maanden verdubbelt. Moore, een van de oprichters van Intel, bedacht deze wet in 1965. De geschiedenis leert dat die wet inmiddels meer dan vijftig jaar lang correct is gebleken. Volgens kenners zal dat nog wel een tijdje zo blijven. Dit is een verschijnsel van snelle, maar wel voorspelbare verandering. Met zo een verandering kunnen managers bij het maken van hun plannen rekening houden. Soms gaan technologische ontwikkelingen zeer langzaam. Onderzoekers werken al tientallen jaren aan kernfusie als mogelijkheid om schoon en onbeperkt energie op te wekken. Kenners verwachten dat rond 2050 de eerste centrales energie met kernfusie zullen opwekken. De Economist (2016) meldt dat Pratt & Whitney meer dan 20 jaar bezig waren en € 10 miljard investeerden in het ontwikkelen van een 'versnellingsbak' voor straalmotoren. Met deze technologie worden straalmotoren zuiniger en stiller en kunnen vliegtuigen verder vliegen. Zulke motoren worden voor het eerst ingebouwd in Airbus A320neo-toestellen. Soms is te constateren dat er op sommige terreinen helemaal niets verandert. Zo vertelde Jeff Bezos, CEO van Amazon, in een interview in *Harvard Business Review* (Kirby & Stewart, 2007) dat het belangrijk is om ook te kijken naar wat *niet* verandert. Hij kon in elk geval twee zaken noemen die zijn klanten nu belangrijk vinden en dat ook zullen blijven vinden. Hij vertelde dat zijn klanten lage prijzen en snelle levering van hun bestelling willen, nu en in de toekomst. Bezos stelt dat als Amazon zijn aandacht niet langer legt op deze twee eisen, de resultaten op den duur achteruit gaan. In Nederland worden nog veel meubels verkocht die meer dan zestig jaar geleden werden ontworpen (zie figuur 3.4). Sommige dingen lijken tijdloos te zijn.

THEORIE

Figuur 3.4 Dutch Originals na zeventig jaar nog springlevend

Advertentie van Van Til Interieur in Alkmaar.
Gemaakt door Team Klijnsma.

Soms stelt men dat de acties van concurrenten niet te voorspellen zijn. Dit is onjuist. Zo is de stelling te verdedigen dat automobielmerken als Mercedes Benz en BMW, die nu in het premiumsegment gepositioneerd zijn, in dat segment zullen blijven. Ze zullen hun strategie qua positionering niet veranderen. Ook al bieden beide merken soms kortingen aan bij de aankoop van nieuwe auto's, ze blijven aanzienlijk duurder dan andere merken.
Af en toe zie je dat een producent een voor hem nieuw marktsegment gaat betreden. Zo heeft Volkswagen sinds 2002 met de Phaeton geprobeerd de markt voor grote

limousines te betreden. Technisch gezien is het een voortreffelijke auto, alleen willen kopers die tot nu toe in grote modellen van andere merken rijden, de overstap nog niet (in grote aantallen) maken. De verkoopcijfers blijven aanzienlijk achter bij de hooggespannen verwachtingen. Lang niet elke vernieuwing door een concurrent is dus altijd een bedreiging. VW kon hier technisch veel meer dan het marktsegment voor limousines wilde accepteren. Soms zijn klanten conservatief en stappen ze niet over op iets anders. Eind 2015 heeft de leiding van Volkswagen besloten de productie van de Phaeton in het voorjaar van 2016 te stoppen.

De toekomst is niet honderd procent nauwkeurig te voorspellen. Dat wil niet zeggen dat er niets over te zeggen valt. Er zijn in de loop der tijd instrumenten ontwikkeld die kunnen helpen organisaties beter op de toekomst voor te bereiden. Hierna volgt een korte bespreking van drie technieken voor het vormen van een toekomstbeeld.

3.5 Voorspellingstechnieken

In de praktijk zijn in de loop der tijd veel voorspellingstechnieken ontwikkeld. Men maakt een onderscheid in kwalitatieve en kwantitatieve methoden.

- Kwalitatieve methoden:
  - analogie;
  - scenario's;
  - zwakke signalen.
- Kwantitatieve methoden:
  - tijdreeksanalyses;
  - causale modellen.

Bij de kwalitatieve methoden maakt men gebruik van begrippen en verschijnselen die men waarneemt. De kwantitatieve methoden gaan uit van cijfermateriaal. Aangezien deze wiskundig en statistisch van aard zijn en over het algemeen door grote organisaties worden toegepast, komen ze hier niet aan de orde. Een beschrijving ervan is te vinden in de werken van Makridakis. Hierna gaan we kort in op de genoemde kwalitatieve methoden.

Een *analogie* is te gebruiken als men bijvoorbeeld te weten wil komen hoe een nieuw product door de markt zal worden opgenomen of hoe een concurrent mogelijk op die productintroductie zal reageren. Men zoekt een eerdere gebeurtenis die hetzelfde karakter heeft als de vraag die de organisatie wil beantwoorden. Een vraag die Europese automobielfabrikanten zich kunnen stellen, is of de nieuwe aanbieders uit China en India een echte bedreiging gaan vormen. In dit geval kan men onderzoeken hoe het ging met de introductie van de Japanse auto's in de jaren zeventig van de vorige eeuw. Jaren later kwamen Koreaanse aanbieders met hun producten op onze markten. In beide gevallen was de eerste reactie nogal lacherig: de auto's waren klein, hadden vreemde namen en een vormgeving die klanten weinig aansprak. Hoe anders is dat nu: Toyota is in 2018 de grootste automobielfabrikant ter wereld. Nu doet men een beetje lacherig over de Chinese auto's en die uit India. Voorzichtigheid is echter geboden: Tata Motors uit India heeft in 2008 Jaguar-Landrover gekocht en het Chinese Geely kocht Volvo in het voorjaar van 2010. Een gebrek aan technische kennis kan beide ondernemingen niet meer verweten worden. Door de financiële inbreng van Tata Motors kon Jaguar-Landrover nieuwe modellen en motoren ontwikkelen. Deze vernieuwing maakte de autoproducent na jaren weer winstgevend. Ook Volvo kwam met nieuwe modellen op de markt.

Bij een *scenario* maakt de organisatie met een aantal variabelen verschillende beelden van de toekomst. Dat is dus niet hetzelfde als een voorspelling van de toekomst. De bedoeling is door het maken van scenario's te achterhalen welke ontwikkelingen zich kunnen voordoen. Op het moment dat die toekomstbeelden gemaakt zijn, kan de organisatie proberen strategieën te ontwikkelen die goede resultaten opleveren, ongeacht hoe de toekomst er werkelijk zal uitzien. Shell heeft eind jaren zestig van de vorige eeuw scenario's ontwikkeld over de toekomst van de olie-industrie. Daaruit kwam naar voren dat er zich situaties zouden kunnen voordoen waarin een tekort aan ruwe olie kon ontstaan. Dat was toen een gedachte die extreem onwaarschijnlijk was. De prijs van ruwe olie was al ruim 25 jaar onveranderd gebleven, $ 3 tot $ 4 per barrel. Toen de olieprijs door de crisis van september 1973 omhoogschoot naar meer dan $ 10 begin 1974, had Shell al plannen op de plank liggen voor een dergelijke situatie. Daarmee had de onderneming een grote voorsprong op haar concurrenten bij het nemen van acties. Recent heeft Shell nieuwe scenario's gemaakt: de New Lens Scenarios. Deze beschrijven twee mogelijke toekomstige wereldsituaties: Mountains en Oceans[2]. Welke concrete plannen Shell op grond daarvan ontwikkelt, maakt de onderneming uiteraard niet bekend.

Het managen van *zwakke signalen* is een aanpak die door Ansoff (1990) bekend is geworden. Een eerste stap is dat de organisatie antennes ontwikkelt voor wat er om haar heen gebeurt. Sommige signalen zijn sterk en de organisatie kan er meteen actie op ondernemen. Denk aan een klant die een grote order wil plaatsen of een calamiteit die zich voordoet. Andere signalen zijn zwakker, bijvoorbeeld een bericht in de krant dat (slechts) zijdelings wijst op de kans dat een concurrent uit het buitenland de thuismarkt zou willen betreden. Op dat moment is er nog geen reden om concrete acties te gaan uitvoeren, maar men kan er wel alvast over nadenken. In de loop der tijd maakt informatie duidelijk dat die concurrent er echt aankomt; hij heeft bijvoorbeeld een aanvraag ingediend voor de bouw van een fabriek of hij heeft een magazijn gehuurd als het om een handelsonderneming gaat. Nu kan de organisatie wel besluiten tot concrete acties, bijvoorbeeld het verbeteren van de service of het veranderen van het prijsbeleid. Bij het managen van zwakke signalen laat de organisatie de concreetheid van de acties afhangen van de sterkte van de informatie. Men denkt wel na over te nemen acties en men maakt daar ook plannen voor. De organisatie gaat pas over tot concrete actie als dat echt nodig is.

[2] In deze twee scenario's zijn mogelijke prijsveranderingen van olie en gas niet als variabelen meegenomen. Dit in tegenstelling tot de scenario's van eind jaren zestig. Het ligt voor de hand dat Shell wel plannen gereed heeft voor het geval zich grote prijsveranderingen voordoen. Zo stelt de onderneming toekomstige investeringen uit en verlaagt het de kosten. De in het voorjaar van 2015 aangekondigde overname door Shell van British Gas Group is mogelijk mede gedaan om minder afhankelijk te worden van olie als energiebron.

Zwakke signalen over het Internet of Things

Een van de auteurs van dit boek woonde in 1982 in Londen de eerste jaarlijkse conferentie van de Strategic Management Society bij. Een van de sprekers was Dick Rumelt, die vertelde dat computers met elkaar zouden gaan praten, informatie zouden uitwisselen en besluiten zouden nemen. Bijna iedere aanwezige dacht dat dit toch wel erg veel op sciencefiction leek en dat het niets zou worden. Wat alleen insiders wisten was dat Rumelt al geruime tijd adviseer was bij een computerproducent en bij een telecombedrijf. Zijn uitspraken waren geen fantasieën, maar waren gebaseerd op technische ontwikkelingen waar zijn klanten al jaren mee bezig waren. Zijn betoog was een zwak signaal over het Internet der dingen dat zich nu verder ontwikkelt.

3.6 Bronnen van informatie

Informatie over wat in de macro- en meso-omgeving (de bedrijfstak) speelt, is uit een veelheid aan bronnen te achterhalen.
Voor cijfermatige informatie zijn *organisaties* als het CBS en CPB in Nederland goede bronnen. Internationaal zijn er Eurostat en de OESO die gegevens kunnen verschaffen. Ook regionale en internationale Kamers van Koophandel vervullen in dit opzicht een nuttige rol. Grotere ondernemingen richten zich nog weleens direct tot ambassades als men iets over een bepaald land te weten wil komen. Het grote voordeel van informatie uit deze bronnen is dat die zeer betrouwbaar is. Een nadeel is soms dat cijfermateriaal niet altijd actueel is. Als informatie eenmaal per kwartaal verzameld wordt bij de genoemde organisaties, is deze waarschijnlijk vier maanden oud als ze beschikbaar komt; sneller kan niet. Ook publiceren nationale en internationale organisaties van tijd tot tijd studies over bepaalde ontwikkelingen. Over de toekomst van de financiële sector publiceerden medewerkers van het CPB in september 2010 een scenariostudie.

De *nationale en internationale pers* is ook een goede en in elk geval actuele bron van informatie. Periodieken als *The Economist* en *Fortune* en kranten als *Het Financieele Dagblad*, *Financial Times* en *Wall Street Journal* geven snelle en vaak goed onderbouwde artikelen over ondernemingen en trends in de omgeving. Zeker voor internationaal opererende organisaties zijn dit gemakkelijk toegankelijke bronnen. Men kan hier belangrijke informatie uithalen die bijdraagt aan een betere besluitvorming. Veel van deze publicaties hebben hun eigen website, die al dan niet gratis te raadplegen is.
Veel brancheorganisaties geven hun eigen dag-, week- of maandbladen uit. Informatie die daarin verschijnt, is meestal op de eigen branche toegesneden. Ook banken verzamelen veel branchespecifieke informatie. Soms publiceren denktanks studies over veranderingen die de toekomst mede gaan bepalen.

Internet is natuurlijk een belangrijke bron geworden. Via zoekmachines als Google kan men snel achter informatie komen. Soms is die niet betrouwbaar, omdat de juistheid ervan niet altijd is gewaarborgd. Het is dan vaak nuttig verschillende bronnen te raadplegen en de uitkomsten ervan te vergelijken.

Verschillende grote consultingbureaus als McKinsey, Boston Consulting Group en Booz & Company hebben websites waarop veel nuttige informatie over trends en onderzoeken te vinden is.

De hiergenoemde bronnen zijn allemaal min of meer voor iedereen toegankelijk. Het onderhouden van eigen netwerken met spelers in de macro- of meso-omgeving kan informatie opleveren die niet voor iedereen toegankelijk is. Informatie die via die netwerken verkregen wordt, kan leiden tot strategieën die een voorsprong op de concurrenten opleveren.

Informatiebronnen van een succesvolle ondernemer

Gerard van den Tweel is een succesvolle en sociaal betrokken ondernemer. In bijna 50 jaar bouwt hij een kruidenierswinkel in Nijkerk uit tot een onderneming die in Nederland actief is in retail, in vastgoed en in horeca. Op de Nederlandse Antillen bouwde hij een keten van supermarkten op die hij, na een strategische heroriëntatie, verkoopt. In een interview met twee van de auteurs van dit boek liet hij weten dat hij zijn informatie over kansen en mogelijkheden uit veel verschillende bronnen haalt. Twee keer per jaar gaat hij op studiereis naar het buitenland op zoek naar nieuwe ontwikkelingen in de retail. Begin jaren zeventig van de vorige eeuw gaat zo'n reis naar Zweden waar hij kennismaakt met het verschijnsel 'gemeenschapswarenhuis'. Een grote hal met ruimte voor veel verschillende winkels en ruime parkeermogelijkheden. In 1974 koopt hij de gemeentelijke eierhal in Nijkerk, waar hij dit concept succesvol introduceert. Het idee voor het eerste hotel komt voort uit zijn lidmaatschap van de Nijkerkse Ondernemers Kring. Plaatselijke ondernemers hadden toen behoefte aan een goed hotel voor hun relaties. Later komt daar nog een hotel in Ermelo bij. Tijdens een reis met een delegatie van de landelijke VVD naar de Nederlandse Antillen ziet hij dat daar veel mogelijkheden zijn om de retail behoorlijk te verbeteren. Hij bouwt een keten van supermarkten op die hij in 2018 verkoopt. Zijn grote persoonlijke netwerk levert niet alle benodigde informatie op. Tot zijn dagelijkse leeskost behoren het Financieele Dagblad, de landelijke en regionale ochtendbladen en veel vakpublicaties.

3.7 Vragen en opdrachten

1. Vijfkrachtenmodel van Porter

a. Welk inzicht wordt volgens Porter verkregen als het vijfkrachtenmodel op een juiste manier wordt toegepast?

b. In hoofdstuk 1 is onderscheid gemaakt tussen descriptieve en prescriptieve theorieën. Tot welke theorie kan het vijfkrachtenmodel van Porter worden beschouwd? Licht uw antwoord toe.

c. *"Uber Nederland heeft met het Openbaar Ministerie geschikt voor een bedrag van 2,3 miljoen euro voor het overtreden van de taxiwet met UberPop. Deze dienst was in 2014 en 2015 in Nederland beschikbaar, en maakte het voor iedereen met een eigen auto mogelijk om als Uber-chauffeur te werken. Dat is tegen de regels. (...) Een taxivergunning, zo stelt het Openbaar Ministerie in een persbericht, is er voor de veiligheid van de klant. Chauffeurs krijgen een vergunning wanneer zij een erkende opleiding hebben gevolgd en een geneeskundige verklaring hebben overgelegd. Een vergunning stelt ook eisen aan de auto, zoals een boordcomputer om rij- en rusttijden van de chauffeurs te kunnen controleren. Het aanbieden van taxidiensten zonder vergunning werkt daarnaast concurrentievervalsend omdat bedrijven die wél een vergunning hebben hierin investeren." Bron: https://www.rtlz.nl/algemeen/binnenland/artikel/4635261/uber-om-boete-uberpop-23-miljoen-taxivergunning.*
Met de komst van Uber is de taximarkt wereldwijd veranderd. Wat kunt u op basis van het vijfkrachtenmodel van Porter zeggen over de gevolgen van UberPop voor de mate van concurrentie binnen de taximarkt?

d. Producten van Apple en Samsung maken gebruik van een eigen besturingssysteem (respectievelijk iOS en Android). Welk effect heeft dit gegeven op de mate van concurrentie op de markten waarop Apple en Samsung beide actief zijn (denk hierbij aan de markten van telefoons en tablets)?

PRAKTIJK

2. Macro-omgeving en meso-omgeving

a. Wat is het verschil tussen de macro- en de meso-omgeving?

b. Waarvoor staan de letters in de afkorting DESTEP?

c. Welke van de factoren in de macro-omgeving speelt de belangrijkste rol voor het ontwerpen van een lagere school in een nieuwe woonwijk? Waarom?

d. Bent u het eens met de volgende stelling? 'Het is voldoende als ondernemers zich richten op de meso-omgeving.' Licht uw antwoord toe.

3. Voorspellingstechnieken en bronnen van informatie

a. Wat wordt verstaan onder een scenario?

b. Wat is het voordeel van het werken met scenario's?

c. Is het in uw ogen mogelijk om de voorspellingstechnieken analogie, scenario's en zwakke signalen te combineren? Licht uw antwoord kort toe.

d. Noem drie manieren waarop organisaties informatie kunnen vinden over hun eigen bedrijfstak.

3.8 Oefencase: analyseer de omgeving

Een recent persbericht:
In een winkelcentrum is de eerste draaideur ter wereld geïnstalleerd die energie opwekt terwijl hij ronddraait! De passanten brengen de deur in beweging, de energie wordt opgeslagen en zorgt voor de ledverlichting in de deuropening. Hiermee wordt elektriciteit bespaard en het gebouw wordt meer CO_2-neutraal. Het draagt ook bij aan het imago van het winkelcentrum dat zichzelf als 'groen' afficheert. Het is de zoveelste innovatie van het bedrijf Entrance & Security Systems (ESS). Het bedrijf, gevestigd in de provinciestad Nedervoort, is ooit begonnen als lokaal timmerfabriekje, ging zich later specialiseren in ramen, deuren en kozijnen en is tegenwoordig helemaal gericht op 'toegangstechnologie'. De laatste jaren is ESS snel gegroeid.

De productie van de draaideuren en toegangssystemen vindt plaats in de fabriek. Die bestaat nu uit een complex van hallen en opslagloodsen waar meer dan tweehonderd mensen werken. Daarnaast staat het kantoor voor de inkoop-, marketing- en verkoopstaf plus boekhouding en personeelszaken. Uitvindingen werden vroeger gedaan in een afgescheiden stuk van de grootste fabriekshal. Maar de techniek staat niet stil; naarmate er steeds meer elektronica aan te pas kwam, is een eigen R&D-afdeling ontstaan met hoogopgeleide specialisten. Die werken nu ongestoord in een voormalige technische school aan de andere kant van Nedervoort. Daar moeten ze in de fabriek overigens weleens van zuchten: 'Die dure uitvinders van R&D die zelf nog nooit een deur in elkaar hebben gezet... Ze verzinnen altijd wat nieuws... Wij moeten het maar gemaakt zien te krijgen.' De R&D'ers, gesteund door de marketingmensen, stellen daartegenover: 'De techniek maakt steeds meer mogelijk. En de klanten worden veeleisender. Maar de fabriek is niet in beweging te krijgen. Daar willen ze blijven maken wat ze gewend zijn.'

De opdrachten voor ESS komen uit de bouwwereld: projectontwikkelaars willen een gebouw realiseren, architecten ontwerpen dat, waaronder ook de toegang, en aannemers baseren daarop hun inkoop. Soms gaat het om één, soms om meer deuren. Een recente megaorder betrof de toegangssystemen van alle bankfilialen die moesten worden verbouwd na de fusie van twee grote Nederlandse banken. Door het hele land zijn hun filialen samengevoegd. De reputatie van banken heeft – van diverse kanten aangewezen als medeveroorzakers van de crisis – in de samenleving een forse deuk opgelopen. Daarom wil deze bank dat de entrees van de gefuseerde bankkantoren transparantie en vernieuwing uitstralen. Het beschadigde imago moet worden opgepoetst! Het is de grootste order die ESS tot nu toe heeft binnengehaald. Deze grote klant is overigens wel veeleisend: binnen anderhalf jaar moeten alle bestelde toegangssystemen zijn uitgeleverd. Dat zet de nodige druk op ESS, want de 'gewone' orders lopen daardoor vertraging op. Tegelijk zouden meer van dit soort grote orders goed zijn voor verdere groei en continuïteit, dus er is ESS veel aan gelegen deze opdracht perfect uit te voeren. Vanuit de marketingafdeling kwam al de vraag of dit op den duur niet betekent: afscheid nemen van de kleine klanten en vooral concentreren op de 'grote vissen'?

Montageploegen van ESS zorgen op locatie voor inbouw van deuren en systemen. Pasklaar inzetten van draaideuren en gebruiksklaar maken van elektronische systemen is specialistisch werk dat bouwaannemers vrijwel altijd uitbesteden. ESS heeft ook onderhoudstechnici die ervoor zorgen dat de systemen het goed blijven doen. De gebruikers nemen daarvoor meestal een onderhoudsabonnement, wat ESS een continue stroom van extra inkomsten oplevert. Ook nu de wereldwijde crisis heeft geleid tot grote terugloop in de bouwsector.
De onderhoudsmensen zijn oproepbaar bij storingen. Dat is een verhaal apart. In een groot ziekenhuis kwamen laatst de automatische toegangsdeuren vast te zitten door een brandje in een schakelkast. De monteur van ESS kwam veel te laat opdraven, omdat hij de ingewikkelde onderhoudsklus waarmee hij bezig was niet zomaar kon onderbreken. De technische dienst van het ziekenhuis had toen zelf al een oplossing gevonden. Dat was niet met hoogwaardige (en dure) ESS-onderdelen, maar dat maakte ziekenhuispersoneel, patiënten en bezoekers natuurlijk niets uit. Het werkte tenminste allemaal weer. Erger was dat het ziekenhuis door deze ervaring besloot het onderhouds- en storingswerk voortaan zelf te blijven doen en dat ESS een belangrijke klant kwijt was.

Uiteenlopende materialen en onderdelen om draaideuren en toegangssystemen te vervaardigen koopt ESS in bij toeleveranciers. Het gaat om halffabricaten, zoals metalen profielen die in de fabriek worden verwerkt tot deurframes of standaard vlakglasplaten die bij ESS per draaideur op maat worden gesneden. ESS kan uit een vrij groot aantal leveranciers kiezen die ze offertes laat uitbrengen, waaruit ESS de goedkoopste selecteert. Alleen voor speciaal glas, getint of extra gehard, is ESS afhankelijk van één fabrikant in Italië. Die vraagt dan ook hoge prijzen, die ESS overigens kan doorberekenen aan haar klanten.

In Nederland is ESS de marktleider voor toegangstechniek. Er zijn twee kleinere concurrenten die lang niet zo innovatief zijn. ESS is bovendien drie jaar geleden begonnen te expanderen over de landsgrenzen heen, want daar zijn kansen genoeg. Het bedrijf heeft enkele malen deelgenomen aan grote Duitse bouwbeurzen, onder andere in Dortmund en in Frankfurt. Daardoor is de stroom Duitse orders gaan groeien. Maar afwijkende bouwvoorschriften en veiligheidseisen, ook in België en Frankrijk, maken het werk buiten Nederland niet eenvoudig. In de fabriek vinden ze het lastig die afwijkende eisen te vertalen in aangepaste deuren en systemen. De lange reistijden voor montage- en onderhoudsploegen maken dat buitenlands werk met veel kosten gepaard gaat en veel beslag legt op de beschikbare menskracht. Tot nu toe zijn buitenlandse opdrachten per saldo dan ook verlieslijdend. De financiële man van ESS heeft al laten weten '...dat het snel beter moet gaan of we moeten ophouden goed geld naar kwaad geld te gooien'.

In plaats van de blik op het buitenland te richten, zou ESS er volgens de R&D-manager beter aan doen te kijken of zijn *knowhow* binnen Nederland niet verder te benutten is. Tot nu toe richt ESS zich alleen op de zakelijke markt. Zou ESS geen elektronische beveiligings- en bewakingssystemen voor de particuliere markt kunnen ontwikkelen? De hoeveelheid inbraken in ons land is, na jaren van daling, weer aan het toenemen. Verzekeringsmaatschappijen moedigen hun clientèle aan hun huizen beter te beveiligen, zodat ze voldoen aan het Politiekeurmerk. De bewoner moet dan wel investeren, maar krijgt tot 15% korting op zijn inbraak- en brandverzekering, plus een gerust gevoel. Op dit deel van de markt lijken beslist kansen te liggen. Een proefserie woonhuisbeveiligingsapparatuur is onlangs gefabriceerd en in een lokale testmarkt uitgezet. Dat was een succes. Echter, een meer omvangrijke proef in twee provincies dreigt te mislukken. De verkoopstaf van ESS is namelijk wel bedreven in het werven van zakelijke klanten, maar ze heeft geen feeling voor de consumentenmarkt. Hoe benader je gelijktijdig vijf miljoen Nederlandse huishoudens en grote doe-het-zelfketens als Praxis en Karwei, waar de home security systems verkocht zouden moeten worden? De directie staat op het punt dit 'avontuur' te beëindigen.

De marketingafdeling kwam laatst met een heel ander plan: waarom zou ESS alleen de technologie van entreesystemen leveren? Bij toegangsbeveiliging horen ook mensen: receptiepersoneel en beveiligers. Daar komen er steeds meer van. Het idee is dat ESS een full-serviceconcept aan zijn afnemers zou kunnen aanbieden: de technische systemen plus bijbehorende bemensing. Dat zou een langdurigere en intensievere relatie met de afnemers en verhoogde continuïteit van inkomsten betekenen. Bedenkingen zijn intern al geuit: 'Schoenmaker, blijf bij je leest', zo is de reactie van diverse kanten. 'ESS is geen detacheringsbedrijf' en 'We hebben al genoeg te stellen met producten waar we wel verstand van hebben; dit erbij gaan doen, is vragen om problemen'. Dit alles tot frustratie van het hoofd Marketing dat de anderen 'gebrek aan visie' en 'geen ondernemerschap' verwijt. De directie heeft het laatste woord, maar is er nog niet uit.

De komende paar jaar zullen veel oudgedienden ESS verlaten; zij behoren tot de naoorlogse babyboomgeneratie, die nu massaal de pensioengerechtigde leeftijd bereikt. Dat betekent het verlies van veel kennis en ervaring. Nieuwe medewerkers vinden is nog niet zo eenvoudig, want ze moeten technisch goed opgeleid zijn en feeling hebben voor de precisietechniek waarmee de ESS-systemen vol zitten. En voor onderhoud en storingen moeten ze bereid zijn ver te reizen en onregelmatige diensten te draaien. Het is niet zo gemakkelijk jongeren enthousiast te maken voor technische opleidingen, dus de instroom vanuit het onderwijs is verminderd vergeleken met vroeger. Degenen die wel de arbeidsmarkt op komen, worden vaak aangetrokken door grote bedrijfsnamen, als Philips en Siemens en niet meteen door het werken bij kleinere en onbekende bedrijven als ESS. En als ze wel binnen worden gehaald, verlaten velen ESS alweer snel, juist wanneer ze eindelijk zijn ingewerkt en productief beginnen te worden. Andere werkgevers lokken ze weg met overstappremies of betere carrièrekansen.

De branchevereniging voor metaal- en elektrotechnische bedrijven is een collectieve wervingscampagne begonnen: *'Werken in de techniek = werken met je handen, je hoofd en je hart!'* Die boodschap is bedoeld voor scholieren en hun ouders, om ze te overtuigen dat werken in de metalektro leuk, uitdagend en bevredigend is, kortom een aanrader. ESS, als lid van de branchevereniging, wordt geacht in de eigen regio de campagne te ondersteunen met open dagen, snuffelstages en opleidingsplaatsen. Het hoofd Personeelszaken ziet dat helemaal zitten, maar zij heeft nog moeite de directie daarin mee te krijgen. Die ziet niet veel heil in 'het opengooien van de bedrijfspoort' en is bang dat 'al die kinderen op de werkvloer' het lopende werk belemmeren. Maar er vallen nu al gaten in de personele bezetting en dat dreigt alleen maar erger te worden. ESS zal zich aantrekkelijker moeten 'verkopen' op de arbeidsmarkt. Enkele oudere medewerkers vinden het juist fijn om in hun laatste werkzame jaren met jongeren samen te werken en hun kennis over te dragen. 'Zouden we daar niet veel beter gebruik van moeten maken?' vroeg de bedrijfsleider zich laatst af.

Opdracht

U bent aangetrokken als stafmedewerker bedrijfsontwikkeling bij ESS. Er is aan u gevraagd de zaken op een rijtje te zetten voor een bespreking in het wekelijkse directie-overleg. Om te beginnen is een duidelijke omgevingsanalyse nodig.
Maak een omgevingsanalyse van ESS. Beantwoord daarin de volgende vragen:

- Welke signalen zijn op te merken?
- Welke omstandigheden zijn van belang?
- Wat is uw vakkundige analyse?
- Welke conclusie trekt u daaruit?

PRAKTIJK

3.9 Extra: Tien trends om in de gaten te houden

McKinsey onderzocht welke trends in digitalisering grote gevolgen zullen hebben voor succesvol opereren in de toekomst. In veel gevallen zullen deze trends succesvolle bedrijfsformules verstoren. Het volgende is een korte samenvatting van het artikel in *McKinsey Quarterly* (2010, No. 4). Hoewel het artikel nu bijna tien jaar oud is, zijn de beschreven trends nog steeds actueel en zullen ze dat nog wel even blijven. De tien trends zijn:

1. *Distributed cocreation moves into the mainstream.* Er zijn al grote successen zichtbaar van het gebruikmaken van kennis van buiten de eigen organisatie bij het ontwikkelen van producten en diensten. Wikipedia is een voorbeeld van het gezamenlijk werken aan een encyclopedie met behulp van internet. Zeven van de tien topmanagers die door McKinsey ondervraagd zijn, vertelden dat ze veel waarde creëren met behulp van derden via het internet. Een manager van een bedrijf dat onder andere software voor belastingaangiften verkoopt, vertelde dat sommige van hun klanten helpen bij het oplossen van vragen van andere klanten. De kosten van het op deze manier oplossen van klantvragen bedragen 10% van de kosten die het bedrijf maakt als het de vragen zelf moet beantwoorden.
2. *Making the network the organization.* Bedrijven experimenteren nu met het inschakelen van mensen uit het interne en externe netwerk van de organisatie bij het uitvoeren van projecten. Soms wordt gebruikgemaakt van oud-werknemers voor projecten die moeten worden uitgevoerd. Soms gebruikt men personen die 'geworven' zijn via sociale netwerksites als LinkedIn of Facebook.
3. *Collaboration at scale.* Systemen die samenwerking kunnen verbeteren, zijn in opkomst. Een groot ingenieursbureau in de VS zette een groot centraal systeem op waarin alle kennis op ontwerpgebied is samengebracht. Ingenieurs die nieuwe projecten moeten opstarten, melden dat het systeem tot een kwart van de informatie bevat die nodig is om een project uit te voeren. Dit verlaagt de kosten en versnelt de doorlooptijd.
4. *The growing 'Internet of Things'.* Het is mogelijk sensoren te gebruiken die automatisch informatie verzamelen en, via bijvoorbeeld mobiele telefoons, doorgeven aan professionals. Deze kunnen met die informatie beoordelen of bepaalde processen nog goed verlopen en of bijvoorbeeld de hartslag en bloeddruk van patiënten nog goed zijn. Bij afwijkingen kan snel actie worden genomen. De informatievoorziening is altijd actueel en vraagt veel minder menskracht dan vroeger.
5. *Experimentation and big data.* Er ontstaat een overvloed aan informatie. Het wordt van groot belang de relevante informatie daaruit te zeven en erop in te spelen. Bedrijven als Ford, Pepsi en Southwest Airlines volgen nauwkeurig wat er over hen geschreven wordt in de sociale media. Zij reageren onmiddellijk als berichten over hen onjuist zijn. Er is dus een snelle terugkoppeling over het effect van nieuwe experimentele marketingacties.
6. *Wiring for a sustainable world.* Informatietechnologie kan helpen de ecologische invloed van economische activiteiten te verminderen. Denk aan het maken van efficiënte rijschema's voor vrachtauto's waardoor de CO_2-uitstoot kan dalen. Energiemaatschappijen bieden nu al slimme meters aan die op afstand het energieverbruik kunnen laten aflezen, snel inzicht geven in het verbruik en ook kunnen helpen het verbruik te verminderen.

EXTRA

7. *Imagining anything as a service.* Vooral voor zakelijke gebruikers maken technologische ontwikkelingen het mogelijk om het kopen van activa te vervangen door het huren van die activa en daarvoor te betalen op basis van het gebruik (= dienst). De nieuwe technologie kan het verbruik snel en goedkoop meten en daarna aan de klant factureren.
8. *The age of the multisided business model.* Traditionele bedrijfsmodellen gaan uit van een een-op-eentransactie met een klant. Bij kranten is het al gebruikelijk dat de opbrengst uit verschillende bronnen komt: abonnementen en advertentieopbrengsten. Hier is de opbrengst nog gekoppeld aan een fysiek product. Via internet is dit goed uit te breiden. Denk aan een bedrijf als Google, dat via de zoekmachine bezoekers trekt die interessant zijn voor aanbieders van allerlei producten en diensten. Bij een zoekopdracht verschijnen banners van bedrijven die iets op het gebied van de zoekopdracht kunnen aanbieden. Door het grote aantal bezoekers kunnen gratis diensten als Gmail worden aangeboden, die later tot opbrengsten kunnen leiden.
9. *Innovating from the bottom of the pyramid.* Uit zich ontwikkelende landen komen verrassende innovaties. Safaricom, de Afrikaanse dochteronderneming van Vodafone, biedt in een aantal landen bankdiensten aan per telefoon. Door de lage dichtheid van bankkantoren en de hoge kosten is het voor de meeste inwoners niet mogelijk een bankrekening te openen. Bankdiensten vertonen administratief gelijkenissen met mobiele telefonie waar het gaat om het in rekening brengen van gebruik. Aanbieders van mobiele telefonie als Safaricom kunnen deze geldtransacties veel goedkoper afhandelen dan banken (zie ook onder 7).
10. *Producing public good on the grid.* Informatietechnologie kan er onder andere voor zorgen dat verkeer beter doorstoomt en dat het gebruik van de weg in rekening wordt gebracht in plaats van het bezit van een vervoermiddel. In steden als Londen en Singapore is dat laatste al jaren geleden ingevoerd. Het contact tussen burger en overheid kan door ICT sneller, goedkoper en voor de burger op momenten dat het hem goed uitkomt. Onderwijs kan voor een deel via internet plaatsvinden. Dat kan helpen afstanden te overbruggen en een tekort aan leerkrachten deels op te vangen.

3.10 Antwoorden

1. Vijfkrachtenmodel van Porter

a. Het toepassen van het vijfkrachtenmodel van Porter geeft inzicht in de structurele winstgevendheid en (daarmee) de aantrekkelijkheid van een bedrijfstak (nu en in de toekomst). Dit inzicht kan worden gebruikt bij het ontwikkelen van strategische alternatieven.

b. Het vijfkrachtenmodel is een descriptief model. Met het model kunnen de verschillende krachten die bepalend zijn voor de mate van concurrentie op een systematische manier in kaart worden gebracht (= beschreven).

c. De barrières om de taximarkt te betreden zijn door de introductie van UberPop sterk afgenomen. Het werd immers mogelijk om zonder vergunning de markt te betreden. In termen van Porters vijfkrachtenmodel betekent dit dat de dreiging van nieuwe toetreders groter is geworden. Volgens dit model leidt dat tot meer concurrentie. Tevens leidde het overtreden van de wet tot een grotere rivaliteit tussen bestaande aanbieders. Ook dat leidt volgens Porter tot meer concurrentie en daarmee tot een minder aantrekkelijke bedrijfstak.

d. Gebruikers zitten door het gebruik van het besturingssysteem tot op zekere hoogte vast aan een fabrikant. Gebruikers die een of meerdere Apple-producten hebben wordt het bemoeilijkt om te switchen van besturingssysteem en daarmee van merk. Dit leidt ertoe dat de (onderhandelings)macht van afnemers afneemt, wat zorgt voor minder concurrentie op de markt. Hier moet wel opgemerkt wordt dat de mate van rivaliteit tussen Apple en Samsung groot is gegeven de vele rechtszaken waarin beide bedrijven nog steeds verwikkeld zijn.

2. Macro-omgeving en meso-omgeving

a. De meso-omgeving is de bedrijfstak of de markt waarin een organisatie actief is. Met de partijen in de meso-omgeving (klanten, leveranciers, concurrenten) heeft een organisatie veel direct contact. De meso-omgeving maakt deel uit van een groter geheel, de macro-omgeving.

b. DESTEP staat voor demografische, economische, sociaal-maatschappelijke, technologische, ecologische en politiek-juridische factoren in de macro-omgeving.

c. De demografische ontwikkeling speelt hier de belangrijkste rol. Het is van belang de capaciteit van de school af te stemmen op het te verwachten aantal leerlingen. Inzicht in de leeftijdsopbouw van de bevolking in de woonwijk is dan essentieel. Hier kan ook gebruik worden gemaakt van ervaringsgegevens: wat is het gemiddelde aantal kinderen per leeftijdscategorie en welke rol spelen bijvoorbeeld inkomensverschillen?

d. Het zich alleen richten op de meso-omgeving is niet verstandig voor ondernemers. Zo is het van belang dat ondernemers zicht hebben op mogelijke substituutproducten. Ook technologische ontwikkelingen kunnen van invloed zijn op de markt en de positie van de ondernemer. Over het algemeen kan de macro-omgeving kansen bieden, maar vanuit de macro-omgeving kunnen ook bedreigingen komen.

3. **Voorspellingstechnieken en bronnen van informatie**
   a. Een scenario is een mogelijk toekomstbeeld. Bij scenario's is het dus niet de bedoeling om tot precieze voorspellingen te komen, maar om mentaal en conceptueel voorbereid te zijn op mogelijke ontwikkelingen in de externe omgeving.

   b. Door het werken met scenario's kan per scenario worden bekeken welke strategie het best kan worden gevolgd. Deze strategieën treden in werking als duidelijk is welk eerder bedacht scenario het meest lijkt op de werkelijke situatie (de realiteit).

   c. Ja, zwakke signalen kunnen worden meegenomen in de ontwikkeling van de verschillende scenario's: wat zijn bijvoorbeeld ontwikkelingen die zich nu voordoen en die de situatie in de toekomst vermoedelijk gaan beïnvloeden? Ook kunnen hierbij analogieën worden gebruikt. Dit om tot meer realistische toekomstbeelden te komen, bijvoorbeeld door naar trends uit het verleden te kijken.

   d. Onder andere via de eigen brancheorganisatie, het CBS, de bank, eigen onderzoek en financiële bladen als *Het Financieele Dagblad* en de *Financial Times*.

3.11 Uitwerking oefencase[3]

Samenvattende conclusie van de omgevingsanalyse

De omgevingsanalyse van ESS bestaat uit een bedrijfstakanalyse met het vijfkrachtenmodel van Porter en een analyse van de macro-omgeving met de zes factoren uit de macro-omgeving.

Figuur 3.5 geeft het resultaat van de omgevingsanalyse visueel weer. De figuur moet als volgt worden 'gelezen':
- Vijf krachten cf. Porter: ++ betekent ESS is ten opzichte van andere spelers heel sterk en hoeft zich geen zorgen te maken; – betekent ESS is ten opzichte van andere krachten heel zwak en zal daar iets aan moeten doen, want anders zullen de problemen alleen maar verergeren.
- DESTEP-factoren: ++ betekent ESS heeft veel voordeel van deze omstandigheid en kan zich comfortabel laten 'meedrijven'; – betekent ESS heeft last van deze omstandigheid en zal zich daar anders tegenover moeten opstellen.

De conclusie uit de vijfkrachtenanalyse is dat ESS sterk staat tegenover zijn concurrenten en tegenover zijn leveranciers, maar zwak tegenover zijn (grotere) afnemers. Het risico van substitutie ligt voortdurend op de loer.

[3] Dit boek biedt alleen de samenvattende conclusie van de uitwerking. De complete uitwerking is te vinden op www.conceptuitgeefgroep.nl.

Uit de analyse van de macro-omgeving blijkt dat demografische ontwikkelingen ESS grote problemen bezorgen op de arbeidsmarkt. Politiek-juridische en sociaaleconomische ontwikkelingen spelen het bedrijf ook parten als het gaat om regelgeving in het buitenland respectievelijk het imago van de industrie. Economische ontwikkelingen hebben een gemengde invloed, deels positief als het gaat om kansen in het buitenland versus de economische crisis. Technologische ontwikkelingen spelen ESS in de kaart, want die zorgen ervoor dat er innovatiekansen zijn voor de toegangs- en beveiligingsoplossingen die ESS levert.

Figuur 3.5 Macro- en meso-omgeving van ESS beoordeeld

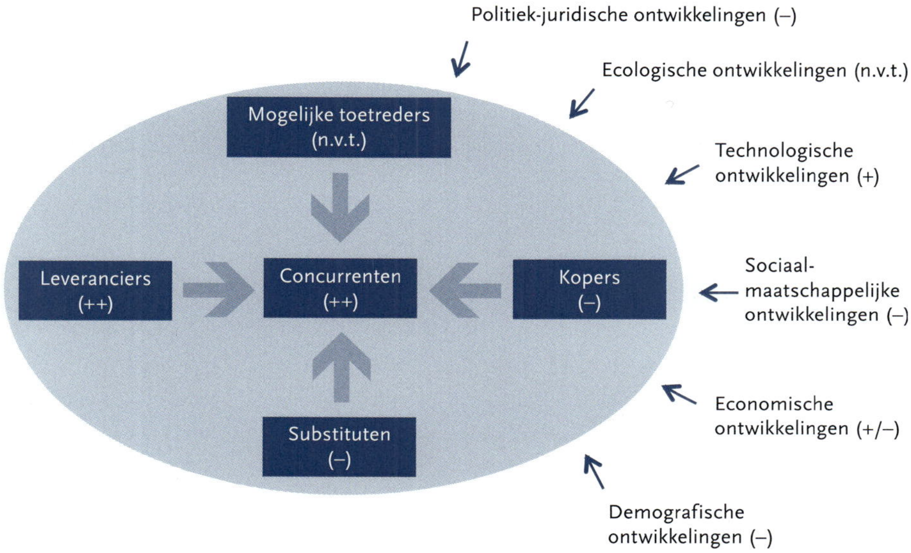

Literatuur

Aangehaalde en aanbevolen literatuur

Ansoff, H.I. en McDonnell, E. (1990). *Implanting Strategic Management* (2nd Edition). New York: Prentice Hall.

Bughin, J., Chui, M. en Manyika, J. (2010). Clouds, big data and smart assets. Ten tech-enabled trends to watch. *McKinsey Quarterly*, nr. 4, 26-43.

Burrows, P. (2011). *Apple Launches iCloud After Online Misfires.* www.bloomberg.com/news/2011-10-12/apple-using-icloud-to-lock-in-users-after-online-misfires-tech.html.

Bijlsma, M., Elsenburg, W. en Leuvensteijn, M. van (2010). *Four Futures for Finance; A scenario study.* Den Haag: CPB. (www.cpb.nl, zoeken op Publications > CPB Document > zoek op: Four futures for finance a scenario study).

Christensen, C.M., Anthony, S.D., Roth, E.O (2004). *Seeing What's Next. Using The Theories of Innovation to Predict Industry Change.* Boston: Harvard Business School Press.

Christensen, C.M., Raynor, M., McDonald, R. (2015). What Is Disruptive Innovation?, *Harvard Business Review,* vol. 93, nr. 12, 44-53.

Christensen, C.M., Hall, T., Dillon, K. en Duncan D.S. (2016). *Competing Against Luck. The Story of Innovation and Customer Choice.* New York: Harper Collins.

D'Aveni, R. (2015) The 3-D Printing Revolution, *Harvard Business Review,* vol. 93, nr. 5, 40-48.

D'Aveni, R. (2018). *The Pan-Industrial Revolution. How New Manufacturing Titans Will Transform the World.* Boston/New York: Houghton Mifflin Harcourt.

Davenport, T.H. (2013). Analytics 3.0, *Harvard Business Review,* vol. 91, nr. 12, 65-72

Economist (2016). Aircraft engines. Flying's new gear, 2 januari, 55-56

FD, (2019a). Europa mag geen onderaannemer worden van China, 18 maart, p. 3

FD (2019b). Verkocht! Aan een bieder uit China, 20 april, p. 14-15

Fingar, P. (2009). *Dot.Cloud. The 21st Century Business Platform.* Tampa, Fl.: Meghan-Kiffer Press.

Frankopan, P. (2018). *De nieuwe zijderoutes. Het heden en de toekomst van de wereld.* Houten: Uitgeverij Unieboek/Het Spectrum.

Gordon, R.J. (2016). *The Rise and Fall of American Growth.* Princeton: Princeton University Press

Garschagen, O. (2012). Tekort aan Chinezen. *NRC Handelsblad*, 20 februari 2012, katern 'De wereld'.

Heijden, K. van (1996). *Scenarios: The Art of Strategic Conversation*. Chichester: John Wiley & Sons.

Het Financieele Dagblad. FD 300, 8 februari 2016, p. 18.

Kooiman, J. (2016). Wordt de Wendelstein 7-X de oneindige energiebron? *FD Weekend,* 6 februari, 6-7

Kirby, J. en Stewart, T.A. (2007). The Institutional Yes, Interview met Jeff Bezos. *Harvard Business Review*, vol. 85, nr. 10, 74-82.

Lovell, N (2013). *The Curve. From Freeloaders to Superfans.* Londen: Portfolio Penguin.

Makridakis, S. (1990). *Forecasting, Planning and Strategy for the 21st Century.* New York: Free Press.

Makridakis, S., Wheelwright, S.C. en Hyndman, R.J. (1998). *Forecasting: Methods and Applications.* New York: John Wiley & Sons.

Pijper, J. (2018). Grijze muis Miss Etam weer opgefrist, *NRC*, 1-5-2018

Porter, M.E. (1980). *Competitive Strategy: Techniques for Analyzing Industries and Competitors.* New York: Free Press.

Porter, M.E. (1985). *Competitive Advantage: Creating and Sustaining Superior performance.* New York: Free Press.

Porter, M.E. (2008). The Five Forces That Shape Strategy. *Harvard Business Review,* vol. 86, nr. 1, 78-93.

Prahalad, C.K. (2005). *The Fortune at the Bottom of The Pyramid.* Upper Saddle River: Wharton School Publishing/Pearson Education.

Reeves, M., Levin, S., Ueda D. (2016). The Biology of Corporate Survival. *Harvard Business Review,* vol. 94, nr. 1-2, 46-55.

Ridder, W. de (2014). *De ontdekking van de toekomst. Wat we al weten is niet te geloven.* Deventer: Vakmedianet.

Rumelt, R.P. (2011). *Good Strategy, Bad Strategy. The Difference and Why It Matters.* London: Profile Books.

Shell, *New Lens Scenarios,* www.shell.com/energy-and-innovation/the-energy-future/shell-scenarios.html

Schumpeter, (2019). It shouldn't happen to a vet, *The Economist*, 9 maart 2019, p 60

Tetlock, P, and Gardner, D. (2015). *Superforecasting: The Art and Science of Prediction.* New York: Crown Publishing.

Woetzel, J., et al. (2018). *Outperformers: High-growth emerging economies and companies that propel them*, report McKinsey Clobal Institute, september 2018. www.mckinsey.com/featured-insights/innovation-and-growth/outperformers-high-growth-emrerging-economies-and-the-companies-that-propel-them.

4 Strategieformulering

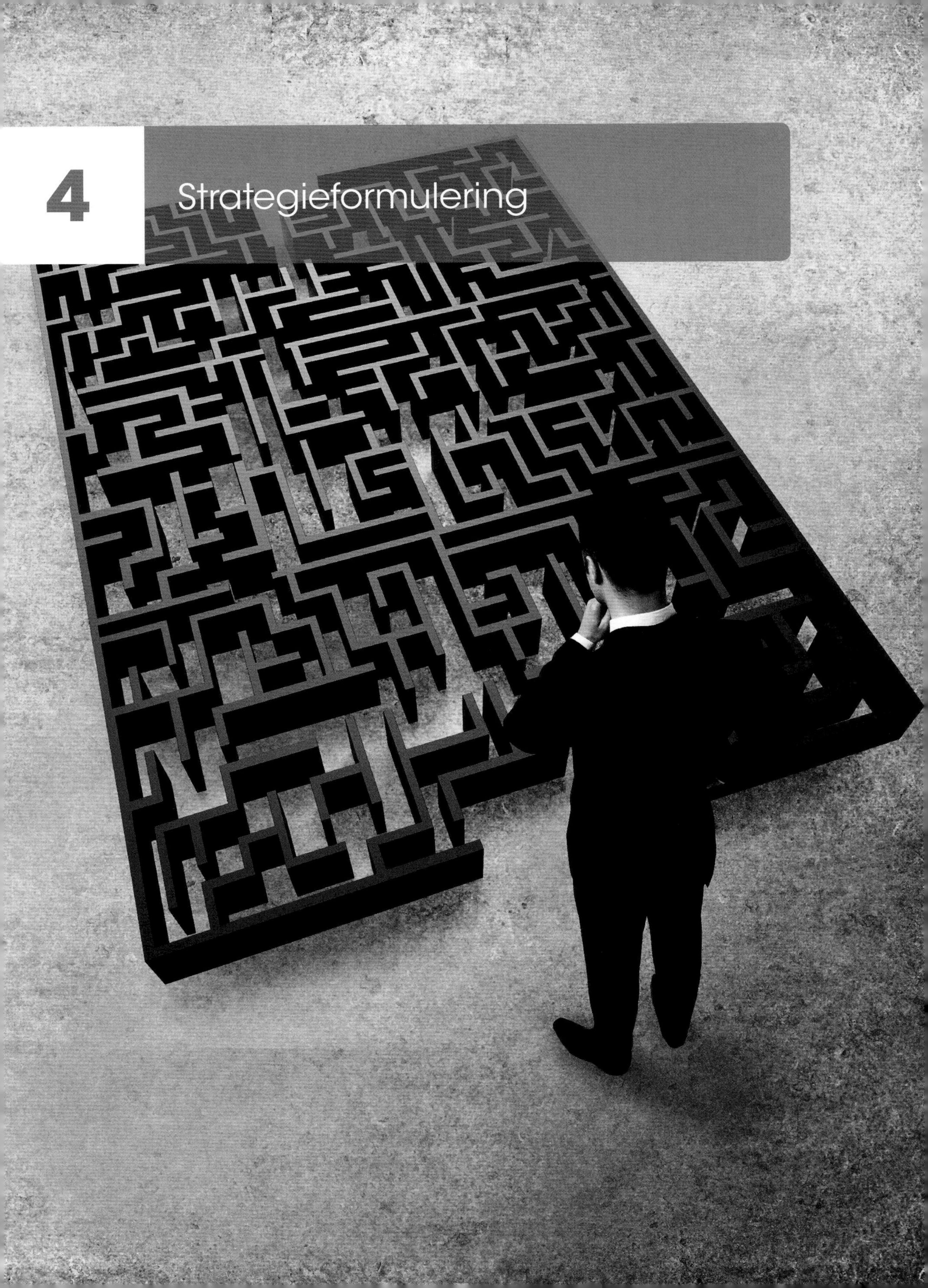

4. Toeleverancier moet een strategische koers uitzetten

De organisatie

Flying Parts BV (FP) is 55 jaar geleden begonnen als een fabriekje van opvouwbare kampeerstoelen en -tafels. Later gingen ze over op inbouw van caravans en campers. Nog weer later kregen ze de kans om 'preferred supplier' te worden van vliegtuigbouwer Fokker. FP leverde daaraan verstelbare cabinestoelen met inbouwvideo- en audioapparatuur, bagageboxen, toiletunits, pantryinstallaties en serveertrolleys. Fokker ging helaas failliet, maar FP had toen ook al andere afnemers in de luchtvaartsector, dankzij haar reputatie als betrouwbare kwaliteitsleverancier. Ze levert tegenwoordig niet alleen aan vliegtuigbouwers maar ook aan onderhoudsdiensten van luchtvaartmaatschappijen, over de hele wereld.

Ontwikkelingen in de buitenwereld en knelpunten in het bedrijf

Over twintig jaar vliegen er, naar verwachting, wereldwijd ruim twee keer zo veel passagiersvliegtuigen als in 2018. Vliegtuigbouwer Airbus verwacht een toename van 21.000 naar 48.000 vliegtuigen. FP groeit in deze markt haast als vanzelf mee. De laatste drie jaar van 130 naar 270 medewerkers. De opvang van nieuwe mensen is echter gebrekkig. Het zijn vaak 'zij-instromers' uit heel andere sectoren, waar ontslagen vallen. Bijvoorbeeld uit de detailhandel of uit administratieve organisaties. FP heeft echter geen interne opleidingsafdeling, dus moeten productiemedewerkers al die nieuwe collega's inwerken. Daardoor komt het normale werk in de knel. Zo loopt de oplevering van orders vertraging op met boetes als gevolg. Dat gaat ten koste van de winstgevendheid en het schaadt FD's reputatie van leverbetrouwbaarheid.
Zorgelijk is bovendien dat de onervaren nieuwelingen veel fouten maken die vaak pas na aflevering worden ontdekt. Dat komt doordat de afdeling Kwaliteitszorg het vele werk niet meer aankan. De gevolgen zijn: veel herstelkosten en een deuk in FD's kwaliteitsimago. Het hoofd Engineering heeft al eens gepleit voor grootschalige inzet van productierobots die meer werk met minder fouten kunnen afleveren. Kaderleden van de vakbond belegden direct een protestvergadering 'om verlies van arbeidsplaatsen te voorkomen'. En de ondernemingsraad waarschuwde: zo'n grote verandering kan niet zonder onze instemming!

Niet alles gaat slecht

Een lichtpunt is dat er een goede relatie is met technische opleidingen in de regio, zowel mbo als hbo. Jaarlijks doen studenten bij FP praktijkopdrachten en afstudeerstages. Een deel daarvan kiest voor een eerste baan bij FP. Ook werkt FP sinds kort samen met onderzoekers van een technische universiteit. Het gaat om innovatie, zowel in de ontwikkeling van nieuwe producten als van nieuwe productietechnieken.

Opkomende concurrentie

Een somber stemmend incident is dat FP een maand geleden een grote vliegtuigbouwer als klant is kwijtgeraakt. Die had genoeg van overschreden leveringstermijnen en kwaliteitsmissers en is overgestapt naar *Fēixíng*, een opkomende Chinese concurrent. Die probeert afnemers bij FP weg te kapen met agressieve offertes, soms zelfs beneden de kostprijs. De vrees is dat dit het begin is van een uittocht van trouwe klanten.

Deze case laat zien hoe een organisatie strategisch inspeelt op externe kansen en bedreigingen waarbij ze rekening moet houden met haar interne sterke en zwakke kanten.

Kernstof

Het veelal jaarlijkse proces van strategieformulering verloopt in een aantal stappen (paragraaf 4.1). De eerste is het opstellen van het *huidig strategisch profiel* (paragraaf 4.2), vervolgens worden *sterke* en *zwakke* kanten (paragraaf 4.3) en *kansen* en *bedreigingen* (paragraaf 4.4) geïnventariseerd. De kansen en bedreigingen komen voort uit een omgevings- en toekomstverkenning. De sterke en zwakke kanten kunnen met de waardeketen in kaart gebracht worden. Met behulp van de informatie uit die onderzoeken is een *raming bij ongewijzigd beleid* (paragraaf 4.5) te maken. Uitkomst daarvan is de vaststelling of de gestelde doelen al dan niet zonder nieuwe strategieën bereikt kunnen worden. Deze raming bij ongewijzigd beleid kan eerst op een kwalitatieve manier gemaakt worden. Later kan deze aangevuld worden met een kwantificering van de gevonden invloeden op het bereiken van de doelen.

Bij het ontwikkelen van nieuwe strategieën (paragraaf 4.6) zijn verschillende methoden beschikbaar. De eerste is het werken met behulp van de confrontatiematrix. De product-marktmatrix zoals Ansoff die ontwikkelde, kan nuttige diensten bewijzen. Ten slotte kan men strategieën ontwikkelen met de drie dimensies van strategie.

Het *kiezen* van de meest gewenste strategie (paragraaf 4.7) kan aan de hand van de FUR-criteria. Denk hierbij aan *financiën,* zoals winstgevendheid, liquiditeit en solvabiliteit. Ook dient men aandacht te schenken aan de *uitvoerbaarheid* van een strategie. Kan de strategie uitgevoerd worden met de beschikbare mensen, middelen en methoden of kunnen die tijdig aangetrokken worden? Ten slotte moeten de *risico's* verbonden met een strategie duidelijk zijn.

Strategieformulering (paragraaf 4.8) volgt een jaarlijkse cyclus waarbij de topleiding en lagergelegen niveaus in interactie met elkaar tot nieuwe strategieën komen. Soms moet de organisatie een projectmatige aanpak kiezen die losstaat van de jaarlijkse cyclus. Dit kan zo zijn wanneer het ontwikkelen en uitwerken van een strategie langer dan een jaar duurt. Dat past niet in de jaarlijkse cyclus. Soms doen zich onverwachte gebeurtenissen voor; de organisatie kan dan niet wachten met het vinden van een antwoord tot de volgende cyclus van start gaat. Ook strategieën waarbij geheimhouding cruciaal is of waarbij de topleiding weerstand verwacht, kan men beter projectmatig aanpakken.

4 Strategieformulering

Strategieformulering is het proces waarmee een organisatie tot beslissingen komt: op welke manier wil zij de gestelde langetermijn- of strategische doelen bereiken? Deze beslissingen hebben betrekking op de *spreiding* van de activiteiten, de *positionering* van producten en diensten en eventuele *samenwerking* met andere organisaties.

4.1 Model van strategieformulering

Strategieformulering is het proces waarmee de organisatie tot beslissingen komt over de manier waarop zij de gestelde langetermijn- of strategische doelen, wil bereiken. Deze beslissingen hebben betrekking op de keuze van:
- *spreiding* van de activiteiten (producten, geografie en verticale spreiding);
- *positionering*, het bereiken van concurrentievoordeel;
- *samenwerking* met andere organisaties.

Om beslissingen te kunnen nemen op die drie gebieden, hebben verschillende auteurs een model van strategieformulering uitgewerkt. Zo deed Ansoff (1968) dat bijvoorbeeld gedetailleerd voor de grote onderneming, terwijl Lemmens en Smeets (1977) dat voor de middelgrote onderneming deden. Hierna volgt een bespreking van het fasenmodel dat is ontwikkeld door Keuning en Eppink (2012).

Zoals hiervoor is omschreven, is strategieformulering gericht op het ontwikkelen van de beste manier om de gestelde doelen te bereiken. In die zin is strategieformulering te vergelijken met het plannen van een reis naar een bepaalde bestemming. Voor het plannen is het vaststellen van het vertrekpunt van groot belang. De reis naar Utrecht vanuit Maastricht volgt een andere route dan die vanuit Groningen. Ook bij organisaties moet het vertrekpunt vast komen te staan. Dat lijkt logisch, maar het wordt nogal eens vergeten. Denk aan de vele boeken die geschreven zijn over hoe succesvol te worden in alle omstandigheden. De eerste stap is het vaststellen van het huidig strategisch profiel. De tweede stap is het maken van een zogenaamde SWOT-analyse, waarin sterke (Strengths) en zwakke kanten (Weaknesses) en kansen (Opportunities) en bedreigingen (Threats) worden onderzocht. Indien dit onderzoek gereed is, kan men vaststellen of de gestelde doelen in de toekomst bereikt kunnen worden als rekening wordt gehouden met:
- de sterke en zwakke kanten van de eigen organisatie (micro-omgeving);
- de kansen en bedreigingen in de meso- en macro-omgeving.

Deze stap heet de raming bij ongewijzigd beleid. Als blijkt dat de doelen niet te bereiken zijn met de huidige strategie, is het nodig nieuwe strategische alternatieven te ontwikkelen. De zogenaamde confrontatiematrix kan hier handig zijn. Aan de hand van verschillende keuzecriteria kan een keuze gemaakt worden.
Dit proces is in figuur 4.1 schematisch weergegeven.

Figuur 4.1 Model van strategieformulering

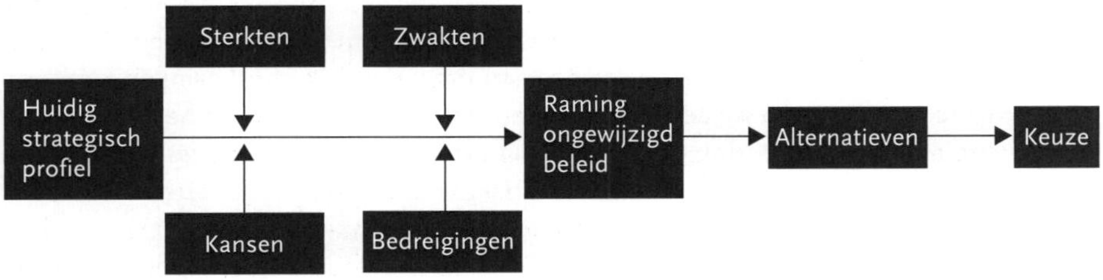

4.2 Huidig strategisch profiel

Het huidig strategisch profiel van de organisatie is het uitgangspunt voor het bereiken van de gestelde doelen voor de toekomst. Het is belangrijk te beseffen dat sommige strategische doelen vanuit bepaalde uitgangsposities onbereikbaar zijn. Daarom moet de organisatie de huidige situatie goed kennen en beseffen wat vanuit die positie wel en niet mogelijk is.

> Het marktsegment voor grote limousines is winstgevend. Om die reden willen andere autofabrikanten naast onder andere BMW, Mercedes en Jaguar een positie in dat segment te verwerven. In het verleden hebben bijvoorbeeld Citroën, Fiat, Opel, Peugeot en Volkswagen dat geprobeerd. In alle gevallen zonder succes. Autofabrikant Toyota is met zijn Lexus in Europa bezig met een inhaalslag. Dit gaat langzaam, ondanks de kwaliteit van deze auto's. Het verwerven van een exclusief imago kost tijd en lukt lang niet altijd. De koper in dit segment is tamelijk behoudend.

Een eerste element van het huidig strategisch profiel is het inventariseren van de *doelstellingen*. Deze kunnen liggen op financieel-economisch vlak. Denk aan doelstellingen als winstgevendheid, liquiditeit, marktaandelen en groei. Er zijn ook doelstellingen die niet financieel of economisch van aard zijn. Denk daarbij aan maatschappelijke verantwoordelijkheid, zorg voor het milieu en goed werkgeverschap.

> Unilever formuleerde in 2010 het Unilever Sustainable Living Plan. Dat plan is erop gericht:
> - de gezondheid en het welzijn van een miljard mensen te verbeteren;
> - de milieubelasting van productie en gebruik van producten van de onderneming te halveren;
> - voor eerlijke werkomstandigheden te zorgen;
> - kansen voor vrouwen te creëren;
> - de positie van kleine boeren en winkeliers te verbeteren.
>
> De onderneming stuurt ook op deze niet-economische doelstellingen.

Ten tweede moet de organisatie goed voor ogen hebben op welke *terreinen (spreiding)* zij actief is en wat op elk terrein de resultaten zijn. Dat betekent dat de organisatie de verschillende product-marktcombinaties in kaart moet brengen en ook de resultaten die elke combinatie realiseert. Het komt voor dat organisaties niet weten waar de winst en het verlies vandaan komen. Ook is de oorzaak van winst of verlies niet altijd bekend. Dat lijkt op zonder radar varen in dichte mist.

In de derde plaats moet de organisatie weten welke *concurrentiestrategie* in welk deel van de organisatie gevolgd wordt (positionering). Het is geen probleem dat een organisatie een strategie van lage prijzen voert, waarmee veel winst gemaakt kan worden. Denk aan de textielsupers van Zeeman. Het zou wel een probleem voor een succesvolle onderneming als Zeeman zijn om onder dat merk hoger de markt in te willen komen.
Een laatste element van het huidig strategisch profiel is de mate van *synergie* die tussen onderdelen bestaat. Synergie is het voordeel dat ontstaat doordat afzonderlijke onderdelen van elkaars kennis en kunde profiteren. Met eenzelfde inspanning kan door synergie meer resultaat bereikt worden. Ook kan eenzelfde resultaat met minder inspanningen gerealiseerd worden. Het is van belang dat de bronnen van synergie ook op detailniveau aan te wijzen zijn. Kostenbesparingen ontstaan door voortbrengingsprocessen van twee onderdelen te combineren.

4.3 Sterkten en zwakten

Sterkten en zwakten van een organisatie zijn die kenmerken waardoor zij (op een bepaald moment) beter of slechter scoort dan vergelijkbare organisaties. Een kenmerk is dus altijd sterk of zwak in vergelijking met een andere organisatie. Een andere term voor het zich spiegelen aan de kenmerken van de concurrenten is *benchmarking*. Meer direct kan men de eigen kenmerken ook vergelijken met de wensen van de afnemers.
Er zijn verschillende manieren om achter de sterke en zwakke kanten van een organisatie te komen. Twee daarvan zijn de waardeketen van Porter (1985) en de corecompetencesbenadering van Hamel en Prahalad (1994).

Waardeketen van Porter

In een waardeketen maakt de organisatie de activiteiten zichtbaar die bijdragen aan de waarde die zij creëert en de marge die zij daarmee behaalt. Ook kan de waardeketen gebruikt worden om te bepalen op welke manier zij een concurrentievoordeel kan krijgen of verbeteren.
Porter maakt in de waardeketen onderscheid tussen primaire en ondersteunende activiteiten. De waardeketen, die in alle organisaties te herkennen is, is in figuur 4.2 weergegeven. Het belang van de onderscheiden activiteiten kan bij organisaties uiteenlopen. Zo is bij een advocatenkantoor de inkomende goederenstroom aanwezig, maar van een andere orde van grootte en belang dan bij een mengvoederfabrikant.

Figuur 4.2 De waardeketen van Porter (1985)

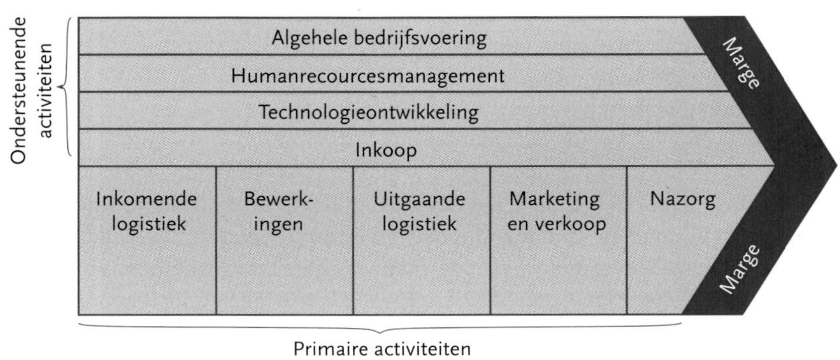

De *primaire activiteiten* bestaan uit:

- inkomende logistiek;
- bewerkingen;
- uitgaande logistiek;
- marketing en verkoop;
- nazorg.

Hierna volgt een korte toelichting op de waardeketen of *value chain*. In de waardeketen is het in hoofdstuk 2 gemaakte onderscheid tussen primaire en secundaire processen duidelijk te zien.
Inkomende logistiek in de waardeketen bestaat uit ontvangst, opslag en distributie van ingekochte goederen en diensten.
Bewerkingen zijn activiteiten gericht op het omzetten van de ingekochte goederen en diensten tot een nieuw product of dienst, zoals machinale bewerkingen, assemblage en verpakken. Ook in de dienstverlening komt productie voor, denk aan een verzekeringsbedrijf waar iemand werkt aan de afhandeling van een schadeclaim.
Uitgaande logistiek: activiteiten gericht op het verzamelen, opslaan en distribueren van producten en diensten naar de afnemer. Onder andere transport en opslag, orderafhandeling en -administratie en leveringsplanning.
Dit drietal activiteiten is in de inleiding van dit boek aangeduid als input, throughput en output.
Marketing en verkoop: activiteiten gericht op het stimuleren van de aankoop van producten en diensten door potentiële klanten. Onder andere: adverteren, promotiemateriaal en promotiemedewerkers, marktonderzoek, selectie van distributiekanalen, onderhouden van relaties met distributeurs en het bepalen van prijzen.
Nazorg bestaat uit aanvullende dienstverlening voor het onderhouden van de waarde van de producten en diensten die het bedrijf levert. Activiteiten in dit kader: installatie, reparatie, training en levering van onderdelen.

Retour logistiek bij e-commerce
De laatste jaren neemt de verkoop via onlinekanalen enorm toe. Er gaan niet alleen veel pakketten naar klanten toe, maar bij sommige verkopers komen die voor 42% (Wehkamp) tot 50% (Zalando) terug (FD, 2 februari 2019). De kosten van nazorg, het verwerken van teruggestuurde producten zijn hoog, zo'n € 10 tot € 15. Online verkopers doen er veel aan om te voorkomen dat klanten gekochte spullen terugsturen.

De *ondersteunende activiteiten* in de waardeketen bestaan uit:

- infrastructuur van de organisatie;
- humanresourcesmanagement;
- technologieontwikkeling;
- inkoop.

Onder de *infrastructuur* vallen de activiteiten die in het bedrijf worden ontplooid om de waardeketen in zijn geheel te ondersteunen en te onderhouden. Deze zijn: algemeen management, financiële zaken, juridische zaken, kwaliteitsmanagement en informatiesystemen. Hoewel algemene bedrijfsvoering vaak wordt gezien als een vaste kostenpost die niet te zwaar mag drukken op de primaire activiteiten, is het ook een middel waarmee het bedrijf een onderscheidend concurrentievoordeel behaalt in de markt.

Humanresourcesmanagement omvat activiteiten als het werven, selecteren, trainen, ontwikkelen en belonen van medewerkers in het bedrijf.
Technologieontwikkeling is het ontwerpen en verbeteren van de technologieën die worden gebruikt om documenten aan te maken, goederen te transporteren en productieprocessen te ondersteunen of te doen plaatsvinden.
Inkoop omvat activiteiten voor het selecteren, testen en aanschaffen van inkomende goederen, machines, bedrijfsgebouwen en kantoorinventaris.[1]

De organisatie kan met behulp van de waardeketen (laten) onderzoeken waar zij sterker, gelijk of zwakker is dan de concurrenten of achterblijft bij de wensen van de afnemers. Van concurrenten kan men veel te weten komen, zonder met de wet in strijd te zijn. In jaarverslagen publiceren organisaties hun jaarrekeningen, waaruit veel te leren valt over winstgevendheid en andere kengetallen. Indien een organisatie niet hoeft te publiceren of dat beperkt doet, is soms waarneming van wat er gebeurt mogelijk. Het aantal auto's op een parkeerterrein geeft een indicatie van het aantal personeelsleden. Als een concurrent een nieuwe fabriek gaat bouwen, is de koopprijs van de grond bij het kadaster te achterhalen. Bij de aanvraag van een milieu- en bouwvergunning moet ook publieke informatie aangeleverd worden.
Via interviews met afnemers is bijvoorbeeld te achterhalen hoe zij denken over de sterke en zwakke kanten van de organisatie. Bedenk daarbij dat de informatie niet volledig objectief is en bedoeld kan zijn om de organisatie een gekleurd beeld te geven van het oordeel van de afnemer.

Uit het huidig strategisch profiel is naar voren gekomen waar de organisatie winst en verlies maakt. Deze gegevens kan de organisatie confronteren met de uitkomsten van de sterke en zwakke punten uit de analyse van de waardeketen. Als uit die confrontatie naar voren zou komen dat alle activiteiten sterk scoren, maar dat het desbetreffende onderdeel toch geen winst maakt, dan is een van de twee analyses waarschijnlijk niet juist. Als alle activiteiten sterk zijn ten opzichte van de concurrenten en de wensen van de afnemer, dan is het merkwaardig dat er geen winst te zien is. Alleen in de uitzonderingssituatie dat alle aanbieders verlies maken, is een dergelijke tegenstelling te verklaren. Dan kan de aantrekkelijkheid van de bedrijfstak zodanig negatief zijn dat winst behalen niet mogelijk is. De organisatie staat dan voor een forse uitdaging, want langdurig verlies lijden en blijven voortbestaan is onmogelijk.

Corecompetencesbenadering

Hamel en Prahalad (1994) beschrijven een *core competence* als een bundel bekwaamheden en technologieën die een organisatie in staat stellen bijzondere voordelen voor de afnemer tot stand te brengen. In Nederland gebruikt men voor dit begrip de term kernbekwaamheden, maar dat is niet hetzelfde als de specifieke betekenis die Hamel en Prahalad aan *core competences* toekennen. Volgens beide auteurs is iets pas een *core competence* als die voldoet aan drie criteria:

- unieke waarde voor de afnemer;

[1] Gezien het economisch grote, directe belang van inkoop voor de resultaten van de organisatie kan men zich afvragen of inkoop niet een primaire activiteit is in plaats van een ondersteunende. Dit geldt zeker voor organisaties als supermarkten en andere organisaties waar de kosten van de ingekochte goederen soms wel 60 tot 70% zijn van de totale kosten.

- niet imiteerbaar door de concurrent;
- toepasbaar in andere markten.

Als een organisatie tot de conclusie komt dat zij een of meer *core competences* heeft, dan moet dat tot uitdrukking komen in uitzonderlijke resultaten. Het is dus belangrijk de uitkomsten uit verschillende analyses met elkaar te vergelijken. Vaak komt men bij een sterkte-zwakteonderzoek niet verder dan het verzamelen van een aantal meningen van eigen medewerkers. Het is relevant deze te vergelijken met feiten die de meningen kunnen staven.

4.4 Kansen en bedreigingen

Het vorige hoofdstuk ging uitgebreid in op de analyse van de externe omgeving: de macro-omgeving en de meso-omgeving. Bij de analyse van die omgevingen en het maken van een toekomstbeeld komen voor de organisatie belangrijke ontwikkelingen in beeld. In de strategieformulering is het gebruikelijk de gesignaleerde ontwikkelingen te splitsen in kansen en bedreigingen. Kansen zijn externe ontwikkelingen die, indien de organisatie er goed op inspeelt, de resultaten kunnen verbeteren. Een bedreiging kan ertoe leiden dat de resultaten verslechteren.

Of een toekomstige ontwikkeling een kans of bedreiging is, lijkt op het eerste gezicht eenvoudig vast te stellen. Daarbij zijn een paar kanttekeningen te maken. In de eerste plaats is er sprake van een *waarneming*, die subjectief is en die later ook nog *geïnterpreteerd* wordt. Waarneming en interpretatie van hetzelfde kunnen per persoon verschillen. Waarneming en interpretatie zijn dus specifiek en uniek. Ook cultuurverschillen spelen een rol. Zo zijn Amerikanen eerder geneigd een ontwikkeling als een kans te zien, waar Nederlanders een ontwikkeling vaker zien als bedreiging.

Men moet beseffen dat niet alle strategisch belangrijke informatie tot het publieke domein behoort. Topmanagers van organisaties hebben *netwerken* waaruit ook informatie te winnen is. Denk aan de informationele rollen die Mintzberg (1973) beschrijft. Veel van deze informatie is zo uniek dat die door een buitenstaander niet op juistheid te beoordelen is. Misschien hooguit op plausibiliteit, met andere woorden: zou die informatie waar *kunnen* zijn?
Ten slotte hangt het uiteindelijke effect van een ontwikkeling af van hoe de verschillende aanbieders erop reageren. Zo kan het zijn dat een geleidelijke daling van de omzet in een markt gezien wordt als een bedreiging. Dat is terecht, er ontstaat waarschijnlijk meer aanbod dan vraag en dat is slecht voor de prijzen en de winstgevendheid. Als in die markt echter bijvoorbeeld nog een belangrijke vervangingsvraag overblijft, kan het inspelen daarop gunstige perspectieven bieden, indien de meeste aanbieders zich uit die markt terugtrekken.

Radiobuizen worden nog steeds gebruikt
Radiobuizen waren tot het verschijnen van de transistor en de microchip de onderdelen van de radio en versterkers die het ontvangen signaal omzetten in geluid. Met de komst van de twee substituten verdween de markt voor radiobuizen vrijwel geheel. In sommige exclusieve geluidsapparatuur worden ze nog gebruikt. Die radiobuizen worden voor hoge prijzen verkocht.

Grammofoonplaten en platenspelers worden ook nog steeds gebruikt
Met de komst van de cd verdween de voorganger, de vinyl grammofoonplaat, van het toneel. Sony verkocht zijn fabriek in Nederland aan Ton Vermeulen, een ondernemer die terecht dacht met de oude technologie geld te kunnen verdienen. Vinyl grammofoonplaten worden bijvoorbeeld door dj's gebruikt, terwijl het ook mogelijk is kleine series winstgevend te produceren. Record Industry in Haarlem is de grootste fabriek in zijn soort ter wereld. Dj's gebruiken weliswaar nu steeds meer computers in plaats van vinyl grammofoonplaten, maar volgens echte muziekliefhebbers gaat er niets boven het geluid dat van een analoge grammofoonplaat komt.

4.5 Raming bij ongewijzigd beleid (ROB)

De ROB is bedoeld om te onderzoeken of de organisatie bij het handhaven van de gevoerde strategie haar doelen kan bereiken. Het is van belang dat de organisatie vaststelt op welke periode de ROB betrekking heeft. Immers, de toekomst is weliswaar niet nauwkeurig te bepalen, maar de ROB moet wel enig houvast bieden. Ook stelt de soort bedrijfstak eisen aan de lengte van de periode die de organisatie onderzoekt. Bouwt de onderneming vliegtuigen, dan is een lange periode een vereiste. Denk aan de eerste lijnvlucht met een Boeing 747 in 1970. Het vliegtuig is al vijftig jaar in gebruik. Heel anders ligt dat bij modeontwerpers. Hier zijn de modelcycli veel korter. Bovendien kan de organisatie door het ontbreken van grote investeringen in fabrieken snel omschakelen.

Bij het maken van de ROB is het eerst belangrijk na te gaan hoe de kansen en bedreigingen enerzijds en sterkten en zwakten anderzijds in de toekomst op elkaar inwerken. Dit is dus een *kwalitatieve* analyse die door discussie tot stand kan komen. Het kan handig zijn om van de kansen, bedreigingen, sterkten en zwakten er vier of vijf systematisch met elkaar te confronteren en na te gaan wat daarvan de effecten of mogelijkheden zijn. Dit is in figuur 4.3 schematisch weergegeven.

Figuur 4.3 Analysemodellen bij het maken van de ROB (ontleend aan Keuning en Eppink, 2012)

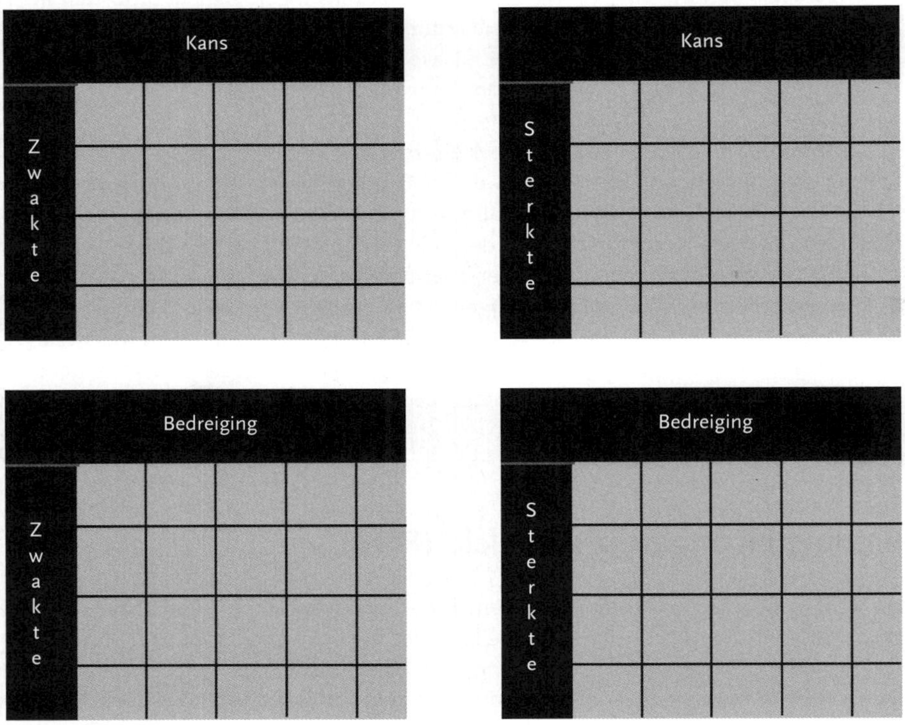

Nadat het kwalitatieve beeld is ontstaan, is het mogelijk dit verder *kwantitatief* uit te werken, waardoor de cijfermatige gevolgen van sommige ontwikkelingen zichtbaar worden. Als men bijvoorbeeld tot de conclusie komt dat de markt zal krimpen (bedreiging) en de organisatie zwak staat ten opzichte van de concurrenten, hoeveel is dan waarschijnlijk het omzetverlies en welk effect heeft dat op de liquiditeit en solvabiliteit?

4.6 Strategische alternatieven

Als uit de ROB blijkt dat de doelen van de organisatie in de toekomst niet gerealiseerd kunnen worden, moet de organisatie alternatieven ontwikkelen om de doelen te halen. Voor het ontwikkelen van alternatieven kan een aantal methoden gebruikt worden. In de eerste plaats de *confrontatiematrix*, de *product-marktmatrix* van Ansoff en de aanpak met behulp van de *drie dimensies* van strategie.

Confrontatiematrix

In de *confrontatiematrix* zet de organisatie op de ene as de kansen en bedreigingen en op de andere as de sterke en zwakke kanten. In de vier vakken van de matrix staat dan welk *soort strategie* men kan ontwikkelen om tegemoet te komen aan de specifieke uitdagingen van een combinatie van kans en sterkte, bedreiging en zwakte enzovoort. Dit is in figuur 4.4 weergegeven.

Figuur 4.4 De confrontatiematrix

	Kansen	Bedreigingen
Sterke kanten	Aanvallen	Verdedigen
Zwakke kanten	Versterken	Terugtrekken

Met deze soorten strategie kan de organisatie verdergaan met het bedenken en uitwerken van concrete strategieën. Als uit de SWOT-analyse naar voren komt dat de organisatie zwakke kanten kent, maar dat er ook kansen liggen, dan moeten in de strategie de zwakke kanten worden versterkt. Als de zwakke kant bijvoorbeeld ligt bij te hoge productiekosten, dan ligt een concretisering met behulp van een laagstekostenstrategie voor de hand. Zijn er veel zwakke kanten en alleen maar bedreigingen, dan is het te overwegen zich terug te trekken uit die activiteit. Zijn er overwegend sterke kanten en veel kansen, dan moet de organisatie een aanvallende strategie kiezen. Dat kan bijvoorbeeld een strategie van geografische expansie zijn. Bij een combinatie van sterke kanten en overwegend bedreigingen is het zaak een verdedigende strategie te kiezen. Een mogelijkheid is bijvoorbeeld het sluiten van langlopende contracten met afnemers. Daarmee wordt de concurrenten de mogelijkheid ontnomen hun afzet bij die klanten uit te breiden.

Product-marktmatrix

Een ander hulpmiddel voor het bedenken van strategische alternatieven is de *product-marktmatrix* die door Igor Ansoff ontwikkeld is en beschreven in zijn boek *Corporate Strategy*. Op de ene as van de matrix staan de producten en op de andere de markten. Op beide assen onderscheidt hij de bestaande situatie en een nieuwe situatie. Deze matrix (figuur 4.5) geeft alleen groeialternatieven weer.

Figuur 4.5 Product-marktmatrix (ontleend aan Ansoff, 1968)

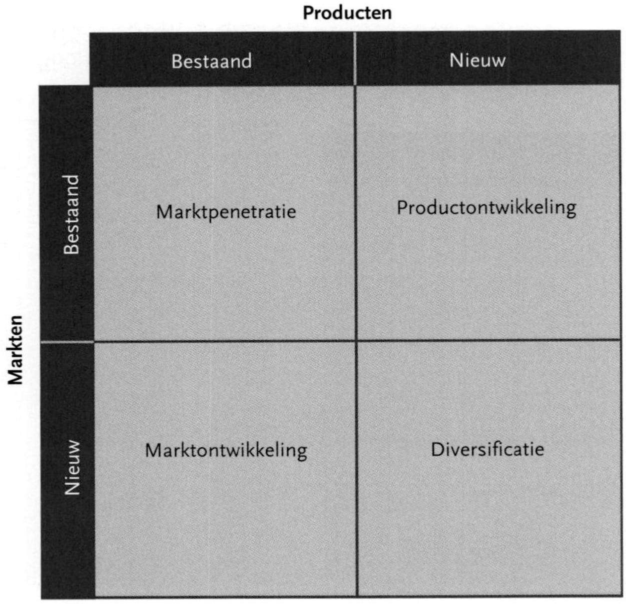

Bij deze matrix is het volgende op te merken:

- Onder 'product' worden niet alleen producten maar ook diensten verstaan.
- 'Nieuw' betekent nieuw voor een organisatie. Productontwikkeling in de product-marktmatrix wil zeggen het op de markt brengen van een product dat eerder nog geen deel uitmaakte van het assortiment. Het is dus mogelijk dat datzelfde product al vele jaren door andere organisaties wordt aangeboden. Voor 'nieuwe markt' geldt hetzelfde.
- In de product-marktmatrix worden met 'markt' niet alleen geografische markten bedoeld. Het gaat ook om afnemersgroepen of marktsegmenten. Voorbeelden van een geografische markt zijn de Amerikaanse markt en de markt van Noord-Nederland. Een voorbeeld van een marktsegment is de markt van gemeenten of de markt van jongeren.

Ansoff vat marktpenetratie, productontwikkeling en marktontwikkeling samen onder de noemer expansie.

Heinen Delfts Blauw: product- en marktontwikkeling

Begin jaren tachtig van de vorige eeuw start Jaap Heinen in Putten een bedrijf voor Delfts blauw aardewerk. In 1985 werkt zijn zoon Jorrit inmiddels ook in het bedrijf en kopen ze een winkelpand aan de Amsterdamse Prinsengracht, vlak bij de Leidsestraat. Daar wordt niet alleen Delfts blauw aardewerk verkocht, maar er wordt ook Delfts blauw gemaakt. Inmiddels heeft Heinen Delfts Blauw verschillende winkels in Amsterdam en ook in Delft. In 2018 kocht het bedrijf het in 1954 opgerichte Delftse bedrijf Paauw. Op Curaçao is sinds 2010 een winkel in het Riffort, vlak bij de kade waar de cruiseschepen aanmeren. Daar zijn de traditionele producten te koop, maar ook 300 artikelen met thema's ontleend aan het eiland. Met de groei

van het aantal verkooppunten komt de nadruk op de verkoop van souvenirs te liggen. Om minder afhankelijk van die sector te worden zijn inmiddels nieuwe producten ontwikkeld voor de markt van design en interieur (bijvoorbeeld porseleinen serviezen) en voor de markt van relatiegeschenken. Bij de laatste is nog een onderscheid te maken tussen duurdere, gepersonaliseerde en unieke relatiegeschenken en goedkopere, die op groter schaal gemaakt worden. De omzet in souvenirs profiteert ook van nieuw ontwikkelde producten. Bij het ontwerpen van nieuwe producten werkt Heinen soms samen met externe designers.
Hieronder staat links een afbeelding van een traditioneel sierbord en rechts een van een dinerbord uit het servies Blauw Bloesem

Bronnen: Interview Jorrit Heinen, website www.heinendelftsblauw.nl

Ansoff onderscheidt binnen de *diversificatiestrategie* nog twee vormen. Bij de eerste hebben de nieuwe activiteiten nog enige band met de bestaande. Ze kunnen nog gebruikmaken van bestaande kennis op het gebied van de marketing en van gebruikte technologie, of van beide. Deze vorm noemt hij *concentrische diversificatie*. Als er helemaal geen relatie is tussen de bestaande en de nieuwe producten of diensten spreekt hij van *conglomeraatvorming*. De enige relatie tussen de verschillende activiteiten is een financiële. Zoals eerder opgemerkt ontwikkelde Ansoff alleen groeistrategieën. Het is ook mogelijk de Ansoff-matrix uit te breiden met strategieën die de producten, diensten of markten beperken. Op die manier ontstaat de uitgebreide product-marktmatrix (Keuning en Eppink, 2012). Deze is in tabel 4.1 weergegeven.

Tabel 4.1 De uitgebreide product-marktmatrix

<table>
<tr><th>Product
Markt</th><th>Beperkter</th><th>Gelijk</th><th>Verwant</th><th>Nieuw</th></tr>
<tr><td>Beperkter</td><td>Specialisatie differentiatie</td><td>Schaalverkleining</td><td colspan="2" rowspan="2">Productontwikkeling</td></tr>
<tr><td>Gelijk</td><td>Specialisatie</td><td>Marktaandeelvergroting</td></tr>
<tr><td>Verwant</td><td colspan="2" rowspan="2">Marktontwikkeling inclusief Nadere segmentatie en internationalisatie</td><td rowspan="2">Concentrische diversificatie</td><td></td></tr>
<tr><td>Nieuw</td><td>Conglomeraatvorming</td></tr>
</table>

In deze matrix komen nieuwe begrippen voor die om toelichting vragen. Van *specialisatie* is sprake als de onderneming besluit bepaalde producten of diensten niet meer aan te bieden. Het aanbod wordt dus kleiner. Bij *differentiatie* stoot de onderneming een of meer stappen van het productieproces af. In beide gevallen beperkt dit de markt. Verwantschap bij producten is vaak van technische aard. Bij markten ligt de verwantschap bijvoorbeeld in de voorkeuren van het publiek, wetgeving en distributiekanalen.

> ***Twee voorbeelden van verwantschap***
> McLaren is een producent van formule 1-raceauto's en exclusieve sportwagens. Om op beide velden een hoofdrol te kunnen spelen, is een van de vereisten om enorm grote hoeveelheden data te verzamelen en te verwerken. Een formule 1-auto staat tijdens tests, trainingen en wedstrijden voortdurend in verbinding met een computer die informatie van de auto tijdens het rijden ontvangt en verwerkt. Deze informatie verwerkt McLaren om de auto steeds beter te laten presteren. McLaren is dus behalve autoproducent ook een hightechbedrijf op ICT-gebied. Ondernemingen als farmaceut GSK en accountancyonderneming KPMG zijn inmiddels afnemers van de diensten van McLaren. Die diensten zijn niet precies dezelfde als McLaren voor zichzelf gebruikt, maar zijn er wel van afgeleid. Ze zijn dus verwant.
> Een (geografische) markt is verwant aan de thuismarkt als bijvoorbeeld de distributiestructuur dezelfde is, maar de wet- en regelgeving op sommige punten verschillen. De Belgische markt is voor Albert Heijn verwant; veel is hetzelfde als in Nederland, maar de smaak en het koopgedrag van de klanten zijn op een aantal punten anders dan die in Nederland.
> Het is interessant hoe Ahold Delhaize met de keten Albert Heijn in België gaat uitbreiden. Begin 2019 stuntte AH met de actie 1 + 2 gratis. De reacties waren niet onverdeeld gunstig. Klanten waren ontevreden over de veel te kleine voorraden. De toezichthouder verbood de actie op grond van overtreding van regelgeving.

Net als bij de confrontatiematrix geven de oorspronkelijke en de uitgebreide product-marktmatrix alleen soorten strategie weer. De organisatie moet die verder uitwerken naar concrete producten, diensten, markten of afnemersgroepen.

Drie dimensies van strategie

Een derde hulpmiddel bij het ontwikkelen van strategische alternatieven zijn de *drie dimensies* van strategie die onderscheiden zijn door Eppink en Bossink (2004). Zij stellen dat strategie gaat over drie keuzes die de organisatie moet maken:

- *Spreiding*: waar concurreren?
- *Positionering*: hoe concurreren?
- *Samenwerking*: alleen of samen concurreren?

De dimensie *spreiding* geeft de mate aan waarin de organisatie veel of weinig *producten of diensten* aanbiedt, waar zij *geografisch actief* is en in welke mate zij *verticaal gespreid* wil zijn.
Positionering slaat op de manier waarop de organisatie haar aanbod van producten en diensten verschillend wil laten zijn van de concurrenten. Positionering betreft de manier waarop het *concurrentievoordeel* vorm moet krijgen.
Bij de dimensie *samenwerking* moet de organisatie beslissen over eventueel noodzakelijke vormen van samenwerking om kosten te verlagen of juist om meer omzet te kunnen verwerven. Daarbij kunnen twee of meer organisaties in hun *geheel* samengaan in een nieuwe organisatie, maar het is ook mogelijk op *deelgebieden* samen te werken.

Belang van creativiteit en uniekheid

Het gebruik van de hiervoor beschreven technieken leidt niet tot het ontwikkelen van dezelfde strategieën. Voor het ontwikkelen en uitvoeren van een succesvolle strategie is de creativiteit van medewerkers nodig. Het gebruik van dezelfde technieken en hulpmiddelen hoeft niet tot hetzelfde resultaat te leiden. Vergelijk het ontwikkelen van een succesvolle strategie door verschillende schilders voor het schilderen van een portret van dezelfde vrouw. De vrouw is dezelfde voor de schilders, terwijl kwasten, verf en doek ook dezelfde zijn. Toch zal dezelfde vrouw door Pablo Picasso geschilderd anders op het doek komen dan geschilderd door Vincent van Gogh of Lucian Freud. In de auto-industrie is te zien dat eenzelfde strategie heel verschillende resultaten kan hebben. Van groot belang is of de modellen bij de kopers aanslaan. Verschillende fabrikanten hebben modellen op de markt gebracht die voortborduren op modellen uit het verleden. Zo brachten BMW en Fiat nieuwe modellen van de Mini en de Fiat 500 uit. In beide was er veel succes. VW bracht een variatie op de oude Kever uit, de New Beetle. Het Daimler concern wilde voortbouwen op de oude roem van Maybach en dat merk nieuw leven inblazen. In deze gevallen bleef succes uit en besloot de onderneming ermee te stoppen.

THEORIE

De volgende drie hoofdstukken behandelen gedetailleerd de aspecten van deze drie dimensies op basis van diverse theorieën en aanpakken. Dit in het kader van vragen die de organisatie en het management moeten beantwoorden om succes te boeken. Succes ligt buiten bereik als de verkeerde producten en diensten worden aangeboden die niet tegen die van de concurrent kunnen opboksen en tegelijkertijd een verkeerde keuze is gemaakt over samenwerking. De verschillende theorieën en aanpakken kunnen hulp bieden bij het formuleren van succesvolle alternatieven. Het ontwikkelen van succesvolle producten en diensten is echter mensenwerk en afhankelijk van realiteitszin en creativiteit in de organisatie.

4.7 Keuze

Bij de uiteindelijke keuze uit de ontwikkelde strategische alternatieven is het nodig voor ogen te hebben welke doelen met een alternatief bereikt moeten worden. Zo kan uit de ROB naar voren komen dat het de organisatie aan groeipotentieel ontbreekt. Er zijn twee alternatieven ontwikkeld. Het ene alternatief levert groeimogelijkheden op en een redelijke hoeveelheid cashflow. Het andere alternatief biedt minder groeimogelijkheden, maar meer cashflow. Hier is het aan te raden het eerste alternatief te kiezen. Hoewel de iets hogere cashflow uit het tweede alternatief ook aantrekkelijk is, is meer groei de doelstelling.

Naast het aansluiten van de te verwachten resultaten van een strategisch alternatief bij de doelen, zijn de FUR-criteria te gebruiken: Financiën, Uitvoerbaarheid en Risico's. Bij sommige criteria zijn ook uitgewerkte technieken te gebruiken.

4.7.1 Financiën

In alle gevallen is het van belang na te gaan welke financiële gevolgen een strategisch alternatief heeft. Dit geldt zowel voor op winst gerichte als voor non-profitorganisaties en de overheid. Elke organisatie moet de kosten verbonden aan het invoeren en (op lange termijn) uitvoeren van een strategie kunnen opbrengen.
Criteria die organisaties hanteren:
- winstgevendheid;
- liquiditeit;
- solvabiliteit.

Bij *winstgevendheid* kijkt men naar winst als percentage van de omzet of als percentage van het geïnvesteerd vermogen. Een benadering die men de laatste tien jaar steeds meer gebruikt, is de *shareholdervaluebenadering* zoals die door Rappaport (1986) bekend is geworden. In tegenstelling tot de associatie die de term vaak oproept, namelijk streven naar kortetermijnwinst, is de benadering die Rappaport ontwikkelde juist op de lange termijn gericht. Op deze benadering is in de loop der tijd een aantal varianten ontwikkeld, onder andere door Ehrbar (1998). Bij het beoordelen van de waarde van een strategisch alternatief voor de aandeelhouder houdt Ehrbars aanpak rekening met de kosten van het vermogensbeslag. Een alternatief kan pas aantrekkelijk zijn als het rendement hoger is dan de kosten van het te investeren vermogen.

Wat *liquiditeit* betreft kan men kijken naar het verloop van de kasstromen in de loop der tijd. Uiteindelijk leiden die mogelijk tot mutaties in balansposten als vlottende activa (liquide middelen, debiteuren en voorraden) en schulden op korte termijn. In dat verband hanteert men vaak ratio's als de *current ratio* (vlottende activa/kort vreemd vermogen) of de *quick ratio*, ook wel *acid test* genoemd: vlottende activa minus voorraden/kort vreemd vermogen.

Bij de *solvabiliteit* kijkt men naar de verhouding tussen het eigen en het vreemd vermogen. De norm voor deze verhouding verschilt per bedrijfstak en soms ook per organisatie. In de beginjaren van deze eeuw was het gebruikelijk om commercieel vastgoed met weinig eigen vermogen (5-10%) te financieren. Voor andere bedrijfstakken golden hogere percentages eigen vermogen, soms tot 60%. Bij het verstrekken van kredieten stellen banken in de leenovereenkomst vaak eisen ten aanzien van de score op liquiditeit en solvabiliteit waaraan de debiteur moet voldoen.

4.7.2 Uitvoerbaarheid

De ervaring leert dat bij het uitvoeren van strategische plannen problemen ontstaan. Dit komt vaak doordat er bij de keuze geen rekening wordt gehouden met mogelijke problemen bij de implementatie. Nu zijn niet alle implementatieproblemen te voorzien, maar wat de organisatie wel kan en moet doen, is de vraag stellen welke problemen zich zouden kunnen voordoen. Die vraag dwingt tot kritisch nadenken over implementeerbaarheid. Problemen bij het implementeren van een strategie kunnen liggen in de externe omgeving, maar ook op het gebied van de *operaties* en de *structuur*, dus in de micro-omgeving van de organisatie.

Zoals in het volgende deel aan de orde komt, kunnen zich bij de operaties implementatieproblemen voordoen bij de factoren *mens, middelen en methoden*. Soms vraagt een nieuwe strategie om medewerkers met nieuwe kennis en kunde. Als die niet op de arbeidsmarkt beschikbaar zijn, dient de organisatie ze om te scholen. Lukt dat niet, dan ligt het mislukken van de strategie voor de hand. Soms vraagt een nieuwe strategie ook grote aanpassingen in de productiefaciliteiten. Problemen kunnen zich voordoen bij het verkrijgen van vergunningen of het vinden van een geschikte nieuwe vestigingsplaats. Bekend zijn de problemen die grote organisaties ervaren hebben met het implementeren van nieuwe software voor het sturen van bedrijfsprocessen. Wat de structuur betreft: een nieuw organisatieschema is snel getekend. Het laten werken ervan is een tweede, dat vraagt namelijk om een andere manier van werken. Niet alle medewerkers kunnen dat nieuwe gedrag gaan vertonen, waardoor de strategie ook niet goed uitgevoerd wordt.

Ansoff en McDonnell (1990) brengen naar voren dat een organisatie implementatieproblemen kan verminderen door bij de planning diegenen te betrekken die het plan later moeten uitvoeren.

Uitvoerbaarheid geen probleem?

Een aantal hoge ambtenaren van de Belastingdienst sprak jaren geleden met een delegatie van Kamerleden over hoe investeringen in ICT zouden kunnen helpen bij het verbeteren van het primaire proces van de Belastingdienst. Ook kwam een wetsvoorstel ter sprake waarover de Kamer binnen afzienbare tijd moest beslissen. De ambtenaren brachten met sterke argumenten naar voren dat het voorstel niet uitvoerbaar was met de middelen die ter beschikking stonden. De reactie van de woordvoerder van de Kamerleden was dat implementatie niet hun probleem was, maar dat van de Belastingdienst. Het is niet verwonderlijk dat het plan met problemen en veel later werd uitgevoerd.

In de loop der jaren is er weinig veranderd. Oud vice-voorzitter van de Raad van State, Tjeenk Willink (2018) komt tot de constatering 'De politieke belangstelling voor de uitvoerbaarheid en de uitvoerig van het beleid is gering'. Het directe gevolg daarvan is dat de Tweede Kamer veel te weinig controleert of beoogde resultaten van wetten en regels wel bereikt worden. Vaak is dat niet het geval. Het indirecte gevolg daarvan is dat de burger het vertrouwen in de overheid dreigt te verliezen.

4.7.3 Risico's

Elk strategisch plan is op veronderstellingen gebaseerd. Deze gaan over de vraag hoe de omgeving zich zal ontwikkelen, hoe de klanten zullen reageren enzovoort. Aangezien veronderstellingen niet altijd bewaarheid worden, is het van belang na te gaan wat de gevolgen zijn als de wereld er niet uitziet zoals eerder gedacht werd. Hiermee kunnen de risico's in kaart gebracht worden die het succes van de strategie nadelig beïnvloeden. Een aantal risico's geldt voor vrijwel elk strategisch besluit. Denk aan de inschatting van de vraag naar het product of de dienst. Wat is het risico als de vraag met 10% of met 20% achterblijft bij wat in het plan staat? Komt de organisatie dan in de financiële problemen of is het gevolg ervan goed op te vangen met een aantal maatregelen? Iets vergelijkbaars geldt voor organisaties die internationaal actief zijn. Voor hen zijn veranderingen in valutakoersen van grote invloed op de omzet en mogelijk ook op de balansstructuur. Kan de organisatie die risico's dragen of moet ze die 'verzekeren'? De reactie van verschillende groepen stakeholders zal de organisatie de revue moeten laten passeren. Dat hoeven geen grote onderzoeken te zijn: door het netwerk met een paar telefoontjes of mails te raadplegen, kan snel een redelijk, maar niet compleet, inzicht verkregen worden. Als tijdens dat raadplegen mogelijk negatieve reacties naar voren komen, kan men de raadpleging uitbreiden. Misschien is het ook mogelijk met de verkregen informatie het oorspronkelijke plan enigszins aan te passen. Niet zelden is vast te stellen dat organisaties *geen rekening* houden met de reacties van concurrenten. Dat is een essentiële omissie. Meer dan tweeduizend jaar geleden wees de Chinese generaal Sun Tzu al op het belang van het doorgronden van de tegenstander en zijn reacties.

Nadat de strategische keuzes zijn gemaakt, is het van belang de gekozen strategie te vertalen naar concrete acties, die inzet van mensen, middelen en methoden vragen. Hieraan wordt in deel II aandacht geschonken.

4.8 Aanpak van strategische planning

Veel organisaties hebben een jaarlijkse cyclus waarin het hiervoor beschreven stappenmodel wordt doorlopen. In het begin van het jaar komt de raad van bestuur of de directie met een vooruitblik en een lijst met belangrijke strategische doelstellingen. De onderdelen van de organisatie moeten deze uitgangspunten verwerken in conceptplannen die bij de raad van bestuur of directie ter beoordeling binnenkomen. Is de top het niet met een plan eens, dan moet de leiding van het onderdeel verbeteringen aanbrengen. Nadat alle plannen op deze manier in eerste instantie instemming hebben gekregen, moeten ze worden vertaald in geld. Deze vertaling in geld moet uitmonden in budgetten die voor de verschillende onderdelen taakstellend zijn. Aan het einde van het jaar keurt dan de raad van toezicht of de raad van commissarissen de begroting voor het volgende jaar goed. Deze is daarmee ook voor de top taakstellend geworden. Afhankelijk van de vraag wie in dit jaarlijkse planningsproces de grootste inbreng heeft, de top of de lagen daaronder, spreekt men van een top-downbenadering of van een bottom-upbenadering.

Niet in alle gevallen zijn strategische beslissingen de uitkomst van deze jaarlijkse planningscyclus, waarin top en geledingen daaronder interactief de strategie ontwikkelen, dan is een projectmatige aanpak aan te bevelen. Soms is het niet mogelijk de strategie binnen een jaarcyclus te formuleren. Bijvoorbeeld wanneer veel studies verricht moeten worden die de basis vormen voor het te nemen besluit. Dit komt vrijwel alleen voor bij grote en op wereldschaal opererende ondernemingen. Soms doen zich in de loop van een jaar gebeurtenissen voor die snel om een antwoord vragen. Denk aan een overnamebod of een onverwachte actie van een concurrent die om een reactie vraagt. Een projectmatige aanpak is nuttig als de top van de organisatie:
- overweegt om een onderdeel af te stoten;
- andere maatregelen overweegt die in de voorbereiding op weerstand kunnen stuiten of om geheimhouding vragen.

Kleine en middelgrote organisaties die over weinig menskracht beschikken en die bevredigende resultaten boeken, kunnen deze aanpak ook volgen.

4.9 Vragen en opdrachten

1. **Strategieformulering**
   a. Waarom zouden organisaties moeten beginnen met het opstellen van hun huidig strategisch profiel?

   b. Uit welke elementen bestaat het huidig strategisch profiel?

   c. In het kader van het sterkte-zwakteonderzoek wordt het begrip *core competence* gebruikt. Wat verstaan Hamel en Prahalad onder *core competences* en aan welke criteria dienen *core competences* volgens deze auteurs te voldoen?

   d. Bespreek in het kort de confrontatiematrix en ga in op de onderdelen van deze matrix.

   e. In welke stap van het strategieformuleringsproces kan de confrontatiematrix het best worden gebruikt? Licht uw antwoord kort toe.

2. **De waardeketen of value chain van Porter**
   a. In de waardeketen van Porter wordt onderscheid gemaakt tussen primaire en secundaire activiteiten. Welke primaire activiteiten worden in het model genoemd?

   b. Wat bedoelt Porter met de infrastructuur van de organisatie?

   c. Organisaties kunnen de waardeketen of *value chain* van Porter gebruiken om te bepalen op welke manier zij een concurrentievoordeel kunnen krijgen of kunnen verbeteren. Geef een concreet voorbeeld waaruit deze toepassing van de *value chain* blijkt.

   d. Bent u het eens met de volgende stelling? 'Om succesvol te zijn, dienen organisaties aan alle activiteiten uit de waardeketen evenveel aandacht te besteden.' Licht uw antwoord toe.

3. **Keuze uit strategische alternatieven**
   a. Welke drie soorten criteria kunnen worden gebruikt bij het kiezen uit de ontwikkelde strategische alternatieven?

   b. Wat wordt verstaan onder solvabiliteit? Waarom is het voor banken belangrijk om bij het verstrekken van kredieten de solvabiliteit van een onderneming te kennen?

   c. In paragraaf 4.7.2 wordt ingegaan op de manier waarop de keuze werd gemaakt om te investeren in ICT bij de Belastingdienst. Welke adviezen zou u op basis van de ervaringen bij deze implementatie geven aan de leden van de Tweede Kamer?

PRAKTIJK

4.10 Oefencase: start het proces van strategieformulering

De omgevingsanalyse is in het directieoverleg besproken en met instemming aanvaard. De bevindingen worden herkend, de conclusies zijn helder en onontkoombaar. Zoals te verwachten, maakt de analyse ook het nodige los. Hoe nu verder? Welke acties zijn nodig? Wat moet het eerst?
Meteen worden ideeën geopperd en oplossingen geponeerd. Voor- en tegenstanders roeren zich:

- 'Grote klanten met grote opdrachten, daar zullen we het steeds meer van moeten hebben. Laten we daar maar helemaal voor gaan.' 'Ja, maar die kleine opdrachten maken bij elkaar nog steeds negentig procent van onze opdrachtenportefeuille uit. Die kunnen we echt niet zomaar laten vallen.' 'Bovendien is elke kleine klant een potentiële grote klant, dus die moeten we koesteren.'
- 'Storingen verhelpen moeten we niet blijven doen, we zijn nou eenmaal niet een soort Wegenwacht.' 'Ho ho, juist daarmee kunnen we onze betrouwbaarheid en het geloof in onze producten maximaal tonen. Elk goed opgelost probleem versterkt de band met de klant.' 'Ja, maar moeten we dit lastige soort werk – niet te voorzien, vaak buiten normale werkuren, altijd met grote haast – per se zelf blijven doen?'
- 'Buitenlands werk is ingewikkeld en kost handenvol geld; dat is niet simpel te veranderen; laten we binnen Nederland blijven.' 'Dat zou doodzonde zijn, er zijn zo veel kansen over de grenzen heen; we moeten het alleen anders aanpakken.'
- 'Makkelijker gezegd dan gedaan, we hebben hier in huis al problemen genoeg, bijvoorbeeld om onze menskracht op peil te houden. De oude getrouwen gaan met pensioen; goed opgeleide jongeren komen mondjesmaat binnen en zijn zo weer vertrokken; het is dweilen met de kraan open.' 'Geen wonder als je kijkt naar die grauwe werkruimten; we zijn een hightechbedrijf, maar we hebben de uitstraling van een ouderwetse fabriek.'

De president-commissaris[2] van ESS, die is uitgenodigd de bespreking van de omgevingsverkenning bij te wonen, vraagt het woord. 'Dames en heren, laten we dit ordelijk en systematisch benaderen. De omgevingsverkenning maakt duidelijk dat er nogal wat op ESS afkomt. In plaats van nu van alles te roepen, is het nodig een strategische koers uit te zetten. Pas dan zal duidelijk worden welke maatregelen daarbij nodig zijn.'
De aanwezigen kijken elkaar aan: het klinkt logisch, de strategie formuleren, maar wat houdt dat precies in?

U krijgt nu de opdracht om op korte termijn te schetsen hoe ESS zijn strategie zou moeten formuleren. Over strategieformulering op zich zijn boekenkasten vol geschreven. Maar de directie wil weten *wat dat nu precies voor ESS betekent*. Welke stappen moeten worden gezet? Wat moet worden uitgezocht? Tot welke beslissingen leidt dit?

Opdracht
Schrijf een notitie waarin u de directie een duidelijk beeld geeft van hoe het proces van strategieformulering eruitziet, in het bijzonder voor ESS. Laat zien welke stappen van

---

[2] De raad van commissarissen is in grotere ondernemingen een wettelijk voorgeschreven orgaan met daarin deskundige en ervaren mensen van buiten. De RvC houdt toezicht en stuurt eventueel de directie bij. Zie verder Capita Selecta 3.

het proces kunnen worden ingevuld op basis van wat er al bekend is. Laat ook zien welke stappen nog te zetten zijn en hoe die moeten worden uitgevoerd.
Let wel: het proces van strategieformulering staat in dit hoofdstuk als een abstract stappenmodel beschreven. U moet nu laten zien hoe die stappen *concreet voor ESS* zijn in te vullen. De deelnemers aan het directieoverleg moeten op basis van uw stuk een helder idee krijgen van waar ze aan beginnen als ze 'ja' zeggen tegen het voorstel een formeel strategieformuleringsproces te beginnen.

4.11 Extra: RTL Nederland heeft nieuwe strategie en schrapt banen

RTL Nederland heeft donderdag een nieuwe 'groeistrategie' gelanceerd, waarbij de behoeften en drijfveren van consumenten centraal staan. Het bedrijf laat de oude zendergerichte aanpak los en gaat voor een hechte relatie en directe interactie met zijn kijkers, volgers en bezoekers, via elk denkbaar kanaal en zelfs buiten het scherm.

RTL wil met zelfontwikkelde en -geproduceerde content zowel on- als offscreen mensen echt raken en inspireren, met als doel een loyale fanbase voor haar merken op te bouwen. Om deze fan-centricstrategie te realiseren investeert RTL de komende jaren tientallen miljoenen in data-analyse, technologie en creatie.[3] Ook zal RTL op korte termijn alle OTT-activiteiten[4] in één platform samenbrengen. Het bedrijf gaat haar organisatie aanpassen, zodat deze wendbaarder is en beter in staat om inzichten te vergaren en door te vertalen naar nieuwe producties.

RTL is de laatste jaren opgeschoven van tv-bedrijf (tv centric), gericht op het lineair uitzenden van content en volledig gefinancierd door advertentie-inkomsten, naar een mediabedrijf waar het draait om de ontwikkeling en distributie van grotendeels eigen content via alle platformen, gefinancierd uit zowel advertentie- als consumenteninkomsten (consumer centric). De volgende stap is de doorgroei naar een fan centric RTL, die de Nederlandse consument als uitgangspunt neemt bij alle ontwikkelingen en activiteiten van het bedrijf.

De directie is van plan om de organisatie te herstructureren in lijn met de fan-centricstrategie. Hierbij zullen arbeidsplaatsen vervallen, gedeeltelijk door natuurlijk verloop, maar gedwongen ontslagen zijn niet uitgesloten. RTL trekt tegelijkertijd ook veel nieuw talent aan op het gebied van data, technologie, creatie en marketing. Door de herstructurering verdwijnen managementlagen en worden afdelingen samengevoegd. Ook ontstaan nieuwe bedrijfsonderdelen, met name op het vlak van technologie en data. De directie van RTL heeft voor deze voorgenomen reorganisatie een adviesaanvraag ingediend bij de ondernemingsraad.

---

3 Uit het in april 2019 gepubliceerd artikel 'Fusing data and design to supercharge innovation in products and processes' van Akshay Chhabra en Simon Williams van McKinsey blijkt dat het effectiever combineren van data-analyse en innovatie leidt tot significant hogere opbrengsten van bedrijven. Een van de aanbevelingen uit het artikel is om data-analisten en ontwerpers van nieuwe producten of diensten in dezelfde werkplek te laten werken.

4 OTT staat voor 'over-the-top'. Over-the-top is momenteel de meest gebruikte term in de entertainmentindustrie. De term wordt gebruikt voor de levering van film, serie en tv videocontent via het internet. Voorbeelden van OTT-diensten zijn Netflix, Videoland, NPO Start en NLZiet. Vóór de komst van dergelijke diensten konden consumenten alleen televisie kijken via de traditionele kabelaars als KPN, Ziggo of door het kopen of huren van beelddragers als video's, dvd's en Blu-ray. Dankzij de toename van de internetsnelheden werd het voor aanbieders als Netflix mogelijk om de markt te betreden waardoor televisie kijken is veranderd. Door de komst van de OTT-diensten is de verkoop van beelddragers sterk afgenomen. Eenzelfde trend is waarneembaar bij muziek; de verkoop van cd's is sterk afgenomen door de komst van diensten als Spotify en iTunes van Apple.

RTL-CEO Sven Sauvé licht toe: "Onze nieuwe strategie is een duidelijke groeistrategie. Om dit te realiseren zijn drie zaken van belang. Allereerst moeten we onze organisatie wendbaarder maken en focus aanbrengen. Daarom hebben we de intentie onze organisatie aan te passen en nieuw talent aan te trekken. Ten tweede stoppen we met puur zenden. We gaan veel interactiever en van buiten naar binnen werken. De autonomie van de consument wordt door de brede technologische ontwikkelingen, zoals spraakgestuurde tech, artificial intelligence en domotica alleen maar groter. Die beweging is onomkeerbaar."

"Daarom is straks het vertrekpunt niet langer hoe we ons geld verdienen, maar de intrinsieke behoefte van iedere Nederlander die naar ons kijkt en ons volgt. Ten derde moeten we meer zelfstandig opereren en groeien. We nemen de hele keten van financiering tot ontwikkeling en distributie in eigen hand, waardoor we minder afhankelijk zijn van derden. Dat wil niet zeggen dat samenwerken met partners niet van groot belang is, integendeel. Dat doen we echter alleen als er sprake is van een strategische match die meerwaarde biedt voor de Nederlandse consument. Dit alles maakt het beter mogelijk om innovatieve, meer data-gebaseerde proposities voor onze adverteerders te ontwikkelen."

Sauvé vervolgt: "Fan centric gaat verder dan de consument centraal zetten. We willen een emotionele band opbouwen met onze kijkers en volgers en hen inspireren met onze merken. Niet alleen voor de duur van een programma op tv, maar op elk moment dat onze fans dat willen. Ik geloof dat wij daar de beste in zijn als partij die zich 100% richt op de Nederlandse consument. Deze keuze is ingrijpend, want onze hele organisatie moet erop gericht zijn om actief inzichten op te halen via data, onderzoek en focusgroepen. Wij zullen daarmee beter in staat zijn om in te spelen op trends, sociaal-maatschappelijke ontwikkelingen, zoals sustainability, inclusiviteit en bijvoorbeeld ook de privacydiscussie."

"Die ontwikkelingen worden de focus. Wij verwerken deze tot inzichten die niet alleen bepalen welke content we creëren en aanbieden via onze lineaire en digitale platformen, maar ook hoe we ze in de markt zetten en afstemmen op elke individuele behoefte. De bedoeling is dat mensen iets van zichzelf herkennen in wat wij maken, dat het ze raakt in hoofd en hart. Binnen afzienbare tijd, een à twee jaar, moet dit ertoe leiden dat RTL als lokale mediapartij met al haar platformen de beste individuele consumentenervaring en -beleving biedt voor iedereen in Nederland."

Een andere belangrijke strategische stap is het samenvoegen van de OTT-activiteiten (Videoland, RTL XL) in één platform. Dit biedt de basis voor verdere online activiteiten. Sven Sauvé over deze stap: "Videoland groeit harder dan ooit. Dat moet ook, want we willen niet alleen de marktleider zijn op tv, we willen ook de lokale nummer 1 in video on demand zijn. Onze video on demand activiteiten hebben ons veel geleerd over fan centric werken. Het gaat om continu toetsen als je iets ontwikkelt, leren van je fouten en soms betekent het *kill your darlings* als dat in het belang is van de consument. Door met onze abonnees te praten, weten we dat het een grote wens is om één plek te hebben waar je alles kunt zien en waar veel aandacht is voor Nederlandse content. Dit jaar nog maken we de stap om al onze online activiteiten samen te voegen."

In de komende weken verwacht de directie van RTL het advies van de ondernemingsraad. Op basis daarvan kan worden bepaald wat de volgende stappen in de herstructurering zijn. Het bedrijf verwacht vóór de zomer duidelijkheid te kunnen geven aan haar medewerkers over individuele gevolgen van de plannen.

Gepubliceerd op 19 april 2019 door BM
https://www.broadcastmagazine.nl/televisie/rtl-nederland-heeft-nieuwe-groeistrategie/

4.12 Antwoorden

1. Strategieformulering

a. Met het huidig strategisch profiel wordt de uitgangspositie van de organisatie bepaald. Op die manier kunnen realistische, strategische doelen worden geformuleerd die uitgaan van waar de organisatie nu staat.

b. Inventarisatie van de doelstellingen, de terreinen waarop de onderneming actief is (spreiding), de gevolgde concurrentiestrategieën (positionering) en de mate van synergie tussen de verschillende onderdelen.

c. Hamel en Prahalad omschrijven *core competences* als een bundel bekwaamheden en technologieën die een organisatie in staat stelt bijzondere voordelen voor de afnemer tot stand te brengen. Met deze *competences* onderscheiden organisaties zich van andere organisaties. Volgens beide auteurs is iets pas een *core competence* als deze voldoet aan drie criteria: unieke waarde voor de afnemer, niet of zeer lastig imiteerbaar door de concurrent en toepasbaar in andere markten.

d. In de confrontatiematrix worden de kansen en bedreigingen uit de externe omgeving 'geconfronteerd' met de sterkten en zwakten van de eigen organisatie. In de vier vakken van de matrix staat dan welk soort strategie men kan ontwikkelen om tegemoet te komen aan de uitdagingen van een combinatie van kans en sterkte (aanvallen), kans en zwakte (versterken), bedreiging en sterkte (verdedigen) en bedreiging en zwakte (terugtrekken).

e. De confrontatiematrix kan het best worden gebruikt bij het ontwikkelen van strategische alternatieven. Met de confrontatiematrix kunnen de kansen en bedreigingen en de sterkten en zwakten uit de eerdere stappen van het strategieformuleringsproces worden vertaald in meer concrete strategische alternatieven.

2. De waardeketen of *value chain* van Porter

a. Inkomende logistiek, productie, uitgaande logistiek, marketing en verkoop, service.

b. Bij de infrastructuur van de organisatie gaat het om de activiteiten die de gehele waardeketen ondersteunen en onderhouden. Activiteiten zijn: algemeen management, financiële zaken, juridische zaken, kwaliteitsmanagement en informatiesystemen.

c. Nike heeft zich volledig toegelegd op de marketing en verkoop van zijn artikelen. Dit is zo ver doorgevoerd dat het bedrijf de gehele productie heeft uitbesteed. Met de onderscheidende marketing (onder andere door het contracteren van vele hedendaagse sporthelden) is Nike in staat geweest een duurzaam concurrentievoordeel op te bouwen. Vele andere voorbeelden zijn hier mogelijk.

d. Onjuist. Niet alle activiteiten zijn voor alle organisaties even belangrijk. Zo is technologieontwikkeling of research & development (R&D) voor bedrijven als ASML en Philips belangrijker dan voor bijvoorbeeld detaillisten of verhuisbedrijven.

3. Keuze uit strategische alternatieven

a. Financiële criteria, uitvoerbaarheid, risico's.

b. Solvabiliteit is een financieel kengetal dat de verhouding tussen het eigen en het vreemd vermogen aangeeft. Banken beoordelen vrijwel altijd de solvabiliteit voordat zij leningen verstrekken. Zij willen graag weten hoe de verhouding tussen het eigen vermogen en het vreemd vermogen is vanwege een mogelijk faillissement. Als er veel vreemd vermogen is (in gewoon Nederlands: schulden), is het voor banken moeilijker om bij een faillissement het uitgeleende bedrag terug te krijgen. Er zijn dan immers meer schuldeisers die hun geïnvesteerde geld graag terug willen. Normaal gesproken geldt het volgende: hoe meer vreemd vermogen op de balans, hoe groter het risico dat banken lopen, hoe hoger de rente die een onderneming moet betalen over het geleende bedrag.

c. Neem ambtenaren serieus, sta open voor kritiek, ga beter om met weerstand vanuit de ambtelijke top, schakel een of meer onafhankelijke adviseurs in, neem meer tijd voor de besluitvorming, zorg voor een realistisch implementatieplan en laat dit door een onafhankelijke expert doorrekenen, overweeg een langere doorlooptijd voor de implementatie, houd rekening met tegenslagen en vertragingen enzovoort.

4.13 Uitwerking oefencase[5]

Het proces van strategieformulering is schematisch als volgt weer te geven:[6]

Figuur 4.6 Model van strategieformulering

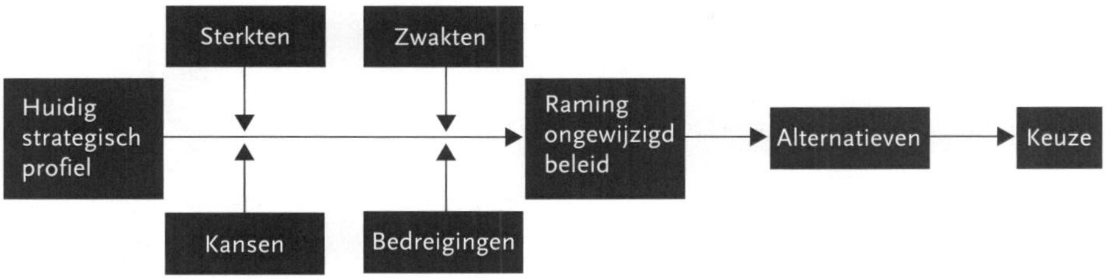

Huidig strategisch profiel
Op dit moment zijn de doelstellingen van ESS niet expliciet benoemd en daarmee zijn ook de terreinen waarop ESS zich begeeft niet afgebakend. Er lijkt een groeidoelstelling te zijn, maar die is niet expliciet geformuleerd, laat staan verder uitgewerkt. ESS is wel op verschillende markten actief met allerlei producten en diensten. Ook nieuwe activiteiten worden ondernomen. Een overall plan is er echter niet.
Conclusie over het huidig profiel: ESS is bezig met voortbestaan en dat heeft, zeker op dit moment, af en toe trekjes van alleen maar het beste ervan maken.

Sterkten en zwakten
In de waardeketen zijn de sterke en zwakke kanten van de primaire en de ondersteunende activiteiten van ESS in één overzicht te plaatsen. Legenda: + = sterk, - = zwak.
Het uiteindelijke resultaat, de marge, is nog positief. Maar die dreigt terug te lopen door zaken als: verlieslijdende buitenlandse activiteiten, het opstappen van een grote onderhoudsklant (topje van de ijsberg?), uitstroom van kennis en ervaring.

5 Dit boek biedt alleen de samenvattende conclusie van de uitwerking. De complete uitwerking is te vinden op www.conceptuitgeefgroep.nl.

6 NB Hier, in hoofdstuk 4, wordt de case uitgewerkt voor de onderdelen aan de linkerkant van het schema tot en met raming ongewijzigd beleid. Het onderdeel Alternatieven komt aan bod in de hoofdstukken 5, 6 en 7, maar ook in de delen II en III van dit boek, bij de operationele en structuuraspecten van organisaties. Het onderdeel Keuze komt aan het eind van het boek aan de orde, wanneer voor ESS alle implicaties voor strategie, operaties en structuur tegen elkaar kunnen worden afgewogen.

Figuur 4.7 Sterkten en zwakten van ESS met behulp van de waardeketen

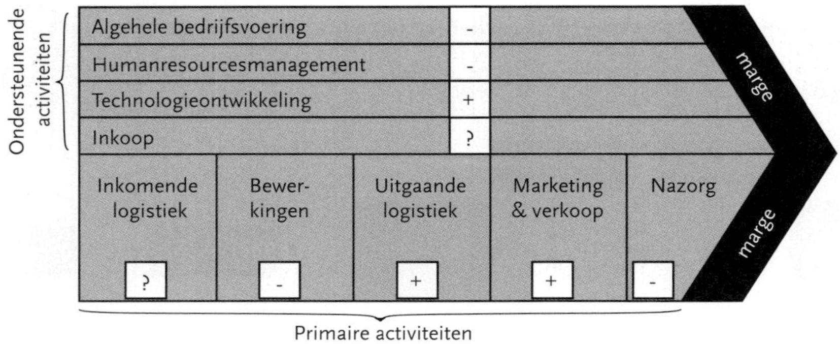

Kansen en bedreigingen

Figuur 4.8 Kansen en bedreigingen ESS

Kansen	Bedreigingen
– Omvangrijke opdrachten van grote klanten – Buitenlandse zakelijke markt – Particuliere markt in Nederland – 'Full service concept' voor de zakelijke markt	– De druk die grote klanten kunnen leggen op de hele bedrijfsvoering – Storingswerk dat regulier onderhoudswerk doorkruist en mogelijk zelfs kan leiden tot opzegging van storings- en onderhoudscontracten – Uitstroom van grote aantallen personeel met veel kennis en ervaring – Moeilijk te interesseren jongeren op de arbeidsmarkt – Moeilijk vast te houden jongeren, als ze eenmaal in dienst zijn

Raming bij ongewijzigd beleid (ROB)

De huidige kansen respectievelijk bedreigingen zijn elk af te zetten tegen de huidige sterkten respectievelijk zwakten. Bij ongewijzigd beleid levert dat vier 'plaatjes' op met mogelijke consequenties als ESS door zou gaan op de huidige manier.
Met 'ongewijzigd beleid' wordt bedoeld dat de directie van ESS geen andere koers inzet of geen ander gedrag vertoont dan ze nu doet en dat de afdelingen binnen ESS op dezelfde manier blijven werken.

In figuur 4.9 zijn in de cellen mogelijke consequenties weergegeven van wanneer ESS ongewijzigd zou doorgaan op de huidige weg. De consequenties zijn in vraagvorm geformuleerd om aan te geven dat ESS zich moet afvragen of het die consequenties wil aanvaarden en, zo ja, kan oplossen.[7]

[7] Hier staan bij wijze van voorbeeld steeds slechts twee kansen c.q. bedreigingen tegenover twee sterkten respectievelijk zwakten afgebeeld. De volledige analyse met alle combinaties is te vinden op www.conceptuitgeefgroep.nl.

Figuur 4.9 Raming bij ongewijzigd beleid voor ESS

Kansen → **Zwakten ↓**	Grote klanten met omvangrijke opdrachten	Zakelijke markt buitenland
Bewerkingen	Zullen in de fabriek niet steeds meer problemen ontstaan door overbelasting? Worden de kleine klanten hierdoor niet steeds slechter bediend?	Is montagewerk vanuit Nederland op den duur nog wel vol te houden vanwege kosten en belasting van medewerkers?
Nazorg	Reputatieverlies door ESS bij alle klanten; kunnen grote klanten hierom hun onderhouds- en storingsabonnement opzeggen?	Als nazorg in NL al zwak is, dan is nazorg in het buitenland mogelijk nog problematischer en dus schadelijk voor de reputatie van ESS

Kansen → **Sterkten ↓**	Grote klanten met omvangrijke opdrachten	Zakelijke markt buitenland
Uitgaande logistiek	Betekent dit niet een grote uitbreiding van aantallen montageploegen? En ook van aantallen onderhouds- en storingsmedewerkers?	Betekent dit niet een grote uitbreiding van aantallen montageploegen? En ook van aantallen onderhouds- en storingsmedewerkers?
Marketing en Verkoop (M&V)	Moet M&V dit marktsegment niet op een andere manier benaderen dan het segment van de kleinere klanten?	Is M&V wel in staat om een steeds groter deel van het buitenland vanuit Nederland te blijven bewerken?

Bedreigingen → **Zwakten ↓**	Druk van grote klanten op de bedrijfsvoering	Storingswerk dat regulier onderhoudswerk doorkruist
Bewerkingen	Is het wel mogelijk om met deze fabriek dit soort klanten goed te bedienen? Helemaal als dat er steeds meer zouden worden?	Is de kwaliteit van de producten die de fabriek verlaten soms dalend, zodat er steeds meer onderhouds- en storingswerk nodig is?
Nazorg	Is de combinatie van onderhouds- en storingswerk nog wel langer vol te houden?	Is de combinatie van onderhouds- en storingswerk nog wel langer vol te houden?

Bedreigingen → **Sterkten ↓**	Druk van grote klanten op de bedrijfsvoering	Storingswerk dat regulier onderhoudswerk doorkruist
Uitgaande logistiek	Betekent de wens om montage uit te besteden niet dat er een grote toename in montageploegen nodig is?	Kan de kwaliteit van de montage op peil blijven of, nog beter, worden verhoogd, zodat onderhouds- en storingswerk kan worden beperkt?
Marketing en Verkoop (M&V)	Kan M&V niet helpen de verwachtingen van de grote klanten te beïnvloeden zodat hun wensen redelijk en voor ESS behapbaar blijven?	N.v.t.

ANTWOORD

Literatuur

Aangehaalde en aanbevolen literatuur

Ansoff, H.I. (1968). *Corporate Strategy: An Analytic Approach to Business Policy for Growth and Expansion.* Londen: Penguin Books (oorspronkelijk 1965, New York: McGraw-Hill).

Ansoff, H.I. en McDonnell, E. (1990). *Implanting Strategic Management* (2nd Edition). New York: Prentice Hall. Bradley, C., Hirt, M., Smit, S. (2018). Strategy Beyond the Hockey Stick. Hoboken, NJ: Wiley.

Bradley, C., Hirt, M., Smit, S. (2018). *Strategy Beyond the Hockey Stick.* Hoboken, NJ: Wiley.

Campbell, A., Whitehead, J., Alexander, M. and Goold, M. (2014). *Strategy for the corporate level.* San Francisco: Jossey-Bass.

Collis, D. (2016). Lean Strategy, *Harvard Business Review*, vol. 94, nr. 3, 62-68.

Economist, The (2016). Aston Martin and McLaren: Speed merchants, 12 maart, p. 28.

Ehrbar, A. (1998). *EVA (Economic Value Added): The Real Key to Creating Wealth.* New York: John Wiley & Sons, Inc.

Eppink. D.J. en Bossink, B.A.G. (2004). *Strategie in drie. De centrale dimensies van effectieve strategieën.* Amsterdam: Pearson Education Benelux.

Eppink, D.J. (2009). *Passend strategisch denken: over tegenstellingen in de theorie en modieuze opvattingen in de praktijk, afscheidsrede*, Amsterdam: Vrije Universiteit. (Zie www.dare.ubvu.vu.nl, zoeken op Proefrede Eppink > Passend strategisch denken. In bewerkte vorm verschenen in *Handboek Management Accounting.* Deventer: Kluwer, oktober 2009, D1208-1-D1208-24.) FD (2019). Eerst bezinnen, dan winkelen, 2 februari 2019, p 2-3

FD (2019). Eerst bezinnen, dan winkelen, 2 februari 2019, p. 2-3.

Girotra, K., Netessine, S., (2014) Four Paths to Business Model Innovation, *Harvard Business Review*, vol. 92, nr. 7-8, 96-103.

Hamel, G. en Prahalad, C.K. (1994). *Competing for the Future.* Boston: Harvard Business School Press.

Johnson, G., Whittington, R., Scholes, K., Angwin, D., Regner, P. (2017). *Exploring Strategy: Text and cases.* Harlow, Pearson.

Keuning, D. en Eppink, D.J. (2012). *Management & Organisatie: Theorie en toepassing* (10e druk). Groningen/Houten: Noordhoff Uitgevers.

Martin, R.L. (2014). The Big Lie of Strategic Planning, *Harvard Business Review*, vol. 92, nr. 1-2, 79-84.

Melker, G.J. (2010). 250 *Managementbegrippen*. Groningen-Houten: Noordhoff Uitgevers.

Michel, S. (2014). Capture More Value, *Harvard Business Review*, vol. 92, nr. 10, 78-85.

Porter, M.E., Lee, T.H. (2013). The Strategy That Will Fix Healthcare, *Harvard Business Review*, vol. 91, nr. 10, 50-70.

Porter, M.E. (2008). The Five Competitive Forces That Shape Strategy, *Harvard Business Review*, vol. 86, nr.1, 78-93. (Eerste versie verscheen in 1979 in HBR.)

Porter, M.E. (1985). *Competitive Advantage: Creating and Sustaining Superior Performance.* New York: Free Press.

Rappaport, A. (1986). *Creating Shareholder Value: The New Standard for Business Performance*. New York: Free Press.

Rumelt, R.P. (2011). *Good Strategy, Bad Strategy, The Difference and Why it Matters.* Londen: Profile Books. Nederlandse vertaling: Het geheim van goede strategie. Houten:Uitgeverij Unieboek | Het Spectrum bv.

Sun Tzu (1983). *The Art of War*. New York: Delacort Press. (oorspronkelijk ca. 400 v. Chr., editor James Clavell). Tjeenk Willink, H. (2018). Groter denken, kleiner doen. Amsterdam: Prometheus.

5 Spreidingsstrategie: waar concurreren?

5. Museum spreidt de vleugels uit

Voorgeschiedenis

Museum Bovenhorst zat in een mooi landhuis als streekmuseum voor oude ambachten en klederdrachten. Later kwam daar werk bij van regionale beeldende kunstenaars. De bezoekersaantallen waren niet groot en mede daardoor was de exploitatie niet dekkend. Jaarlijks moest er subsidie bij van de gemeente. Die wilde het museum verzelfstandigen. Dat was gemakkelijker gezegd dan gedaan. Tot er een reddende engel verscheen.

De ommekeer

Jacques Pelmolen heeft goed geboerd. Op zijn zestigste bezit hij een keten van levensmiddelenwinkels. Als selfmade multimiljonair staat hij hoog in de Quote 500. Zijn vrouw Astrid en hij zijn kunstliefhebbers met een indrukwekkende privéverzameling van modern werk. Het meeste daarvan is opgeslagen. Wanneer Museum Bovenhorst 'in de aanbieding' komt, beseffen ze: dit is dé kans om hun collectie aan de wereld te tonen. Voor een symbolisch bedrag worden ze eigenaar. Jacques en Astrid hebben grootse plannen...

Zes jaar later

Na grondige renovatie van het landhuis en aanbouw van een nieuwe vleugel is Museum Pelmolen een feit. Een zakelijk directeur leidt het bedrijf; een oud-conservator van een groot museum in Amsterdam is aangetrokken als collectiebeheerder. De collectie 'Pelmolen' is de vaste publiekstrekker (onze 'cash cow' zegt Jacques). In de aanbouw zijn wisseltentoonstellingen van jonge, ontluikende kunstenaars van over de hele wereld (de 'question marks' die potentieel 'star' zijn). De collectie uit het oude streekmuseum past hier niet meer bij en die stoten ze af (een 'dog' waar je afscheid van moet nemen).
Bezoekers zijn, anders dan vroeger, geen passieve passanten. Ze willen actief een 'ervaring beleven'. Dus is er een 'publieksatelier' waar bezoekers zich uitleven met verf en kwast. Ook is er een 'ontdekplek' voor jonge bezoekers om artistieke computeranimaties te maken.
Geografisch gaat het museum over de grens door uitwisseling met vermaarde buitenlandse musea zoals het Centre Pompidou in Parijs en het Museum of Modern Art in New York.

Wat is essentieel?

Volgens Jacques en Astrid moest hun museum zich richten op de 'core business': de vaste eigen collectie en de wisseltentoonstellingen. Een museumwinkel en een museumrestaurant zien ze niet als museale kerntaken. Die hadden ze daarom uitbesteed. Dat ging echter niet goed. Het restaurant had in vier jaar tijd twee uitbaters. De eerste vertrok snel want het aantal gasten viel tegen; de tweede omdat Jacques en Astrid zich bemoeiden met het aanbod dat ze te 'vulgair' vonden (hamburgers met friet). De winkel draaide stelselmatig met verlies. Maar deze activiteiten stopzetten was geen optie, want museumbezoekers verwachten een winkel en een restaurant. Nu is besloten beide toch in eigen beheer te nemen. Dat heeft twee voordelen: de museumleiding heeft nu direct zeggenschap over zaken als het aanbod in het restaurant. En de winkel hoeft op zich niet langer winstgevend te zijn; het is al voldoende om het verlies beperkt te houden.

Deze case laat zien hoe een organisatie zich op drie manieren strategisch kan spreiden: in aanbod van producten- en diensten, in geografisch opzicht en in de bedrijfskolom.

Kernstof

Met de spreidingsstrategie probeert de organisatie die activiteiten te verrichten die de meeste kans op succes bieden. Het is zelden mogelijk met activiteiten die weinig resultaat beloven toch succesvol te zijn.

Spreiding van activiteiten heeft betrekking op:
- productspreiding;
- geografische spreiding;
- verticale spreiding.

Bij het formuleren van een strategie voor spreiding moet de organisatie een aantal vragen duidelijk voor ogen hebben. Bij het zoeken naar een antwoord op deze vragen kan zij gebruikmaken van een aantal technieken of benaderingen.
De vragen worden hierna per soort spreiding aangegeven.

De vragen en technieken bij *productspreiding* (paragraaf 5.1) zijn:
- Hoe *aantrekkelijk* is een bedrijfstak/productmarkt (paragraaf 5.1.1)? Het vijfkrachtenmodel van Porter, de criteria uit het PIMS-programma.
- Hoeveel *synergie* bestaat er tussen verschillende activiteiten (paragraaf 5.1.2)? De waardeketen, kernbekwaamheden en *parenting advantage*.
- Is er *evenwicht* in de portfolio van activiteiten (paragraaf 5.1.3)? Portfolioanalyse, bijvoorbeeld van de Boston Consulting Group.
- Welke soorten *strategische alternatieven* bestaan er (paragraaf 5.1.4)? Desinvesteren, gerelateerde uitbreiding, ongerelateerde uitbreiding, strategie voor krimpende markten, veranderen van bedrijfstakstructuur.

De vragen en technieken bij *geografische spreiding* (paragraaf 5.2) zijn:
- Hoe *aantrekkelijk* zijn landen (paragraaf 5.2.1)?
- Hoeveel *synergie* bestaat er tussen landen (paragraaf 5.2.2)? Het afstandenmodel van Ghemawat en de krachten van Yip.
- Is er *evenwicht* in de portfolio van landen (paragraaf 5.2.3)? Vergelijkbaar met de analyse van de productportfolio, maar met andere criteria, zoals te verwachten groeivoet, omvang van economie.
- Welke strategische *alternatieven* zijn er (paragraaf 5.2.4)? Exporteren, eigen vestigingen met een multinationale strategie, eigen vestigingen met een wereldwijde (globale) strategie.

Verticale spreiding (paragraaf 5.3) gaat over het aantal productiefasen in de bedrijfskolom dat een organisatie zelf wil uitvoeren. Belangrijke vragen zijn daarbij:
- Welke *primaire of ondersteunende werkzaamheden* wil de organisatie zelf uitvoeren? Analyse van de waardeketen (paragraaf 5.3.1).
- Worden die *geheel of gedeeltelijk* zelf uitgevoerd (paragraaf 5.3.2)? Afwegen van en nadelen van verschillende gradaties van verticale spreiding.

5 Spreidingsstrategie: waar concurreren?

Met de spreidingsstrategie probeert de organisatie die activiteiten te verrichten die de meeste kans op succes bieden. Het is zelden mogelijk met activiteiten die weinig resultaat beloven toch succesvol te zijn.
Spreiding van activiteiten heeft betrekking op:
- productspreiding;
- geografische spreiding;
- verticale spreiding.[1]

Bij het formuleren van een strategie voor spreiding moet de organisatie een aantal vragen duidelijk voor ogen hebben. Bij het zoeken naar een antwoord op deze vragen kan zij gebruikmaken van een aantal technieken of benaderingen.

5.1 Productspreiding

Bij het formuleren van een strategie voor productspreiding moet de organisatie een aantal zaken duidelijk hebben. Hierbij zijn verschillende vragen van belang, waaronder:
- Hoe aantrekkelijk is een bedrijfstak/productmarkt?
- Hoeveel synergie bestaat er tussen verschillende activiteiten?
- Is er evenwicht van de portfolio van activiteiten?
- Welke soorten strategische alternatieven bestaan er?

Bij deze vragen biedt de theorie diverse hulpmiddelen of tools. De volgende drie paragrafen gaan op deze tools in.

5.1.1 Aantrekkelijkheid van bedrijfstak/productmarkt

De aantrekkelijkheid van een bedrijfstak heeft grote invloed op de mogelijkheid voor de individuele organisatie om de gewenste financiële resultaten te behalen. Voor een non-profitorganisatie kan dat het dekken van de kosten en het behalen van een geringe marge zijn. Voor de winstgerichte organisatie (profitorganisatie) kan dat het behalen van een gewenst rendement op het geïnvesteerde vermogen (ROI) zijn. Behalve de aantrekkelijkheid van de bedrijfstak speelt voor de individuele organisatie ook mee dat zij de concurrent moet kunnen 'verslaan'.

De organisatie kan op verschillende manieren inzicht verkrijgen in de aantrekkelijkheid van *nieuw te betreden* bedrijfstakken of het verklaren van de aantrekkelijkheid van de bedrijfstak waarin zij al actief is. Hierna passeren twee belangrijke tools om de aantrekkelijkheid van bedrijfstakken te beoordelen de revue:
1. het vijfkrachtenmodel van Porter;
2. het PIMS-programma.

[1] In de strategieliteratuur wordt dit ook wel verticale integratie genoemd. Dit begrip geeft echter een beweging aan naar meer, terwijl er ook de keus is van minder integratie. Verticale spreiding is een neutraal begrip en sluit ook beter aan bij de twee eerder genoemde vormen van spreiding.

Tool 1: Het vijfkrachtenmodel van Porter

Het *vijfkrachtenmodel* van Porter (1979, 2008) is een veelgebruikte manier om inzicht te krijgen in de toekomstige aantrekkelijkheid van een bedrijfstak of een verklaring te vinden voor de huidige winstgevendheid. Dit model is in hoofdstuk 3 beschreven.

Een bedrijfstak die weinig concurrentie vertoont, is vanuit dat oogpunt aantrekkelijk. Hoe lager de concurrentie, hoe minder hard de organisaties op prijs concurreren. Dit kenmerk biedt het uitzicht op een relatief aantrekkelijk rendement. Hoe sterker de organisatie daarnaast staat in de onderhandelingen met leveranciers en afnemers, hoe gunstiger dit in het algemeen is voor de rendementen en dus de aantrekkelijkheid van de bedrijfstak. Dat geldt ook voor de dreiging van nieuwe toetreders en substituten.

Het is nuttig hier op te merken dat op een gegeven moment de werking van de vijf krachten min of meer vastliggen. Alleen op de wat langere termijn is het soms mogelijk in die situatie verandering te brengen. Dat komt in de praktijk neer op het veranderen van de structuur van de bedrijfstak.

Aantrekkelijkheid in de markt voor diergeneeskunde

Binnen deze sector zijn grote verschillen in winstgevendheid te zien. Zo is de winstgevendheid van de sector kleine huisdieren/gezelschapsdieren hoger dan die van de grote huisdieren (bijvoorbeeld koeien). Grote huisdieren worden om economische redenen gehouden en dat betekent dat een veehouder de kosten van de veearts afweegt tegen de opbrengsten die daar tegenover staan. Een keizersnede bij een koe zal nooit meer opbrengen dan de prijs van het kalf dat door de operatie verder kan worden opgefokt voor de slacht. Een gezelschapsdier is onderdeel van het huishouden en men is er aan gehecht. De eigenaar kijkt dan heel anders naar de kosten van een operatie. Iets vergelijkbaars is te zien bij diervoeding. Die voor gezelschapsdieren wordt vaak geleverd door grote internationale ondernemingen (bijvoorbeeld Mars) en er wordt veel geld besteed aan reclame. Bij mengvoer ligt dat heel anders. Ooit op de televisie een reclame voor mengvoer gezien?

Bij grote huisdieren is nog een verder onderscheid te maken. In het VK zijn boerderijen veel groter dan in Nederland. Dat brengt onder andere met zich mee dat dierenartsen zich specialiseren op bepaalde diersoorten, bijvoorbeeld koeien, varkens of kippen. Los van de inkomens die verdiend kunnen worden, speelt nog mee dat een veearts op een vrijdagnacht opgeroepen kan worden voor een koe die problemen heeft met kalven. Er is nog nooit een veearts opgeroepen bij een kip die haar ei niet kon leggen. De werkomstandigheden in de ene sector zijn dus fysiek veel zwaarder dan in de andere. Dat bepaalt mede de aantrekkelijkheid van het werken in de ene of de andere sector.

Bron: Interview Lysan Eppink, President (2017-2018) British Cattle Veterinary Association.

Tool 2: Het PIMS-programma

De tweede manier om zicht op de winstgevendheid van een bedrijfstak te krijgen is het PIMS-programma. De afkorting staat voor *Profit Impact of Market Strategy*. Dit programma werd in de jaren zestig van de vorige eeuw gestart op initiatief van de topman van General Electric Company[2]. Hij wilde weten welke factoren van invloed waren op de winstgevendheid van de bedrijfstakken waarin zijn onderneming actief was. Uit dit programma kwam naar voren dat de aantrekkelijkheid/winstgevendheid van een bedrijfstak voor een groot deel afhangt van de volgende factoren:

1. de ontwikkelingsfase van de markt;
2. de hoogte van de inflatie;
3. het aantal leveranciers;
4. de afnemers.

De *ontwikkelingsfase* van de markt kan men vaststellen met de reële groeivoet van de markt. Dat wil zeggen dat de groei van de omzet gecorrigeerd wordt voor de inflatie. Het gaat dus om de groei in volume. Producten en diensten die in de beginfase van de levenscyclus zitten, groeien vaak sneller dan die aan het eind van de levenscyclus zijn gekomen. De marges zijn in die groeifase meestal hoger dan later. Denk aan het prijsverloop van producten in de sfeer van consumentenelektronica. De prijzen dalen naarmate die producten langer op de markt zijn.

De hoogte van de *inflatie*, de mogelijkheid om prijzen te laten stijgen, is ook van invloed op de aantrekkelijkheid. In het algemeen blijken kosten te stijgen; deze stijging is beter op te vangen als de organisatie de prijzen kan verhogen. Hoe feller de concurrentie is, hoe moeilijker het is om de prijzen op een goed peil te houden of te brengen. In februari 2011 liet de bestuursvoorzitter van Unilever weten het moeilijk te vinden de stijgende grondstofprijzen voor voedsel door te berekenen aan de supermarkten. Deze ondervinden op hun beurt weer moeite om die aan de consument door te berekenen.

Uit het onderzoek komt naar voren dat als een organisatie bij een beperkt *aantal leveranciers* inkoopt, de rendementen toenemen. Dit lijkt merkwaardig, want men verwacht dat bij een toename van het aantal leveranciers de organisatie deze beter tegen elkaar kan uitspelen. Het werken met een beperkt aantal leveranciers leidt echter tot lagere kosten verbonden aan het inkopen. Zo kan een inkoopafdeling kleiner zijn. Ook is het beter mogelijk just-in-time-systemen in te voeren als het aantal leveranciers beperkt is. De leveranciers gaan dan een nauwe verbintenis aan met hun afnemer en worden dan aangeduid als 'co-makers'.

Bij *afnemers* komen twee aspecten naar voren. In de eerste plaats is daar het gemiddelde *aankoopbedrag* per transactie. Hoe hoger dit is, hoe meer de koper gaat onderhandelen over de prijs. Zo gaat men niet aan de kassa van een supermarkt bij het afrekenen onderhandelen over de prijs van de spullen in het winkelwagentje. Bij de aanschaf van een duur televisietoestel of een auto doet de consument dat sneller. Het gemiddelde aankoopbedrag verschilt sterk per bedrijfstak. In de tweede plaats gaat het om het belang van het geleverde product of de verrichte dienst voor het eindproduct van de afnemer. Hoe groter dit belang is, hoe sterker de eigen organisatie in de onderhandelingen staat.

Bij het formuleren van een strategie voor het toetreden tot nieuwe markten of het verlaten van bestaande markten, kunnen de uitkomsten van een vijfkrachtenanalyse in combinatie met de conclusies van PIMS nuttige diensten bewijzen. Scoort een bedrijfstak nu of in de toekomst slecht op de criteria voor aantrekkelijkheid, dan moet worden

[2] Over dit programma publiceerden Buzzell en Gale in 1987 het boek *The PIMS Principles*. Veel van de uitkomsten die sinds het begin zijn gepubliceerd, zijn nog steeds actueel.

overwogen deze te verlaten of niet toe te treden. Scoort die echter positief, dan is dat een reden om toetreding te overwegen.

5.1.2 Synergiepotentieel

Synergie is het effect waarbij een nieuwe activiteit kan profiteren van de bestaande kennis en kunde in een organisatie. De term '1 + 1 = 3' wordt gebruikt om synergie aan te geven. Het is belangrijk de potentiële synergie vast te stellen voordat de leiding de beslissing neemt om een nieuwe activiteit op basis van synergie te starten. De praktijk laat zien dat het potentieel aan synergie vaak overschat wordt. Een voormalig topman van Wavin vertelde dat hij altijd de helft aftrok van de aan hem voorgestelde synergie voortkomend uit nieuwe activiteiten of overnames. Vervolgens vroeg hij aan de manager die met het voorstel kwam, een handtekening te zetten onder een overeenkomst waarin stond dat de manager die synergie daadwerkelijk zou realiseren. De in eerste instantie voorgestelde synergie bleek aan de hoge kant te zijn.

In de theorie is een aantal tools te vinden om het synergiepotentieel zo goed mogelijk in kaart te brengen. Het is belangrijk te beseffen dat veel van de synergie tot stand moet komen op de 'werkvloer' en niet op het hoofdkantoor. Synergie komt tot stand in concrete bedrijfsprocessen. Die processen vormen een goed aanknopingspunt om de synergie realistisch in te schatten.
Hierna komen aan bod:
- tool 1: de waardeketen van Porter;
- tool 2: kernbekwaamheden van Hamel en Prahalad;
- tool 3: parenting-voordeel van Goold en Campbell.

Tool 1: de waardeketen van Porter
Een eerste aanpak om zicht te krijgen op synergie is het analyseren van de *waardeketen* of *value chain*. Deze is in hoofdstuk 4 besproken in het kader van het sterkte-zwakteonderzoek. De waardeketen wordt hierna weergegeven.

Synergie kan twee effecten hebben, *kostenverlaging* en *omzetvergroting*. Soms zijn die tegelijkertijd te realiseren. Denk aan de synergie die ontstond bij de strategische alliantie die KLM en Northwest Airlines[3] begin jaren negentig van de vorige eeuw sloten. Deze alliantie maakte het mogelijk op verschillende manieren de kosten te verlagen. Denk aan het gezamenlijk gebruikmaken van dezelfde faciliteiten op luchthavens. Voor het sluiten van de alliantie had KLM op de luchthaven van Los Angeles zijn eigen terminal en lounges voor businessclasspassagiers. Dat waren vele vierkante meters die per dag gebruikt werden voor een binnenkomende en een vertrekkende vlucht van een Boeing 747. Na afloop van het huurcontract verhuisde de afhandeling van de KLM-vluchten naar de terminal van Northwest Airlines op die luchthaven. Dat betekende een grote besparing op huisvesting- en personeelskosten. Het efficiënter inzetten van vliegtuigen leidde tot lagere kosten. De alliantie had grote invloed op het aantrekken van vervoer. Zo werd de frequentie van de vluchten tussen de twee knooppunten Amsterdam en Minneapolis, in het middenwesten van de VS, verdubbeld naar twee vluchten per dag. Leo van Wijk, voormalig president-directeur van KLM schatte de extra omzet in de beginjaren van de alliantie op enige honderden miljoenen guldens.

3 In 2008 nam Delta Airlines de partner van KLM over. Delta Airlines zette de samenwerking met KLM voort.

Voor het kunnen beoordelen van de potentiële synergie is het nodig de *waardeketen* van de oude en de nieuwe activiteit *in detail te beschrijven* en na te gaan waar *overlappen* bestaan die kunnen leiden tot lagere kosten en welke combinaties van onderdelen van de waardeketen kunnen zorgen voor extra omzet.

Figuur 5.1 Waardeketen als middel om synergie te beoordelen

Waardeketen product A

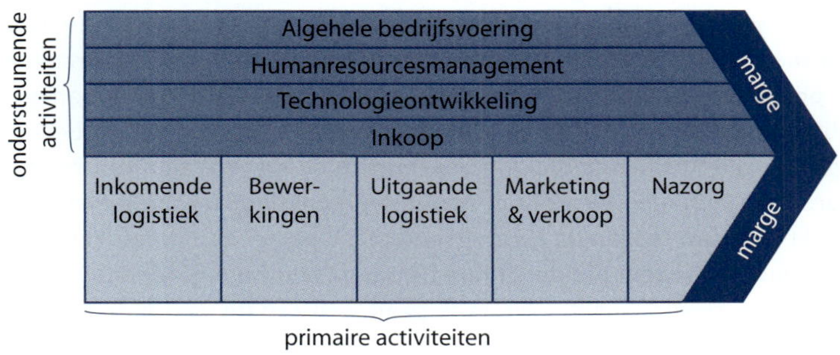

Hoeveel overeenkomst is er tussen de waardeactiviteiten van product A en B?

Waardeketen product

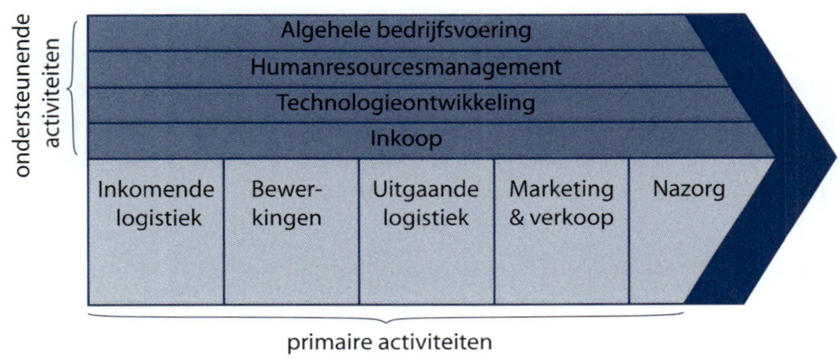

Bij de voorbereiding van de overname van KLM door Air France in 2003 werd het potentieel aan synergie met behulp van verschillende projectgroepen in beeld gebracht. Uiteindelijk bleek de gerealiseerde synergie zelfs groter dan aanvankelijk was gedacht.

Tool 2: kernbekwaamheden van Hamel en Prahalad

Het benoemen van de *core competences* of *kernbekwaamheden* van de eigen organisatie is een andere mogelijkheid om na te gaan of er synergie bestaat tussen bestaande en nieuwe activiteiten. Kernbekwaamheden zijn de kennis en kunde van de organisatie die onderscheidend van concurrenten en moeilijk imiteerbaar zijn. Ook is een kernbekwaamheid volgens Hamel en Prahalad (1994) toepasbaar in andere productmarkten. De organisatie kan bij het zoeken naar nieuwe producten of diensten deze kernbekwaamheden als uitgangspunt nemen. Kernbekwaamheden zijn geen producten of diensten die verkocht worden. Een kernbekwaamheid is een combinatie van kennis en vaardigheden die gebruikt worden in deelprocessen die een eindproduct mogelijk maken. Denk aan de factureringsystemen van aanbieders van mobiele telefonie. Zulke systemen maken het mogelijk om zelfs korte gesprekken tegen lage kosten aan de klant in rekening te brengen. Deze kernbekwaamheid heeft Vodafone in Kenia in staat gesteld om met banken te gaan concurreren bij het aanbieden van betalingsmogelijkheden. De banken in Kenia brengen hoge bedragen in rekening voor het overboeken van bedragen naar andere rekeningen. Vodafones dochteronderneming Safaricom heeft in Kenia inmiddels een bankvergunning. Ook in Nederland zien we geleidelijk aan dat het betalen via de mobiele telefoon voor sommige diensten mogelijk wordt, bijvoorbeeld bij parkeren.

Tool 3: parenting-voordeel van Goold en Campbell
Goold, Campbell en Alexander (1994, 1995) introduceerden het begrip *parenting advantage*. Hiermee maken zij duidelijk dat het toevoegen van nieuwe activiteiten alleen zinvol is als de leiding van de organisatie (de *parent*) er waarde aan kan toevoegen. Bij de twee hiervoor besproken methoden om synergiemogelijkheden vast te stellen, lag de nadruk op de operationele processen. Bij *parenting advantage* ligt de nadruk meer op de managementprocessen. Hun benadering is te zien als een verdere uitdieping van de ondersteunende activiteit Algehele bedrijfsvoering die onderdeel is van de waardeketen van Porter. Om als *parent* waarde aan een nieuwe product-marktcombinatie te kunnen toevoegen, moet er een goede 'fit' bestaan tussen de kenmerken van de parent (het hoofdkantoor) en de eisen van de nieuwe activiteit. Als die fit niet bestaat, is de kans groot dat waarde *vernietigd* in plaats van gecreëerd wordt. Om na te gaan welke mate van fit er bestaat, zijn twee gezichtspunten van belang. In de eerste plaats of de *kritische succesfactoren* van de nieuwe activiteit en de *kenmerken van de parent* op elkaar *aansluiten*. Als een kritische succesfactor van de nieuwe activiteit bijvoorbeeld het goed kunnen ontwikkelen en managen van merken is en de *parent* heeft tot nu toe alleen als leverancier van huismerken aan supermarkten gewerkt, dan is er geen fit tussen de kenmerken van de *parent* en een kritische succesfactor. Het tweede gezichtspunt is de vraag in hoeverre de *kenmerken* van de *parent* aansluiten bij de *mogelijkheden* om aan de nieuwe activiteit *waarde toe te voegen*. Het gaat hier meer om algemene managementvaardigheden. Het starten van nieuwe activiteiten op eigen kracht of via het overnemen van een ander bedrijf is alleen aan te raden als bij beide gezichtspunten sprake is van een fit.

5.1.3 Evenwicht in de portfolio

Voor het formuleren van de spreidingsstrategie (*waar* concurreren?) is portfoliomanagement een goed hulpmiddel. Centraal staat daarbij de vraag: 'Hoe kan binnen het kader van de doelstellingen een evenwichtige opbouw van de activiteiten worden bereikt?' Het evenwicht is dus afhankelijk van de doelstellingen van de onderneming. Voor een bedrijf dat snel wil groeien, ziet dit evenwicht er anders uit dan voor een bedrijf dat wil consolideren. Haspeslagh (1982) formuleert de essentie van portfoliomanagement als: '... the explicit recognition that diversified firms are a portfolio of businesses, each of which should make a distinct contribution to overall corporate performance and should be managed accordingly.'

Het gaat bij portfoliomanagement om drie samenhangende vragen:
- Welke mix van activiteiten is gewenst om de gestelde doelen te bereiken?
- Welke bijdrage moet elke activiteit of business aan het geheel leveren?
- Hoe moet elke individuele activiteit of business aangestuurd worden?

Hierna komt alleen de eerste vraag aan de orde. Voor een antwoord op de tweede vraag is een aanzet te vinden bij het hiervoor beschreven PIMS-programma, onder andere over welk rendement en welke cashflow in een gegeven situatie haalbaar moeten zijn. De derde vraag komt aan de orde in het volgende deel van dit boek.

Portfoliomanagement verloopt in een aantal stappen:

1. Het totaal van de onderneming *opsplitsen* in een aantal relevante eenheden, de zogenaamde *'strategic business units'* of *SBU*'s.
2. De strategische posities van de onderscheiden businesses in kaart brengen. Deze stap noemt men het *visualiseren* van de portfolio. Voor het bepalen van de posities kan uit verschillende benaderingen worden gekozen. Van twee ervan volgt een wat uitgebreidere beschrijving.
3. Het *analyseren van het portfoliobeeld*. Vanuit verschillende gezichtspunten kan de samenstelling van de portfolio worden bekeken. De relevante vraag is: komt de bestaande portfolio overeen met het ideaalbeeld dat men voor ogen heeft?

Stap 1: opsplitsen in strategische business units (SBU's)
In veel gevallen is het voor een eerste analyse voldoende om de bestaande producten en diensten als uitgangspunt te nemen. Als uit die analyse onvoldoende of niet-eenduidige informatie komt, kan de leiding besluiten meer diepgaande analyses te maken, bijvoorbeeld van klantenbehoeften, klantengroepen, distributiekanalen of technologieën.

Voorbeelden van business units
Philips is een onderneming die zich richt op twee businesses: Professional healthcare en Consumer healthcare and well-being. Elke business kent verschillende productgroepen, die voor een portfolioanalyse als een afzonderlijke business meedoen. Zo zijn er binnen de business voor de consumenten zeer verschillende producten. Denk aan huishoudelijke apparaten als scheerapparaten, tandenborstels en airfryers, maar ook aan producten die helpen beter te slapen en te ademen. De markt voor elk van die producten heeft andere kenmerken en andere concurrenten. Ook bij de business gericht op de professionele klanten zijn dergelijke verschillen te zien. Voor het uitstippelen van een succesvolle strategie is het nodig die verschillen te kennen.

Stap 2: Visualiseren van de portfolio
De tweede belangrijke stap bij portfoliomanagement is het in kaart brengen van de positie van de verschillende SBU's. Dit gebeurt met een matrix. De verschillende benaderingen van portfoliomanagement onderscheiden zich in de grootheden die relevant zijn voor het bepalen van de positie van de businesses. Wat dat betreft onderscheiden we:

- de puur *kwantitatieve* benadering van de Boston Consulting Group. De groei van de markt en de grootte van het relatieve marktaandeel zijn bepalend voor de positie van de 'business';
- benaderingen die zowel *kwantitatieve* als *kwalitatieve* grootheden van belang achten bij de positiebepaling van de *'businesses'*. Hieronder vallen benaderingen als de Directional Policy Matrix ontwikkeld door Shell en de aantrekkelijkheid-concurrentiepositie van General Electric.

Hierna komen de benadering van de Boston Consulting Group en Shell kort aan de orde.

Tool 1: de kwantitatieve benadering: de Boston Consulting Group
De Boston Consulting Group is een groot internationaal werkend adviesbureau dat in de jaren zeventig van de vorige eeuw de kwantitatieve benadering ontwikkelde.

De benadering van de Boston Consulting Group berust op drie uitgangspunten:
- de levenscyclus van een product;
- de ervarings- of leerkromme;
- de financiële levenscyclus.

De levenscyclus van een product
Een product of dienst doorloopt verschillende fasen tussen het moment dat het wordt ontwikkeld en weer uit de markt genomen wordt. Voor het gemak spreken we hier alleen over producten. Men onderscheidt de introductie-, de groei-, de volwassenheids- en de vervalfase, zie figuur 5.2. In elke fase kent het product een verschillend groeipercentage van de omzet, hetzij in aantallen, hetzij in geld. Sommige producten hebben een lange levenscyclus (ijzer en staal), andere hebben een kortere (modeartikelen).

Figuur 5.2 De productlevenscyclus

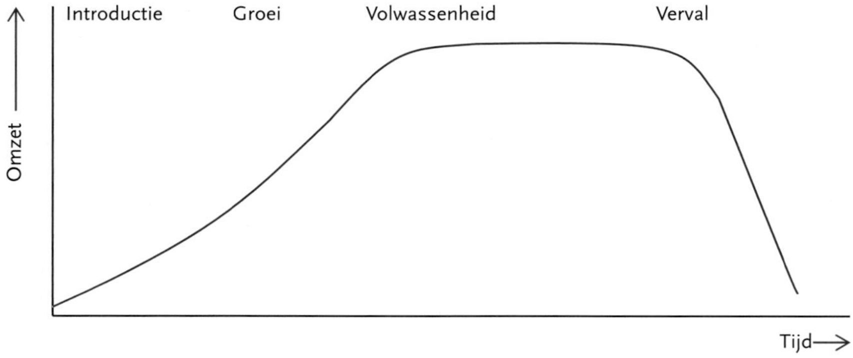

Als de groei van de omzet afneemt, betekent dat niet per definitie dat het product in een volgende fase van de levenscyclus is aangekomen. Soms kan die afname worden toegeschreven aan conjuncturele oorzaken. Het nemen van maatregelen op grond van een al te 'mechanisch' hanteren van het levenscyclusbegrip is gevaarlijk en kan tot verkeerde beslissingen leiden.

De ervaringskromme: het experience-effect
Het experience-effect houdt in dat de kostprijs van een product met 20 tot 30% kan dalen bij een verdubbeling van de geaccumuleerde productie. De geaccumuleerde productie is het aantal eenheden dat tot een bepaald moment vervaardigd is. Aan het experience-effect zijn de volgende oorzaken gekoppeld:
- een hogere productiviteit door technologische vernieuwingen en door routine-effecten;
- een verbeterd productontwerp;
- standaardisatie van gebruikte onderdelen;
- substitutie van dure materialen door goedkopere.

Het effect op de kosten van elk van de genoemde oorzaken verschilt. Technologische vernieuwing gaat stapsgewijs, terwijl routine meer gelijkmatig wordt opgebouwd. Recente voorbeelden van de werking van de ervaringskromme zijn de prijsdalingen van laptops, smartphones en lcd-televisies. Smartphones worden wel duurder, maar kunnen ook veel meer dan oudere modellen. De prijs per prestatie wordt wel lager.

De financiële levenscyclus

Het op de markt brengen van een product vraagt eerst een investering in productontwikkeling en marketing. In de regel zijn dit kosten waarvan nog moet worden afgewacht of ze tot marktrijpe producten leiden. Tegenover deze uitgaven staan op dat moment nog geen inkomsten. De kost gaat dus voor de baat uit, zoals een oud Nederlands gezegde luidt (zie figuur 5.3). Zodra het product op de markt wordt gebracht, zijn er wel inkomsten, maar vaak zijn die nog niet voldoende om de marketingkosten en andere kosten te dekken. In een later stadium ontstaat hopelijk een situatie dat de inkomsten de uitgaven gaan overtreffen, zodat er een positieve cashflow ontstaat. Een product is pas succesvol als het over het totale verloop van de levenscyclus een positieve cashflow heeft. In de laatste fase van de levenscyclus is het mogelijk dat de uitgaven de ontvangsten weer overtreffen. In extreme gevallen zal een bedrijf moeten sluiten, waarbij afvloeiingsregelingen getroffen moeten worden en er ook anderszins verliezen optreden.

THEORIE

Centraal in de benadering van de Boston Consulting Group staat de cashflow. Om haar voortbestaan te verzekeren, moet een organisatie steeds geld beschikbaar hebben om nieuwe activiteiten te financieren, die de oudere – nu nog rendabele – activiteiten kunnen vervangen.

Figuur 5.3 De productlevenscyclus en de daarvan af te leiden cashflowcyclus

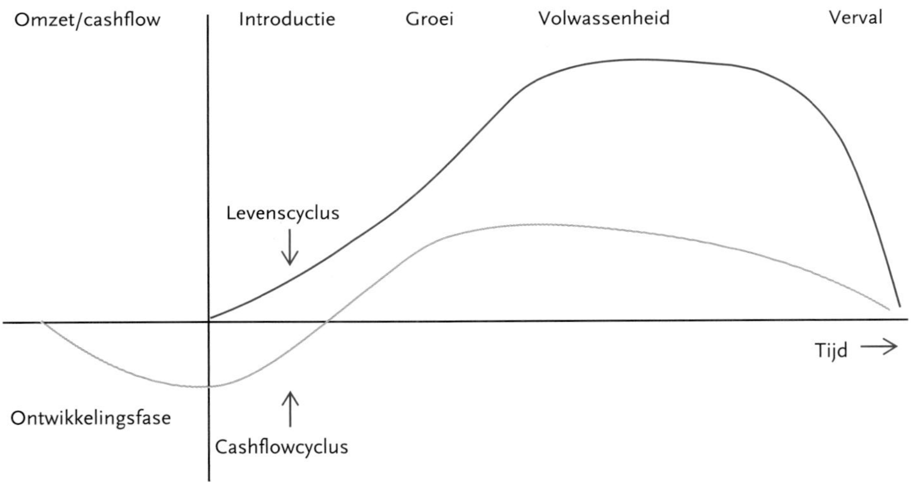

Uit de bespreking van de drie uitgangspunten van deze benadering komt naar voren dat de cashflow van een business enerzijds bepaald wordt door de *fase van de levenscyclus* waarin die business zich bevindt. Deze bepaalt namelijk het groeipercentage en daarmee indirect de financieringsbehoefte. Anderzijds speelt het *relatieve marktaandeel* een rol. Het relatieve marktaandeel is het eigen marktaandeel gedeeld door dat van de grootste concurrent. Hoe groter het relatieve marktaandeel is, hoe meer men de voordelen van het experience-effect kan benutten. Met andere woorden, zo bereikt een onderneming een betere rentabiliteits- en cashflowpositie dan de concurrent.

Tegen deze achtergrond is het mogelijk om de verschillende SBU's in een matrix te plaatsen. De plaats in de matrix wordt bepaald door de groei op de markt en het relatieve marktaandeel. Men onderscheidt daarbij een hoge en een lage positie. De grens tussen een hoge en lage marktgroei ligt meestal bij het groeipercentage van het bruto nationaal product. Is de groeiverwachting van het product groter dan dit percentage, dan is er sprake van hoge marktgroei. In het omgekeerde geval spreekt men van lage groei. Als grens tussen een relatief hoog en laag marktaandeel wordt meestal de scheidslijn bij de waarde 1 getrokken. De verschillende businesses vallen dus in een van de vier categorieën die elk een treffende naam hebben gekregen. Elke SBU wordt in de matrix weergegeven door een cirkel (zie figuur 5.4), waarvan de grootte de omzetgrootte weergeeft. Het uitgangspunt is dat de financieringsmiddelen die vrijkomen uit cash cows moeten worden aangewend voor de stars en de question marks. Aangezien meestal niet voldoende middelen beschikbaar zijn om alle nieuwe projecten te financieren, zal hieruit een keuze moeten worden gemaakt. Activiteiten met een laag relatief marktaandeel en een lage groei (dogs) moeten worden afgestoten.

Figuur 5.4 De Boston Consulting Group portfoliomatrix

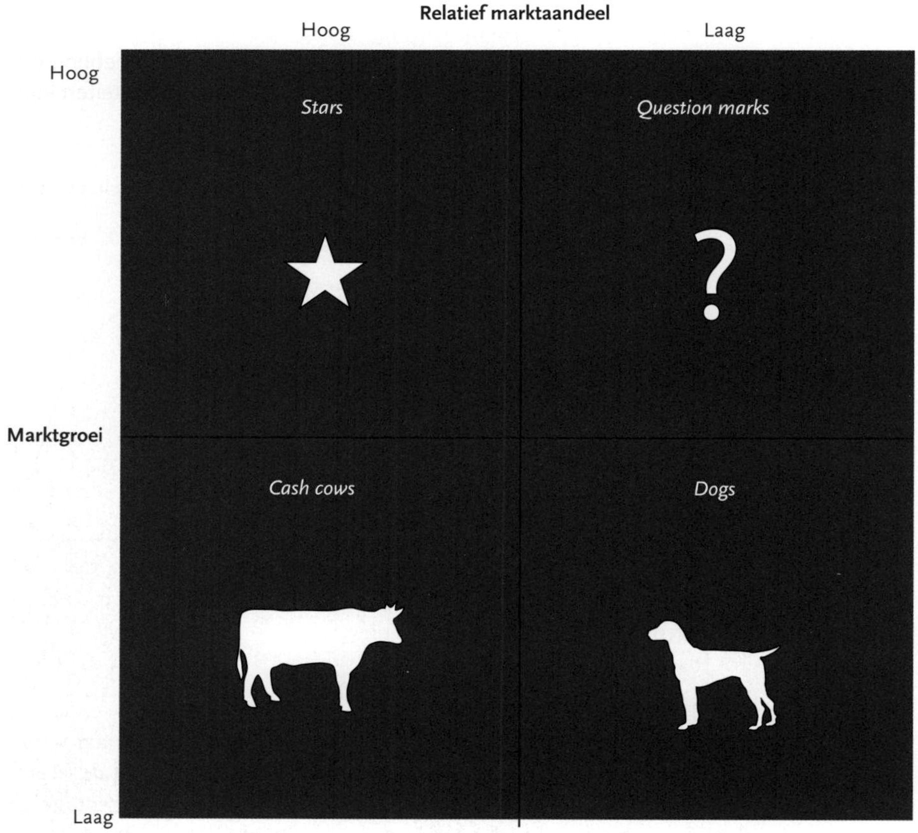

Tool 2: de kwantitatieve en kwalitatieve benadering: Directional Policy Matrix
De *Directional Policy Matrix* is door Shell ontwikkeld om inzicht te krijgen in het totaalbeeld van de activiteiten. Op grond daarvan en de bijbehorende toekomstverwachtingen kunnen strategische keuzes worden gemaakt. Zoals de naam al aangeeft, wordt ook hier gebruikgemaakt van een matrix om tot een totaalbeeld te komen. Op de horizontale as staan de vooruitzichten voor de sector, op de verticale de concurrentiepositie van het bedrijf in die sector. In tegenstelling tot de benadering van de Boston Consulting Group gaat het hier

om grootheden die elk afzonderlijk weer uit een aantal kwantitatieve en kwalitatieve factoren zijn samengesteld. Zo worden de vooruitzichten van een sector beoordeeld naar:
- de marktgroei;
- de marktkwaliteit;
- de grondstoffenvoorziening;
- de omgevingsinvloeden.

En ook deze zijn uit een aantal samenstellende factoren zijn opgebouwd. Welke grootheden relevant zijn, dient voor elke activiteit afzonderlijk te worden bepaald.

De concurrentiepositie van een bedrijf in een bepaalde sector wordt beoordeeld aan de hand van:
- het marktaandeel;
- de kenmerken van het product;
- de kwaliteit van research en ontwikkeling.

Belangrijk bij het plaatsen van de activiteiten in de matrix is dat het management zich vooraf heeft bezonnen op de vraag welke grootheden relevant zijn voor het beoordelen van de strategische posities van de verschillende activiteiten.
In de *Directional Policy Matrix* worden op elke as drie posities onderscheiden, waardoor het totale aantal strategische posities op negen komt, tegenover vier bij de Boston Consulting Group-benadering.

Figuur 5.5 Directional Policy Matrix (Shell) met indicatieve strategieën

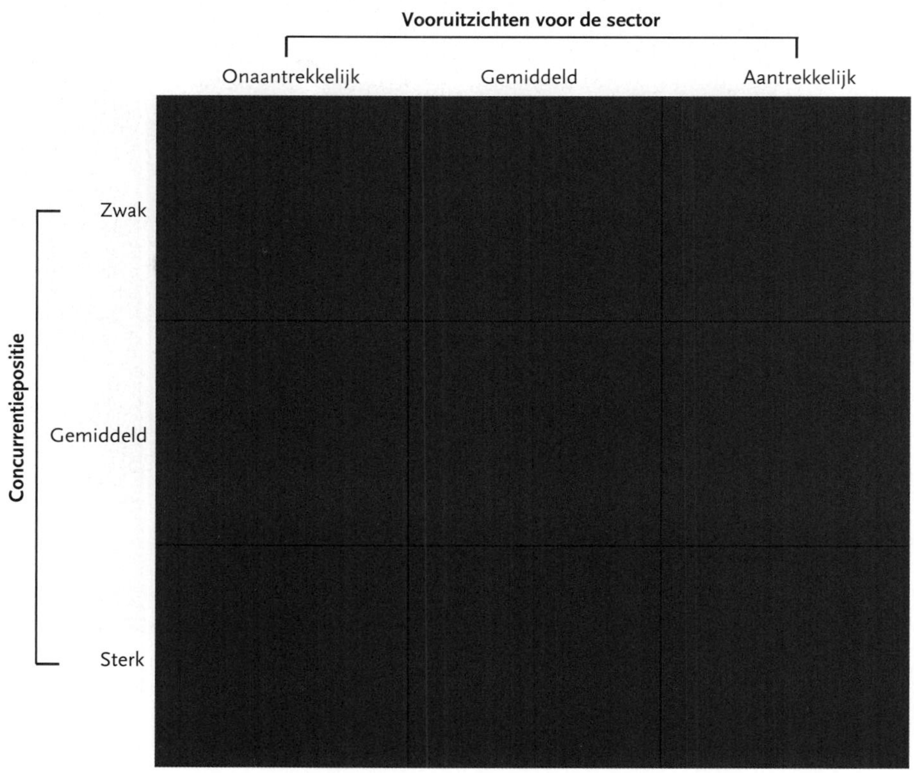

Nadat het totaalbeeld van activiteiten op een van de hiervoor genoemde wijzen in kaart gebracht is, kan de portfolio vanuit een aantal invalshoeken nader worden geanalyseerd.

Stap 3: analyseren van het portfoliobeeld

Huidige portfolio

Het doel van deze analyse is na te gaan of de *huidige portfolio van activiteiten* evenwichtig is opgebouwd. Is er voldoende evenwicht tussen activiteiten die om financiering vragen en die de middelen moeten opbrengen? En is er voldoende evenwicht tussen activiteiten die aan het begin en aan het einde van de productlevenscyclus zitten? De portfoliomatrix (zie figuur 5.6) gebaseerd op de aanpak van de Boston Consulting Group laat een redelijk evenwichtige samenstelling van de portfolio zien. Zo zorgen de *cash cows* voor positieve kasstromen, terwijl er ook toekomstige groei is in de vorm van een aantal *question marks* en *stars*. Het relatieve belang van mogelijk slechte businesses is beperkt: er zijn slechts twee kleine *dogs*. De grootte van een cirkel in de figuur hierna geeft de grootte aan van de omzet van een bepaalde product-marktcombinatie.

Figuur 5.6 Huidig portfoliobeeld

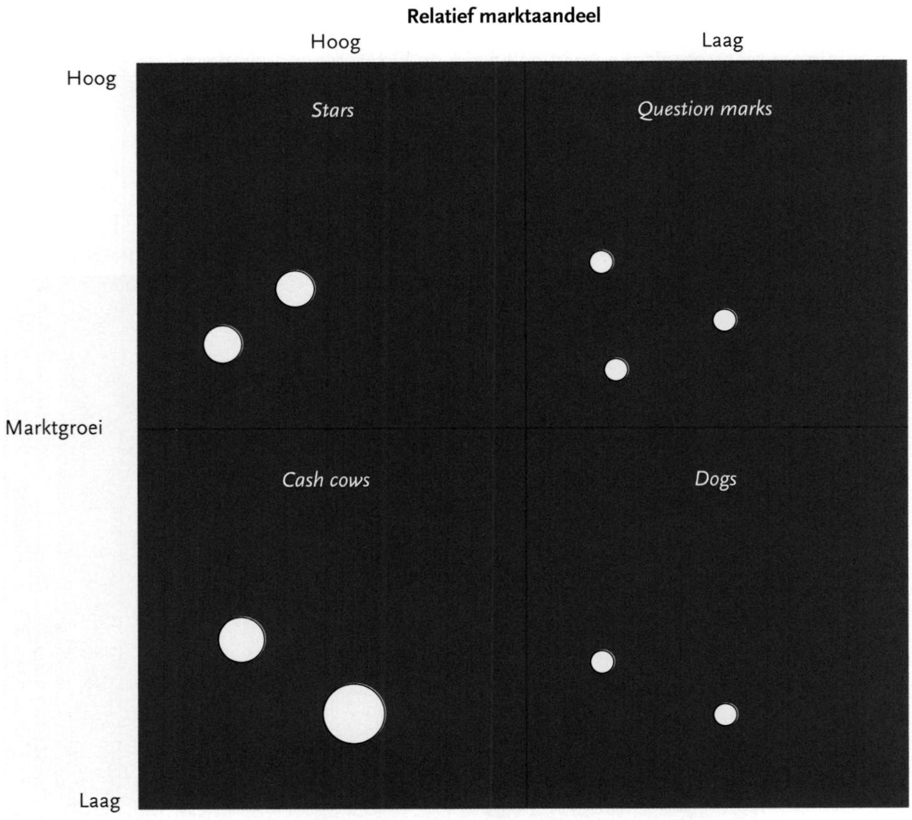

Toekomstig beeld bij ongewijzigd beleid

Hier gaat het om de vraag: Hoe ziet de portfolio eruit op basis van voorspellingen van het omgevingsveld en het niet fundamenteel veranderen van de eigen strategie over een bepaald aantal jaren? Ook dit beeld wordt gezien vanuit het toekomstige interne evenwicht. Dit beeld kan eruitzien als in figuur 5.7. Het beeld dat eruit naar voren komt, is redelijk positief. De *question mark* D groeit door, wat een goed teken is. Voor de *stars* A en B neemt de marktgroei iets af, waardoor mogelijk minder financiële middelen nodig zijn om de groei te financieren. De omzet en waarschijnlijk ook de *cashflow* van de beide *stars* neemt wel toe. De *cash cow* C krimpt iets in omvang, maar levert waarschijnlijk nog wel steeds een goede *cashflow* op. *Dog* E krimpt iets in omzet, maar heeft wel een *relatief groter* marktaandeel, wat positief is.

Figuur 5.7 Toekomstig portfoliobeeld bij ongewijzigd beleid

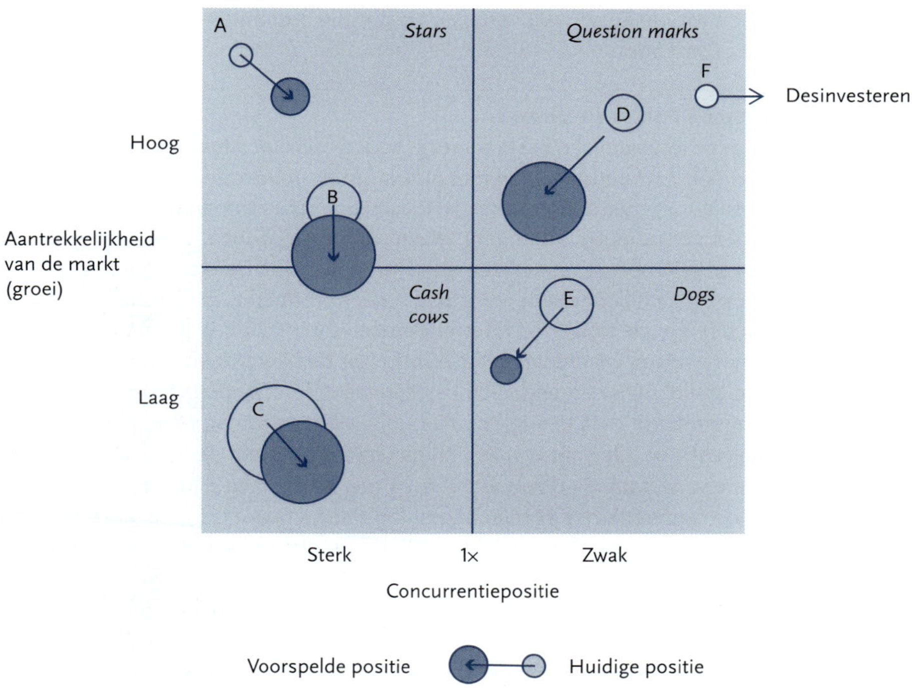

Gewenst ideaalbeeld over een aantal jaren

Bij deze stap analyseert men hoe de portfolio over een aantal jaren moet zijn samengesteld. Deze portfolio bestaat uit activiteiten die zich in verschillende fasen van de levenscyclus bevinden. Men gaat na of de voorspelde positie die uit de analyse van het toekomstbeeld bij ongewijzigd beleid naar voren komt ('ist') wel overeenstemt met de gewenste positie ('soll'). Hierbij wordt de financieringsproblematiek onder ogen gezien. Is de gewenste (ideale) portfolio wel te financieren? Zo ja, hoe dan? Met vrijkomende middelen? Door vreemd vermogen aan te trekken?

5.1.4 Strategische alternatieven bij productspreiding

Bij productspreiding zijn de volgende verschillende strategische mogelijkheden denkbaar:
- desinvesteren;
- gerelateerde uitbreiding;
- ongerelateerde uitbreiding;
- strategie voor krimpende markten;
- veranderen van bedrijfstakstructuur.

Desinvesteren

Van desinvesteren is sprake als een organisatie een of meer producten of productgroepen afstoot en zich concentreert op de resterende. Soms ziet men dan dat een onderdeel verkocht of gesloten wordt. De reden achter een desinvestering kan zijn dat het topmanagement vindt dat de bedrijfstak te weinig positieve vooruitzichten biedt. Ook kan het zijn dat de top de kosten wil verlagen en om die reden een vestiging geheel of gedeeltelijk sluit of verkoopt.

Groei en krimp bij Philips en Unilever

Philips heeft in de loop van zijn bestaan het productenpakket uitgebreid en daarna weer ingekrompen. Het bedrijf begon met gloeilampen en breidde het assortiment in de vorige eeuw uit met radio's, televisietoestellen, scheerapparaten en andere producten voor persoonlijke verzorging, elektronenmicroscopen, machines voor de productie van microprocessoren en medische apparatuur. De laatste jaren stoot het concern om verschillende redenen steeds meer producten af. Een paar voorbeelden daarvan zijn de volgende. Het onderdeel dat machines maakt voor de productie van microprocessoren ging als ASML naar de beurs. De ontwikkeling en productie van beeldbuizen en televisietoestellen werd eerst ondergebracht in een samenwerkingsverband met een Koreaanse onderneming. Later werd dit onderdeel geheel afgestoten. Over de divisie Philips Lighting besloot de leiding van het concern dat die verzelfstandigd zou worden. In mei 2016 kreeg dit onderdeel een notering aan de Amsterdamse effectenbeurs. De nieuwe naam is Signify. Veel producten houden de oude merknaam Philips. Philips is niet het enige bedrijf dat de activiteiten waarmee het begon (gloeilampen) verkoopt.
Dat deed ook Unilever met de productgroep Spreads. Daarin zaten merken als Becel, Blue Band en Pro-Activ. Unilever is in 1930 ontstaan uit een samengaan van het Britse Lever Bros. en de Nederlandse Margarine Unie. Midden 2018 werd de verkoop van de margarine-activiteiten aan KKR, een Amerikaans investeringsbedrijf, afgerond. In december 2018 maakt Unilever bekend dat het De Vegetarische Slager zal overnemen. De fabrikant van namaakvleesproducten wil uitgroeien tot een wereldspeler. Oprichter Korteweg van het bedrijf vertelt dat het met 50% per jaar groeit. Onder de vleugels van Unilever moet dat 100% kunnen worden. Hij vertelt ook dat zijn bedrijf al twee jaar bezig is om samen met Unilever een vegetarische biefstuk te maken. (FD, 20 december 2018)

Gerelateerde uitbreiding

Van gerelateerde productuitbreiding is sprake als de nieuwe producten of diensten gebruikmaken van bestaande kennis en kunde.[4] Het begrip gerelateerde (en niet-gerelateer-

---

[4] Gerelateerde uitbreiding valt in de product-marktmatrix van Ansoff (1965) onder het begrip expansie: marktpenetratie, productontwikkeling of marktontwikkeling.

de) uitbreiding is aan de Harvard Business School bedacht, zie onder andere Channon (1973) en Rumelt (1974). De relatie tussen bestaande en geplande nieuwe activiteiten kan op verschillende vlakken liggen. Denk aan het gebruik van eenzelfde technologie, distributiekanaal enzovoort. Bij gerelateerde uitbreiding is dus sprake van synergie. Zoals eerder is aangegeven, is het van groot belang de mate van synergie concreet vast te stellen. Denken in abstracties als: 'Beide zijn hightech...' is dus niet voldoende. Hightech op het terrein van biotechnologie heeft geen enkele overlap en dus geen synergie met hightechactiviteiten bij het produceren van straalmotoren. Het is belangrijk na te gaan waar de voordelen liggen bij *concrete* projecten. Uit onderzoek van Eppink (2001) is gebleken dat de omvang van hoofdkantoren van ondernemingen die synergie willen realiseren, toeneemt met de mate waarin zij dit nastreven. Het bereiken van synergie brengt dus ook kosten met zich mee.[5]

Sociale woningbouw en vrije sector: verschillen belangrijker dan overeenkomsten
'Corporaties diep in rood met avontuur in vastgoed' was de kop in het *FD* van 20 december 2010. Een aantal woningcorporaties had dochterondernemingen opgericht voor het aankopen van gronden en nieuwbouw voor de vrije sector. Het verlies op deze nieuwe activiteiten steeg van € 199 miljoen in 2008 naar € 386 miljoen in 2009. De nieuwe activiteiten vertoonden echter wel overeenkomsten met het traditionele bouwen en exploiteren van woningen voor de sociale sector. Denk aan het verwerven van grond en het bouwen van woningen. Toch bleken de nieuwe activiteiten op een aantal essentiële punten, onder andere prijsgevoeligheid, zeer van de traditionele te verschillen. Het verschil veroorzaakte het verlies. De overeenkomsten waren nauwelijks van belang.

Ongerelateerde uitbreiding

Van ongerelateerde uitbreiding is sprake als de nieuwe activiteiten geen operationele relatie hebben met de oude. Relatie is er wel in financiële zin en op het gebied van sturing op hoofdlijnen door de concerntop. In de terminologie van Ansoff (1965) is hier sprake van diversificatie. Het begrip conglomeraatvorming wordt in dit verband ook wel gebruikt. Hoewel Ansoff een van de eersten was die de term diversificatie gebruikte, was hij geen voorstander van diversificatie in alle situaties. Hij was van mening dat een onderneming diversificatie kan overwegen in de volgende situaties:

- Expansiemogelijkheden (marktpenetratie, product- en marktontwikkeling) bieden *geen vooruitzicht* op het realiseren van de doelen voor de toekomst.
- *Liquide middelen* die uitgaan boven wat in de huidige activiteiten zinvol geïnvesteerd kan worden.
- Diversificatie biedt het vooruitzicht op *meer winstgevendheid* dan mogelijk is binnen de bestaande activiteiten.

Als een onderneming overweegt te diversifiëren, is het van belang de werkelijk te verwachten synergie zwaar mee te laten wegen.[6]

Om te beoordelen of gerelateerde of niet-gerelateerde uitbreiding van de productspreiding zinvol is, hebben Campbell en Park (2005) de zogenaamde '*traffic business lights*'

[5] Campbell en Szulanski (2016) onderzochten op welke manieren hoofdkantoren van grote ondernemingen waarde kunnen toevoegen, maar ook vernietigen.

[6] Men hoort en leest weleens dat Ansoff heeft aanbevolen dat ondernemingen moeten diversifiëren. Dit is onjuist gezien zijn genuanceerde opvatting daarover.

THEORIE

ontwikkeld. Deze 'verkeerslichten' hebben net als echte verkeerslichten de kleuren rood, oranje en groen. Deze kleuren staan voor de antwoorden die de organisatie op de volgende vragen moet geven:

- Hoeveel concurrentievoordeel heeft de organisatie op de concurrent? Veel (groen), gemiddeld (geel) of geen enkel (rood)?
- Hoeveel winstmogelijkheden biedt de nieuwe markt? Veel (groen), gemiddeld (geel) of weinig (rood)?
- Zijn de managers van de nieuwe activiteit (en hun superieuren) duidelijk beter (groen), even goed als (geel) of minder goed (rood) dan die van hun concurrenten?
- Wat is de invloed op bestaande activiteiten? Positief, bijvoorbeeld veel synergie (groen), plussen en minnen (geel) of negatief (rood)?

Als alle lichten op groen staan, is sprake van een geweldige kans op goede resultaten. Bij veel rode lichten is het beter niet door te gaan. Bij een paar groene en gele lichten is voorzichtigheid en het dieper uitwerken van het plan geboden.

Strategie voor krimpende markten

Markten die niet meer groeien of krimpen, bieden in het algemeen weinig toekomstmogelijkheden en lijken meestal weinig aantrekkelijk. Krimp leidt er vaak toe dat ondernemingen besluiten zich uit zulke markten terug te trekken. In sommige gevallen is te zien dat er op kleinere schaal toch nog mogelijkheden zijn. Harrigan en Porter (1983) hebben onderzoek gedaan naar strategische mogelijkheden bij krimpende bedrijfstakken. Zij constateren dat in sommige bedrijfstakken ondanks de krimp toch nog een stabiele, maar kleinere markt overblijft. Vaak is dit een vervangingsmarkt. Zo worden nog steeds radiobuizen gebruikt in zeer dure versterkers. Radiobuizen werden tot in de jaren zestig van de vorige eeuw gebruikt om signalen van geluidsdragers (grammofoonplaten of uit de ether) langs analoge weg om te zetten in geluid. Door technologische vernieuwing (transistor en later microprocessor die via digitale weg signalen versterken) ging deze analoge functie vrijwel geheel verloren. Liefhebbers van muziek zijn van mening dat geluid dat analoog versterkt wordt mooier is dan geluid dat digitaal versterkt wordt, vandaar dat radiobuizen nog steeds worden toegepast in apparatuur voor selectieve afnemers.
Wat een onderneming in krimpende markten kan doen, hangt dus af van de omvang en snelheid van de krimp en van de sterke kanten die de onderneming heeft ten opzichte van concurrenten.

Veranderen van bedrijfstakstructuur

Voor de korte termijn is de structuur van de bedrijfstak een gegeven. Als de structuur het niet mogelijk maakt redelijke rendementen te behalen, kan de organisatie nagaan of een verandering van de structuur op langere termijn kan leiden tot hogere rendementen. Een voorwaarde hierbij is dat de omzet in de bedrijfstak zodanig moet zijn dat een behoorlijk rendement haalbaar is. Met het vijfkrachtenmodel van Porter (1979) kan deze mogelijkheid onderzocht worden.
Een onderzoek naar het verminderen van de concurrentie door het overnemen van concurrenten, kan een eerste aanzet zijn. Hierdoor neemt de intensiteit van de concurrentie af, met als gevolg het kunnen verhogen van de prijzen. Een tweede gevolg van het overnemen van een of meer concurrenten is dat de kosten lager kunnen worden door het samenvoegen van bijvoorbeeld onderzoeks- en productiefaciliteiten. Hoever een onderneming met het overnemen van concurrenten kan gaan, hangt af van wat

mededingingsautoriteiten toestaan. Er zijn grenzen aan de marktaandelen die bijvoorbeeld de Europese Unie bij overnames toestaat.
Een andere mogelijkheid om de structuur van de bedrijfstak te veranderen, is het stimuleren van nieuwe ondernemingen om als leverancier op te treden. Hierdoor neemt de concurrentie tussen leveranciers toe, met als te verwachten resultaat dat de inkoopprijzen dalen of niet verder stijgen.
De studie van Kosonen (1994) laat zien hoe het Finse bedrijf Ahlstrom, gericht op papierproducten met heel uiteenlopende toepassingen, glaswol en glasfiber, en het ontwerpen van fabrieken, in tien jaar tijd de structuur van een aantal bedrijfstakken veranderde van een met veel concurrenten naar een met veel minder concurrenten. Vergelijkbare veranderingen zijn te zien bij de concentratie in de automobielindustrie en in de vliegtuigbouw, beide bedrijfstakken die gekenmerkt worden door hoge vaste kosten voor onderzoek en ontwikkeling.

Twee voorbeelden

Vleesproducent Vion denkt serieus na over het introduceren van vleesvervangers op de Nederlandse markt. Die boodschap tekent het FD op uit de mond van de bestuursvoorzitter Ronald Lotgerink. Vion is een van de grootste vleesverwerkende bedrijven van Europa. De vraag naar vlees in West-Europa groeit niet meer of neemt op sommige plekken zelfs af. Vion heeft in Duitsland een dochteronderneming die al tientallen vegetarische producten produceert en verkoopt.

Bron: FD, 28 maart 2019.

Modesta is een fabrikant die afzuiginstallaties ontwerpt, produceert en installeert. Oorspronkelijk leverde dit bedrijf aan keukenfabrieken en andere houtverwerkende bedrijven. Nu levert Modesta ook aan afnemers in de agrarische sector. Dit betekende niet alleen een grotere productspreiding. Nieuwe klanten werden onder andere gevonden in de USA. Hier gaat grotere productspreiding gepaard met grotere geografische spreiding.

Bron: Persoonlijke communicatie.

5.2 Geografische spreiding

Bij het bepalen van de optimale mate van geografische spreiding komen vergelijkbare vragen aan de orde als bij productspreiding. Bij geografische spreiding breidt een organisatie haar werkterrein uit naar een andere regio in het eigen land of naar een ander land. Kortheidshalve wordt in het vervolg gesproken over een ander land. In de eerste plaats is het van belang de aantrekkelijkheid van een ander land in beeld te krijgen. Ook kan het voordelig zijn als twee of meer landen vergelijkbare kenmerken hebben. Er kan dus ook tussen landen sprake zijn van de mogelijkheid om synergie te bereiken. Verder is het nuttig om voor de langere termijn na te gaan of de portfolio van landen goede perspectieven bieden op langetermijnwinstgevendheid.

5.2.1 Aantrekkelijkheid landen

De aantrekkelijkheid van buitenlandse markten hangt van een aantal factoren af.
In de eerste plaats is er de vraag of er een *koopkrachtige vraag* bestaat of zal ontstaan. Deze is van invloed op de omzet die in die markt te behalen is. De omvang van de koopkrachtige vraag hangt onder andere af van de *omvang* en de *samenstelling* van de bevolking. Hoe groter de bevolking, hoe interessanter een land is om als mogelijke markt te onderzoeken.
De *economische kenmerken* bepalen of de economie van een land op termijn zal groeien. Ook speelt mee hoe de inkomensverdeling in een land eruitziet. Een land met een kleine groep rijke inwoners, dus met grote verschillen in rijkdom, kan voor sommige aanbieders interessanter zijn dan een land met een veel gelijkmatiger verdeling van inkomen en vermogen.
Op de groei van de economie is ook de huidige en toekomstige stand van de *technologische kennis* van invloed. Bij zich ontwikkelende economieën is het van belang hoe snel die kennis kan toenemen. In westerse landen bestaat de neiging de mogelijkheden van sommige landen te onderschatten. Zo bestaan in China nog steeds bedrijven waar eenvoudig werk gedaan wordt. Dat verhult soms dat technologisch grote sprongen voorwaarts gemaakt worden. Op het gebied van installaties voor telecommunicatie was er rond 1995 geen concurrentie uit China te duchten. Nu is het Chinese bedrijf Huawei een van de grootste ter wereld. Het heeft in zijn groei andere belangrijks spelers achter zich gelaten. Denk aan het Frans-Amerikaanse Alcatel-Lucent en het Zweedse Ericsson. Veel westerse hightechondernemingen hebben inmiddels in China ontwikkellaboratoria met duizenden goed opgeleide ingenieurs. Deze vormen weer een bron voor verdere economische ontwikkeling.
Politieke stabiliteit is voor veel ondernemingen een belangrijke voorwaarde om voor een positie in een buitenlandse markt te kiezen. Ook gunstige wetgeving is van belang, bijvoorbeeld op fiscaal gebied of op het gebied van de mogelijkheid om zeggenschap in een lokaal bedrijf te verwerven.
Ook de *geografische kenmerken* van een land zijn van belang. Is de bevolking op een klein gebied geconcentreerd, zoals in Japan of Singapore, of is de bevolking meer verspreid? De spreiding van de bevolking is van invloed op de distributie-, de verkoop- en de servicekosten.

Onderwijs naar het buitenland: afgeblazen avontuur
Tussen 2015 en 2018 werkte de Groningse universiteit aan haar Chinese droom. Samen met de landbouwuniversiteit van Beijing probeerde de universiteit een grotendeels door de Chinezen gefinancierde campus op Yantal op te zetten. Daar zouden Chinese studenten

academische diploma's van de RUG kunnen behalen. Door kritiek van verschillende kanten besloot de leiding van de RUG met het buitenlandse avontuur te stoppen.

> ***Nederlandse diploma's in Qatar***
> NHL Stenden Hogeschool uit Leeuwarden opende enige jaren geleden een vestiging in Qatar. Begin 2019 komt naar buiten dat het vanuit de hoofdvestiging lastig is goed zicht te houden op de naleving van de examenreglementen.
>
> *Bron: NRC 1 maart 2019*

THEORIE

5.2.2 Synergiepotentieel tussen landen

Om te beoordelen of er tussen landen synergie bestaat of dat markten in kenmerken naar elkaar toe kunnen groeien, hebben Ghemawat (2001) en Yip en Hult (2011) modellen ontwikkeld.
Ghemawat beschrijft de afstanden of verschillen die tussen landen kunnen bestaan en die invloed hebben op de mogelijkheid om op dezelfde manier zaken te doen als in de thuismarkt. Hoe groter de afstanden, hoe moeilijker het wordt om succes te boeken. Hoe kleiner een afstand is, hoe aantrekkelijker een buitenlandse markt kan zijn, ook al is die uit economisch optiek misschien minder interessant. De kleinere afstand maakt toetreding gemakkelijk, sneller en goedkoper.
De term 'afstand' heeft binnen het raamwerk van Ghemawat verschillende betekenissen. Zo bestaat er *culturele afstand*, die tot uitdrukking komt in verschillen in taal en gewoonten. Ook kan er *administratieve afstand* bestaan, die vastligt in regels en wetten en vereiste procedures. *Geografische afstand* leidt vaak tot hoge kosten. Denk aan het vestigen van een kantoor in een ver land. Voordat er succes geboekt kan worden, zijn vele reizen met soms langdurig verblijf nodig. Een land dat dichterbij ligt, kan daardoor aantrekkelijker zijn. Ten slotte kan er sprake zijn van *economische afstand*. Verschillen op dit gebied kunnen ertoe leiden dat wat in de thuismarkt een product is dat in elke supermarkt te koop is, in een andere markt een luxeproduct is. Denk aan Heineken-bier: in Nederland een supermarktbier, in de rest van de wereld een luxebier.

Yip heeft onderzocht welke factoren ten grondslag liggen aan het globaliseren van internationale markten. Door globalisatie krijgen markten geleidelijk aan meer gelijke kenmerken en neemt hun omvang toe. Yip onderscheidt vier krachten die van invloed zijn op de mate waarin markten global zouden kunnen worden:
1. *Marktkrachten*: vanuit de markt ontstaat door de toenemende communicatiemogelijkheden (televisie en internet) en het maken van reizen de behoefte om producten uit andere landen ook in het eigen land te kunnen kopen. Dit heeft onder andere invloed op voedingspatronen. 2. *Overheidskrachten:* denk aan de uitbreiding van de EU die markten voor Nederlandse bedrijven gemakkelijker toegankelijk maakt. Op wereldschaal speelt hier de Wereldhandelsorganisatie (WTO) een rol.
3. *Concurrentiekrachten:* Japanse ondernemingen in consumentenelektronica leverden bij het betreden van nieuwe markten vaak producten met dezelfde specificaties. Dit in tegenstelling tot Philips, dat lange tijd voor verschillende Europese landen verschillende producten maakte. Uiteindelijk is Philips ook een strategie van standaardisatie gaan volgen.
4. De noodzaak tot *kostenverlaging*: in veel bedrijfstakken is te zien dat vaste kosten van onderzoek, ontwikkeling en marketing steeds verder stijgen. Ook voor producten waarvan men dat op het eerste gezicht niet zou verwachten. Zo vergde een nieuwe

generatie scheermesjes van Gillette een investering van ruim $ 1 miljard. Door deze tendens ontstaat de noodzaak deze kosten over grotere volumes om te slaan. Vergroting van het afzetgebied ligt dan voor de hand. Hoe meer de vier krachten die Yip noemt een rol spelen en hoe geringer de verschillende soorten afstanden volgens Ghemawat zijn, hoe groter het potentieel is om synergie te realiseren. De onderneming die daarin het eerst slaagt, heeft de mogelijkheid een gunstiger kostenstructuur te bereiken dan de concurrenten.

5.2.3 Evenwicht in de landenportfolio

Net als bij productspreiding kan de organisatie het evenwicht in de landenportfolio analyseren. Is een van de doelstellingen van de organisatie groei? Dan kan de portfolio beoordeeld worden op de groeimogelijkheden. Is de huidige geografische spreiding voornamelijk te vinden in landen in West-Europa, dan zal in de meeste gevallen de gewenste groei daar niet meer te realiseren zijn. De bevolkingsomvang neemt niet toe, of neemt zelfs af, terwijl de economische groei ook niet groot zal zijn. Dan ligt een vehoging van de verkoopinspanningen naar landen als China, India, Turkije en Brazilië voor de hand. In de praktijk is deze verschuiving al te zien. Automobielfabrikanten zien China inmiddels als de grootste markt ter wereld.
Dat geldt ook voor veel dagelijkse consumentenproducten. Het Brits-Nederlandse Unilever is al vele jaren actief in China.

Dat men soms ver vooruit moet denken om een nieuwe markt te betreden, komt naar voren uit een uitspraak van een van de leden van de directie van de Generale Maatschappij van België. In april 1984 opende haar dochteronderneming Generale Bank een *representative office* in Beijing. Dit kantoor diende slechts om de markt te verkennen en contacten te leggen. Bankzaken mochten via dat kantoor nog niet afgehandeld worden. Gevraagd naar de reden van vele jaren investeren en hopen dat er een tijd komt om winst te maken, zei de directeur: 'Nu hebben de Chinezen ons nog nodig. Als wij hen nodig hebben, zijn we veel te laat om nog binnen te kunnen komen.' Het is duidelijk dat met de opkomst van China als economische macht de rollen zijn omgedraaid.

Bron: Persoonlijke communicatie

5.2.4 Strategische alternatieven bij geografische spreiding

Een organisatie kan op verschillende manieren haar geografische spreiding vergroten. Zo onderscheiden we:

- *exportstrategie*, direct of indirect;
- eigen vestigingen: *multinationale strategie;*
- eigen vestigingen: *globale strategie.*

Uiteraard kan een organisatie ook beslissen zich uit bepaalde landen terug te trekken.

Exporteren

In veel gevallen zet een onderneming de eerste stap op een buitenlandse markt via de export. Vanuit de productiefaciliteiten in de thuismarkt bedient zij de buitenlandse markt. Het contact met de afnemers kan *direct* of *indirect* zijn. In het eerste geval benadert de eigen verkoopafdeling de klanten in het buitenland. Afhankelijk van de omvang van de buitenlandse markt en van de omvang van de daar verwachte verkopen kan de ondernemingsleiding besluiten een eigen verkoopvestiging in het buitenland te openen.

Als men de buitenlandse afnemers indirect wil bedienen, kan dit verlopen via handelshuizen of agenten. Bij de keuze tussen een directe en een indirecte benadering is het van belang de kosten van de mogelijkheden af te wegen tegen de verwachte voordelen. Een eigen verkoopapparaat voor het buitenland is vaak duurder dan het gebruikmaken van diensten van derden. Dit geldt zeker voor de aanloopfase. Bovendien zijn de kosten dan vast in plaats van variabel, zoals meestal het geval is wanneer de intermediair het klantcontact onderhoudt. Tegenover deze hogere en vaste kosten staat dat de invloed op de marktbewerking aanzienlijk groter is wanneer de onderneming haar buitenlandse klanten bedient via een eigen verkoopvestiging.

Exporteren

Thermoware EPS Machinery b.v. in Barneveld ontwikkelt, maakt, verkoopt en installeert machines voor de productie van dunwandige producten uit expanded polystyrene (piepschuim). Het bedrijf is een van de leidende aanbieders op de wereldmarkt. De machines staan in elk continent. De export gaat direct vanuit Barneveld naar onder andere USA, Mexico, Verenigde Arabische Emiraten, Zuid-Afrika, Polen en Pakistan. Indirecte export (via agenten) doet Thermoware onder andere naar India, Indonesië, Maleisië, China, Taiwan en Australië. De leiding koos dus voor een mix van directe en indirecte export die is toegesneden op de specifieke omstandigheden en mogelijkheden in elk land.

Niet alleen producten zijn te exporteren, maar ook diensten. Denk bijvoorbeeld aan een format voor een televisieprogramma als The Voice of Holland. Dit programma, bedacht voor RTL is inmiddels in vele landen in aangepaste vorm op tv verschenen. Bij dit soort export neemt de werkgelegenheid niet zoveel toe als met export van producten. Hoe hoger de export, hoe meer mensen er nodig zijn om de producten te maken. Bij de export van een tv-format vindt de aanpassing (en dus het werk) plaats in het land bestemming.

Bron: Interview directie Thermoware

Eigen vestigingen: multinationaal

Als de export naar een land of regio erg omvangrijk is geworden, kan de leiding overwegen ter plaatse te gaan produceren. Daarmee kan zij belangrijke kostenvoordelen behalen. Denk aan het wegvallen van transportkosten en mogelijk ook van invoerheffingen. Niet zelden liggen in nieuwe markten de loonkosten aanzienlijk lager, ook voor hoogopgeleid personeel. Zo hebben grote ondernemingen uit het westen nu in een aantal Aziatische landen vestigingen waar relatief goedkoop toch hooggekwalificeerd werk wordt verricht.

Het kenmerk van een multinationale strategie is dat de benadering in de verschillende buitenlandse markten nadrukkelijk is afgestemd op lokale kenmerken. Die kunnen liggen in cultureel bepaalde smaken en voorkeuren, de perceptie van merknamen, de vereiste verpakkingen, de realiseerbare prijs, de advertentieboodschap, de wetgeving omtrent gebruik van de media, het feitelijk bereik van de verschillende media en de afzetkanalen.

Bij grote verschillen tussen buitenlandse markten is het overbodig en zelfs onwenselijk onderlinge afstemming tot stand te brengen. De baten hiervan wegen waarschijnlijk niet op tegen de hiermee gemoeide kosten. Dit gaat niet alleen over de kosten van een groter hoofdkantoor, maar ook van mogelijk verkeerde beslissingen doordat het hoofdkantoor onvoldoende op de hoogte is van de specifieke plaatselijke toestand. Ter verduidelijking wordt opgemerkt dat een organisatie die een multinationale strategie volgt, goed over de hele wereld actief kan zijn.

Loetje breidt geografisch uit

Ludwig 'Loetje' Klinkhamer was van oorsprong slager. In 1977 kocht hij samen met zijn broer Dirk in Amsterdam café Ris, waar ook de lekkerste biefstukken op de kaart stonden. Nu veertig jaar later zijn er achttien vestigingen, niet alleen in en rond Amsterdam, maar ook in Leeuwarden, Nijmegen en Rotterdam. Twee medeoprichters van Action zijn sinds 2013 aandeelhouder. Het streven is elk jaar vier nieuwe zaken te openen. Het aantal zaken is nu nog alleen in Nederland uitgebreid. Volgt misschien later nog de stap naar het buitenland? Het artikel stelt dat er al decennia wordt gefantaseerd over een Loetje aan de Ramblas in Barcelona.

Bron: Quote, maart 2019.

Verschillen tussen banken

In maart 2019 worden tegengestelde stappen bekend van twee Nederlandse banken op de Amerikaanse markt. Op 18 maart meldt het FD dat Rabobank zijn Amerikaanse dochter RNA zal verkopen aan Mechanics Bank uit Californië, met uitzondering van de agrarische activiteiten. Na afronding van de transactie en een strategische herschikking, zal Rabobank de op drie na grootste landbouwfinancier in de VS zijn. Rabobank neemt in de VS met deze stap afscheid van consumenten en mkb-klanten. ABN AMRO wil een bankvergunning aanvragen om juist consumenten te kunnen bedienen. Zonder die vergunning mag de bank geen tegoeden van consumenten beheren.

Bron: FD (2019) en IEX (2019)

Eigen vestigingen: globaal

Het valt op dat in de laatste jaren consumenten van bepaalde goederen steeds vaker dezelfde eisen zijn gaan stellen. Ohmae (1989) beschreef dit verschijnsel als de *Californisatie* van de vraag. Daarmee doelt hij op het verschijnsel dat consumentenvoorkeuren wereldwijd steeds dichter naar elkaar toegroeien. Eerder is al opgemerkt dat dit lang niet voor alle markten geldt. Als de onderneming heeft vastgesteld dat er inderdaad sprake is van een *globalisering* van de markt, kan zij besluiten hierop te antwoorden met het ontwikkelen van een globale strategie. Hiermee wil de onderneming profiteren van de te behalen schaalvoordelen bij het op de markt brengen van min of meer uniforme producten en diensten. Door wereldwijd te opereren, kan het merk in de ogen van de consumenten bovendien aantrekkelijker worden. Ook kan de positie tegenover de toeleveranciers zich versterken.

Overigens is het zo dat in een globaliserende markt onder sommige condities succes ook mogelijk is met een strategie die zich tot de thuismarkt beperkt. Bijvoorbeeld wanneer de nationale markt omvangrijk genoeg is om de vereiste schaalgrootte te bereiken. De alleen op de nationale markt actieve onderneming heeft dan geen kostennadelen ten opzichte van de concurrenten die een globale strategie voeren.

Om de voordelen van een globaliserende markt te realiseren, moeten de activiteiten in de verschillende landen nauw op elkaar zijn afgestemd. Denk aan activiteiten als R&D, productie, reclame, verkoop en inkoop. De organisatie probeert dan zo veel mogelijk uniformiteit aan te brengen in de producten en diensten die zij in de verschillende nationale markten aanbiedt.
Maar een te sterke doorvoering van de globale strategie kan ook nadelen met zich meebrengen. Een extreme vorm van uniformiteit en marktbenadering pakt mogelijk negatief uit. Het kan ertoe leiden dat fundamentele verschillen in consumentengedrag worden genegeerd. Een Fransman vindt een glaasje wijn bij de lunch lekker en als hij dat in een Amerikaanse hamburgerketen niet kan bestellen, komt hij er een volgende keer niet weer. Het gedrag van Amerikaanse bezoekers van pretparken is ook anders dan dat van Europese. Amerikanen gaan vaak voor een hele week naar Orlando in Florida en verblijven daar in hotels. Eurodisney bij Parijs werd op dezelfde leest geschoeid, met als gevolg dat de voor het park gebouwde hotels in de beginjaren grotendeels leeg bleven.

Bij het ontwikkelen van een globale strategie is het niet eenvoudig een goede *balans* te vinden tussen enerzijds het streven naar *uniformiteit* en de te behalen kostenverlagingen en anderzijds het inspelen op de *lokale eisen,* waardoor hogere omzetten in het verschiet liggen. Uiteindelijk is het doel van een globale strategie het behalen van een hogere winst en niet zozeer het verlagen van de kosten.

5.3 Verticale spreiding

Elk product dat een consument koopt, heeft een korte of een lange weg achter de rug, waarin de productiestappen tussen de grondstof en de verkoop van het eindproduct een plaats hebben. Men zegt wel dat het product wordt voortgestuwd in de bedrijfskolom. De bedrijfskolom bestaat uit verschillende elkaar 'opvolgende' bedrijfstakken[7]. In de bedrijfskolom staan alle stappen in het totale voortbrengingsproces die een product doorloopt van grondstof tot en met het eindproduct. In figuur 5.9 wordt dit schematisch weergegeven.

Figuur 5.9 De bedrijfskolom van bier

Bedrijfskolom van bier		
Landbouw	Productie van gerst	
Bierbrouwer	Brouwen van bier	
Handel	Voorraad houden	
Transporteur	Distributie naar supermarkt en horeca	
Verkoper	Supermarkten en slijterijen: verkoop aan klant	Horeca: verkoop aan klant
Klant	Consumptie	

[7] Hoofdstuk 3 bespreekt het vijfkrachtenmodel van Porter (1979) waarmee de concurrentieverhoudingen/-krachten binnen een bedrijfstak geanalyseerd kunnen worden.

De bedrijfskolom is soms relatief kort en soms erg lang. Bij de productie en verkoop van bier zijn, zoals hiervoor aangegeven, de volgende stappen te onderscheiden: productie van gerst, brouwen van bier, houden van voorraad, distributie van de groothandel naar supermarkten en horeca en uiteindelijke verkoop aan de consument. Voor de productie van auto's is de bedrijfskolom ingewikkelder. Daar is sprake van verschillende bedrijfskolommen die samenkomen bij de producent van de auto's. Zo is er de bedrijfskolom die de banden toelevert, maar ook die de carrosserieonderdelen uit staal of aluminium voortbrengt. Verder zijn er dan nog de bedrijfskolommen die onderdelen leveren als remmen, kabelbomen en versnellingsbakken.
Een organisatie heeft de keus zich toe te leggen op een of meer productiestappen binnen de bedrijfskolom. Hoe meer productiestappen een organisatie in het proces zet, hoe meer de organisatie verticaal gespreid is. Het toevoegen van een stap aan de interne keten van een bedrijf heet een verticale spreiding. Als een productiestap wordt afgestoten, spreekt men van verticale differentiatie.
Bij verticale spreiding wordt onderscheid gemaakt tussen voorwaartse verticale spreiding en achterwaartse verticale spreiding. Bij *achterwaartse* verticale spreiding worden activiteiten uit een eerdere geleding in de bedrijfskolom samengevoegd met de bestaande activiteiten van de onderneming. Bij *voorwaartse* verticale spreiding voegt een onderneming een volgende schakel in de bedrijfskolom toe aan de eigen activiteiten.

Verticale integratie bij Corendon
Op 30 april 2011 vertrok de eerste vlucht van Corendon Dutch Airlines. Deze luchtvaartmaatschappij is door de reisorganisatie met dezelfde naam opgericht om tegen een acceptabele prijs vliegtuigstoelen te kunnen inkopen. Een voorbeeld van achterwaartse verticale spreiding. In 2015 koopt Corendon het voormalige hoofdkantoor van Sony in Badhoevedorp. Begin 2018 gaat dit open als Corendon Village Hotel, dat met 680 kamers het grootste van Nederland is. Later in het jaar plaatst Corendon een Boeing 747 in de tuin van het Hotel.

Dit is een voorbeeld van voorwaartse verticale integratie. Een ander voorbeeld van voorwaartse spreiding is Amazon.com. Dit bedrijf heeft vliegtuigen geleased en heeft ook een rederij laten registreren. Naast vervoer van eigen bestellingen is het de bedoeling deze vervoermiddelen ook in te zetten voor het transport van bedrijven die nu veel laten vervoeren door UPS en FedEx (Bloomberg Business Week, 2016).

In eenzelfde sector is vast te stellen dat succesvolle bedrijven qua verticale spreiding verschillende strategieën volgen. In figuur 5.10 wordt dat weergegeven voor een drietal bekende kledingketens. Zo is te zien dat het Spaanse Zara stappen in eigen hand houdt, terwijl het even succesvolle H&M vrijwel alle productie heeft uitbesteed. Uit dit overzicht blijkt ook dat het Amerikaanse Gap net als H&M vrijwel alle productie heeft uitbesteed, maar dat die een langere periode kent tussen het moment van bestellen en geleverd krijgen. H&M heeft een levertijd van drie weken en Gap een van negen maanden. In een modegevoelige bedrijfstak is dat een enorm verschil in de mogelijkheid om de veranderingen in de mode snel te volgen. Dit heeft op zijn beurt weer grote invloed op de noodzaak om bij stagnerende verkopen kleding snel in de uitverkoop te moeten doen.

Figuur 5.10 Verticale spreiding van kledingketens

	Verticale spreiding
H&M	Productie uitbesteed aan leveranciers in Azië en Europa. Levertijden van soms drie weken.
Gap	Besteedt alle productie uit. Gemiddeld negen maanden levertijd.
Zara	Produceert het meeste zelf in eigen ateliers in Spanje. Productie voor markten in Azië vindt voor een deel daar plaats.

Bij het bepalen van een goede strategie voor verticale spreiding moet een onderneming twee vragen beantwoorden.
Vraag 1: *welke primaire en ondersteunende activiteiten* wil de onderneming zelf verrichten en welke wil de onderneming uitbesteden aan derden? Het kan hier gaan om voorliggende of volgende stappen in het totale voortbrengingsproces in de bedrijfskolom of om ondersteunende activiteiten, zoals het afstoten of zelf blijven verrichten van bepaalde IT-werkzaamheden.
Vraag 2: als men besluit tot veranderingen in activiteiten, worden deze dan *geheel of gedeeltelijk* overgenomen of uitbesteed?

5.3.1 Welke activiteiten?

Het is op voorhand niet te zeggen welke activiteiten beter binnen de eigen onderneming gedaan kunnen worden dan wel beter bij derden ingekocht kunnen worden. Deze vraag kan men op verschillende complementaire manieren proberen te beantwoorden. In de eerste plaats door uit te gaan van de te onderscheiden *activiteiten*. Ook kan men nagaan in welke *omstandigheden* verticale spreiding zinvol of nadelig is.

Een eerste goede ingang voor de *activiteiten* is het opstellen van de waardeketen (zie bijvoorbeeld Porter (1985)) van de onderneming of van onderdelen daarvan, bijvoorbeeld een divisie. Door het opstellen van die waardeketen, met de daarbij behorende toedeling van de kosten, krijgt de leiding een beter inzicht in wat er in de onderneming aan activiteiten plaatsvindt en hoe hoog de kosten van elke activiteit zijn. Ook ontstaat beter inzicht in het gedrag van de kosten als voor de verschillende activiteiten wordt vastgesteld welke factoren van invloed zijn op de hoogte ervan. Deze factoren worden de '*cost drivers*' genoemd. Bij het opstellen en analyseren van de waardeketen is het noodzakelijk dat men nagaat of de juiste informatie voorhanden is om die berekeningen te maken.

Daarna kan men de berekende kosten voor de productie van goederen of diensten in eigen beheer vergelijken met prijsinformatie van aanbieders van buiten. Het is echter te eenvoudig om tot uitbesteding te besluiten als de eigen kosten hoger blijken te liggen. Andere dan kostenoverwegingen spelen namelijk ook een rol. Harrigan (1984), Buzzell en Gale (1987) en Douma (2007) beschrijven verschillende voordelen en nadelen van verticale spreiding. Tot de voordelen rekenen zij:

- kostenvoordelen die ontstaan door het elimineren van dubbel werk. Als een organisatie een product zelf gaat produceren, is geen afdeling meer nodig om dat in te kopen;
- betere afstemming tussen activiteiten binnen de organisatie dan tussen externe partners mogelijk is;

- sterkere onderhandelingspositie tegenover derden door het hebben van eigen producten;
- betere kennis van markten en technologieën;
- mogelijkheid voor grotere productdifferentiatie;
- marktmacht door het grotere volume;
- grotere geloofwaardigheid voor nieuwe producten;
- verhoogde toetredingsdrempels. Verticale spreiding brengt meestal extra investeringen mee. Nieuwe concurrenten kunnen die mogelijk niet opbrengen;
- verzekerde aanvoer en afzet.

Voorkomen van dubbel werk
Een van de auteurs was in 1991 en 1992 betrokken bij een studie naar een staalwalserij van een Hongaars staalbedrijf. De stalen platen van 20 centimeter dik werden 60 kilometer buiten Boedapest geproduceerd en in Boedapest in een staalwalserij verder verwerkt tot dunnere producten. Niet alleen was een omslachtig transport (trein, boot, trein) nodig, de stalen platen moesten ook nog verhit worden om ze te kunnen walsen. Deze vorm van productie was uiterst inefficiënt. Door het direct op elkaar laten aansluiten van het walsen en het produceren van de stalen platen, werd veel energieverlies voorkomen.

Verlagen van de kosten
Heel lang hebben gemeentes in Nederland een eigen plantsoenendienst gehad. Onder andere door druk op de budgetten hebben veel gemeentes besloten (een deel van) het werk uit te besteden aan gespecialiseerde bedrijven. Deze hebben een groter klantenbestand dat kan zorgen voor een betere bezetting van de beschikbare capaciteit. Ook de kosten van materieel kunnen over een groter aantal klanten worden verdeeld, terwijl ook lagere inkoopprijzen door grotere volumes mogelijk zijn.

Als nadelen van verticale spreiding brengen zij naar voren:
- hogere coördinatiekosten doordat de verschillende productiestappen goed op elkaar moeten aansluiten;
- lagere dan optimale bezettingsgraad van activa. Vaak moet een productie-eenheid een minimale capaciteit hebben die groter is dan de organisatie zelf kan benutten;
- gebrekkige afstemming tussen de verschillende fasen in het productieproces;
- trage technologische vernieuwing door het blijven gebruiken van verouderde activa;
- geringe beweeglijkheid door hogere uittredingsdrempels. De hoge investeringen maken het economisch moeilijk om een activiteit te stoppen;
- leveranciers kunnen minder scheutig zijn met informatie;
- hogere kapitaalsinvesteringen;
- verschil in optimale omvang per fase.

Hieraan is toe te voegen: mogelijke nadelige gevolgen voor de relatie met bestaande toeleveranciers en afnemers. Als een onderneming besluit tot het vervaardigen van sommige onderdelen die zij voorheen bij een leverancier kocht, kan dit voor die leverancier een signaal zijn helemaal niet meer aan die onderneming te leveren. Als een onderneming besluit in de toekomst rechtsreeks de consument te benaderen, kan dit voor haar afnemers betekenen dat zij een concurrent zien opkomen en niet meer bij haar willen inkopen.[8] Hier dreigt dus verlies aan omzet.

Te dure gebouwen en toenemende concurrentie
De Baak is jarenlang een succesvol opleidingsinstituut voor managers geweest. Het startte in Noordwijk in een eigen fraai gebouw vlak bij het strand. Later kocht het een landgoed in Driebergen: De Horst. Probleem met deze aankoop, een vorm van verticale integratie, is dat er niet voldoende cursussen gegeven werden om de kosten ervan te dekken. Een van de redenen daarvoor is dat de concurrentie heviger wordt door de komst van buitenlandse spelers als de Belgische Vlerick School en INSEAD uit Fontainebleau, Frankrijk. De huisbankier plaatst het instituut uiteindelijk onder de afdeling Bijzonder beheer. Eind 2018 vindt de Baak een samenwerkingspartner.

De voordelen en nadelen van verticale afsplitsing (verticale differentiatie) en uitbesteding zijn min of meer het spiegelbeeld van die van verticale spreiding. Zo is een grote afhankelijkheid van de toeleveranciers het spiegelbeeld van marktmacht en verzekerde aanvoer. Vanuit de genoemde gezichtspunten kan men de mogelijkheden van in huis produceren of inkopen zo evenwichtig mogelijk beoordelen. Het alleen afgaan op kosten en prijzen is te beperkt, omdat deze meestal op het huidige peil berekend zijn en op een later tijdstip anders kunnen uitvallen. Een grotere afhankelijkheid van toeleveranciers wordt pas op langere termijn voelbaar. Die grotere afhankelijkheid komt naar voren in de vorm van hogere prijzen en geringere markmacht. Teruggaan naar de oude situatie is dan niet meer mogelijk.

Verschillende auteurs hebben onderzocht welke *omstandigheden* van invloed zijn op de neiging tot verticale spreiding.
Harrigan (1985) ontdekte dat de mate van verticale spreiding samenhangt met de *ontwikkeling van de omzet*. In situaties van groeiende omzet is er meer sprake van verticale spreiding dan in omstandigheden dat de omzet afneemt. De *stabiliteit* van

[8] Dit geldt in mindere mate voor het opzetten van zogenaamde *'flagship stores'* in wereldsteden waarin bekende merken hun nieuwe producten aan de consument tonen. Het doel dat een onderneming met dergelijke winkels nastreeft, is eerder imagoversterkende marketing dan verkoop. Dergelijke winkels kunnen de omzet in 'gewone' winkels zelfs bevorderen.

de concurrentie in de bedrijfstak leidt ook tot meer verticale spreiding. *Grote marktaandelen* gaan gepaard met verticale spreiding. Een vergelijkbare conclusie bereiken Buzzell en Gale (1987), zie ook paragraaf 5.3.4. *Onzekerheid* over de te verwachten omzet leidt meestal tot een geringere verticale spreiding. Ook Stuckey en White (1993) wijzen op het belang van de aantrekkelijkheid van de markt voor beslissingen over verticale spreiding.
Lieberman (1991) stelt dat verticale spreiding toeneemt als een onderneming te maken heeft met een *gering aantal aanbieders* of als grote investeringen nodig zijn in activa die slechts voor specifieke producten in te zetten zijn. Ook treedt vaak verticale spreiding op als een *groot deel* van de totale kosten bestaat uit *inkoop* van een bepaald product.
Soms ontwikkelt de situatie waarin een onderneming zich bevindt in de richting van een of meer van de hiervoor genoemde omstandigheden. In zulke gevallen kan de leiding overwegen of aanpassing van de strategie van verticale spreiding voor de desbetreffende bedrijfsonderdelen nodig is.

Dat binnen een enkel bedrijf verschillende strategieën van verticale spreiding worden gevolgd, komt duidelijk naar voren in het volgende bericht.

Bron: Het Financieele Dagblad, 18 oktober 2012

Door: Johan Leupen

ASML streeft via koop Cymer naar meer greep op ontwikkelingsketen
De Veldhovense chipmachinemaker ASML gaat verreweg de grootste overname uit zijn geschiedenis doen om zijn productie- en ontwikkelingsketens beter onder controle te kunnen krijgen.

De Nederlanders halen hun cruciale Amerikaanse leverancier Cymer naar zich toe voor € 1,95 mrd. Dit betekent een opmerkelijke breuk met de traditionele strategie van het bedrijf om nauwelijks te acquireren en belangrijke onderdelen van zijn productieproces uit te besteden aan partners.

Vertraging in de meerjarenplanning
Veldhoven betaalt de Amerikanen een fikse prijs van twintig maal het bedrijfsresultaat van 2013, bleek gisteren bij de kwartaalcijfers. Maar het lijkt dan ook weinig keus te hebben gehad: Cymer vervult een sleutelrol in de R&D-route van ASML, als maker van de lichtbron die het hart vormt van ASML's nieuwste generatie EUV-chipmachines. Het bedrijf veroorzaakte echter herhaaldelijk vertraging in de meerjarenplanning, waarmee Cymer zijn eigen prijs lijkt te hebben opgedreven.

De belangrijkste bottleneck ligt bij de lichtopbrengst van Cymers ultraviolette lamp. Die is met een vermogen van onder de 20 watt veel lager dan was gehoopt, en moet de komende jaren worden opgevoerd naar 105 watt, wil een EUV-machine op een concurrerend tempo draaien. Pas bij een productie van 96 siliciumschijven per uur begint een EUV-machine zijn aanschafprijs van zo'n € 100 mln te rechtvaardigen. Het tempo moet daarna nog veel verder omhoog, met als randvoorwaarde een lamp van minstens 300 watt.

'Veilig stellen van de deadline'
ASML werkt al jaren in koortsachtig tempo toe naar een rendabele machine, maar moest zijn horizon herhaaldelijk verleggen tot in 2014 wegens problemen bij Cymer. Volgens een ingewijde werken er alleen al in Veldhoven meer dan tweehonderd ASML-medewerkers voltijd aan de lichtbron, nog los van de honderden werknemers die Cymer zelf heeft op zijn vestiging in San Diego.

'Deze overname is om te verzekeren dat onze deadline veilig is', zegt een ASML-woordvoerder. De nieuwe ultravioletlamp is volgens hem circa tien keer groter en complexer dan vorige modellen, en heeft het formaat van een zeecontainer.

Tijdens een analistenpresentatie legde topman Eric Meurice uit dat een belangrijk voordeel van de overname is dat ASML volledige toegang krijgt tot het intellectueel eigendom, kennis die Cymer tot nu toe kennelijk niet wilde ontsluiten. Meurice: 'Dit maakt de route naar EUV sneller, minder riskant en met minder conflict. Dit kan een botsing voorkomen die voor niemand waarde heeft.'

Geen antitrustbezwaren
De ASML-top maakt zich 'niet erg veel zorgen' over de vraag of de fusie op mogelijke antitrustbezwaren stuit, zei de ceo in zijn toelichting. Cymer is dominant maar geen monopolist, met het Japanse Gigaphoton als belangrijke concurrent. Andere klanten houden dus voldoende keus, bovendien bepalen niet ASML maar eindgebruikers zoals Intel en Samsung welke lichtbron zij in hun machines willen. Het Amerikaanse advocatenkantoor Scadden adviseert ASML bij de overname, met De Brauw in een bijrol.

5.3.2 Geheel of gedeeltelijk uitbesteden

Harrigan geeft aan in welke situatie een onderneming kan overgaan tot het van buitenaf betrekken van een deel van de input voor het productieproces.
In de eerste plaats is dit mogelijk als er geen fysieke verbinding nodig is tussen toeleverancier en afnemer. In de chemische sector kunnen sommige processen technisch niet gescheiden worden.
In de tweede plaats is gedeeltelijke uitbesteding mogelijk als het volledig zelf voorzien in de productie ervan tot inefficiënties leidt die ontstaan door grote onderbezetting van het productieapparaat.
Als de markt qua technologie en qua vraag dynamisch is, kan ook een deel van de benodigde productie van buiten worden betrokken. Het risico voor het opvangen van de fluctuaties in de vraag ligt dan op het bordje van de toeleverancier.
Ook als de ondernemingsleiding de eigen eenheden tot verdere productiviteitsstijging wil dwingen, is gedeeltelijke uitbesteding nuttig. De onderdelen krijgen dan te maken met echte in plaats van papieren concurrenten.
Harrigan brengt verder naar voren dat gedeeltelijke integratie tot de voordelen van volledige integratie leidt, maar dan met minder risico's. De nadelen van volledige integratie worden namelijk minder. Dit betekent dat de toeleverende ondernemingen een deel van het risico van de eigen onderneming overnemen. Daarvoor vragen zij ongetwijfeld een prijs. Hoe hoog deze is, hangt onder andere af van de onderhandelingsmacht die beide ondernemingen op elkaar kunnen uitoefenen. De onderhandelingsmacht is met behulp van Porters vijfkrachtenmodel te beoordelen.

5.4 Vragen en opdrachten

1. Aantrekkelijkheid van de bedrijfstak

a. Waarvoor staat de afkorting PIMS? Leg uit hoe men tot deze benaming is gekomen.

b. Uit het PIMS-programma kwam naar voren dat aantrekkelijkheid en winstgevendheid van een bedrijfstak afhankelijk zijn van meerdere factoren. Welke van deze factoren uit het PIMS-programma komen ook naar voren in het vijfkrachtenmodel van Porter?

c. Volgens Porter is de aantrekkelijkheid van een bedrijfstak te bepalen door de mate van winstgevendheid. Stel, u bent zelf ondernemer en u staat voor de keuze te kiezen uit verschillende bedrijfstakken. Noem naast winstgevendheid twee andere criteria op basis waarvan u de aantrekkelijkheid van een bedrijfstak zou bepalen. Licht uw antwoord toe.

2. Portfoliomanagement

a. Beschrijf in uw eigen woorden waarom portfoliomanagement een goed hulpmiddel is bij het bepalen van de spreidingsstrategie van ondernemingen.

b. Op welke drie uitgangspunten is de portfoliobenadering van de Boston Consulting Group gebaseerd?

c. Waardoor wordt de cashflow van een business in de BCG-matrix bepaald?

d. In hoofdstuk 2 is het onderscheid gemaakt tussen descriptieve en prescriptieve of normatieve theorieën. Als wat voor soort theorie kan de BCG-matrix worden beschouwd? Licht uw antwoord toe.

e. Naast de BCG-matrix wordt ingegaan op de Directional Policy Matrix. Noem een overeenkomst en een verschil tussen deze twee modellen.

3. Strategische alternatieven

a. Wat is bij productspreiding het verschil tussen gerelateerde en ongerelateerde uitbreiding? Licht uw antwoord toe aan de hand van twee voorbeelden.

b. Met welk doel hebben Campbell en Park de *traffic business lights* ontwikkeld?

c. Bent u het eens met de volgende stelling? 'Als een product zich bevindt in de vervalfase van de productlevenscyclus, dan is het strategisch gezien de enige juiste keuze het product van de markt te halen.' Licht uw antwoord toe.

d. Op welke manieren kunnen ondernemingen de structuur van een bedrijfstak veranderen?

4. **Geografische spreiding**
   a. Van welke factoren hangt de aantrekkelijkheid van buitenlandse markten af?

   b. Beoordeel de aantrekkelijkheid van de Belgische markt voor Albert Heijn. Gebruik hiervoor de factoren die u bij de vorige vraag heeft genoemd. Geef per factor een korte toelichting.

   c. In hoeverre is er in uw ogen voor Albert Heijn synergie mogelijk tussen de Nederlandse en de Belgische markt? Gebruik hiervoor de vier betekenissen van afstand zoals die door Ghemawat zijn onderscheiden.

   d. Noem twee manieren waarop een onderneming haar geografische spreiding kan vergroten.

   e. Wat is voor ondernemingen de meest verregaande manier van geografische spreiding? Wat voor type strategie hoort hierbij?

5. **Verticale spreiding**
   a. Wat is het verschil tussen een bedrijfskolom en een bedrijfstak? Geef bij beide begrippen een concreet voorbeeld.

   b. Er wordt onderscheid gemaakt tussen twee vormen van verticale spreiding: achterwaartse en voorwaartse verticale spreiding. Leg uit wat het verschil is tussen deze vormen.

   c. Welke twee vragen moet een onderneming beantwoorden bij het bepalen van een goede strategie voor verticale integratie?

   d. Noem twee voordelen en twee nadelen van voorwaartse verticale spreiding voor een kledingfabrikant.

5.5 Oefencase: verken mogelijke spreidingsvarianten

Uw notitie over wat strategieformulering voor ESS inhoudt en uw invulling van de eerste stappen daarvan, is in het directieoverleg behandeld. Het is nu duidelijk dat ESS sterke punten kent en dat er kansen voorhanden zijn. Maar ook dat er niet te onderschatten bedreigingen om de hoek loeren en de zwakke kanten van ESS niet gebagatelliseerd mogen worden. De directieleden begrijpen nu waarom de voorzitter van de raad van commissarissen pleitte voor een 'ordelijke en systematische aanpak'. De situatie is complex en lastig. Tal van kwesties vragen aandacht. Sommige zijn *ernstig*, dat wil zeggen: ze raken het voortbestaan van ESS. Daarvoor geldt: niets doen is geen optie. Andere zijn *urgent*, wat betekent dat er dringend iets aan gedaan moet worden. Dat betekent: uitstel is geen optie. Enkele zijn zelfs ernstig én urgent. Er moeten dus prioriteiten worden gesteld.

Uit de analyse komen mogelijke oplossingsrichtingen naar voren. Ook die moeten systematisch worden verkend. De raad van commissarissen, die ook kennis heeft genomen van de interne notitie, raadt de directie van ESS aan om voor het vervolg een externe consultant in de arm te nemen. Niet iedereen binnen de directie is het daarmee eens. Tot nu toe is de zaak in eigen beheer uitgezocht. Dat levert toch al veel inzichten op? Waarom zou ESS daar niet mee doorgaan? In een gesprek tussen de directeur en de voorzitter van de raad van commissarissen legt de laatste het uit: 'Het zelf kritisch doorlichten van de eigen organisatie, het zelf ontwikkelen van veranderingsopties, het zelf maken van keuzes daaruit en het zelf implementeren daarvan, dat is een hele opgave.' De directeur erkent: 'Ja, je moet er extra tijd in stoppen; je moet er mensen voor vrijmaken; een extra helpende hand is misschien wel nuttig.' De president-commissaris: 'Het gaat veel verder dan dat. Tijd en menskracht is één aspect. Belangrijker nog zijn deskundigheid en onafhankelijkheid. Waarschijnlijk staat ESS een forse verandering te wachten. Daarvoor is vakkennis van management en organisatie nodig. En verandering betekent het oproepen van vragen en zelfs weerstand. Een buitenstaander is beter in staat te overtuigen, want die heeft er geen eigenbelang bij. De verandering moet wel draagvlak hebben.' De directeur laat zich overtuigen. Maar de president-commissaris is nog niet klaar: 'Draagvlak binnen de directie is niet genoeg; afdelingshoofden en medewerkers op de werkvloer moeten begrijpen wat er op het spel staat en meewerken. En daarmee komt de ondernemingsraad in beeld: het is nodig – zelfs wettelijk verplicht – dat u de opdracht, die u gaat verstrekken aan een externe adviseur, eerst voorlegt aan de OR. Uiteindelijk beslist u over de opdracht, maar de OR heeft de wettelijke bevoegdheid zich eerst daarover uit te spreken.'[9] Dat is duidelijk, de directeur gaat daarvoor zorgen.

De externe opdracht luidt als volgt.
Stel, mede op basis van de voorverkenning die ESS intern al heeft gedaan, een nader onderzoek in naar de situatie waarin ESS zich thans bevindt. Meer in het bijzonder:

- Vervolg de strategische verkenning. Wat zijn de mogelijke opties voor verdere ontwikkeling van ESS?
- Onderzoek ook het dagelijkse bedrijfsproces. Wat gaat er goed, wat zou beter moeten in onder andere de werkplanning en het aansturen van medewerkers? Welke zaken moeten worden veranderd met het oog op de toekomstige ontwikkeling van ESS?
- Licht de organisatiestructuur door. Zijn taken en bevoegdheden duidelijk; is de afstemming tussen afdelingen helder? Past de huidige structuur bij de toekomstige ontwikkeling van ESS?

Laat dit alles uitmonden in een onderbouwd voorstel voor de nodige verandering.

Drie gerenommeerde adviesbureaus worden uitgenodigd een offerte uit te brengen. De keuze valt op TME Management Consultants. Zij zijn niet de goedkoopste aanbieder, maar ze hebben ervaring met vergelijkbare bedrijven als ESS, met dezelfde grootte, ook in de technologiesector actief, en met soortgelijke groei- en ontwikkelingsvraagstukken.

Als eerste trekt TME de interne strategische verkenning van ESS verder door en bekijken ze:

- in welke mogelijke richtingen ESS verder zou kunnen groeien;

[9] Uitleg over positie, taak en bevoegdheid van de raad van commissarissen en van de ondernemingsraad is te vinden in Capita Selecta 3.

- hoe ESS zijn concurrentiepositie zo sterk mogelijk zou kunnen maken;
- of ESS die groei en versterking op eigen kracht of beter in samenwerking met anderen zou kunnen realiseren.

Opdracht

Stel, u bent pas afgestudeerd en als junior consultant bij het bureau TME in dienst gekomen. Onder leiding van senior adviseur, tevens managing partner van TME, de heer Jan Everts, gaat u meewerken aan de ESS-opdracht. Als eerste wordt u gevraagd, mede op basis van de interne voorverkenning van ESS zelf, een bureaustudie te doen naar groeirichtingen voor ESS.
Bureaustudie wil zeggen dat u geen mensen van de klantorganisatie of daaromheen raadpleegt. Maar op basis van secundaire bronnen (vakliteratuur, berichten in de media, onderzoeksrapporten van de brancheorganisatie) zoekt u uit waar soortgelijke bedrijven tegenaan liepen en wat voor oplossingen ze hebben gekozen. Ook gesprekken met ervaren collega's zijn nuttig voor uw onderzoek.
Let op: de opdracht is zeer concurrentiegevoelig en dus strikt vertrouwelijk. Ze valt dus onder de geheimhoudingsverklaring die u bij indiensttreding hebt getekend.

5.6 Extra: Franse slag in de zorg

Deze week maakte het Franse beursfonds Korian zijn entree op de Nederlandse zorgmarkt met de overname van een woonzorginstelling voor dementerenden. Het afgelopen jaar veroverde Orpea — eveneens Frans en beursgenoteerd — al een marktaandeel van zo'n 10% in de commerciële woonzorg. Ook andere buitenlandse partijen zouden interesse hebben in de sector.

Toch hoeven we niet bang te zijn dat de woonzorg grotendeels in commerciële buitenlandse handen valt. Van oudsher zijn stichtingen dominant in onze ouderen- en verpleeghuiszorg. Er is voor hen nu geen (financiële) noodzaak zich aan buitenlandse investeerders te verkopen.

Aan het kleine (maar groeiende) deel dat wel privaat is, mag wettelijk gezien geld worden verdiend. Of die winsten naar een Frans beursgenoteerd bedrijf of een handige Nederlandse ondernemer gaan, maakt in principe niet uit.

Het is wel interessant dat experts denken dat onze verpleegzorgtarieven aantrekkelijk zijn voor buitenlandse partijen. Dat kan wijzen op inefficiëntie: traditionele partijen hebben deze tarieven nodig om te overleven. Als private partijen door efficiëntere bedrijfsvoering geld overhouden, kan de hele sector daar van leren. Concerns zoals Orpea en Korian brengen veel kennis mee waarmee ze de zorg kunnen verbeteren en vernieuwen. Ze zijn bovendien kapitaalkrachtig en kunnen de broodnodige investeringen in de ouderenzorg doen.

Het streven naar winst, wat bij een beursgenoteerde speler ontegenzeggelijk het geval is, kan ook nadelen hebben. Het kan ongewenste productieprikkels versterken en kostenbesparingen boven kwaliteit stellen. Een jaar geleden ging het gerucht dat private-equityfirma KKR interesse had om Korian over te nemen. Een naam die velen — niet al te positief — associëren met het faillissement van kinderopvangorganisatie Estro en warenhuisketen V&D. Het roept angstbeelden op van durfkapitalisten die snel hun zakken vullen over de rug van onze kwetsbare ouderen. Daarom behoeft de ontwikkeling wel degelijk aandacht.

De wettelijke eisen aan de zorg moeten hoog zijn en toezichthouders moeten genoeg instrumenten en mankracht hebben om daarop toe te zien. De zorgautoriteit pleitte bij de goedkeuring van Orpea's overnames voor invoering van een zorginhoudelijke toets. Daarmee onderzoekt ze vooraf de gevolgen van overnames voor de kwaliteit en de betaalbaarheid van de zorg. Dat inzicht is essentieel, want deze ontwikkelingen zijn onomkeerbaar.

Bron: FD, 20 april 2019, p. 27

EXTRA

5.7 Antwoorden

1. Aantrekkelijkheid van de bedrijfstak

a. PIMS staat voor *Profit Impact of Market Strategy*. Het PIMS-programma is een al jaren lopend onderzoek waarin voortdurend wordt gemeten welke bedrijven succesvol zijn en hoe hun strategie (*market strategy*) daaraan bijdraagt.

b. Het aantal leveranciers en de afnemers. In het vijfkrachtenmodel van Porter worden deze factoren aangeduid met 'de onderhandelingsmacht van afnemers' en 'de onderhandelingsmacht van leveranciers'.

c. Hier zijn verschillende criteria mogelijk. Te denken is aan: het soort producten of diensten ('heb ik daar persoonlijk iets mee?'), groeimogelijkheden, de mate waarin een bedrijfstak belastend is voor het milieu, de mentaliteit van het personeel enzovoort.

2. Portfoliomanagement

a. Met de spreidingsstrategie probeert de organisatie die activiteiten te verrichten die de meeste kans op succes bieden. Een evenwichtige opbouw van activiteiten of businesses is hierbij belangrijk. Deze activiteiten moeten op een bepaalde manier bijdragen aan het geheel. Portfoliomanagement heeft juist tot doel om gericht te werken aan een evenwichtige portfolio die past bij wat de organisatie wil.

b. De levenscyclus van het product, de ervarings- of leerkromme en de financiële levenscyclus.

c. Door de marktgroei en door het relatieve marktaandeel. Het relatieve marktaandeel is het eigen marktaandeel gedeeld door dat van de grootste concurrent.

d. De BCG-matrix is vooral een prescriptieve theorie. Het model geeft een norm voor een goede of 'evenwichtige' portfolio. Zo schrijft het model voor dat ondernemingen moeten zorgen voor voldoende *cash cows* voor een positieve kasstroom en een aantal *question marks* en *stars* om ook in de toekomst succesvol te zijn. De *cash cows* moeten volgens het model gebruikt worden om de *question marks* en *stars* te ontwikkelen tot nieuwe *cash cows*.

e. Overeenkomsten: beide modellen gebruiken kwantitatieve grootheden (informatie). Beide modellen worden gebruikt om de portfolio van ondernemingen te beoordelen. Beide modellen hebben de vorm van een matrix. Verschillen: de *Directional Policy Matrix* gebruikt niet alleen kwantitatieve grootheden, maar ook kwalitatieve grootheden. De *Directional Policy Matrix* geeft per business aan wat de gewenste strategische acties zijn, bij de BCG-matrix is dat niet het geval. In de BCG-matrix is het aantal mogelijke strategische posities vier, in de *Directional Policy Matrix* is dat negen.

3. Strategische alternatieven

a. Bij gerelateerde uitbreiding is sprake van nieuwe producten of diensten die gebruikmaken van bestaande kennis en kunde. Een voorbeeld van een gerelateerde uitbreiding is wanneer een slager naast 'gewoon' vlees ook scharrelvlees gaat verkopen. Van ongerelateerde uitbreiding is sprake als de nieuwe activiteiten geen operationele relatie hebben met de oude. Een voorbeeld van een ongerelateerde uitbreiding is de start van een medische divisie door Philips die niet of nauwelijks een relatie had met de overige bedrijfsactiviteiten van Philips.

b. Campbell en Park hebben de *traffic business lights* ontwikkeld om te beoordelen of gerelateerde of niet-gerelateerde uitbreiding zinvol is voor een onderneming.

c. Oneens, ook aan het eind van de productlevenscyclus zijn er nog mogelijkheden voor ondernemingen. Vaak is er sprake van een kleine maar stabiele vervangingsmarkt, zo blijkt uit onderzoek van Harrigan en Porter.

d. Het overnemen van concurrenten en het stimuleren van nieuwe ondernemingen om als leverancier op te treden.

4. Geografische spreiding

a. De koopkracht, de omvang en de samenstelling van de bevolking, economische kenmerken als de inkomensverdeling, de stand van de technologische kennis, politieke stabiliteit en geografische kenmerken als de bevolkingsspreiding.

b. België is qua aantrekkelijkheid goed vergelijkbaar met de Nederlandse markt. Op veel factoren scoort België een ruime voldoende. Ondanks het feit dat België op 17 februari 2011 het wereldrecord regeringsvorming van Irak afpakte, is de politieke stabiliteit in België acceptabel. In de nacht van 17 op 18 februari 2011 brak België het twijfelachtige record van 249 dagen.

c. Ghemawat maakt onderscheid tussen de culturele afstand, de administratieve afstand, de geografische afstand en de economische afstand. Hoewel er sprake is van cultuurverschillen en enige administratieve afstand zijn de verschillen tussen Nederland en België betrekkelijk klein. Op grond van deze analyse is synergie voor Albert Heijn zeker denkbaar. Ook logistiek gezien heeft de geringe afstand voordelen: bevoorrading van Belgische winkels is in veel gevallen mogelijk via Nederlandse groothandels en distributiecentra.

d. Exporteren en het openen van eigen vestigingen (multinationaal of globaal).

e. Eigen vestigingen op wereldwijde (globale) schaal op basis van een globale strategie. We spreken hier ook wel van een *global company*.

5. Verticale spreiding

a. Een bedrijfskolom bestaat uit verschillende elkaar 'opvolgende' bedrijfstakken. In de bedrijfskolom staan alle stappen (geledingen of schakels) in het totale voortbrengingsproces die een product doorloopt van grondstof tot en met het eindproduct. Een voorbeeld van een bedrijfskolom vindt u in paragraaf 5.3 (bier). Een voorbeeld van een bedrijfstak is de branche van bierbrouwers. In een bedrijfstak of branche bevinden zich die bedrijven die zich op eenzelfde stap of geleding van de bedrijfskolom richten.

b. Bij achterwaartse verticale spreiding worden activiteiten uit een eerdere stap (geleding of schakel) in de bedrijfskolom samengevoegd met de bestaande activiteiten van de onderneming. Bij voorwaartse verticale spreiding voegt een onderneming een volgende schakel in de bedrijfskolom toe aan de eigen activiteiten.

c. Welke primaire en ondersteunende activiteiten wil de onderneming zelf verrichten en welke wil de onderneming uitbesteden aan derden? Worden activiteiten geheel of gedeeltelijk overgenomen of uitbesteed?

d. Voordelen: de distributie van kleding heeft men in eigen hand, geen strijd met concurrenten om ruimte in de kledingschappen. Nadelen: vergt een forse investering, onvoldoende kennis en kunde aanwezig om deze stap te zetten.

5.8 Uitwerking oefencase[10]

Deelanalyse (1) Productspreiding

Het assortiment van ESS is te plaatsen in de BCG-portfoliomatrix (zie figuur 5.12). De pijltjes geven aan in welke richting een product of dienst zich beweegt. De grootte van de pijltjes geeft aan hoe snel, relatief ten opzichte van het hele assortiment, deze beweging op dit moment is.

Conclusie van deelanalyse (1)

ESS heeft een redelijk gespreide portfolio. Drie belangrijke vragen dringen zich op.
Vraag 1: gaat ESS prioriteit geven aan het product/de markt voor DraaiDeuren voor Veelvoudige inbouw en het product/de markt voor Traditionele DraaiDeuren verlaten of wil EES beide blijven bedienen?
Vraag 2: gaat ESS verder met zijn nog voorzichtige pogingen de consumentenmarkt te betreden?
Vraag 3: wil ESS de grote stap zetten naar het Full Service Concept, waardoor het naast technische producten met aanvullende diensten ook voor hen onbekende personeelsdiensten moet gaan leveren?

[10] Dit boek biedt alleen de samenvattende conclusie van de uitwerking. De complete uitwerking is te vinden op www.conceptuitgeefgroep.nl.

ANTWOORD

Welke keuzes ook worden gemaakt, deze hebben gevolgen voor de uitvoering van het dagelijkse werk en voor de organisatiestructuur van ESS.[11]

Figuur 5.12 BCG-portfoliomatrix toegepast op ESS

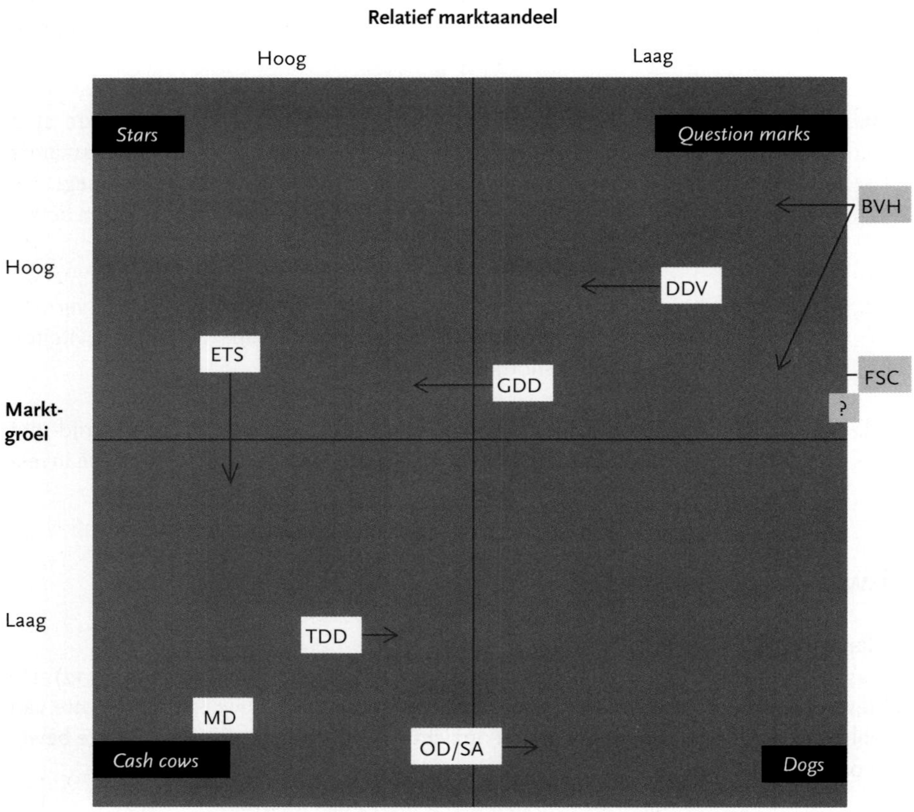

Afkortingen:

TDD	Traditionele DraaiDeuren
GDD	Geavanceerde DraaiDeuren
MD	MontageDiensten
OD/SA	Gekoppeld Onderhouds-/Storingsabonnement
ETS	Elektronische ToegangsSystemen
DDV	DraaiDeuren voor Veelvoudige inbouw
BVH	BeVeiligingssystemen voor Huishoudelijk gebruik
FSC	Full Service Concept
SCD	Schuifdeuren

[11] In deel II respectievelijk deel III wordt dit uitgewerkt.

Deelanalyse (2) Geografische spreiding

(Aan de hand van de aantrekkelijkheid van landen en een eerste verkenning van alternatieven.)

ESS heeft de eerste stappen gezet over de landsgrens heen, naar Duitsland en België. Daar wordt ESS met enkele moeilijkheden geconfronteerd. Ambitie om te internationaliseren is er nog steeds, maar er moet worden afgewogen of de in eerste instantie gekozen landen aantrekkelijk zijn en, zo ja, op welke manier ze het best betreden kunnen worden.

Conclusie van deelanalyse (2)

ESS heeft interessante kansen in het nabije buitenland, wellicht ook in de rest van de EU. De wereldmarkt, buiten Europa, is nog niet in beeld. Eerst moet ESS kiezen in welke volgorde het concentrisch vanuit Nederland andere landen zal betreden. Duidelijk is dat de productie, bij expansie binnen de EU, in Nederland geconcentreerd kan blijven. De aanvullende diensten moeten op een nader te bepalen manier dichter naar de buitenlandse afnemers worden gebracht.

Deelanalyse (3) Verticale spreiding

(Aan de hand van analyse van primaire en ondersteunende activiteiten.)

In de interne voorverkenning van ESS zijn de primaire en ondersteunende activiteiten al geëvalueerd in termen van sterkte en zwakte (zie figuur 5.13).

Figuur 5.13 *Value chain* toegepast op ESS. ESS moet afwegen of het zwakke onderdelen wil versterken of loslaten door ze bijvoorbeeld uit te besteden.

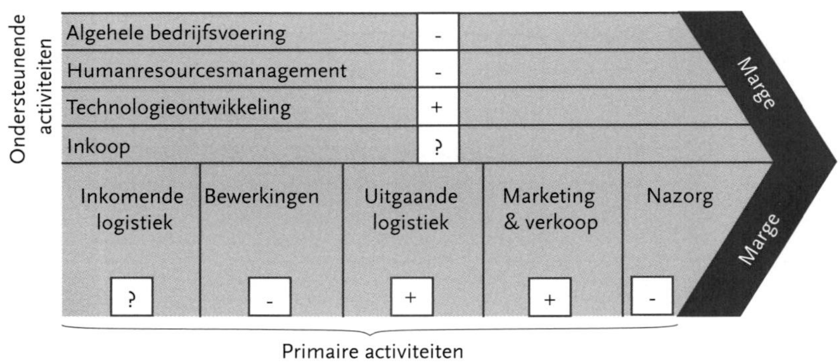

Conclusie van deelanalyse (3)

ESS heeft enkele mogelijkheden om zwakke kanten aan te pakken door, al of niet tijdelijk, uit te besteden. Daarnaast is er een innovatief idee dat een vergaande vorm van voorwaartse spreiding inhoudt.

ANTWOORD

Overallconclusie over mogelijke groeirichtingen voor ESS

Ten aanzien van de productspreiding
ESS heeft een redelijk gespreide portfolio. Mogelijke opties hoe die verder in te vullen zijn onderzocht en gepresenteerd voor het gehele assortiment.

Ten aanzien van geografische spreiding
ESS heeft interessante kansen in het nabije buitenland, wellicht ook in de rest van de EU. De wereldmarkt, buiten Europa, is op dit moment niet in beeld. Vooralsnog concentreren op alleen de Duitse markt lijkt aan te bevelen.

Ten aanzien van verticale spreiding
ESS heeft enkele mogelijkheden om zwakke kanten aan te pakken door, al of niet tijdelijk, werkzaamheden uit te besteden. Daarnaast is er een innovatief idee dat een vergaande vorm van voorwaartse spreiding inhoudt.

Definitieve keuzes uit de strategische opties worden hier nog niet gemaakt. Deze hangen namelijk ook af van wat ESS aankan qua operationeel management en organisatiestructuur.
Daarvoor wordt aangeraden vervolgonderzoek te doen. Pas als dat een duidelijk beeld heeft opgeleverd, kan een samenhangend advies worden gegeven.

Literatuur

Aangehaalde en aanbevolen literatuur

Productspreiding

Abell, D.F. (1980). *Defining the Business: The Starting Point of Strategic Planning.* Englewood Cliffs: Prentice Hall.

Anderson, J.C., Narus, J.A. en Wouters, M. (2014). Choosing the Right Customer, *Harvard Business Review*, vol. 92, nr3, 48-55.

Ansoff, H.I. (1965). *Corporate Strategy*. New York: McGrawHill.

Ansoff, H.I. en McDonnell, E. (1990) *Implanting Strategic Management.* Hemel Hempstead: Prenctice Hall International.

Berkshire Hathaway website: www.berkshirehathaway.com

Buzzell, R.B. en Gale, B.T. (1987). *The PIMS Principles: Linking Strategy to Performance.* New York: Free Press.

Campbell, A., Goold, M. en Alexander, M. (1995). The Quest for Parenting Advantage. *Harvard Business Review*, vol. 73, nr. 2, 120-132.

Campbell, A. en Park, R. (2005). *The Growth Gamble.* Londen, Boston: Nicholas Brealey International.

Campbell, A., Whitehead J., Alexander, M. en Goold, M. (2014). *Strategy For The Corporate Level.* San Francisco; Jossey-Bass.

Campbell, A. en Szulanski, G. (2016). Knowing when corporate headquarters adds rather than abstract value, *McKinsey Quarterly, January*. www.mckinsey.com.insights/organization/Knowing_when_corporate_headquarters_adds_rather_than_substract_value

Channon, D.F. (1973). *The Strategy and Structure of British Enterprise.* Londen: MacMillan.

Day, G.S. (1997). Diagnosing the Product Portfolio. *Journal of Marketing*, april.

Eppink, D.J. (2001). Welke rol speelt het hoofdkantoor? *ESB*, vol. 86, nr. 4310, 428-431.

Eppink, D.J. en Bossink, B.A.G. (2004). *Strategie in drie. De centrale dimensies van effectieve strategieën.* Amsterdam: FT Prentice Hall.

Eppink, D.J. (2009). *Passend strategisch denken. Over tegenstellingen in de theorie en modieuze opvattingen in de praktijk.* Amsterdam: Vrije Universiteit (afscheidsrede). (Zie www.dare.ubvu.vu.nl, zoeken op proefrede Eppink > Passend strategisch denken. In bewerkte vorm verschenen in *Handboek Management Accounting.* Deventer: Kluwer, oktober 2009, D1208-1-D1208-24.)

FD (2018). De Vegetarische Slager wil hard groeien onder de vleugels van Unilever, 20 december, p 5.

FD (2019). Vleesproducent Vion denkt serieus aan vleesvervangers voor de Nederlandse markt, 28 maart, p 15.

Gale, B.T. en Branch, B. (1981). Cash Flow Analysis: More Important Than Ever. *Harvard Business Review*, vol. 59, nr. 4, 131-136.

Goold, M., Campbell, A. en Alexander, M. (1994). *Corporate Level Strategy*. New York: J. Wiley & Sons, Inc.

Foster, R. en Kaplan, S. (2001). *Creative Destruction*. New York: Currency.

Hambrick, D.C., MacMillan, I.A. en Day, D.L. (1982). Strategic Attributes and Performance in the BCG-matrix: A PIMS-Based Analysis of Industrial-Product Businesses. *Academy of Management Journal*, vol. 25, nr. 3, 510-531.

Hamel, G. en Prahalad, C.K. (1994). *Competing for the Future*. Boston: Harvard Business School Press.

Harrigan, K.R. en Porter, M.E. (1983). End-Game Strategies for Declining Industries. *Harvard Business Review*, vol. 61, nr. 4, 111-120.

Haspeslagh, P. (1982). Portfolio Planning: Uses and Limits. *Harvard Business Review*, vol. 63, nr. 1, 58-83.

Hedley, B. (1976). A Fundamental Approach to Strategy Development. *Long Range Planning*, vol. 9, nr. 6, 2-11.

Het Financieele Dagblad (2003). De laatste LP wordt hier geperst, 25 augustus.

Kiers, B. (2012). Buurtzorg stapt in ggz. *Zorgvisie,* nr. 26, 29 juni 2012.

Kim, W.C. en Mauborgne, R. (2015) Red Ocean Traps. The mental models that undermine market-creating strategies, *Harvard Business Review*, vol. 93, nr. 3, 68-73.

Kosonen, P. (1994). *Corporate Transformation and Management*. Helsinki: Helsinki School of Economics and Business Administration.

Leontiades, M. (1986). *Managing the Unmanageable*. Reading (Mass.): Addison-Wesley.

MacMillan, I.C., Hambrick, D.C. en Day, D.L. (1982). The Product Portfolio and Profitability: A PIMS-Based Analysis of Industrial-Product Businesses. *Academy of Management Journal*, vol. 25, nr. 4, 733-755.

Marel, G. v.d. en Verbraecken, H. (2010). Corporaties diep in rood met avontuur in vastgoed. *Het Financieele Dagblad*, 20 december 2010.

Ohmae, K. (1989a). *The Borderless World. Power and Strategy in the Interlinked Economy*. Londen: Fontana.

Ohmae, K. (1989b). Managing in a Borderless World. *Harvard Business Review*, vol. 89, nr. 3, 152-165.

Porter, M.E. (1979). How Competitive Forces Shape Strategy. *Harvard Business Review*, vol. 60, nr. 2, 137-145.

Porter, M.E. (2008). The Five Competitive Forces That Shape Strategy. *Harvard Business Review*, vol. 86, nr. 5, 78-93.

Prahalad, C.K. en Hamel, G. (1990). The Core Competence of the Corporation. *Harvard Business Review*, vol. 90, nr. 3, 79-93.

Robinson, S.J.Q., Hichens, R.E. en Wade, D.P. (1978). The Directional Policy Matrix-Tool for Strategic Planning. *Long Range Planning*, vol. 11, nr. 3, 8-15.

Rumelt, R.P. (1974). *Strategy, Structure, and Economic Performance*. Boston: Div of Research, Graduate School of Business Administration, Harvard University.

Slywotzky, A.J. en Weber, K. (2011). *Demand. Creating What People Love Before They Know They Want It.* New York: Crown Business.

Young, D. Goold, M., Blanc, G., Bühner, R., Collis, D., Eppink, J, Kagono, T. en Semininario, G. (2000). *Corporate Headquarters: An international analysis of their roles and staffing*. Londen: Financial Times.

Geografische spreiding

Baden-Fuller, C.W.F. en Stopford, J.M. (1991). Globalization Frustrated: The Case of White Goods. *Strategic Management Journal*, vol. 12, nr. 7, 493-507.

Corstjens, M. en Lal, R. (2012). Retail Doesn't Cross Borders: Here's Why and What to Do About It. *Harvard Business Review* vol. 90, nr. 4, 104-111.

The Economist (2015). *Pocket World in Figures*, 2015 Edition. Londen: The Economist en Profile Books.

FD (2019a). Rabobank verkoopt Amerikaanse dochter RNA, 18 maart, p 7.

FD (2019b). Franse slag in zorg, 20 april, p 27

Ghemawat, P. (2001). Distance Still Matters: The Hard Reality of Global Expansion. *Harvard Business Review*, vol. 79, nr. 8, 137-147.

Ghemawat, P. (2007). Managing Differences: The Central Challenge of Global Strategy. *Harvard Business Review*, vol. 85, nr. 3, 58-71.

Groot, M. (2015). Redelijk afgetapt. FD, 22 september

Hofstede, G. (1980). *Culture's Consequences*. Beverly Hills (Californië): Sage.

IEX (2019). ABN AMRO bezig met bankvergunning in VS. Gepubliceerd 26 maart. Iex.nl/Nieuws/ANP-260319-091/ABN-AMRO-bezig-met-bankvergunning-in-VS.aspx (geraadpleegd 26-03-2019).

NRC (2019). Universiteit besteedde onterecht 669.000 euro aan campus in China, 1 maart, Binnenland 9.

Prahalad, C.K. en Doz, Y.L. (1987). *The Multi-National Mission*. New York: Free Press.

Prahalad, C.K. en Lieberthal, K. (2008). The End of Corporate Imperialism, *Harvard Business Review*, vol. 76, nr. 4, 109-117.

Prahalad, C.K. (2005). *The Fortune at the Bottom of the Pyramid. Eradicating Poverty through Profits*. Upper Saddle River: Wharton School Publishing.

Riessen, R. van (2019). Bon Appétit, Hangjas!, *Quote*, maart, 64-64.

Simanis, E. en Duke, D. (2014). Profits at the Bottom of the Pyramid, *Harvard Business Review*, vol. 92, nr 10, 86-93.

Trompenaars, F. en Coebergh, H.G. (2015). 100+ *Management Models*. Oxford: Infinite Ideas Limited.

Yip, G.S. (2003). *Total Global Strategy II*. Upper Saddle River: Prentice Hall.

Yip, G.S., Hult, T.M. (2011). *Total Global Strategy*, 3rd edition. Upper Saddle River: Pearson Education.

Young, D. e.a. (2000). *Corporate Headquarters: An International Analysis of Their Roles and Staffing*. Londen: Financial Times/Prentice Hall.

Verticale spreiding

Allas, T., Francis, S. en Lowth, S. (1996). How Vertical Integration Can Sap Profits. *McKinsey Quarterly*, nr. 3.

Bloomberg Business Week (2016). *Amazon's Plan to Take On UPS and Alibaba*, 15-21 februari 2016, 30-31.

Buzell, R.D. en Gale, B.T. (1987). *The PIMS Principles: Linking Strategy to Performance*. New York: Free Press.

Campbell, D. en Hulme, R. (2001). The Winner-Takes-All Economy. *McKinsey Quarterly*, nr. 1.

Chesbrough, H.W. en Teece, D.J. (2002). Organizing for Innovation: When is Virtual Virtuous? *Harvard Business Review*, vol. 80, nr. 8, 127-134.

Douma, S., Dooms, E., Oijen, A. van (2016). *Ondernemingsstrategie*, 7e druk. Groningen/Houten: Noordhoff Uitgevers.

FD (2019). Trainingscentrum de Baak scheerde langs afgrond, 9 februari, p.1-3,5

Hagell, J. en Singer M. (2000). Unbundling the Corporation. *McKinsey Quarterly*, nr. 3.

Harrigan, K.R. (1984). Formulating Vertical Integration Strategies. *Academy of Management Review*, vol. 9, nr. 4, 638-652.

Harrigan, K.R. (1985). Vertical Integration and Corporate Strategy. *Academy of Management Journal*, vol. 28, nr. 2, 397-425.

Harrigan, K.R. (2003). *Vertical Integration, Outsourcing and Corporate Strategy*. Washington DC: Beard Books (oorspr. uitgegeven in 1983 als *Strategies for Vertical Integration* door Lexington Books).

Porter, M.E. (1985). *Competitive Advantage: Creating and Sustaining Superior Performance*. New York: Free Press.

Porter, M.E. (2008) The Five Competitive Forces That Shape Strategy. *Harvard Business Review*, vol. 86, nr. 5, 78-93.

Quinn, J.B. en Hilmer, F. (1995). Strategic Outsourcing. *McKinsey Quarterly*, nr. 1.

Sains, A. (2002, 11 november). Hip H&M. *Business Week*.

Schorsch, L.L. (1996). Why Minimills Give the US Huge Advantage in Steel. *McKinsey Quarterly*, nr. 2, 44-55.

Stuckey, J. en White, D. (1993, lente). When and When *not* to Vertically Integrate. *Sloan Management Review*, vol. 34, nr. 3, 71-83.

Young, D. e.a. (2000). *Corporate Headquarters: An International Analysis of Their Roles and Staffing*. Londen: Financial Times-Prentice Hall (executive Briefing).

Zielke, A. en Pohl, M. (1996). Vertical Integration: The Key to Success. *McKinsey Quarterly*, nr. 3, 160-163.

6 Positioneringsstrategie: hoe concurreren?

6. Succes in de horeca: over smaak valt niet te twisten

Vroeger

Ze zijn een tweeling, maar twee-eiig. Uiterlijk en innerlijk dus heel verschillend. Met kleedgeld deed Jordy aan 'one-stop-shopping', het liefst bij de Primark. Casper wilde alleen merkkleding. Een Diesel jeansbroek in de ene winkel, een Gant trui ergens anders. En als het kon, dan ook nog dat ene paar Boss sneakers erbij. Beiden gingen ze werken in de horeca...

Het begin

Toen Jordy op de horecavakschool zat, werkte hij 's avonds al in de FEBO-snackbar. Patat is gauw te hard doorbakken of te snel afgekoeld. Maar 'friet weggooien is geld weggooien' waarschuwde Henk, zijn baas. Jordy kon echter prima inschatten hoeveel hij tegelijk in het vet moest doen. Na zijn diploma kwam hij fulltime in dienst. Hij vond dat Henk kansen miste door niet op braderieën of andere evenementen te staan. Dat is hard werken, zoals op een dancefeest tientallen mensen in korte tijd helpen. Maar het verdient goed. Hij vertrouwde een collega toe, dat hij een gebruikte friteskar te koop wist. Maar nu het geld nog. De volgende dag al nam Henk hem terzijde: 'Jij wilt voor jezelf beginnen, hoor ik?' Hij zag dat plan best zitten en ze werden het eens: Henk zou de friteskar financieren. De winst zouden ze delen.

Casper wilde na de havo doorleren. In de zomervakantie serveerde hij graag op het terras van café-restaurant De Waag. Zijn vlotte stijl van bedienen viel op, zelfs met lastige gasten. 'Meneer Charles', de gérant, vroeg hem daarom 's avonds in te vallen in het restaurant, als dat nodig was. Casper ging door naar de Hogere Hotelschool. Zijn eerste stage was leerzaam, bij een hotelketen. Maar wat hem meer aansprak was de stage daarna, bij een befaamd Frans restaurant met twee Michelinsterren. De uitdaging om die onderscheiding waar te maken, fascineerde hem. Zelf was hij geen chef-kok, maar twee-sterren-kwaliteit vraagt óók om een perfecte bediening. Terug in Nederland kon hij, met de referentie van zijn Franse stagebegeleider, beginnen bij een van de sterrenrestaurants die Nederland rijk is.

Jaren later

Jordy en Casper organiseren het huwelijksfeest van hun ouders. Jordy wilde een stel huisjes op een bungalowpark huren: 'Met zijn allen in het tropisch zwemparadijs en daarna pannenkoek of barbecue'. Casper had een tegenvoorstel: via een relatie was er een chique kasteel aan de Maas beschikbaar. Beiden schoten tegelijk in de lach. 'Typisch Jordy: geen beter vermaak dan volksvermaak!' 'Ja Casper, van jou moeten we natuurlijk in avondkleding opdraven?' Ze besluiten dat hun ouders mogen kiezen wat voor feest ze het liefste willen. Daarna praten ze over hun zaken. De een met een blikje bier in de hand, de ander een goed glas cognac koesterend. Jordy vertelt over zijn mobiele fastfoodonderneming: 'Dagelijks staan we in het land met een legertje foodtrucks. Voor elk wat wils: van fish & chips tot Japanse sushi. Met alle concurrenten eromheen zijn de marges vrij smal. De grote omzet moet het hem doen.' Casper knikt begrijpend: 'Jij bent van de snelle dubbeltjes; ik van de langzame kwartjes'. Hij vertelt hoe hij bezig is zijn exclusieve restaurant naar grote hoogte te brengen. 'Misschien volgend jaar een ster erbij. We kijken uit naar de nieuwe Michelingids'.

Deze case laat zien hoe een organisatie zich op twee manieren strategisch kan positioneren in de markt, door kostleiderschap of door kwaliteitsonderscheid, en hoe die keuze consequent moet worden vastgehouden, tot in de haarvaten van de organisatie.

Kernstof

Om succesvol te kunnen zijn, is het niet alleen noodzakelijk dat een organisatie een spreiding van activiteiten (waar concurreren?) kiest die goede resultaten mogelijk maakt. Het is ook nodig een strategie te ontwerpen die de producten en diensten van de organisatie positief onderscheidend naar de concurrentie positioneert. Paragraaf 6.1 schetst in het kort een aantal manieren om het aanbod van de organisatie onderscheidend te maken. Twee daarvan worden in de paragrafen 6.2 en 6.3 uitgebreider beschreven.

Bij een laagstekostenstrategie (paragraaf 6.2) streeft de organisatie naar het realiseren van lagere kosten per eenheid product of geleverde dienst dan de concurrenten. Bij een gelijke prijs voor de producten of diensten heeft de organisatie met de laagste kosten de hoogste winst of het hoogste resultaat. Dat een organisatie op een bepaald moment de laagste kosten heeft, wil niet zeggen dat dit voordeel altijd blijft bestaan: er zijn gevaren denkbaar die het voordeel ondermijnen (paragraaf 6.2.1).
Om een succesvolle laagstekostenstrategie te formuleren (paragraaf 6.2.2), is het in de eerste plaats nodig de *waardeketen* goed te kennen en te analyseren. Daarna is het belangrijk te onderzoeken welke factoren de hoogte van de kosten bepalen, de zogenaamde *cost drivers*. De kosten zijn op twee manieren te verlagen:

- beheersen van de *cost drivers;*
- herontwerpen van de waardeketen.

In de praktijk zijn voorbeelden te zien dat een goed uitgevoerde laagstekostenstrategie tot *fraaie financiële* resultaten kan leiden. Voorbeelden daarvan zijn onder andere de Zeemantextielwinkels en de van oorsprong Duitse Aldi-supermarkten.

Met een differentiatiestrategie (paragraaf 6.3) streeft de organisatie ernaar zich van de concurrenten te onderscheiden met producten en diensten die binnen de bedrijfstak als uniek worden beschouwd. Een succesvolle differentiatiestrategie staat ook aan gevaren bloot (paragraaf 6.3.1).
Om een succesvolle differentiatiestrategie te formuleren (paragraaf 6.3.2), is het nodig vast te stellen wie de uiteindelijke *koper* of beslisser is. Ook is het nodig diens *waardeketen* te kennen en na te gaan hoe de eigen organisatie die kan beïnvloeden. Uit die waardeketen kunnen de *koopcriteria* worden afgeleid. Vervolgens dient de organisatie na te gaan op welke manieren zij een *uniek aanbod* kan maken. Hoewel een differentiatiestrategie minder prijsgevoelig is dan de laagstekostenstrategie is het nodig de *kosten* van het unieke aanbod in kaart te brengen. Hierna kan de organisatie een keuze maken voor een uniek aanbod met een waardeketen, gebaseerd op een goede afweging van kosten van de uniekheid tegenover de opbrengsten.
Het PIMS-onderzoek heeft laten zien dat een hoge kwaliteit (= differentiatie) kan leiden tot hoge rendementen (paragraaf 6.2.3).

Kim en Mauborgne hebben het vieractiesraamwerk (paragraaf 6.4) ontwikkeld, dat kan helpen bij het formuleren van een positioneringsstrategie. Het raamwerk maakt de discussie expliciet over het elimineren, reduceren of verhogen van bestaande factoren en het creëren van nieuwe factoren die 'het gezicht' van de aangeboden producten en diensten zijn.

6 Positioneringsstrategie: hoe concurreren?

Om succesvol te zijn, is het niet alleen noodzakelijk dat een organisatie een spreiding van activiteiten (waar concurreren?) kiest die goede resultaten mogelijk maakt. Het is ook nodig een strategie te ontwerpen die de producten en diensten van de organisatie positief onderscheidend naar die van de concurrenten positioneert. Positionering staat voor het in de ogen van de afnemer onderscheiden van de concurrent. Het gaat erom hoe een organisatie concurreert. De organisatie moet dus een concurrentievoordeel opbouwen en behouden. In de loop der tijd zijn verschillende manieren beschreven om concurrentievoordeel te bereiken. Ondanks verschillen in terminologie komen die neer op het onderscheid tussen een *laagstekostenstrategie* en een *differentiatiestrategie* (vgl. Porter 1980, 1985). Het combineren van een laagstekostenstrategie en een differentiatiestrategie binnen één onderneming onder hetzelfde merk is zelden succesvol. Wel is het mogelijk verschillende positioneringen binnen een concern onder verschillende merken te brengen.

Succes en falen in de detailhandel

2015 liet zien dat in de detailhandel flink wat winkelketens in de problemen kwamen, terwijl andere succesvol werden of bleven. V&D moest in het begin van het jaar al een financieel beroep doen op het Amerikaanse moederbedrijf, terwijl het bedrijf van de verhuurders van de panden huurverlagingen eiste. De omzet bleef achter bij de verwachtingen, daardoor kwam de liquiditeit onder druk te staan. Begin 2016 volgde het faillissement van dit bedrijf dat meer dan een eeuw gezicht gaf aan de winkelstraten. HEMA, een andere succesvolle onderneming kwam ook in zwaar weer terecht. In december 2015 vraagt Macintosh, eigenaar van onder andere de ketens Dolcis, Invito en Manfield uitstel van betaling aan.
Succesvol was in dat jaar wel Action dat met lage prijzen de positie van HEMA aan de onderkant van de markt bedreigde. Op=op komt als aanbieder met lage prijzen sterk op als concurrent van drogisterijen, maar vraagt in maart 2019 faillissement aan. Kledingketens als Zara, H&M en Massimo Dutti doen het ook goed in de markt. Die bedrijven weten allemaal een sterke positie op te bouwen door zich van andere winkels te onderscheiden.
Voor veel winkelketens en zelfstandige detaillisten is concurrentie via het internet een bedreiging. In termen van het vijfkrachtenmodel van Porter is hier sprake van substitutie; de consument krijgt een vergelijkbaar aanbod langs een ander verkoop- en distributiekanaal. De reacties daarop lopen uiteen. Sommige zelfstandigen sluiten hun fysieke winkel en werken alleen nog online. Anderen voegen een webwinkel aan hun bestaande winkel toe. Weer anderen blijven vooral geloven in de fysieke aanwezigheid, maar lokken de bezoeker met 'ervaring' in de vorm van proeverijen, modeshows, kookworkshops en andere soorten 'belevenissen'.

6.1 Positionering

Om succesvol te kunnen zijn, is het niet alleen noodzakelijk dat een organisatie een spreiding in activiteiten kiest die goede resultaten mogelijk maakt. Het is ook nodig een strategie te ontwerpen die voor de gekozen activiteiten een *concurrentievoordeel* opbouwt en behoudt.

Het gaat dus om het bereiken van een positie die de organisatie positief onderscheidt van andere aanbieders. Dit noemt men *positionering*. Uit onderzoek van Rumelt (1991), McGahan en Porter (1997, 2005) en Collins (2001) komt naar voren dat het effect van een goede positionering groter kan zijn dan dat van een aantrekkelijke markt.

In de loop der tijd hebben verschillende gezaghebbende auteurs beschreven hoe organisaties een goede positionering kunnen bereiken. Zo noemt Ansoff (1965) drie manieren waarop dat mogelijk is:
- radicaal betere prestaties van product of dienst;
- drastisch lagere prijs;
- combinatie van beide (wenselijk, maar moeilijk te realiseren).

Porter (1980, 1985) noemt ook drie manieren om concurrentievoordeel te bereiken:
- differentiatie;
- laagste kosten;
- focus.

De samenhang tussen deze drie generieke strategieën zoals Porter ze noemt, staat in figuur 6.1. Bij een focusstrategie richt de organisatie zich op een deel van de bedrijfstak met een differentiatie- of een laagstekostenstrategie. In de terminologie van dit boek gaat het dan om een beperktere spreiding.

Figuur 6.1 Drie generieke strategieën

		Strategisch voordeel	
		Uniekheid in de ogen van de klant	Laagste kosten
Strategisch bereik	Gehele bedrijfstak	Differentiatie	Kostleiderschap
	Alleen specifiek segment	Differentiatie focus	Kosten focus

Ook D'Aveni (1994) noemt een aantal manieren om een voorsprong op te bouwen. Zo kan dat met een kosten- of een kwaliteitsvoorsprong. Een betere timing en betere knowhow kunnen tot een voorsprong leiden. Deze laatste twee manieren kunnen weer leiden tot lagere kosten of een beter product/betere dienst.

Treacy en Wiersema (1995) beschrijven drie manieren - of in hun termen waardeproposities - om marktleider te worden:
- operational excellence;
- product leadership;
- customer intimacy.

Bij *operational excellence* biedt de organisatie gewone producten tegen een scherpe prijs en veel gemak. Als voorbeeld noemen zij onder andere de Amerikaanse supermarktketen Walmart die als leus had: 'Every day low prices.' In de termen van Porter gaat het hier om een laagstekostenstrategie.
Bij *product leadership* gaat het om innovatieve en superieure producten, waarmee de onderneming de concurrentie voor is. Denk aan bedrijven als Apple, Intel en Nike.
In geval van *customer intimacy* streeft de organisatie naar een langdurige relatie met de klant, die uitmuntend bediend wordt door de grote kennis van diens speciale wensen. In de laatste twee gevallen is sprake van twee vormen van differentiatie.

Het is duidelijk dat, ondanks verschillen in terminologie, bij alle hiervoor genoemde auteurs voorsprong op lage kosten en op differentiatie en kwaliteit als basis voor een goede positionering te onderscheiden zijn. In de volgende twee paragrafen komen de laagstekostenstrategie en de differentiatiestrategie uitgebreider aan bod.

Het is een interessante vraag of een organisatie tegelijkertijd een laagstekostenstrategie en een differentiatiestrategie kan volgen. Porter wijst op het gevaar van het *stuck in the middle* raken, een soort 'vlees noch vis'-aanpak. Ook Ansoff wijst erop dat deze combinatie moeilijk te verwezenlijken is.
De VAG-groep, producent van negen merken, waaronder Volkswagen, Audi, Seat en Skoda, is in dit verband een interessant voorbeeld. De groep produceert in 2015 onder het merk Volkswagen auto's in de prijsrange van rond de € 11.000 (up! in eenvoudigste uitvoering, laagstekostenstrategie) tot rond € 160.000 (Phaeton, 4.2 V8 Lang in basisuitvoering, differentiatiestrategie).

Figuur 6.2 De goedkoopste en de duurste Volkswagen

Hoewel de Phaeton in technisch opzicht een voortreffelijke auto is, zijn de verkopen teleurstellend. Kennelijk zijn auto's in de hoogste prijsklassen (differentiatie) onder het merk Volkswagen moeilijk te verkopen. Om die reden besluit VAG om dit model in 2016 niet meer aan te bieden. Aan de andere kant trekt het merk Skoda met een laagstekostenstrategie, weleens omschreven als 'veel voor weinig', in elk segment grote aantallen kopers. Verschillende *merken* met *verschillende positioneringen* zijn binnen een groep dus wel mogelijk. Het is echter de vraag of, als het merk Skoda in de loop der tijd aan kracht wint, dit leidt tot 'kannibalisering' van het merk Volkswagen. Kannibalisering wil zeggen dat de verkoop van het ene merk ten koste gaat van het andere merk van dezelfde onderneming.

Ook in de hotelsector is te zien dat verschillende strategieën binnen een groep zijn te combineren, mits dat geschiedt onder verschillende merken. Zo kent de Franse Accor-groep een reeks hotelketens die varieert van zeer luxe (Sofitel) tot zeer eenvoudig (HotelF1). De Amerikaanse Starwood hotelgroep, sinds 2016 onderdeel van de Marriott International hotelgroep, volgt eenzelfde strategie. Die exploiteert bijvoorbeeld in New York het 'Four Points by Sheraton'-hotel op Times Square (vanaf $ 125 per nacht) en het nabijgelegen St. Regis Hotel (vanaf $ 895 per nacht).[1]

> ***Positionering on het onderwijs***
> Om leerlingen te trekken gaan scholen zich steeds meer onderscheiden. Vaak maakt daarbij het leerproces in de school er deel van uit. Zo zijn er scholen die de leerling zo centraal stellen dat de leerling bijna zelf kan bepalen wat en wanneer hij/zij wat leert. Het rapport 'De Staat van het Onderwijs' geeft aan dat het aantal verschillende concepten en profielen van de scholen de laatste jaren hard groeien. Tegenover al die vernieuwing stellen drie pedagogen dat structuur in het leerproces voor jonge leerlingen erg belangrijk is.
>
> *Bronnen: Huygen en Remie (2019); NRC (2019)*

6.2 Laagstekostenstrategie

Als Porter schrijft over laagstekostenstrategie, dan gaat het over het realiseren van de laagste kosten per eenheid verkocht product of geleverde dienst. Hij ziet dit los van de prijs die de afnemer moet betalen. De organisatie die bij een gelijke verkoopprijs en eenzelfde product de laagste kostprijs weet te realiseren, heeft de hoogste winst. Deze kan op zich weer leiden tot betere mogelijkheden om via investeringen de kosten verder te verlagen. Ook kan de organisatie die kostenvoorsprong gebruiken om de prijs voor de afnemer te verlagen. Dit kan dan weer leiden tot de verkoop van grotere hoeveelheden en een positieve invloed op de winst.

6.2.1 Gevaren van een laagstekostenstrategie

Het voeren van een laagstekostenstrategie is niet geheel zonder gevaren. Zo is het mogelijk dat concurrenten die strategie gaan *imiteren*. Dat lukt niet altijd, maar er zijn voorbeelden van succes. Zo was easyJet de eerste budgetluchtvaartmaatschappij in Europa. Inmiddels is Ryanair ook succesvol, zij het met een andere aanpak. Ryanair vliegt ook op goedkope luchthavens in de periferie van grote steden, terwijl easyJet op de grote steden en de direct daarbij gelegen luchthavens zelf vliegt. In Nederland gebruikt easyJet de luchthaven Schiphol als basis. Ryanair had op Eindhoven een basis, maar hief die eind 2018 op als gevolg van arbeidsconflicten. Dat imitatie van een

[1] Regular rates voor nacht 28/29 maart 2019 op website Marriott.com.

laagstekostenstrategie niet altijd lukt, blijkt onder andere uit het besluit van de IJslandse budgetmaatschappij WOW van eind maart 2019 om met onmiddellijke ingang alle activiteiten te staken. Soms verdwijnt het kostenvoordeel door *technologische veranderingen*. Een concurrent kan dan door nieuwere technologie te gebruiken zijn kosten verlagen. *Valutaveranderingen* kunnen ook de voorsprong tenietdoen. Als een concurrent in een land met een zwakke valuta produceert, zal de waarde ervan in de loop der tijd gaan dalen. Aanbieders die produceren in een land met een sterke munt, komen hierdoor op achterstand. Soms kan het inzetten op kostenverlaging leiden tot producten die de consument niet meer wil kopen. De producten zijn niet alleen goedkoop, maar ze zien er ook zo uit. Dit lot was onder andere autoproducenten uit Centraal- en Oost-Europa beschoren. Denk aan aanbieders als Lada, Zastava en Dacia van dertig à veertig jaar geleden. Hun auto's werden slecht verkocht. Begin deze eeuw begon Renault, het moederconcern van Dacia, met een offensief om dat merk nieuw leven in te blazen met nieuwe en betere producten dan voorheen. De auto's van dit merk zijn nu wat prestaties en uiterlijk betreft vergelijkbaar met die van concurrerende merken, maar wel goedkoper. Deze strategie is zeer succesvol.

THEORIE

Laagste kostenstrategie bij de lagere overheden

Ook lagere overheden hebben soms met concurrentie te maken en besluiten tot een laagstekostenstrategie. In sommige gemeenten is parkeren gratis, terwijl bij andere wel en soms ook veel betaald moet worden. De gedachte achter gratis parkeren is dat het voor het winkelende publiek aantrekkelijk is om juist in die plaats inkopen te gaan doen. Daarnaast is ook te zien dat een gemeente het voor een nieuw bedrijf aantrekkelijk maakt om zich daar te vestigen met bepaalde tegemoetkomingen, bijvoorbeeld een aantrekkelijke grondprijs. Ook waterschappen hebben soms te maken met concurrentie, al lijkt dat niet zo. Waterschappen zorgen niet alleen voor de dijken, maar ook voor het reinigen van afvalwater. Grote bedrijven hebben de keus om de reiniging zelf te doen of, tegen betaling, over te laten aan het waterschap. Deze keus doet zich af en toe voor, namelijk als een bedrijf zich ergens voor het eerst vestigt en als het een eigen installatie zou moeten vervangen als die technisch of economische verouderd is.

6.2.2 Formuleren van een laagstekostenstrategie

Om een laagstekostenstrategie te formuleren, moet de organisatie in de eerste plaats de *waardeketen goed kennen* (zie paragraaf 4.3).
Niet alleen de verschillende onderdelen ervan, maar ook de zogenaamde *cost drivers* zijn dan van belang. *Cost drivers*, of kostenveroorzakers, zijn de factoren die de hoogte van de kosten per eenheid product bepalen. Een veelgebruikte benadering om het gedrag van de kosten vast te stellen, is de zogenaamde '*activity based costing*'-aanpak, ook wel de ABC-methode genoemd. Deze methode werd in 1987 geïntroduceerd door Kaplan en Burns. Voorloper van deze methode in ons land was de zogenaamde 'productiecentramethode' (zie onder andere Meij, 1960).
Porter noemt een aantal *cost drivers*:
- schaalgrootte;
- experience-effect (zie paragraaf 5.1.3);
- bezettingsgraad;

- relaties binnen de eigen waardeketen;
- relaties tussen de waardeketens van leveranciers en afnemers;
- timing;
- plaats.

Aan de hand van de waardeketen en het inzicht in de factoren die de hoogte van de kosten bepalen, is het mogelijk na te gaan hoe de *waardeketen* van de eigen organisatie te *verbeteren* valt. Soms kan het nuttig zijn de waardeketen van de concurrent te analyseren om te achterhalen wat nog meer mogelijk is. Porter stelt dat kostenvoordeel op twee manieren te bereiken is:
- beheersen van de *cost drivers*;
- herontwerpen van de waardeketen.

Beheersen van de cost drivers

Als *schaalgrootte* van belang is, kan de organisatie proberen de schaal waarop de activiteiten plaatsvinden te vergroten. Dit leidt in het algemeen tot lagere kosten per eenheid product. Soms kunnen ook schaalnadelen ontstaan, als bijvoorbeeld veel coördinatie nodig is, waardoor vertraging in het op de markt brengen van nieuwe producten ontstaat. Denk in dit verband aan het voorbeeld van de witgoedindustrie uit het vorige hoofdstuk. Schaalgrootte is ook te bereiken door samen met anderen in te kopen. Hierdoor vergroot de onderhandelingspositie van de inkopende partij ten opzichte van de verkoper.

Schaalgrootte door standaardisatie

De Volkswagen Groep heeft rond 2012 bekendgemaakt de ontwerp- en productiekosten te verlagen door het toepassen van de Modularer Quer Baukasten. Dit concept wordt gebruikt voor toekomstige modellen met een voor in de auto dwarsgeplaatste motor. In dit concept is voor alle typen en merken de afstand tussen de vooras en de pedalen dezelfde. Dit geeft enorme besparingen in ontwerp en productie.

Verschillen tussen de maten van type auto's komen tot stand door de afstand tussen voor- en achteras te variëren. Ook kan de afstand tussen bumper en vooras en tussen achteras en achterbumper verschillen. Zulke aanpassingen zijn relatief goedkoop aan te brengen. Ook voor modellen met de motor in de lengteas voorin is een vergelijkbare oplossing gevonden om de kosten te verlagen, de Modularer Lang Baukasten.

Om de *leereffecten* te bewerkstelligen, moet de leiding er duidelijk op sturen. In veel ontwerp- en productieprocessen zijn die effecten vooraf aan te geven. Door ze als heldere doelen te stellen voor de afdelingen kunnen ze beter gerealiseerd worden.

Kosten hangen af van de *bezettingsgraad* van de machines of installaties. Hoe beter de bezetting gespreid kan worden, hoe lager de benodigde capaciteit is. Immers, de capaciteit moet berekend zijn op de maximale bezetting plus misschien nog een veiligheidsmarge. Door bijvoorbeeld de Dal Voordeel-kaart streeft NS ernaar reizigers die niet per se in de spits moeten reizen, buiten de spitsuren te laten reizen. Hierdoor kan het aantal aan te schaffen locomotieven en treinstellen kleiner blijven, met als gevolg een daling van de vaste kosten.

Als *relaties tussen activiteiten* binnen de eigen waardeketen duidelijker zijn, is het mogelijk een afweging te maken tussen het verhogen van sommige kosten, met als gevolg een grotere verlaging van de kosten elders. Zo kan de kwaliteit van de geleverde producten beter worden door meer aandacht aan het productieproces te besteden. Als die kwaliteitsverbetering leidt tot minder klachten, dan heeft dat een betere reputatie en ook lagere kosten van de serviceafdelingen tot gevolg. Soms is het ook mogelijk activiteiten te delen met andere bedrijfsonderdelen binnen het concern, of zelfs met strategische partners. Denk aan gezamenlijke inkoop. Dat is ook schaalvergroting.

De relaties tussen de *waardeketens van leveranciers en afnemers* zijn te verbeteren door uitwisseling van informatie. Denk in dit verband aan het managen van de *supply chain* in een bedrijfskolom. Dit wordt ook wel ketenintegratie genoemd. Door betere afstemming kunnen voorraden lager worden, met als gevolg lagere opslagkosten (ruimte en rente), lager risico (brand, diefstal) en minder noodzaak om spullen in de uitverkoop te doen.

Timing heeft een belangrijke invloed op de kosten en op de opbrengsten. Als een onderneming als eerste met een product op de markt komt (bijvoorbeeld de iPad van Apple) heeft die alle kosten en risico's van productontwikkeling en marketing. Daar staat dan tegenover dat de verkoopprijs in het begin hoog is voordat deze, meestal in een later stadium, daalt. Ondernemingen die een strategie van volgen voeren, hebben een ander kostenpatroon. Hun ontwikkelingskosten kunnen lager zijn nadat de markt al is opengebroken door de innovator.

Plaats van vestiging is ook van belang voor de kosten. Dit aspect speelt op lokale, nationale en internationale schaal. Een retailer die zijn zaak op een industrieterrein vestigt, heeft lagere huisvestingskosten dan een concurrent die in de binnenstad zijn winkel heeft. Buiten de Randstad zijn de huisvestingskosten lager dan in de Randstad. Lonen in China en India zijn lager dan in het Westen. Dat geldt ook voor hoogopgeleide arbeidskrachten, bijvoorbeeld in ontwikkelcentra voor IT in India of laboratoria in China.

Herontwerpen van de waardeketen

Er bestaan verschillende mogelijkheden om de waardeketen te herontwerpen om daarmee de kosten te verlagen. Een eerste mogelijkheid is het *veranderen van het productieproces*. Denk aan de aanpak van budgetluchtvaartmaatschappijen vergeleken met de netwerkmaatschappijen als Air France KLM. De laatste heeft een complexer proces dan bijvoorbeeld easyJet die veel handelingen niet verricht, zoals maaltijdverstrekking, of deze door de passagier laat verrichten, zoals bagagetransfer bij het overstappen op een andere vlucht.

Door *automatisering* zijn ook kostenvoordelen te behalen. Deze vragen in eerste instantie extra middelen in de vorm van investeringen.

Ontwikkelingen op het gebied van *telecommunicatie* en internet maken het voor sommige bedrijven mogelijk nu rechtstreeks in contact met de klant te komen en daarmee intermediairs overbodig te maken. Dell is hiervan een goed voorbeeld.
Verplaatsen van activiteiten naar het buitenland is ook een mogelijkheid om de kosten te verlagen. Dit noemt men ook wel 'off-shoring'. Denk bijvoorbeeld aan helpdesks die, tegen veel lagere kosten, vanuit India opereren voor Engelstalige ondersteuning.

Bij het overwegen van mogelijkheden om de kosten te verlagen, is het van belang ervoor te zorgen dat de dienst of het product voor de klant nog wel aantrekkelijk blijft. Als het te veel wordt uitgekleed, kan de klant besluiten dat de kosten weliswaar laag zijn, maar dat dit niet meer opweegt tegen de geringere aantrekkelijkheid ervan. Denk bijvoorbeeld aan de klant die de uitstraling van Aldi- of Lidl-winkels en het ontbreken van vertrouwde A-merken in hun assortiment afweegt tegen de lage prijzen van de producten.

Het is vaak zo dat het kostenvoordeel van een organisatie uit verschillende onderdelen is opgebouwd. Denk aan Ryanair, dat beperkte service biedt en gebruikmaakt van goedkope luchthavens op soms grote afstand van de grote steden die de passagier wenst te bezoeken. Voor het behoud van het voordeel is het van belang dat elk onderdeel en de combinatie van onderdelen zo goed mogelijk verdedigd kunnen worden of dat ze moeilijk te imiteren zijn. De traditionele luchtvaartmaatschappijen hebben geprobeerd de formules van easyJet en Ryanair te imiteren. Dat is buitengewoon moeilijk, zo niet onmogelijk gebleken. Voordelen die gebaseerd zijn op schaal en op experience-effecten zijn vaak moeilijk na te bootsen. Dat geldt ook voor de kennis en kunde waarop die voorsprong is gebaseerd. Hetzelfde gaat op voor kennis over efficiëntie van productieprocessen en over bijvoorbeeld onderzoek en ontwikkeling. Het is dus aan te raden een laagstekostenstrategie te baseren op zo veel mogelijk moeilijk te imiteren voordelen.

6.3 Differentiatiestrategie

Bij een differentiatiestrategie legt de organisatie zich toe op het aanbieden van producten en diensten die zich positief onderscheiden van die van andere aanbieders. In tegenstelling tot een laagstekostenstrategie die alleen kosten (en prijs) als wapen in de concurrentiestrijd gebruikt, kan een differentiatiestrategie gebruikmaken van een groter aantal mogelijkheden. Denk bijvoorbeeld aan:
- unieke kenmerken van product of dienst;
- additionele dienstverlening;
- design;
- kwaliteit of duurzaamheid van de gebruikte materialen;
- timing: innovator of volger.

In markten waar het product of de dienst van uiteenlopende aanbieders onderling niet verschilt, ziet men dat aanbieders dit proberen te verhullen. In de mobiele telefonie ziet men bijvoorbeeld verschillende aanbiedingen die moeilijk met elkaar te vergelijken zijn. Uiteindelijk gaat het om bellen en gebeld worden en mobiel kunnen internetten en sms'en.

Differentiatie in de businessclass
In de luchtvaart kent men het begrip intercontinentale businessclass. Bij KLM is dat de meest comfortabele vorm van vliegen. De dienstverlening begint al aan de grond, waar de passagier aparte balies heeft om in te checken en toegang krijgt tot lounges waar hij voor vertrek kan ontspannen of werken. Ook aan boord van het vliegtuig is alles op comfort gericht. De stoelen zijn ruim en kunnen bijna helemaal plat worden gelegd om te slapen. Afwisselend bedenken bekende chef-koks uit binnen- en buitenland de maaltijden die worden geserveerd. Ook de wijnen worden met zorg geselecteerd door bekende wijnkenners. Figuur 6.4 geeft een beeld van de intercontinentale businessclass van KLM.

Figuur 6.3 KLM New World Business Class

Bron: KLM

Andere maatschappijen zitten echter niet stil. Figuur 6.5 laat zien hoe de intercontinentale businessclass van Singapore Airlines eruitziet.

Figuur 6.4 Intercontinentale businessclass van Singapore Airlines

Bron: Singapore Airlines

6.3.1 Gevaren van een differentiatiestrategie

Verschillende ontwikkelingen kunnen het succes van een differentiatiestrategie bedreigen. *Imitatie* door concurrenten is er een van. In dit verband zijn de juridische processen bekend die sommige bedrijven tegen een concurrent aanspannen vanwege vermeende inbreuk op patenten. Denk aan Nestlé die Sara Lee beschuldigde van het schenden van patenten bij het op de Franse markt brengen van koffiecapsules die in de Nespresso-apparaten passen.
Het kan ook zijn dat de afnemer het *onderscheidende kenmerk* van het product *niet langer of minder op prijs* stelt. Denk aan de afkeur tegen het verwerken van bont in kleding. Soms kan de beperkte omvang van de markt voor het gedifferentieerde product leiden tot een *kostenniveau* dat de afnemer niet langer wil of kan betalen. Denk aan het automerk Rolls-Royce dat vele jaren geleden, toen het nog zelfstandig was, motoren van BMW ging gebruiken. De kosten van het voldoen aan allerlei milieueisen werden te hoog, zelfs voor een auto die toen meer dan € 250.000 kostte.

Kosten en differentiatie bij VAG
De VAG-groep heeft een groot voordeel bij het produceren van grote aantallen motoren voor verschillende merken binnen de groep. Zo is een 2-literbenzinemotor te leveren voor de merken Audi, Seat, Skoda en Volkswagen. Elk van de merken is anders in de markt gepositioneerd. Zo zijn Audi en Seat meer gericht op de sportieve automobilist. Voor deze merken is de motor met meer vermogen en trekkracht leverbaar dan voor het merk Skoda. De voordelen van schaal bij ontwerp en productie zijn hier gecombineerd met een differentiatie in de vorm van vermogensverschillen van de motoren. Die verschillen zijn relatief goedkoop te bereiken via andere systemen voor motormanagement. Bij deze manier van differentiëren heeft Bas van Putten zo zijn vragen. In een recensie van een duur model Audi Q3 vraagt hij zich af waarom een koper voor dat model tienduizenden euro's meer zou uitgeven dan voor een Volkswagen T-Roc. 'Afwerking en materiaalkwaliteit stijgen niet zichtbaar uit boven de hoogwaardige VW-doorsnee en ik zie geen Vorsprung durch Technik die het prijsverschil legitimeert', zo schrijft hij.

Bron: Van Putten (2019).

In sommige gevallen hebben *gespecialiseerde* ondernemingen een voordeel qua differentiatie ten opzichte van bedrijven die een ruimere markt bedienen. De automobielsector kent een paar zeer kleine aanbieders, denk onder andere aan Britse merken als Ginetta en TVR. Soms zijn de geproduceerde aantallen zo klein dat de ontwikkelingskosten met moeite op te brengen zijn. Een gevaar dat minder in de literatuur naar voren komt, is de arrogantie van de leiding van bedrijven met een sterk gedifferentieerde positie. Die leidt er soms toe dat men niet in de gaten heeft dat de eigen positie bedreigd wordt. Zo merkte een manager van de Amerikaanse verkooptak van het BMW-concern jaren geleden op dat zijn bedrijf zo overtuigd was van de kracht van de positie op de markt in de VS, dat het de opkomst van de luxemerken Lexus (van Toyota Motor Company) en Infiniti (van Nissan Motors) flink onderschat had. Die onderschatting leverde een enorme daling van de aantallen verkochte auto's op.

6.3.2 Formuleren van een differentiatiestrategie

Voor het formuleren van een differentiatiestrategie stelt Porter de volgende stappen voor. Allereerst moet de organisatie vaststellen wie de *koper* is. Gaat het bijvoorbeeld om industriële bedrijven of om particulieren? En wie is binnen het bedrijf of het gezin de echte beslisser? In de gezondheidszorg is de uiteindelijke patiënt heel vaak niet de beslisser, maar de behandelend arts die overweegt een bepaald medicijn voor te schrijven of die een operatie noodzakelijk acht. Geleidelijk aan is in die sector te zien dat verzekeringsmaatschappijen iets meer gaan sturen op de keuze van de patiënt voor bepaalde zorgverleners. De koper wordt daar steeds iets meer de verzekeraar, die wel of niet contracten met bepaalde (groepen) zorgverleners afsluit.

Voorts is het van belang de *waardeketen van de klant* te kennen en te weten op welke manier de eigen organisatie die kan beïnvloeden. De van oorsprong Mexicaanse producent van cement CEMEX wist zijn primaire product zelf (cement) niet te differentiëren. Wel wist het een logistiek systeem te ontwerpen waarmee het nauwkeurig de aankomsttijden van de wagens met betonmengsel (waar cement dus in is verwerkt) aan de bouwer kon doorgeven. Voor het storten van funderingen en het optrekken van onderdelen van gewapend beton is dat essentiële informatie die andere leveranciers niet konden geven. CEMEX is inmiddels een van de grootste cementleveranciers, met vestigingen over de gehele wereld.

Het kennen van de *koopcriteria* van de klant is ook van wezenlijk belang. Immers, hoe beter die bekend zijn, hoe beter de organisatie daarop in kan spelen. In het PIMS-programma (zie hoofdstuk 5) speelt kwaliteit een grote rol en is het van belang goed te weten wat de klant kwaliteit vindt. De ervaring over vele jaren uit dat onderzoek wijst uit dat de aanbieders vaak verkeerde beelden hebben van wat de klant wenst. Het gevolg is dat veel geld besteed wordt aan het ontwikkelen van zaken die de klant niet waardeert. Dat verhoogt de kosten, terwijl er geen opbrengsten tegenover staan.

De volgende stap is het inschatten van de mogelijkheid om op een *unieke manier* de eigen waardeketen te gebruiken om aan de wensen van de klant tegemoet te komen. Uniek betekent hier dat een concurrent het voordeel niet kan imiteren.
De *kosten* om de unieke aanbieding tot stand te brengen, zijn ook van belang. Als de keuze bestaat uit verschillende manieren om de uniekheid te vergroten, is het nuttig om eerst te kijken welke de laagste kosten met zich meebrengt.

In dit verband hebben Kim en Mauborgne (2005) het zogeheten *strategiecanvas* ontworpen. Figuur 6.5 geeft een voorbeeld waarin het aanbod van de Amerikaanse budgetluchtvaartmaatschappij Southwest Airlines is vergeleken met dat van een gewone luchtvaartmaatschappij en het reizen per auto.

Figuur 6.5 Strategycanvas van Kim en Mauborgne (2005)

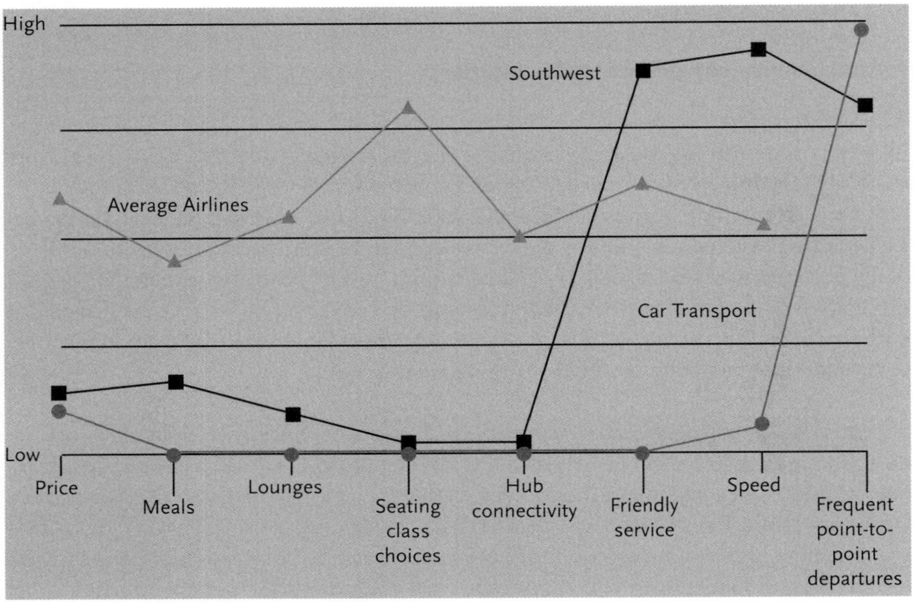

Op dit canvas is te zien welke criteria de afnemer belangrijk kan vinden en in welke mate verschillende aanbieders hierop scoren. Interessant is overigens dat als alternatief om te vliegen niet alleen een andere maatschappij is genoemd, maar ook het vervoer per auto. Het is duidelijk dat de criteria en de score daarop van de Amerikaanse prijsvechter Southwest Airlines maar voor een bepaalde groep passagiers gelden. Southwest biedt geen service bij overstappen op vliegvelden en valt daarom af voor een categorie reizigers die daaraan wel behoefte heeft. Het strategiecanvas kan dus ook helpen bij het beoordelen of een markt is op te delen in submarkten met verschillende kenmerken. Daarna moet de organisatie beslissen over het *ontwerp van de waardeketen* die de uniciteit moet realiseren. Welke activiteiten kunnen blijven bestaan, welke kunnen verdwijnen en welke nieuwe zijn nodig voor succes? Hier is ook een kosten-batenanalyse van verschillende ontwerpen nodig. Ook dient men na te gaan in hoeverre het beoogde voordeel in de tijd houdbaar is (zie paragraaf 6.7 over de houdbaarheid van concurrentievoordeel).

Succesvolle differentiatiestrategie

Feadship is een voorbeeld van een samenwerkingsverband dat succesvol is met een differentiatiestrategie bij de bouw van superjachten op bestelling. Een onderdeel van Feadship is Koninklijke De Vries Scheepsbouw, met werven in Aalsmeer en Makkum. De foto in onderstaande figuur geeft een goed beeld van het uitgesproken ontwerp van Venus, het jacht van 80 meter lang, dat Steve Jobs, oprichter van Apple, bij De Vries bestelde. Het jacht werd in 2012, ruim een jaar na het overlijden van Jobs opgeleverd in Aalsmeer. De romp is van aluminium met aan beide kanten zeer lange aaneengesloten raampartijen. Gegeven de wensen van de opdrachtgever voor de indeling, vroeg dit om bijzondere oplossingen voor het ontwerp en de bouw ervan. De bekende Franse ontwerper Philippe Starck was nauw bij het design betrokken. Koninklijke De Vries bouwde eerder de superjachten Méduse (afgeleverd in 1996) voor Paul Allen, medeoprichter van Microsoft, en Musashi (afgeleverd in 2011) voor Oracle-topman Larry Ellison.

6.4 Kim en Mauborgne: vieractiesraamwerk

Kim en Mauborgne hebben een benadering ontwikkeld die uitgaat van de vraag of een organisatie een laagstekostenstrategie of een differentiatiestrategie moet volgen. Zij ontwikkelden het vieractiesraamwerk waarin zowel verlaging van kosten als vergroten van differentiatie een plaats heeft. In hun opvatting moet een organisatie een betere *waardecurve* ontwikkelen die een voorsprong op andere aanbieders geeft.

De organisatie moet zich het volgende afvragen:
- Welke factoren die men in de bedrijfstak algemeen als vanzelfsprekend aanvaardt, kunnen we *elimineren*?
- Welke factoren kunnen we *reduceren* naar een lager niveau dan in de bedrijfstak geldt?
- Welke factoren kunnen we *verhogen* boven het niveau dat in de bedrijfstak geldt?
- Welke factoren kunnen we *creëren* die nog niet aangeboden worden?

Een paar voorbeelden illustreren die vier vragen. De Franse hotelgroep Accor heeft de hotelformule F1 ontwikkeld. In die hotels zijn ruimtes geëlimineerd die men in de meeste hotels wel vindt. Zo is er geen restaurant. Dit verlaagt de kosten van de bouw van het hotel en ook de personeelskosten van het exploiteren ervan.
De budgetluchtvaartmaatschappijen reduceren de service aan boord en op de luchthavens. Zo moet men drankjes aan boord betalen en is er geen mogelijkheid om bagage naar andere vluchten door te labelen.
Het bekende Cirque du Soleil verhoogde de kwaliteit van de ambiance waarin de voorstellingen plaatsvinden. Ook zijn de voorstellingen rondom thema's die de andere circussen niet kennen en zijn ze veel kunstzinniger.

Bron: www.cirquedusoleil.com

6.5 Vragen en opdrachten

1. **Positionering**
   a. Wat is het verschil tussen de spreidingsstrategie en de positioneringsstrategie van ondernemingen?

   b. Treacy en Wiersema noemen drie manieren om marktleider te worden. Vergelijk deze drie manieren met de manieren die Porter noemt om een concurrentievoordeel te bereiken.

   c. Bent u het eens met de volgende stelling? 'Het combineren van twee positioneringsstrategieën binnen een onderneming is strategisch gezien zeer onverstandig.'

2. **Laagstekostenstrategie**
   a. Noem twee gevaren van het voeren van een laagstekostenstrategie. Geef bij elk gevaar een concreet voorbeeld.

   b. Leg uit waarom het bij het formuleren van een laagstekostenstrategie voor een onderneming belangrijk is om de waardeketen of *value chain* goed te kennen.

   c. Wat wordt verstaan onder ketenintegratie? Leg uit waarom ketenintegratie voor ondernemingen een goede manier kan zijn om de eigen kosten te verlagen.

3. **Differentiatiestrategie**
   a. Noem drie manieren waarop een onderneming zich kan onderscheiden als deze een differentiatiestrategie wil voeren.

   b. Noem twee ondernemingen die duidelijk een differentiatiestrategie volgen. Licht uw antwoord kort toe.

   c. Noem twee gevaren van het voeren van een differentiatiestrategie. Geef bij elk gevaar een concreet voorbeeld.

   d. Op welke manier kan de waardeketen of *value chain* een onderneming helpen bij het formuleren van een differentiatiestrategie?

6.6 Oefencase: kies een concurrentiepositie

In het vorige deel van de strategische verkenning heeft u de drie mogelijke groeirichtingen voor ESS onderzocht: (i) productspreiding, (ii) geografische spreiding en (iii) verticale spreiding. In dit deel vervolgt u de verkenning. Nu gaat het om de vraag welke concurrentiepositie ESS het beste kan innemen.

Opdracht

Zoek uit welke positioneringsmogelijkheden ESS heeft. Dat gaat over de vraag hoe ESS zijn concurrentiepositie zo sterk mogelijk zou kunnen maken. In het bijzonder zet u naast elkaar (i) de laagstekostenstrategie en (ii) de differentiatiestrategie (iii) en wat deze betekenen voor het concurrentievoordeel dat ESS zou kunnen bereiken.

6.7 Extra: concurrentievoordeel houdbaar of niet?

Hoofdstuk 6 beschrijft de duurzaamheid van concurrentievoordeel. Het woord *duurzaamheid* impliceert dat het belangrijk en mogelijk is om een concurrentievoordeel langdurig vast te houden. De inzichten over het belang van het langdurig vasthouden van een concurrentievoordeel zijn over het algemeen eenduidig: dat belang is hoog. Over de houdbaarheid van een concurrentievoordeel bestaan verschillende visies. Zo stelt Porter (1996) dat concurrentievoordeel langdurig houdbaar is en hij illustreert zijn mening met overtuigende voorbeelden. D'Aveni (1994, 2010) en Slywotzki en Morrisson (1997) daarentegen beweren dat concurrentievoordeel niet langdurig houdbaar is. Ook de voorbeelden die zij aanvoeren zijn overtuigend. De conclusie op dit punt kan niet anders zijn dan dat concurrentievoordeel onder bepaalde condities wel en onder andere condities niet houdbaar is. De vraag is dan ook niet of Porter of de andere auteurs gelijk hebben, maar of in een *concrete situatie* aan de condities voor houdbaarheid wel of niet is voldaan. De houdbaarheid van concurrentievoordeel is dus situatieafhankelijk.

In dat verband heeft Peteraf (1993) een interessante bijdrage geleverd door uit te werken wat zij de vier *hoekstenen van concurrentievoordeel* noemt (zie figuur 6.7). Naarmate de hoekstenen een steviger fundament geven, is het concurrentievoordeel beter te behouden.
Haar benadering kan een brug slaan tussen de op het oog tegenstrijdige visies over houdbaarheid van het concurrentievoordeel.
De vier hoekstenen zijn:
- heterogeniteit;
- ex post beperkingen van concurrentie;
- ex ante beperkingen van concurrentie;
- onvolkomen mobiliteit.

Heterogeniteit staat voor de eigenheid van elke organisatie. Als bedrijven niet van elkaar verschillen, dan hangt het van het toeval af welke klant naar welke aanbieder gaat. In de meeste gevallen kennen bedrijven een unieke combinatie van mensen, middelen, processen en producten. De onderneming is daarmee in staat een waardepropositie te doen op de markt die voor een aantal klanten interessant is en opbrengsten genereert. Dit element van heterogeniteit komt overeen met Porters (1996) unieke combinatie van activiteiten. Heterogeniteit kan haar oorzaak ook in monopolieachtige situaties vinden. Er is dan maar één onderneming die iets specifieks kan aanbieden en daarmee een extra winst kan behalen. In sommige gevallen vindt dit zijn oorzaak in een bijzondere locatie van een restaurant of winkel. Ook onwenselijke acties om concurrentie te beperken kunnen tot hogere winsten leiden, omdat zij monopolieachtige kenmerken inbouwen die er anders niet zouden zijn. Dergelijke acties die de vrijemarktwerking beperken, zijn wettelijk verboden en worden in toenemende mate door de overheden tegengegaan. Zo kan een keurmerk worden misbruikt. Dat zou alleen bedoeld moeten zijn om afnemers een extra garantie te geven op kwalitatief hoogwaardige producten of diensten. Maar soms zijn de eisen om tot het keurmerk te worden toegelaten onredelijk, bijvoorbeeld als alleen grote bedrijven worden toegelaten. Of ze zijn oneigenlijk, bijvoorbeeld alleen toegang tegen storting van een hoog entreegeld. Mededingingswetgeving en -toezicht

EXTRA

moet dat soort praktijken verbieden of eventueel zelfs bestraffen. Heterogeniteit kan ook aan de vraagkant in de markt liggen. Als klantenwensen verschillen, is het beter mogelijk een sterke positie in een deel van de markt op te bouwen dan wanneer alle klanten dezelfde wensen hebben.

Ex post beperking van concurrentie. Voor een sterke positie is het niet alleen van belang dat heterogeniteit bestaat, maar ook dat die langdurig blijft bestaan. Als de heterogeniteit snel verdwijnt, verdwijnt daarmee ook het concurrentievoordeel. In dergelijke situaties gaat de visie van D'Aveni en Slywotzki en Morrison op. Ex post beperkingen kunnen verschillende vormen hebben, denk aan contracten, informatievoorsprongen, merknaambekendheid en schaalvoordelen van bestaande aanbieders. Een voorbeeld dat te maken heeft met de contractvorm is abonnementen op tijdschriften. Die zijn door de abonnee vaak eenvoudig aan te schaffen, via een simpel telefoontje. Maar ze zijn moeilijker weer op te zeggen, bijvoorbeeld alleen door een schriftelijke opzegging die ook nog eens twee maanden of langer voor de afloop van het abonnement moet worden gedaan.

Ex ante beperkingen van concurrentie. Hiermee bedoelt Peteraf dat van bepaalde bronnen vooraf niet altijd duidelijk is of zij later waardevol zullen worden. Als dit op voorhand duidelijk is, vindt dan al concurrentie om de hulpbronnen plaats die verhindert dat hoge rendementen tot stand zullen komen. In die gevallen gaat de 'winst' naar de eigenaar van de hulpbronnen en niet naar de onderneming die de hulpbron exploiteert. De winst komt voort uit vooraf bestaande onzekerheid die leidt tot marktimperfecties of tot het anders inschatten van beschikbare informatie. Bijvoorbeeld het relatief goedkoop opkopen van grote stukken grond op locaties waarvan de kans bestaat dat die later – bijvoorbeeld bij stadsuitbreiding – gewild zullen worden.

Onvolkomen mobiliteit van hulpbronnen geeft aan dat deze niet eenvoudig verhandelbaar zijn. Denk aan gevallen waarin de eigendomsrechten onduidelijk zijn. Soms zijn hulpbronnen binnen de eigen onderneming wel waardevol, maar daarbuiten minder of niet. Ook hulpbronnen die alleen waardevol zijn in samenhang met andere aanwezige bronnen zijn beperkt mobiel wanneer een dergelijke combinatie buiten de eigen onderneming niet gemaakt kan worden. In andere gevallen beperken contracten de mobiliteit van hulpbronnen. Men spreekt van een *lock-in effect*: middelen, processen en mensen stijgen in waarde voor het bedrijf én blijven behouden voor het bedrijf. Bijvoorbeeld speciaal ontwikkelde, innovatieve, unieke, maar tegelijk kostbare en niet zomaar elders inzetbare gereedschappen. Denk aan de speciale waterbouwkundige bagger- en hefwerktuigen die destijds zijn gebouwd voor de aanleg van de Oosterscheldekering.

Figuur 6.6 De hoekstenen van concurrentievoordeel (ontleend aan Peteraf, 1993)

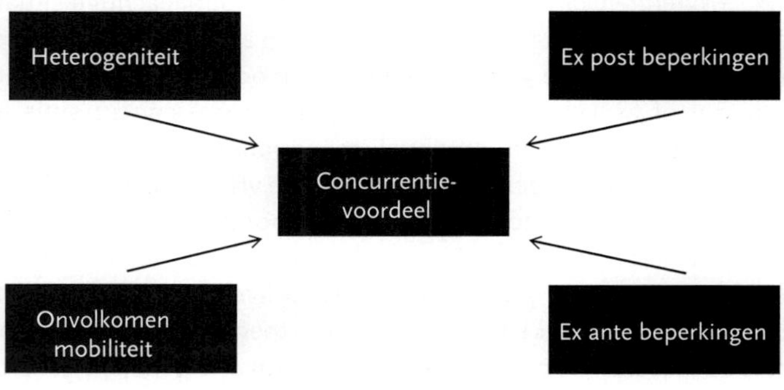

6.8 Antwoorden

1. Positionering

a. Met de spreidingsstrategie probeert de organisatie die activiteiten te verrichten die de meeste kans op succes bieden; het gaat dus om de samenstelling van de portfolio. Bij de positioneringsstrategie gaat het erom dat een onderneming zich in de ogen van de afnemer onderscheidt van de concurrentie; het gaat dus om het opbouwen van een concurrentievoordeel.

b. Treacy en Wiersema noemen *operational excellence, product leadership en customer intimacy*. Bij *operational excellence* biedt de organisatie gewone producten aan tegen een scherpe prijs en met veel gemak. Deze strategie is vergelijkbaar met Porters laagstekostenstrategie. Bij *product leadership* gaat het om innovatieve en superieure producten en bij *customer intimacy* streeft de organisatie naar een langdurige relatie met de klant, die uitmuntend bediend wordt door de grote kennis van diens speciale wensen. In de laatste twee gevallen is sprake van twee vormen van differentiatie. Het inspelen op speciale wensen van klanten kan overigens goed gecombineerd worden met de focusstrategie van Porter. Hier focust een onderneming op enkele marktsegmenten in plaats van dat zij zich richt op de gehele markt.

c. Volgens Porter leidt het combineren van een laagstekostenstrategie en een differentiatiestrategie tot '*stuck in the middle*'. Binnen een merk is een combinatie moeilijk (denk aan Volkswagen). Wel kan per merk een andere positioneringsstrategie worden gevolgd (denk aan Skoda, Volkswagen en Audi binnen een groep).

2. Laagstekostenstrategie

a. Imitatiegedrag: imitatie binnen de luchtvaart door traditionele luchtvaartmaatschappijen. Technologische veranderingen: kostenvoordelen bij het produceren van VHS-videorecorders waren na de introductie van de dvd-technologie niet langer onderscheidend. Valutaveranderingen: de daling van de dollarkoers betekende een aantal jaren geleden dat producten uit de VS veel gunstiger geprijsd waren dan die van de Europese concurrenten. Het te ver doorschieten van kostenverlagingen, waardoor producten een negatief imago krijgen en dus niet langer aantrekkelijk zijn: auto's vanuit Oost-Europa, zoals Lada en Dacia.

b. Op deze manier ontstaat inzicht in de factoren of activiteiten die de hoogte van de kosten bepalen. Zo kan worden nagegaan hoe de waardeketen van de eigen onderneming kan worden verbeterd. Ook kan via de eigen waardeketen worden gekeken naar de waardeketen van de concurrent. Dit laatste wordt ook wel *benchmarking* genoemd.

c. Bij ketenintegratie stemmen twee of meer organisaties in verschillende fasen van dezelfde bedrijfskolom hun activiteiten op elkaar af. Hierdoor kunnen voorraden lager worden, waardoor de opslagkosten (ruimte, rente) afnemen. Ook worden de risico's (brand, diefstal) minder.

3. **Differentiatiestrategie**
   a. Unieke kenmerken van een product of dienst, additionele dienstverlening verbonden aan een dienst of product, design, kwaliteit of duurzaamheid van de gebruikte materialen, timing: innovator of volger.

   b. Hier zijn verschillende antwoorden mogelijk. Het gaat om ondernemingen die de strijd met de concurrentie niet aangaan op prijs, maar op eigenschappen van hun producten. Denk aan Ferrari (design, rijeigenschappen), Albert Heijn (uitgebreid assortiment, A-merken, inrichting van de winkel), Apple (innovatie, gebruiksgemak) en Feadship (luxe, uitstraling en status).

   c. Imitatie (introductie van cups voor het koffieapparaat van Nespresso door Sara Lee), afnemers stellen onderscheidend kenmerk niet langer op prijs (het gebruik van bont in kleding), te hoog kostenniveau (te dure motoren in auto's van Rolls-Royce door beperkte omvang van de markt) en arrogantie van de leiding (onderschatting door BMW van de luxe automerken Lexus en Infiniti).

   d. Het kennen van de eigen waardeketen helpt bij het vinden van onderdelen of activiteiten waarmee de onderneming zich kan onderscheiden van de concurrentie. Hierbij is het belangrijk dat de onderneming weet wat de klant belangrijk vindt. Hierop kan dan gericht worden ingespeeld.

6.9 Uitwerking oefencase[2]

Positioneringsmogelijkheden voor ESS: keuze van de concurrentiepositie
Het gaat erom dat ESS zich bezint op de vraag of het een laagstekostenstrategie of een differentiatiestrategie moet voeren, gebruikmakend van het vijfkrachtenmodel van Porter. Bij een bedrijf dat in meerdere businesses actief is, zoals bij ESS het geval is, is deze vraag doorgaans niet eenduidig te beantwoorden en moet een nadere analyse per business worden gedaan.

Samenvattende conclusie
De tabel hierna laat de verschillende businesses zien waarin ESS actief is en de huidige en de aan te bevelen positionering. In een enkel geval kan de positionering blijven zoals die is. In de meeste gevallen is een herpositionering nodig. ESS zal verschillende strategieën moeten kiezen, afhankelijk van de specifieke kenmerken van de verschillende businesses.
Overigens maakt de analyse van de positionering duidelijk dat het bedrijfsmodel van ESS steeds complexer aan het worden is. Dat kan nodig zijn als daarmee de toekomstkansen van ESS toenemen, maar het roept ook de vraag op of ESS al die complexiteit op eigen kracht aankan. Dat punt wordt hierna aangesneden, bij de vraag of en zo ja, hoe ESS er eventueel goed aan doet samen te werken met anderen.

---

2 Dit boek biedt alleen de samenvattende conclusie van de uitwerking. De complete uitwerking is te vinden op www.conceptuitgeefgroep.nl.

Figuur 6.7 Positioneringsmogelijkheden ESS

Product-marktcombinatie ('business')	Huidige positioneringsstrategie	Aan te bevelen positioneringsstrategie	Opmerking
TDD/voor een unieke locatie	Differentiatie	Laagste kosten	Indien wordt overgegaan naar een standaardassortiment
GDD/voor een unieke locatie en voor bijzondere klanten	Differentiatie	Differentiatie	
MD/voor vrijwel alle klanten en locaties	Onduidelijk	Laagste kosten of differentiatie	Afhankelijk van het soort draaideuren/locaties/klanten
OD/SA/door afnemers van draaideuren apart af te nemen	Onduidelijk	Laagste kosten resp. differentiatie	Voor onderhoudsdiensten Voor storingsoplossing (deze twee diensten dus organisatorisch uit elkaar halen)
ETS/bij uiteenlopende soorten deuren, niet alleen draaideuren	Differentiatie	Laagste kosten	
DDV/voor klanten die op veel locaties/in veel gebouwen veel draaideuren wensen	Onduidelijk	Laagste kosten	
BVH/huishoudelijke markt	N.v.t.	Laagste kosten	Deze business is in testfase
FSC/zakelijke markt, combinatie van product- en personeelsdienstenmarkt	N.v.t.	Differentiatie	Deze business is nog niet in praktijk

Afkortingen:

TDD	Traditionele DraaiDeuren
GDD	Geavanceerde DraaiDeuren
MD	MontageDiensten
OD/SA	Gekoppeld Onderhouds-/Storingsabonnement
ETS	Elektronische ToegangsSystemen
DDV	DraaiDeuren voor Veelvoudige inbouw
BVH	BeVeiligingssystemen voor Huishoudelijk gebruik
FSC	Full Service Concept

Literatuur

Aangehaalde en aanbevolen literatuur

Ansoff, H.I. (1965). *Corporate Strategy*. New York: McGrawHill.

D'Aveni, R.A. (1994). *Hypercompetition. Managing the Dynamics of Strategic Maneuvering*. New York: Free Press.

D'Aveni, R.A., Dagnino, G.B. en Smith, K.G. (2010). The Age of Temporary Advantage. *Strategic Management Journal*, vol. 31, nr. 13, 1371-1386.

Chandler, G.N., Broberg, J.C. en Allison, T.H. (2014). Customer Value Propositions in Declining Industries: Differences between Industry Representative and High-Growth Firms, *Strategic Entrepreneurship Journal*, vol. 8, nr. 3, 234-253.

Collins, J. (2001). *From Good to Great. Why Some Companies Make the Leap... and Others Don't*. New York: HarperBusiness.

Dawar, N., Bagga, C.K. (2015). A Better Way to Map Brand Strategy, *Harvard Business Review*, vol. 93, nr. 6, 90-97.

Eppink, D.J. (1990). *Oud en nieuw, van alles wat: actuele thema's in strategie en omgeving*, oratie. Leiden: Stenfert Kroese.

Eppink, D.J. en Bossink, B.A.G. (2004). *Strategie in drie. De centrale dimensies van effectieve strategieën*. Amsterdam: FT Prentice Hall.

Eppink, D.J. (2009). *Passend strategisch denken. Over tegenstellingen in de theorie en modieuze opvattingen in de praktijk*. Amsterdam: Vrije Universiteit (afscheidscollege). (Zie www.dare.ubvu.vu.nl, zoeken op Proefrede Eppink > Passend strategisch denken. In bewerkte vorm verschenen in *Handboek Management Accounting*. Deventer: Kluwer, oktober 2009, D1208-1-D1208-24.)

Huygen, M. en Remie, M. (2019). Elke school heeft nu zijn marketingplan, *NRC*, 11 april, p 10-11.

Kaplan, R. en Bruns, W. (1987). *Accounting and Management: A Field Study Perspective*. Boston: Harvard Business School Press.

Kim, W.C. en Mauborgne, R. (2005). *Blue Ocean Strategy. How to Create Uncontested Market Space and Make Competition Irrelevant*. Boston: Harvard Business School Press.

Martin, R.L. (2019). The High Price of Efficiency, *Harvard Business Review*, vol. 97, nr. 1, 42-55.

McGahan, A.M. en Porter, M.E. (1997). How much does industry matter, really? *Strategic Management Journal*, vol. 18, special issue, 15-30.

McGahan, A.M. en Porter, M.E. (2005). Comment on 'Industry, corporate and business-segment effect and business performance: A non-parametric approach' by Ruefli and Wiggins. *Strategic Management Journal*, vol. 29, nr. 9, 873-880.

McGrath, R.G. (2013). *The End of Competitive Advantage*. Boston: Harvard Business Review Press.

Meij, J.L. (1960). *Leerboek der Bedrijfseconomie: Deel 1. Theoretische bedrijfseconomie* (9e, herziene druk). 's-Gravenhage: Delwel.

NRC, (2019). Nieuw: ouderwets onderwijs, 12 april, p. O 19.

Osterwalder, A., Pigneur, Y., Bernarda, G. en Smith, A. (2014). *Value Proposition Design*. Hoboken, NJ: John Wiley & Sons.

Peteraf, M.A. (1993). The Cornerstones of Competitive Advantage: A Resource Based View. *Strategic Management Journal*, vol. 14, nr. 3, 179-191.

Porter, M.E. (1980). *Competitive Strategy. Techniques for Analyzing Industries and Competitors*. New York: Free Press.

Porter, M.E. (1985). *Competitive Advantage: Creating and Sustaining Superior Performance*. New York: Free Press.

Porter, M.E. (1996). What is Strategy? *Harvard Business Review*, vol. 74, nr. 6, 61-78.

Putten, B. van (2019). Wenkbrauwachtige triomfboogjes, *NRC*, 23-24 februari, p. L19.

Rumelt, R.P. (1991). How Much Does Industry matter? *Strategic Management Journal*, vol. 12. nr. 3, 167-186.

Slywotzky, A.J. (1996). *Value Migration. How to Think Several Moves Ahead of the Competition*. Boston (Mass.): Harvard Business School Press.

Slywotzky, A.J. en Morrison, D.J. (1997). *The Profit Zone: How Strategic Business design Will Lead You to Tomorrow's Profits.* New York: Times Business.

Smit, R. (2016). Supermarktklant verlaat het midden van de markt, *FD, 25-1.*

Treacy, M. en Wiersema, F. (1995). *The Discipline of Market leaders*. Reading (Mass.): Addisson-Wesley Publishing Company.

7 Samenwerkingsstrategie: alleen of samen concurreren?

7. Milieuorganisaties willen samenwerken

Achtergrond

Al in de jaren 70 van de vorige eeuw publiceerde een groep wetenschappers een studie over het verband tussen economische groei en de gevolgen voor het milieu. Ze noemden zich 'De Club van Rome'. In hun rapport lag nadruk op de eindigheid van grondstoffen.
Nu, een halve eeuw later, zetten de meest uiteenlopende belangengroepen zich in voor natuur en milieu. Zoals de Stichting Toekomst der Aarde (STA) die, net als de Club van Rome, via onderzoek de overheid en het bedrijfsleven wil stimuleren tot meer milieubewustzijn. De STA is een gemengd gezelschap van wetenschappers en (oud-)politici. Via hun persoonlijke netwerken hebben ze invloed op wet- en regelgevers die in Den Haag en Brussel de dienst uitmaken. Bijvoorbeeld als het gaat over wel of niet subsidiëren van elektrisch autorijden.
Een heel ander gezelschap is de Vereniging Milieu Bescherming (VMB). Zij noemen zichzelf nadrukkelijk 'kritische milieuactivisten'. Ze signaleren misstanden, zoeken de publiciteit en gaan desnoods de straat op om hun eisen kracht bij te zetten. Ze organiseren bijvoorbeeld demonstraties bij de poort van frisdrankfabrikanten die statiegeld op flesjes en blikjes tegenhouden. Ook nemen ze deel aan hoorzittingen in de Tweede Kamer, waarbij ze, om in het achtuurjournaal te komen, op het Binnenhof het nodige lawaai maken en spandoeken uitrollen.

Samenwerken?

Op een congres over de toekomst van de Waddenzee raken de voorzitter van de STA, professor Jesper Fijnvandraat, en bestuurslid Afsaneh Maghodan van de VMB met elkaar in gesprek. Ze constateren dat STA en VMB vaak hetzelfde doel nastreven, bijvoorbeeld verantwoord gebruik van de Waddenzee. "Waarom zouden we de krachten niet bundelen?" vraagt Jesper zich af. "Ja, een strategie-langs-twee-lijnen; jullie 'van bovenaf' en wij 'van onderop'. Dat zou heel effectief kunnen zijn", meent Afsaneh. Jesper: "Onze achterbannen zijn heel verschillend, maar daardoor hebben we samen juist een breed draagvlak. Daar is de politiek heel gevoelig voor." Afsaneh: "Ook financieel zie ik voordelen. STA en VMB hebben elk een eigen kantoor, jullie in Den Haag en wij in Amsterdam. Als we zouden fuseren en in één kantoor zitten, besparen we een hoop kosten." Ze spreken af dat ze deze ideeën aan hun besturen zullen voorleggen en over twee weken verder praten.

Of toch maar niet?

De vervolgafspraak vindt plaats op 'neutraal' terrein: in een koffiehuis in Leiden.
"Het viel niet mee", begon Afsaneh. "Mijn medebestuursleden vroegen letterlijk of ik gek was geworden. Ze zien jullie als een lobbyclub die veel te dicht tegen de overheid aanschurkt en totaal niet transparant is. Bij samenwerken, laat staan fuseren, haakt onze achterban af."
Jesper knikt berustend: "Mijn bestuur is ook mordicus tegen. Ze willen niet vereenzelvigd worden met 'een stelletje ongeregeld'. Sorry dat ik het zeg."
Jesper en Afsaneh stellen vast, dat ze veel te ver voor de troepen uit zijn gaan lopen. Van een fusie kan nog lang geen sprake zijn, misschien wel nooit. Hooguit kunnen STA en SVB op sommige milieudossiers een tijdelijke strategische alliantie vormen. Ze nemen

zich voor informeel contact te houden. Wie weet komt er een aanleiding voor verder overleg.

Deze case laat zien vanuit welke afwegingen organisaties meer of minder vergaande vormen van strategische samenwerking kunnen aangaan, variërend van complete fusie tot tijdelijke alliantie.

Kernstof

Door ontwikkelingen in de externe omgeving gaan organisaties nadenken over samenwerken.
Veelgenoemde externe krachten die samenwerking noodzakelijk kunnen maken, zijn (paragraaf 7.1):

- deregulering;
- stijging van vaste en initiële kosten;
- globalisering;
- convergentie van technologieën;
- concreet samenwerkingsvoorstel van een andere organisatie.

Met samenwerking zijn verschillende doelen, individueel of in combinatie, te bereiken (paragraaf 7.2):

- sterkere marktpositie;
- snellere ontwikkeling van producten en systemen;
- risicospreiding bij grote projecten;
- toetreding tot nieuwe markten;
- verwerven van nieuwe vaardigheden;
- terugtrekking uit markten;
- zicht op nieuwe technologieën.

Samenwerking kan in verschillende vormen plaatsvinden (paragraaf 7.3). De twee hoofdgroepen zijn *totale* en *partiële* samenwerking. Bij totale samenwerking gaan de partners op in een nieuwe juridische entiteit. Dit kan geschieden door een *fusie* of een *overname*. Bij een fusie zijn de partners ongeveer even sterk. Bij een overname neemt de ene partij de andere over.
Bij partiële samenwerking blijven de partners als zelfstandige eenheid bestaan. In het geval van een *joint venture* brengen de partners een deel van hun activiteiten onder in een nieuwe juridische eenheid. Bij een strategische alliantie werken de partners samen op basis van een of meer contracten.
Voor het tot stand brengen van een succesvolle samenwerking is het nodig de volgende stappen in het proces (paragraaf 7.4) met voldoende diepgang te zetten:

- vaststellen noodzaak en doelen;
- vaststellen zoekprofiel;
- opstellen long-/shortlist;
- benaderen en onderhandelen;
- sluiten overeenkomst;
- implementeren.

In dit proces kunnen zich een aantal problemen voordoen. Zo hebben de verschillende betrokkenen *uiteenlopende belangen* en perspectieven die kunnen botsen. Ook ontstaat er in de loop van het proces een zekere vorm van *momentum* die als een vliegwiel gaat werken en kan voorkomen dat tijdig een moment van bezinning wordt ingelast. Ook de *verwachtingen* van partijen kunnen uiteenlopen, omdat die niet goed zijn uitgesproken. In de implementatiefase kunnen zich nog andere problemen aandienen. Bijvoorbeeld *determinisme*, *waardevernietiging* en een *leiderschapsvacuüm*. Als de leiding de problemen niet onderkent, kan dat leiden tot ongewenst gedrag en slechte resultaten.

7 Samenwerkingsstrategie: alleen of samen concurreren?

Organisaties besluiten regelmatig met elkaar samen te werken. Zo maakten in januari 2011 de voetbalclubs Arsenal en Feyenoord hun samenwerking bekend. In diezelfde maand kwam Deutsche Post naar buiten met het bericht dat het Nederlandse onderdeel SelektMail zal worden verkocht aan Sandd. Ook in de zorgsector zien we dergelijke vormen van samenwerking tot stand komen. Zo gaan voorheen zelfstandig werkende huisartsen samenwerken in gezondheidscentra. Grote organisaties zoeken toenadering tot elkaar.

7.1 Noodzaak tot strategische samenwerking

De noodzaak tot samenwerking kan blijken uit signalen uit verschillende hoeken. *Informatie* uit de eigen organisatie over spreiding en positionering kan wijzen in de richting van de noodzaak tot samenwerking. Denk aan het teruglopen van de omzet of van marktaandelen en het stijgen van de kosten per eenheid product. Ook kunnen de uitkomsten van het sterkte-zwakteonderzoek laten zien dat de organisatie moet overwegen bepaalde zwakten op te heffen door een vorm van samenwerking.
Informatie van buiten de eigen organisatie kan dezelfde strekking hebben. Deze kan voortkomen uit een DESTEP-onderzoek en/of een analyse op basis van het vijfkrachtenmodel van Porter (2008). Ontwikkelingen die kunnen leiden tot de noodzaak tot samenwerking zijn onder andere de volgende. Zij kunnen alleen of in combinatie effect hebben.
In de eerste plaats kan *deregulering* ertoe leiden dat voorheen beschermde posities nu komen bloot te staan aan nieuwe krachten. Deregulering wil zeggen dat regels worden vereenvoudigd of afgeschaft. Het speelveld verandert en misschien ook de spelregels. Markten kunnen groter worden, wat de noodzaak tot een grotere schaal van opereren meebrengt. Belangrijke sectoren waar dit in de laatste decennia is gebeurd, zijn de energiesector en de telecomsector. Dertig jaar geleden zou het ondenkbaar zijn geweest dat deze nationale en sterk gereguleerde sectoren in de loop der tijd tot de vrije markt zouden gaan behoren. Ook andere sectoren die nu nog gereguleerd zijn, kunnen met deregulering te maken krijgen. Denk aan de gezondheidssector. Nederlandse patiënten kunnen zich in bepaalde omstandigheden in het buitenland laten behandelen.
Stijging van kosten van onderzoek en ontwikkeling kan leiden tot de noodzaak met andere aanbieders samen te werken. De kosten van het ontwikkelen van schone motoren en hybride en elektrische aandrijving van auto's zijn zo hoog geworden dat onderzoek op dit deelgebied door grote fabrikanten wordt gedeeld. Ook in de vliegtuigbouw is die ontwikkeling te zien. Voor de ontwikkeling en de bouw van de nieuwe 787 Dreamliner werkt Boeing samen met meer dan veertig van de meest geavanceerde toeleveranciers van de wereld. Hierbij zijn meer dan honderd ontwerp- en productiefaciliteiten betrokken.
Dit geldt evenzeer voor de kosten van marketing en verkoop. Samenwerking op beide gebieden is te zien in de farmaceutische sector. Grote ondernemingen fuseren of nemen andere over. Om de voordelen te bereiken, voegt men afdelingen samen, wat leidt tot verlies van werkgelegenheid en kennis.

Sanofi en Boehringer wisselen voor miljarden aan onderdelen uit
Bron: Het Financieele Dagblad, 15 december 2015

Het Franse Sanofi is in exclusieve gesprekken met het Duitse Boehringer Ingelheim over de uitruil van dochterondernemingen. Dat maakten de twee farmaciebedrijven dinsdag bekend. In de voorgestelde transactie wordt Merial, de diergeneeskundige dochter van Sanofi, geruild met de consumententak van Boehringer. Omdat de ondernemingswaarde van Merial (€ 11,4 mrd) hoger is dan de inbreng van Boehringer (€ 6,7 mrd) betalen de Duitsers Sanofi een bedrag van € 4,7 mrd. In juni 2016 maken beide bedrijven bekend dat ze een definitieve overeenkomst hebben bereikt.

Marktposities
Door de transactie versterken de twee farmaceuten hun marktposities in verschillende markten. Zo groeit Sanofi door de overname sterk in Duitsland en in Japan, waar het bedrijf een zwakke marktpositie had. Met de overname van Merial wordt Boehringer de op een na grootste speler ter wereld in diergeneeskunde. Het bedrijf wordt de nummer één in medicijnen voor huisdieren, paarden en varkens.
Beleggers in Sanofi reageerden positief op het nieuws. De koers van het aandeel steeg met 5,3%, terwijl de Franse CAC40 index, waar Sanofi deel van uitmaakt, 3,2% hoger uitkwam. Boehringer Ingelheim is nog steeds in handen van de familie Boehringer die het bedrijf in 1885 heeft opgericht.

Door *globalisering* neemt de omvang van sommige markten toe. Dat zal op wereldschaal gebeuren, maar ook op de schaal van continenten. In Europa groeien markten ook steeds meer naar elkaar toe, al blijven sommige markten grote verschillen vertonen. Deze marktvergroting leidt tot de noodzaak de schaal te vergroten, de kosten te laten dalen of in staat te zijn effectief op die grotere markt in te kunnen spelen.

Samenwerken onder druk van buiten
In *Het Financieele Dagblad* van 4 januari 2016 stelt Eddy Bruyninckx, topman van het Antwerpse Havenbedrijf, dat de havens van Rotterdam en Antwerpen meer moeten gaan samenwerken. Dat is nodig omdat de groeimogelijkheden in Midden-Europese markten in gevaar komt door Chinese investeringen in Zuid-Europese havens. In de jaren daarna heeft China zijn investeringen in Europa verder uitgebreid, onder andere in het kader van het Belt and Road-initiatief.

Bron: FD, (2016) en Frankopan (2018).

De *convergentie van technologieën* maakt het soms nodig met andere organisaties samen te werken. Convergentie betekent dat technologieën die toegepast worden in een bepaalde bedrijfstak steeds meer op elkaar gaan lijken. Denk aan het naar elkaar toegroeien van de technologie van televisietoestellen en pc's. Op het gebied van navigatiesystemen nam TomTom in de zomer van 2007 het bedrijf TeleAtlas over. Enige maanden later kondigt Nokia aan dat het kaartenmaker Navteq zou overnemen. Om de positie als aanbieder van navigatieapparaten veilig te stellen, namen beide onder-

nemingen belangrijke toeleveranciers over. In de sfeer van de gezondheidszorg zien we dat aanbieders van medische apparatuur gaan samenwerken met aanbieders van telecommunicatiediensten, om het mogelijk te maken op afstand diagnoses te stellen en te volgen hoe een ziektebeeld zich bij een patiënt ontwikkelt.
Tot slot kan een *concreet voorstel* voor samenwerking vanuit een andere organisatie leiden tot het goed nadenken over de voors en tegens van een dergelijk voorstel. Dat de organisatie niet eerder aan deze mogelijkheid heeft gedacht, moet geen reden zijn die op voorhand af te wijzen. Ondernemingen met een heldere strategie weten welk soort ondernemingen interessant is om mee samen te werken.

Duidelijke strategie spaart tijd
Een oud-topman van een van de ondernemingen uit de AMX-index vertelde eens dat van zijn onderneming bekend was dat zij overnamekandidaten zocht. Elke week meldden zich ondernemingen die om verschillende redenen wilden worden overgenomen. Als je dan niet precies weet wat je wel en wat je niet zoekt, ben je veel tijd kwijt aan het onderzoeken van alle mogelijke proposities. Dat vreet kostbare tijd, zo was zijn mening.

Bron: Persoonlijke communicatie

7.2 Doelen van samenwerking

Met onderlinge samenwerking hopen organisaties verschillende doelen te bereiken. Soms is er sprake van een enkel doel, soms gaat het om een combinatie van doelen. Hierna komt een aantal van de meest voorkomende doelen aan de orde.
Verbetering van de marktpositie. Door samenwerking met een andere organisatie worden de krachten gebundeld. Hierdoor ontstaat een sterkere eenheid die de concurrenten beter aan kan gaan. Het bereiken van synergie is daarbij vaak een belangrijke doelstelling. Synergie kan twee effecten hebben, kostenbesparing en omzetvergroting.

Plannen voor fusie UWV en SVB
Het kabinet gaat een fusie tussen uitkeringsinstantie UWV en de Sociale Verzekeringsbank (SVB) onderzoeken.
Dat schrijft het in een brief aan de Tweede Kamer, meldt dagblad Trouw maandag. De brief is een reactie op een uitgebreide evaluatie van onderzoeksbureau Panteia naar het verstrekken van uitkeringen door UWV en SVB.
Volgens topambtenaren kunnen er miljoenen euro's worden bespaard met de fusie. De uitkeringsorganisaties bedienen namelijk dezelfde doelgroep en hebben soortgelijke werkprocessen. Het overwegen van een samenvoeging is volgens de krant wel opmerkelijk, omdat beide organisaties de afgelopen jaren flink onder vuur lagen.
Panteia schreef bovendien in het rapport dat de taakverdeling nu helder is en dat een fusie geen goed idee lijkt. Medio maart 2016 maakt minister Asscher in de Tweede Kamer bekend dat de fusie niet doorgaat. Er is geen voordeel te behalen met die fusie. Die kost veel energie die beter aan het aan een baan helpen van mensen kan worden besteed.

Bron: De Telegraaf, 4 januari 2016

Snellere ontwikkeling van producten en systemen. Dit kan een doel zijn als de beide samenwerkingspartners elk op zich niet voldoende snelheid kunnen maken om de concurrentie een stap voor te blijven. Bij het ontwikkelen van de Airbus A380 speelt dit een rol. De investeringen zijn zo hoog dat geen enkele onderneming deze alleen kan doen en dan ook nog eens op tijd een product op de markt kan brengen.
Risicospreiding. Soms zijn de aanloopkosten van een nieuw product zo hoog dat een organisatie die zou kunnen opbrengen, maar bij het falen ervan failliet kan gaan. Om dit te voorkomen, zoekt men dan partners. Ook dit doel speelt bij de vliegtuigbouw een rol.
Betreden van nieuwe markten. Als een organisatie buitenlandse markten wil betreden, is dat niet altijd mogelijk zonder samenwerking met een lokale partner. Voor een deel komt dat omdat het leren kennen van de lokale situaties en gewoonten in sommige landen erg moeilijk is. Denk hierbij aan de vier 'afstanden' die Ghewamat (2001) noemt. Een lokale partner kan helpen die afstand te overbruggen.
Soms zijn markten wettelijk afgesloten voor buitenlandse toetreders. Buitenlandse luchtvaartmaatschappijen mogen geen Amerikaanse collega's overnemen. Wel is het mogelijk een beperkt minderheidsbelang op te bouwen. Voor ondernemingen is het niet eenvoudig een meerderheid te hebben bij het vestigen van een onderneming in India of in sommige sectoren in China. Een lokale partner is dan onmisbaar om die markt te betreden.
Verwerven nieuwe vaardigheden. Door met andere organisaties te gaan samenwerken, kunnen vaardigheden die tot dan ontbreken door de organisatie binnengehaald worden. Dat kan gaan om functionele vaardigheden op gebieden als onderzoek en ontwikkeling, verkoop of productie. Het kan ook gaan om het verkrijgen van algemene managementvaardigheden, bijvoorbeeld op het gebied van internationalisatie. Soms is een samenwerking nodig om aanvulling op het topmanagement te krijgen.

Tony's Chocolonely zoekt onderdak bij multinational
Tony's Chocolonely is opgericht om de cacaopluk te bevrijden van illegale kinderarbeid en slavernij. Henk Jan Beltman, directeur en grootaandeelhouder, denkt dat het bedrijf meer kans heeft om die misstanden aan te pakken als het onderdeel is van een grote multinational. Onder die grote ondernemingen zijn er ook die ernaar streven deze misstanden weg te werken. Hij denkt dan aan grote clubs als Nestlé, Mars of Mondolez. Unilever nam in 2000 het idealistische ijsmerk Ben & Jerry's over en streeft ook duurzaamheid na met het Unilever Sustainable Living Plan. Unilever is echter nauwelijks actief in de chocoladebranche en is om die reden niet genoemd.

Bron: FD (2018)

Terugtrekken uit een markt is een overweging die soms niet in de publiciteit komt, maar wel het belangrijkste doel kan zijn. Het kan dan politiek handiger zijn om eerst een samenwerkingsverband aan te kondigen, waarna op termijn de ene partij zich uit die samenwerking terugtrekt. Denk hierbij aan Philips, dat besloot zich uit de markt voor grote huishoudelijke apparaten (koelkasten enzovoort) terug te trekken. In eerste instantie verkocht Philips de helft van de aandelen in deze business aan Whirlpool, met een zogenaamde putoptie op de rest van de aandelen. Die putoptie hield in dat Philips gedurende een bepaalde periode de overige 50%

van de aandelen tegen een vooraf vastgestelde prijs aan Whirlpool kon verkopen, wat in 1991 ook gebeurde.
Grotere ondernemingen in sommige sectoren nemen soms deel in kleinere en innovatieve ondernemingen om *toegang te krijgen tot nieuwe technologieën*. In sommige gevallen hoort daar het sluiten van een licentieovereenkomst bij om een innovatief product op de markt te kunnen brengen.

Genmab en samenwerking
Genmab is een aan de beurs van Kopenhagen genoteerde biotech-onderneming. Veel van het onderzoek vindt plaats in Utrecht. Op 30 augustus 2012 maakt Genmab bekend dat het een overeenkomst heeft gesloten met Janssen Biotech Inc., een dochteronderneming van Johnson & Johnson (J&J). De overeenkomst houdt in dat Genmab aan Janssen Biotech een licentie verleent op een medicijn tegen bepaalde vormen van kanker. J&J neemt een belang van ongeveer 10% in Genmab tegen betaling van rond de $ 80 miljoen en betaalt vooraf een bedrag van $ 55 miljoen. Verder ontvangt Genmab betalingen bij het bereiken van bepaalde mijlpalen en royalty's over toekomstige verkopen.

In november 2015 keurt de Amerikaanse FDA het middel Darzalex goed voor de bestrijding van de ziekte van Kahler. Genmab ontvangt hiervoor een mijlpaalbetaling van J&J van $ 45 miljoen. Over de verkopen betaalt J&J royalty's die beginnen bij 12% en kunnen oplopen tot 20%. J&J betaalt alle ontwikkelingskosten en de kosten van de klinische tests voor verdere toepassingen. Begin 2019 is het middel in veel landen goedgekeurd en wordt het ook vergoed. Voor 2019 verwacht Genmab dat de omzet van Darzalex boven $ 3 miljard zal uitkomen.

Genmab heeft ook andere samenwerkingsverbanden. Zo maakt het gebruik van technologie van andere bedrijven om de medicijnen effectiever en eenvoudiger toe te dienen te maken. Hiervoor betaalt Genmab bij verkoop van die medicijnen royalty's aan de bedrijven waarvan technologie wordt gebruikt. Novartis heeft een licentie op het door Genmab ontwikkelde Arzerra, een medicijn tegen multiple sclerose. Dit middel is in het voorjaar van 2019 in een van de laatste fasen van klinische testen voordat goedkeuring kan worden aangevraagd.

7.3 Alternatieven bij samenwerking

Bij samenwerking zijn twee vormen te onderscheiden:
- totale samenwerking: fusie en overname;
- partiële samenwerking: *joint venture* en strategische alliantie.

Bij *totale samenwerking* ontstaat uit de voormalig zelfstandige organisaties een nieuwe juridische entiteit. Men spreekt van een fusie wanneer twee of meer partners op basis van gelijkwaardigheid in een nieuwe organisatie opgaan. Van een overname is sprake wanneer de ene partner duidelijk sterker is en de aandelen of activiteiten van de andere koopt. De overnemende partij krijgt dan vaak een meerderheid van de aandelen en plaatst vaak ook medewerkers in de top. Zie figuur 7.1.

Figuur 7.1 Overname door ABN AMRO Bank van Fortis Bank

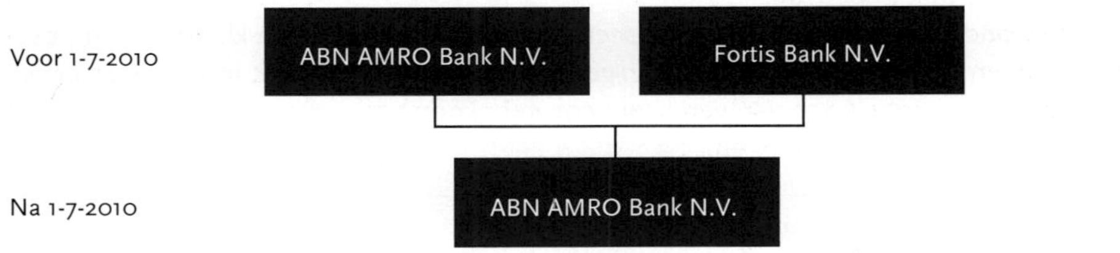

Zowel bij een overname als bij een fusie is het belangrijk dat de partners duidelijk voor ogen hebben wat zij met de fusie of overname willen bereiken. Is die duidelijkheid er niet, dan ontstaan in het samenwerkingsproces later onvermijdelijk problemen. Denk aan de later weer ontbonden overname van het Amerikaanse Chrysler door het Duitse Daimler. Dat een goed voorbereide overname succesvol kan zijn, blijkt uit de overname van KLM door Air France in 2003. Bij totale samenwerking staat vaak het bereiken van synergie hoog op de agenda. Om die synergie te kunnen bereiken, is een duidelijke sturing vanuit de top van de nieuwe eenheid nodig. In de beginjaren van het bestaan behaalde Air France-KLM veel synergievoordelen. In de loop der jaren ontstaat spanning tussen Air France en KLM, waarbij KLM vreest voor Franse overheersing die nadelig zou kunnen inwerken op de positie van KLM en van Luchthaven Schiphol. Binnen de groep is KLM winstgevender dan Air France. KLM-medewerkers zijn bang dat de winst die zij maken naar Frankrijk zal verdwijnen. De nieuw aangestelde CEO van de groep streeft een duidelijkere besluitvorming voor, waarbij de groepsleiding verder af komt te staan van de werkmaatschappijen. CEO's van Air France en KLM maken deel uit van de groepsleiding.

Bij een *partiële samenwerking* gaan twee of meer partners bij een deel van hun soms nieuwe activiteiten samenwerken. Bij een *joint venture* brengen de partners een deel van hun activiteiten onder in een nieuwe juridische eenheid. Op 10 augustus 2015 meldt *Het Financieele Dagblad* dat het Nederlandse Corbion (voortgekomen uit CSM) en MedinCell (een Frans farmabedrijf) de *joint venture* CM Biomaterials oprichten. Doel van de samenwerking is te komen tot methoden voor trage medicijnafgifte. Corbion zal de afbreekbare polymeren leveren voor de medicijnen van MedinCell. Beide partners hebben 50% van de joint venture in handen. Zie figuur 7.2.

Figuur 7.2 De joint venture tussen Corbion en MedinCell

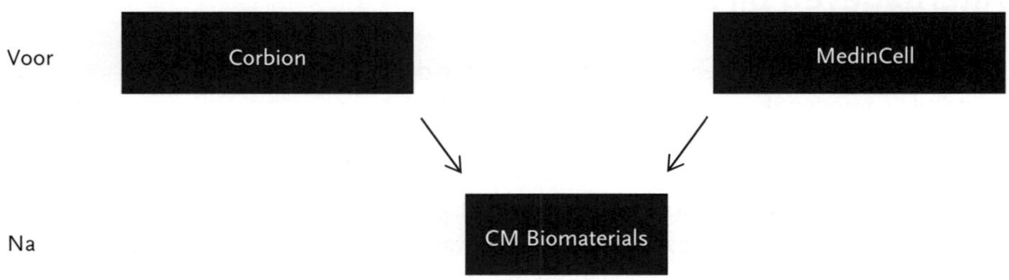

Men spreekt van een *strategische alliantie* wanneer twee of meer partners zelfstandig blijven, maar wel langdurig gaan samenwerken op basis van overeenkomsten. Soms bestaan allianties uit een groot aantal partners. Zo werken sinds eind 2010 negentien leden samen in de

SkyTeam-alliantie, onder andere Air France-KLM, Delta Airlines en China Southern Airlines. Het doel is onder andere het beter op elkaar afstemmen van vluchtschema's, waardoor klanten een beter reisaanbod krijgen. Zo kunnen overstaptijden korter worden en liggen meer bestemmingen binnen bereik. Tegelijkertijd worden dure faciliteiten op luchthavens benut, terwijl bij de aankoop van vliegtuigen en onderdelen een grotere onderhandelingsmacht ontstaat. Ook op andere terreinen zijn voordelen te bereiken.

7.4 Stappen tot samenwerking

Om een succesvolle samenwerkingsovereenkomst aan te gaan, is het van belang het proces van begin tot eind goed vorm te geven. Daarbij is het nuttig een aantal stappen te onderkennen. Deze zijn:
- vaststellen noodzaak en doelen;
- vaststellen zoekprofiel en opstellen long-/shortlist;
- benaderen en onderhandelen;
- sluiten overeenkomst;
- implementeren.

In het gehele proces kunnen zich problemen voordoen. Haspeslagh en Jemison (1991) hebben een groot aantal overnames in de VS in detail onderzocht. Een eerste probleem is dat bij een overname (maar ook bij andere vormen van samenwerking) specialisten betrokken zijn, vanuit verschillende deskundigheden en daarmee ook eigen invalshoeken. In de loop van het proces kunnen deze verschillende *perspectieven en belangen gaan botsen*. Een tweede probleem kan zijn dat naarmate het proces vordert er een *momentum* ontstaat dat het moeilijk maakt het proces nog te stoppen. Betrokken (externe) specialisten zijn voor hun inkomen afhankelijk van het tot stand komen van een overeenkomst en hebben dus mogelijk een ander belang dan de cliënt. Ook kunnen de beoogde partners het als gezichtsverlies beschouwen als een reeds aangekondigde deal toch niet tot stand komt. Men zou het juist als een teken van kracht moeten beschouwen dat men onderhandelingen die uiteindelijk niet tot een optimaal resultaat lijken te leiden in een laat stadium van het proces beëindigt. Ook is het soms zo dat betrokken partijen verschillende verwachtingen hebben, maar dat die niet duidelijk genoeg uitgesproken zijn. Hierdoor kunnen allerlei misverstanden ontstaan. Om ervoor te zorgen dat het proces goed verloopt, is het nodig dat de leiding van de toekomstige partners het proces goed stuurt.

7.4.1 Vaststellen noodzaak en doelen

Uit een strategische analyse van een aantal eerder beschreven indicaties moet naar voren komen dat de onderneming een probleem heeft dat ze niet alleen kan oplossen. Dat houdt in dat eerst grondig moet zijn nagegaan dat er geen oplossingen zijn die de onderneming op eigen kracht op het gewenste pad kunnen brengen. Dit probleem moet enigszins gedetailleerd zijn uitgewerkt. Een onbestemd gevoel dat het alleen niet zal lukken, is onvoldoende basis voor het aangaan van een strategische samenwerking. Zo moet duidelijk zijn of het probleem op het vlak van spreiding ligt (product, geografie of verticale spreiding) of bij de positionering ten opzichte van concurrenten. Als dit vaststaat, weet men welk probleem men moet oplossen. Dit is een duidelijke aanwijzing voor de zoekrichting. Als de onderneming kampt met bijvoorbeeld gebrek aan groeiperspectief, is een ander soort partner nodig dan wanneer behoefte bestaat aan technologische kennis.

Het komt voor dat een onderneming benaderd wordt voor een onverwachte en soms vijandige overname. Ook dan moet de onderneming beslissen hoe te reageren. Denk aan de 'aanvallen' op Unilever en Akzo Nobel in 2017. De overwegingen daarbij zijn deels vergelijkbaar met het willen overnemen van een andere onderneming.

7.4.2 Vaststellen zoekprofiel en opstellen long- en shortlist

Uit de in de voorgaande stap gemaakte diagnose van het strategische probleem is af te leiden in welke lacunes de strategische partner moet voorzien. Het profiel is af te leiden uit de indicaties die hebben geleid tot de beslissing om samenwerking te zoeken.

Met het profiel als uitgangspunt kan men een lijst met mogelijke partners opstellen. Vaak begint men met een relatief grote lijst van mogelijke kandidaten (de longlist). In een latere fase wordt de lijst teruggebracht tot een hanteerbaar aantal (de shortlist). Verschillende criteria spelen bij het selectieproces een rol.

- Strategische doelstellingen: sporen deze met die van de eigen onderneming of staan ze er haaks op?
- Spreiding van activiteiten: product, geografie, verticale spreiding. In hoeverre is er overlap of zijn er lacunes?
- Positionering: vergelijkbaar of juist niet? Zijn eventuele verschillen hanteerbaar?
- Samenwerkingsverbanden: reeds bestaande samenwerkingsverbanden kunnen verdere gewenste uitbouw lastig maken.
- Competenties op functionele gebieden: R&D, marketing, productie, distributie, financiën enzovoort. In hoeverre versterken die de eigen competenties of complementeren ze die?
- Voorzienbare problemen bij implementatie: deze zijn dan nog niet in detail bekend, maar een partner bij wie veel praktische problemen op de loer liggen, scoort laag op dit criterium.

Risico's onderschat?

In september 2016 wordt bekend dat het Duitse Bayer het Amerikaanse bedrijf Monsanto wil overnemen. Monsanto is groot in zaden en bestrijdingsmiddelen en vult de portfolio van Bayer goed aan. Bayer betaalt $ 63 miljard voor het bedrijf. Een van de producten die Monsanto levert is Roundup, een bestrijdingsmiddel, gebaseerd op glyfosaat, dat het ontwikkelde en sinds 1970 op de markt is. Dit middel is in bepaalde gevallen kankerverwekkend gebleken. In de USA lopen daar begin 2019 ruim elfduizend rechtszaken over. Een jury in de USA kende, in hoger beroep, een slachtoffer een schadevergoeding toe van $ 78 miljoen. In eerste aanleg werd een schadevergoeding van $ 289 miljoen toegekend.

Bron: FD (2019)

Afhankelijk van de reikwijdte van het probleem kan men nationaal zoeken of over de grenzen heen kijken. In een land als Nederland is het vinden van geschikte potentiële partners meestal geen groot probleem. Immers, er is veel informatie beschikbaar in databanken en het netwerk van commissarissen en adviseurs van de onderneming. Als het gaat om een buitenlandse partner is het voor kleinere ondernemingen meestal wat lastiger om een goed beeld te krijgen van de mogelijke partners voor samenwerking. In zulke gevallen is te overwegen dit deel van het proces uit te besteden aan een gespecialiseerde instantie, bijvoorbeeld een externe consultant. Daarmee werkt men sneller en krijgt men betere informatie. Ook houdt het management de handen vrij voor het dagelijkse management van de onderneming. Het nadeel kan zijn dat de adviseurs soms werken op basis van een bepaalde fee, die geheel of gedeeltelijk afhankelijk is van het wel of niet tot stand komen van de samenwerking.

7.4.3 Benaderen en onderhandelen

Bij het benaderen van de potentiële partner heeft de onderneming de keuze dit zelf te doen of gebruik te maken van een adviseur. Tegenover de voordelen van vertrouwelijkheid en lage kosten bij het zelf benaderen staan ook nadelen. Denk aan het kenbaar maken dat de eigen onderneming in de markt is, waarmee men mogelijk iets van de eigen strategie prijsgeeft. Het bekend worden dat men in de markt is, kan ook invloed hebben op de prijs die ontvangen kan of betaald moet worden.

THEORIE

7.4.4 Sluiten overeenkomst

Het sluitstuk van het onderhandelingstraject is het tekenen van de overeenkomst voor samenwerking, in welke vorm dan ook.
In deze overeenkomst moet een aantal zaken duidelijk neergelegd worden. Dat kan in de overeenkomst zelf of in documenten waarnaar verwezen wordt, bijvoorbeeld uitgewerkte concrete plannen. Afhankelijk van de gekozen vorm van samenwerking moeten de volgende punten of slechts een deel ervan geregeld zijn:

- met de samenwerking beoogde doelstellingen;
- hoofdlijnen van het traject voor het realiseren van de doelstellingen;
- verdeling van kosten en opbrengsten;
- inbreng (financieel en anderszins) van de partners;
- juridische vorm en andere juridische aspecten;
- fiscale aspecten;
- organisatorische vorm;
- personele bezetting;
- aansturing en governance.

Bij een strategische alliantie is bijvoorbeeld het expliciet regelen van toerekening van kosten en opbrengsten een belangrijkere aangelegenheid dan bij een fusie of overname, waar een nieuwe eenheid ontstaat met een eigen resultatenrekening en een balans.

7.4.5 Implementeren

De invulling van de samenwerking hangt af van de concrete doelstellingen en de gekozen vorm. Naarmate duidelijker is wat de nieuwe strategie voor de combinatie is en hoe die moet worden uitgevoerd, zal de implementatie met minder problemen gepaard gaan. Hoe goed de voorbereiding ook geweest is, er zullen zich altijd onverwachte zaken voordoen. Ook die zijn beter op te lossen als de strategie duidelijk is.
Haspeslagh en Jemison constateren in hun onderzoek dat de implementatie vaak gepaard gaat met een of meer problemen. Hoe meer oog de leiding daarvoor heeft, hoe sneller die herkend worden. Dat geeft de mogelijkheid ook snel een oplossing te vinden.

7.5 Vragen en opdrachten

1. **Redenen voor strategische samenwerking**
   a. Informatie vanuit de meso- en de macro-omgeving kan erop wijzen dat het verstandig is om een of meer vormen van strategische samenwerking aan te gaan. Welk model is uitermate geschikt om de meso-omgeving systematisch te analyseren?

   b. Geef een reden vanuit de meso-omgeving die strategische samenwerking noodzakelijk maakt en licht deze toe met een concreet voorbeeld.

   c. Leg uit waarom globalisering een reden kan zijn voor het aangaan van een strategisch samenwerkingsverband.

2. **Doelen en alternatieven bij strategische samenwerking**
   a. Noem drie mogelijke doelen van strategische samenwerking. Wat is volgens de auteurs het belangrijkste doel van strategische samenwerking?

   b. In het verleden zijn door middel van strategische samenwerking tussen bedrijven succesvolle technologieën en producten ontwikkeld, zoals de compact disc (cd), blu-ray en de Senseo. Van recentere datum is de samenwerking tussen Daimler en BMW bij de ontwikkeling van zelfrijdende auto's. Welke doelen zouden Daimler en BMW kunnen hebben om dit samenwerkingsverband aan te gaan? Noem er twee en licht deze doelen kort toe.

   c. Welke twee hoofdvormen van strategische samenwerking worden onderscheiden? Licht deze twee hoofdvormen kort toe.

   d. Wat is het verschil tussen een fusie en een overname?

   e. Wat is het verschil tussen een *joint venture* en een strategische alliantie?

3. **Stappen tot samenwerking**
   a. Bent u het eens met de volgende stelling? 'Als er eenmaal een deal is aangekondigd tussen de beoogde partners in een strategisch samenwerkingsverband, dan is het in alle gevallen onverstandig om tijdens het onderhandelingsproces de aangekondigde samenwerking alsnog af te blazen.'

   b. Wat wordt bij het selecteren van mogelijke partners bedoeld met de longlist en de shortlist?

   c. Bij het selecteren van mogelijke partners spelen verschillende criteria een rol. Noem drie criteria en licht deze kort toe.

   d. Waarom vallen de resultaten van strategische samenwerking in de praktijk vaak tegen?

7.6 Oefencase: onderzoek nut en noodzaak van samenwerking

In het vorige deel van de strategische verkenning hebt u de positioneringsmogelijkheden voor ESS onderzocht, in het bijzonder (i) de laagstekostenstrategie en (ii) de differentiatiestrategie. Daaruit bleek dat per product-marktcombinatie is vast te stellen welke positionering het best past. Wat nog niet is beantwoord, is de vraag of ESS al die mogelijkheden geheel op eigen kracht moet zien te realiseren. In de praktijk kunnen sommige kansen sneller of effectiever worden gegrepen in samenwerking met anderen.

Opdracht
Welke groeirichtingen (hoofdstuk 5) of welke positioneringsmogelijkheden (hoofdstuk 6) kan ESS waarschijnlijk op eigen kracht realiseren en welke kan het misschien met meer kans van slagen in samenwerking met anderen aanpakken? In het laatste geval moet ook bekeken worden welke vorm eventuele samenwerking het best kan krijgen.

7.7 Extra: Studenten dupe van conflict tussen samenwerkende mbo's

De samenwerking tussen ROC Landstede en Europort Business School (EPBS) liet veel te wensen over, zo blijkt uit onderstaande krantenartikelen. Was er te weinig aandacht voor de implementatie van de plannen?

Rechter: ROC Landstede moet leerlingen diploma geven

Landstede ligt overhoop met partnerinstelling EPBS, en weigerde een diploma te verstrekken. 21 leerlingen spanden een kort geding aan.
De 21 mbo-leerlingen van de Europort Business School (EPBS) krijgen, mits ze slagen, toch voor 1 september hun diploma ROC Landstede. Dat heeft de rechter vandaag bepaald tijdens een kort geding dat de leerlingen hadden aangespannen tegen ROC Landstede.
De mbo-instelling Landstede werkt namelijk nauw samen met EPBS, ze bieden samen zeven opleidingen aan, maar weigerde nog langer diploma's uit te reiken. Dit komt door een conflict tussen de twee scholen.
Dat conflict begon na een rapport van de onderwijsinspectie, waarin staat dat de twee onderwijsinstellingen geen juiste samenwerkingsovereenkomst hebben. Met alle gevolgen van dien: Landstede zou onterecht Rijksgeld hebben ontvangen voor de studenten, de mbo-instelling zou bovendien te weinig verantwoording hebben genomen voor het onderwijs, net als voor de examinering.

Wel of geen onderwijsovereenkomst?
De inspectie concludeert bovendien dat onjuiste samenwerking ertoe leidt de leerlingen geen onderwijsovereenkomst hebben met Landstede maar met EPBS. Waardoor Landstede dus nu geen diploma's meer wil uitreiken aan deze studenten. De rechter stelt vandaag dat er wél een onderwijsovereenkomst is tussen de leerlingen en Landstede.
De advocaat van de studenten liet tijdens de zitting weten dat studenten contracten hebben ondertekend waar Landstede op staat, dat ze in het systeem konden van de school en op basis van de inschrijving bij Landstede studiefinanciering ontvangen. De rechter wees er op dat er nog een kleine vierhonderd studenten de afgelopen jaren zijn afgestudeerd en een diploma van Landstede hebben ontvangen. Waarom zou dat dan nu niet gebeuren?
De rechter stelde dat vandaag het belang van de leerlingen voorop moest staan. En dus moet de eindexamencommissie van Landstede alsnog aan de slag om te kijken wie een voldoende heeft gehaald voor zijn of haar examen. De leerlingen krijgen dat woensdag te horen. Niet alle 21 studenten hebben hun examendossier al compleet, sommige moeten nog examens doen of onderwijs volgen. Voor hen komt er een nieuwe onderwijsovereenkomst en een leerplan.

Geen diploma zou 'desastreus' zijn
De leerlingen kregen twee weken voor de diploma-uitreiking te horen dat deze niet door zou gaan. En dat zou desastreus zijn, zegt onderwijsadvocaat Wilco Brussee, die de leerlingen bijstaat. Deze studenten staan op het punt om aan een vervolgstudie te beginnen of hebben hun nieuwe werkgever toegezegd het diploma straks te overhandigen. Brussee legt uit dat EPBS niet zomaar zelf de diploma's kan uitreiken. Twee van

de zeven studies verzorgde Landstede. En de studenten zouden mogelijk hun studiefinanciering moeten terugbetalen, als blijkt dat ze niet aan een bekostigde instellingen hebben gestudeerd.
De strubbelingen tussen de scholen begon na het rapport van de onderwijsinspectie, dat volgde op een publicatie in het *Algemeen Dagblad*. Hierin vertelden (oud-)studenten dat docenten van EPBS toetsopgaven lekten voorafgaand aan examens. En deze werden in ruil voor een fles wijn soepeler nagekeken. De inspectie vond geen bewijzen voor deze aantijgingen, maar was wel zeer kritisch over EPBS; zo zouden Chinese studenten er te makkelijk vrijstellingen hebben gekregen. Dat ging over de hbo-tak van de particuliere school en niet over het mbo-onderwijs dat de school aanbiedt.

Bron: NRC, 2016

Bittere verwijten over mislukte samenwerking mbo's

Rechtszaak Studenten werden de dupe van een conflict tussen twee mbo's. De rechter wil dat de scholen de zaak samen financieel oplossen.

In het laatste jaar van zijn mbo-opleiding kreeg Rutger Veldhuijzen (21) een brief van de Dienst Uitvoering Onderwijs (DUO): hij was uitgeschreven als student international business. Zijn studiefinanciering, zijn ov-kaart – alles raakte hij kwijt en moest hij terugbetalen „Alsof ik mijn studie niet gehaald had", zegt hij op de gang van de rechtbank Zwolle-Lelystad, waar maandag een zaak diende tussen ROC Landstede en de kleine Europort Business School (EPBS), uit Rotterdam.
Maar Veldhuijzen studeerde nog gewoon. Aan een van de zeven opleidingen die Landstede en EPBS gezamenlijk aanboden. Totdat Landstede na een conflict in 2015 besloot geen diploma's meer uit te reiken aan studenten van de EPBS-tak. Volgens Landstede hadden studenten een onderwijsovereenkomst met EPBS, volgens EPBS met Landstede.
„Ik heb Landstede een paar maanden lang heel vaak gebeld", zegt Veldhuijzen. „Ik wilde duidelijkheid en zeggen dat ik nog gewoon bij ze op school zat, op 'Mijn DUO' stond dat dit Landstede was. Maar ik kreeg nooit iemand te pakken. Ze zeiden steeds dat bestuursvoorzitter Theo Rietkerk in vergadering zat."
CDA'er Rietkerk (oud-Tweede Kamerlid, voormalig gedeputeerde in Overijssel en nu kandidaat-senator) is puinruimer bij Landstede. De scholengigant heeft circa 2.900 medewerkers en meer dan 24.000 leerlingen. Die volgen mbo-opleidingen in Zwolle, Raalte en Harderwijk of middelbaar onderwijs in de regio.
Zes jaar lang, tussen 2012 en eind 2018, stond de Christelijke Landstede Groep (hoofdvestiging: Zwolle) onder verscherpt financieel toezicht van de Inspectie van het Onderwijs. De reden: de school had te veel commerciële, branchevreemde activiteiten ontplooid en daarbij haar kerntaak – onderwijs – verwaarloosd.
De kwaliteit van een groot aantal opleidingen was ondermaats, terwijl onder de vleugels van Landstede wel een manege, diverse Wereldwinkels, kinderopvang, twee professionele sportploegen en een reisbureau functioneerden. Het vorige bestuur maakte hierover ruzie met de inspectie en het ministerie en moest uiteindelijk het veld ruimen.
Na de komst van Rietkerk ging het mes in veel van de commerciële trajecten. Zo ook de samenwerking met de Europort Business School, een kleine particuliere mbo-instelling die in Amsterdam en Rotterdam opleidingen aanbood. Dat ging weinig zachtzinnig, getuige het feit dat tientallen studenten de dupe werden van de inderhaast opgezegde samenwerking tussen Landstede en EPBS.

Eind 2018 werd het verscherpt financieel toezicht opgeheven en is Landstede weer een min of meer normale scholenkoepel, die volgens de inspectie een „gestage positieve financiële ontwikkeling" laat zien. Maar daarmee zijn nog niet alle problemen uit het verleden, zoals de nasleep van de mislukte samenwerking met EPBS, uit de wereld.

1,7 miljoen euro

Dat bleek maandag in de rechtszaal, waar EPBS en Landstede tegenover elkaar stonden en elkaar bittere verwijten maakten, van procedurefouten tot het geven van slecht onderwijs. Beide partijen eisen geld. Tot wel 1,7 miljoen euro, het bedrag dat het ministerie van Onderwijs bij de kemphanen terugvordert omdat de studenten hun opleiding niet hebben kunnen volgen. Landstede vindt dat EPBS moet betalen, en andersom.

„Er wordt zoveel bijgehaald", zei de rechter na twee pleidooien van een uur. „Het valt ons op dat beide partijen vrij weinig zeggen: daar heeft de ander gelijk in." Op haar advies onderzoeken de instellingen de komende twee weken of ze tot een financiële afwikkeling kunnen komen zodat de juridische procedure beëindigd wordt. Zo'n procedure, benadrukte ze, kan héél lang duren en kost „veel gemeenschapsgeld".

„Het klinkt alsof ze dingen zoeken om te winnen", zegt oud-student Veldhuijzen. „Maar over mij en mijn klasgenoten gaat het niet, terwijl het voor ons heel onwerkelijk was. Landstede ontkende gewoon dat wij studenten bij ze waren."

Om alsnog een diploma te krijgen, spanden 21 studenten in 2016 een kort geding aan tegen Landstede, dat ze wonnen. Zij waren toen zo goed als afgestudeerd. Maar voor de tientallen studenten die nog midden in hun opleiding zaten, gold dat niet. Voor hen bleef de situatie onduidelijk.

Veldhuijzen kreeg na vijf maanden uiteindelijk het aanbod van EPBS om de opleiding vestigingsmanager te volgen, waarvoor er een accreditatie was. In zijn vakantie volgde hij extra vakken. „Het was niet de oplossing die ik wilde, maar je moet toch iets."

Inmiddels werkt hij in de private lease, maar de schaamte is er nog steeds. „Je werkt aan je toekomst, ik heb geleerd dat school belangrijk is. En dan zo'n domper."

Bron: NRC, 2019

EXTRA

7.8 Antwoorden

1. **Redenen voor strategische samenwerking**
   a. Het vijfkrachtenmodel van Porter.

   b. Stijging van de kosten van onderzoek en ontwikkeling (denk aan de ontwikkeling van blu-ray en van hybride en elektrische aandrijving van auto's), nieuwe toetreders (energiesector en telecomsector) of de convergentie van technologieën waardoor de dreiging van substituutproducten toeneemt (navigatiesystemen, medische apparatuur).

   c. Door op wereldschaal te produceren, zijn er schaalvoordelen en dus kostenvoordelen mogelijk. Als ondernemingen overwegen in te spelen op de trend van globalisering, dan kan dat reden zijn dit avontuur samen aan te gaan. Hier kunnen ook de hoogte van kosten van onderzoek en ontwikkeling en risicospreiding een rol spelen.

2. **Doelen en alternatieven bij strategische samenwerking**
   a. Verbetering van de marktpositie en het bereiken van synergie, snellere ontwikkeling van producten en systemen, risicospreiding, betreden van nieuwe markten, verwerven van nieuwe vaardigheden, terugtrekken uit een markt, toegang tot nieuwe technologieën. Het terugtrekken uit een markt is de belangrijkste reden van strategische samenwerking.

   b. Hier kunnen meerdere doelen een rol spelen. In het artikel 'Rivalen Duitse auto-industrie sluiten verbond' (nrc.nl) worden meerdere doelen genoemd, waaronder het kunnen inhalen van de concurrentie uit de Verenigde Staten en Azië, het kunnen bijbenen van de snelle veranderingen in de auto-industrie, het delen van kennis en kosten voor de automatisering van functies als parkeren en rijden op de snelweg.

   c. Totale samenwerking en partiële samenwerking. Bij totale samenwerking ontstaat uit de voormalig zelfstandige organisaties een nieuwe juridische entiteit. Bij een partiële of gedeeltelijke samenwerking gaan twee of meer partners bij een deel van hun soms nieuwe activiteiten samenwerken.

   d. Bij een fusie gaan twee of meer partners op basis van gelijkwaardigheid op in een nieuwe organisatie. Van een overname is sprake als de ene partner duidelijk sterker is en de aandelen of activiteiten van de andere koopt.

   e. Bij een *joint venture* brengen de partners een deel van hun activiteiten onder in een nieuwe juridische eenheid (een nieuwe onderneming). Bij een strategische alliantie wordt er geen nieuwe onderneming opgericht, maar gaan partners langdurig samenwerken op basis van overeenkomsten.

3. **Stappen tot samenwerking**
   a. Als auteurs zijn we van mening dat het juist als kracht gewaardeerd zou moeten worden een bepaald voornemen niet uit te voeren, als onderhandelingen toch niet tot een optimaal resultaat lijken te leiden. Hiermee worden latere samenwerkingsproblemen voorkomen: 'Beter ten halve gekeerd dan ten hele gedwaald.'

   b. Met het profiel als uitgangspunt wordt een eerste lijst met mogelijke partners opgesteld. Veelal begint men met een relatief grote lijst van mogelijke kandidaten (de longlist). In een latere fase wordt het aantal tot een hanteerbare omvang teruggebracht (de shortlist).

   c. Vergelijkbaarheid van strategische doelstellingen, mogelijke overlap of lacunes in spreiding van activiteiten, vergelijkbaarheid van positionering, reeds bestaande samenwerkingsverbanden, aanwezigheid van competenties op functionele gebieden en kans op problemen bij implementatie. Zie voor een nadere toelichting paragraaf 7.4.3.

   d. Hoewel de oorzaken per situatie verschillen, kunnen de volgende oorzaken worden genoemd: te veel optimisme vooraf, een ingewikkelde invoering, samenwerking tussen twee of meer zwakke ondernemingen, onvoldoende aandacht voor de klant, onrustige klanten, cultuurproblemen, onvoldoende communicatie en te weinig wederzijdse voordelen.

7.9 Uitwerking oefencase[1]

Samenwerkingsmogelijkheden voor ESS
Deelanalyse (1): Noodzaak tot samenwerking
Samenwerking zal voor ESS in het algemeen eerder nodig zijn naarmate een bepaalde combinatie van groeirichting plus positionering verder weg voert van de bestaande situatie, dus naarmate ESS meer op onbekend terrein terechtkomt.
De volgende tabel geeft aan hoe de verschillende opties verschillen in de mate waarin ze meer of minder bekend zijn voor ESS.
De opties die +++ of ++ scoren, kunnen met vertrouwen door ESS zelf ter hand worden genomen. Bij de opties die + of - scoren moet ESS zich afvragen of enige vorm van samenwerking met een partner/organisatie het realiseren van die optie niet vergemakkelijkt. Bij de opties die - - - of - - scoren, staat vrijwel vast dat ze mislukken als ESS die zonder samenwerking, dus geheel op eigen kracht, zou proberen te realiseren (zie figuur 7.3).

1 Dit boek biedt alleen de samenvattende conclusie van de uitwerking. De complete uitwerking is te vinden op www.conceptuitgeefgroep.nl.

Figuur 7.3 Product-marktcombinaties en passende strategie

Product-marktcombinatie en best daarbij passende strategie business & positionering	**Geografische locatie**			**Opmer-king**
	Nederland	**Duitsland**	**België**	
TDD/voor een unieke locatie & laagste kosten	+++	++	++	
GDD/voor een unieke locatie en voor bijzondere klanten & differentiatie	++	+	+	
MD/voor vrijwel alle klanten en locaties & laagste kosten of differentiatie	++	+	+	
OD/SA/door afnemers van draaideuren apart af te nemen & laagste kosten -> OD differentiatie -> SA	+ -	- -	- -	
ETS/bij uiteenlopende soorten deuren, niet alleen draaideuren & laagste kosten	+	- -	- -	
DDV/voor klanten die op veel locaties/in veel gebouwen veel draaideuren wensen & laagste kosten	-	- -	- -	
BVH/huishoudelijke markt & laagste kosten	- -	- - -	- - -	
FSC/zakelijke markt, combinatie van product- en personeelsdienstenmarkt & differentiatie	- -	- - -	- - -	

Afkortingen:

TDD	*Traditionele DraaiDeuren*
GDD	*Geavanceerde DraaiDeuren*
MD	*MontageDiensten*
OD/SA	*Gekoppeld Onderhouds-/Storingsabonnement*
ETS	*Elektronische ToegangsSystemen*
DDV	*DraaiDeuren voor Veelvoudige inbouw*
BVH	*BeVeiligingssystemen voor Huishoudelijk gebruik*
FSC	*Full Service Concept*

+++	*zeer vertrouwd*
++	*redelijk vertrouwd*
+	*enigszins vertrouwd*
-	*enigszins onbekend*
- -	*tamelijk onbekend*
- - -	*zeer onbekend*

Deelanalyse (2): Vorm van samenwerking

De voorgaande analyse heeft duidelijk gemaakt waar ESS op eigen kracht en waar met enige samenwerking of zelfs alleen door samenwerking kan slagen. De volgende stap is nu nagaan welke vorm die samenwerking het best kan hebben, van geval tot geval. Allereerst wordt bekeken of ESS een bepaalde strategische keuze op eigen kracht kan realiseren. Als dat niet het geval blijkt, bijvoorbeeld omdat ESS de benodigde capaciteiten daarvoor mist, dus als er te veel kans is op mislukken, of omdat het op eigen kracht te langzaam zou gaan, dan moet worden overwogen of het in een andere samenwerkingsvorm wel haalbaar is. Samenwerking kan gedeeltelijk zijn: strategische alliantie of joint venture, of totaal: fusie of overname. In het algemeen kan men aannemen dat (zie de voorgaande tabel):

– bij een +++ of ++ uitvoering op eigen kracht goed mogelijk zal zijn;
– bij een + of - een gedeeltelijke samenwerkingsvorm kan volstaan;
– bij een -- of --- een totale vorm van samenwerking nodig zal zijn.

In figuur 7.4 (gebaseerd op de voorgaande tabel) staan deze vormen aangeduid.

Conclusie

De analyse van samenwerkingsbehoeften en samenwerkingsopties voor de verschillende product-marktcombinaties met bijbehorende positioneringsstrategieën en in verschillende landen laat zien dat ESS in enkele businesses met een gerust hart zelfstandig verder kan gaan, maar dat dit in de meerderheid van de opties niet het geval is.
Voorlopig gaan we ervan uit dat alleen de opties die een + of een - scoren en die dus met een betrekkelijk licht samenwerkingsverband (strategische alliantie) zijn te realiseren de voorkeur hebben. De opties die alleen met een zwaardere vorm van samenwerking (*joint venture* of overname) zijn te realiseren, worden vooralsnog niet aanbevolen. De realisatie daarvan zou een te groot beslag kunnen leggen op de managementcapaciteit van ESS en dat terwijl het afbreukrisico (het mislukken en de gevolgen daarvan) van de zware vormen van samenwerking het grootst is.
Let op: deze conclusie is indicatief en nog niet definitief. Pas als de analyse van de situatie van ESS compleet is (dus ook de organisatorische en operationele aspecten zijn bestudeerd), kan worden besloten welke opties wel of niet prioriteit krijgen.

Figuur 7.4 Product-marktcombinatie, concurrentieopstelling en passende vorm van samenwerking

Product-marktcombinatie en bijbehorende concurrentie-opstelling business & positionering en eventuele vorm van samenwerking	Geografische locatie			Opmerking
	Nederland	Duitsland	België	
TDD/voor een unieke locatie & laagste kosten	Op eigen kracht	Op eigen kracht	Op eigen kracht	
GDD/voor een unieke locatie en voor bijzondere klanten & differentiatie	Op eigen kracht	Strategische alliantie	Strategische alliantie	
MD/voor vrijwel alle klanten en locaties & laagste kosten of differentiatie	Op eigen kracht	Strategische alliantie	Strategische alliantie	
OD/SA/door afnemers van draaideuren apart af te nemen & laagste kosten -> OD	Op eigen kracht	Joint venture	Joint venture	
differentiatie -> SA	Op eigen kracht	Joint venture	Joint venture	
ETS/bij uiteenlopende soorten deuren, niet alleen draaideuren & laagste kosten	Joint venture	Joint venture	Joint venture	
DDV/voor klanten die op veel locaties/in veel gebouwen veel draaideuren wensen & laagste kosten	Joint venture	Overname	Overname	
BVH/huishoudelijke markt & laagste kosten	Overname	Overname	Overname	
FSC/zakelijke markt, combinatie van product- en personeelsdienstenmarkt & differentiatie	Overname	Overname	Overname	

Legenda:	Op dit moment:
Is het best op eigen kracht te realiseren	→ Zonder meer doen
Is het best via strategische alliantie te realiseren	→ Aan te raden
Is het best via joint venture te realiseren	→ Nader te onderzoeken
Is het best via overname te realiseren	→ Af te raden

Literatuur

Aangehaalde en aanbevolen literatuur

Bieshaar, H., Knight, J. en Wassenaer, A. van (2001). Deals That Create Value. *McKinsey Quarterly*, nr. 1.

Bleeke, J. en Ernst, D. (1991). The Way to Win in Cross-Border Alliances. *Harvard Business Review*, vol. 69, nr. 6, 127-135.

Bleeke, J. en Ernst, D. (1993). *Collaborating to Compete: Using Strategic Alliances and Acquisitions in the Global Market Place.* New York: Wiley.

Christensen, C.M., Alton, R., Rising, C. e.a. (2011). The new M&A Playbook. *Harvard Business Review*, vol. 89, nr. 3, 48-57.

Christofferson, S.A., McNish, R.S. en Sias, D.L. (2004). Where Mergers Go Wrong. *McKinsey Quarterly*, number 2.

Cullinan, G., Le Roux, J.M. en Weddigen, R.M. (2004). When to Walk Away From a Deal. *Harvard Business Review*, vol. 82, nr. 4, 96-104.

Doherty, R., Engert, O. en West, A. (2016). How the best acquirers excel at integration, *McKinsey Quarterly,* januari 2016. (www.mckinsey.com/insights/corprate_finance?how-the_best-acquirers_excel_at_integration)

Dussauge, P. en Garrette, B. (1999). *Cooperative Strategy: Competing Successfully Through Strategic Alliances.* Chichester: J. Wiley & Sons.

Eccles, R.G., Lanes, K.L. en Wilson, T.C. (1999). Are You Paying Too Much for That Acquisition? *Harvard Business Review*, vol. 77, nr. 4, 136-146.

FD. (2018). Tony's Chocolonely zoekt onderdak bij multinational, 30 november, p. 1.

FD. (2019). Bayer moet $ 80 mln. schadevergoeding betalen in Roundup-zaak, 28 maart, p. 22.

Frankopan, P. (2018). *De nieuwe zijderoutes. Het heden en de toekomst van de wereld.* Houten: Spectrum.

Ghemawat, P. (2001). Distance Still Matters: The Hard Reality of Global Expansion. *Harvard Business Review,* vol. 79, nr. 8, 137-147.

Haspeslagh, P.C. en Jemison, D.B. (1991). *Managing Acquisitions: Creating Value Through Corporate Renewal.* New York: Free Press.

HBR (2002). *Harvard Business Review on Strategic Alliances.* Boston: Harvard Business School Press.

Logtenberg, H. (2012). Amarantis: we moeten radicaal breken. *Het Parool*, 15 februari.

Mohanran, P. en Nanda, A. (1996). When Do Joint Ventures Create Value? *Academy of Management Proceedings.*

Moschieri, C. en Mair, J. (2011). Adapting for Innovation: Including Divestitures in the Debate. *Long Range Planning*, vol. 44. nr. 1, 4-25.

NRC (2016). Rechter: ROC Landstede moet leerlingen diploma geven, 29 augustus.

NRC (2019). Bittere verwijten over mislukte samenwerking mbo's, 5 maart 2019.

Ohmae, K. (1989). The Global Logic of Strategic Alliances. *Harvard Business Review*, vol. 67, nr. 2, 143-154.

Porter, M.E. (2008). The Five Forces That Shape Strategy. *Harvard Business Review,* vol. 86, nr. 1, 78-93.

Rappaport, A. en Sirower, M. (1999). Stock of Cash? The Trade-Offs for Buyers and Sellers in Mergers and Acquisitions. *Harvard Business Review*, vol. 67, nr. 6, 147-158.

Sirower, M.L. (1997). *The Synergy Trap: How Companies Lose the Acquisition Game.* New York: Free Press.

Spekman, R.E. en Isabella, L.A. (2000). *Alliance Competence: Maximizing the Value of Your Partnerships*. New York: Wiley.

Vestring, T., King, B. en Rouse T. (2003). Should You Always Merge Cultures? *Harvard Management Update*, mei.

Deel II
Operationeel management: van strategie naar operaties

'In fact, you can't draft a worthwhile strategy if you don't at the same time make sure your organization has or can get what's required to execute it, including the right resources and the right people.'

Bron: Larry Bossidy en Ram Charan, *Execution* (2002)

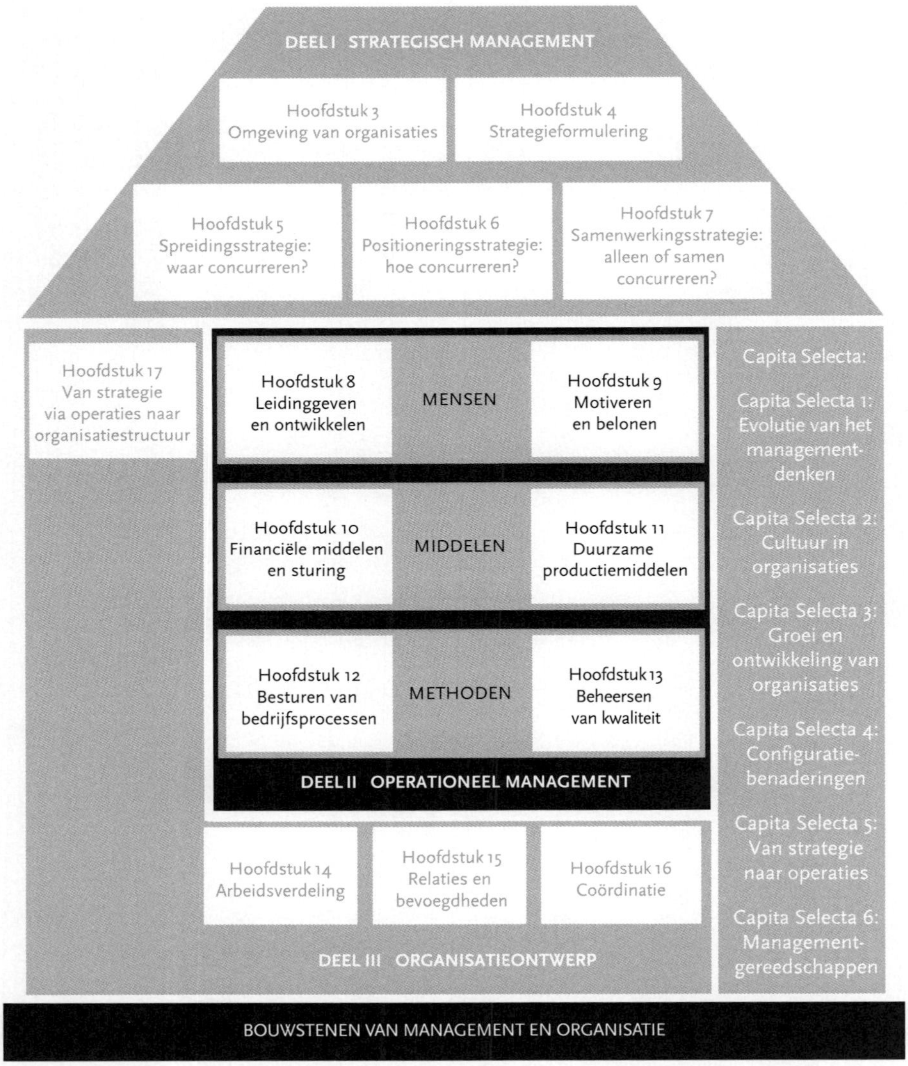
DEEL I STRATEGISCH MANAGEMENT
Hoofdstuk 3
Omgeving van organisaties
Hoofdstuk 4
Strategieformulering
Hoofdstuk 5
Spreidingsstrategie:
waar concurreren?
Hoofdstuk 6
Positioneringsstrategie:
hoe concurreren?
Hoofdstuk 7
Samenwerkingsstrategie:
alleen of samen
concurreren?
Hoofdstuk 17
Van strategie
via operaties naar
organisatiestructuur
Hoofdstuk 8
Leidinggeven
en ontwikkelen
MENSEN
Hoofdstuk 9
Motiveren
en belonen
Hoofdstuk 10
Financiële middelen
en sturing
MIDDELEN
Hoofdstuk 11
Duurzame
productiemiddelen
Hoofdstuk 12
Besturen van
bedrijfsprocessen
METHODEN
Hoofdstuk 13
Beheersen
van kwaliteit
DEEL II OPERATIONEEL MANAGEMENT
Hoofdstuk 14
Arbeidsverdeling
Hoofdstuk 15
Relaties en
bevoegdheden
Hoofdstuk 16
Coördinatie
DEEL III ORGANISATIEONTWERP
Capita Selecta:
Capita Selecta 1:
Evolutie van het
management-
denken
Capita Selecta 2:
Cultuur in
organisaties
Capita Selecta 3:
Groei en
ontwikkeling van
organisaties
Capita Selecta 4:
Configuratie-
benaderingen
Capita Selecta 5:
Van strategie
naar operaties
Capita Selecta 6:
Management-
gereedschappen
BOUWSTENEN VAN MANAGEMENT EN ORGANISATIE

8 Mensen: leidinggeven en ontwikkelen

8. Een gemeentelijke dienst moet proactief gaan werken

Situatie
Na de laatste verkiezing bestaat het college van burgemeester en wethouders (B&W) van de gemeente Breedevoort uit vijf wethouders onder voorzitterschap van burgemeester Jos van den Berg. Gemeentesecretaris Afra van Dijk ondersteunt het college. Als hoogste ambtenaar is zij tevens het hoofd van de gemeentelijke organisatie.

Openbaar groen
De dienst Openbaar Groen bestaat uit een aantal wijkteams die parken, plantsoenen, bermen en bomen onderhouden. De verantwoordelijk wethouder, Piet Jongsma, is afkomstig uit de Breedevoortse Ondernemerspartij. In hun verkiezingsprogramma stond dat de gemeente 'meer proactief' moet werken. Tijdens zijn eerste vergadering met de hoofden van de wijkteams noemt Jongsma een voorbeeld: "De wijkteams doen belangrijk werk, laat dat gezegd zijn. Maar het gebeurt vaak dat inwoners stroken gemeentegroen illegaal bij hun eigen tuin trekken. Daar wordt niet of veel te laat tegen opgetreden. In zulke gevallen heeft de rechter teruggave afgewezen. Want er is sprake van een 'langdurige gedoogsituatie' die leidt tot 'bevrijdende verjaring'. De wethouder: "In gewoon Nederlands: de gemeente heeft het recht op haar eigen grond verspeeld. Burgers moet duidelijk worden verteld wat wel en niet mag. En overtreders moeten meteen worden aangepakt." Hij voegt eraan toe: "Vanaf nu delegeer ik deze taak naar de wijkteams. Onder jullie leiding moeten ze proactief zijn."

Een jaar later
'Wethouder Jongsma in de problemen door de 'groenpolitie'. Dat is de kop in het regionale dagblad. Aanleiding is het 'burgertevredenheidsonderzoek' dat de gemeente heeft laten uitvoeren. De dienst Openbaar Groen kwam daar niet best uit. Het optreden tegen illegaal inpikken van gemeentegrond is te voortvarend opgepakt. Medewerkers van de dienst spreken bewoners nu meteen aan. Dat was nodig, maar ze doen dat heel intimiderend. Bijvoorbeeld door meteen ontruiming aan te kondigen op kosten van de bewoner. Toen wethouder Jongsma daarover in de gemeenteraad aan de tand werd gevoeld, verdedigde hij zich: "Deze taak is gedelegeerd aan de teams. Van mij kun je niet verwachten dat ik met elke groenmedewerker meeloop om te zien of die wel tactisch genoeg optreedt." Daarop kreeg hij een motie aan zijn broek waarin hem werd opgedragen de terugvordering van gemeentegrond met onmiddellijke ingang anders aan te pakken. Zo niet, dan zou een motie van wantrouwen volgen als roemloos einde van zijn politieke loopbaan.

Hoe anders?
Spoedoverleg met de burgemeester en de gemeentesecretaris is nodig. Jongsma: "Ja maar ik bedoelde het goed; orde op zaken stellen is dringend nodig." Gemeentesecretaris Van Dijk houdt hem voor dat het omturnen van een organisatie niet een kwestie is van even 'de knop omdraaien'. De burgemeester voegt eraan toe: "Delegeren lukt pas als je medewerkers daartoe bekwaam en bereid zijn. Dat kost tijd." Een extern adviseur wordt ingehuurd om het veranderingsproces in betere banen te leiden.

Deze case laat zien dat delegeren van taken en bevoegdheden naar onder in de organisatie niet vanzelf gaat. Rekening moet worden gehouden met weigering of zelfs sabotage. Ook maakt de case duidelijk dat delegeren niet betekent dat verantwoordelijkheid kan worden afgeschoven.

Kernstof

Leidinggeven (paragraaf 8.1) is het omzetten van genomen beslissingen in concrete acties. Om medewerkers tot actie te brengen, heeft de manager invloed (macht) nodig. Kotter noemt vijf bronnen van invloed van de manager:

- een gevoel van verplichting bij de medewerker;
- de eigen kundigheid;
- identificatie;
- afhankelijkheid;
- de formele positie.

Om goed leiding te kunnen geven en de doelen te kunnen bereiken, moet de manager invloed verwerven én gebruiken. Kotter geeft als aanvulling op deze bronnen van invloed negen aanwijzingen hoe invloed te gebruiken.
Leiders en managers verschillen van elkaar. Leiders streven naar vernieuwing, terwijl managers binnen de gegeven kaders hun werk doen. Om succesvol te zijn, moet een organisatie managers én leiders in huis hebben.
Er is veel geschreven over leiderschap (paragraaf 8.2). In het begin waren het vooral managers die uit eigen ervaring probeerden aanwijzingen voor goed leiderschap te ontdekken. Later werden meer systematische studies gedaan.
Sommige theorieën zijn *universeel*, wat wil zeggen dat als ze toegepast worden overal en altijd succes zou moeten volgen (paragraaf 8.2.1). Zo beschreef Taylor op grond van zijn eigen ervaring de *taakgerichte* leiderschapsstijl. De Human Relations-beweging kwam door systematische studies tot de *mensgerichte* stijl van leidinggeven. Het revisionisme komt tot een *integratie* van mens- en taakgericht leiderschap.
Situatieafhankelijke leiderschapstheorieën houden rekening met de kenmerken van de specifieke situatie (paragraaf 8.2.2). In die trant ontwikkelde Reddin de *driedimensionale* benadering van leiderschap. Hij noemt vier stijlen van leiderschap:

- de separatiestijl;
- de relatiestijl;
- de dedicatiestijl;
- de integratiestijl.

De stijlen verschillen in de mate waarin de manager aandacht besteedt aan taakgerichtheid en relatiegerichtheid. De stijl moet afhangen van de kenmerken van de organisatie, de gebruikte technologie en de kenmerken van de eigen leidinggevende, de collega's en de ondergeschikten van de manager.
Hersey en Blanchard onderscheiden vier leiderschapsstijlen die ze indelen naar de mix van hoeveelheid sturing (taakgerichtheid) en ondersteuning (relatiegerichtheid) die de manager geeft. Zij noemen de stijlen:

- instrueren;
- overtuigen;
- overleggen;
- delegeren.

Welke stijl de beste is, hangt af van het competentieniveau van de medewerker of de groep. Het competentieniveau hangt af van de bekwaamheid en de bereidheid van een medewerker. Bass maakt onderscheid tussen *transactioneel* en *transformationeel leiderschap*. Een transactioneel leider is meer op de korte termijn gericht, werkt binnen vastgestelde kaders en heeft met zijn of haar medewerkers een ruilrelatie. Een transformationeel leider is op de langere termijn gericht, overstijgt bestaande grenzen en heeft met zijn of haar medewerkers een gezamenlijk ontwikkelingsperspectief.

Een manager zet een actie in gang door het geven van opdrachten (paragraaf 8.3). Die opdrachten kan hij *mondeling* of *schriftelijk* geven. De opdrachten kunnen *enkelvoudig* zijn, waarbij alleen het eindresultaat wordt aangegeven. Bij een *samengestelde* taakopdracht schrijft de manager voor hoe de medewerker de opdracht moet uitvoeren (paragraaf 8.3.1). Opdrachten moeten voldoen aan een aantal eisen (paragraaf 8.3.2). Een bijzondere vorm van opdracht geven is *management by objectives (mbo) and self control* (paragraaf 8.3.3). Hierbij bepalen manager en medewerker samen welke resultaten de medewerker in een periode moet bereiken. De medewerker krijgt de gelegenheid om zijn werk te doen, waarbij de manager hem – waar nodig – ondersteuning geeft. Aan het eind van de periode volgt een gezamenlijke beoordeling van het bereikte resultaat en stellen manager en medewerker nieuwe doelen voor de volgende periode.

Humanresourcesmanagement (paragraaf 8.4) bestaat uit verschillende activiteiten die er samen voor moeten zorgen dat op het *juiste moment*, het *juiste aantal* mensen met de *juiste eigenschappen* beschikbaar zijn. Personeelsplanning (paragraaf 8.4.1) moet ervoor zorgen dat vaststaat *hoeveel* mensen met welke eigenschappen wanneer nodig zijn, en dat werving en selectie leidt tot kandidaten die kunnen worden aangenomen. Opleiding na aanname maakt ook deel uit van personeelsplanning. Flexibilisering van het personeelsbestand is in tijden van economische onzekerheid een belangrijk vraagstuk (paragraaf 8.4.2). Covey (paragraaf 8.4.3) heeft ontdekt welke kenmerken effectieve medewerkers hebben. Die medewerkers zijn proactief, hebben het einddoel steeds voor ogen, stellen prioriteiten, denken in win-wincombinaties en proberen anderen eerst te begrijpen voor ze zelf begrepen willen worden. Ook streven ze synergie na, in combinatie met voortdurende verbetering. Ze zijn voortdurend op zoek naar hun eigen inspiratie en proberen anderen hun eigen inspiratie te laten ontdekken.

Management development (paragraaf 8.5) is een systematische activiteit die ervoor moet zorgen dat managementposities op verschillende niveaus steeds vervuld kunnen worden. Aanvullend ten opzichte van personeelsplanning is hierbij de duidelijke ontwikkelgerichtheid. Het is belangrijk te ontdekken wat de belangstelling van managers is, welke opleiding ze nodig hebben en hoe ze de nodige ervaring op kunnen doen om succesvol te zijn in nieuwe functies. Grote organisaties hebben afdelingen die zich hiermee bezighouden. Zo'n afdeling rapporteert vaak direct aan de hoofddirectie of de raad van bestuur.

8 Mensen: leidinggeven en ontwikkelen

Gemaakte plannen moeten goed uitgevoerd worden. Mensen in organisaties moeten concrete activiteiten uitvoeren om de gewenste resultaten te bereiken. Medewerkers moeten daarvoor leiding krijgen. De organisatie moet ervoor zorgen dat de capaciteiten van de medewerkers op alle niveaus zo goed mogelijk gebruikt en verder ontwikkeld worden.

THEORIE

8.1 Wat is leidinggeven?

Leidinggeven is het omzetten van genomen beslissingen in concrete acties. De leidinggevende stuurt hiermee het doen en laten (dus het gedrag) van zijn medewerkers aan. Onder dit aansturen valt ook het naderhand controleren van de uitvoering. Managers zijn dus voor het tot stand komen van resultaten afhankelijk van hun medewerkers. De vraag is dan waarom medewerkers zouden doen wat de leidinggevende hun als opdracht geeft. Met andere woorden, waarop is de invloed of de macht van de leidinggevende gebaseerd? Verschillende onderzoekers komen tot min of meer vergelijkbare conclusies. Zo noemt Kotter (1999) de volgende bases voor invloed of macht:

- Gevoel van *verplichting*: een manager doet kleine dingen voor een medewerker die dat zeer op prijs stelt.
- Geloof in *kundigheid*: de medewerker doet wat een leidinggevende vraagt omdat er goede resultaten zullen volgen.
- *Identificatie* met de manager: medewerkers zijn het eens met wat de manager wil bereiken.
- *Afhankelijkheid* van de manager: de manager gaat over beloning en straf en heeft middelen ter beschikking die de medewerker voor zijn werk nodig heeft.
- *Formele positie*: de leidinggevende heeft de formele macht om iemand iets op te dragen.

Pfeffer (2010) heeft gezien dat managers soms aarzelen om hun macht te gebruiken. Daarvoor heeft hij drie verklaringen. De eerste is dat managers geloven dat we in een rechtvaardige wereld leven. Als ze zelf alles goed doen, doen andere mensen ook hun best. Medewerkers die slechte dingen doen, krijgen te zijner tijd hun verdiende loon. Daarvoor hoeft de manager zelf niets te doen. De tweede is dat veel literatuur over leiderschap weinig zegt over de noodzaak om invloed en macht uit te oefenen. Dat machtsspelletjes nodig zijn om de top te bereiken of een ander te overtuigen, komt uit de literatuur niet naar voren.[1] Ten slotte vinden veel managers dat hun niets te verwijten valt als iets niet goed is gegaan terwijl ze geen macht hadden opgebouwd. De praktijk wijst uit dat aarzelen macht te gebruiken op de momenten dat het had gekund, achteraf vaak een vergissing blijkt te zijn, maar dan is het te laat.
Aanvullend op de machtsbases die Kotter noemde, brengt Pfeffer nog naar voren dat de manager meer invloed en macht krijgt door:

[1] In februari 2011 merkte een oud-staatssecretaris op dat stille diplomatie soms bestaat uit het binnenskamers dreigen met maatregelen als een andere partij niet wil meewerken. Na afloop staan de beide partijen als goede vrienden van elkaar op het bordes om een persconferentie te geven.

- op *verschillende fronten* actief te zijn om het doel te bereiken en niet alles op een kaart te zetten;
- zelf de *eerste stappen* te zetten en niet op anderen te wachten;
- te proberen *tegenstanders* achter zich te krijgen;
- *rivalen* weg te werken, als het kan op een nette manier;
- *geen negatieve reacties* uit te lokken;
- *persoonlijke noten* te gebruiken, bijvoorbeeld zelf bellen en niet de secretaris laten bellen;
- *vasthoudend* te zijn;
- veel *aandacht* te besteden aan *belangrijke relaties;*
- medewerkers te *overtuigen* van het grote belang van de doelen.

Discussies gaan nog steeds over de vraag of er verschillen bestaan tussen managers en leiders. Een van de eersten die deze vraag naar voren bracht, was Zaleznik (2004, oorspronkelijk 1977). Hij stelt dat er duidelijk verschillen tussen beiden bestaan. Managers karakteriseert hij als personen die ernaar streven de dagelijkse gang van zaken in de organisatie zo vlekkeloos mogelijk te laten verlopen. Daarbij streven ze zo veel mogelijk naar consensus tussen alle betrokkenen. Leiders daarentegen streven naar vernieuwing en zoeken steeds naar nieuwe kansen. Ze zetten hun medewerkers dan ook aan tot betere prestaties. Zaleznik komt tot de conclusie dat leiders en managers twee verschillende typen personen zijn. Zijn conclusie is ook dat een succesvolle organisatie beide typen nodig heeft. Met alleen leiders is er geen rust en efficiëntie en dus ook geen winst in de organisatie. Met alleen managers is er op een bepaald moment wel winst, maar is die op de langere termijn niet verzekerd door het ontbreken van vernieuwing. Hoe concreet de mix van beide typen in een organisatie moet zijn, hangt af van de ontwikkelingsfase van de organisatie en het soort bedrijfstak waarin de organisatie werkt. In internetgerelateerde ondernemingen is meer vernieuwing nodig dan in organisaties in een meer traditionele bedrijfstak.

Leider en managers in de Van den Tweel Groep

De Van den Tweel Groep uit Nijkerk is voortgekomen uit een granen- en levensmiddelenhandel die Gerard Konst in 1905 in Nijkerk aan het Vetkamp begon. Zijn pleegzoon Bertus van den Tweel neemt de zaak in 1938 over. In 1974 neemt Gerard van den Tweel het aandeel van zijn vader over en wordt volledig eigenaar. Hij breidt het bedrijf uit met onder andere supermarkten, slijterijen en hotels. In 2017 heeft de onderneming 2000 personeelsleden in Nederland (1300) en het Caraïbische gebied (700). De activiteiten in het laatste gebied worden in 2018 (deels) verkocht.

Hij schrijft zijn succes toe aan het hebben van lef, initiatief, doorzettingsvermogen en veel energie. 'Je moet risico's durven nemen, in moeilijke tijden kunnen doorbijten en veel van jezelf eisen. Je thuisfront moet kunnen leven met iemand die 100 uur per week werkt en veel van huis is'.

Hij maakt ook duidelijk dat het succes tot stand is gekomen door de bijdragen van het managementteam en alle overige werknemers in het bedrijf. Hij laat daarmee zien dat succes voortkomt uit leiderschap en ondernemerschap gecombineerd met bekwaam management in de supermarkten, andere winkels en horecagelegenheden van de groep. Als ondernemer heeft Gerard ook oog voor wat op de werkvloer gebeurt. Aan het eind van de werkdag loopt hij vaak nog even door de winkel: er vallen hem dan soms dingen op die niet in de normale rapportages staan vermeld.

Bron: Tack et al. (2017).

Twee begrippen zijn verwant met leiderschap: eenheid van leiding en eenheid van bevel. Er is sprake van eenheid van leiding wanneer alle mensen in de organisatie dezelfde doelen nastreven. Van eenheid van bevel is sprake als een medewerker slechts van één leidinggevende opdrachten krijgt. In de in deel III te behandelen project- en matrix-organisatie is geen sprake van eenheid van bevel (een medewerker heeft verschillende 'bazen'). Toch is het de bedoeling dat juist door die verschillende bazen de doelen beter of sneller bereikt worden dan in het geval van eenheid van bevel. Door het verbreken van de eenheid van bevel is de kans op tegenstrijdige beslissingen groter. Dit kan ten koste gaan van de eenheid van leiding, maar dat hoeft niet.

8.2 Theorieën over leiderschap

In de loop der tijd is een groot aantal theorieën over leiderschap ontwikkeld. Sommige daarvan zijn gebaseerd op de ervaringen van de manager in het eigen bedrijf, denk maar aan Taylor (1903, 1947). Andere zijn tot stand gekomen door wetenschappelijke studies in een of meer organisaties. Theorieën over leiderschap zijn onder te verdelen in *universele* theorieën, die algemeen geldend zijn, en *situatieafhankelijke* theorieën, die stellen dat de kenmerken van de concrete situatie van belang zijn voor de keuze van de beste leiderschapsstijl.

8.2.1 Universele theorieën

Scientific Management: taakgericht leidinggeven
Scientific Management is ontstaan in de Verenigde Staten, aan het eind van de negentiende eeuw. Frederick W. Taylor legde er de grondslag voor. Taylor was directeur van een staalbedrijf en probeerde de productiviteit te vergroten. Door die hogere productiviteit kon het bedrijf meer winst maken en zou de welvaart toenemen. In het door hem ontwikkelde achtbazenstelsel kreeg iedere werknemer van acht bazen opdrachten. Elk van die bazen mocht op een klein deelgebied opdrachten geven. Zo waren er bazen verantwoordelijk voor deelgebieden als kwaliteit, snelheid van werken, discipline en werkvoorbereiding. In de ideeën van Taylor komt arbeidsvoldoening van de medewerker niet aan de orde. Zijn benadering was duidelijk *taakgericht leiderschap*. In de huidige tijd mag dat merkwaardig overkomen. Men dient echter te bedenken dat werknemers aan het eind van de negentiende eeuw uit vrijwel alle werelddelen naar de Verenigde Staten kwamen om te werken, nauwelijks of helemaal geen Engels spraken en soms niet meer dan een paar dagen voor hetzelfde bedrijf werkten. Tegen die achtergrond zijn de denkbeelden die Taylor ontwikkelde praktisch. In andere omstandigheden kan die aanpak niet tot goede resultaten leiden.
Naast leiderschap besteedt het Scientific Management ook aandacht aan het nauwkeurig beschrijven en analyseren van productieprocessen. Daarvoor ontwikkelde Taylor de zogenaamde tijd- en bewegingsstudies. De door Taylor in de Verenigde Staten ontwikkelde technieken worden in Nederland in de jaren dertig van de vorige eeuw gebruikt door adviesbureaus, onder andere Berenschot. Na de Tweede Wereldoorlog speelden deze technieken een belangrijke rol bij de wederopbouw van de industrie bij het verhogen van de productiviteit en het invoeren van een rechtvaardig beloningsbeleid. De aandacht voor gedetailleerde beschrijving van processen om tot verbetering te komen is ook te vinden bij aanpakken die in hoofdstuk 12 aan de orde komen bij bijvoorbeeld Business Process Redesign (BPR) en Business Process Management (BPM).

Scientific management en de T-Ford

De benadering van Taylor is met succes toegepast in de Amerikaanse auto-industrie. De productie van de T-Ford vond plaats op basis van de inzichten van het Scientific Management. Henry Ford was een van de eerste opdrachtgevers van Taylor en zonder Taylor had Ford de lopende band uit 1913 voor de productie van de T-Ford mogelijk nooit uitgevonden. Bij deze lopende band werd het chassis van de T-Ford met een touw en een windas volgens een minutieuze planning door de montagehal getrokken. Arbeiders monteerden elk steeds één onderdeel. Hierdoor was er sprake van een maximale routine en kon een voor die tijd hoge productiesnelheid worden gehaald.

Bron: Paauwe en Van Breukelen (2007); Berings en Steen (2004)

Human Relations-beweging: mensgericht leidinggeven
Het begin van de Human Relations-beweging is een studie die qua opzet sterk doet denken aan de benadering van het Scientific Management. Dickson en Roethlisberger (1939) deden onderzoek in de Hawthorne-fabrieken in Chicago. Zij wilden in 1924 het verband vaststellen tussen lichtsterkte en arbeidsproductiviteit. Er was een experimenteergroep die werkte onder verschillende lichtsterkten en een controlegroep waarvoor de lichtsterkte gelijk bleef. Tot ieders verbazing nam in beide groepen de productie toe. Er bleek dus geen verband te bestaan tussen variatie in lichtsterkte en productie. Op dat moment roept men Mayo's hulp in om deze uitkomsten verder te onderzoeken. Ook Mayo (1933, 1945) start onderzoeken op de traditionele Scientific Management-achtige manier en komt tot dezelfde verbazende conclusies. Hij brengt op een bepaald moment de lichtsterkte weer omlaag en ziet dat de productie dan zelfs nog toeneemt. Na veel discussie komen de onderzoekers tot de conclusie dat andere factoren dan lichtsterkte een rol spelen bij het verklaren van de productiviteit. Een van de belangrijkste vinden zij de manier waarop leiding is gegeven. De medewerkers werden en waren betrokken bij de experimenten en voelden zich daarom serieus genomen. Dat spoorde hen aan tot hogere prestaties te komen. Hiermee is de zogenaamde Human Relations-beweging geboren.

Revisionisme: integratie van taak- en mensgericht leidinggeven
Het revisionisme is te zien als een integratie van de denkbeelden over leidinggeven van het taakgerichte Scientific Management met die van de mensgerichte Human Relations-beweging. De term revisionisme is bedacht door W.G. Bennis. Hij vond dat de Human Relations-benadering toe was aan een herziening, aan een 'revisie'. Een van de belangrijke bijdragen op dit gebied is van Douglas McGregor. Hij publiceert in 1960 zijn bekend geworden boek *The Human Side of Enterprise*. Hij signaleert dat het mensbeeld dat een leider heeft van ondergeschikten ('Theorie X' of 'Theorie Y') bepaalt hoe de leider zijn mensen benadert.

McGregor beschrijft een stijl van leidinggeven die taak- en mensgerichtheid integreert. Hij noemt deze stijl *management by objectives and self control*. Het gaat hierbij om het door leidinggevende en medewerker gezamenlijk vaststellen van streefdoelen voor een volgende periode. De medewerker krijgt de gelegenheid de doelen te behalen en bespreekt zijn vorderingen met zijn leidinggevende. De leidinggevende ondersteunt de medewerker waar nodig.

Blake en Mouton (1963) zijn ook twee onderzoekers die tot het revisionisme behoren. Zij onderscheiden vijf leiderschapsstijlen die zij in een matrix weergeven (zie figuur 8.1). Op de horizontale as staat de mate van aandacht voor de productie (= taakgerichtheid); op de verticale as staat de mate van aandacht voor de mens (= mensgerichtheid).
De stijlen zijn:
- 1.1 verarmd: de leider heeft weinig of geen aandacht voor mens en productie.
- 9.1 taakgericht: de leider heeft veel aandacht voor de productie, maar weinig voor de mens.
- 5.5 de middenweg: compromis tussen aandacht voor de mens en aandacht voor de productie.
- 1.9 gezelligheidsclub: de leider heeft veel aandacht voor de mens en weinig voor de productie.
- 9.9 teamstijl: veel aandacht voor productie en de mens gaan hand in hand.

Van deze vijf stijlen is volgens Blake en Mouton de teamstijl, ongeacht de situatie, de 'ideale' leiderschapsstijl. Daarmee geldt deze theorie als een universele theorie. Latere studies nuanceren dit, zoals we hierna zien.

Figuur 8.1 *Managerial grid* van Blake en Mouton (1963)

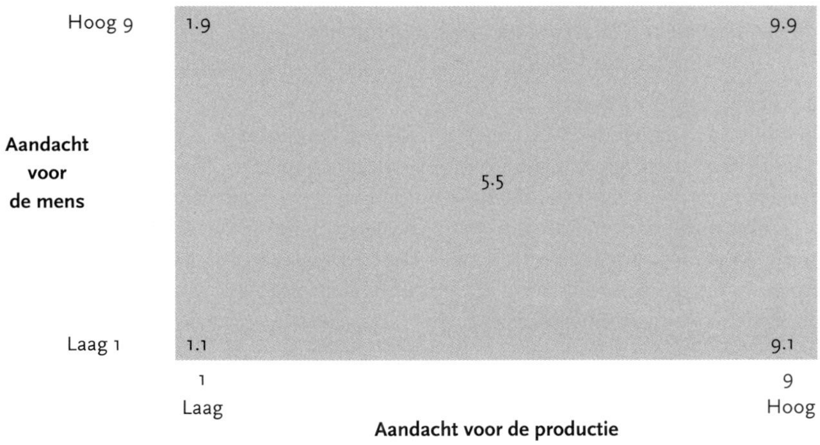

8.2.2 Situatieafhankelijke theorieën

Reddin: de driedimensionale benadering
Reddin (1970) is een van de eersten die een situatieafhankelijke benadering hebben ontwikkeld die in grote kring bekend is geworden. Met gebruik van dezelfde twee dimensies, taak- en relatie- of mensgerichtheid, onderscheidt hij vier basismanagementstijlen:
- *separatie* (laag op beide assen);
- *relatie* (hoog op relatiegerichtheid, laag op taakgerichtheid);

- *dedicatie* (laag op relatiegerichtheid, hoog op taakgerichtheid);
- *integratie* (hoog op beide assen).

Alle vier basisstijlen kunnen meer of minder effectief worden toegepast, afhankelijk van de situatie. Dit is de derde dimensie in zijn benadering.
Er zijn vijf elementen die de situatie bepalen en dus van invloed zijn op de effectiviteit van een bepaalde managementstijl. Deze zijn:
- *Organisatie*: denk aan organisatieontwerp, procedures, historie, privaat of publiek.
- *Technologie*: kenmerken van het productieproces, mate van voorspelbaarheid, meetbaarheid van resultaten.
- *Superieur van de manager*: zijn managementstijl, verwachtingen en ervaringen.
- *Andere managers*: kenmerken van collega's van de manager, hun verwachtingen.
- *Ondergeschikten:* kenmerken als opleiding, ervaring, hun verwachtingen.

Voor elke van deze factoren is te bepalen welke basisstijl daaruit voortvloeit. Bij een technologie die goed meetbare resultaten kent en onverwachte situaties meebrengt, is een *dedicatiestijl* aan te raden. Als het werk niet goed van tevoren is in te schatten, bijvoorbeeld bij creatief werk, dan ligt een *relatiestijl* meer voor de hand. Als het werk van de verschillende ondergeschikten onderling afhankelijk is en er veel onderling contact nodig is, is een *integratiestijl* aan te bevelen. De *separatiestijl* is van toepassing op werk dat parallel of op afstand van het directe werk gebeurt, zoals boekhouding of accountancy. Elke van de vier stijlen kan dus in een specifieke situatie bruikbaar zijn.
Denk bij de invloed van technologie aan de mogelijkheden die ICT tegenwoordig biedt om op afstand van het bedrijf te werken. Dit vraagt een andere manier van leidinggeven dan vroeger. Door al deze elementen te beoordelen, kan de manager een goede inschatting maken van de meest effectieve stijl van leidinggeven.

Sterke leiders zijn soms slecht

Er is behoefte aan sterke leiders. Zeker als de problemen waar een organisatie of een land voor staat, groot en op het oog onoplosbaar zijn. Men vergeet dat er voorbeelden zijn van sterke leiders die buitengewoon slechte mensen zijn geweest. Denk aan dictators als Stalin, Hitler en Mao Zedong, die ieder voor miljoenen doden verantwoordelijk zijn. Ook in het bedrijfsleven zijn er voorbeelden van topmanagers die figuurlijk dood en verderf hebben gezaaid. Een daarvan had de bijnaam 'Chainsaw Al'.

Hersey en Blanchard: competentieniveau van medewerkers

Ook Hersey en Blanchard (1986) hebben een wat zij noemen situationeel leiderschapsmodel ontwikkeld. Zij onderscheiden bij het leidinggeven twee aspecten: sturing en ondersteuning. *Sturing* is het taakgerichte en ondersteuning is het relatiegerichte gedrag van de manager. Bij sturing houdt de manager zich bezig met het specificeren van de verplichtingen van individuen of groepen. De manager instrueert mensen, geeft aan hoe ze iets, wanneer en waar moeten doen. Bij *ondersteuning* moet er sprake zijn van tweerichtingsverkeer: de manager moet luisteren, aanmoedigen en toelichten. Hersey en Blanchard onderscheiden vier soorten managementstijlen:

- instrueren (*telling*): veel sturing (V.S.) en weinig ondersteuning (W.O.);
- overtuigen (*selling*): veel sturing (V.S.) en veel ondersteuning (V.O.);
- overleggen (*participating*): veel ondersteuning (V.O.) en weinig sturing (W.S.);
- delegeren (*delegating*): weinig ondersteuning (W.O.) en weinig sturing (W.S.).

De competentie van de medewerker hangt af van zijn bekwaamheid en bereidheid. Bekwaamheid is de kennis en ervaring van een medewerker of een groep om een bepaalde taak uit te voeren. Bereidheid heeft te maken met het zelfvertrouwen, de toewijding en de motivatie van een medewerker of een groep om een taak te voltooien. Hersey en Blanchard onderscheiden vier competentieniveaus: C4 bekwaam en bereid; C3 bekwaam en niet bereid of onzeker; C2 onbekwaam en bereid of gemotiveerd; C1 onbekwaam en niet bereid of onzeker. De vier managementstijlen koppelend aan de vier competentieniveaus komen zij tot figuur 8.2.[2]

De vier managementstijlen zijn in een soort slingerbeweging aan elkaar gekoppeld. Die heeft te maken met de mogelijke ontwikkeling van medewerkers. Een jonge, nog onervaren medewerkster heeft bijvoorbeeld instructie nodig. Als zij meer ervaring heeft opgedaan, is dat niet meer nodig. Daarmee doorgaan zou zelfs contraproductief, want demotiverend, kunnen zijn. Dan kan overtuigen, of bij nog verdere groei in taakvolwassenheid overleggen de geëigende stijl zijn. In de meest vergevorderde fase kan die medewerkster zo zelfstandig zijn dat delegeren goed mogelijk is en dan is het zelfs aan te raden ruimte te geven aan haar zelfontplooiing, wat in die situatie ook voor de organisatie de beste resultaten kan opleveren.
Het gaat steeds om het inschatten van de competentieniveaus en het kiezen van de bijbehorende stijl van leidinggeven.
De grens tussen veel en weinig ondersteuning en veel en weinig sturing is niet precies aan te geven: er is een geleidelijk verloop van veel naar weinig. Dat geldt ook voor het competentieniveau van de medewerker of van een groep.

[2] De hiervoor beschreven visie op leidinggeven wordt nog steeds in het gezamenlijke boek van de twee auteurs beschreven. De laatste uitgave dateert van 2012. Sinds tientallen jaren zijn beide auteurs commercieel en met afzonderlijke boeken op de markt actief. Hersey (2014) gebruikt nog steeds het begrippenkader uit het gezamenlijke werk. Blanchard (o.a. Blanchard et al., 2014) gebruikt veelal iets afwijkende begrippen. Zo gebruikt hij de termen 'Sturen' (i.p.v. Instrueren), 'Begeleiden' (i.p.v. Overtuigen) en 'Steunen' (i.p.v. Overleggen). De vierde stijl noemt hij ook 'Delegeren'. De mix van ondersteuning en sturing is bij de vier stijlen gelijk aan die uit het gezamenlijke werk. In plaats van 'Competentieniveau' gebruikt Blanchard het begrip 'Ontwikkelingsniveau'. Dit is een combinatie van Competentie en Betrokkenheid, die beide kunnen variëren van laag tot hoog. Hierbij onderscheidt ook hij vier posities.

Figuur 8.2 Situationeel leiderschap volgens Hersey en Blanchard (1986)

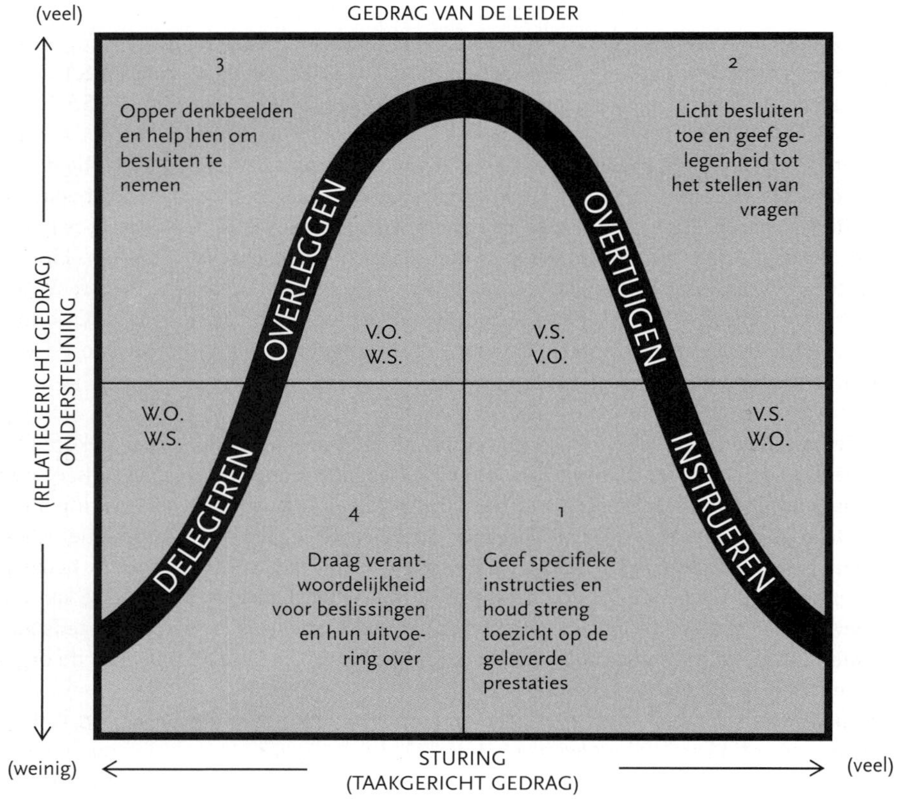

Bij de hiervoor besproken benaderingen speelt de inschatting door de manager van de bekwaamheden en de ambitie van de medewerker een belangrijke rol. Bedenk wel dat het beeld dat de manager van de medewerker krijgt, deels bepaald is door de manier waarop de manager daaraan voorafgaand leiding heeft gegeven. McGregor (1960) heeft op die wisselwerking tussen leiderschapsstijl en gedrag van medewerkers gewezen. Als de manager ervan uitgaat dat de medewerker weinig ambities heeft en niet bereid is zich erg in te spannen, zal hij zijn stijl van leidinggeven daarop aanpassen en sterk taakgericht gaan leidinggeven. Het gedrag van de medewerker kan zich aan het mensbeeld van de manager aanpassen door zich te gaan gedragen zoals de manager verwacht. Hierdoor kunnen capaciteiten van de medewerker niet benut worden. Dat is niet goed voor de medewerker, die daardoor minder gemotiveerd raakt. Ook voor de organisatie is dit niet goed, de medewerker levert immers minder goede prestaties dan mogelijk zou zijn.

8.2.3 Transactioneel en transformationeel leiderschap

Bass: Transactioneel en transformationeel leiderschap.

Bass publiceerde zijn theorie over leiderschap voor het eerst in de jaren tachtig van de vorige eeuw. In latere publicaties werkt hij zijn theorie verder uit. Hij maakt een onderscheid tussen transactioneel en transformationeel leiderschap.

Bij *transactioneel leiderschap* legt de leider de nadruk op het bereiken van concrete en vaak meetbare resultaten. De leider heeft een ruilrelatie met zijn of haar ondergeschikten. Door middel van extrinsieke prikkels (straf en beloning) krijgt hij gedaan dat medewerkers doen wat hij zegt en behaalt de organisatie de gewenste doelen en resultaten. Het is in wezen een behoudende benadering: zorg dat de dingen blijven gaan zoals ze behoren te gaan. Het is ook een reactieve benadering: grijp pas in als er iets fout gaat. De leider is in dat geval slechts iemand die op de winkel past en van wie geen grootse vergezichten of gedurfde koerswijzigingen te verwachten zijn. Dit komt overeen met onder andere de manager zoals Zaleznik (p. 248) die beschrijft en met de stijl van 'instrueren' van Hersey en Blanchard (p. 253). De leider gebruikt alleen de laagste behoefteniveaus van Maslow (p. 278) om medewerkers te motiveren. Het mensbeeld achter dit soort leiderschap is dat van Theorie X van McGregor (p. 279).

Transformationeel leiderschap is totaal anders. Hier is een leider er juist op uit om het bestaande te veranderen en mens en organisatie voortdurend te ontwikkelen. Het gaat ook om het op een moreel hoger plan brengen van de 'volgers' over wat belangrijk is, en wat de organisatie waardeert. De leider inspireert zijn medewerkers, geeft het goede voorbeeld. Zijn mensbeeld is dat van Theorie Y van McGregor. Transformationeel leiderschap komt overeen met het begrip leiderschap van Zaleznik als het gaat om zaken te veranderen. Zaleznik legt minder de nadruk op de meer mensgerichte aspecten van leiderschap. In termen van Hersey en Blanchard delegeert en overlegt de leider in plaats van te instrueren. De leider probeert ook de hogere behoeften van de medewerker een rol te laten spelen.

Voor organisaties is het belangrijk te onderkennen wanneer transactioneel leiderschap nodig is en in welke situaties transformationeel leiderschap tot de beste resultaten leidt. De vijf elementen die Reddin beschrijft kunnen hierbij behulpzaam zijn.

Figuur 8.3 Transactioneel versus transformationeel leiderschap volgens Den Hartog e.a. (1997, vertaald).

Een transactioneel leider...	Een transformationeel leider...
...is beheersingsgericht en legt nadruk op te behalen resultaten in het heden.	...is visionair en wijst de organisatie de weg naar de toekomst.
...gaat uit van voorschriften en grijpt in wanneer daarvan wordt afgeweken.	...stimuleert verandering door nieuwe, spontane ideeën aan te dragen.
...versterkt gewenst gedrag door te belonen.	...is inspirerend als navolgenswaardig rolmodel.
...zwakt ongewenst gedrag af door te straffen.	...geeft aan mensen persoonlijke aandacht.

Een boegbeeld van transformationeel leiderschap
Nelson Mandela (1918-2013) werd in 1994, na vrije democratische verkiezingen, de eerste zwarte president van Zuid-Afrika. En dat nog wel nadat hij 27 jaar had uitgezeten van een levenslange gevangenisstraf in een land dat sinds 1948 een wettelijk vastgelegd systeem kende van apartheid tussen blanken en kleurlingen.

Je zou verwachten dat Mandela haat zou koesteren jegens de blanke minderheid. Het tegendeel bleek: hij riep op tot verzoening. In toespraken riep hij zijn eigen aanhang op radicale gevoelens over de blanken te vergeten, wat ze het volk ook hadden aangedaan. Hij stond erop dat heel het land zijn grootmoedige houding overnam. "Ik was jaren geketend, net als u, en toen ik werd bevrijd, werd u dat ook. Dus als ik mijn vijanden vergeef, moet u dat ook doen." Zuid-Afrika kon en moest volgens Mandela het verleden achter zich laten omwille van de multiraciale samenleving die hij de *regenboognatie* doopte. Daarom ging Mandela op de thee bij Betsie Verwoerd, de weduwe van president Hendrik Verwoerd, de uitvinder van de apartheid. Daarom ging hij zelfs op de foto met de blanke rechter die hem tot levenslang had veroordeeld (Vermeulen, 2009).

8.3 Het geven van opdrachten

Een manager kan op verschillende manieren opdrachten geven aan zijn medewerkers Met een opdracht wil de manager dat een medewerker bepaalde concrete werkzaamheden uitvoert of dat hij bepaalde resultaten bereikt. De *manier* van opdrachten geven en de *inhoud* van de opdracht moeten aansluiten bij de gekozen stijl van leidinggeven.

8.3.1 Soorten opdrachten

Een opdracht kan op twee manieren gegeven worden en kan verschillend van inhoud zijn. Een manager kan een opdracht *mondeling* of *schriftelijk* geven. Beide vormen hebben voor- en nadelen.
Een mondelinge taakopdracht heeft de voordelen dat de opdracht snel gegeven kan worden, de medewerker kan om toelichting vragen en het voorkomt bureaucratie. De nadelen ervan zijn dat de medewerker de opdracht verkeerd kan begrijpen en controle is achteraf lastig omdat er niets vastligt op papier.

De voor- en nadelen van een schriftelijke opdracht zijn het spiegelbeeld van de mondelinge opdracht. Voor de periodieke beoordeling van het functioneren van een medewerker kan het nuttig zijn een aantal opdrachten schriftelijk te geven. De feiten op basis waarvan de medewerker beoordeeld wordt, liggen dan in elk geval vast.

De inhoud van de taakopdracht kan enkelvoudig of samengesteld zijn. Bij een *enkelvoudige* taakopdracht geeft de manager alleen het resultaat aan dat de medewerker moet bereiken. De medewerker heeft een zekere mate van vrijheid bij het kiezen van de manier waarop hij het resultaat wil bereiken. Bij een *samengestelde* taakopdracht geeft de manager ook aan hoe het resultaat bereikt moet worden en hoe vaak terugrapportering nodig is. Het eigen initiatief wordt hier dus beperkt.

8.3.2 Kenmerken van een goede opdracht

Als een manager de medewerker een opdracht geeft, is het belangrijk dat deze voldoet aan de zogenaamde SMART criteria. Deze zijn bedoeld voor het stellen van doelen, maar zijn ook bruikbaar bij het geven van opdrachten. Een opdracht moet aan de volgende eisen voldoen:

- Specifiek: geen ruimte voor onduidelijkheden.
- Meetbaar: doel en tussenstappen in de uitvoering zijn eenduidig.
- Acceptabel: de opdracht is redelijk en aanvaardbaar.
- Realistisch: geef geen onhaalbare opdrachten.
- Tijdgebonden: geef een duidelijk tijdpad en een duidelijke eindtijd aan.

> ***Mag het wat concreter?***
> Een vage doelstelling ('we moeten klantvriendelijker worden') is vaak niet meer dan de wens om de huidige situatie te verlaten (veel klagende klanten). Een échte doelstelling moet dan nog worden bedacht.
>
> *Bron: www.carrieretijger.nl*

8.3.3 Managen door middel van doelstellingen en zelfcontrole (mbo)

McGregor (1960) heeft als uitvloeisel van zijn denken over managementstijlen ook een manier van opdrachten geven ontwikkeld. Hij noemde die *'management by objectives and self control'* (mbo). Eerder al gebruikte Peter Drucker (1954 en 1957) dit begrip in een vergelijkbare betekenis.

Bij deze manier van opdrachten geven bepalen de manager en de medewerker in overleg welke doelstellingen (resultaten) de medewerker in de komende periode moet bereiken. Daarna krijgt de medewerker de gelegenheid naar de gestelde doelen toe te werken. Na afloop van de periode vergelijken de manager en de medewerker de resultaten met de gestelde doelen. Als die niet geheel zijn bereikt, ondernemen beiden actie om ervoor te zorgen:

- dat de medewerker beter wordt toegerust voor het bereiken van de gestelde doelen;
- dat de doelen voor de volgende periode beter haalbaar zijn.

Schematisch is mbo in figuur 8.3 weergegeven.

Figuur 8.4 *Management by objectives*: activiteiten manager en medewerker

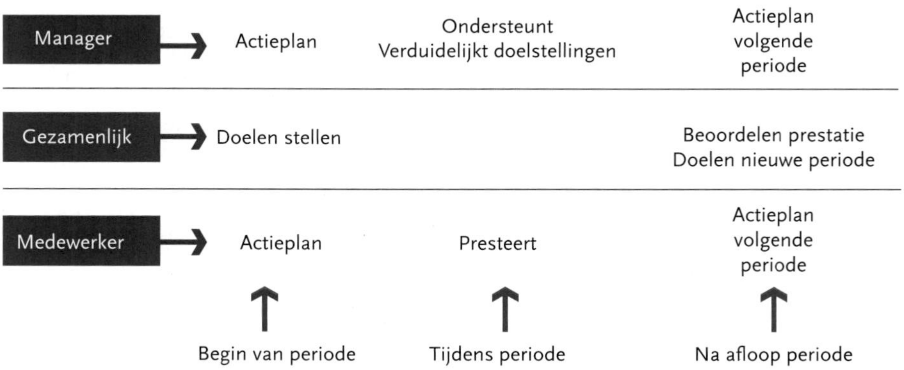

8.4 Humanresourcesmanagement

Het doel van *humanresourcesmanagement* (HRM) is ervoor te zorgen dat op het juiste *moment* het juiste *aantal* mensen met de juiste *eigenschappen* voor het werk beschikbaar is. Vroeger hadden bedrijven vaak een afdeling Personeelszaken die hiervoor moest zorgen. Die deed dan vooral de administratieve kant van het personeelswerk. Denk aan de salarisadministratie en het doorgeven van personeelsmutaties aan uitkeringsinstanties en pensioenfondsen. Hoewel routinematig van aard, is het belangrijk dat dit nauwkeurig gedaan wordt. Klachten over niet goed berekende inhoudingen en niet op tijd betaalde declaraties veroorzaken irritatie bij medewerkers. De groei van personeelszaken naar HRM houdt een uitbreiding in van het administratief gerichte werk naar de vooruitziende *personeelsplanning* en het voor de medewerkers ontwikkelende *management development*. HRM kan worden gezien als een stroming binnen personeelsmanagement waarin mensen worden beschouwd als waardevolle bronnen (*resources*) voor de organisatie en niet langer als kostenpost.

> ***Koppel personeelsbeleid aan strategie***
> Uit een onderzoek onder 800 personeelsmanagers en personeelsadviseurs blijkt dat de koppeling tussen de doelstellingen van bedrijven en personeelsmanagement nog ver te zoeken is. Yacht stelt dat koppeling van personeelsbeleid aan de bedrijfsstrategie voor de middellange termijn bepalend wordt voor het slagen van ondernemingen. De helft van de respondenten heeft echter nog geen strategisch personeelsbeleid om de doelstellingen van de organisatie te halen.
>
> *Bron: Het Financieele Dagblad.*

Personeelsplanning moet ervoor zorgen dat op het juiste moment het juiste aantal mensen beschikbaar komt. Bij *management development* gaat het om het ontwikkelen van aanwezige personeelsleden om ervoor te zorgen dat:
- ze hun huidige functie goed kunnen blijven vervullen;
- ze de overstap naar nieuwe, met name leidinggevende functies met succes kunnen maken.

Management development is dan ook het zorgen voor voldoende managers en voor managers die voldoen.

> ***Tekorten op de arbeidsmarkt***
> Door de groeiende economie neemt de vraag naar arbeid in veel sectoren sterk toe. Zo vinden veel bouwondernemingen het moeilijk om goed personeel te vinden. Dat geldt ook voor de IT-sector, het beroepsgoederenvervoer, de zorg en het onderwijs. In die laatste sector is er nu al een tekort dat nog verder zal oplopen door de uitstroom van docenten die groter is dan de te verwachten instroom. Als deze tekorten op de middellange termijn niet worden aangevuld, dan kan dat nadelige gevolgen hebben voor de welvaart. Voorlopig worden in sommige sectoren de tekorten aangevuld met medewerkers uit Centraal- en Oost-Europa. In die gebieden neemt de vraag naar arbeid en ook de beloning toe, waardoor het voor hen aantrekkelijker wordt in hun eigen land aan de slag te gaan. Zulke ontwikkelingen zijn uitdagingen, of soms hoofdpijndossiers, voor HR-afdelingen.

8.4.1 Personeelsplanning

Om te zorgen dat op het juiste moment het juiste aantal personeelsleden met de juiste eigenschappen beschikbaar is, moet de afdeling HRM een aantal stappen zetten:

- *Vaststellen* van het *aantal personeelsleden* dat op een bepaald moment nodig is. In sommige gevallen is dat niet zo moeilijk. Denk aan het vervullen van vacatures die ontstaan door pensionering of vertrek om andere redenen. Dit noemt men *natuurlijk verloop*. Daarnaast kan een geplande uitbreiding van een fabriek of een verkoopafdeling het nodig maken dat extra personeel aangetrokken wordt. Hier ligt een duidelijk verband met de uitgestippelde strategie. De aanpassing van het aantal personeelsleden aan de *strategieverandering* kan variëren van beperkt tot ingrijpend. Denk bij ingrijpend aan de geplande opening van een nieuwe fabriek in China door DSM of Akzo Nobel. Dan gaat het om investeringen van vele honderden miljoenen euro's waarmee werk voor duizenden personeelsleden ontstaat.
- *Werving* is de stap die hierna komt. Hiermee wil het bedrijf bereiken dat de juiste personen op de vacatures solliciteren. Een goede reputatie als werkgever is daarbij van belang. Tot voor kort was de personeelsadvertentie in kranten of weekbladen een gebruikelijk middel. Door het toenemende belang van internet in het algemeen en sociale media in het bijzonder zien we nu nieuwe vormen opkomen. Denk bijvoorbeeld aan LinkedIn, waar professionals van over de hele wereld hun cv en nieuws over zichzelf kunnen plaatsen. Bedrijven die mensen zoeken kunnen op die site ook zoeken naar geschikte kandidaten of advertenties plaatsen. Ook zijn er zogenaamde platforms, waarop opdrachtgevers werk aanbieden en opdrachtaannemers zichzelf. Sommige bedrijven gaan na welke informatie in die media te vinden is en kunnen soms direct mogelijk in de functie geïnteresseerde personen benaderen. Soms schakelen bedrijven voor deze stap ook werving-en-selectiebureaus in. Die hebben ervaring met deze stap, ze beschikken over een 'kaartenbak' met namen van mensen die wel interesse hebben, maar die niet in een algemene sollicitatieronde willen meedoen.
- *Selectie* heeft als doel uit de sollicitanten de juiste persoon te kiezen. Afhankelijk van de situatie op de arbeidsmarkt kan dit veel of weinig werk betekenen. In de selectieprocedure kunnen organisaties verschillende methoden (laten) gebruiken om de geschiktheid te beoordelen. Denk aan psychologische tests, rollenspelen en het uitvoeren van opdrachten of een combinatie hiervan, zoals bij een *assessmentcenter*.

  De keuze wordt voorbereid door de afdeling HRM, maar de managers van de betrokken afdeling nemen de uiteindelijke beslissing.
- De *opleiding* van de nieuwe medewerker kan kort of lang duren. Dit hangt af van de desbetreffende functie. Voor eenvoudig uitvoerend werk is een dag voldoende. Voor specialistisch werk kan dat langer duren, omdat de medewerker bijvoorbeeld allerlei nieuwe behandelwijzen van patiënten moet leren of allerlei administratieve procedures daaromheen.

THEORIE

Een beleggingsteam bouwen kost tijd
Ben Meng is Chief Investment Officer van CalPERS, het ambtenarenpensioenfonds van de staat Californië. Hij moet het jaarlijkse rendement van 6,3% laten stijgen naar 7%. Een van de mogelijkheden daarvoor is te beleggen in zogenaamde private equity fondsen, die beleggen in vaak niet beursgenoteerde ondernemingen. Begin 2019 heeft het fonds nog $ 17 miljard aan liquide middelen die nog niet in die sector zijn belegd. Bovendien moet het fonds jaarlijks nog $ 10 miljard investeren uit fondsen die aflopen. Een grote uitdaging, ook gezien de grote bedragen die andere investeerders in private equity willen beleggen. Meng rekent erop dat hij vijf jaar nodig heeft om een team op te bouwen om die uitdaging aan te kunnen. Het kan nog tien jaar duren voor de beleggingsresultaten van dat team bekend worden.

Bron: Bloomberg Businessweek, 2019

Vliegtuigbouwers medeontwerpers van bussen
Ebusco, gevestigd in het Brabantse Deurne, bouwt een nieuwe generatie elektrische stadsbussen. Die zullen veel lichter zijn dan de vorige, 35% minder dan de 13 ton van de vorige twee generaties. Een van de klanten is het openbaarvervoerbedrijf van het Duitse München. Voor het lichter maken van de bussen is kennis van het werken met composietmaterialen van groot belang. Die kennis vond Ebusco in de vliegtuigbouw. Zo werken bij Ebusco verschillende mensen die bij Fokker betrokken waren bij het ontwikkelen van onderdelen voor de Joint Strike Fighter (JSF, nu F-35).

Bron: FD (2019)

8.4.2 Flexibilisering van het personeelsbestand

De onzekerheid in de omgeving van organisaties is de laatste decennia sterk toegenomen. Denk aan de invloed van de kredietcrisis van 2007 op de economie van de jaren daarna, of aan politieke onrust in verschillende landen of regio's. Om die reden streven organisaties ernaar hun personeelsbestand flexibeler te maken, zodat de personeelskosten kunnen meebewegen met de omzet. Die flexibiliteit kan een organisatie bereiken door bijvoorbeeld medewerkers via een uitzendbureau aan te trekken. De medewerker blijft in dienst van het uitzendbureau, waarmee de organisatie een contract voor een bepaalde periode sluit. Dit heet ook wel een detacheringsconstructie. Ook worden veel zogeheten zzp'ers, zelfstandigen zonder personeel, ingeschakeld. Met een zzp'er sluit een organisatie een contract voor het uitvoeren van een bepaald project.
Als het project is afgerond, eindigen de wederzijdse verplichtingen.
Ook kan een organisatie werken met tijdelijke contracten, voor bijvoorbeeld een jaar. Wettelijk is er een grens aan het aantal keren dat een tijdelijk contract verlengd kan worden en het aantal jaren dat een medewerker op tijdelijke contracten kan werken. Een werkgever kan volgens de Wet werk en zekerheid van 2014 een werknemer niet meer dan drie keer een tijdelijk contract aanbieden en opeenvolgende tijdelijke contracten kunnen niet langer dan 24 maanden duren. Bij een vierde tijdelijk contract en als de duur van 24 maanden wordt overschreden, gelden de bepalingen van een contract voor onbepaalde tijd. Daarbij gelden dan opzegtermijnen en eventueel transitievergoedingen bij beëindiging van de arbeidsovereenkomst.

De arbeidsmarkt verandert in de laatste jaren. Werknemers wisselen vaker van werkgever en het aantal zzp'ers neemt sterk toe. Ook ontwikkelingen als robotisering en platformisering spelen een rol. Voor de rijksoverheid was dit reden om de toekomst van de arbeidsmarkt te laten onderzoeken door een commissie onder leiding van het voormalige lid van de Raad van State Hans Borstlap.

8.4.3 Covey: kenmerken van zeer effectieve medewerkers

Covey (1989, 2004) is op basis van zijn werk voor vele grote ondernemingen gekomen tot acht kenmerken (habits) van zeer effectieve personen. Een kenmerk is daarbij een combinatie van kennis, kunde en hartstocht. Hij stelt vast dat zeer effectieve mensen:
- *proactief* zijn en het initiatief naar zich toetrekken;
- denken vanuit en werken naar het *einddoel;*
- *prioriteiten* helder stellen en hanteren;
- denken in *win-wincombinaties;*
- proberen eerst *anderen te begrijpen* en dan pas begrepen te worden;
- *synergie nastreven*, begrijpen dat het geheel belangrijker is dan de delen;
- voortdurend streven naar *verbetering;*
- hun eigen *inspiratie vinden* en anderen stimuleren hun inspiratie ook te vinden.

De acht kenmerken van zeer effectieve medewerkers kunnen helpen bij het selecteren van nieuwe medewerkers. Ze kunnen ook van nut zijn bij het beoordelen van de geschiktheid van bestaande medewerkers voor nieuwe posities. Daarbij geldt als kanttekening dat niet voor alle functies de acht kenmerken even zwaar moeten wegen.

PRAKTIJK

8.5 Management development

Management development is de systematische activiteit in een organisatie die ervoor moet zorgen dat managementposities op verschillende niveaus steeds vervuld kunnen worden. Oftewel: *management development* is het zorgen voor voldoende managers en voor managers die voldoen.
Bij *management development* gaat het om de afstemming tussen de behoeften van de organisatie en die van de individuele (toekomstige) manager. Putman Cramer (1985) beschrijft *management development* als:
- een continu proces van planmatige en systematische afstemming van de behoeften en mogelijkheden van de organisatie;
- de (loopbaan)wensen en (loopbaan)mogelijkheden van (toekomstige) managers, resulterend in:
- individuele loopbaankoersen of -plannen en daarvoor vereiste activiteiten, met als doel:
- een continue en adequate bezetting van hogere leidinggevende en specialistische functies te waarborgen en optimale ontplooiingsmogelijkheden te scheppen voor managers.

Van Londen (1990) spreekt in dit verband van het 'matchingprincipe', waarbij er een balans moet worden gevonden tussen de 'structureel-organisatorische aspecten' en de 'individuele aspecten', zie figuur 8.5.

Figuur 8.5 MD-activiteiten als gevolg van de behoeften van het individu en de organisatie (Melker en Jansen, 2013)

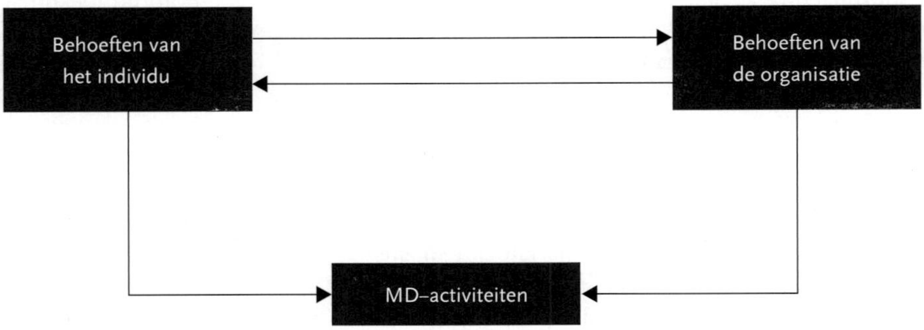

In kleinere organisaties worden die posities vervuld door managers van buitenaf aan te trekken. Vaak gebeurt dat door werving-en-selectiebureaus in te schakelen. Het is door de omvang van de organisatie zelden mogelijk alle activiteiten die daarmee samenhangen zelf uit te voeren. In grote organisaties zijn er afdelingen die al het werk zelf doen. *Management development* heeft een aantal stappen gemeen met het in paragraaf 8.4.1 beschreven proces van personeelsplanning. Denk aan het vaststellen van de behoefte aan managers voor vrijkomende posities, het (intern) werven ervan en het maken van een selectie. *Management development* heeft een zwaarder accent op het inventariseren van de belangstelling van managers, hen opleiden en het beoordelen van hun prestaties. Ook heeft *management development* een belangrijke rol bij het laten rouleren van managers naar nieuwe posities om hun ervaring, internationaal en qua werkterrein, te vergroten. Naarmate managers op hogere posities in de organisatie komen, worden opleidingen die zij volgen internationaler. Velen gaan voor kortere cursussen naar bekende, internationale businessschools. Die opleiding is, naast het opdoen van nieuwe kennis, vaak gericht op het opdoen van internationale ervaring en het ontwikkelen van een internationaal netwerk. Het gaat dus om het krijgen van *nieuwe kennis en nieuwe kennissen*. Een aantal grote ondernemingen heeft eigen 'scholen' die opleidingsprogramma's aanbieden voor hogere managers. Vaak komen de docenten van de beste universiteiten en businessschools.

In veel grote organisaties, die dikwijls internationaal werken, is *management development* ondergebracht in een afdeling die direct rapporteert aan de hoofddirectie of de raad van bestuur. Dat geeft aan hoe belangrijk *management development* is.

8.6 Vragen en opdrachten

1. **Leidinggeven**
   a. Wat wordt verstaan onder leidinggeven?

   b. Volgens Zaleznik is er een verschil tussen managers en leiders. Waarin verschillen in zijn ogen leiders van managers?

   c. Zaleznik stelt dat leiders en managers twee verschillende typen personen zijn. Bent u dat met hem eens? Licht uw antwoord toe.

   d. Er wordt onderscheid gemaakt tussen taakgericht en mensgericht leidinggeven. Met welke twee bewegingen of stromingen hangen deze twee manieren van leidinggeven samen?

   e. Leg uit waarom de leiderschapstheorie van Blake en Mouton tot het revisionisme moet worden gerekend.

2. **Situationele leiderschapstheorieën**
   a. De theorieën van Hersey en Blanchard en van Reddin zijn situatieafhankelijke theorieën. Wat maakt deze theorieën situatieafhankelijk?

   b. Wat zijn in de driedimensionale benadering van Reddin de drie dimensies?

   c. Noem een overeenkomst en een verschil tussen de benadering van Reddin en die van Hersey en Blanchard.

   d. Leg uit hoe een manager en een medewerker in een vicieuze cirkel terecht kunnen komen als de leidinggevende de leiderschapsstijl aanpast aan het beeld dat hij heeft van de medewerker.

3. **Het geven van opdrachten**
   a. Wat is het verschil tussen enkelvoudige en samengestelde opdrachten?

   b. Bent u het eens met de volgende stelling? 'Ervaren professionals, zoals advocaten, managers en adviseurs, worden het liefst aangestuurd met samengestelde opdrachten.'

   c. Welk effect zal het toepassen van mbo hebben op de motivatie van medewerkers? Licht uw antwoord toe.

4. Humanresourcesmanagement (HRM) en management development (MD)

a. Bent u het eens met de volgende stelling? 'Humanresourcesmanagement is het Engelse woord voor personeelszaken.' Licht uw antwoord toe.

b. Uit welke stappen bestaat personeelsplanning?

c. Volgens Covey beschikken zeer effectieve personen over acht kenmerken of habits die kunnen helpen bij het selecteren van nieuwe medewerkers. Noem drie van deze kenmerken. Noem tevens twee kenmerken die u mist in de opsomming van Covey.

d. Wat wordt verstaan onder *management development?*

e. Waarin verschilt de invulling van *management development* in grote ondernemingen van die in kleinere ondernemingen?

8.7 Oefencase: zorg voor de juiste manier van leidinggeven

In de fabriek van ESS worden draaideuren en toegangssystemen gemaakt voor nieuwe en soms ook bestaande gebouwen. Het plaatsen gebeurt meestal door montageploegen van ESS zelf. Een montageploeg bestaat uit drie tot zes monteurs, afhankelijk van de omvang van het werk, onder leiding van een meewerkend voorman. In de grote opdracht voor de gefuseerde bank, die in al zijn filialen nieuwe entrees wil maken, zijn op dit moment zelfs tien ploegen tegelijk aan het werk, want contractueel is overeengekomen dat deze grote opdracht in anderhalf jaar moet zijn voltooid. Als ESS dat niet haalt, dan treedt een boeteclausule in werking. Die houdt in dat elke dag vertraging € 5.000 boete betekent, die na een maand zelfs stijgt tot € 10.000 per dag. Dat zou de winstgevendheid van dit project kunnen aantasten en zou in het ergste geval zelfs tot een verlies op dit project kunnen leiden. ESS wilde deze grote opdracht zo graag hebben dat ze geen redelijke ontsnappingsclausules in het contract hebben laten opnemen, bijvoorbeeld als vertraging het gevolg zou zijn van overmacht. Er wordt dus onder hoge druk gewerkt.
De montageploegen vallen onder de bedrijfsleider van de fabriek, Marco Kleijn, die van de voorlieden dagelijks rapport verwacht over hun voortgang. Twee weken geleden deed zich een probleem voor: een zending speciaal veiligheidsglas uit Italië was opgehouden door een staking van vrachtwagenchauffeurs. Daardoor stagneerde de fabricage van deuren in de fabriek en als gevolg daarvan konden de montageploegen een week lang niets uitvoeren. Om die achterstand in te lopen, draagt Kleijn de montageploegen op om op vijf achtereenvolgende zaterdagen over te werken. Hij doet dat via een interne e-mail, zonder nadere uitleg. De monteurs worden hierdoor overvallen, zijn daar beslist niet blij mee en protesteren. De voorlieden maken hem dat duidelijk. Maar Kleijn blijft bij zijn beslissing: 'Sorry voor jullie, maar als bedrijfsleider maak ik uit wat er gebeurt. Bovendien, volgens de collectieve arbeidsovereenkomst die geldt in de bedrijfstak mag ESS per monteur maximaal acht zaterdagen per jaar voor overwerk aanwijzen, dus er is geen enkele grond voor protest.' Als tegemoetkoming voegt hij er nog aan toe: 'Het nodige overwerk mag ook over zes of zeven zaterdagen worden uitgesmeerd en dan mag elke ploeg zelf onderling uitmaken wie wanneer overwerkt.' Tot zijn verbazing levert dat nog meer commotie op. Voorman Mehmet Hussaini legt hem uit: 'Hier komen

we in onze ploeg en in de andere ploegen echt niet uit, want de mannen willen allemaal wat anders en dan moet ik als voorman mensen aanwijzen en zijn ze boos op mij, je wordt bedankt.' Uiteindelijk rest Kleijn niet anders dan de overwerkmaatregel door te drukken... wat de sfeer in het project bepaald niet ten goede komt.
Op een later moment lucht hij zijn hart bij Yvonne Meesters, het hoofd Personeelszaken. 'Het lijken wel kleine kinderen: ten eerste zien ze het bedrijfsbelang niet en als ik ze dan alle ruimte geef om hun eigen verantwoordelijkheid te nemen, komen ze niet verder dan onderling ruziemaken.' Yvonne knikt en zegt: 'Ergens heb je wel een beetje gelijk, maar toch ook weer niet' en ze legt Marco uit wat ze daarmee bedoelt. Ook bespreekt ze met hem wat hij anders had kunnen doen, iets wat waarschijnlijk beter had gewerkt. Overigens moet ze toegeven dat het contract met de grote klant, de bank, mede oorzaak is van wat er nu is gebeurd.

Opdracht
Stel, u bent het hoofd Personeelszaken. Hoe zou u de bedrijfsleider van de fabriek inzicht geven in wat er eigenlijk fout is gegaan tussen hem en de montageploegen? Denk eerst aan de bases van invloed of macht; hoe hanteert de bedrijfsleider die? Gebruik bij uw verdere uitleg de leiderschapstheorieën van Blake en Mouton, Reddin en Hersey en Blanchard. Laat bij elk stukje uitleg ook zien wat hij anders en beter had kunnen doen.

Stel, u hebt als verkoper bij ESS die grote opdracht van de gefuseerde bank binnengehaald. Iedereen was daar erg blij mee. Maar nu krijgt u te horen dat de uitvoering van die opdracht veel stress veroorzaakt. Moet u misschien niet de hand in eigen boezem steken? Had dat contract anders geformuleerd kunnen worden en had dat dan minder problemen veroorzaakt? Gebruik hierbij de kenmerken van een goed geformuleerde opdracht.

8.8 Extra: Leidinggeven aan professionals?

Inzicht in management en organisatie heeft zijn oorsprong in onderzoek en praktijkervaring in industriële organisaties met grote aantallen laaggeschoolde medewerkers. Denk aan de staalfabrieken waar Frederick Winslow Taylor zijn *'principles of Scientific Management'* uitvond of de mijnbouw waar Henri Fayol zijn kijk op de taken van leidinggeven opdeed. Veel huidige organisaties zien er drastisch anders uit. Naast de primaire sector (grondstoffenwinning) en de secundaire sector (industrie) is dienstverlening als tertiaire sector enorm opgekomen. In ontwikkelde landen produceert deze sector nu gemiddeld twee derde van het bruto nationaal product (Van Looy et al., 2003). Binnen deze sector zijn grote bedrijfstakken tot ontwikkeling gekomen. Denk aan banken, verzekeraars, luchtvaartmaatschappijen, ziekenhuizen, scholen en overheden. Denk ook aan technische en creatieve dienstverlening door ingenieursbureaus, ICT-specialisten, architecten en andere ontwerpers. Daarnaast zien we een divers patroon van zakelijke dienstverlening door juristen, accountants, fiscalisten, marketing- en communicatiebureaus en managementconsultants. Uiteraard zijn mijnbouw en industrie nog steeds belangrijk, maar ook daarbinnen speelt kennisintensieve dienstverlening een grote rol, bijvoorbeeld bij product- en procesinnovatie (Maas, 2000). In de dienstensector werken veel hoogopgeleide medewerkers aan niet-alledaagse opgaven. De management- en organisatie-inzichten uit het verleden moeten voor dit soort organisaties met dat type medewerkers worden aangepast en aangevuld. Hoofdstuk 13 gaat nader in op het proces van dienstverlening. Deze paragraaf richt zich op het verschijnsel 'professional' en hoe leiding te geven aan professionals.

Volgens beroepensocioloog Mok (1973) heeft de professional geen gewone baan ('broodwinning'), maar oefent deze een beroep uit dat als een persoonlijke roeping wordt opgevat. Een beroep heb je niet, maar dat ben je. Kenmerkend voor een professie is:

- Specialistische kennis en kunde: verkregen in een formeel opleidingstraject en met ervaringsopbouw en daarna up-to-date gehouden door permanente educatie.
- Rechten, plichten en bevoegdheden: vastgelegd in een beroepscode en titelbescherming.
- Vertrouwelijkheid: veel van wat zich afspeelt tussen de professional en zijn cliënt valt onder het zogenaamde 'beroepsgeheim'.
- Onafhankelijkheid: in beginsel autonome bepaling door beroepsgenoten onderling van toelatingsvereisten, vaststellen van kwaliteitseisen en handhaving door interne tucht.

Kennisintensieve beroepen houden de kwaliteit en innovatie op peil door:

- Codificering: vastleggen van de vakkennis – body of knowledge – in geschreven bronnen, zoals een vaktijdschrift en andere vakliteratuur, ook in digitale vorm.
- Kennisuitwisseling: via congressen, seminars, studiedagen en in virtuele communities.
- Verwetenschappelijking: aandacht voor het vak in hoger onderwijs en onderzoek, onderzoek door promovendi en instellen van universitaire leerstoelen.

Veel professies zijn ingebed in een eigen cultuur, wat te zien is in:

- Vererving: overgang van het beroep van ouder op kind.
- Vereniging: lid zijn van een beroepsorganisatie met karaktertrekken van een gilde, meestal met internationale vertakking.

Dit alles zorgt ervoor dat een professional meer binding heeft met zijn vak dan met de organisatie waar hij werkt. En dat de regels van zijn beroep zwaarder wegen dan de regels van zijn werkgever. Bovendien zijn professionals geneigd hun eigen weg te bewandelen om vraagstukken te definiëren en oplossingen te bedenken. Ten slotte willen ze zelf kiezen hoe ze hun loopbaan plannen en welke ontwikkelingsstappen – via opleiding en training – ze daarvoor nodig menen te hebben (Jansen en Paauwe, 2010).

Leidinggeven aan professionals betekent dus leidinggeven aan hoogopgeleide, zelfstandige en tot op zekere hoogte eigenwijze mensen. Weggeman (1992) stelt gekscherend dat je dat eigenlijk niet moet willen, maar in de praktijk is enige vorm van leiding natuurlijk nodig wanneer die professionals in een organisatie werken met managers boven zich en collega's naast zich. Hoe gaat dat in de praktijk? Door:

- nadruk te leggen op kwaliteit van het resultaat in plaats van kwantiteit;
- niet te sturen op basis van formeel toegekende macht, maar op grond van geleidelijk opgebouwd gezag;
- zo veel mogelijk te delegeren, zo weinig mogelijk te commanderen;
- vergaand *management by objectives* te hanteren: de professional bepaalt zelf zijn doelen (uitdagingen) én de manier waarop hij die denkt te bereiken;
- voor zijn handelen niet goedkeuring vooraf te laten vragen, maar verantwoording daarover achteraf te laten afleggen;
- je als leidinggevende niet hiërarchisch (baas), maar raadgevend (coach) op te stellen.

Zo kan in een organisatie het best worden gewerkt met de 'raspaardjes' die professionals nu eenmaal zijn.

8.9 Antwoorden

1. Leidinggeven

a. Leidinggeven is het omzetten van genomen beslissingen in concrete acties. Daarmee stuurt een leidinggevende het doen en laten (dus het gedrag) van zijn medewerkers aan.

b. Managers streven naar consensus tussen betrokkenen en naar het zo goed mogelijk laten verlopen van de dagelijkse gang van zaken. Leiders streven naar vernieuwing en zijn steeds op zoek naar nieuwe kansen.

c. Hier zijn verschillende antwoorden mogelijk. In het algemeen geldt dat het belang van leiderschap steeds groter wordt naarmate managers een hoger hiërarchisch niveau bereiken.

d. Taakgericht leidinggeven komt voort uit het Scientific Management, mensgericht leidinggeven hangt samen met de beweging die Human Relations wordt genoemd.

e. Het revisionisme is een stroming of beweging die de denkbeelden van het Scientific Management en die van de Human Relations-beweging integreert. In het model van Blake en Mouton worden de taakgerichte en de mensgerichte leiderschapsstijl geïntegreerd. Daarom kan deze theorie worden gezien als een theorie die past binnen het revisionisme.

2. Situationele leiderschapstheorieën

a. Hersey en Blanchard gaan er in hun theorie van uit dat de beste leiderschapsstijl afhangt van het competentieniveau van medewerkers. Er is volgens Hersey en Blanchard niet zoiets als een stijl van leidinggeven die in elke situatie het best is en dus universeel is. Volgens Reddin (1970) kunnen basisstijlen van leidinggeven in de ene situatie effectiever zijn dan in de andere. In zijn theorie wordt de situatie bepaald door vijf elementen: de organisatie, de technologie, de superioriteit van de manager, de medewerkers en de ondergeschikten.

b. Taakgerichtheid, relatiegerichtheid en de specifieke situatie.

c. Beide theorieën zijn situatieafhankelijk. Een verschil tussen de beide theorieën is dat de theorie van Hersey en Blanchard alleen uitgaat van het competentieniveau van de ondergeschikten en dat in de theorie van Reddin de situatie afhangt van vijf elementen.

d. Als een manager zijn stijl van leidinggeven aanpast aan het beeld dat hij van een medewerker heeft, is het goed denkbaar dat de medewerker zich gaat gedragen op de manier die de manager van deze medewerker verwacht. Dit bevestigt de manager in het beeld dat hij van de medewerker heeft, waardoor de leiderschapsstijl niet meer verandert en het gedrag van de medewerker opnieuw wordt versterkt. We kunnen hier spreken van een *selffulfilling prophecy*.

3. Het geven van opdrachten

a. Bij een *enkelvoudige* taakopdracht geeft de manager alleen het resultaat aan dat de medewerker moet bereiken en heeft de medewerker de nodige vrijheid *hoe* hij dit resultaat wil bereiken. Bij een *samengestelde* taakopdracht geeft de manager ook aan *hoe* het resultaat bereikt moet worden en heeft de medewerker dus *geen* vrijheid in hoe hij dit resultaat wil bereiken.

b. Nee, ervaren professionals hebben meestal veel behoefte aan vrijheid en willen graag zelf bepalen hoe zij bepaalde resultaten willen bereiken. Dat maakt samengestelde taakopdrachten minder geschikt bij het aansturen van professionals.

c. Normaal gesproken zal *management by objectives* (mbo) de motivatie van medewerkers verhogen. Mensen voelen zich uitgedaagd en worden betrokken bij de doelstellingen.

4. Humanresourcesmanagement (HRM) en management development (MD)

a. Oneens, de overgang van personeelszaken naar humanresourcesmanagement (HRM) vraagt dat organisaties personeelsmanagement niet langer zien als administratief gericht werk, maar als een vooruitziende (proactieve) personeelsplanning waarin de ontwikkeling van medewerkers en managers centraal staat.

b. Personeelsplanning bestaat uit het vaststellen van het aantal benodigde personeelsleden, werving, selectie en opleiding.

c. Proactief zijn en het initiatief naar zich toetrekken, denken vanuit en werken naar het einddoel, prioriteiten helder stellen en hanteren, denken in win-wincombinaties, proberen eerst anderen te begrijpen en dan pas begrepen te worden, synergie nastreven, voortdurend streven naar verbetering, vinden van de eigen inspiratie en het stimuleren van anderen om hun inspiratie ook te vinden. Mogelijke voorbeelden van kenmerken die Covey niet noemt, zijn: het ontwikkelen en onderhouden van een goed intern en extern netwerk, zichtbaar zijn voor medewerkers en doortastend zijn. Het spreekt voor zich dat deze laatste opsomming niet uitputtend is.

d. *Management development* is de systematische activiteit in een organisatie die ervoor moet zorgen dat managementposities op verschillende niveaus steeds vervuld kunnen worden.

e. Binnen kleine ondernemingen bestaat *management development* meestal uit het aantrekken van managers van buiten de organisatie door het inschakelen van werving-en-selectiebureaus. Door de beperkte omvang is het voor kleinere organisaties zelden mogelijk alle MD-activiteiten zelf uit te voeren. In grote organisaties zijn er wel afdelingen die al het werk zelf doen.

8.10 Uitwerking oefencase[3]

Deelanalyse (1): Stijl van leidinggeven

Macht en invloed

Marco Kleijn beroept zich op zijn formele positie en verwijst naar een formele afspraak volgens de cao. Op zich niet onjuist, maar wel ontoereikend, want door deze opstelling dreigt hij juist aan invloed in te boeten.

Volgens Blake en Mouton

De menskant krijgt eerst helemaal geen aandacht en als het dan toch gebeurt, dan gebeurt dat nog op de verkeerde manier.

Volgens Reddin

Marco Kleijn laat zich kennen als dedicatiemanager, en dreigt zelfs af te glijden naar separatiemanager. Als relatiemanager faalt hij.

Volgens Hersey en Blanchard

De stijl van leidinggeven is primair instrueren, met een ommezwaai naar delegeren. Dat pakt verkeerd uit. Hij had er beter aan gedaan op zijn minst te overtuigen of zelfs de stijl overleggen te hanteren.

Deelanalyse (2): Opdrachtformulering

Het contract tussen ESS en de bank als afnemer voldoet niet aan de SMART kenmerken die aan een goed geformuleerde opdracht mogen worden gesteld. De R van 'realistisch' is niet goed vervuld, waardoor ook niet aan de A van 'acceptabel' is voldaan.

3 Dit boek biedt alleen de samenvattende conclusie van de uitwerking. De complete uitwerking is te vinden op www.conceptuitgeefgroep.nl.

Literatuur

Aangehaalde en aanbevolen literatuur

Bass, B.M. (1985). *Leadership and performance beyond expectation*. New York: Free Press.

Bass, B. M. en Bass, R. (2008). *The Bass handbook of leadership: theory, research and managerial implications*. New York: Free Press.

Bazigos, M., Gagnon, C. en Schaninger, B. (2016). Leadership in context, *McKinsey Quarterly*, januari (www.mckinsey.com/insights/organization/Leadership_in_context?).

Berings, D. en Steen, T. (2004). *Mens en organisatie*. Antwerpen: Uitgeverij De Boeck.

Blake, R.R. en Mouton, J.S. (1963). *The Managerial Grid*. Houston: Gulf Publishing.

Blanchard, K., Zigarmi, P. en Zigarmi, D. (2013). *Situationeel leiderschp II en de One Minute Manager*. Amsterdam/Antwerpen: Business Contact.

Bloomberg Businessweek (2019). How Fast Can $360 Billion Grow?, 25 maart, p. 26.

Charan, R., Barton, D. en Carey, D. (2015). People Before Strategy: A New Role for the CHRO, *Harvard Business Review*, vol. 93, nr. 7-8, 62-71.

Coutu, D. en Kaufmann, C. (2009). What Can Coaches Do for You? *Harvard Business Review*, vol. 87, nr. 1, 91-97.

Covey, S.R. (1989). *The 7 Habits of Highly Effective People*. New York: Free Press.

Covey, S.R. (2004). *The 8th Habit*. New York: Free Press.

Drucker, P.F. (1954). *The Practice of Management*. New York: Harper & Row.

Engelenburg, H. (2010). Passiviteit overheerst personeelsbeleid, *FD*, 7 april.

Eppink, D.J. (2005). MD en strategie. *Tijdschrift voor Management Development*, vol. 13, nr. 1, 20-23.

Fayol, H. (1970). *Administration Industrielle et Générale*. Parijs: Dunod (oorspr. 1916).

FD (2019). Brabantse bussenbouwer haalt JSF-team bij Fokker weg. 25 februari, p. 18.

Fiedler, F.E. (1967). *A Theory of Leadership Effectiveness*. New York: McGraw-Hill.

Groysberg, B. en Connolly, C. (2013). Great Leaders Who Make the Mix Work, *Harvard Business Review*, vol. 91, nr. 9, 68-76.

Gurdjian, P., Halbeisen, T en Lane, K. (2014). Why leadership-development programs fail, *McKinsey Quarterly*, januari (www.mckinsey.com/global-themes/leadership/why _leadership_debelopment_programs_fail).

Hartog, D.N. den, van Muijen, J.J. en Koopman, P.L. (1997), Transactional versus transformational leadership: An analysis of the MLQ. *Journal of Occupational and Organizational Psychology*, 70, 19-34.

Hersey, P. en Blanchard, K.H. (1986). *Management of Organizational Behaviour.* Englewood Cliffs: Prentice Hall. De 10e druk verscheen in 2012 bij Pearson USA.

Hersey, P. (2014). *Situationeel leiding geven. Een op de praktijk gericht model om flexibel te kunnen inspelen op wisselende omstandigheden.* Amsterdam: Business Contact (30ste, herziene druk).

Hunt, V., Layton, D. en Prince, S. (2015). Why diversity matters, *McKinsey Quarterly*, januari (www.mckinsey.com/business-functions/organization/our-insights/why-diversity-matters).

Jansen, P.G.W. en Paauwe, J. (2010). Human resources management in professional services firms. In: G.R.A. de Jong (ed.). *Professional service firms.* Laren (N-H): Strategic Management Centre.

Johnson, B. (2014). *De Churchill Factor. Hoe één man geschiedenis schreef.* Houten-Antwerpen: Spectrum.

Kellerman, B. (2004). *Bad Leadership: What It is, How It Happens, Why It Matters.* Boston: Harvard Business School Press.

Kellerman, B. (2005). How Bad Leadership Happens. *Executive Forum*, winter, 41-46.

Kets de Vries, M.F., (2014). Coaching The Toxic Leader, Harvard Business Review, vol.92, nr. 4, 100-109.

Kim, W.C. en Mauborgne, R. (2014). Blue Ocean Leadership, *Harvard Business Review*, vol. 92, nr. 5, 60-72.

Kotter, J.P. (1999). *What Leaders Really Do.* Boston: *Harvard Business Review* Books.

Looy, B. van, Gemmel, P. en Dierdonck, R. van (2003; geheel herzien 2013). *Services Management. An Integrated Approach.* Harlow: Pearson Education.

Maas, J.G.V. (2000). *Professionaliteit. Management van professie en professionele organisaties.* Deventer: Samsom en 's-Hertogenbosch: INK.

Mayo, E. (1933). *The Human Problems of an Industrial Civilization.* Londen: MacMillan.

Mayo, E. (1945). *The Social Problems of an Industrial Civilisation.* Boston: Harvard University Graduate School of Business Administration.

McConnell, M., Schaninger, B. (2019). Are we long -or short- on talent?

McGregor, D. (1960). *The Human Side of Enterprise.* New York: McGraw-Hill.

Melker, G.P. en Jansen, P.G.W. (2013). Nieuwe uitdagingen voor management development. *Maandblad voor accountancy en bedrijfseconomie,* vol. 87, nr. 7/8, 332-340.

Melker, G.P. (2017). *Critical career transitions & career development.* Academisch proefschrift, Vrije Universiteit Amsterdam.

Melker, G.P., Tack, P.J. en Eppink, D.J. (2018). *Leiderschapskwaliteiten. Zelfbewust ervaren en ontwikkelen.* Hilversum: Concept uitgeefgroep.

Paauwe. J. en Breukelen, J. van (2007). *Stimulerend personeelsbeleid. Een bijdrage aan het beter presteren van organisaties.* Alphen aan den Rijn: Kluwer.

Pfeffer, J. (1992). *Managing with Power.* Boston: Harvard Business School Press.

Pfeffer. J. (2010). *Power. Why Some People Have It – And Others Don't.* New York: Harper Business.

Pfeffer, J. (2010). Power Play. *Harvard Business Review,* juli-augustus, 84-92.

Putman Cramer, J.W. (1985). Tien jaar management development in Nederland. *Bedrijfskunde, 3,* 285-291.

Reddin, W. (1970). *Managerial Effectiveness.* New York: McGraw-Hill.

Roethlisberger, F.J. en Dickson, W.J. (1939). *Management and the Worker.* Cambridge, Mass.: Harvard University Press.

Schoenmakers, I. (2011). Flex is de wens. *Eigen Bedrijf,* jaargang 2, nr. 1.

Sluis, L. van der en Bunt-Kokhuis, S. van de (red.) (2009). *Competing for Talent.* Assen: Van Gorcum.

Tack, P.J., Eppink, D.J. en Melker, G.P. (2017). *Managementvaardigheden. Zelfbewust aansturen en samenwerken.* Hilversum: Concept uitgeefgroep.

Taylor, F.W. (1903). *Shop Management.* New York: American Society of Mechanical Engineers.

Taylor, F.W. (1947, oorspronkelijk 1911). *Scientific Management.* New York: Harper & Row.

Trompenaars, F. en Voerman, E. (2008). *Grenzeloos leiderschap. Zeven dilemma's van Servant Leadership in beeld gebracht.* Amsterdam: Business Contact.

Vermeulen, Bram (2009), *Help, ik ben blank geworden; bekentenissen van een Afrikacorrespondent,* Prometheus/NRC-Handelsblad, Amsterdam/Rotterdam.

Vinkenburg, C. en Pepermans, R. (red.) (2005). *Top potentials in organisaties: identificeren, ontwikkelen, binden.* Assen: Van Gorcum.

Weggeman, M.C.D.P. (2007). *Leiding geven aan professionals? Niet doen! Over kenniswerkers, vakmanschap en innovatie*. Schiedam: Scriptum.

Zaleznik, A. (2004). Managers and Leaders: Are They Different? *Harvard Business Review*, vol. 82, nr. 1, 74-81 (oorspronkelijk 1977).

Geraadpleegde websites

www.mt.nl. Zoek: jan timmer philips (23 februari 2006).

www.carrieretijger.nl. Zoek: smart doelen stellen.

9 Mensen: motiveren en belonen

9. Twee callcenters, werelden van verschil

Twee werkstudenten

Jasper en Carlo studeren beiden Management, Economie en Recht aan de hogeschool. Daarnaast hebben ze elk een betaalde bijbaan bij een callcenter. Jasper werkt bij de klantenservice van een telecomprovider, Carlo draait mee bij de ledenhelpdesk van een grote landelijke patiëntenvereniging. In de lespauze wisselen ze ervaringen uit.

Over belonen

Bij de telecomprovider krijgt Jasper een beloning voor gewerkte uren, maar die is heel laag. Het echte verdienen begint bij toeslagen, die afhangen van het aantal bellers dat hij per week afhandelt én van de mate van tevredenheid van degenen die hij heeft geholpen. Het laatste wordt bepaald aan de hand van feedbackvragen die standaard aan bellers worden gemaild na het telefonisch contact ('Hoe tevreden bent u over de afhandeling?' 'Hoe groot is de kans dat u ons aan anderen aanbeveelt?'). In het klantencontactsysteem zijn de resultaten te herleiden naar medewerkers. Om medewerkers 'uit te dagen' krijgen Jasper en zijn collega's na het dagelijks inloggen in het systeem eerst het 'scorebord' te zien van de beste tot de minst presterende medewerkers. Die ranglijst wordt dagelijks bijgewerkt. De top-tien ontvangt een 'weekbonus'. Wie onderin bungelt kan vertrekken.
Bij de patiëntenvereniging ontvangen Carlo en zijn collega's een vaste beloning, gebaseerd op omvang van de aanstelling en de mate van ervaring. Daartoe zijn de telefonisten ingedeeld in twee rangen: junior en senior. 'Senior' kun je pas na twee jaar worden als je continu goed presteert in de eerste lijn én als je -in de tweede lijn- te moeilijke vragen voor junioren kunt overnemen. Ook hier wordt tevredenheid gemeten en is de link met individuele telefonisten zichtbaar. Tegelijkertijd wordt duidelijk hoe medewerkers als team samenwerken. Eenmaal per jaar is er een barbecue met patiënten en mantelzorgers. Dat is voor de onderlinge band, maar ook om betrokkenheid van de telefonisten met de doelgroep van de vereniging te versterken.

Over aansturen

Bij de telecomprovider is er een competitieve cultuur. In die sfeer krijgen slimmeriken al gauw door dat bellers met makkelijke vragen het meest opleveren voor je score: zij zijn immers snel en in grote aantallen af te handelen en al gauw tevreden. Dat leidt ertoe dat telefonisten 'lastige klanten' zo snel mogelijk proberen door te schuiven naar een collega. Of dat ze bellers zelfs lozen door de verbinding te verbreken. De leiding kan er overigens achter komen welke telefonisten dat doen. Immers, wat hoort de beller voordat hij wordt doorgeschakeld? Precies: "Dit gesprek kan worden opgenomen voor trainingsdoeleinden".
Bij de patiëntenvereniging gaat het anders. Op Carlo en zijn collega's wordt geen druk uitgeoefend om kwantitatief hoog te scoren. Ook 'lastige klanten' krijgen de nodige aandacht. Voordat hij of zij uitlogt uit het ledencontactsysteem, krijgt de medewerker op het scherm de uitnodiging kort en puntsgewijs tips en suggesties naar aanleiding van die dag te delen met collega's. Resultaten van tevredenheidsmetingen worden wekelijks in het bellersteam besproken. Stukjes uit opgenomen gesprekken worden echt gebruikt voor trainingen. Zo ontstaat er een coöperatieve cultuur.

Deze case laat zien hoe organisaties die hetzelfde soort werk doen, toch enorm kunnen verschillen in de omgang met medewerkers, waardoor er mede door de verschillen in de wijze van belonen een heel verschillende cultuur ontstaat.

Kernstof

Er bestaan veel theorieën over de motivatie van mensen (paragraaf 9.1). Ze zijn te onderscheiden in twee groepen: inhoudstheorieën en procestheorieën. inhoudstheorieën gaan over *wat* mensen tot prestaties brengt, dus wat ze voor zichzelf willen bereiken. Procestheorieën gaan over *hoe* mensen de verschillende manieren om hun uiteenlopende behoeften te bevredigen tegen elkaar afwegen en tot een beslissing komen.

Dit hoofdstuk gaat in op de volgende *inhoudstheorieën* (paragraaf 9.1.1): de behoeftehiërarchie van Maslow, de motivatie-hygiënebenadering van Herzberg en de Theorieën X en Y van McGregor.
De *behoeftehiërarchie van Maslow* kent verschillende lagen van behoeften die een mens heeft. Het laagste niveau in die hiërarchie bestaat uit *fysiologische* behoeften, gevolgd door die aan *zekerheid*, op *sociaal* vlak, aan *erkenning* en aan *zelfontplooiing*.
Herzberg *(motivatie-hygiënebenadering)* ontdekte dat sommige factoren mensen stimuleren tot prestaties, de zogenaamde motivatoren of satisfiers, terwijl andere niet motiveren, maar wel kunnen verhinderen dat mensen tot goede prestaties komen: de hygiënefactoren of dissatisfiers. Factoren die motiveren zijn bijvoorbeeld: inhoud van het werk, erkenning en verantwoordelijkheidsgevoel. Hygiënefactoren zijn bijvoorbeeld de beloning, de manier van leidinggeven en de kwaliteit van het beleid. Zijn de hygiënefactoren op orde, dan kunnen de motivatoren mensen tot goede prestaties brengen.

De *Theorieën X en Y* van McGregor geven twee uiterste opvattingen weer van hoe managers de motivatie van hun medewerkers inschatten, wat weer van invloed is op de manier van leidinggeven door die managers. Theorie X geeft de traditionele visie op de motivatie van mensen weer: de gemiddelde mens wil liever niet werken en heeft controle en straf nodig om prestaties te leveren. Ook ontvangt die gemiddelde mens liever leiding en vermijdt verantwoordelijkheid, is weinig ambitieus en gesteld op zekerheid. Theorie Y geeft een positiever mensbeeld: werken is gewoon, controle is meestal niet nodig en beloning moet passen bij de geleverde prestaties. Ook wil de gemiddelde mens wel verantwoordelijkheid dragen en die opzoeken. Er is veel creativiteit en de organisatie maakt van de capaciteiten van de medewerkers onvoldoende gebruik.

Procestheorieën (paragraaf 9.1.2) over motivatie zijn een noodzakelijke aanvulling op inhoudstheorieën. In dit hoofdstuk komt de *verwachtingstheorie* van Vroom aan de orde. Volgens deze benadering kunnen mensen alleen gemotiveerd worden om voor de organisatie belangrijke prestaties te leveren als aan drie voorwaarden is voldaan:
(1) De medewerker verwacht dat een bepaalde inspanning leidt tot een prestatie,
(2) De geleverde prestatie leidt tot een beloning,
(3) De medewerker hecht waarde aan de betreffende beloning. De organisatie kan ervoor zorgen dat deze drie elementen goed zijn afgestemd op het bereiken van de organisatorische doelen.

Beloningsstelsels (paragraaf 9.2) kunnen ervoor zorgen dat medewerkers financieel gestimuleerd worden om de vereiste prestaties te leveren. De grondslag voor veel beloningsstelsels is *functieclassificatie* (paragraaf 9.2.1). Dit systeem brengt de zwaarte van verschillende functies ten opzichte van elkaar in kaart. Er bestaan twee groepen van beloningsstelsels (paragraaf 9.2.2): tijdloon en prestatiebeloning. Bij *tijdloon* hangt de beloning over een bepaalde periode af van de gewerkte tijd en het uurloon. Geleverde prestaties spelen geen rol. In veel gevallen is de geleverde prestatie ook niet nauwkeurig vast te stellen. Denk bijvoorbeeld aan het opstellen van wetten of het beoordelen van vergunningaanvragen. *Prestatiebeloning* is meestal een aanvulling op een tijdloonstelsel. Er kan sprake zijn van een *individuele* of *collectieve* prestatiebeloning.

Bij de *keuze* voor een beloningsstelsel (paragraaf 9.2.3) moeten de *kenmerken van het werk* en de *motieven* die de leiding met een stelsel voor ogen heeft een belangrijke rol spelen. In grote, internationaal werkende organisaties spelen *cultuurverschillen* tussen landen ook een belangrijke rol.

9 Mensen: motiveren en belonen

Mensen komen tot goede en grootse prestaties als zij ertoe gedreven worden. Dat wil zeggen dat het voor hen aantrekkelijk is om die goede of grootse prestaties te leveren. Wat mensen tot die prestatie drijft, noemt men motivatie. Het beloningsstelsel van de organisatie kan helpen de motivatie tot presteren financieel te versterken.

9.1 Motivatie van mensen

Motivatie wordt belangrijker. Lang geleden was het in Nederland eenvoudig: als men niet een behoorlijke prestatie leverde, had men ook geen eten en onderdak. Men werkte toen uit noodzaak om te overleven. Inmiddels is de welvaart gestegen en is sociale wetgeving tot stand gekomen. Die wetgeving geeft mensen een inkomen, ook al werken zij niet voor de volle honderd procent. Verder is de samenstelling van het personeelsbestand veranderd, zwart-wit gesteld van bijna geheel voltijds werkende huisvaders naar een zeer gemengd gezelschap van vol- en deeltijds werkende mannen en vrouwen. Wat al die medewerkers willen, loopt steeds meer uit elkaar. Om die redenen is het voor organisaties minder eenvoudig geworden om mensen te motiveren.

> ***Ontwikkelingsmogelijkheden of salaris?***
> Ber Damen, voormalig directeur HRM van Berenschot: 'Medewerkers worden op de eerste plaats gemotiveerd door de mogelijkheid om hun grenzen te verleggen. Mensen kunnen zelfs met minder salaris genoegen nemen, als ze maar de verwachting hebben dat ze zichzelf kunnen ontwikkelen. Geef ze interessante en uitdagende klussen.'
>
> *Bron: www.intermediairpw.nl*

Er bestaan uiteenlopende theorieën over wat mensen motiveert. In de literatuur maakt men een onderscheid in twee soorten motivatietheorieën: inhoudstheorieën en procestheorieën. Inhoudstheorieën gaan over wat mensen tot prestaties brengt, dus *wat* ze willen bereiken. Procestheorieën gaan over *hoe* mensen de verschillende manieren om hun uiteenlopende behoeften te bevredigen tegen elkaar afwegen om tot een beslissing daarover te komen.

9.1.1 Inhoudstheorieën over motivatie

De volgende drie inhoudstheorieën worden behandeld: de *behoeftehiërarchie* van Maslow (1954), de *motivatie-hygiënebenadering* van Herzberg (1959) en de *Theorieën X en Y* van McGregor (1963).

Maslows behoeftehiërarchie

Maslows behoeftehiërarchie deelt de behoeften van mensen in vijf niveaus in:
- *Fysiologische behoeften*, denk aan eten en drinken.
- *Zekerheidsbehoeften*, zoals een dak boven het hoofd en vast werk.
- *Sociale behoeften*, denk aan contact met anderen, ergens bij horen (wij-gevoel) en genegenheid.

- *Behoefte aan erkenning*, iemand wil zich van anderen onderscheiden en gewaardeerd worden.
- *Behoefte aan zelfontplooiing*, invloed hebben, het benutten van eigen talenten en het willen bereiken van de top.

Figuur 9.1 De behoeftehiërarchie van Maslow

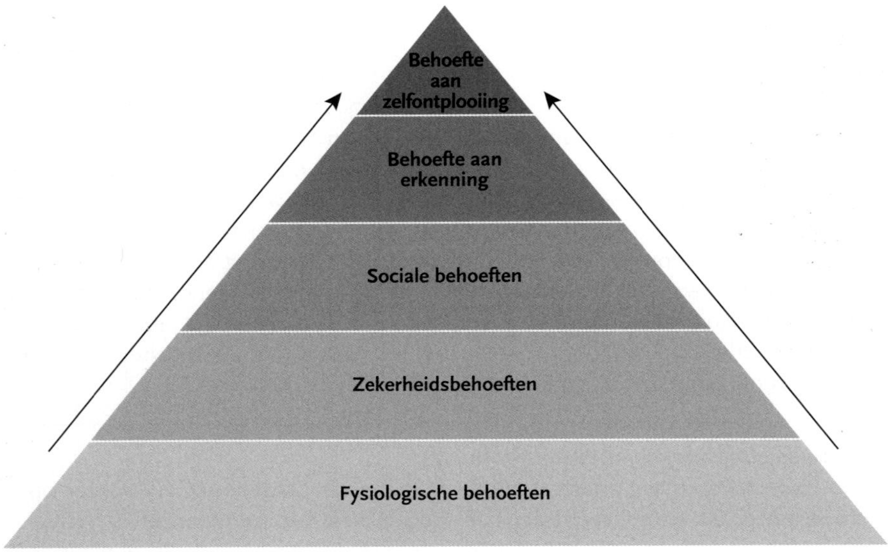

De verschillende behoeften zijn, zoals te zien, gerangschikt in verschillende niveaus. In de gedachte van Maslow kan een medewerker een hoger niveau van behoefte niet eerder bevredigen dan wanneer aan de behoefte op een lager niveau is voldaan. De sociale behoeften gaan pas spelen als de persoon voldoende zekerheid ervaart.

Een organisatie kan op verschillende manieren personeelsleden helpen in deze behoeften te voorzien. Denk aan het betalen van een salaris, het geven van baanzekerheid en het zorgen voor contacten met anderen. De behoefte aan erkenning en sociale acceptatie is te bereiken door interessant werk te bieden en kansen op promotie in het vooruitzicht te stellen. In de behoefte aan zelfontplooiing is te voorzien door medewerkers uitdagingen te geven die hen in staat stellen het uiterste uit zichzelf te halen.

Bij deze hiërarchie zijn wat kanttekeningen te maken. In de eerste plaats is het onderzoek van Maslow gedaan onder de absolute top van zijn Amerikaanse studenten. De hiërarchie komt dus niet voort uit een willekeurige, maar uit een selecte steekproef. De vraag is dus *hoe algemeen geldend* die behoeftepiramide is. Wat geldt voor een medewerker in de productie hoeft nog niet te gelden voor een gedreven wetenschapper op een onderzoeksafdeling. Die vraag gaat des te meer op als de organisatie internationaal werkt. Wat geldt voor een Amerikaan, geldt nog niet voor een Japanner. Een tweede opmerking betreft *geld als motiverende factor*. Eenvoudig gedacht, is geld nodig om te voorzien in de fysiologische behoeften van de mens. Geld is ook belangrijk om bijvoorbeeld de behoefte aan zelfontplooiing te bevredigen. Een derde opmerking betreft de *dynamiek* in de behoeften van medewerkers. Het belang van behoeften verschilt in de loop der tijd. Denk aan fabrieksarbeiders in China, die tien jaar geleden blij waren met een baan die niet erg goed betaalde. Nu stellen ze hogere eisen aan hun baan en werkgever.

Herzberg: motivatie-hygiënebenadering

Voor het onderzoek waaruit deze benadering voortkwam, interviewde Herzberg tweehonderd ingenieurs en boekhouders over hun werkervaring. Hij wilde achterhalen welke factoren vaak genoemd werden bij positieve werkervaringen en welke bij negatieve. Bij positieve werkervaringen noemden ze factoren als: erkenning, inhoud van het werk, verantwoordelijkheid, promotie en het bereiken van de gestelde doelen. Herzberg vat deze factoren samen onder de term *motivatoren*, ook wel *satisfiers* genoemd. Deze motivatoren noemden ze minder vaak bij *slechte* werkervaringen. Daarbij noemden ze bijvoorbeeld factoren als: inefficiënt en niet-effectief beleid in de organisatie, slechte manier van leidinggeven, een onevenredig laag salaris, werkomstandigheden en vervelende relaties met andere medewerkers. Herzberg vat deze factoren samen onder de term *hygiënefactoren*, ook wel *dissatisfiers* genoemd. Deze noemden de geïnterviewden weer minder vaak bij goede werkervaringen. De motivatoren of *satisfiers* hebben een positieve invloed op de prestaties. De hygiënefactoren of *dissatisfiers* werken negatief op het bereiken van goede prestaties als ze in een organisatie aanwezig zijn. Ze motiveren dus niet, maar staan motivatie in de weg. Door ze weg te nemen, kunnen de aanwezige motivatoren hun positieve werk doen.

Ook bij deze benadering is op te merken dat de groep mensen die geïnterviewd is door Herzberg hoogopgeleid is. Als in het onderzoek ook andere groepen werknemers waren betrokken, was een ander beeld van de belangrijke motivatoren en hygiënefactoren mogelijk geweest. De algemene geldigheid van de benadering is ook hier dus een punt van discussie.

Het beste in de mens komt niet altijd naar boven

Veel theorieën over motivatie gaan uit van het beste in de mens. Jammer genoeg voldoet niet iedere medewerker aan dit ideaalbeeld. Sommigen zijn in staat een manager die van een dergelijk mensbeeld uitgaat enorm om de tuin te leiden of gewoon te bedriegen. Dat kan variëren van het achterhouden van informatie tot diefstal als het ontbreken van goede controles. Een manager kan niet zonder meer uitgaan van de goede wil van zijn medewerkers. Het vertrouwen van de leidinggevende in de medewerker moet gewonnen worden. Omgekeerd trouwens ook. Hoe vervelend het ook kan zijn, een manager moet altijd op zijn hoede zijn. Ook op het niveau van toezichthouders is het nodig alert te zijn. De fraude bij Imtech die in 2015 aan het licht kwam laat zien dat tot vlak onder de top van de organisaties mensen met kwade bedoelingen handelden. Commissarissen en leden van raden van toezicht moeten zich realiseren dat ze op dit vlak ook een grote verantwoordelijkheid dragen.

Theorie X en Y van McGregor

De Theorieën X en Y die McGregor formuleerde zijn geen theorieën over wat medewerkers motiveert. Het zijn *beelden* die managers kunnen hebben *over* de *motivatie* van hun medewerkers. McGregor is van mening dat het beeld dat managers hebben van de motivatie van hun medewerkers invloed heeft op de manier waarop zij leidinggeven. Medewerkers reageren met gedrag dat is veroorzaakt door de stijl van leidinggeven. Managers zijn dus in zekere zin de veroorzakers van het gedrag van hun medewerkers.

Theorie X geeft de traditionele visie op de motivatie van medewerkers weer. Managers met een mensbeeld dat is gebaseerd op Theorie X gaan uit van de volgende veronderstellingen:

1. De gemiddelde mens heeft een aangeboren afkeer van werken en zal dit vermijden als hij kan.
2. Door deze menselijke afkeer van werken moeten de meeste mensen gedwongen, gecontroleerd, gedirigeerd en met straf bedreigd worden om zich in te spannen voor het bereiken van de doelstellingen van het bedrijf.
3. De gemiddelde mens heeft een voorkeur om leiding te krijgen, vermijdt verantwoordelijkheid, heeft relatief weinig ambities en zoekt vooral zekerheid.

Theorie X geeft een allesbehalve vrolijk beeld over de instelling van de mens ten opzichte van zijn werk. Managers met deze kijk op hun mensen zullen geneigd zijn ze als dwangarbeiders te behandelen.

In tegenstelling tot Theorie X gaat Theorie Y ervan uit dat organisaties en medewerkers dezelfde doelen en uitdagingen kunnen nastreven.
De veronderstellingen bij Theorie Y zijn:

1. Fysieke of geestelijke inspanning is voor de gemiddelde mens even gewoon als spelen of rusten.
2. Controle van buitenaf en dreiging met straf zijn niet de enige manieren om medewerkers de organisatorische doelstellingen te laten bereiken. De mens zal zich vanzelf inspannen en zichzelf controleren als hij achter de doelstellingen staat.
3. De mate waarin medewerkers de organisatorische doelstellingen nastreven, hangt ook af van beloningen, die samenhangen met het bereiken van de doelstellingen.
4. De gemiddelde mens aanvaardt, onder de juiste omstandigheden, niet alleen verantwoordelijkheid, maar zoekt die zelfs op.
5. Verbeeldingskracht, vindingrijkheid en creativiteit bij het oplossen van organisatorische problemen zijn te vinden in brede kringen en niet alleen in dunne lagen van de bevolking.
6. In organisaties worden de verstandelijke vermogens van de gemiddelde mens slechts voor een deel gebruikt.

Als managers het mensbeeld van Theorie Y aannemen, zullen zij leiding gaan geven met de in paragraaf 8.2.1 onder revisionisme beschreven leiderschapsstijl.
Het is van belang op te merken dat McGregor bij deze twee mensbeelden van managers veelvuldig de woorden 'gemiddelde mens' gebruikt. Dat betekent dat een manager die van Theorie X uitgaat toch aan medewerkers die positief afwijken van het gemiddelde op een Theorie Y-manier zou kunnen leidinggeven. Dat geldt omgekeerd ook voor de aanhangers van Theorie Y: die kunnen sommige medewerkers die dat nodig hebben toch op een meer directe manier aansturen en controleren. Hier ligt een direct verband met de begrippen taakvolwassenheid en situationeel leiderschap, zoals Hersey & Blanchard hebben uiteengezet (zie paragraaf 8.2.2). McGregor legt ook een direct verband tussen zijn Theorie Y en een beloningssysteem, het zogenaamde Scanlon Plan. Dit komt in paragraaf 9.2.2 aan de orde.

Zonder leiding geen kwaliteit

Ben Verwaayen, toenmalig CEO van Alcatel-Lucent, tijdens een interview in het programma *Buitenhof* op 25 mei 2008: 'In Nederland is leiderschap niet makkelijk. Nederlanders staan bekend als antiautoritair. Dat is mooi, maar er zitten ook negatieve kanten aan. Leiding is nodig. Onvoldoende leiding leidt onherroepelijk tot onvoldoende kwaliteit.'

9.1.2 Procestheorie over motivatie

Als aanvulling op de motivatietheorieën is het nuttig om na te gaan hoe medewerkers de verschillende doelen die zij voor zichzelf nastreven, tegen elkaar afwegen. Inclusief de manieren om die doelen te bereiken. Er bestaan verschillende theorieën die dit proces beschrijven. Hier volgt alleen een beschrijving van de bekende *verwachtingstheorie* (*expectancy theory*) van Vroom (1964). Deze theorie stelt dat medewerkers:

- verschillende behoeften hebben en die ook verschillend waarderen;
- bewuste keuzes maken over de manieren om hun behoeften te bevredigen;
- een keuze maken gebaseerd op de verwachting dat hun actie tot een resultaat leidt dat zij op prijs stellen.

Er zijn drie factoren in deze theorie die de mate van motivatie bepalen. De theorie wordt weleens in de volgende formule weergegeven:

$M(otivatie) = E \times I \times V$

E staat voor de verwachting (*expectancy*) dat een bepaalde inspanning leidt tot een bepaalde prestatie.
I staat voor instrumentaliteit: een bepaalde prestatie zal leiden tot een bepaalde beloning.
V is de valentie of subjectieve waardering van die beloning voor een medewerker.

Voor de organisatie betekent dit onder andere dat de medewerker opdrachten moet krijgen die hij kan uitvoeren. Dat wil zeggen dat de doelen helder moeten zijn en dat hij vooraf voldoende training en tijdens de uitvoering voldoende begeleiding krijgt. Ook moet duidelijk zijn welke prestaties tot welke beloningen leiden. De medewerkers moeten de in het vooruitzicht gestelde beloningen ook belangrijk vinden. Bij het motiveren van medewerkers om de doelen van de organisatie te bereiken, speelt dus de organisatie zelf een belangrijke rol bij het scheppen van de voorwaarden daarvoor. Enerzijds moet de organisatie op de hoogte zijn van wat medewerkers motiveert. Anderzijds moet de organisatie de voorwaarden scheppen waaronder de medewerkers optimaal kunnen presteren om de organisatorische doelstellingen te bereiken.

Verwachtingstheorie bij studeren (is ook werken)
De verwachtingstheorie van Vroom geldt ook bij studeren, wat ook een vorm van werken is.

M = de sterkte van de motivatie om zo goed mogelijk je best te doen

Die is afhankelijk van:

E = de verwachting dat je best doen inderdaad leidt tot hogere cijfers

I = dat er inderdaad een verband is tussen een mooie cijferlijst en een goede eerste baan (dat kan bijvoorbeeld blijken uit onderzoek onder pas afgestudeerden)

V = de waarde die je hecht aan een mooie cijferlijst, bijvoorbeeld omdat je dan sneller een goede baan kunt vinden

THEORIE

9.2 Belonen van mensen

In paragraaf 9.1 is motivatie in het algemeen aan de orde gekomen. Daarbij komt naar voren dat beloning een belangrijk instrument is van de leiding om het gedrag van medewerkers in de richting van het bereiken van de organisatiedoelen te sturen.
Beloning kan verschillende vormen hebben. Zo zijn er naast *financiële* ook *niet-financiële* vormen van *beloning*. Denk aan het kunnen volgen van een opleiding of het maken van promotie. Het belang van gewoon vriendelijk met medewerkers omgaan wordt daarbij onderschat. In Nederland heeft Rietdijk (2009a, 2009b) daaraan aandacht gegeven door te wijzen op concrete en eenvoudige middelen als elkaar een compliment geven.

9.2.1 Functieclassificatie als grondslag voor beloningsstelsels

De *grondslag* voor veel beloningssystemen is *functieclassificatie*. Met functieclassificatie rangschikt de organisatie de verschillende functies aan de hand van het gewicht dat elke functie heeft. Door het systematisch toekennen van gewichten aan functies kunnen rechtvaardige beloningsverhoudingen binnen de organisatie tot stand komen. Soms wordt functieclassificatie voor hele sectoren gedaan, denk maar aan het onderwijs en de overheid.
Een eerste stap bij functieclassificatie is het opstellen van *functiebeschrijvingen*. Daarin staan de handelingen en taken die een medewerker moet verrichten, de verantwoordelijkheden die hij heeft, de relaties met andere medewerkers, de zwaarte van de werkomstandigheden enzovoort. Omdat de functiebeschrijvingen het uitgangspunt voor het gehele beloningsgebouw vormen, moeten deze nauwkeurig opgesteld worden. De tweede stap is het vaststellen van het *gewicht* van alle functies. Daarvoor moeten alle aspecten die de functiezwaarte kenmerken, vastgesteld worden, zoals fysieke of mentale belasting, verantwoordelijkheid en afbreukrisico. De derde stap is de eigenlijke functiewaardering, waarbij aan de verschillende *kenmerken* een *waarde* wordt toegekend. De optelsom van alle afzonderlijk gewaardeerde kenmerken geeft de functiezwaarte aan. De laatste stap is het indelen in *groepen* van *gelijkwaardige* functies.

Er bestaan verschillende systemen van functieclassificatie, afhankelijk van de manier waarop de zwaarte van de kenmerken van de functies gewogen wordt.
De meest toegepaste methode in Nederland is de *puntenmethode,* zoals de Haymethode. Hierbij worden per kenmerk punten vastgesteld door deze te vergelijken met een vooraf bepaald schema. Soms ook worden functies in hun *totaliteit* gewaardeerd. Ze kunnen dan in *vooraf vastgestelde functieklassen* worden ondergebracht. Ook kunnen de functies onderling naar zwaarte ingedeeld worden door ze *paarsgewijs te vergelijken*. Aan deze vastgestelde functieklassen zijn de salarisschalen gekoppeld.
In grote organisaties worden bijna alle functies op een van de hiervoor genoemde methoden gewaardeerd. Alleen de allerhoogste functies en soms ook specialistische functies vallen daarbuiten.

9.2.2 Beloningsstelsels

De verscheidenheid in beloningstelsels is groot. Hierna volgt een korte bespreking van een paar veelvoorkomende vormen. Zo komen aan de orde:
- tijdloon;
- individuele prestatiebeloning;
- collectieve prestatiebeloning.

De verschillende stelsels die de praktijk laat zien, zijn soms een combinatie van elementen van verschillende stelsels. Soms komen ze ook in de zuivere vorm voor.

Tijdloonstelsel

Tijdloon is een vorm van belonen waarbij het te ontvangen bedrag afhangt van het aantal uren dat een medewerker heeft gewerkt en het bedrag dat per uur verdiend wordt. Er is dus geen enkele relatie tussen de beloning en de geleverde prestatie. Van dit beloningsstelsel gaat geen prikkel uit om extra inspanningen te leveren. Als de leiding van de organisatie de medewerkers tot extra prestaties wil brengen, moeten andere middelen ingezet worden om dat te bereiken. Ondanks het ontbreken van een prestatieprikkel lijkt het zo te zijn dat tijdloon de laatste jaren meer aanhangers krijgt. Een reden daarvoor is dat die aanhangers vinden dat prestaties van medewerkers niet met geld gekocht mogen worden. Men vindt dat ethisch niet juist. Soms moet het werk zo nauwkeurig gedaan worden dat snelheid ten koste van kwaliteit zou gaan. Denk bijvoorbeeld aan het opstellen van wetten of het uitwerken van plannen voor een gemeente of een bedrijf. Ook voor de brandweer ligt iets anders dan tijdloon niet voor de hand. Die moet te allen tijde beschikbaar zijn als er brand uitbreekt.

Prestatiegerichte beloningsstelsels

Bij deze stelsels zijn *individuele* en *collectieve* systemen te onderscheiden.

Bij *individuele prestatiebeloning* gaat de beloning omhoog of omlaag met de geleverde prestaties. Een prestatiebeloningstelsel in de zuivere vorm komt in organisaties weinig meer voor. Wel zijn er combinaties van tijdloon met een extra prestatiebevorderende prikkel die bijvoorbeeld afhangt van het behalen van gestelde (omzet)doelen.
Voordelen van zulke prikkels zijn: verhoogde productie, lagere kosten per eenheid product of geleverde dienst. Door de prikkel die ervan uitgaat, is het soms ook mogelijk meer zelfcontrole toe te staan. Mogelijke nadelen van prestatieprikkels zijn onder andere: de kwaliteit gaat ten koste van de kwantiteit van het geleverde werk, de neiging om te veel en te hard te werken, het negeren van voorschriften en het eigenbelang voor het organisatiebelang stellen.
Hoewel prestatiebeloning in zuivere vorm binnen organisaties zelden voorkomt, bestaan zulke vormen van beloning wel tussen organisaties. Denk aan makelaars die voor een verkocht huis een percentage van de opbrengst ontvangen. Hier is de beloning voor de makelaar afhankelijk van de geleverde prestatie. Soms maken adviesbureaus een deel van het uiteindelijk te factureren bedrag afhankelijk van de bereikte besparing of de verbetering van het resultaat. Van belang is dan wel dat duidelijk vastligt hoe de verbetering van de besparing of het resultaat gemeten gaat worden.

Invloed van beloningen op gedrag
Bron: Flaptekst Luyendijk (2015)

De financiële wereld blijkt geen ver-van-mijn-bedshow. De financiële wereld is het bed zelf. En toen op 15 september 2008 de Amerikaanse bank Lehman Brothers failliet ging, stortte dat bed op een haar na in. Bankiers in de City hamsterden voedsel, zetten hun geld om in goud of bereidden de evacuatie van hun kinderen naar het plattenland voor. Joris Luyendijk zat twee jaar lang ondergedompeld in deze wereld. Aan het begin wist hij er net zoveel van als de gemiddelde burger, namelijk bijna niks. Stap voor stap lieten insiders hem, met gevaar voor hun eigen baan, zien hoe de financiële wereld in elkaar zit. Zijn bankiers monsters? Is hebzucht het probleem? En veel belangrijker: kan het weer gebeuren? Zijn de diepere oorzaken van de crash van 2008 weggenomen, of is de financiële wereld nog altijd een tijdbom in het hart van onze samenleving?

Collectieve prestatiegerichte stelsels zijn opgesteld voor verschillende groepen medewerkers. Hieronder vallen stelsels als het Scanlon Plan, winstdeling, optieregelingen en bonusregelingen.
Het *Scanlon Plan* is door McGregor beschreven als een manier om inhoud te geven aan het integreren van de doelstellingen van de organisatie en die van de medewerkers. Deze aanpak is bedacht door een Amerikaanse vakbondsleider, Joe Scanlon, in de jaren dertig van de vorige eeuw. In dit plan komt de participatie van de medewerkers tot haar recht. Per afdeling bestaat een productiviteitscommissie waarin leiding en medewerkers gezamenlijk overleggen hoe de samenwerking en de productiviteit te verbeteren zijn. Het uitgangspunt voor het verbeteren van de productiviteit is de op historische gegevens gebaseerde productiviteitsindex. Deze geldt als norm voor het vaststellen van de stijging van de productiviteit. Voor een bepaalde periode, bijvoorbeeld een maand, vergelijkt men de werkelijke productiviteit met de historische norm. Is de productiviteit hoger, dan is een kostenbesparing ontstaan die volgens een vooraf overeengekomen sleutel verdeeld wordt over medewerkers en organisatie. Het deel dat aan de medewerkers toekomt, wordt deels uitbetaald en deels gereserveerd voor als het met de productiviteit eens tegenzit. Het is duidelijk dat in dit beloningsstelsel de belangen van de organisatie en van de medewerkers parallel lopen.

Bij *winstdeling* krijgen alle medewerkers een deel van de jaarwinst van de onderneming uitgekeerd. Deze winstuitkering komt in de meeste gevallen boven op een tijdloon. Hoeveel iedere afzonderlijke deelnemer ontvangt, is afhankelijk van de positie in de onderneming en soms ook van de lengte van het dienstverband. Een onderneming kan verschillende redenen hebben om een winstdeling in te stellen. Zo is een overweging dat het rechtvaardig is de medewerkers mee te laten profiteren van de gemaakte winst, omdat zij daar een bijdrage aan hebben geleverd. Ook kan het oogmerk zijn de medewerker sterker aan het bedrijf te binden. De band tussen de geleverde prestatie en het winstdeel voor iedere medewerker is echter niet altijd duidelijk aan te geven. De winst is een resultaat van het samenwerken van een groot aantal mensen; iedere individuele bijdrage aan de jaarwinst is moeilijk vast te stellen. De bijdrage van de top van de onderneming is soms pas jaren later te zien. Denk aan de beslissing om de Chinese markt te gaan betreden. Voordat die een feit is en de eerste winsten geboekt zijn, verstrijkt soms meer dan vijf jaar. Voor medewerkers op het uitvoerende niveau is de concrete bijdrage voor een deel wel vast te stellen, bijvoorbeeld het verkopen van een bepaald aantal auto's. Hoeveel die verkopen bijdragen aan de winst is echter niet altijd goed uit te rekenen. De verkoper behaalt wel een marge op de verkoop, maar heeft geen invloed op de kosten die in andere delen van de onderneming gemaakt worden. Ook bepalen externe invloeden soms de hoogte van de jaarwinst. Denk aan het fluctueren van de olieprijs en het effect daarvan op de winst van een luchtvaartmaatschappij.

Een bijzondere vorm van winstdeling is het *winstaandeel* dat eigenaren (vennoten of partners) van bijvoorbeeld advocatenkantoren, accountantskantoren en adviesbureaus kennen. Het gaat hier soms om bedragen die groter zijn dan het vaste inkomen (tijdloon). Deze vorm van winstdeling maakt het totaal van de personeelskosten ook variabel. In economisch mindere tijden is alleen het vaste inkomen een verplichting voor de maatschap.

Optieregelingen geven medewerkers het recht gedurende een bepaalde periode een aantal aandelen tegen een vooraf vastgestelde prijs te kopen (= het uitoefenen van de optie). Indien de koers van het aandeel uitstijgt boven de uitoefenprijs, maakt de medewerker bij verkoop van de aandelen winst. Optieregelingen zijn, net als winstdeling, vaak een aanvulling op een andere vorm van beloning. De motieven voor het instellen van een optieregeling zijn vergelijkbaar met die voor de winstdeling. Aan het uitoefenen van de optie kunnen voorwaarden verbonden zijn. Denk aan het nog in dienst van de onderneming moeten zijn van de werknemer op het moment van uitoefening en het niet vrij overdraagbaar zijn van de opties. Ook moet de medewerker de met de optie gekochte aandelen een bepaalde periode in zijn bezit houden voordat hij die mag verkopen. Een optie is een recht, de medewerker is dus niet verplicht de optie uit te oefenen en de aandelen te kopen. Door het geven van opties kan de medewerker meeprofiteren van een stijging van de koers van het aandeel van de onderneming. Over de met de optie gemaakte winst moet de medewerker inkomstenbelasting betalen. Veel ondernemingen kennen alleen aan medewerkers in hogere functies optierechten toe. De verzekeraar Aegon kent alle medewerkers optierechten toe, zij het dat de aantallen per categorie medewerker verschillen.
Organisaties die geen aandelen hebben, bijvoorbeeld coöperaties als de Rabobank, kunnen geen optieregelingen instellen. Ook stichtingen kennen geen aandelen en hebben dus ook geen optieregelingen. Voor beide organisatievormen zijn wel winstdelingsregelingen mogelijk. Een uitzondering daarop is de zorgsector, waar voorlopig het uitkeren van winst aan aandeelhouders en anderen wettelijk nog niet mag.

Er is veel veranderd bij het toekennen van opties en aandelen

'Voor de eerste keer ging de onderneming eind 1986 over tot aan het topmanagement verstrekken van opties, in totaal 13.575, ruim onder 1% van het aantal uitstaande aandelen. De uitoefenprijs bedroeg *f* 292,-, toen bijna de hoogste koers in dat jaar. De looptijd was 5 jaar en de opties waren onvoorwaardelijk direct uitoefenbaar.'

Bron: E.F. van Veen, Vaar-wel Nutricia.

In veel ondernemingen zijn nu meer voorwaarden verbonden aan het verkrijgen en uitoefenen van opties en het kunnen verkopen van met opties verkregen aandelen. Een onderneming als Unilever eist van leden van de raad van bestuur dat zij 25% van hun jaarlijkse bonus besteden aan het kopen van aandelen Unilever. Deze aandelen kunnen zij niet eerder dan na drie jaar verkopen.

Bonusregelingen geven medewerkers het recht op een betaling die afhangt van de mate waarin gestelde doelen bereikt zijn. Bonussen bestaan weliswaar voor bepaalde

THEORIE

groepen medewerkers, maar de doelen die bereikt moeten worden zijn vaak individueel vastgesteld. Bonussen worden vaak in contanten en onvoorwaardelijk uitbetaald. In sommige sectoren en landen is de bonus (en variabele beloning in het algemeen) erg hoog in verhouding tot het vaste inkomen. Een probleem dat zich bij bonussen kan voordoen, is dat de prestatie in een jaar geleverd wordt (en de bonus ook over dat jaar betaald), maar dat de onderneming pas na lange tijd weet of de transactie wel echt winst heeft opgeleverd. Een hypotheek kan bijvoorbeeld afgesloten zijn, maar er is pas winst over die transactie als over de hele looptijd rente en aflossing betaald zijn. Door het onvoorwaardelijk direct betalen van de bonus kan een medewerker in de verleiding komen hypotheken te verkopen aan slechte debiteuren. De bonus is snel binnen en de ellende komt misschien pas als de medewerker allang een andere baan heeft gevonden. Vanwege het niet of niet geheel parallel lopen van het organisatiebelang en het belang van de medewerker worden bonussen tegenwoordig steeds vaker over een langere periode uitbetaald. Soms is er ook een recht om een onterecht betaalde bonus terug te vorderen. Zo'n clausule noemt men een *'claw back'*-clausule.

Oliebedrijf VS geeft iedere werknemer ton bonus
11 december 2015

Er werken bijna 1.400 mensen voor het Texaanse oliebedrijf. Het genereuze gebaar kost Hildebrand bijna 140 miljoen dollar. Het is niet voor het eerst dat de werknemers van Hilcorp flink in de watten worden gelegd. In 2010 mochten ze bij het halen van de doelstellingen kiezen uit een auto ter waarde van 50.000 dollar of een uitbetaling van 35.000 dollar nadat het doel van het bedrijf om de productie te verdubbelen was bereikt. Dit jaar werd de productie opnieuw verdubbeld. Hildebrand heeft een geschat vermogen van 5,9 miljard dollar. Hij zou het personeel met de enorme bonussen willen motiveren. Hilcorp staat bekend als een van de beste Amerikaanse bedrijven om bij te werken.

Bronnen: www.nu.nl/opmerkelijk/4181345/oliebedrijf-vs-geeft-iedere-werknemer-ton-bonus.html

https://bizjournals.com/houston/morning_call/2015/11/houston-energy-company-gives-out-100.000.bonus.html.

Het door Thierry (2002) ontwikkelde *cafetariaplan* is niet een afzonderlijke vorm van een beloningsstelsel, zoals tijdloon en prestatieloon. Een cafetariaplan geeft een medewerker de keus om bepaalde onderdelen van het totale vaste beloningspakket tegen elkaar uit te ruilen. De medewerker kan dus als het ware uit het menu van de cafetaria kiezen wat hij aantrekkelijk vindt. Zo kan de medewerker vakantiedagen inruilen voor meer vast salaris, of een hoger of eerder pensioen. Soms kan hij vakantiedagen opsparen om over een paar jaar een lange reis te maken of een sabbatical te nemen.
Ook voor de periode na de pensionering zijn inmiddels keuzemogelijkheden voor wanneer men wat uitbetaald wil krijgen. Deze verschillen per pensioenfonds.

9.2.3 Keuze voor een beloningsstelsel

Bij de keuze voor een beloningsstelsel is het belangrijk twee groepen factoren in de afweging mee te nemen. Dat zijn de *kenmerken van het werk* en de *motieven* voor de invoering van een stelsel. Voor internationaal actieve organisaties moet de leiding dan nog rekening houden met *cultuurverschillen* tussen landen.

De volgende *kenmerken* van het werk kunnen een rol spelen:
- vereiste precisie;
- meetbaarheid van de geleverde prestatie;
- invloed op het werk door de medewerker;
- individueel of groepswerk;
- leiderschapsstijl;
- soort productie: stuk-, serie- of massaproductie (geldt ook voor administratieve 'productie');
- grootte van de organisatie.

De volgende *motieven* kunnen meespelen bij het kiezen voor een beloningsstelsel:
- opvoeren van de prestatie door financiële prikkels;
- streven naar rechtvaardige beloning en beleving ervan;
- integreren van belangen van organisatie en medewerkers.

Zo heeft het beloningsbeleid voor de leden van de raad van bestuur van KPN de volgende doelstellingen:
- aantrekken, motiveren en behouden van het noodzakelijke leiderschapstalent;
- voldoen aan de 'best practices' op het gebied van ondernemingsbestuur;
- ondersteunen van een werkomgeving waar inspirerend leiderschap de norm is;
- verhogen van prestaties door digitalisering en vereenvoudiging die langdurige, duurzame winstgevende groei oplevert;
- verbeteren van klanttevredenheid en loyaliteit, 'agility' en innovatie;
- creëren van economische waarde door in te spelen op de noden en uitdagingen van de samenleving.

Zie hierna in figuur 9.2 uit welke onderdelen de beloning van de raad van bestuur van KPN is opgebouwd.

THEORIE

Figuur 9.2 Beloning leden van de Raad van bestuur KPN

De beloning van de topmanagers bestaat uit de volgende vier elementen.

Component	Vorm	Vast/variabel	Bepaald door
Basissalaris	Contanten	Vast	Ervaring en verantwoordelijkheid
Overige arbeidsvoorwaarden (voornamelijk pensioenen)	Betalingen	Vast	Marktcompetitieve standaarden
Kortetermijnbonus	Contanten	Variabel	Prestaties – afgezet tegen jaarlijkse financiële en niet-financiële doelstellingen (bijvoorbeeld klanttevredenheid, loyaliteit en klantenbestand)
Langetermijnbonus	Voorwaardelijke aandelen	Variabel	Prestaties (dividend + koerswinst) – afgezet tegen prestaties van vergelijkingsgroep, vrije kasstroom, winst per aandeel en niet-financiële parameters

Bron: KPN Annual Report 2018, p. 101-109 (vertaald)

Op de Algemene vergadering van aandeelhouders van 10 april 2019 stelt de Raad van Commissarissen voor het beloningsbeleid te veranderen. Voor de langetermijnbonus telt dan niet meer de winst per aandeel mee bij het vaststellen van de bonus. De vereniging van effectenbezitters is niet blij met het voorstel. Het rendement op investeringen speelt geen rol, terwijl in het voorstel de winstdoelstelling wordt geschrapt. Het wordt te 'soft' volgens de VEB. De centrale ondernemingsraad heeft ook problemen met het voorstel en heeft al jaren bezwaren tegen het beloningsbeleid voor de top. Er is te weinig samenhang met de prestaties van het bedrijf. Aandeelhouders keuren op 10 april 2019 het voorstel goed.
Bron: (FD, 5 april 2019).

Er bestaan grote *cultuurverschillen* tussen landen[1]. De invloed van die cultuurverschillen op beloningsstelsels is onder andere onderzocht door Hampden-Turner en Trompenaars (2000, 2002). Twee dimensies van cultuur die daar een rol bij spelen, zijn *individualisme tegenover collectivisme* en *specifiek tegenover diffuus.* Een land als de Verenigde

[1] Capita Selecta 1 besteedt op gedetailleerde wijze aandacht aan verschillen in cultuur.

Staten bijvoorbeeld scoort hoog op individualisme, terwijl Japan hoog scoort op collectivisme. De Verenigde Staten scoren ook hoog op specifiek, waarmee aangegeven is dat *precisie* in doelen en voorschriften belangrijk is. In Japan vindt men die precisie minder belangrijk en kan men goed omgaan met diffuse (minder nauwkeurige) doelen en aanwijzingen. Een voor Amerikanen aantrekkelijk beloningsstelsel kan daarom meer de individuele en nauwkeurig vast te stellen prestatie belonen. In Japan zal een stelsel dat de groep beloont voor minder meetbare doelen goed kunnen werken. Een probleem voor internationaal werkende organisaties is dat medewerkers van het ene land in het andere moeten gaan werken. Het beloningsstelsel voor deze, meestal hogere, medewerkers moet met deze internationale functiewisselingen ook rekening houden.
Tot slot valt op te merken dat de organisatie niet geheel zelfstandig over beloningsstelsels en arbeidsvoorwaarden kan beslissen. In de Wet op de ondernemingsraden is vastgelegd dat de ondernemingsraad onder andere moet instemmen met voorgestelde veranderingen van regelingen op het gebied van het belonings- en functiewaarderingssysteem. Over de primaire arbeidsvoorwaarden (onder andere de hoogte van de lonen en het pensioenstelsel) onderhandelt de organisatie of een werkgeversvereniging met vakbonden, om tot een nieuwe cao te komen.

9.3 Vragen en opdrachten

1. Inhoudstheorieën over motivatie

a. Wat is het verschil tussen inhoudstheorieën en procestheorieën over motivatie?

b. Uit welke behoefteniveaus bestaat Maslows behoeftepiramide? Geef per niveau aan op welke manier organisaties in deze behoefte kunnen voorzien.

c. Wat verstaat Herzberg onder *satisfiers* en *dissatisfiers* en welke invloed hebben deze op de prestaties van medewerkers?

d. Leg uit waarom managers die uitgaan van Theorie Y een leiderschapsstijl hanteren die past bij de uitgangspunten van het revisionisme.

2. Procestheorie over motivatie

a. De theorie van Vroom bestaat uit drie elementen. Welke drie elementen zijn dat?

b. Op dit moment bent u bezig met het maken van deze vragen over motivatie. Verklaar aan de hand van de drie elementen uit de vorige vraag waarom u gemotiveerd bent om deze vragen te maken.

c. De motivatietheorie van Vroom wordt ook wel de verwachtingstheorie of expectancy theory genoemd. Waarom zou Vroom zijn theorie zo hebben genoemd?

3. Belonen van mensen

a. Wat wordt verstaan onder functieclassificatie?

b. Wat is het verschil tussen het tijdloonstelsel en het prestatiegerichte beloningsstelsel? Met welk van deze beloningsstelsels hebt u zelf ervaring? Beschrijf kort de voordelen en de nadelen van het stelsel/de stelsels waarmee u zelf ervaring hebt.

c. Beschrijf het Scanlon Plan. Op welk van de twee door McGregor onderscheiden beelden die managers kunnen hebben over de motivatie van hun medewerkers is het Scanlon Plan duidelijk gebaseerd? Licht uw antwoord toe.

d. Leg uit hoe Thierry is gekomen tot de benaming 'cafetariaplan'.

e. Welke drie motieven kunnen meespelen bij het kiezen voor een bepaald beloningsstelsel?

9.4 Oefencase: motiveer en beloon op gepaste wijze

ESS is op dit moment vrijwel geheel gericht op de zakelijke markt, maar men kijkt met een schuin oog naar de consumentenmarkt. In een testproject wordt onderzocht wat de kansen zijn van elektronische beveiligings- en bewakingssystemen voor particulieren. De R&D-afdeling heeft een proefassortiment ontwikkeld bestaande uit drie verschillende pakketten voor doe-het-zelvers:

- Home security basic: in dit pakket zitten drie gevelverlichtingen met bewegingssensors.
- Home security plus: bevat hetzelfde als het basicpakket plus een videobewakingscamera die kan worden aangesloten op een pc of laptop.
- Home security extra: bevat hetzelfde als het pluspakket en daarbij nog een abonnement gedurende een jaar voor een verbinding met de meldkamer van een particuliere beveiligingsfirma.

Dit assortiment sloeg aanvankelijk aan in een lokale testmarkt, maar niet in de uitgebreidere proef die daarna in twee provincies is gedaan. Naar de oorzaak daarvan is onderzoek gedaan en het blijkt dat de verkoopstaf van ESS te weinig ervaring heeft met, maar ook te weinig feeling heeft voor de consumentenmarkt. Eigenlijk zouden andere medewerkers voor deze nieuwe business moeten worden aangetrokken. Maar omdat ESS er nog niet zeker van is of dit een succes wordt, besluit men een aantal verkopers van draaideuren een korte omscholingscursus te geven. Ze moeten leren verkopen aan winkeliers en ze moeten demonstraties kunnen geven op woonbeurzen waar particulieren komen. Er worden vrijwilligers gevraagd en drie personen melden zich. Bij hun nieuwe taak hoort ook een ander beloningssysteem. Bij draaideuren werden ze geacht wekelijks tien promotiegesprekken te hebben met zakelijke prospects, waarvan er ten minste één tot een order moest leiden. Daarvoor ontvingen ze een individuele bonus boven op hun relatief hoge basissalaris. Voor de consumentenmarkt gaat het heel anders: ze krijgen een lager basissalaris en een collectieve bonus per € 1.000 omzet. Als het goed loopt, zo rekent hun baas ze voor, kunnen ze gemiddeld meer geld verdienen dan in de draaideuren. Maar de drie haken af als puntje bij paaltje komt. Ze vinden de onzekerheid te groot, zeggen ze. Maar ze worden ook geconfronteerd met plagerijen van hun 'draaideur'-collega's, die laten merken dat ze die 'knutsellampjes' maar niks vinden en dat ze nu niet meer bij de 'echte' ESS-verkopers horen. Een van de afhakers licht toe: 'Ik was bezig steeds meer voet aan de grond te krijgen bij steeds grotere prospects en ik groeide in mijn vakmanschap. Het zou stom zijn nu een stap terug te doen'. Een ander meent: 'Ik wil zelf verdienen als ik zelf presteer; delen met collega's slaat nergens op.' Zowel het hoofd Verkoop als het hoofd Personeelszaken praat op ze in en laat merken dat de test richting de consumentenmarkt voor ESS belangrijk is en dat de directie daar veel belang aan hecht.

Opdracht
Stel, u bent het hoofd van de verkoopstaf. U hebt opdracht om de nieuwe business op zijn minst goed te verkennen, zodat op basis daarvan ESS een gefundeerde beslissing kan nemen of het in deze markt wil blijven of niet. Maar nu dreigt zelfs de testfase te mislukken. Wat is er misgegaan? En is het nog bij te sturen?
Maak hierbij gebruik van de behoeftehiërarchie van Maslow en het motivatie-hygiëneonderscheid van Herzberg. Kijk ook naar de voors en tegens van verschillende beloningssystemen. Kom met een voorstel hoe de test toch goed te laten verlopen.

9.5 Extra: Voorkeur voor en beleving van beloningsstelsel verschillen per land en functie

Een grote internationaal werkende onderneming vroeg het bureau Trompenaars Hampden-Turner Intercultural Management Group een onderzoek te doen naar de tevredenheid met een recent ingevoerd variabel beloningssysteem.

'We interviewden een grote groep managers op verschillende niveaus met een diverse professionele achtergrond. Daaraan namen vijfhonderd werknemers deel. Het onderzoek peilde ook de reacties over de mogelijke invoering van een optieregeling voor alle werknemers.
Er waren een paar belangrijke conclusies. Ten eerste was de waardering voor een veronderstelde motiverende werking van een variabele beloning beduidend hoger bij de hogere kaders, en ook bij personeelsleden die in voorbije jaren uitstekend hadden gepresteerd. Bovendien werden werknemers in administratieve in ondersteunende functies duidelijk meer gemotiveerd door de variabele beloning dan collega's in R&D- en technische functies.
Ten tweede vond men dat de doelmatigheid van variabele beloningen afhankelijk was van de doelmatigheid van de ondersteunende systemen. Denk daarbij aan de kwaliteit van de rangschikking van prestaties, hoe relevant men de prestatiecriteria vond, en in hoeverre men zich over deze nieuwe aanpak geïnformeerd voelde. Het lijkt wat op een oude auto waar je een nieuwe motor in stopt: de omliggende onderdelen komen onder veel grotere druk te staan.
Ten derde leken werknemers in een hoofdzakelijk taakgerichte bedrijfscultuur een variabele beloning aanmerkelijk meer te appreciëren dan werknemers in een familiegerichte cultuur. Dit werd ondersteund door de vaststelling dat mensen die het gevoel hadden hun omgeving te kunnen beïnvloeden en meer op zichzelf gericht zijn, zich meer door het systeem gemotiveerd voelden dan fatalisten en groepsgerichte individuen.
Ten slotte waren toekomstgerichtheid en de voorkeur om zijn emoties te beteugelen ook duidelijk gerelateerd aan een positieve waardering voor het nieuwe pay-for-performance-systeem.
Echt verrassend waren deze conclusies niet, maar ze zorgden wel voor een duidelijkere omschrijving van de problemen bij de ontwikkeling van het Europese beleid. Hoe kun je het beste omgaan met ingenieurs in productiefuncties die vinden dat ze geen controle hebben over de eigen resultaten? Hoe ga je om met de meer op rollen georiënteerde culturen zoals in Duitsland, of de familieculturen in Frankrijk, Italië en Spanje? In die landen lijkt motivatie meer te komen door andere beloningsvormen zoals permanente educatie, loyaliteit of door een carrièreperspectief. De uitdaging werd nog groter naarmate in deze organisatie meer multiculturele teams werden gevormd.'

Bron: F. Trompenaars, Managementdilemma's (2002)

9.6 Antwoorden

1. Inhoudstheorieën over motivatie

a. Inhoudstheorieën gaan over *wat* mensen tot prestaties brengt, dus wat ze voor zichzelf willen bereiken. Procestheorieën gaan over *hoe* mensen de verschillende manieren om hun uiteenlopende behoeftes te bevredigen tegen elkaar afwegen en tot een beslissing komen.

b. Het laagste niveau in die behoeftepiramide bestaat uit fysiologische behoeften (verzorgen van catering), gevolgd door die aan zekerheid (het bieden van baanzekerheid, pensioen), op sociaal vlak (werken in teamverband), aan erkenning (het geven van complimenten, het communiceren van geleverde prestaties door teams en individuele medewerkers) en aan zelfontplooiing (promotie geven).

c. *Satisfiers* zijn factoren die samenhangen met positieve werkervaringen; deze hebben een positief effect op de prestaties van medewerkers. *Dissatisfiers* zijn factoren die samenhangen met negatieve werkervaringen van medewerkers; deze hebben een negatief effect op de prestaties van medewerkers.

d. Bij Theorie Y gaat de leidinggevende ervan uit dat medewerkers niet alleen gecontroleerd moeten worden, maar ook zichzelf kunnen controleren en verantwoordelijkheden kunnen dragen. Het gaat bij Theorie Y en bij het revisionisme om het combineren van een taakgerichte en een mensgerichte leiderschapsstijl.

2. Procestheorie over motivatie

a. Het eerste element is dat een medewerker verwacht dat een inspanning leidt tot een prestatie. Het tweede is dat die prestatie leidt tot een beloning en het derde element is dat de medewerker waarde hecht aan deze beloning.

b. Met het maken van de vragen (het verrichten van een inspanning) verwacht u dat dit bijdraagt aan het leveren van een prestatie (het halen van het tentamen). Deze prestatie leidt vervolgens tot een beloning (studiepunten, een certificaat). Omdat deze beloning belangrijk is voor het behalen van het diploma en daarmee voor uw loopbaan, hecht u waarde aan deze vorm van beloning.

c. Of iemand wel of niet gemotiveerd is, hangt af van iemands verwachtingen: zullen mijn inspanningen leiden tot een bepaalde prestatie enzovoort? Voor organisaties is het dan ook belangrijk duidelijk te zijn over wat mensen kunnen verwachten.

3. Belonen van mensen

a. Functieclassificatie is een methode waarmee de functies binnen een organisatie worden gerangschikt op zwaarte. Door het systematisch toekennen van gewichten aan functies kunnen rechtvaardige beloningsverhoudingen binnen de organisatie tot stand komen.

b. Tijdloon is een vorm van belonen waarbij de beloning afhangt van het aantal uren dat een medewerker heeft gewerkt, bij prestatiebeloning gaat de beloning omhoog of omlaag met de geleverde prestaties.

c. Binnen het Scanlon Plan werkt het management samen met de medewerkers om de productiviteit in de organisatie te laten stijgen. Op het moment dat er sprake is van een toename van de productiviteit, wordt de kostenbesparing verdeeld over de medewerkers en de organisatie. Het Scanlon Plan is duidelijk gebaseerd op Theorie Y van McGregor: het management gaat uit van vindingrijke en creatieve medewerkers die (ook) de organisatiebelangen nastreven en verantwoordelijkheden (het verhogen van de productiviteit) opzoeken.

d. Het cafetariaplan geeft een medewerker de keus om bepaalde onderdelen van het totale vaste beloningspakket tegen elkaar uit te ruilen. De medewerker kan dus als het ware uit het menu van het cafetaria kiezen wat hij aantrekkelijk vindt.

e. Het opvoeren van de prestatie door financiële prikkels, het streven naar rechtvaardige beloning en de beleving ervan en het integreren van belangen van organisatie en medewerkers.

9.7 Uitwerking oefencase[2]

Conclusie: de overstap van de zakelijke naar de consumentenmarkt gaat gepaard met een aantal veranderingen die bij elkaar niet motivatieverhogend werken, eerder het tegendeel. ESS zal met een beter voorstel moeten komen naar de vrijwilligers. Of men zal de test misschien moeten doen met een andere salesforce die men mogelijk tijdelijk moet inhuren, maar die wel ervaren is in de consumentenmarkt en die geen moeite heeft met het voorgestelde beloningssysteem.

2 Dit boek biedt alleen de samenvattende conclusie van de uitwerking. De complete uitwerking is te vinden op www.conceptuitgeefgroep.nl/boek/Bouwstenen-van-management-en-organisatie.html.

Literatuur

Aangehaalde en aanbevolen literatuur

Buckingham, M. en Goodall, A. (2015). Reinventing Performance Management. *Harvard Business Review*, vol. 93, nr. 4, 40-48.

Desai, M. (2012). The Incentive Bubble. *Harvard Business Review*, vol. 90 nr. 3, 124-133.

FD, (2019). Bij KPN hangt de bonus niet langer af van de winst, 5 april, p. 8.

Flannery, T.P., Hofrichter, D.A. en Platten, P.E. (1996). *People, Performance, & Pay*. New York: Free Press.

FNV Bondgenoten (2009). *Hoe werkt functiewaardering? De ins en outs van functiewaardering*. Stichting FNV Pers. www.fnvbondgenoten.nl, zoeken op mijn vraag > dossiers > loon. Zie: brochures.

FNV Bondgenoten (2010). *Hoe beoordeel je een beoordelingssysteem*. Stichting FNV Pers. www.fnvbondgenoten.nl, zoeken op mijn vraag > dossiers > loon. Zie: brochures.

Hampden-Turner, C.M. en Trompenaars, F. (2000). *Building Cross-Cultural Competence. How to Create Wealth from Conflicting Values*. New Haven: Yale University Press.

Herzberg, F., Mausner, B. en Snyderman, B. (1959). *The Motivation to Work*. New York: Wiley & Sons.

Jansen, P.G.W. (1996). *Organisatie en mensen*. Baarn: Uitgeverij Nelissen.

KPN (2019). *KPN Annual Report 2018*. https://annualreport2018.kpn.

Luyendijk, J. (2015). *Dit kan niet waar zijn: Onder bankiers*. Amsterdam/Antwerpen: Uitgeverij Atlas Contact.

Maslow, A.H. (1954). *Motivation and Personality*. New York: Harper and Row.

Mauboussin, M.J. (2012). The True Measures of Success. *Harvard Business Review*, vol. 90, nr. 10, 46-56.

McGregor, D. (1963). *De menselijke kant van het ondernemen*. Alphen aan den Rijn: N. Samsom.

Melker, G.P. (2010). *250 Managementbegrippen*. Groningen/Houten: Noordhoff Uitgevers.

Rietdijk, M. (2009a). *Organisaties conditioneren: De invloed van beloning en straf op werkprestaties*. Amsterdam: VU University Press.

Rietdijk, M. (2009b). *Gedragsverandering in organisaties: Hoe het beste van mensen gedaan te krijgen*. Assen: Van Gorcum.

Taylor, F.W. (1903). *Shop Management.* New York: American Society of Mechanical Engineers.

Taylor, F.W. (1947). *Scientific Management.* New York: Harper & Row (oorspronkelijk 1911).

Thierry, H. (2002). *Beter belonen in organisaties.* Assen: Van Gorcum.

Trompenaars, F. (2002). *Managementdilemma's: Keuze, integratie en verzoening.* Amsterdam: Het Financieele Dagblad/Uitgeverij Business Contact.

Veen, E.F. van (2010). *Vaar-wel Nutricia: Een historisch bedrijfskundige blik op een oer-Hollands bedrijf.* Zoetermeer: Literoza.

Vroom, V.H. (1964). *Work and Motivation.* New York: Wiley & Sons.

White, J.K. (1979). The Scanlon Plan: Causes and Correlates of Success. *Academy of Management Journal*, vol. 22, nr. 2, 292-312.

Geraadpleegde websites

www.intermediairpw.nl, interview Ber Damen

www.jstor.org, zoeken op the scanlon plan white

www.nu.nl: Bonus door oliebedrijf Hilcorp

10 Middelen: financiële middelen en sturing

10. Een dashboard voor een garagebedrijf

Groeien en snoeien

Garagebedrijf Van Heugten groeide als kool na de Tweede Wereldoorlog, toen autorijden voor veel mensen betaalbaar werd. In de recessie van de jaren 80 kregen andere garages het moeilijk. Van Heugten zag toen juist kans enkele concurrenten over te nemen en een regionale speler te worden. In de crisis van 2008 zakte de markt dramatisch in. Sluiting van enkele verlieslijdende vestigingen was nodig. De recessie is echter voorbij. Hoe nu verder?

Geen overzicht en ontevreden klanten

Bij de jaarlijkse controle valt het de accountant op dat de directie heel gebrekkig zicht heeft op de stand van zaken. Beslissingen worden slecht onderbouwd genomen. Zo blijkt dat een van de gesloten vestigingen bij nader inzien helemaal niet verlieslijdend was. Ook constateert ze dat de verkoop van tweedehandsauto's slecht loopt, terwijl die landelijk al jaren in de lift zit. Van Heugten kent echter een achterhaald provisiesysteem voor de verkopers: een hoge premie bij verkoop van een nieuwe wagen en slechts een schijntje bij verkoop van een occasion. Verkopers proberen daarom belangstellenden voor een tweedehandsauto steevast een nieuwe aan te smeren. Veel bezoekers knappen daarop af. Erger is dat ze het doorvertellen.

De accountant stelt voor een systematische kwartaalrapportage in te voeren, gericht op:

- Hoe tevreden (of niet) zijn klanten over ons?
- Hoe financieel gezond (of niet) zijn we?
- Hoe soepel (of niet) verlopen onze interne processen?
- Hoe wendbaar (of niet) spelen we in op externe ontwikkelingen?

Haar uitleg daarbij: "Jullie rijden op dit moment zonder betrouwbare metertjes op jullie dashboard. Installeer deze vier en houd die voortaan goed in de gaten."

Koude douche

De eerste kwartaalrapportage viel tegen. Op elk van de 'klokjes' stond de wijzer in het rood:

- Uit tevredenheidsonderzoek blijkt dat klanten slechts een mager zesje geven.
- Financiële kentallen zien er zorgelijk uit: een slechte score op solvabiliteit en rentabiliteit, vergeleken met de 'benchmark' van vergelijkbare spelers in de branche.
- De doorlichting van interne processen laat zien dat afdelingen langs elkaar heen werken, bijvoorbeeld verkoop speelt niet in op signalen vanuit marketing. Extra zorgelijk is het ontbreken van zorgvuldige klachtenafhandeling.
- Inspelen op externe ontwikkelingen is gebrekkig. Dat bleek al uit het ondoordacht sluiten van vestigingen en niet goed inspelen op de vraag naar tweedehandsauto's (zie hierboven).

Het vervolg

Toen het eerste rapport zo tegenviel, moest de accountant moeite doen om de directie te overtuigen er toch mee door te gaan. Het dashboard kan juist de wegwijzer zijn voor gerichte verbetering. Elk volgend rapport maakt bovendien zichtbaar hoe dat wel of nog niet is gelukt. Het is een zaak van lange adem.

Dat bleek ook: twee jaar later kon worden vastgesteld dat de vier wijzers op het dashboard in het groene gebied stonden. Voortaan zou het zaak zijn dat zo te houden!

Deze case laat zien hoe een reeds lang bestaande organisatie kan afglijden doordat overzicht en aansturing vanuit de leiding tekort schiet.

Kernstof

De *financiële kant* van de organisatie is essentieel (paragraaf 10.1). Een goede opzet ervan zorgt ervoor dat er voldoende geld binnenkomt om aan alle verplichtingen te voldoen; denk aan het betalen van salarissen en rekeningen van leveranciers en het doen van investeringen om de toekomst veilig te stellen.
Een *budget* (paragraaf 10.2.1) is een plan voor een afdeling dat is vertaald in geldbedragen. Een budget heeft een taakstellend karakter. Het opstellen van budgetten geeft lagere niveaus in de organisatie de mogelijkheid mee te denken over het opstellen van die plannen. Daarmee wordt het realiteitsgehalte van de plannen en budgetten hoger. Budgetten geven managers van afdelingen ook de verantwoordelijkheid voor het uitvoeren van de plannen. Over de uitvoering moeten zij later verantwoording afleggen. Het is dus meer dan een financiële techniek. Voor succesvolle budgettering moet aan een aantal voorwaarden zijn voldaan (paragraaf 10.2.2). Voorwaarden zijn dat de gehele organisatie het idee steunt, dat de organisatiestructuur helder is, dat budgettering onderdeel is van een integraal managementsysteem, dat één afdeling verantwoordelijk is voor de 'techniek' van budgettering en dat er heldere doelen zijn.
De samenhang (paragraaf 10.2.3) tussen de operationele budgetten, de investeringsbudgetten voor de afdelingen en het strategische budget voor de gehele organisatie moet bewaakt worden. De financierbaarheid moet vooraf beoordeeld worden.
Traditionele budgettering kent een aantal bezwaren (paragraaf 10.2.4). Nieuwere aanpakken als *zero-based budgeting, activity-based budgeting*, rollend budgetteren en *beyond budgeting* proberen hiervoor oplossingen aan te dragen.

De topleiding kan afdelingen op *verschillende manieren aansturen* en beoordelen (paragraaf 10.3). Daarbij is de relatie tussen de input en de gemeten output meer of minder direct te meten. Zo zijn er kostencentra, opbrengstencentra, uitgavencentra, winstcentra en investeringscentra. De manier waarop een afdeling wordt aangestuurd, beïnvloedt ook het gedrag van de afdelingsleiding.
In veel organisaties bestaan interne leveringen tussen afdelingen (paragraaf 10.4). Daarbij is het nodig om afspraken te maken over interne verrekenprijzen (paragraaf 10.4.1) en de kwaliteit in ruime zin van de leveringen (paragraaf 10.4.2). De interne verrekenprijs kan gebaseerd zijn op de marktprijs of op de kostprijs. Als een product of dienst op de vrije markt ook te koop is, kan de marktprijs als basis genomen worden. Als het product niet op de vrije markt te koop is, kan de leiding de kostprijs als basis nemen. Belangrijk in dat laatste geval is wel een prikkel voor efficiencyverbetering in te bouwen.
De kwaliteit ligt vaak vast in een *service level agreement*, afgekort tot SLA.

De *balanced scorecard* (paragraaf 10.5) is ontwikkeld om de beoordeling binnen organisaties op meer dan alleen de financiële prestaties te baseren. Kaplan en Norton noemen vier invalshoeken die nodig zijn om prestaties te kunnen beoordelen. Behalve de *financiële* kant noemen zij de invalshoek van de *klant, het leren en groeien* en de *interne bedrijfsprocessen*. De leiding moet per afdeling *doelstellingen* vastleggen, aangeven hoe prestaties *gemeten* worden, wat de *concreet te behalen resultaten* zijn en welke *initiatieven* er zijn om de doelstellingen te realiseren. Door met de *balanced scorecard* (BSC) te

werken, worden de visie en strategie verduidelijkt, komt een verbinding tot stand tussen strategie en meetpunten, komen plannen, concrete doelen en initiatieven in lijn met de strategie en verbeteren de strategische feedback en het leervermogen.
De *balanced scorecard* wordt inmiddels als een integraal managementsysteem gepresenteerd. De BSC bevat echter *geen* technieken voor het formuleren van de inhoud van de strategie. Daarvoor zijn aanpakken nodig die aan de orde komen in deel I van dit boek.

10 Middelen: financiële middelen en sturing

Inzicht in de financiële kant van een organisatie is een eerste vereiste om de organisatie als geheel en de individuele afdelingen te kunnen sturen en beoordelen. In dit hoofdstuk komen de volgende onderwerpen aan bod: budgettering, financiële aansturing en beoordeling van afdelingen, interne leveringen en de *balanced scorecard*.

THEORIE

10.1 Belang van financiële middelen

De financiële kant van de organisatie is essentieel. Met financiële middelen kan de organisatie salarissen betalen en goederen en diensten inkopen. De verkopen zorgen dat er gelden binnenkomen die het management kan gebruiken voor het doen van investeringen voor de toekomst en het betalen van personeel en leveranciers. Als de organisatie onvoldoende middelen heeft om aan haar verplichtingen te voldoen, gaat deze uiteindelijk failliet, met alle tragische gevolgen van dien voor personeel, leveranciers en klanten. Voor organisaties geldt dat 'het huishoudboekje' moet sluiten. Door de financiële kanten van de processen in de organisatie vast te leggen en te analyseren, heeft de leiding een middel in handen om duidelijk te krijgen of alle zaken volgens plan verlopen en of er geen grote problemen kunnen ontstaan.

Marges ook in de not-for-profit belangrijk

Een niet op winst gerichte stichting exploiteerde een hotel in een prachtige omgeving, waar onder andere gasten kwamen voor herstel na een operatie. Er waren grote kamers, waar één (met een extra toeslag van € 30) of twee personen konden verblijven. De gasten betaalden € 45 per dag voor volpension (overnachting plus drie maaltijden) in een tweepersoonskamer. De leiding besloot op een bepaald moment dat voortaan twee personen op een kamer moesten liggen omdat hiermee de opbrengst per kamer per dag het hoogst was. Het hotel was nooit helemaal bezet. De leiding wilde een hoge omzet, maar vergat te denken in marges voor de dekking van kosten. Een adviseur maakte toen het rekensommetje dat als er maar één persoon op een kamer ligt, die kamer dan € 75 per dag opbrengt. Bij twee personen op een kamer is de opbrengst € 90, dus inderdaad hoger dan met één persoon per kamer. Stel dat de variabele kosten (eten en drinken) € 35 per gast per dag zijn, dan leveren twee personen op een kamer per dag een marge op van € 20 per kamer voor de dekking van alle vaste kosten. De marge per kamer per dag bij slechts één persoon op een kamer is € 40, dus dubbel zo hoog. Het streven naar een hoge omzet per kamer in plaats van een hoge marge per kamer heeft de stichting veel geld gekost.

In het vervolg van dit hoofdstuk komt eerst *budgettering* aan bod. Daarna volgt de manier waarop verschillende soorten *afdelingen* kunnen worden *aangestuurd* en beoordeeld. Daarbij spelen *overdrachtsprijzen* tussen afdelingen een rol en afspraken over kwaliteit van geleverde producten en diensten tussen afdelingen. Tot slot bespreken we de *balanced scorecard* als methode om ook andere dan financiële informatie te betrekken bij het maken van plannen en het beoordelen van de uitvoering ervan.

10.2 Budgettering

10.2.1 Wat is budgettering?

Een budget is een bedrag dat een afdeling ter beschikking krijgt om in een periode prestaties te leveren op basis van een plan. Een budget is dus een *plan* dat in *geld* is vertaald. In de praktijk wordt het begrip begroting gebruikt. Beide begrippen worden door elkaar gebruikt. Toch is er een verschil. Een *begroting* is niet meer dan een *raming* van wat men in geld uitgedrukt kan verwachten als een bepaalde beslissing wordt genomen. Een begroting heeft dus in tegenstelling tot een budget geen *taakstellend karakter*. Een uitzondering hierop is de overheid, waar het begrip 'begroting' wel in taakstellende zin wordt gehanteerd.

Het opstellen van budgetten kan om vier redenen gedaan worden:

1. Het budget is het vertalen van een *plan* in geldbedragen waarover afdelingen in de periode van het budget kunnen beschikken. Hier ligt dus een directe relatie met het in hoofdstuk 4 beschreven proces van strategieformulering. De plannen voor de komende budgetperiode moeten het behalen van de gestelde strategische doelen op termijn mogelijk maken.
2. Het proces van budgettering kan helpen *lagere niveaus* in de organisatie te *betrekken* bij het denken over de plannen voor de toekomst. Dat voorkomt dat plannen mislukken omdat op een hoger niveau in de organisatie onvoldoende kennis bestaat over of iets technisch haalbaar is.
3. Het opstellen van een budget geeft de mogelijkheid om de uitvoering van de plannen te *toetsen* aan het plan.
4. Het werken met een budget geeft een manager gelegenheid om *verantwoording* af te leggen over de afgelopen periode. In paragraaf 8.3 zijn verschillende manieren van het geven van opdrachten besproken. Een budget is ook op te vatten als een taakopdracht. Afhankelijk van de mate van detail van de gemaakte plannen kan sprake zijn van een enkelvoudige of een samengestelde taakopdracht.

10.2.2 Voorwaarden voor succesvol budgetteren

Om budgettering succesvol als instrument in te zetten, moet aan een aantal voorwaarden zijn voldaan.

De eerste is dat de *gehele organisatie budgettering zinvol vindt*. De topleiding moet aanvaarden dat met budgettering lagere niveaus in de organisatie, binnen zekere grenzen, vrijheid van handelen krijgen. Daarbij past het niet meer constant na te gaan hoe het staat met de uitvoering van de plannen. Voor lagere niveaus betekent het dat zij moeten aanvaarden dat die vrijheid van handelen ook initiatief nemen inhoudt en dat over de uitvoering verantwoording moet worden afgelegd. Dat klinkt logisch, maar kan gaan om een andere manier van werken dan voorheen.

De tweede is dat de *organisatiestructuur helder* moet zijn. Resultaten worden het best bereikt als duidelijk is wie waarvoor verantwoordelijk is. Dat voorkomt dat mensen en afdelingen elkaar in de weg lopen, dat dubbel werk wordt gedaan, of erger: dat belangrijke opdrachten niet worden uitgevoerd.

Als de uitvoering afwijkt van wat verwacht wordt, moet duidelijk zijn waar de afwijking door veroorzaakt is. Bij een negatieve afwijking kan worden nagegaan wat

er precies gebeurd is en kan men dat onderzoeken, ter voorkoming van een volgende afwijking. Bij een positieve afwijking kan de organisatie nieuwe kansen ontdekken.
Een derde voorwaarde is dat budgettering *onderdeel is van een integraal systeem*. De plannen (en budgetten) voor een afdeling moeten afgeleid zijn van de plannen voor de langere termijn. Hiermee kunnen verschillende hiërarchische niveaus in de organisatie onderling afstemmen wat mogelijk is. Soms zijn de resultaten slechter dan nodig is om de eenvoudige reden dat de hogere niveaus niet voldoende gebruik maakten van de kennis die op lagere niveaus in de organisatie aanwezig is.
Een vierde voorwaarde is dat *één afdeling verantwoordelijk* moet zijn voor het totale budgetteringssysteem. Het ligt voor de hand dat dit de afdeling Financiën is. Deze centrale afdeling kan de hele organisatie overzien en heeft bovendien de technische kennis om te kunnen budgetteren. Deze afdeling moet er ook voor zorgen dat het gehele systeem gebruikersvriendelijk is en geen financieel jargon kent.
Een vijfde voorwaarde is dat per afdeling de te bereiken *resultaten duidelijk vastliggen*. Die resultaten kunnen financieel, maar ook niet-financieel van aard zijn. De te bereiken resultaten heten kritieke prestatie-indicatoren (KPI's). Denk daarbij aan het bereiken van een marktaandeel of het verlagen van de kosten per eenheid product.

10.2.3 Samenhang tussen deelbudgetten

In deze paragraaf is het budget voor een individuele afdeling het uitgangspunt. Het is echter van groot belang dat de budgetten van de verschillende afdelingen, denk aan de afdelingen Verkoop en Productie, nauw op elkaar aansluiten. Bij de uitvoering van het organisatiebrede planningsproces dient de financiële afdeling voor deze samenhang te zorgen. De topleiding draagt hier uiteindelijk de verantwoordelijkheid voor, maar de afdeling Financiën doet het uitvoerende werk.

Er is nog een andere samenhang die aandacht nodig heeft: die tussen de operationele budgetten van de afdelingen en de geplande investeringsbudgetten. In de *operationele budgetten* staan de bedragen die worden uitgegeven voor de geplande 'dagelijkse' activiteiten voor de komende periode. In de *investeringsbudgetten* staan de bedragen die in volgende perioden (meer jaren) gepland staan voor vervanging van grote machines en installaties, en uitbreiding van de capaciteit. In sommige organisaties worden beide budgetten los van elkaar opgesteld. Ansoff (1990) en Kaplan en Norton (2008) hebben daarnaast gewezen op het grote belang van *strategische budgetten*. Dat zijn budgetten die nodig zijn om de strategie voor de langere periode uit te voeren. De drie auteurs brengen naar voren dat managers de neiging hebben op deze strategische budgetten door kortetermijnproblemen te gaan bezuinigen. Dit heeft een nadelig effect op het verwezenlijken van de strategie. Zij pleiten ervoor om die budgetten afzonderlijk op te stellen en, ook bij tegenslag, in stand te houden. Pas als op een bepaald moment blijkt dat een eerder gekozen strategie niet tot goede resultaten leidt, ligt het voor de hand kritisch naar het daaraan verbonden budget te kijken. Deze drie soorten budget komen alle samen in het *liquiditeitsbudget* voor de volgende periode. Dit is weergegeven in figuur 10.1.

Figuur 10.1 Samenhang tussen budgetten

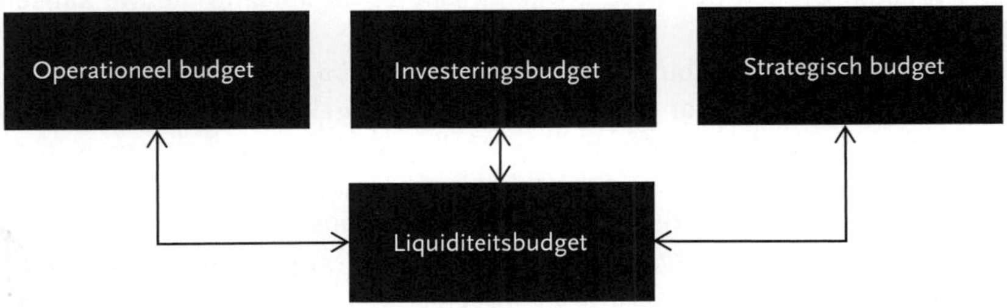

Als blijkt dat de optelsom van de drie boven in het schema genoemde budgetten hoger is dan de beschikbare financiële middelen en er dus een liquiditeitsprobleem dreigt te ontstaan, zijn er twee mogelijkheden. De eerste is dat de organisatie op zoek gaat naar aanvullende financiering. Om die te kunnen aantrekken, is het nodig het voorstel naar de bank of andere externe financiers grondig te onderbouwen. Door de kredietcrisis van 2007 en later zijn banken en andere geldverschaffers kritischer geworden bij het verstrekken van leningen of aandelenkapitaal. De tweede mogelijkheid is kritisch naar de verschillende budgetten kijken en met de verantwoordelijke managers nagaan welke kosten en investeringen lager kunnen worden. Ook bij de strategische budgetten moet gekeken naar mogelijkheden om de omvang terug te brengen, zonder de effectiviteit te verlagen.

10.2.4 Problemen met budgettering

Verschillende onderzoeken hebben laten zien dat er met de traditionele manier van budgetteren problemen zijn. Een samenvatting van de publicaties van De Waal (2002), Daum (2002), Adrian et al. (2005) en Groot en De Waal (2007) geeft het volgende beeld.
Budgettering:
- kost te veel tijd en dus ook geld;
- is geen continu proces;
- past niet bij de huidige turbulente externe omgeving;
- leidt tot weinig ambitieuze doelen;
- leidt tot overvragen en onderbieden (onderhandelen);
- is een complex proces.

Om die problemen te voorkomen, zijn verschillende nieuwe en aanvullende aanpakken ontwikkeld. Bijvoorbeeld:
- *Zero-based* budgetteren: elk jaar wordt het budget voor een afdeling 'van de grond' af opnieuw opgebouwd (zie Pyhrr, 1970). Het zonder nadenken verhogen van het budget van het voorgaande jaar met een bepaald percentage komt niet meer voor.
- *Activity-based* budgetteren: uitgangspunt hierbij zijn de kostendragers en de bedrijfsprocessen die verbeterd moeten worden.
- *Rollend* budgetteren: een budget voor een jaar wordt opgeknipt in vier kwartaalbudgetten. Aan het eind van elk kwartaal valt dat voor het afgelopen kwartaal weg en komt er een nieuw kwartaalbudget bij.

- *Beyond* budgetteren: in een extreem geval wordt het gehele budgetsysteem afgeschaft. Daarvoor in de plaats komt bijvoorbeeld een samenstel van andere instrumenten. Denk aan het gebruik van de *balanced scorecard* (zie paragraaf 10.5).

De toenemende eisen aan de top van organisaties – die voortkomen uit wetgeving – om *in control* te zijn, lijken te conflicteren met een aantal hiervoor genoemde nieuwe benaderingen van financiële sturing en controle. Het lijkt soms wenselijk om een teveel aan toetsing en sturing overboord te zetten. Dat mag er echter niet toe leiden dat de top van de organisatie niet meer kan waarborgen dat naar buiten gebrachte informatie over het presteren van de organisatie onjuist is.

Onderzoekers van het Amerikaanse adviesbureau McKinsey hebben vastgesteld dat Zero-based budgettering (ZBB) weer in opkomst is (Fitzpatrick en Hawke, 2015). Zij stellen dat om succesvol te zijn met ZBB een organisatie aan vijf voorwaarden moet voldoen:
- Scherp inzicht in de kostendrijvers (zie ook 6.2.2). Kosten moeten gegroepeerd worden langs twee dimensies: de kostensoort en wie ervoor verantwoordelijk is.
- Tweevoudig 'eigendom' bij aansturing. De uiteindelijk winstverantwoordelijke samen met de budgethouder moeten streven naar verlaging van de kosten voor pakketten van activiteiten.
- Strikte processen voor planning en monitoring. Naast ZBB is van groot belang dat het management doelen op een ambitieus niveau vaststelt en de realisatie maandelijks nauwlettend volgt.
- Beloningssysteem moet passen bij doelen. Het systeem moet het bereiken van de doelen honoreren en de doelen moeten niet afhangen van de acties van andere managers.
- Mindset. Er moet een voortdurend streven naar verbetering zijn evenals een groot kostenbewustzijn.

Niet alleen voor ZBB, maar voor elke andere vorm van budgettering zijn deze voorwaarden belangrijk. Zie hiervoor ook 10.2.2.

10.3 Financiële aansturing van afdelingen

Afdelingen binnen organisaties verschillen van karakter en het financiële systeem moet daar rekening mee houden. Bij sommige afdelingen is het verband tussen input en output goed te leggen, terwijl dat bij andere lastiger is. In de literatuur treft men het volgende onderscheid tussen afdelingen aan.
- *Kostencentrum*: hierbij is de prestatie goed te meten. Denk aan een productieafdeling in een fabriek of de afdeling Facturering van een grote organisatie. Bij de productieafdeling kan de prestatie gemeten worden door te kijken naar de geproduceerde aantallen. Bij de afdeling Facturering is het logisch om te kijken naar het aantal verzonden facturen. Hier zijn relatief eenvoudige normen te stellen waaraan de uitvoering getoetst kan worden.
- *Opbrengstencentrum*: hier is de opbrengst goed te meten, bijvoorbeeld in de vorm van verkochte aantallen en de daarmee in geld gerealiseerde opbrengst. Soms is die opbrengst niet geheel toe te schrijven aan de betrokken afdeling. Als door hevige concurrentie de topleiding tot een prijsverlaging besluit, blijven mogelijk wel de verkochte aantallen op het gewenste peil. De opbrengst zal dan lager zijn dan was gebudgetteerd.

THEORIE

- *Uitgavecentrum*: hier zijn de uitgaven goed te meten, maar de geleverde prestaties niet. Denk aan een stafafdeling (zie paragraaf 15.1.2) of aan een afdeling Research & Development (R&D). De prestaties van een R&D-afdeling zijn niet op kwartaalbasis te meten. Het kan jaren duren voordat een medicijn in een laboratorium zo ver is ontwikkeld dat het in klinische proeven op patiënten mag worden toegepast. Daarna duurt het enige jaren voordat het voor algemeen gebruik door de overheid wordt goedgekeurd. Pas als het echt op de markt is gebracht, zal blijken of de opbrengsten opwegen tegen alle gedane uitgaven.
- *Winstcentrum*: hier kan voor een onderdeel een winst-en-verliesrekening opgesteld worden. Dat kan bijvoorbeeld een hele fabriek zijn. De verantwoordelijke manager beslist over productie en verkoop. Een dergelijke afdeling kan beoordeeld worden op de gemaakte winst tegenover de gebudgetteerde winst. Bij winst kan men denken aan bedragen of aan percentages van de omzet.
- *Investeringscentrum*: hier is de eindverantwoordelijke manager naast winstverantwoordelijk ook verantwoordelijk voor de hoogte van het werkkapitaal en de investeringen. De prestaties van deze manager zijn vast te stellen met het behaalde rendement op investeringen (ROI). Een investeringscentrum kan de eerdergenoemde fabriek zijn, die nu niet beoordeeld wordt op de gemaakte winst, maar op het gemaakte rendement op het geïnvesteerde vermogen.

Hoe de topleiding van een organisatie afdelingen wenst te beoordelen, hangt ook af van de stijl van leidinggeven van de topleiding en de beslissingsverantwoordelijkheid die de verantwoordelijke managers gekregen hebben. Een topleider die alle beslissingen zelf wil nemen, moet managers op een lager niveau niet aanspreken op de gemaakte winst. De afdelingsmanager kan bij die stijl van leidinggeven nooit verantwoordelijk gehouden worden voor de winst die afhangt van beslissingen die iemand op een hoger niveau neemt.

Onverwachte gevolgen van het omdopen van kostencentrum tot winstcentrum

Fabriek X, onderdeel van een groot Nederlands industrieel concern Y, leverde uitsluitend aan andere onderdelen van het concern. De prestaties werden gemeten en beoordeeld aan de hand van de overeengekomen kostenbudgetten. Op een bepaald moment besloot de topleiding van het concern alle bedrijfsonderdelen voortaan als *winstcentra* te beoordelen en dus ook de *interne toeleverancier*. Dat betekende dat niet meer de kosten per eenheid geleverd product belangrijk waren. Daarvoor in de plaats kwam nu een *winstdoelstelling*. De leiding van fabriek X bedacht dat goede winsten te behalen waren door toe te leveren aan afnemers buiten het eigen concern.

Na verloop van tijd bleek dat fabriek X zonder het te weten was gaan concurreren met toeleveranciers van andere onderdelen binnen het eigen concern. Deze toeleveranciers dreigden zelfs te stoppen met het verder leveren aan onderdelen van het concern als fabriek X niet stopte met het leveren aan afnemers buiten concern Y. Een goedbedoelde verandering van het managementcontrolsysteem mondde hier uit in een penibele situatie voor andere onderdelen van Y. De les is dat het verstandig is expliciet na te gaan of een geplande verandering onverwachte en nadelige gedragseffecten kan hebben.

THEORIE

10.4 Interne leveringen

In veel grote, maar ook kleinere organisaties vinden leveringen plaats tussen bedrijfsonderdelen of afdelingen. Denk in een grote onderneming die internationaal werkt aan het leveren vanuit een fabriek in Nederland aan een verkoopkantoor in Frankrijk. Bij interne leveringen zijn twee aspecten belangrijk:

- de hoogte van de interne verrekenprijs;
- de kwaliteit van de leveringen.

Onder de interne verrekenprijs wordt de prijs verstaan die door de interne afnemer per eenheid product of per dienst wordt betaald.

10.4.1 Interne verrekenprijzen

De hoogte van de *interne verrekenprijs* is belangrijk voor het resultaat dat elke eenheid boekt. Hoe hoger de prijs, hoe beter het resultaat voor de fabriek in Nederland is en hoe lager het resultaat van het verkoopkantoor in Frankrijk. In een kleinere onderneming kan de productie van de fabriek eveneens tegen een bepaalde prijs aan de verkoopafdeling doorberekend worden.
Om de resultaten van de bedrijfsonderdelen te kunnen beoordelen, moeten de interne leveringen in de budgetten verwerkt worden. Het probleem daarbij is dat er meestal geen marktprijzen voor de geproduceerde goederen of geleverde diensten bestaan. Het gaat dan om goederen of diensten die speciaal voor de eigen organisatie zijn geproduceerd of geleverd. In de praktijk komt men de volgende methoden tegen om de interne verrekenprijs vast te stellen:

1. Als hetzelfde product ook buiten de eigen organisatie te koop is, kan de marktprijs als interne verrekenprijs genomen worden. Het maakt de producerende afdeling dan niet uit of het product binnen of buiten de eigen organisatie geleverd wordt. Het resultaat blijft immers gelijk.
   Een voorbeeld. Een product is op de vrije markt te koop voor € 25 per stuk. De kostprijs van het eigen product is € 27,50 per stuk. Voor de afdeling die het gebruikt, kost het dan € 25 per stuk. Het is dus niet efficiënt om het zelf te maken. Toch kan het management besluiten het zelf te maken, om niet afhankelijk te zijn van leveringen van anderen (zie paragraaf 5.3).
2. Soms is een identiek product niet op de vrije markt te koop, maar iets vergelijkbaars wel. Dan neemt men de prijs op de vrije markt als uitgangspunt en probeert men vast te stellen wat de kostprijs van de verschillen is. Dat blijft uiteraard een benadering. Een voorbeeld. Een product dat vergelijkbaar is met het eigen product kost op de vrije markt € 30. Het is mooier afgewerkt en de extra kosten van de mooie afwerking berekent men op € 3,50 per stuk. De afdeling die het intern geleverd krijgt, moet dan € 26,50 per stuk betalen.
3. Als het product en een vergelijkbaar product niet op de vrije markt te koop zijn, dan neemt men de kostprijs van het eigen bedrijfsonderdeel als interne verrekenprijs, eventueel verhoogd met een redelijke marge.

Bij het vaststellen van de interne verrekenprijs moet duidelijk zijn dat er enerzijds sprake is van een zogenaamde zero-sum game: het voordeel van de ene afdeling is het nadeel van de andere. Bij een gegeven verkoopprijs in de markt maakt het voor de gehele organisatie niet uit hoe hoog die verrekenprijs is. De winst van de ene afdeling is het verlies van de andere afdeling en het saldo is nul. Voor de prestatiebeoordeling van individuele afdelingen maakt de hoogte van de verrekenprijs wel uit. Als er een vorm van prestatiebeloning bestaat, is het voor de individuele manager belangrijk te zorgen voor een hoogte van de verrekenprijs die hem het beste resultaat en de daaraan gekoppelde beloning oplevert. Anderzijds is het voor de gehele organisatie van belang dat interne leveringen efficiënt geproduceerd worden. Als altijd de kostprijs wordt betaald, gaat daarvan geen prikkel uit om die kostprijs te verlagen door efficiënter te gaan werken. Zoals bij vrijwel alle vraagstukken die een manager moet oplossen, bestaan ook hier geen eenvoudige oplossingen.

10.4.2 Kwaliteitsafspraken over interne leveringen

Naast de interne verrekenprijs is het nodig de *kwaliteit* van de interne leveringen vast te leggen. De kwaliteitsaspecten worden vaak vastgelegd in een *service level agreement* (SLA). Op die manier regelen de bedrijfsonderdelen in een formele overeenkomst, op dezelfde manier als met een externe klant en leverancier, aan welke specificaties de producten en de diensten moeten voldoen. In zo'n SLA kunnen vastliggen:

- de producten en diensten die eronder vallen;
- de specificaties ervan;
- de afgesproken levertijden;
- hoe te handelen bij problemen;
- de lengte van de 'contractperiode';
- enzovoort.

10.5 Balanced scorecard

Veel managementcontrolsystemen meten en beoordelen uitsluitend de financiële kant van het presteren. Al in 1987 schreven Johnson en Kaplan over het belang van niet-financiële indicatoren. Vanuit deze kritiek op de alleen op cijfers gerichte manier van kijken naar de bedrijfsprestaties, ontwikkelden Kaplan en Norton (1996a) de bekend geworden *balanced scorecard* (BSC). De financiële invalshoek is daarbij niet meer de enige. Zij onderscheiden vier invalshoeken om de strategie te vertalen naar operationele processen. Die vier invalshoeken maken het ook mogelijk de uitvoering te volgen en te beoordelen. De vier moeten met elkaar en met de strategie in balans zijn. De invalshoeken zijn:

1. *Klant*; hoe beoordelen klanten de organisatie?
2. *Financieel*; hoe moeten we presteren voor onze aandeelhouders?
3. *Leren en groeien*; hoe onderhouden we de mogelijkheid om te veranderen en te verbeteren?
4. *Interne bedrijfsprocessen*; met welke bedrijfsprocessen moeten we excelleren om onze klanten en aandeelhouders tevreden te stellen?

Voor elk van deze invalshoeken geven zij aan dat de organisatie *doelstellingen* moet vastleggen, moet aangeven hoe het bereiken ervan *gemeten* wordt, welke *doelen (= concrete resultaten)* nodig zijn en welke *initiatieven* daarbij nodig zijn. Zij geven de samenhang in de BSC zoals in figuur 10.2 is weergegeven.

Figuur 10.2 De *balanced scorecard* ontleend aan Kaplan en Norton (1996a)

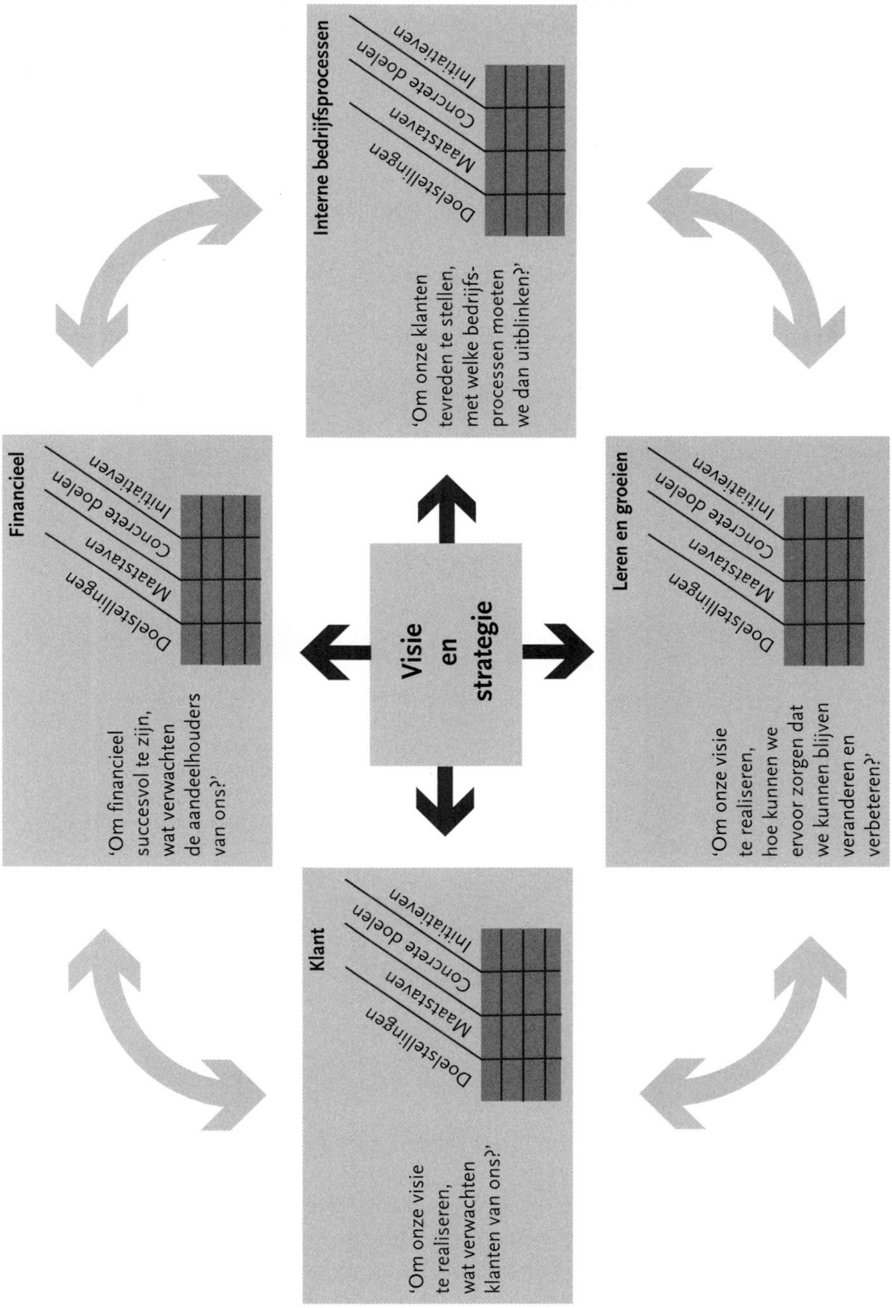

Kaplan en Norton zien de BSC niet alleen als een methode om de uitvoering van de strategie te plannen en te beoordelen. Ze zien de BSC ook als een managementsysteem dat op langere termijn tot betere resultaten kan leiden. Daarbij moeten vier managementprocessen worden uitgevoerd:

1. Verduidelijken en vertalen van de visie en de strategie.
2. Communiceren en verbinden van strategische doelstellingen met concrete meetpunten.
3. Plannen, concreet te behalen resultaten vaststellen en de strategische initiatieven daarmee in lijn brengen.
4. Verbeteren van de feedback over de strategie (waarom komen de plannen wel of niet uit?) en het leervermogen (wat leren we daarvan?).

Kaplan en Norton geven de samenhang tussen deze processen weer als in figuur 10.3.

Figuur 10.3 Vier met de *balanced scorecard* samenhangende managementprocessen

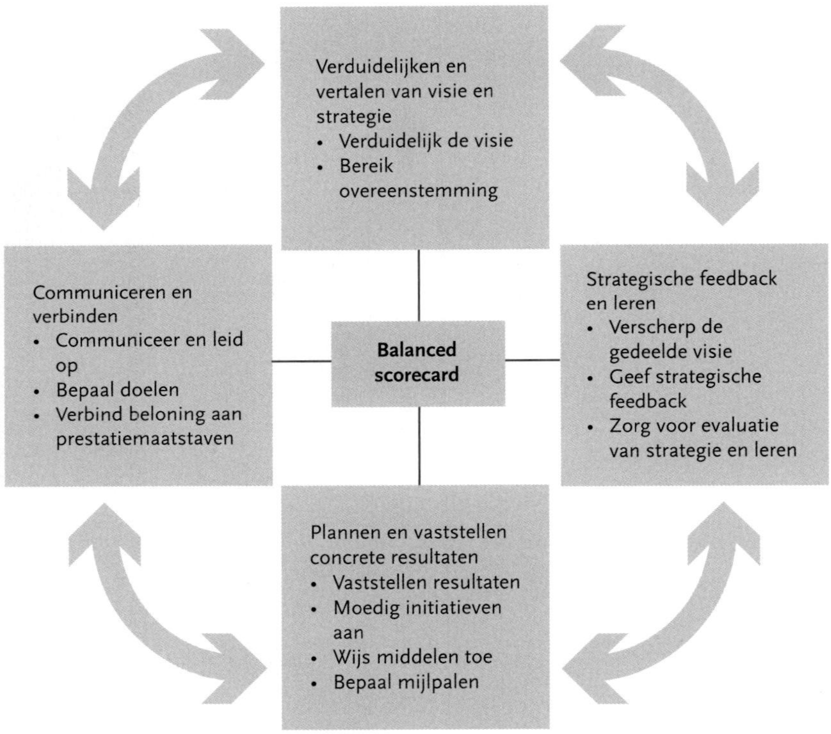

De ervaring van Kaplan en Norton is dat organisaties die de BSC toepassen er beter in slagen:

– de strategie te verduidelijken en er consensus over te bereiken;
– de strategie door de hele organisatie te communiceren;
– de doelen van afdelingen en personen beter op de strategie af te stemmen;
– strategische doelen in lijn te brengen met langetermijndoelen en jaarlijkse budgetten;
– strategische initiatieven te onderkennen en af te stemmen;
– periodieke en strategische evaluaties te maken;
– feedback te krijgen om te leren over de strategie en hoe die te verbeteren.

Kaplan en Norton wekken in sommige publicaties de indruk dat de *balanced scorecard* een strategisch managementsysteem is. Het is inderdaad een goed instrument om de strategie te vertalen in operationele activiteiten en de uitvoering ervan te volgen en te beoordelen. De BSC is echter geen systeem dat het management in staat stelt beslissingen te nemen over toetreden tot nieuwe markten of uittreden uit bestaande. Het is dus geen instrument om de drie dimensies van strategie concreet mee in te vullen.

10.6 Vragen en opdrachten

1. **Budgettering**
   a. Wat is het verschil tussen een budget en een begroting?

   b. Noem twee redenen waarom budgetten worden opgesteld.

   c. Geef een concreet voorbeeld waaruit blijkt dat het belangrijk is dat de budgetten van verschillende afdelingen nauw op elkaar aansluiten.

   d. Wat wordt verstaan onder een strategisch budget?

   e. Welk gevaar lopen organisaties als er op strategische budgetten wordt bezuinigd als zich op korte termijn problemen voordoen? Tot welk advies komen Ansoff, Kaplan en Norton over strategische budgetten in geval van tegenslag?

2. **Financiële aansturing van afdelingen**
   a. Geef twee voorbeelden van afdelingen die kunnen worden gezien als uitgavencentrum. Leg uit waarom deze twee afdelingen kunnen worden omschreven als uitgavencentra.

   b. Wat is het verschil tussen een winstcentrum en een investeringscentrum?

3. **Interne leveringen**
   a. Wat wordt verstaan onder een interne verrekenprijs?

   b. Welke methoden worden in de praktijk gebruikt om de interne verrekenprijs te bepalen? Wat is in uw ogen de beste methode? Licht uw antwoord toe.

   c. Waarom is er bij het vaststellen van de interne verrekenprijs sprake van een zero-sum game?

   d. Wat wordt verstaan onder een SLA? Waarom kan een SLA ook bij interne leveringen nuttig zijn?

4. **Balanced scorecard**
   a. Waarom gebruiken Kaplan en Norton, de bedenkers van de *balanced scorecard*, de term '*balanced*'? Anders gezegd: wat dient volgens hen in balans te zijn?

   b. Kaplan en Norton zien de *balanced scorecard* als een managementsysteem dat ook op langere termijn tot betere resultaten kan leiden. Welke vier managementprocessen moeten hiervoor goed worden uitgevoerd?

c. Bent u het eens met de volgende stelling? 'De *balanced scorecard* is uitermate geschikt om invulling te geven aan de positioneringsstrategie, de spreidingsstrategie en de samenwerkingsstrategie van ondernemingen.'

10.7 Oefencase: maak een uitgebalanceerd 'dashboard'

ESS is snel gegroeid in de afgelopen jaren en is beslist succesvol. Maar het geheel wordt daardoor minder overzichtelijk en de directie dreigt achter de feiten aan te lopen. Het duurde bijvoorbeeld te lang voordat men in de gaten kreeg dat de buitenlandse activiteiten niet bijdragen aan de winst. Het voornemen was om nog meer orders uit het buitenland te halen, maar dat zou zelfs negatief kunnen uitpakken. En ook: het idee om naast de zakelijke markt ook de consumentenmarkt op te zoeken is interessant, maar hoe bewaak je of het succes heeft of dat de stekker eruit getrokken moet worden?

ESS is niet beursgenoteerd, dus er zijn geen publieke aandeelhouders. De familie van de oorspronkelijke oprichter bezit alle aandelen die door vererving na drie generaties in uiteenlopende pakketten qua grootte verspreid zijn geraakt. De oudere generaties voelden een sterke band met het bedrijf en namen genoegen met een laag rendement op hun kapitaal; de jongere generaties stellen zich zakelijker op. Zij redeneren: 'Ik ben bereid mijn geld in ESS te laten zitten zolang dat een rendement oplevert dat niet beneden het gemiddelde beursrendement daalt. Anders verkoop ik mijn aandeel liever.' Een buitenlandse investeringsmaatschappij heeft al eens een poging gedaan aandelen uit handen van de familie ondershands over te nemen en ligt nog steeds op de loer. Nu ESS financieel minder goed draait, overwegen ze alle familieleden een aantrekkelijk uitstapaanbod te doen. De directie van ESS heeft daar lucht van gekregen en wil voorkomen dat het bedrijf in buitenlandse handen komt en een speelbal wordt in handen van financiers. Voorkomen moet worden dat de resultaten dramatisch verslechteren.

De directie heeft daarom de afdeling Administratie & Control (A&C) verzocht een beter beheerssysteem in te voeren. A&C heeft voorgesteld per business een helder budget op te stellen en dat consequent te bewaken. Op zich is dat geen slecht idee, maar de directie vindt dat alleen cijfers niet genoeg zeggen. Als ondernemer moet je ook kijken naar wat er op de werkvloer gebeurt, marktsignalen oppakken en kijken naar de toekomst. In een managementcursus heeft de adjunct-directeur, John van Keulen, kennisgemaakt met de zogeheten *balanced scorecard*. Dat is voor de bedrijfsleiding te vergelijken met een dashboard voor de automobilist: je ziet in één oogopslag hoe de zaak ervoor staat en of de 'wijzertjes' nog in de groene zone staan of niet. In de managementcursus werd trouwens ook benadrukt dat de BSC niet alleen bedoeld is om te beheersen, maar vooral ook om te communiceren. De BSC wordt periodiek, bijvoorbeeld maandelijks, geactualiseerd. Dan wordt zichtbaar welke trends zich voordoen (bijvoorbeeld een stijgend ziekteverzuim of een afname van klachten) en kan daarover worden beraadslaagd.

Opdracht

Als junior bedrijfsanalist, werkzaam op de afdeling Administratie & Control, bent u gevraagd een opzet te maken voor een *balanced scorecard* (BSC) voor ESS. U rapporteert aan de adjunct-directeur, maar werkt onder direct toezicht van het hoofd A&C. Het is aan u om uit te zoeken hoe de vier 'panelen' van de BSC specifiek voor ESS moeten worden ingevuld. Aan de ene kant moet u het niet te gedetailleerd maken, want dan raakt het overzicht zoek. Aan de andere kant moet de BSC ook niet te globaal worden ingericht, want dan wordt de stuurinformatie te vaag. Om nog even de vergelijking met de auto te maken: een dashboard met honderd metertjes voor van alles en nog wat geeft veel informatie, maar die is niet meer te bevatten, en een dashboard met alleen een snelheidsmeter geeft te weinig relevante informatie.

10.8 Extra: Balanced scorecard, bezint eer u begint!

Voor het ontwikkelen en invoeren van de *balanced scorecard* zijn in de loop der tijd verschillende stappenplannen ontwikkeld. Gezien het grote aantal mislukte implementaties van de *balanced scorecard* is het opvallend dat een risico-inventarisatie geen deel uitmaakt van deze stappenplannen. Verder blijkt uit onderzoek dat de slagingskans van het invoeren van de balanced scorecard groter wordt als de risico's *vooraf* bekend zijn. Dit kan met behulp van de zogenaamde '*entry scan*'. De *entry scan* kan worden gezien als 'bezinningsfase' voor organisaties die overwegen de *balanced scorecard* in te voeren.

Het uitvoeren van een *entry scan* heeft drie belangrijke voordelen. Ten eerste krijgt het (top)management meer *inzicht in de noodzakelijke investeringen en consequenties* voor de totale organisatie. Ook kan het management anticiperen op de randvoorwaarden waaraan (nog) niet is voldaan en waardoor men *niet snel voor onaangename verrassingen* komt te staan. Ook wordt het *nut van de balanced scorecard* vooraf duidelijk. Dit inzicht kan worden meegenomen bij de beslissing of de organisatie wel of niet gaat investeren in deze tool.

Volgens Kaplan en Norton (1996b) voelen managers zich in de praktijk vaak onvoldoende betrokken bij de invoering van de *balanced scorecard*. Maar juist de betrokkenheid vanuit de top van de organisatie is bij de invoering van cruciaal belang. Naast onvoldoende betrokkenheid vanuit het management blijken er nog andere oorzaken te zijn van het mislukken van de invoering van de *balanced scorecard*, zoals:
- De *balanced scorecard* wordt gezien als eenmalige gebeurtenis of als 'leuk extraatje'.
- Er wordt geen rekening gehouden met de specifieke eisen die de organisatie stelt aan de balanced scorecard.
- Het management beschikt niet over voldoende vaardigheden om de implementatie te leiden.
- De informatie vanuit de balanced scorecard wordt niet of niet goed begrepen en wordt daardoor onvoldoende gebruikt om (bij) te sturen.
- De bestaande of de nieuwe strategie wordt niet of niet goed vertaald in operationele plannen en prestatie-indicatoren.
- Er worden te complexe prestatie-indicatoren gebruikt, waardoor de ontwikkeling strandt in goede bedoelingen.
- Er is onvoldoende aandacht voor de niet-financiële informatie vanuit de balanced scorecard.
- De noodzaak van training in het gebruik van de balanced scorecard wordt onderschat.
- Er wordt niet genoeg geïnvesteerd in de noodzakelijke informatiesystemen.
- De administratieve inspanningen en kosten voor periodieke rapportages worden onderschat.

In de praktijk lopen de ontwikkeling en de invoering vaak stuk, waardoor onnodig wordt geïnvesteerd in mensen en middelen. De kans van slagen is niet alleen afhankelijk van de technische mogelijkheden van het informatiesysteem, maar hangt af van de bereidheid van mensen om anders – noem het bedrijfsmatiger – te werken. Zonder een deugdelijke risico-inventarisatie en voldoende commitment van het (top)management is de kans groot dat dergelijke trajecten voortijdig eindigen.

Ook kan met behulp van de *entry scan* worden bepaald of het (top)management bereid is om de benodigde acties in gang te zetten. Van het (top)management vraagt deze stap dus een kritische blik naar de organisatie én naar zichzelf. Het advies luidt dan ook: bezint eer u begint! Heeft de *balanced scorecard* meerwaarde en is het (top)management bereid de organisatie anders aan te sturen?

Als uit de *entry scan* blijkt dat de *balanced scorecard* te ambitieus is, kan ook worden bekeken of onderdelen van deze tool te gebruiken zijn. Zo kan het ontwikkelen van prestatie-indicatoren al meerwaarde hebben, zeker als hierop gericht wordt gestuurd. In dit geval wordt een afgeslankte vorm van de BSC toegepast, die in de toekomst mogelijk stapsgewijs kan worden uitgebreid. Ook is het mogelijk dat organisaties de perspectieven binnen de BSC aanpassen aan hun eigen behoeften. Zo is de balanced scorecard bij Eneco opgebouwd uit de perspectieven klanten, financiën, processen en personeel. Het belangrijkste is dat het management zich realiseert dat de *balanced scorecard* geen doel op zich is, maar een middel om in control te komen, te zijn of te blijven.

Dit onderdeel Extra is gebaseerd op een artikel van Melker en Duiker (2011). Op https://www.conceptuitgeefgroep.nl/boek/Bouwstenen-van-management-en-organisatie.html is een checklist beschikbaar. Daarmee kan bepaald worden in hoeverre organisaties klaar zijn voor de invoering van de balanced scorecard en welke acties er volgen om de invoering mogelijk te maken.

10.9 Antwoorden

1. Budgettering

a. Een budget is een plan voor een afdeling dat is vertaald in geldbedragen. Een budget heeft dus een taakstellend karakter. Een begroting is niet meer dan een raming van wat men in geld uitgedrukt kan verwachten als een bepaalde beslissing genomen zou worden. Een begroting heeft dus in tegenstelling tot een budget meestal *geen* taakstellend karakter.

b. Een budget zorgt voor een vertaling van een plan in geld en maakt duidelijk over welke middelen afdelingen in een bepaalde periode kunnen beschikken. Budgettering helpt lagere niveaus in de organisatie te betrekken bij het denken over de plannen voor de toekomst. Ook geeft budgettering de mogelijkheid om de uitvoering van de plannen te toetsen aan het plan. En het geeft een manager de gelegenheid om verantwoording af te leggen over de afgelopen periode.

c. Wanneer een organisatie tot doel heeft het marktaandeel met 15% te vergroten, is niet alleen een hoger marketingbudget noodzakelijk, ook het budget voor de afdelingen Inkoop en Productie zal hierop moeten worden aangepast. Denk aan het onderhoudsbudget voor machines en installaties. Als de productie wordt verhoogd en de bezettingsgraad omhooggaat, moeten er voldoende middelen zijn om het extra onderhoud te betalen. Uit uw voorbeeld moet blijken dat de verschillende budgetten goed op elkaar afgestemd dienen te zijn.

d. Een strategisch budget is een budget dat nodig is om de strategie voor de langere termijn uit te voeren.

e. Het bezuinigen op het strategisch budget heeft nadelige effecten op het verwezenlijken van de strategie. Daarmee staan dus ook de resultaten op langere termijn onder druk. Ansoff, Kaplan en Norton adviseren de operationele budgetten en de strategische budgetten afzonderlijk op te stellen en de laatste, ook bij tegenslag, in stand te houden.

2. Financiële aansturing van afdelingen

a. Research & Development (R&D) en een afdeling Opleiding & Training. De uitgaven van dergelijke afdelingen zijn goed te bepalen. Wat de bijdrage van deze afdelingen in de uiteindelijke omzet is, valt moeilijk te bepalen. Bijvoorbeeld: wat is het rendement van een opleiding of training?

b. In beide gevallen kan een winst-en-verliesrekening worden opgesteld en wordt de verantwoordelijke manager beoordeeld op de winst van het onderdeel. Het verschil is dat bij het investeringscentrum de eindverantwoordelijke manager ook verantwoordelijk is voor de hoogte van het werkkapitaal en de investeringen. De prestaties van deze manager zijn, naast de winst, ook af te meten aan het behaalde rendement op investeringen (ROI). ROI staat voor return on investment.

3. Interne leveringen

a. Onder de interne verrekenprijs wordt de prijs verstaan die door de interne afnemer per eenheid product of per dienst wordt betaald.

b. Er worden drie methoden onderscheiden: 1) Het gebruiken van de marktprijs. 2) Het nemen van de marktprijs van een vergelijkbaar product gecorrigeerd voor de verschillen. 3) Het nemen van de kostprijs van het eigen bedrijfsonderdeel, eventueel verhoogd met een redelijke marge. De beste methode is gewoonlijk het nemen van de marktprijs. Dit is echter niet altijd mogelijk.

c. Het voordeel van de ene afdeling is het nadeel van de andere. De winst van de ene afdeling is per definitie het verlies van de andere afdeling en het saldo is nul.

d. SLA staat voor service level agreement. Een *service level agreement* is een schriftelijke overeenkomst tussen een (interne of een externe) klant en een verlener. Daarin wordt vooraf vastgelegd aan welke kwaliteitseisen een dienst ten minste moet voldoen. Een SLA is ook bij interne leveringen nuttig om er zeker van te zijn dat er duidelijke afspraken zijn. Teleurstellingen worden zo voorkomen.

4. Balanced scorecard

a. De vier invalshoeken (klant, financieel, leren en groeien, interne bedrijfsprocessen) moeten met elkaar en met de strategie in balans zijn. Aandacht voor een van de vier invalshoeken mag niet ten koste gaan van de aandacht voor de overige invalshoeken.

b. Verduidelijken en vertalen van de visie en de strategie; communiceren en verbinden van strategische doelstellingen met concrete meetpunten; de plannen, concreet te behalen resultaten vaststellen en de strategische initiatieven daarmee in lijn brengen; verbeteren van de feedback over de strategie.

c. Oneens. De *balanced scorecard* is een goed instrument om de strategie te vertalen in operationele activiteiten en de uitvoering ervan te volgen en te beoordelen. De BSC is echter geen systeem dat het management bijvoorbeeld in staat stelt beslissingen over toetreden tot nieuwe markten of uittreden uit bestaande te nemen. Het is dus geen instrument om de drie dimensies van strategie concreet mee in te vullen.

10.10 Uitwerking oefencase[1]

Hierna volgt een voorbeeld uit een willekeurige maand.
De BSC van ESS wordt maandelijks in het directieoverleg gepresenteerd in de vorm van een overzichtelijk schema waarin in een oogopslag te zien is hoe de BSC ervoor staat, bezien vanuit de vier invalshoeken. De doelen en de concrete resultaten (de derde en vierde kolom van de BSC) zijn een gegeven. Door de markeringen wordt zichtbaar gemaakt of de metingen (vijfde kolom van de BSC) van de feitelijke resultaten een bemoedigend (onderstreept), een waarschuwend (cursief) of een alarmerend (vet) signaal afgeven. Op basis daarvan worden de benodigde maatregelen gecontinueerd (bij een onderstreept signaal), bijgestuurd (bij een cursief signaal) of moeten ze grondig worden geëvalueerd en waar nodig herzien (bij een vet signaal). Jaarlijks wordt de hele BSC herzien en op onderdelen bijgesteld waar dat nodig is.

Figuur 10.4 Balanced scorecard ESS aan het eind van de maand maart 2011

Legenda

<u>Onderstreept: bemoedigend</u>
Cursief: waarschuwend
Vet: alarmerend

Perspectief vanuit	Hoofdvraag	Doel	Concrete resultaten	Af te meten aan	Benodigde maatregelen
Klanten	Hoe zien onze klanten ons?	ESS is specialist in toegangstechnologie	Onze toegangs- en beveiligingssystemen zijn de meest geavanceerde	Onze concurrenten hebben één tot twee jaar achterstand in het op de markt brengen van state of the art systemen • <u>DIT IS HET GEVAL</u>	Consequent een relatief hoge R&D-inspanning en zorgen voor snelle time-to-market van nieuwe producten of diensten
		ESS is marktleider op de Nederlandse zakelijke markt	Wij zijn uitvoerder van de meeste zakelijke opdrachten in Nederland	We hebben 70% marktaandeel op de zakelijke markt en we staan op 80% van de shortlists • **MARKTAANDEEL = 50%** • *OP SHORTLISTS = 70%*	Salesforce van ESS afrekenen op frequent klantencontact in de zakelijke markt

[1] Dit boek biedt alleen de samenvattende conclusie van de uitwerking. De complete uitwerking is te vinden op www.conceptuitgeefgroep.nl.

Perspectief vanuit	Hoofdvraag	Doel	Concrete resultaten	Af te meten aan	Benodigde maatregelen
Interne processen	Waar moeten we goed in zijn?	Wij realiseren hoge kwaliteit van producten en diensten	Weinig klachten en als het toch gebeurt, zeer goede afhandeling	Maximaal 2% klachten per product- of dienstensoort; na afhandeling is de klant bereid de relatie voort te zetten • <u>HELEMAAL GEREALISEERD</u>	Klachtenmanagement verheffen tot een kunst in plaats van klachten ontkennen, bagatelliseren of schamel afhandelen
		Onze medewerkers hebben een hoge medewerkerstevredenheid	Laag verloop en ziekteverzuim	Verloop minder dan 5% per jaar; ziekteverzuim 2 procentpunt lager dan het branchegemiddelde • *VERLOOP IS IETS HOGER DAN BEOOGD* • <u>ZIEKTEVERZUIM IS LAGER DAN BEOOGD</u>	Aankweken van een 'esprit de corps' binnen ESS: een wij-gevoel; ook uitstekende zorg en coaching van medewerkers van hoog tot laag

Perspectief vanuit	Hoofdvraag	Doel	Concrete resultaten	Af te meten aan	Benodigde maatregelen
Leren en ontwikkelen	Hoe blijven we bij de tijd?	Wij lanceren regelmatig nieuwe producten en diensten	In onze producten- en dienstenportfolio is steeds een aantal question marks en stars aanwezig	Ten minste drie 'question marks' en ten minste één star zitten steeds in onze portfolio • **TE VEEL QUESTION MARKS** • ER IS ÉÉN STAR	Zorgen voor onderzoekers die tevens marktgevoel hebben
		Wij zorgen ervoor dat alle medewerkers systematisch worden opgeleid of bijgeschoold	Onze medewerkers vertegenwoordigen bij elkaar een uniek en op ons bedrijf toegespitst kennisreservoir	5% van onze personeelsuitgaven gaat naar opleiding of bijscholing • WORDT GEREALISEERD • **BEHALVE BIJ STORINGSDIENST**	Binnen personeelszaken opleiding en ontwikkeling van iedere medewerker heel systematisch oppakken en bijhouden

ANTWOORD

Perspectief vanuit	Hoofdvraag	Doel	Concrete resultaten	Af te meten aan	Benodigde maatregelen
Financiën	Wat is het oordeel van onze aandeelhouders?	Het aandeel ESS levert een rendement op dat boven het beursgemiddelde ligt	Onze aandeelhouders hebben geen reden hun bezit van de hand te doen	Aandeelhouders gedragen zich als langetermijngerichte beleggers en niet als kortetermijngerichte speculanten • IS HET GEVAL	Jaarlijks een bovengemiddeld dividend uitkeren
		De continuïteit van ESS is op korte termijn niet in gevaar	Onze aandeelhouders weten dat hun kapitaal geen onmiddellijk gevaar loopt	Aandeelhouders laten zich geen indianenverhalen aanpraten door partijen die hun aandelen willen overnemen • *LUKT TEN DELE*	Goede informatieverstrekking aan aandeelhouders zodat ze echt op de hoogte zijn van reilen en zeilen van ESS

Literatuur

Aangehaalde en aanbevolen literatuur:

Adrian, W. e.a. (2005). *Beyond Beyond Budgeting.* Den Haag: FINEM.

Ahaus, C.T.B. en Diepman, F.J. (red.) (1998). *Balanced Scorecard & Model Nederlandse Kwaliteit.* Deventer: Kluwer.

Ansoff, H.I. en McDonnell, E. (1990). *Implanting Strategic Management.* New York: Prentice Hall.

Anthony, R.N. en Govindarajan, V. (2006). *Management Control Systems.* Maidenhead: McGraw-Hill Education Europe.

Daum, J.H. (2002). Beyond Budgeting: A Model for Performance Management and Controlling in the 21st Century? *Controlling & Finance,* juli.

Fitzpatrick, M., Hawke, K. (2015). The return of zero-base budgeting, *McKinsey Quarterly*, augustus 2015.

Groot, T.L.C.M. en Waal, A. de (2007). *Beyond Beyond Budgeting. De toekomst van budgetteren.* Deventer: Kluwer.

Have, W.D. ten e.a. (2003). *Strategie, beleid en budget. Het realiseren van toegevoegde waarde.* Deventer/Zaltbommel: Kluwer/INK.

Johnson, H.T. en Kaplan, R.S. (1987). *Relevance Lost: The Rise and Fall of Management Accounting.* Boston: Harvard Business School Press.

Kaplan, R.S. en Norton, D.P. (1996a). *The Balanced Scorecard: Translating Strategy into Action.* Boston: Harvard Business School Press.

Kaplan, R.S. en Norton, D.P. (1996b). Using the Balanced Scorecard as a Strategic Management System. *Harvard Business Review*, vol. 74, nr. 1, 75-86.

Kaplan, R.S. en Norton, D.P. (2004). *Strategy Maps: Converting Intangible Assets into Tangible Outcomes.* Boston: Harvard Business School Press.

Kaplan, R.S. en Norton, D.P. (2006). *Alignment: Using the Balanced Scorecard to Create Corporate Synergies.* Boston: Harvard Business School Press.

Kaplan, R.S. (2006). *The Demise of Cost and Profit Centers*, working paper 07-030, Harvard Business School. Download: www.hbs.edu/research/pdf/07-030.pdf.

Kaplan, R.S. en Norton, D.P. (2008). Protect Strategic Expenditures. *Harvard Business Review*, vol. 86, nr. 12, 28.

Kaplan, R.S. en Norton, D.P. (2011) *Op kop met de Balanced Scorecard.* Amsterdam/Antwerpen: Business Contact.

Likierman, A. (2009). The Five Traps of Performance Measurement. *Harvard Business Review*, vol. 87, nr. 10, 96-101.

Melker, G.P. en Duiker, R. (2011). De Balanced scorecard: bezin eer je begint. *ControllersMagazine*, vol. 25, nr. 11, 28-31.

Pyrrh, P. (1970). Zero-Based Budgeting. *Harvard Business Review*, vol. 48, nr. 6, 111-121.

Waal, A. de (2002). Gaat Nederland 'beyond budgeting'? *Management Accounting & Control*, nr. 4. www.hcg.net/prestatiemanagement/pages/publ/artikel1.htm.

11 Middelen: duurzame productiemiddelen

11. Makelaar zoekt andere huisvesting

Meegroeien met de markt
Makelaarskantoor Oudejans is actief in woningen en bedrijfsonroerendgoed. Ze zitten in vier plaatsen met twintig medewerkers. De afgelopen twee jaar trekt de markt sterk aan en is er steeds meer werk. Michiel Oudejans, de directeur-eigenaar, wil daarom nieuwe mensen aantrekken. Per vestiging zijn twee à drie nieuwe krachten nodig, naast (assistent-)makelaars ook de nodige secretariële en administratieve krachten. De bestaande kantoorpanden zijn daarvoor te klein. Dus deze dan maar afstoten en op zoek naar grotere ruimten?

Het nieuwe werken
Michiel spreekt over zijn groeiplannen met zijn tennismaat Dennis Kalff, die managementconsultant is. Zijn reactie: "Waarom geld stoppen in nog meer stenen? In dienstverlenende branches, zoals ook de makelaardij, is 'het nieuwe werken' de trend. Dat betekent steeds meer mobiel werken, vaak in combinatie met thuiswerken en dat alles ondersteund door slimme ICT-oplossingen. Het fysieke kantoor wordt steeds meer virtueel. Makelaarswerk is sowieso heel mobiel. Een radicaal andere werkwijze ligt voor de hand."
Michiel brengt dit idee naar voren in het overleg met de vestigingshoofden. Hij krijgt direct bijval. "Het klopt, we doen steeds meer werk onderweg." "Het aantal vierkante meter kantoor kan kleiner, zelfs met meer medewerkers." Ze zijn het snel eens. De kantoorpanden worden verkocht. Ze trekken in een viertal kleinere winkelpanden, want publieke zichtbaarheid blijft belangrijk.

ICT-gebonden functies
Bij de nieuwe situatie hoort werken in de cloud, zodat iedereen altijd en overal toegang heeft tot eigen documenten en het backoffice. Maar er is meer nodig: potentiële kopers willen zelf online bezichtigingsafspraken inplannen, websitebezoekers verwachten een chatfunctie, een dynamisch CRM-systeem moet nieuwsbrieven op maat genereren. Ontwerp, aanleg en onderhoud van zulke ICT-gebonden functies is een vak apart. Oudejans sluit daarvoor een contract met een zakelijke aanbieder van internet-, telecom-, ICT- en clouddiensten, inclusief 24/7 support en beveiliging. Het laatste vanwege aangescherpte privacywetgeving. Persoonsgegevens van kopers en verkopers moeten beslist goed afgeschermd zijn.

De balans werk-privé
Na een jaar wordt teruggekeken op de verandering die het kantoor heeft ondergaan. Over het algemeen is men best tevreden. Wel ervaren medewerkers hoe het nieuwe werken een indringende aanslag kan betekenen op het privéleven. Erger is dat een assistent-makelaar en een secretaresse zijn uitgevallen met burn-outklachten. De bedrijfsarts van de arbodienst waarbij het kantoor is aangesloten, heeft geadviseerd de uitgevallen medewerkers niet geïsoleerd thuis te laten zitten: "Het tijdelijke vangnet van de ziektewet mag niet een permanente hangmat worden." Tegelijk wordt vanuit de arbodienst hun situatie in kaart gebracht. Daarbij wordt ook gekeken naar mogelijke stressverhogende factoren thuis die de burn-out mede kunnen verklaren. Denk aan relatieproblemen of overbelasting door mantelzorg. Een inzetbaarheidscoach van de arbo-

dienst is ingeschakeld. Volledige terugkeer naar het kantoor of begeleiding naar ander werk is de gewenste uitkomst.

Deze case laat zien hoe veranderende omstandigheden een organisatie kunnen stimuleren geheel nieuwe wegen in te slaan in de manier van werken.

Kernstof

Dit hoofdstuk behandelt vier soorten duurzame productiemiddelen (11.1) die in de meeste organisaties voorkomen. Daarna volgen vier aandachtspunten die bij alle vier de genoemde productiemiddelen een rol spelen.
Die soorten duurzame productiemiddelen zijn:
- gebouwen;
- machines en installaties;
- ICT-infrastructuur;
- vervoermiddelen.

Bij de beslissing over *gebouwen* (paragraaf 11.2) moet aandacht besteed worden aan drie vraagstukken: de *omvang*, de *locatie* en de *vormgeving*.
Machines en installaties (paragraaf 11.3) moeten zijn afgestemd op de *kenmerken* van de markt en de vraag. Er is een onderscheid tussen stukproductie, serieproductie, massaproductie en procesproductie. De soorten productie verschillen in *arbeidsintensiteit* (stukproductie hoog en procesproductie laag) en *kapitaalintensiteit* (stukproductie laag en procesproductie hoog).
De kosten van ICT-infrastructuur (paragraaf 11.4) nemen in veel sectoren sterk toe. De kosten zijn te verlagen door gebruik te maken van *cloud computing* (paragraaf 11.4.1) en sommige soorten *business process management software* (paragraaf 11.4.2). Met *cloud computing* maakt de organisatie gebruik van hardware en software van derden. Daardoor zijn grote investeringen vooraf niet nodig. De organisatie betaalt alleen voor het gebruik. Sommige soorten software voor sturing van bedrijfsprocessen maken het mogelijk bestaande onderdelen (bijvoorbeeld databases) te blijven gebruiken. Dat verlaagt de vereiste investering en bespaart ook veel tijd en fouten.
De meestgebruikte vervoermiddelen zijn *auto's en vrachtwagens* (paragraaf 11.5). Vervoer met eigen vrachtwagens is relatief duur ten opzichte van het gebruik van vervoer door derden. De haalbare *beladingsgraad* bij eigen vervoer is lager dan die bij transport-ondernemingen. Als de organisatie zelf het personenvervoer van en naar het werk verzorgt, met eigen personeelsbusjes bijvoorbeeld, is de nuttige *gebruikstijd* erg laag. Ook hier kan vervoer door derden de kosten verlagen. Bij personenauto's moet de leiding zich bewust zijn van het signaal dat, afhankelijk van de mate van luxe, ervan uitgaat naar klanten en personeel.

Algemene aandachtspunten (paragraaf 11.6) die bij alle soorten duurzame productiemiddelen een rol spelen, zijn:
- eigendom, huur of leasing;
- flexibiliteit;
- standaard of maatwerk;
- de invloed van de overheid.

In het geval van eigendom (paragraaf 11.6.1) zorgt de organisatie zelf voor de financiering en heeft ze ook de zeggenschap over het gebruik ervan. *Huur* of *leasing* kan aantrekkelijk zijn als daarmee financiële ruimte vrijkomt om verder te groeien. Een verhuurder of leasemaatschappij kan soms tegen lagere kosten financieren en het productiemiddel goedkoper aanschaffen.

Flexibiliteit (paragraaf 11.6.2) wil zeggen dat een productiemiddel ook voor andere soorten producten en productiehoeveelheden kan worden gebruikt dan waarvoor het in eerste instantie is bedoeld. Om flexibiliteit in te kunnen bouwen, dient de organisatie inzicht te hebben in de te verwachten veranderingen in de externe omgeving. Daar moet ze op inspelen. Het inbouwen van flexibiliteit brengt vaak hogere aanschafkosten met zich mee.
De keuze voor *standaard of maatwerk* (paragraaf 11.6.3) hangt samen met de specifieke voordelen van maatwerk en de extra kosten voor de aanschaf en het onderhoud tegenover standaardproductiemiddelen.
De *overheid* (paragraaf 11.6.4) speelt soms een rol door het aantrekkelijk te maken om voor een bepaalde gemeente of soms voor een bepaald land te kiezen. Denk aan subsidies of lagere belastingen. Tussen landen bestaan grote verschillen in de fiscale behandeling van bijvoorbeeld leaseovereenkomsten.

11 Middelen: duurzame productiemiddelen

Duurzame productiemiddelen[1] krijgen in het algemeen in de organisatieliteratuur weinig aandacht. Op zich is dat verwonderlijk, omdat deze financieel gezien vaak een groot deel uitmaken van het balanstotaal van een organisatie. Daarin staan ze onder het kopje 'vaste activa'. Bovendien zorgen de duurzame productiemiddelen ervoor dat de organisatie de producten en diensten kan leveren die het voortbestaan moeten verzekeren. De techniek die achter de duurzame productiemiddelen schuilt, is vaak ingewikkeld. Dat neemt niet weg dat beslissingen over de aanschaf en het onderhoud ervan van grote invloed zijn op de resultaten en de reputatie van de organisatie. De uiteindelijke beslisser moet inzicht hebben in een aantal van de belangrijkste overwegingen die meespelen.

11.1 Het belang van duurzame productiemiddelen

Diensten afhankelijk van hardware

Op vrijdag 17 december 2010 kwam een groot deel van het treinverkeer in Nederland tot stilstand. Door de sneeuwval strandden vele reizigers onderweg naar hun bestemming. Enige maanden daarvoor hadden betrokken topmanagers het volk nog verzekerd dat het spoor en de treinen de winter wel aankonden. Dat bleek dus niet het geval. De duurzame productiemiddelen waren niet opgewassen tegen de gevallen sneeuw. De wissels van ProRail werkten niet en meer dan de helft van de nieuwe Sprinter-treinstellen van de NS kon niet rijden. Twee weken daarvoor hadden veel luchthavens last van sneeuw. Het gevolg was annulering van veel vluchten, passagiers die met duizenden op veldbedden op de luchthavens moesten overnachten en koffers die soms pas weken later aankwamen. Veel luchthavens hadden onvoldoende middelen ter beschikking om de sneeuw van de landingsbanen te verwijderen en vliegtuigen tegen ijs te beschermen. In de jaren daarna kwamen dergelijke situaties vaker voor. Niet alleen weersomstandigheden kunnen reisplannen verstoren; in april 2018 deed een grote stroomstoring dat ook.

Uit de hiervoor genoemde extreme voorbeelden blijkt het belang van duurzame productiemiddelen die voor hun taak berekend moeten zijn. De topleiding is uiteindelijk verantwoordelijk voor het goed functioneren ervan. Daarom is het belangrijk dat bij beslissingen in organisaties deze invalshoek ook wordt meegewogen, naast de gebruikelijke als hrm, financiën en marketing.
Dit hoofdstuk geeft een schets van enkele belangrijke managementvragen bij verschillende soorten duurzame productiemiddelen. Aan bod komen: gebouwen, machines en installaties, ICT-infrastructuur en vervoermiddelen. Daarna geven we een aantal algemene aandachtspunten die voor alle soorten productiemiddelen belangrijk zijn: 1) eigendom, huren of leasen, 2) flexibiliteit, 3) standaard of maatwerk en 4) invloed van de overheid.

[1] Duurzaam wordt hier gebruikt in de betekenis van veelvuldig en langdurig te gebruiken. Grondstoffen zijn ook productiemiddelen, maar die zijn eenmalig te gebruiken.

11.2 Gebouwen

De productie van bijna alle organisaties vindt plaats in gebouwen. Dat kunnen fabrieken, ziekenhuizen, restaurants of kantoren zijn. De keuze voor een bepaald gebouw op een bepaalde plaats beperkt de speelruimte voor een organisatie meestal voor langere tijd. Er worden immers voor langere tijd middelen geïnvesteerd en vaak kunnen dergelijke grote investeringen niet eenvoudig worden teruggedraaid.
Daarom moet het management alle aspecten van die beslissing in detail voor ogen hebben. Belangrijke aspecten zijn de grootte van het gebouw of de gebouwen, de locaties ervan, de vormgeving en de lay-out.
De *grootte* van het gebouw hangt in de eerste plaats af van de verwachte productie die geleverd moet worden. De verwachte productie is te vinden in het strategische plan en het meerjarenverkoopplan. Als dat plan een stijgende afzet laat zien, komt de vraag op of het gebouw op de groei gebouwd moet worden of dat in de loop der tijd ook uitbreidingen mogelijk zijn. Hierbij moet het management de kosten van verwachte onderbezetting in de eerste jaren afwegen tegen de lagere bouwkosten per eenheid geleverd product die een grotere eenheid meestal mogelijk maakt. Een ander vraagstuk is of er gewerkt wordt vanuit één centrale vestiging of vanuit verschillende verspreide vestigingen. Als het gaat om een magazijn voor een detailhandelsketen is het nodig de lagere kosten per eenheid product van een groot magazijn op een locatie af te wegen tegen de hogere transportkosten van het centrale magazijn naar de winkels. Voor een aantal verspreide vestigingen ligt dat andersom.
Afhankelijk van de strategie zal de *locatie* in het eigen land of in het buitenland zijn. Ook hier spelen weer vele afwegingen. Bijvoorbeeld de vraag hoe stabiel de munt in dat andere land is. Soms is te verwachten dat de waarde van die munt daalt ten opzichte van de eigen munt. Het kan dan voordelig zijn in dat andere land te gaan produceren, aangezien de kosten in de loop der tijd dalen. Zo bleef de prijs van een in Hongarije gemaakte Suzuki Swift in de loop van de jaren negentig van de vorige eeuw in guldens gelijk. De uitrusting kreeg van jaar tot jaar steeds meer toevoegingen, zoals airconditioning. Bij elkaar was dus een relatieve prijsverlaging mogelijk door de dalende waarde van de Hongaarse florint. Een productielocatie kan ook buiten het eigen land gekozen worden vanwege lagere loonkosten of beschikbaarheid van goed personeel. Dit verschijnsel heet *offshoring*.

Vormgeving is een aspect dat niet altijd even zwaar meeweegt in de beslissing. Soms is het de filosofie van het topmanagement die leidt naar een bijzondere vormgeving. Dat was onder andere het geval bij de bouw van het hoofdkantoor van de voormalige NMB (opgegaan in ING) in Amsterdam-Zuidoost. Bij het ontwerp speelden antroposofische opvattingen van bestuurders een belangrijke rol.

Bijzondere gebouwen krijgen soms na verloop van tijd een status, juist vanwege de uitzonderlijke architectuur. Als voordeel heeft dat soms een grote belangstelling van kopers als het pand verkocht moet worden. Soms zijn er financiële voordelen. Een nadeel van een status als (gemeentelijk) monument is dat er beperkingen aan verbonden zijn. Denk aan een verbod op het veranderen van de gevel of het interieur.

Bijzonder gebouw als toeristentrekker
Een bijzonder gebouw is het Guggenheim Museum in Bilbao. Niet alleen de vorm is bijzonder: de buitenkant is bekleed met metaal dat de kleur van het licht aanneemt. Het ontwerp van Frank Gehry trekt belangstellenden uit de hele wereld naar Bilbao. Die komen niet alleen voor de collectie, maar ook voor het gebouw zelf. Het is inmiddels een toeristische trekpleister geworden die niet alleen het museum, maar ook de stad op de wereldkaart zet. In 2009 werd de eerste tentoonstelling geopend in het Guggenheim Museum in Abu Dhabi. Hier moet het een bijdrage leveren aan een meer diverse economie van het emiraat, dat voorheen voornamelijk afhankelijk was van de export van olie en gas.

Figuur 11.1 Het Guggenheim Museum in Bilbao, Spanje

Bron: Wikimedia Commons. Foto gemaakt door MykReeve op 14 januari 2005.

Niet alleen het uiterlijk van het gebouw is belangrijk; ook de manier waarop het aan de binnenkant is ontworpen speelt een duidelijke rol. De zogeheten *lay-out* moet het mogelijk maken de productieprocessen zo efficiënt mogelijk te laten verlopen. Dat kan voor een ziekenhuis betekenen dat de afdeling Spoedeisende hulp en afdelingen voor het maken van scans en röntgenfoto's dicht bij elkaar liggen. Van patiënten met ernstig letsel kan dan direct na binnenkomst de aard van het letsel worden vastgesteld. Eventueel noodzakelijke operaties of behandelingen kunnen dan sneller uitgevoerd worden. Dat vergroot de kans op herstel. Voor het ontwerpen van de lay-out van een gebouw is het dus belangrijk de processen te kennen, te analyseren en waar nodig te verbeteren. Het gebouw moet net als de organisatiestructuur het verloop van de geoptimaliseerde processen mogelijk maken.

> ***Bijna failliet door onroerend goed***
> In februari 2015 wordt duidelijk dat het ROC Leiden in grote financiële problemen verkeert. Dit ROC had besloten om de voorheen over de stad verspreide opleidingen te concentreren in nieuwe gebouwen bij de stations Leiden Centraal en Lammenschans. De nieuwe gebouwen zijn eigendom van Green Real Estate. Quote meldt op zijn website (15 februari 2015) dat 80.000 vierkante meters worden gehuurd, terwijl de helft ervan meer dan voldoende is om het onderwijs te kunnen geven. De Volkskrant (16 juni 2015) meldt dat in 2010 ROC Leiden per vierkante meter rond de € 80 huur betaalde. In 2014 is dat opgelopen tot ruim € 220. Verder blijken de nieuwe gebouwen wel mooi van ontwerp, maar niet geschikt om onderwijs in te geven. Uiteindelijk moest de minister financieel bijspringen om een faillissement te voorkomen. Zij waarschuwt: "Wie mooie gebouwen belangrijker vindt dan goed onderwijs, hoort hier niet thuis" (Volkskrant 23 juni 2015).

11.3 Machines en installaties

Machines en installaties zorgen ervoor dat de gevraagde producten en diensten voortgebracht kunnen worden. Een *machine* is een werktuig dat bedoeld is om bepaalde bewerkingen te verrichten. Denk aan een draaibank voor het verspanen van metaal. Een *installatie* is een samenstel van onderdelen die gezamenlijk een functie vervullen, bijvoorbeeld installaties voor centrale verwarming, telefonie en energievoorziening.
Soms zijn machines groot; denk aan een papiermachine of een krantendrukpers die vele tientallen meters lang kan zijn. Een grote installatie is bijvoorbeeld een walsstraat, waarin staal uit de hoogoven gewalst wordt tot plaatstaal voor de carrosserie van auto's. Met de keuze voor investering in zulke grote installaties sluit de organisatie de mogelijkheid vrijwel uit andere dingen met haar geld te doen.

De keuze voor het soort machines en installaties moet afgeleid zijn uit de strategie van de organisatie en dus ook uit de kenmerken van de markt die de organisatie voorziet voor de toekomst. Er bestaan verschillende soorten productieprocessen die hun eigen machines en installaties nodig hebben.
Het volgende onderscheid wordt vaak gemaakt:
- stukproductie;
- serieproductie;
- massaproductie;
- procesproductie.

Bij *stukproductie* worden alleen producten op verzoek en volgens de specificaties van de klant gemaakt. Dat kan variëren van een jurk op maat tot een superjacht voor de rijken der aarde. Geen enkel product dat gemaakt wordt, is dus hetzelfde. Vaak is in dit geval de productie erg arbeidsintensief. Machines en installaties moeten geschikt zijn voor uiteenlopende bewerkingen om de variatie in eindproducten mogelijk te maken.
Bij *serieproductie* maakt het bedrijf een aantal exemplaren van hetzelfde product. Soms bedenkt het bedrijf zelf de specificaties, maar soms gaat het om een standaardproduct dat op sommige punten aan de wensen van de klant kan worden aangepast. Hier moeten de machines en installaties dus geschikt zijn voor het maken van grotere aantallen van (bijna) hetzelfde product. Machines nemen daarbij soms een deel van het werk van de mens over.

Bij *massaproductie* fabriceert het bedrijf voor de vrije markt. De klant kan het product kopen zoals het door de aanbieder is bedacht. Als het goed is, is uitvoerig onderzoek naar de klantenwensen gedaan. Bijvoorbeeld het maken van confectiekleding, televisies en mobiele telefoons. Deze worden gemaakt aan lopende banden, die al dan niet deels geautomatiseerd zijn. Massaproductie is kapitaalintensief.

3D printing gaat veel veranderen

Tot voor kort waren de machines en installaties voor de hiervoor genoemde drie vormen van productie verschillend. Enkele stuks maakte men op kleine machines, soms zelfs met de hand. Voor massaproductie waren grote, gespecialiseerde machines meer geschikt. De kleine machines maakten meer flexibiliteit mogelijk, met hogere kosten per geproduceerde eenheid. De grote machines konden tegen lagere kosten per eenheid werken, maar waren minder flexibel. Met de komst van 3D printing (een verzamelterm voor verschillende vormen van additive manufacturing) verandert het beeld. Omsteltijden zijn niet langer dan het laden van een nieuwe digitale opdracht in een machine en de productiekosten per eenheid zijn veel minder afhankelijk van de geproduceerde hoeveelheid. Daarnaast is het met de nieuwe technieken mogelijk producten te maken die met de traditionele machines niet te maken waren. Vaak ook zijn die producten kwalitatief beter.

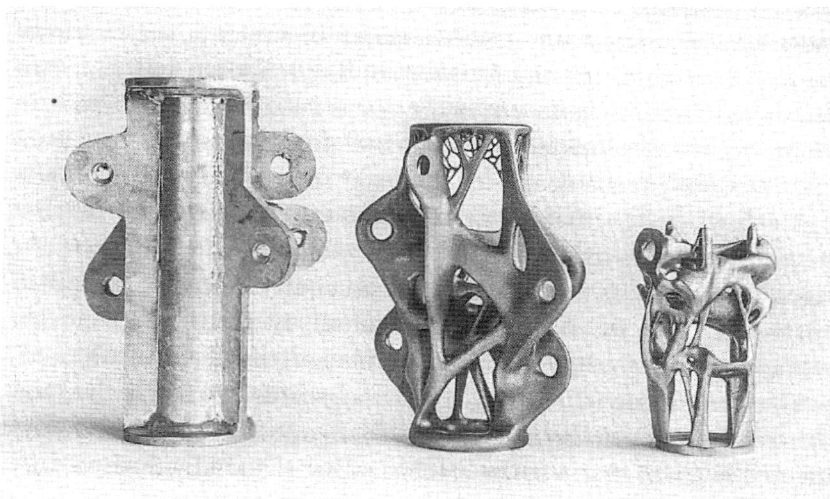

Bovenstaande figuur laat drie producten zien om kabels aan masten van een lichtinstallatie vast te maken. Links staat het traditioneel gemaakte product. In het midden min of meer hetzelfde product gemaakt met 3D printing dat 40% minder weegt. Rechts een flexibel ontworpen product dat 75% minder weegt dan het product links. De techniek kan niet alleen kleine producten maken; in de komende tijd zullen in Eindhoven vijf woningen van geprint beton gemaakt worden (zie de afbeelding op de volgende pagina). Er zijn ook andere bouwplannen om met deze techniek gebouwen te maken.

Bron: architectuur.nl

Voor dat soort grote producten zijn natuurlijk wel andere machines nodig. De flexibiliteit van de techniek is niet onbegrensd.

Bronnen: D'Aveni, (2018a) en D'Aveni (2018b).

Bij *procesproductie,* ten slotte, loopt het product in een procesgang door het hele productieproces. Denk aan een olieraffinaderij, waar zonder directe menselijke tussenkomst de ruwe olie wordt omgezet in eindproducten als benzine en dieselolie. Ook staal wordt via procesproductie voortgebracht. Procesproductie is kapitaalintensiever dan massaproductie en minder arbeidsintensief.

Heinen Delfts Blauw: productie in China

Om de groei van de omzet te kunnen bijhouden gaat Heinen (zie ook kader in paragraaf 4.6) voor de groteserieproducten begin van deze eeuw orders plaatsen bij fabrieken in Thailand, Vietnam en China. Voor die toeleveranciers was Heinen een van de vele klanten. Afspraken over levertijden en kwaliteit blijken ze niet altijd na te komen, om van beloofde exclusiviteit nog maar te zwijgen. Om een eind te maken aan deze problemen start Heinen in 2010 een eigen fabriek in de Chinese provincie Fujian. Het starten van een eigen bedrijf is niet eenvoudig. Een Chinese agent weet de weg in de bureaucratie en is behulpzaam bij het oprichten van een juridische eenheid die 100% eigendom van Jorrit Heinen is. Het voeren van een administratie zoals we die hier kennen, met facturen en betaling per bank, is daar nog niet algemeen gebruikelijk. Eind 2019 zal het aantal personeelsleden verdubbelen naar 60. De fabriek levert ook aan andere internationale aanbieders van Delfts blauw.

Bron: Interview Jorrit Heinen, dga Heinen Delfts Blauw.

11.4 ICT-infrastructuur

De kosten van ICT *per medewerker* kunnen hoog of relatief beperkt zijn. Het Amerikaanse onderzoeksbureau Computer Economics (2019) becijfert de gemiddelde kosten per gebruiker in de periode 2018-2019 op $ 7.988. Dit is een gemiddelde met grote verschillen tussen sectoren. Tot de kosten van ICT behoren de kosten van hardware en software, beheer en ondersteuning, inkoop en administratie, cursussen, gemaakte fouten enzovoort. Als percentage van de totale kosten kunnen de kosten van ICT dus aanzienlijk zijn. Het is daarom belangrijk die kosten zo veel mogelijk in de hand te houden. Op dit moment bestaan in de praktijk onder meer de volgende manieren om de kosten van ICT te verlagen:

- cloud computing;
- business process management software.

Computer Economics (2019) geeft aan dat ondernemingen belangrijke bedragen uitgeven aan beveiliging, privacy en cloudtoepassingen.

11.4.1 Cloud computing

Tot voor kort was het gebruikelijk dat de organisatie de hardware en de software in eigendom had. Door allerlei technische ontwikkelingen is het mogelijk die kosten omlaag te brengen door gebruik te maken van *cloud computing*. In een uiterste vorm van *cloud computing* heeft de organisatie geen eigen hardware en software meer. Al het werk wordt gedaan op computers van derden en met software van derden. De gebruiker heeft niet meer nodig dan een laptop, pc, smartphone of tablet met een webbrowser. Een eenvoudige vorm van *cloud computing* is het gebruik van Gmail, een e-maildienst van Google. De programmatuur en de e-mailberichten staan op computers van Google. Om van de dienst gebruik te maken, heeft men alleen een apparaat met een webbrowser nodig.

Niet alleen eenvoudige toepassingen kunnen van *cloud computing* gebruikmaken. Ook ingewikkelde bedrijfstoepassingen zijn inmiddels beschikbaar. Salesforce.com levert via *cloud computing* diensten op het gebied van klantenmanagement (CRM). Het voordeel ervan voor de gebruiker is dat er geen hardware en software meer gekocht hoeft te worden. De hoge aanschafkosten worden vervangen door een betaling per afgenomen prestatie. De kosten van ICT zijn daarmee deels variabel geworden. Lang niet altijd zijn organisaties bereid belangrijke processen via computers en met software van derden te laten verlopen. Er bestaan tussenvormen die tegemoetkomen aan de nodige veiligheid en beveiliging (*safety* respectievelijk *security*), het werken in bedrijfsgevoelige processen en het verlagen van de kosten bij processen die minder gevoelig liggen. Via nieuwe technieken is de veiligheid en beveiliging van werken via de cloud overigens op een niveau gekomen dat doorgaans overeenkomt met het werken via een eigen infrastructuur.

Privétoepassingen in de cloud
Cloud computing is er niet alleen voor organisaties. Denk ook aan diensten voor particulieren als iCloud van Apple, OneDrive van Microsoft, Dropbox, Spotify, Videoland en Netflix, om er maar een paar te noemen. De gebruiker kan op elk gewenst moment en op elke plaats muziek, data, foto's en documenten die in de cloud staan bekijken, beluisteren of bewerken met een smartphone, laptop of tablet. De geheugencapaciteit van die apparaten kan daardoor beperkt blijven. Voor de gebruiker is er sprake van een verschuiving van 'het hebben' naar 'het kunnen gebruiken' of 'toegang hebben tot data, muziek, films enzovoort.'

11.4.2 Business process management software

Overgaan op nieuwe ICT-systemen betekent dat de bestaande databases en systemen (de zogeheten legacysystemen) vervangen worden door nieuwe. Dat brengt nieuwe investeringen met zich mee en ook moet de informatie geconverteerd (overgezet) worden naar het nieuwe systeem. Vaak is er in functioneel opzicht niets mis met die oude systemen en zouden ze nog goed te gebruiken zijn. Ook is te zien dat het overzetten van de data een moeizame aangelegenheid is die extra tijd en geld kost en ook tot fouten leidt. Meer geavanceerde vormen van software voor de sturing van bedrijfsprocessen maken het mogelijk de legacysystemen te blijven gebruiken, terwijl er toch *best-in-classprocessen* kunnen worden geïmplementeerd. Dit kan leiden tot lagere kosten en het sneller in gebruik nemen van nieuwe toepassingen. Daarnaast zijn voordelen als verbeterde flexibiliteit en concurrentiekracht te realiseren.

11.5 Vervoermiddelen

Er zijn verschillende soorten vervoermiddelen in gebruik bij organisaties. Waarschijnlijk het meest gebruikt zijn *auto's en vrachtwagens*. Beide soorten zijn te gebruiken voor eigen vervoer of voor derden. In het laatste geval gaat het dan om transportondernemingen. Als een organisatie zelf het vervoer van goederen en personen wil verzorgen, moeten de kosten zorgvuldig worden afgewogen tegen het uitbesteden ervan. Een bedrijf met een eigen vervoermiddel zal zelden een bezettingsgraad hoger dan 50% kunnen bereiken. In een ideaal geval vertrekken de vrachtauto's vol bij de magazijnen en keren leeg terug. In een dergelijk geval is de gemiddelde beladingsgraad maximaal 50%. Meestal zal die beladingsgraad niet worden bereikt. Het uitbesteden van het vervoer aan een organisatie die een hogere beladingsgraad kan bereiken, kan worden overwogen. Als de eigen vrachtauto's ook gebruikt worden om reclame te maken voor het eigen bedrijf of merk, dan is dat waarschijnlijk goedkoper te doen door de zijkanten van ingehuurde vrachtauto's van eigen reclame te voorzien. Het vervoer tussen werk- en woonplaats is voordeliger uit te besteden dan zelf te doen. Dat type vervoer duurt niet meer dan twee uur per dag. Tijdens de andere uren staat de capaciteit ongebruikt. Een gespecialiseerd vervoersbedrijf kan het vervoermiddel waarschijnlijk vele uren meer per dag inzetten en dus goedkoper werken. Anders wordt het wanneer het gaat om personeelsbusjes waarmee ook materialen en gereedschappen naar de locatie worden gebracht waar werk wordt uitgevoerd, bijvoorbeeld een installatiebedrijf of een hoveniersbedrijf dat van dag tot dag op verschillende locaties werkt.

Personenauto's dienen niet alleen als vervoermiddel. Ze geven ook naar klanten en eigen personeel een signaal. Als een kleine dienstverlener met een dure auto bij een klant komt, zal de klant terecht denken dat hij aan die auto meebetaalt. Bij onderhandeling over de prijzen kan de klant dat argument gebruiken. De bank zal waarschijnlijk net wat kritischer naar een kredietaanvraag kijken als de directeur/eigenaar zich te buiten gaat aan dure aankopen. Ook naar het eigen personeel is een overmatig luxe auto van de directeur niet in overeenstemming met een mogelijk beroep op de lagere niveaus in de organisatie om kosten te matigen.

Even wachten met die nieuwe directieauto
Een relatie van een van Nederlands grootste ondernemingen vroeg eens aan de president ervan of het geen tijd werd voor een nieuwe auto. Die was aan het kenteken te zien al een jaar of zes oud. De president zei dat die auto nog prima reed. Bovendien kwam het personeel van het hoofdkantoor elke dag langs de garage waar de directieauto's staan. De aanschaf van nieuwe directieauto's was geen goed signaal naar het personeel, dat de kosten met 10% moest verlagen. Financieel was de aanschaf geen enkel probleem, maar het zou een verkeerd signaal de organisatie insturen. Het belang van dergelijk voorbeeldgedrag is groot.

Andere soorten vervoer- en transportmiddelen, zoals treinen, schepen, vliegtuigen en pijpleidingen, worden ook ingezet. Daarvoor gelden dezelfde afwegingen als hiervoor behandeld. Een voorbeeld van eigen vervoer in de lucht is TNT Express Services voor wereldwijde bezorgdiensten met een kleine vijftig vliegtuigen, deels in eigendom, deels in lease, deels uitbesteed. Een grote oliemaatschappij als Shell heeft tientallen eigen tankers in de vaart voor het transport van olie en gas. Ondergronds loopt in ons land een netwerk van pijpleidingen en transportkabels, voor een deel in handen van ondernemingen die bij elkaar een kleine 20.000 kilometer leidingen bezitten voor transport van vooral gas, maar ook van olie, (vliegtuig)brandstof en chemicaliën. Bijzonder is de 'buisleidingenstraat' tussen de havens en industriegebieden van Rotterdam en Antwerpen.

11.6 Algemene aandachtspunten

In deze paragraaf komen achtereenvolgens de volgende aandachtspunten aan de orde: eigendom, huur of leasen, flexibiliteit, standaard of maatwerk en invloed van de overheid. Bij het beslissen over de aanschaf van duurzame productiemiddelen moet de organisatie aan deze punten aandacht besteden.

11.6.1 Eigendom, huur of leasing

Een organisatie kan ervoor kiezen om duurzame productiemiddelen te kopen, te huren of te leasen. Bij koop verwerft de organisatie het eigendom van de productiemiddelen. Bij huur sluit de organisatie een contract om het productiemiddel gedurende de huurperiode tegen een bepaald bedrag per maand te huren. Bij lease krijgt de gebruiker (*lessee*) het productiemiddel ter beschikking van de eigenaar (*lessor*). Er moeten periodieke betalingen voor het gebruik ervan worden gedaan. In die zin lijkt het op huur, maar in

leasecontracten is een koopoptie opgenomen. Die geeft de *lessee* het recht na afloop van de overeengekomen termijn het productiemiddel tegen een vooraf overeengekomen bedrag van de *lessor* te kopen. Leasing is dan ook een vorm van financiering, en dat is huur niet.
Bij koop financiert de organisatie het productiemiddel zelf en neemt die het op de balans op. Op de winst-en-verliesrekening komen de afschrijvingen en de eventueel te betalen rente als kostenposten naar voren. Bij een huurcontract worden alleen de periodieke betalingen als kosten in de winst-en-verliesrekening opgenomen. Bij leasing komen de periodieke termijnen als kosten op de winst-en-verliesrekening voor. Afhankelijk van het soort leasecontract moet het productiemiddel wel of niet op de balans worden opgenomen. Voor details over jaarrekeningaspecten wordt verwezen naar publicaties op het gebied van financiële verslaggeving.

Een organisatie kan er om verschillende redenen voor kiezen het productiemiddel niet in eigendom te hebben, maar het te huren of te leasen. Een reden heeft te maken met het *meten van de prestaties*. Bij eigendom staat het middel op de balans en telt het mee bij het geïnvesteerde vermogen. Bij een gelijke winst is dan het rendement op het geïnvesteerde vermogen bij eigendom lager dan bij huur of lease. Als managers beoordeeld worden op behaald rendement op geïnvesteerd vermogen ligt een voorkeur voor huur of lease voor de hand.
Eigendom van productiemiddelen legt ook vermogen vast dat voor andere doeleinden gebruikt had kunnen worden. Het kan dus de *groei* van de organisatie beperken.

Marriott huurt hotelgebouwen

Marriott, een grote Amerikaanse hotelketen, besloot jaren geleden dat de groei hoger kon zijn als de hotelgebouwen niet meer eigendom zouden zijn, maar voortaan gehuurd zouden worden. Het afstoten van de gebouwen maakte geld vrij om verder te groeien. Een verdere overweging was toen dat de eigen aandeelhouders een hoog rendement verwachtten. Het was voor de aandeelhouders voordeliger de gebouwen te huren van bijvoorbeeld pensioenfondsen. Die zijn tevreden met een lager maar solide rendement op hun investeringen. Inmiddels hebben veel hotelketens een scheiding aangebracht tussen het exploiteren van hotels en het bezit van de gebouwen.

Een andere reden waarom een organisatie kan huren of leasen, zijn de lagere kosten die een lessor kan bereiken. Denk bij auto's aan het groot kunnen inkopen (onderhandelingsmacht bij de inkoop), het tegen lage kosten kunnen administreren, en het ook tegen lagere rentes kunnen aantrekken van financiering. Bij het vergelijken van de kosten van eigendom met huur of leasing moeten dan ook alle andere kosten meegenomen worden.

De kostenvoordelen die te behalen zijn met huur of leasing moet de organisatie afzetten tegen de mogelijke stijging van de waarde van het productiemiddel. Onroerend goed laat over een langere termijn vaak een waardestijging te zien. Bij eigendom komt deze stijging ten goede aan de organisatie, terwijl bij huur of lease de verhuurder of de *lessee* van het pand dit voordeel geniet.

THEORIE

11.6.2 Flexibiliteit

Een kenmerk van duurzame productiemiddelen is dat deze meestal tijdens de levensduur niet of met relatief hoge kosten zijn te veranderen. Door veranderende eisen uit de externe of interne omgeving kan het zijn dat een eerder gekozen productiemiddel niet meer of onvoldoende aan de nieuwe eisen voldoet. De vraag is dan of de organisatie voldoende flexibiliteit heeft, ofwel het vermogen om zich aan te passen aan zulke nieuwe eisen.
Op nieuwe eisen die uit de *externe omgeving* komen, heeft de organisatie over het algemeen weinig tot geen invloed. Nieuwe eisen die uit de *interne omgeving* komen zijn minder onverwacht en bij te sturen. Het vraagstuk van het inbouwen van een zekere mate van flexibiliteit heeft dus te maken met het zich kunnen aanpassen aan externe veranderingen. Die externe veranderingen kunnen verschillend van aard zijn. Zo zijn veranderingen soms een trend die niet omkeerbaar is. Denk aan de economische opkomst van landen als China, India en verschillende Centraal-Aziatische republieken (Frankopan, 2018). Andere veranderingen zijn variaties rond een bepaalde waarde. Denk aan seizoens-patronen in het op vakantie gaan en de verkoop van ijs en bier. Om op zulke veranderingen in te kunnen spelen, is een verschillende soort flexibiliteit nodig. De variaties in de afzet van ijs en bier kan de leverancier opvangen door het aanhouden van voorraden. De totale capaciteit om bier of ijs te maken, hoeft dan niet te veranderen. De omvang van het magazijn kan de min of meer voorspelbare seizoensverschillen opvangen. Bij het inspelen op de opkomst van nieuwe markten en producenten moet soms de capaciteit veranderd worden. Nu is te zien dat aanbieders van auto's uit nieuwe productielanden duidelijk lagere kosten hebben dan de aanbieders uit West-Europa. Om het hoofd te bieden aan die nieuwe concurrenten gaan zij bijvoorbeeld produceren in lagelonenlanden in Centraal- en Oost-Europa (*offshoring*). Aan het verplaatsen van die productie gaan soms felle discussies tussen overheid, vakbonden en fabrikanten vooraf.
Zoals bij veel managementvraagstukken, is er geen eenvoudig antwoord te geven op de vraag hoe flexibel een organisatie moet zijn. Voor een deel hangt dat af van de inschatting die de organisatie maakt van de te verwachten nieuwe externe uitdagingen. Als daar een beeld van is, komt de vraag op hoeveel flexibiliteit de organisatie wil inbouwen. Flexibiliteit kan soms de vorm hebben van het aanhouden van een zekere mate van overcapaciteit. Ook is flexibiliteit soms te vinden in het opsplitsen van een hoeveelheid productiecapaciteit in verschillende eenheden op verschillende plaatsen. Als dan een fabriek uitvalt, kunnen de andere blijven produceren. Daar staat tegenover dat de totale productiecapaciteit op één plek vestigen goedkoper is dan het bouwen van een aantal kleinere fabrieken.

Belang van flexibiliteit
Na de vreselijke aardbeving van maart 2011 in Japan, gevolgd door een ongekende tsunami, werden veel autofabrieken stilgelegd. Ook werden de havens die belangrijk zijn voor het vervoer van auto's naar exportmarkten gesloten. Japanse fabrikanten met productievestigingen in het buitenland, zoals Honda, werden toen minder getroffen door de natuurramp dan andere bedrijven. 'Het duurt na zo'n ramp minstens een week voor je een beetje beeld hebt,' aldus Lucas van Grinsven, hoofd communicatie van ASML. Volgens hem viel het directe effect wel mee. Hij wees erop dat ASML waar mogelijk meerdere toeleveranciers zoekt voor een onderdeel, liefst uit verschillende landen. Deze *dual sourcing* moet voorkomen dat de productie van het eindproduct tot stilstand komt als de keten van toeleveranciers 'hikt'. Ook Martin (2019) wijst op het gevaar dat een te grote nadruk op efficiëntie kan leiden tot het verminderen van flexibiliteit.
Bronnen: supplychainmagazine.nl; Martin (2019).

Soms kan een productie-unit, zoals een fabriek, ontworpen zijn voor een enkel product, maar er zijn ook productie-units die, binnen grenzen, verschillende soorten producten kunnen voortbrengen. De gespecialiseerde eenheid zal lagere kosten meebrengen, maar tegelijkertijd minder flexibel zijn, terwijl de multifunctionele eenheid waarschijnlijk duurder in ontwerp, bouw en gebruik is, maar flexibeler. Hier speelt dus de afweging hogere flexibiliteit en hogere kosten tegen lagere flexibiliteit en lagere kosten.

Flexibiliteit van gebouwen en viaducten

Bouwer van grote distributiecentra VDR verwacht dat veel nieuwe distributiecentra over een aantal jaren leeg zullen staan. Er wordt veel gebouwd en al die nieuwe centra zijn later niet allemaal meer nodig. Die leegstand zal zonder maatregelen tot verpaupering leiden. Dat is met een aantal industrieterreinen die in het verleden zijn gebouwd ook deels gebeurd. Het bedrijf zoekt de oplossing in het aanbieden van 'circulaire' (= flexibele) gebouwen. Die kunnen, als het nodig blijkt te zijn, hergebruikt worden. Dit hergebruik is een belangrijk onderdeel van het ontwerp. In sommige grote steden worden langdurig leegstaande kantoorgebouwen omgebouwd tot appartementen. Met die ombouw is bij het ontwerp geen rekening gehouden en dit is in de praktijk zeer ingrijpend.

Rijkswaterstaat heeft een 'flexibel' viaduct ontworpen. De meeste viaducten gaan zo'n veertig jaar mee en blijven dan ongebruikt staan of moeten worden afgebroken. Het eerste leidt tot puisten in het landschap die vol met graffiti komen te staan. Het tweede leidt tot een dure afbraak met ook nogal wat milieueffecten. Het nieuwe ontwerp, ook wel Lego-viaduct genoemd, wordt met losse elementen uit een fabriek in elkaar gezet, die na het gebruik weer eenvoudig uit elkaar worden gehaald. De montage van de elementen en de demontage duren elk drie dagen. Qua tijd een grote besparing. Het nieuwe viaduct is duurder dan een traditioneel viaduct, maar gaat 200 jaar mee en kan dus een groot deel van de bouwkosten van vier andere viaducten besparen.

De circulaire brug bestaat uit losse betonblokken met staalkabels erdoorheen.

Bronnen: FD, 2019a en 2019b.

11.6.3 Standaard of maatwerk

Bij de aankoop van duurzame productiemiddelen heeft de organisatie vaak de keus een standaardproduct of -dienst te kopen of het product of de dienst te laten aanpassen aan de eigen specifieke wensen. Het aanpassen van een productiemiddel heeft als voordeel dat het betere resultaten geeft dan een standaardproductiemiddel. Zonder die toegevoegde waarde had de organisatie beter een standaardproductiemiddel kunnen aanschaffen. Het is niet uit te sluiten dat die hogere toegevoegde waarde van een maatwerkproduct weleens overschat wordt. Daarmee staat de afweging van de hogere kosten van maatwerk tegenover de geringere toegevoegde waarde ervan. De hogere kosten komen niet alleen tot uitdrukking in de hogere prijs. De aanpassingen kosten ook de eigen organisatie tijd (en geld) die nodig is voor het extra overleg tussen koper en verkoper. Daarnaast is te zien dat de aanpassingen niet altijd van het begin af aan goed functioneren. Bij sommige soorten bedrijfssoftware die op maat gemaakt zijn, is het nodig alle onderdelen aan te passen als nieuwe eisen aan het systeem gesteld worden. Bij standaardsoftware is het onderhoud ervan goedkoper dan bij maatwerk. Over de gehele gebruiksduur van een dergelijk systeem kan het onderhoud voor hogere kosten zorgen. Lang niet altijd is hier bij de beslissing over de aanschaf van het systeem rekening mee gehouden.

THEORIE

Een groot ziekenhuis besloot een nieuw softwaresysteem aan te schaffen en te implementeren. De leiding koos voor een systeem dat op veel punten moest worden aangepast aan de eigen wensen. Het uiteindelijke resultaat was dat het eindproduct later opgeleverd werd dan gepland. De rekening viel ook hoger uit. Ook bleek dat door de noodzakelijke conversies van bestaande databases het enige maanden niet mogelijk was om te factureren. Druk overleg met de banken was nodig om ervoor te zorgen dat er voldoende geld was om de rekeningen te betalen, met alle bijkomende kosten van dien. Bovendien waren de gebruikers in eerste aanleg niet gelukkig met de gebruiksvriendelijkheid van het systeem. Deze klacht verdween na enige maanden.

In de tijd na de oliecrisis van 1973 stapte een scheepvaartonderneming af van het kopen van maatwerkschepen en ging die over tot de aanschaf van standaardschepen. Die waren goedkoper in aanschaf en beter inzetbaar op verschillende routes. De grote maatwerkschepen konden kleinere havens niet aandoen, de kleinere standaardschepen wel.

11.6.4 Invloed van de overheid

De overheid op lokaal of nationaal niveau kan op een aantal manieren proberen de keuze van organisaties op het punt van duurzame productiemiddelen te beïnvloeden. Binnen een land is te zien dat gemeenten proberen bedrijven aan te trekken door bijvoorbeeld gunstige *voorwaarden* aan te bieden bij de aankoop van grond voor nieuwe gebouwen. Soms zijn er andere punten die het voor een organisatie aantrekkelijk maken zich in een bepaalde gemeente of regio te vestigen of om daar uit te breiden, bijvoorbeeld een aantrekkelijke woonplaats voor het personeel, met goede scholen en winkels. Landen concurreren om de vestiging van nieuwe organisaties. Hierbij kunnen

de hiervoor genoemde aspecten een rol spelen. Bovendien is het niveau van de directe en indirecte *belastingen* van belang. Bedrijven kunnen er door een zorgvuldige taxplanning voor zorgen dat ze, binnen de grenzen van de wet, zo weinig mogelijk belasting betalen. Al zijn de belastingtarieven in twee landen even hoog, toch kan de snelheid waarmee op duurzame productiemiddelen afgeschreven mag worden verschil uitmaken in het tijdstip van het betalen van belasting.
Tussen landen bestaan ook verschillen in de fiscale behandeling van leasecontracten. Een eenmaal gemaakte beslissing om zich in een land te vestigen, kan meestal niet snel teruggedraaid worden; de overheid stelt tegenover de voordelen vaak ook eisen aan de organisatie.
Een voorbeeld: in land A mogen de investeringen versneld worden afgeschreven en in land B niet. In de eerste jaren hoeft in land A minder belasting betaald te worden. De afschrijvingen zijn dan namelijk hoger en de winst is lager dan in land B. De kasstromen zijn ook hoger dan in land B. In latere jaren moet meer belasting betaald worden en zijn de kasstromen lager dan in land B. Maar dat nadeel weegt niet op tegen het voordeel van snel over hogere kasstromen te kunnen beschikken.

11.7 Vragen en opdrachten

1. Gebouwen

a. Aan welke vier aspecten moet een organisatie aandacht besteden wanneer wordt geïnvesteerd in een nieuw gebouw?

b. Werk de vier aspecten van vraag a. uit voor McDonald's wanneer dit bedrijf besluit een nieuw wegrestaurant in Nederland te bouwen.

c. Waarom is het bij het ontwerp van een bedrijfsgebouw van groot belang processen goed te kennen, te analyseren en waar nodig te verbeteren?

2. Machines en installaties

a. Wat is het verschil tussen een machine en een installatie? Maak dit duidelijk aan de hand van een concreet voorbeeld.

b. Waarom is het belangrijk dat de keuze voor het soort machines en installaties is afgestemd op de strategie van de organisatie?

c. Wat is het verschil tussen stukproductie en serieproductie? Geef een voorbeeld van een onderneming die gebruikmaakt van stukproductie. Wat vraagt dit van de machines en installaties?

3. ICT-infrastructuur

a. Wat wordt verstaan onder *cloud computing*?

b. Maakt u gebruik van *cloud computing*? Zo ja, welke voordelen heeft dit voor u? Zo nee, welke vormen van *cloud computing* zouden voor u in aanmerking komen en waarom?

c. Bent u het eens met de volgende stelling? 'Wanneer ondernemingen overgaan op nieuwe ICT-systemen, is het in alle gevallen noodzakelijk de bestaande databases en systemen te vervangen door nieuwe.' Licht uw antwoord toe.

4. Vervoermiddelen

a. Noem twee mogelijke redenen waarom een onderneming als Zeeman textielSupers zelf het vervoer van goederen en personen verzorgt in plaats van dat ze dit uitbesteedt aan derden.

b. Leg uit dat gespecialiseerde vervoersbedrijven meestal een hogere beladingsgraad kunnen bereiken dan bedrijven waar transport geen deel uitmaakt van de primaire bedrijfsactiviteiten.

5. **Algemene aandachtspunten**
   a. Noem twee verschillen tussen het huren en het leasen van duurzame productiemiddelen.

   b. Geef twee redenen waarom de kosten bij leasing in veel gevallen lager zijn dan wanneer een onderneming duurzame productiemiddelen in eigendom heeft.

   c. Wat wordt verstaan onder de flexibiliteit van een organisatie?

   d. Geef een voorbeeld van een onderneming waarvan u vindt dat deze in hoge mate flexibel is. Waaruit blijkt deze flexibiliteit en waardoor wordt deze volgens u veroorzaakt? Mocht u het lastig vinden om een voorbeeld van een flexibele organisatie te geven, dan kunt u ook een voorbeeld geven van een organisatie die u juist niet flexibel vindt. Leg dan uit waaruit deze inflexibiliteit blijkt en geef aan waardoor deze inflexibiliteit in uw ogen wordt veroorzaakt.

11.8 Oefencase: zoek het juiste gereedschap

ESS staat op het punt twee grote veranderingen te introduceren. Ten eerste wil ESS grote orders voor deuren en toegangssystemen acquireren, terwijl het nu slechts enkele deuren of soms een paar tegelijk levert. En, een grotere verandering, het betreden van de consumentenmarkt met doe-het-zelfbeveiligingsproducten voor in huis. Dat betekent dat er andere machines en deels ook andere gebouwen nodig zijn. Deze paragraaf gaat hier nader op in.

De huidige productie van ESS vindt plaats in de fabriek te Nedervoort. Draaideuren en toegangssystemen worden daar op order vervaardigd. Dat wil zeggen dat een verkooporder leidend is voor de productie; er worden geen deuren of systemen op voorraad gemaakt. Het gaat altijd om een of enkele stuks die met aandacht voor detail en volgens unieke specificaties op maat worden vervaardigd. De grote opdracht voor de bank die al haar toegangen vernieuwd wilde hebben, wordt net zo opgepakt, al gaat het in dit geval om tientallen precies dezelfde deuren. Ook hier wordt deur na deur achtereenvolgens vervaardigd om daarna de fabriek te verlaten. Een probleem is echter dat de gemiddelde verkoopprijs per deur bij deze grote order een stuk lager ligt dan bij enkelstuks verkopen. De grote klant had een korting bedongen nu het niet ging om een paar deuren, maar om ruim honderd stuks. De afdeling Verkoop is daarmee akkoord gegaan om deze bijzondere order niet te missen. Maar nu blijkt dat, om nog enige winst te maken, dit grote aantal sneller en vooral efficiënter geproduceerd zou moeten worden dan men in de fabriek gewend is. Nu worden namelijk voor elke deur de glasdelen stuk voor stuk op het standaard door de glasleverancier aangeleverde glaspaneel afgetekend en op maat gemaakt. Een ervaren glastechnicus doet daar ongeveer een halfuur per paneel over. Dat zou ook met een speciale machine kunnen waarmee, afhankelijk van het formaat, tien tot twintig glasdelen per uur verwerkt kunnen worden. Dat geldt ook voor de metalen kozijnen en de onderdelen van het hang- en sluitwerk. Die worden nu per deur apart en met klein machinaal (hand)gereedschap gemaakt. Dat kost nog eens een of twee uur per deur en een halve dag voor de kozijnconstructie met het hang- en sluitwerk. Daarna moeten de onderdelen nog worden geassembleerd. Alles bij elkaar kost het drie man ongeveer twee dagen om een draaideur kant-en-klaar te maken, zodat

deze de fabriek kan verlaten om elders te worden ingebouwd. Met behulp van grote bewerkingsmachines zouden de deuren sneller en goedkoper en in grotere aantallen gemaakt kunnen worden. Twee man zouden dan in anderhalve dag een deur moeten kunnen maken. ESS staat nu voor de vraag of het zulke machines moet aanschaffen. In de bedrijfshal is overigens nog wel ruimte voor plaatsing van zulke glas- en metaalbewerkingsmachines.
De benodigde machines betekenen ook een ander soort werk voor de medewerkers in de fabriek. In plaats van de ervaren vakman die zelf handmatig glas of metaal bewerkt, werken machines computergestuurd. De vakman is meer programmeur dan handwerksman (CAM = *computer aided manufacturing*) of de digitale ontwerpen van de architect worden zelfs rechtstreeks in de machine ingevoerd (CAD/CAM = *computer aided design & computer aided manufacturing*) en de werknemer is vooral bewaker van het bewerkingsproces en kwaliteitscontroleur (zie de volgende hoofdstukken).

Nu ESS de stap in de richting van de consumentenmarkt wil zetten met doe-het-zelf-beveiligingsproducten, is dat niet alleen voor haar positie op de markt een heel grote verandering. Het betekent ook nogal wat voor de productie achter de schermen. In tegenstelling tot de draaideuren en toegangssystemen die ESS gewend is te maken per een of enkele stuks, moet ESS voor dit soort producten overgaan op grootschalige productie, bijvoorbeeld honderden stuks buitenlampen met bewegingssensor die per dag op voorraad moeten worden gemaakt. Dit betekent een nog grotere omschakeling in het productieproces dan de hiervoor beschreven omschakeling in de vervaardiging van deuren. Het is bovendien duidelijk dat hiervoor in de bestaande bedrijfshal absoluut geen ruimte is. Dus er zal een ander gebouw moeten komen. Maar het is ook de vraag hoe de bestaande arbeidskrachten worden omgeschoold naar dit soort werk of dat er andere oplossingen in de arbeidssfeer worden gezocht.

Opdracht
Omdat het gaat om niet alledaagse veranderingen, besluit de directie van ESS externe deskundigheid in te huren om het vraagstuk van de omschakeling naar andere manieren van productie te bestuderen en een advies te geven over te nemen besluiten.
U bent medewerker bij het bureau Manufacturing & Engineering Consultancy (MEC) en aan u de vraag om de zaken voor ESS op een rijtje te zetten.
In eerste instantie wordt een kwalitatief advies op hoofdlijnen gevraagd met enige globale berekeningen. Het gaat om de opties die ESS heeft en een afweging daartussen. Pas als dat meer duidelijkheid heeft opgeleverd, zullen de meest aantrekkelijke mogelijkheden meer in detail kwantitatief worden doorgerekend; deze bedrijfseconomische en financieringsuitwerking wordt hier dus niet gevraagd.

11.9 Extra: Onroerend goed op de balans

In een artikel in *Harvard Business Review* van november 2009 merkt Apgar op dat in veel organisaties onroerend goed de grootste of op een na de grootste balanspost is. Hij stelt ook dat die balanspost zelden de aandacht van het topmanagement krijgt die het vanwege het financiële belang zou moeten krijgen. Veel van de beslissingen over onroerend goed worden door de werkmaatschappijen of divisies genomen. De relatie met de langetermijnstrategie wordt lang niet altijd gelegd.
Hij beveelt het topmanagement aan de volgende vijf grondregels aan te houden.
Grondregel 1: bekijk het onroerend goed vanuit het gezichtspunt van een *portfolio*.
De top moet goed zicht hebben op het totaal van de onroerende goederen die de organisatie bezit en niet alleen naar elk gebouw afzonderlijk kijken. Onroerend goed moet vanuit de strategie bekeken worden.
Grondregel 2: houd rekening met de nodige *flexibiliteit*.
Organisaties die flexibiliteit hoog in het vaandel hebben staan, kopen steeds minder onroerend goed en gaan vaker over tot het huren ervan. Ook gaan ze na op welke andere manieren gebouwen gebruikt kunnen worden. Met telewerken en 'het nieuwe werken' zijn veel dure vierkante meters kantoorruimte uit te sparen.
Grondregel 3: het belang *informatie* te verzamelen. Gezien het grote belang van onroerend goed als balans- en kostenpost is het nodig om veel informatie te verzamelen voordat een beslissing genomen wordt. Zo is het in elk geval nuttig het volgende te weten:

- huisvestingskosten per persoon en afdeling;
- huisvestingskosten als percentage van omzet en kosten;
- gebruik van gebouwen en grond, per persoon en afdeling;
- rendement van onroerend goed.

Grondregel 4: leg goede relaties met *specialisten*. Organisaties die het efficiëntst omgaan met onroerend goed, hebben goede contacten met makelaars in onroerend goed en financiële partijen die geïnteresseerd zijn in leasing of verhuur.
Grondregel 5: houd de *duurzaamheid* van de gebouwen in het oog. In veel gevallen is het op de lange duur voordeliger aandacht te besteden aan de duurzaamheid van het gebouw. Dat kan energiekosten en andere huisvestingskosten laag houden.
Verder valt op te merken dat het tegen de achtergrond van de vastgoedfraude nodig is bij onroerendgoedtransacties de nodige controlepunten in te bouwen. De benadeelde pensioenfondsen en banken hebben tientallen miljoenen euro's verloren doordat de eigen met onroerendgoedzaken belaste managers zonder toestemming van hogere niveaus grote transacties konden afsluiten.

11.10 Antwoorden

1. **Gebouwen**
   a. De grootte van het gebouw of de gebouwen, de locaties, de vormgeving en de lay-out.

   b. Grootte: deze moet berekend zijn op het verwachte aantal gasten op de drukste momenten van de dag (lunch en diner). Dit geldt zowel voor de grootte/capaciteit van het zitgedeelte, het terras, de keuken, het koelgedeelte en het sanitaire gedeelte. Locatie: de locatie moet eenvoudig te bereiken zijn. De locatie moet duidelijk zichtbaar zijn en er moet – in het geval van een wegrestaurant – voldoende parkeergelegenheid zijn. Voor een bedrijf als McDonald's is het verder belangrijk de restaurants optimaal te spreiden over Nederland. Vormgeving: de vormgeving van wegrestaurants van McDonald's draagt duidelijk bij aan de herkenbaarheid van de keten. Aan de buitenzijde verschillen de gebouwen nauwelijks van elkaar. De 'M' is altijd duidelijk zichtbaar, ook van grote afstand, zodat het voor (hongerige) automobilisten duidelijk is dat er een restaurant in de buurt is. Lay-out: de lay-out van een wegrestaurant moet ervoor zorgen dat het voedsel op een hygiënische en snelle manier kan worden bereid. Ook moeten verpakkingen en ander afval op een eenvoudige en snelle manier kunnen worden verzameld.

   c. De lay-out van het gebouw moet het mogelijk maken de productieprocessen zo efficiënt mogelijk te laten verlopen.

2. **Machines en installaties**
   a. Een machine is een werktuig dat bedoeld is om bepaalde bewerkingen te verrichten. Een installatie is een samenstel van onderdelen die gezamenlijk een functie kunnen vervullen. Dat betekent dat een installatie meestal uit verschillende machines zal bestaan, bijvoorbeeld om stroom op te wekken. In dit voorbeeld is de energiecentrale de installatie, die als functie heeft om energie op te wekken. Hierbij wordt gebruikgemaakt van verschillende machines, waaronder een turbine en een generator.

   b. Wanneer een onderneming investeert in machines of installaties (dus in duurzame productiemiddelen), worden grote bedragen voor langere tijd vastgelegd. Dit betekent dat een onderneming niet kan besluiten het productaanbod van de ene op de andere dag te veranderen. Dit stelt eisen aan de strategie: het moet duidelijk zijn wat de koers is en aan welke machines en installaties er op de langere termijn behoefte is. Dit laatste is lang niet altijd eenvoudig; strategische beslissingen gaan vaak samen met de nodige onzekerheid.

   c. Een voorbeeld van stukproductie is de productie van luxe motorjachten door twee werven (Koninklijke De Vries Scheepsbouw en Royal Van Lent) en een architectenbureau (De Voogt Naval Architects) onder de naam Feadship, de grootste organisatie in de wereld die gespecialiseerd is in *custom-built* motorjachten, luxejachten. Een jacht wordt dus speciaal voor een klant ontworpen en gebouwd. Dit stelt hoge eisen aan de machines en installaties, deze moeten geschikt zijn voor de bouw van unieke schepen. Denk aan freesmachines en de lakstraat.

3. **ICT-infrastructuur**
   a. Bij *cloud computing* maken organisaties gebruik van hardware en/of software van derden.

   b. Hier zijn verschillende antwoorden mogelijk.

   c. Oneens. Door gebruik te maken van geavanceerde business process management software is het mogelijk om bestaande databases en systemen (legacysystemen) te blijven gebruiken.

4. **Vervoermiddelen**
   a. Mogelijke redenen zijn: het bedrijf heeft het vervoer in eigen hand en is niet afhankelijk van andere partijen, het aantal vestigingen in binnen- en buitenland is groot genoeg om met het eigen vervoer een concurrentievoordeel te behalen, met het eigen vervoer worden interne leveringen tussen vestigingen mogelijk, met de vrachtauto's wordt vrijwel kosteloos veel reclame gemaakt enzovoort.

   b. Vervoersbedrijven zijn in staat om bij de routeplanning ritten voor verschillende klanten te combineren. Hierdoor is de kans dat vrachtauto's na bezorging leeg terugkeren naar het magazijn veel kleiner dan bij ondernemingen die alleen hun eigen vestigingen bevoorraden. In het laatste geval is de gemiddelde beladingsgraad maximaal 50%.

5. **Algemene aandachtspunten**
   a. In tegenstelling tot huur is in veel leasecontracten een koopoptie opgenomen. Leasing is een vorm van financiering, huur is dat niet.

   b. Inkoopkortingen door een grotere onderhandelingsmacht door het op grotere schaal inkopen, lagere administratiekosten, het tegen lagere rentes kunnen aantrekken van financiering.

   c. Flexibiliteit is het vermogen van een organisatie om zich aan te passen aan veranderende eisen vanuit de interne en de externe omgeving.

   d. Hier gaat het erom dat u goed uitlegt waaruit de (in)flexibiliteit blijkt en waardoor deze volgens u wordt veroorzaakt. Hierbij is het belangrijk een link te leggen met de eisen die de externe en de interne omgeving stellen aan het aanpassingsvermogen van de organisatie.

11.11 Uitwerking oefencase[2]

Analyse (1) Productie van draaideuren in grote series

Conclusie
Als men alles afweegt en de huidige mogelijkheden van *computer aided design* of *computer aided manufacturing* (CAD/CAM) meeneemt, lijkt de plaatsing van grote bewerkingsmachines voor de glas- en metaalonderdelen aantrekkelijk. Doorlooptijden worden aanzienlijk korter, een besparing op arbeidskosten is mogelijk. Een huurconstructie is aan te raden, niet alleen voor de grote orders, maar ook voor de enkelstuks en kleine serieorders zijn de nieuwe machines in te zetten.
Een precieze bedrijfseconomische berekening (rekening houdend met plaatsings- en aansluitkosten, renteverlies, afschrijvingstermijnen, restwaarde en onderhoudskosten) zal moeten uitwijzen of deze conclusie dan overeind blijft.

Analyse (2) Productie voor de consumentenmarkt

Conclusie
ESS wordt aangeraden, als het besluit het avontuur richting de consumentenmarkt aan te gaan, om dat geheel buiten zijn traditionele kernactiviteiten te houden.
Voor de duurzame productiemiddelen betekent dit: geen eigen rechtstreekse investeringen daarin doen en deze al helemaal geen plaats geven in de huidige productielocatie. Daarmee is verzekerd dat als de stap naar deze markt met dit soort producten geen succes wordt, dat het eigenlijke ESS daar dan minimale last van zal ondervinden. En mocht het wel een succes worden, dan blijft het nog steeds een dermate ver-van-mijn-bedshow dat er geen reden is het in het oorspronkelijke ESS in te bedden.

2 Dit boek biedt alleen de samenvattende conclusie van de uitwerking. De complete uitwerking is te vinden op www.conceptuitgeefgroep.nl.

Literatuur

Aangehaalde en aanbevolen literatuur

Apgar, IV, M. (2009). What Every Leader Should Know About Real Estate. *Harvard Business Review*, vol. 87, nr. 11, 100-107.

Computer economics (2019). IT Spending & Staffing Benchmarks 2018/2019. https://www.computereconomics.com

D'Aveni, R. (2018a). The Pan-Industrial Revolution. How New Manufacturing Titans Will Transfrom the World. Boston/New York: Houghton Mifflin Harcourt

D'Aveni, R. (2018b). The 3-d printing playbook, *Harvard Business Review*, vol.96, nr. 4, 106-113

Eppink, D.J. (1978). Planning for Strategic Flexibility. *Long Range Planning*, vol. 11, nr. 4, 9-15.

Eppink, D.J. (1979). *Sturen bij het onvoorziene: een studie over flexibiliteit.* Leiden/Antwerpen: Stenfert Kroese.

FD, (2019a). Rijkswaterstaat en het zinloze viaduct. 19 januari. p. 17

FD (2019b). Wat doen we straks met die lege 'schoenendozen'?, 10 april p. 18-19

Frankopan, P. (2018). *De nieuwe zijderoutes*, Houten: Uitgeverij Unieboek | Het Spectrum bv.

Lardenoye, R. (2001). Receptuur voor ict-vernieuwing. *Ictzorg*, jaargang 12, nr. 2, maart, 14-16.

Lee, H.L. (2010). Don't Tweak Your Supply Chain – Rethink It End to End. *Harvard Business Review*, vol. 88, nr. 10, 62-69.

Martin, R.L. (2019). The High Price of Efficiency, *Harvard Business Review*, Vol. 97. nr. 1, 42-55

New, S. (2010). The Transparent Supply Chain. *Harvard Business Review*, vol. 88. nr. 10, 77-82.

Treville, S. de en Trigeorgis, L. (2010). It May be Cheaper to Manufacture at Home. *Harvard Business Review*, vol. 88, nr. 10, 84-87.

Vance, A. (2011). The Power of the Cloud. *Bloomberg Businessweek,* 7-13 maart, 52-59.

Wagter, R. (2013). *Enterprise Coherence Governance*, proefschrift Radboud Universiteit, 's-Hertogenbosch: Uitgeverij BOXPress.

Zalm, P. van der (2011). Optimale Logistiek. *Zorgvisie Nieuwsbrief*, jaargang 41, nr. 9, 4 maart 2011.

Website

https://www.architectuur.nl/nieuws/3d-geprinte-woning-van-beton-in-eindhoven/

12 Methoden: besturen van bedrijfsprocessen

12. Voor het goede doel

Voornemen om een evenement te organiseren
In Nederland bestaan zo'n 400 plaatselijke Lions Clubs. De leden ontmoeten elkaar vriendschappelijk en organiseren acties om geld te werven voor goede doelen. Zo heeft de Lions Club Weulnerdam bedacht om een Nacht voor de Voedselbank te organiseren. Deelnemers betalen € 10 p.p. Daarvoor kunnen ze een rondwandeling door de stad maken met toegang tot locaties die speciaal die nacht open zijn en waar muziek wordt gemaakt, improvisatietoneel wordt opgevoerd, een bijzondere tentoonstelling te zien is enzovoort. Ook worden kleine verrassingen uitgedeeld, zoals handige zaklampjes en hapjes en drankjes voor onderweg. Voor dat alles zijn veel sponsors en vrijwillige medewerkers nodig, zodat de € 10 helemaal naar het goede doel kan gaan.

Daarbij komt veel kijken
Werkgroepen worden gevormd die moeten zorgen voor publiciteit voor het evenement en sponsorwerving (voor geld en goederen), locaties moeten regelen, artiesten moeten benaderen voor optredens, afspraken moeten maken met de gemeente en politie over vergunningen en verkeersveiligheid, het plaatselijke Rode Kruis moeten benaderen om hulpverleners beschikbaar te stellen, de toegankelijkheid van locaties voor rolstoelen moeten checken en nog veel meer. De trekkers van de werkgroepen komen wekelijks bijeen om de voortgang te bespreken, zaken af te stemmen en knelpunten op te lossen.

Alles op gang brengen en desnoods improviseren
Op de dag voor de nacht wordt de route door de stad uitgezet en worden mensen ingedeeld om langs de route wegwijzer te zijn (in het donker!). De locaties worden gecheckt of alles daar klaar staat en of de artiesten er zijn. Onvoorziene problemen moeten soepel worden opgelost. Bijvoorbeeld: de sleutel van een kerkgebouw is zoek en de route moet worden omgeleid naar een achteringang van het gebouw.

Het succes vieren en de helpers bedanken
De rondwandeling eindigt in een grand café waar nog een warme chocolademelk of glühwein gereedstaat. De opbrengst van de avond wordt bekendgemaakt en symbolisch aan de Voedselbank overhandigd. Er is een fotomoment waarop de organisatoren en de vrijwilligers in het zonnetje worden gezet.

Evalueren en de ervaring vastleggen voor de volgende keer
De trekkers van de werkgroepen komen een week later nog één keer bijeen. Ze evalueren wat er goed en minder goed ging. De conclusie is: het evenement was zeer geslaagd. Over twee jaar wil de Lions Club het herhalen. Het draaiboek dat van tevoren was gemaakt wordt, waar nodig, herzien en aangevuld en ligt gereed voor de volgende keer.

Deze case laat zien hoe een groot evenement projectmatig kan worden opgezet. Een strakke aanpak in fasen en flexibel omgaan met onvoorziene zaken helpen om dit tot een succes te maken.

Kernstof

Bedrijfsprocessen bestaan al zolang als mensen georganiseerd samenwerken. Van het sturen van bedrijfsprocessen in het verleden is weinig overgeleverd. Aan het eind van de negentiende eeuw wordt voor het eerst systematisch aandacht besteed aan het sturen van bedrijfsprocessen. Onder andere Taylor en Gilbreth zijn de grondleggers van de zogenoemde scientific managementbenadering.
In Nederland wordt vanaf ongeveer 1920 deze aanpak in toenemende mate door bedrijven en adviseurs gebruikt. Kenmerkend is de aandacht voor de details van bedrijfsprocessen.
Planning is een belangrijk middel om bedrijfsprocessen te sturen en waar nodig bij te sturen. Het maken van de *productieplanning* verloopt in een aantal stappen (paragraaf 12.1.1). In het strategische plan is in grote lijnen aangegeven welke producten en diensten de organisatie in de toekomst wil leveren. Deze grote lijn wordt nauwkeurig ingevuld met behulp van langetermijnplanning, capaciteitsplanning, behoefteplanning, bezettingsplanning en afleveringsplanning tot uiteindelijk de werkdistributie. Ook is het belangrijk de *goederenstroom* te plannen. Vroege benaderingen daarvan zijn material requirements planning (MRP) (paragraaf 12.1.2). De just-in-time-aanpak (JIT-aanpak) probeert voorraden zo veel mogelijk te verminderen (paragraaf 12.1.3). Planning van de productie en de goederenstroom is verder geïntegreerd in de enterprise resource planning (ERP), die vanaf ongeveer 1985 is opgekomen (paragraaf 12.1.4). Inmiddels is een nieuwe aanpak in opkomst: *business process management software* (BPMS, paragraaf 12.1.5). Deze integreert de verschillende invalshoeken vanuit de kant van de bedrijfsprocessen en vanuit de klant. De ICT-infrastructuur moet die processen mogelijk maken. Nieuwe producten en diensten moeten snel op de markt kunnen komen en de ICT-infrastructuur mag daarbij geen belemmering meer zijn. Ook internettoepassingen en mobiele toepassingen vinden een plaats in de software. Lean management als methode om zo weinig mogelijk hulpbronnen te gebruiken komt in 12.1.6 aan de orde.

Naast de doorlopende productie van goederen en diensten zijn er in veel organisaties ook *projecten* (paragraaf 12.2.1). Een project is een set van activiteiten die door verschillende groepen worden uitgevoerd, met het doel een gespecificeerd resultaat tot stand te brengen. Een project is tijdelijk en moet dus op een bepaald moment zijn afgerond. Voorbeelden zijn: de bouw van een nieuwe fabriek, de invoering van een nieuw beloningssysteem of het betreden van een nieuwe markt. Sommige projecten duren overigens lang, denk aan de Deltawerken die 57 jaar (1953-2010) in beslag namen. In dit soort langdurige en unieke projecten wordt men geconfronteerd met onvoorziene ontwikkelingen die ook nog eens tijdsoverschrijdingen veroorzaken, denk aan de aanleg van de Noord-Zuidlijn in Amsterdam. *Netwerkplanning* (paragraaf 12.2.2) is een methode om projecten te plannen en de voortgang ervan te beheersen. Bij netwerkplanning worden alle noodzakelijke activiteiten in kaart gebracht en in samenhang gepland. Door voor elke activiteit de noodzakelijke tijdsduur aan te geven, kan het kritieke pad berekend worden. Dit is het pad van de activiteiten die nodig zijn om het eindresultaat op zijn vroegst gereed te hebben. Als op dit pad bij een activiteit vertraging optreedt, zal het hele project vertraging oplopen. Bij activiteiten die op andere paden liggen, hoeft een vertraging – binnen bepaalde grenzen – niet tot vertraging van het hele project te leiden. Naast tijdsaspecten kan in netwerkplanning ook de kostenkant meegenomen worden.

12 Methoden: besturen van bedrijfsprocessen

Bedrijfsprocessen bestaan al zolang mensen in georganiseerd verband dingen maken. Die processen kunnen variëren van het spinnen van schapenwol tot draden, tot het bouwen van een grootse kathedraal als de Sagrada Familia in Barcelona, of het ontwerpen en bouwen van een dubbeldeks jumbovliegtuig als de Airbus A380. In de loop der tijd zijn de meeste processen steeds ingewikkelder geworden. Van zowel de sturing van bedrijfsprocessen uit het verleden als het bouwen van de piramides in Egypte en de hangende tuinen van Babylon is niets overgeleverd. Het is pas sinds de tweede helft van de negentiende eeuw dat de belangstelling ervoor is ontstaan. Bekende namen in dat verband zijn Taylor en Gilbreth. Zij zijn de grondleggers van de zogeheten scientific managementbenadering van werk. Hier werden de werkzaamheden nauwkeurig en tot in de kleinste details bestudeerd, onder andere met tijd- en bewegingsstudies. Het doel was het verhogen van de productiviteit.
In 1921 is door de eerste organisatieadviseurs in ons land, Hijmans en Van Gogh, het Adviesbureau voor Organisatie en Metaalbewerking opgericht. Hun aanpak is vergelijkbaar met die uit het scientific management. Tijdstudies, multimomentopnamen, bewegingsstudies (soms met behulp van filmopnamen) en kostenanalyses waren technieken die gebruikt werden om tot efficiencyverbeteringen te komen.
Deze benadering heeft zich zeker tot in de jaren zestig van de vorige eeuw kunnen handhaven. Na de Tweede Wereldoorlog, toen Nederland nog in de opbouwfase was, mochten van de overheid alleen loonsverhogingen gegeven worden als er efficiencyverhogingen tegenover stonden. In die tijd was in fabrieken individueel stukloon gebruikelijk. Om een rechtvaardig loon te kunnen betalen, was het nodig dat het op een zo objectief mogelijke manier berekend was.
In de jaren negentig van de vorige eeuw kreeg herontwerp van bedrijfsprocessen onder namen als business re-engineering en business process redesign aandacht. Ook kwamen stromingen als lean management en Six Sigma naar voren. Ook in deze benaderingen is aandacht voor de details en voor het totaal van de bedrijfsprocessen terug te vinden, net als bij scientific management van ruim honderd jaar geleden. Om een bedrijfsproces te kunnen sturen of te verbeteren, moet de leiding de details ervan kennen.

12.1 Planning: van productieplanning naar business process management suites

Planning heeft als doel de in de toekomst noodzakelijke activiteiten om een resultaat te bereiken op elkaar af te stemmen en bij de uitvoering te kunnen beheersen. In de loop der tijd zijn verschillende vormen van planning ontwikkeld. Die variëren van relatief eenvoudig tot uiterst gecompliceerd. In deze paragraaf komen verschillende vormen van planning aan de orde.

12.1.1 Productieplanning

Productieplanning ligt tussen het strategische plan en de concrete uitvoering van een order van een klant.
Canals (1985) maakt daarbij de volgende indeling, die steeds gedetailleerdere planningsstadia laat zien:

- langetermijnplanning;
- capaciteitsplanning;
- behoefteplanning;
- bezettingsplanning;
- afleverplanning;
- werkdistributie.

Bij *langetermijnplanning* geeft de organisatie concreet aan welke productiemiddelen moeten worden aangeschaft. Daarbij is sprake van een verdere concretisering van de strategische plannen. Die geven bijvoorbeeld aan dat er een fabriek in Frankrijk zal worden geopend. In het strategische plan is wel een schatting gemaakt van de omvang van de Franse markt; die is echter nog niet vertaald in een concrete omvang van de fabriek. Dit gebeurt wel bij langetermijnplanning. Langetermijnplanning leidt dus tot plannen voor investeringen.
Bij de *capaciteitsplanning* bepaalt de organisatie de hoeveelheid van het product dat geproduceerd moet worden voor de komende periode. Deze hoeveelheid is af te leiden uit schattingen van de vraag voor het komende jaar. Een globale afstemming tussen de afdelingen Verkoop, Productie, Personeelszaken en Inkoop moet de organisatie in staat stellen die hoeveelheid te kunnen produceren. Als het in sommige situaties lang duurt om de capaciteit te verwerven, moet er vroeg met de capaciteitsplanning begonnen worden. Denk aan het aantrekken en opleiden van gespecialiseerd personeel dat schaars is.
Bij de *behoefteplanning* worden de orders uitgewerkt naar de benodigde materialen, onderdelen en eventueel componenten. Dit kan worden gedaan vanuit reeds ontvangen orders of vanuit de geplande productie die bedoeld is om een bepaalde voorraad eindproducten aan te houden. Een combinatie van beide is ook mogelijk. Vanuit de voorziene behoeften kunnen dan inkooporders geplaatst worden om ervoor te zorgen dat onder andere de benodigde materialen op tijd in de juiste hoeveelheden aanwezig zijn. In de loop der tijd is deze behoefteplanning verder verfijnd in vormen van material management, zie paragraaf 12.1.2.
Bij *bezettingsplanning* past de organisatie de ontvangen orders in de beschikbare productiecapaciteit in. Voor elke order moet dan berekend worden hoeveel capaciteit het vervaardigen ervan in beslag zal nemen. Het gaat hier om een grove verdeling van de orders over de beschikbare capaciteit. Met behulp van informatie uit deze planning kan de levertijd aan de klant opgegeven worden.
Met het maken van de *afleverplanning* verdeelt de organisatie de orders over de verschillende productiemiddelen. Hierbij worden ook de data en tijdstippen vastgesteld waarop het werk op een bepaalde afdeling in een fabriek of een machine zal beginnen.
Werkdistributie is het concreet en gedetailleerd toedelen van het werk aan de verschillende mensen en machines. Als niet alles volgens plan verloopt, kan de fabrieksleiding of het bedrijfsbureau dat de planning uitvoert, besluiten op grond van voorrangsregels het plan aan te passen. Uit de voortgangscontrole, als aanvulling op de planning, komen de signalen over het al dan niet volgens plan verlopen van de uitvoering.

De hiervoor beschreven vormen van planning kunnen per bedrijfstak en per bedrijf verschillen. In een bedrijfstak waar de vraag goed en lang van tevoren is te voorspellen, kan langer vooruit gepland worden dan in een modegevoelige sector. Door de sneller wisselende vraag vanuit de klant wordt het nodig om zo kort mogelijk van tevoren capaciteit vast te leggen. Hoe langer de planningstermijn, hoe groter de risico's worden dat de planning niet optimaal zal zijn. Als een winkelketen de zomerkleding zes maanden voor het verkoopmoment moet bestellen, loopt die keten meer risico dan wanneer er op korte termijn geleverd kan worden. Denk aan het in hoofdstuk 5 besproken voorbeeld van het verschil in levertijd tussen H&M (soms drie weken) en Gap (soms negen maanden). In dit geval is er sprake van een groot verschil in productieplanning tussen beide bedrijven.

12.1.2 Material management: beheersing van de goederenstroom

De vorige paragraaf besprak de planning van de duurzame productiemiddelen. Bij de bespreking van de capaciteitsplanning is kort ingegaan op de relatie met het inkopen van de grondstoffen en halffabricaten die nodig zijn voor het fysieke productieproces. Dan hebben we het over logistiek: het beheersen van de goederenstroom. Een belangrijk aandachtspunt daarin is het zogeheten voorraadbeheer. Dat probeert de voorraad zo klein mogelijk te houden, de voordelen van in het groot inkopen en de nadelen die eraan verbonden zijn tegen elkaar afgewend. Denk daarbij aan de bekende drie R's: ruimte, rente en risico. Het gaat dan om de kosten van de vereiste magazijnen en de mensen die in de magazijnen moeten werken, het renteverlies op vermogen dat in de opgeslagen goederen is gestoken en het risico van het niet of moeilijk verkoopbaar worden van de voorraad. Het vraagstuk van de *optimale bestelgrootte* hoort in dat kader thuis. De optimale bestelgrootte is de bestelhoeveelheid waarbij de totale kosten (bestelkosten en voorraadkosten) zo laag mogelijk zijn.
Ook werkt men in dat verband met *veiligheidsvoorraden*, die onverwachte gebeurtenissen moeten opvangen. Denk aan strategische oliereserves die men aanhoudt om een onvoorziene stagnatie in de aanvoer te kunnen overbruggen. Tussen verschillende fasen van bewerking kunnen zich in een fabriek ook voorraden bevinden. Dit zijn de zogenoemde *tussenvoorraden*.
Material requirements planning (MRP-I) is een techniek die in de jaren zeventig van de vorige eeuw in de VS is ontwikkeld. De *vraag* naar een product wordt voorspeld en vertaald in een *master production schedule*. Daarin staan de hoeveelheden te produceren eindproducten vermeld. Van elk product is bekend welke onderdelen ervoor nodig zijn. Deze staan op de *bill of materials*. Ook is bekend welke hoeveelheden van welke onderdelen op *voorraad* zijn. Met deze gegevens is nu vast te stellen hoeveel van elk onderdeel wanneer ingekocht moet worden. MRP-I was in zekere zin nog een primitieve benadering, omdat die uitging van onbeperkt beschikbare hulpbronnen (mensen, machines, geld). Daarom is het meer geavanceerde manufacturing resources planning (MRP-II) ontwikkeld. Deze techniek houdt in tegenstelling tot MRP-I wel rekening met de mogelijke beperkingen in de capaciteit. Werken met MRP-I en MRP-II is door de complexiteit van de aanpak niet eenvoudig. De snelle ontwikkelingen op het gebied van ICT en de toename van de rekencapaciteit van computers maken het werken met MRP pas goed mogelijk.

12.1.3 Just in time (JIT)

De JIT-benadering komt uit Japan. De gedachte erachter is dat een ideaal productieproces geen voorraden nodig heeft. Voorraden kunnen verhullen dat het productieproces niet efficiënt is of dat er fouten worden gemaakt. Als er geen voorraden zijn, worden eventuele fouten zichtbaar. Als er bijvoorbeeld bij machinegroep 4 problemen zijn, zullen

zich voorraden gaan vormen die afkomstig zijn van machinegroep 3. Door diezelfde problemen kan machinegroep 5 niet doorwerken.
Helemaal letterlijk moet men het ontbreken van voorraden niet nemen, maar ze zijn uiterst klein.

> ***Just-in-time invoeren in bestaande fabriek***
> Een bijkomend kenmerk van JIT is dat in de meest geavanceerde toepassingen de leveranciers de onderdelen afleveren op de plaats waar ze gebruikt moeten worden. Dat betekent ook dat het lastig kan zijn om in een bestaande fabriek JIT in zijn meest uitgebreide vorm toe te passen. In een Amerikaanse fabriek van fotokopieerapparaten was het bijvoorbeeld nodig om een apart intern distributiesysteem voor de onderdelen in te bouwen. Bedenk daarbij dat de fabriek 100 meter breed, 100 meter lang en drie verdiepingen hoog was. Het abstracte concept JIT was in werkelijkheid niet eenvoudig in te voeren.
>
> ***Just in time maakt soms kwetsbaar***
> De aardbeving van 11 maart 2011 in Japan en de daarop volgende tsunami hebben niet alleen menselijk leed veroorzaakt. Ook ondernemingen over de hele wereld hadden er last van. Voor Apple betekende het dat de levering van de net aangekondigde iPad 2 in gevaar kwam. De dunne batterij wordt gemaakt in een dochteronderneming van Apple in Japan. Ook Toshiba, leverancier van het flashgeheugen, is in de problemen gekomen. Dat geldt ook voor andere onderdelenleveranciers in Japan. Apple wilde een week na de aardbeving nog niet zeggen wat de invloed ervan op de levering van de iPad 2 zou zijn. Misschien hadden grotere voorraden en een spreiding van de productie over verschillende locaties het probleem kunnen verminderen.

De JIT-benadering is dus niet alleen intern toepasbaar, maar gaat over de organisatiegrenzen heen. Dit leidt tot het volgende.

12.1.4 Enterprise resource planning (ERP)

In het verlengde van MRP-II is in de loop van de jaren negentig van de vorige eeuw enterprise resource planning (ERP) opgekomen, waarbij nog meer bedrijfsfuncties worden meegenomen. Figuur 12.1 geeft daarvan een beeld.

Met behulp van ERP-software kunnen verschillende functionele gebieden (bronnen) in een organisatie aan elkaar gekoppeld en op elkaar afgestemd worden. Denk aan: het verbinden van productie- en logistieke processen, zoals opslag, productieplanning, inkoop, leveranciersbeoordeling en transport. Ook financiële, verkoop-, marketing- en personele processen kunnen hieraan worden toegevoegd.

De beloften van ERP-systemen worden niet altijd waargemaakt. Zo blijkt dat door de complexiteit ervan de ontwikkelingstijd langer is dan overeengekomen was. Ook het invoeren ervan blijkt niet eenvoudig en tijdrovend te zijn.
De beloofde integratie van verschillende functies lukt niet altijd even goed. Ook zijn ERP-systemen niet flexibel. Het is bijna onmogelijk om een nieuw product dat door Verkoop of Marketing is bedacht snel op de markt te brengen, omdat de vereiste aanpassing

van de informatiesystemen veel te lang duurt. Er bestaat een *kloof* tussen de business-kant van de organisatie en de afdelingen die de ICT-systemen moeten aanpassen.

Figuur 12.1 De plaats van ERP in de organisaties van de jaren negentig van de vorige eeuw, ontleend aan Jan Baan: Business Operations Improvement (2010)

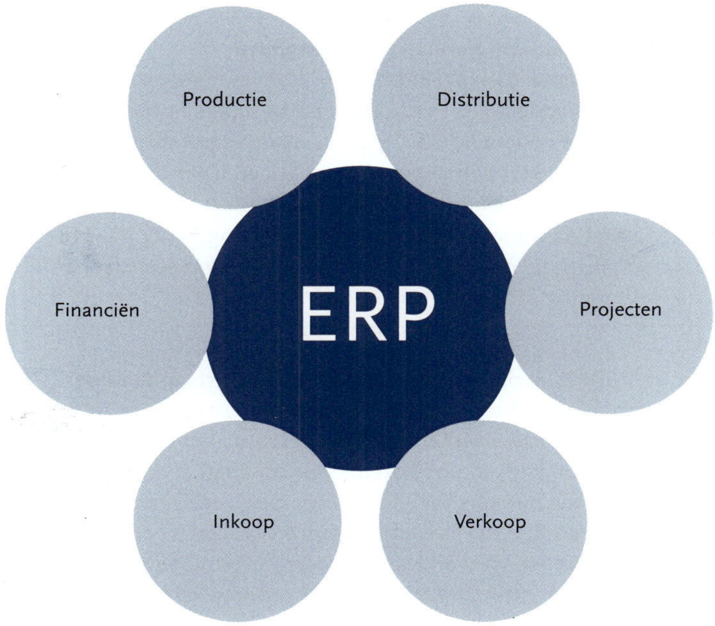

THEORIE

Door de verkoop en inkoop bestaan er ook relaties met partners buiten de eigen organisatie. Als een aantal opeenvolgende schakels in een bedrijfskolom zulke computersystemen in gebruik heeft, is het mogelijk de activiteiten binnen opeenvolgende schakels op elkaar af te stemmen. Dit noemt men *supply chain management* of ketenintegratie. Vanaf 2000 is er sprake van ERP-II. Dat zijn web-based ERP-systemen waartoe alle partners in het proces, intern en extern, realtime toegang hebben.

Bekende leveranciers van ERP-systemen zijn het Duitse SAP en Amerikaanse bedrijven als Oracle. In de jaren negentig van de vorige eeuw kreeg het Nederlandse bedrijf Baan Company grote bekendheid toen de vliegtuigbouwer Boeing het ERP-systeem van Baan ging gebruiken. Baan is later overgenomen door een Engelse onderneming.

12.1.5 Business process management software (BPMS)

Sinds de komst van ERP en de problemen die gepaard gaan met de invoering ervan, is het speelveld flink veranderd. Door ontwikkelingen op het gebied van telecommunicatie (hogere snelheid, wifi, smartphones, tablets en vergelijkbare apparaten) en de toepassingen via het internet (meer bandbreedte, hogere snelheden, glasvezel) zijn er meer mogelijkheden ontstaan om de organisatie te koppelen aan de buitenwereld. Het is mogelijk op elk moment, met elk apparaat en op elke plek met de eigen organisatie of een klant te communiceren. Bovendien zijn klanten grilliger geworden in hun koopgedrag. Concurrenten brengen steeds sneller nieuwe producten en diensten op de markt. Bedrijven die niet snel op deze ontwikkelingen kunnen reageren, zullen hun prestaties zien teruglopen. Flexibiliteit en snelheid van reageren zijn van groot belang. BPMS wil dit mogelijk maken. De nadruk ligt op het zo goed en zo snel mogelijk laten verlopen van de processen in een organisatie. Kennis in detail van die processen is nodig om ze te kunnen verbeteren en te versnellen.

Procesanalyse leidt tot aantal minder processtappen
Een Nederlandse aanbieder van BPMS werd door een verzekeraar gevraagd het proces van claimafhandeling te verbeteren. De bestaande processen werden aan een kritische analyse onderworpen. Op basis daarvan ontwerpt de aanbieder een optimale procesgang. Het aantal schermen dat een claimbehandelaar op de pc door moet om een claim te kunnen afwikkelen wordt tot 20% teruggebracht. De productiviteit gaat daardoor met een factor 3 omhoog. Door naar het proces te kijken dat door afdelingen heen loopt, in plaats van naar een afzonderlijke afdeling, is die verbetering mogelijk geworden.

Een kenmerk van BPMS is dat het gebruikmaakt van bestaande onderdelen van ERP-systemen. De gedachte erachter is dat men niet moet sleutelen aan wat goed werkt en kan blijven werken. Een ander kenmerk is dat de verkoopkant van de organisatie leidend wordt en dat de ICT-afdeling een ondersteunende rol krijgt.
Sommige BPMS-systemen zijn van de grond af ontworpen, zoals door de Nederlandse onderneming Cordys. Andere aanbieders leveren software die bestaat uit een integratie van los van elkaar ontworpen onderdelen. Weer andere aanbieders leveren software die reeds bestaande onderdelen integreert. Ook ERP-leveranciers als SAP ontwikkelen nu BPMS-systemen.
Door BPMS toe te passen, is het mogelijk de introductie van nieuwe producten en diensten in de markt sneller en goedkoper te laten verlopen. Het gebruik van *cloud computing* (zie hoofdstuk 11) kan de kosten nog verder helpen verlagen.

12.1.6 Lean management

Lean management, zoals nu de algemeen gebruikte naam is, ontstond binnen Toyota, de Japanse autofabrikant (zie Womack, Jones en Roos, 1990). Het werd een tijdlang het Toyota Production System genoemd, totdat John Krafcik het de naam lean production gaf. Het productiesysteem is lean (mager), omdat het van alle hulpbronnen die nodig zijn om iets te maken, zo weinig mogelijk gebruikt. Het is nuttig te weten dat Japan wel een groot land is, maar dat slechts een klein deel ervan goed bruikbaar is om te wonen en producten te maken. Grond is dus erg duur en je moet er zo weinig mogelijk van gebruiken om de kosten laag te houden. Lean management probeert zoveel mogelijk alles wat geen waarde toevoegt (= verspilling) uit een productieproces te elimineren. Hendriksen (2014) noemt acht soorten van verspilling die samen het acroniem TIM WOODS vormen:

- T: (Transport);
- I: (Inventory, te grote voorraden);
- M: (Motion, onnodige bewegen van mensen en middelen);
- W: (Waiting, wachten op een product of aan een loket);
- O: (Over processing, overbodige activiteiten);
- O: (Over production, meer gemaakt dan klant bestelde);

- D: (Defects, afkeur en herbewerking);
- S: (Skills, verspilling van talent en competenties).

Voor lean management zijn verschillende instrumenten ontwikkeld. Een paar daarvan zijn:
- de value stream map: een beschrijving van het proces met voor elke activiteit de bewerkingstijd en de doorlooptijd;
- poka yoke: een manier om menselijke fouten te voorkomen;
- kanban: het proces inrichten als een pullsysteem;
- kaizen: het voortdurend en met kleine stappen verbeteren van het proces.

De oorsprong van lean management ligt in de automobielindustrie, de maakindustrie. De benadering is ook toepasbaar in geheel andere sectoren. Denk bijvoorbeeld aan een ziekenhuis, waar de doorlooptijd van het eerste contact met een ziekenhuis tot het moment van genezen verklaring ook te zien is als een proces (zie onder andere Wouters et al. (2018)).

12.2 Projecten en netwerkplanning

Deze paragraaf behandelt de vraag wat een project is en hoe dit gepland kan worden met netwerkplanning. Vervolgens komen het begrip 'kritiek pad' en enige organisatorische aspecten van netwerkplanning aan bod. Hier komen slechts de basisbeginselen aan de orde. Zie voor een uitgebreidere inleiding bijvoorbeeld Schouten (2012) of Van Onna en Koning (2014).

12.2.1 Wat is een project?

Bij een project werken mensen, afdelingen of bedrijven tijdelijk met elkaar samen om een van tevoren afgesproken resultaat te bereiken. Door zijn aard is een project tijdelijk; als het resultaat is bereikt, is het project ten einde. Sommige projecten kunnen kort zijn, andere duren meer dan tien jaar. Een kortdurend project is bijvoorbeeld het plaatsen van een dakkapel op een woning, waarbij een aannemer, een dakdekker, een schilder en een loodgieter samenwerken. Een langduriger project is de ontwikkeling en de bouw van een vliegtuig als de Boeing 787 Dreamliner. In dit project werkt Boeing samen met bijna vijftig partners over de hele wereld. Die ontwerpen en produceren onder andere landingsgestellen, software, vleugels, motoren, bedrading en onderdelen voor de romp. Al deze verschillende onderdelen moeten tot op de millimeter op elkaar aansluiten. De verwachting is dat dit vliegtuig tot rond 2030 in productie blijft. Deze vliegtuigen worden in verschillende uitvoeringen besteld door luchtvaartmaatschappijen. Zo kunnen bijvoorbeeld de motoren, de stoelen, het aantal reizigersklassen en de plaatsen van toiletten en pantry's verschillen. Hierdoor is elke order feitelijk een apart project.

12.2.2 Wat is projectmatig werken?[1]

Iemand zei eens: 'Een project is een droom met een deadline'. Tussen een wens en de vervulling ervan zitten veel valkuilen. Het risico van mislukken is groot, zeker als

1 Voor een uitvoerige en gedetailleerde uitwerking van dit onderwerp wordt verwezen naar het boek *Projectmatig werken in de praktijk* (Schouten, 2012).

we iets nieuws en unieks tot stand willen brengen. Een project heeft meer kans van slagen als de volgende drie punten goed zijn doordacht:

- WAAROM moet een bepaald probleem worden aangepakt? (doel)
- WAT moet daartoe worden opgeleverd? (resultaat)
- HOE kan dat het beste worden aangepakt? (werkwijze)

Projectmatig werken is een hybride werkvorm. Die is deels *improviserend*, want je begeeft je op onbekend terrein en dat gaat met zoeken, vallen en opstaan gepaard. En het is deels *routinematig*, want je kunt gebruikmaken van bekende hulpmiddelen, zoals netwerkplanning (zie hierna) en budgettering (zie hoofdstuk 10) met gebruik van projectmanagementsoftware.

Om een project gestructureerd te managen moet het in een aantal overzichtelijke *stappen* worden opgedeeld. De complexe opgave wordt zo behapbaar. Per stap moet de voortgang worden bewaakt en bijgestuurd met behulp van *beheersinstrumenten*.

Er zijn vijf stappen:

1. Projectbeslissing

Het probleem goed onderzoeken, vaststellen wat er eigenlijk moet worden opgelost en checken of er geen standaardoplossingen zijn. Als die er niet zijn, dan moet er een nieuwe oplossing worden ontwikkeld.

Conclusie: er moet een project worden voorbereid.

2. Projectvoorbereiding

Er moet in hoofdlijnen vastgesteld worden wat voor soort resultaat er moet komen en welke deskundigheden daarbij nodig zijn. Daarvoor wordt een projectorganisatie opgezet (tijdelijk werkverband), de nodige mensen worden benaderd, budgetten worden vastgesteld enzovoort. De rolverdeling tussen opdrachtgever, projectleider en projectuitvoerders wordt afgebakend. Mogelijke risico's worden geïnventariseerd met maatregelen die eventueel snel genomen kunnen worden als er iets fout gaat.

Conclusie: de uitvoering kan starten.

3. Projectuitvoering

Op basis van het programma van eisen wordt een ontwerp gemaakt van wat er aan het eind moet worden opgeleverd. Er moet worden vastgesteld wat wordt ingekocht of uitbesteed. Eventueel moeten vergunningen bij de overheid worden aangevraagd. Denk ook aan gelegenheid geven voor inspraak door bijvoorbeeld omwonenden of andere belanghebbenden. Het resultaat wordt stukje bij beetje gerealiseerd en aan het eind van deze stap wordt het geheel opgeleverd.

Conclusie: het project kan worden afgerond en het resultaat kan worden overgedragen aan de gebruiker(s).

4. Projectafronding

De opdrachtgever neemt het projectresultaat formeel over om er in de praktijk mee aan het werk te gaan. Doorgaans gebeurt dat op basis van een inspectie of een test om vast stellen of het resultaat aan de eisen voldoet. Zo nodig vinden nog correcties plaats.

Conclusie: het project in strikte zin kan als afgesloten worden beschouwd. Het is aan de opdrachtgever om het resultaat te verankeren in de gebruikersorganisatie (borging).

5. Projectborging
Deze stap valt buiten het eigenlijke project, maar is wel een belangrijk verlengstuk. Wanneer de oplossing, die het project heeft opgeleverd, niet wordt opgepakt door de gebruikers, is alles voor niets geweest. Het kan zijn dat de gebruikers (meer) getraind moeten worden. Het kan ook zijn dat ze weerstand hebben tegen de verandering en (meer) gemotiveerd moeten worden.

Conclusie: pas wanneer de gebruikers de nodige competenties hebben – bekwaamheid en bereidheid[2]– is het project geborgd.

Tijdens het doorlopen van de vijf stappen moet het project worden aangestuurd. Dat gebeurt met behulp van primaire en secundaire beheersinstrumenten.
De primaire instrumenten bewaken de interne kant van het project:

B – Budget:	houden we de kosten in de hand?
A – Afbakening:	zijn we gefocust op hoofdzaken?
K – Kwaliteit:	gaan we opleveren wat we hebben beloofd?
T – Tijd:	blijven we binnen de gestelde tijd?

De secundaire instrumenten signaleren of er in de loop van het project bijsturing nodig is doordat de situatie verandert:

D – Doel:	is het probleem nog altijd hetzelfde of is het van karakter veranderd?
O – Organisatie:	hebben we de juiste mensen of zijn andere deskundigen nodig?
O – Omgeving:	kunnen we doorgaan of is er toenemend verzet vanuit de omgeving?
R – Risico's:	hebben we de risico's goed ingeschat of zijn er onvoorziene bedreigingen?

Schouten (2012) vat dit samen in een ezelsbruggetje:

'Een slechte projectleider BAKT er niets van, een gemiddelde projectleider doet dat wel, maar alleen een goede projectleider BAKT DOOR'.

Na paragraaf 12.2.4 staat een uitgewerkt voorbeeld van een project in de retailsector: *Geen 18? Geen alcohol!* Daaruit blijkt dat goed projectmanagement zich bewijst als er tegenslagen zijn.

12.2.3 Wat is netwerkplanning?

Een van de bekendste manieren om een project te plannen, is netwerkplanning. Hierna volgt een korte beschrijving van de basisprincipes van netwerkplanning. Bij netwerkplanning wordt eerst een inventarisatie gemaakt van alle activiteiten die moeten worden verricht. Daarna worden de relaties tussen al deze activiteiten in kaart gebracht. Het doel van netwerkplanning is de doorlooptijd zo kort mogelijk te maken door de activiteiten zo goed mogelijk op elkaar af te stemmen.

2 Dit komt overeen met 'taakvolwassenheid' die al is behandeld in hoofdstuk 8 onder 'situationeel leiderschap'.

Een netwerk bestaat uit combinaties van een aantal basiselementen. Een basiselement bestaat uit een of meer activiteiten en knooppunten. Een knooppunt geeft het begin of het einde van een activiteit aan. Basiselementen kunnen verschillende vormen hebben. Figuur 12.2 geeft daarvan een paar voorbeelden.

Figuur 12.2 Basiselementen van een netwerkplanning (ontleend aan Canals 1985)

basiselement 1

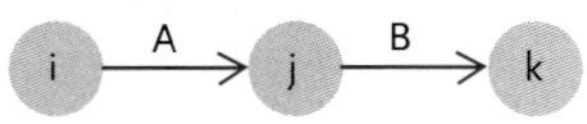

Activiteit B start na voltooiing van activiteit A.

basiselement 2

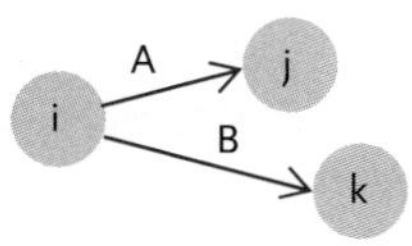

Activiteiten A en B kunnen gelijktijdig beginnen; zij kunnen parallel worden uitgevoerd.

basiselement 3

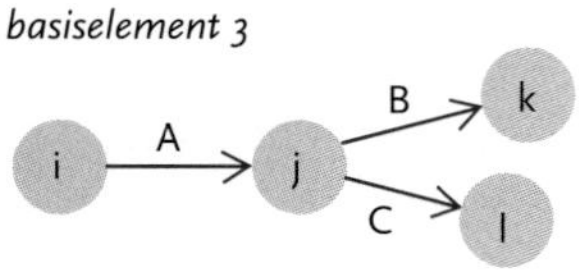

Activiteiten B en C kunnen beide pas beginnen nadat activiteit A is voltooid.

basiselement 4

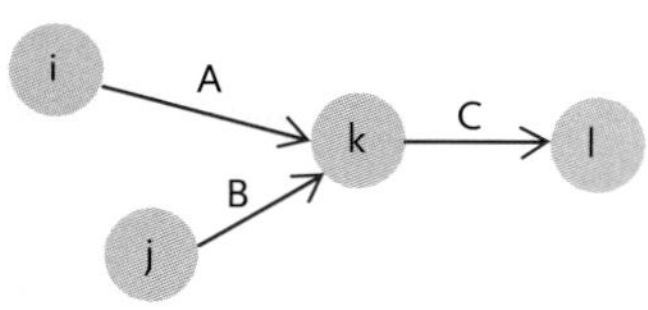

Activiteit C kan pas beginnen nadat de activiteiten A en B beide zijn voltooid.

basiselement 5

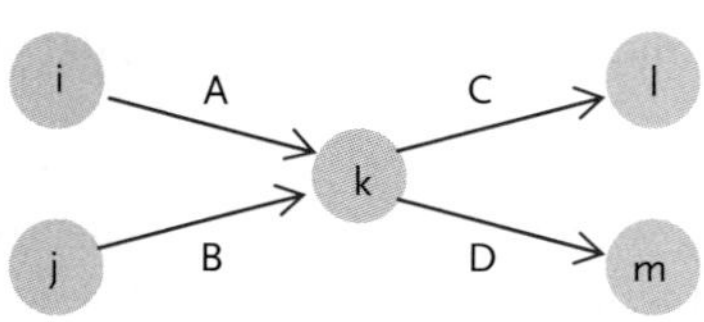

Activiteiten C en D kunnen beide pas beginnen nadat de activiteiten A en B beide zijn voltooid.

De samenhang tussen de verschillende activiteiten wordt weergegeven in een zogeheten relatiediagram. Voor een eenvoudig project kan dit eruitzien als in figuur 12.3. De cijfers geven de knooppunten aan. Dat zijn de momenten waarop bepaalde activiteiten eindigen of bij elkaar komen en gevolgd worden door nieuwe activiteiten. De letters geven de verschillende activiteiten aan.

Figuur 12.3 Relatiediagram

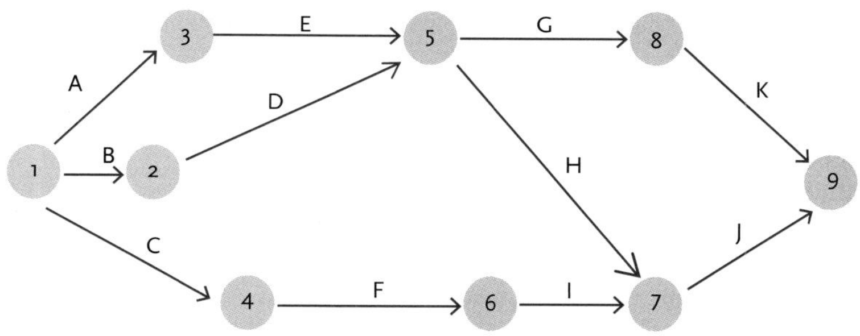

In dit netwerk is nog geen rekening gehouden met de tijdsduur van elke activiteit. In figuur 12.4 is voor elke activiteit een tijdsduur aangegeven. Zo duurt activiteit A 4 tijdseenheden enzovoort.

Figuur 12.4 Relatiediagram met tijdsduur en kritiek pad

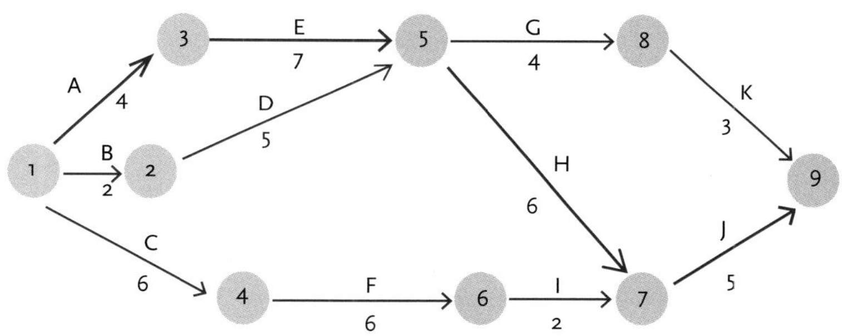

Tussen startpunt 1 en eindpunt 9 lopen verschillende paden. Een daarvan is bijvoorbeeld langs de activiteiten A, E, G en K. Dit pad duurt 4 + 7 + 4 + 3 = 18 tijdseenheden. Een ander pad is via C, F, I en J. Dit pad duurt 6 + 6 + 2 + 5 = 19 tijdseenheden. Het langste pad tussen startpunt en eindpunt loopt via de activiteiten A, E, H en J en duurt 4 + 7 + 6 + 5 = 22 tijdseenheden. Dit laatste pad geeft het eerste moment aan waarop het totale project, als er geen tegenslagen zijn, op zijn vroegst gereed kan zijn. Dit pad noemt men het *kritieke pad*. Elke vertraging op dit pad leidt tot een vertraging van het gehele project. Een vertraging bij de activiteiten B en D hoeft niet tot een vertraging van het geheel te leiden, als die maar niet groter is dan 4 tijdseenheden. Activiteiten A en E liggen op het kritieke pad en kunnen niet eerder dan na 11 tijdseenheden klaar zijn. B en D duren samen 7 tijdseenheden, wat een speling geeft van 11 – 7 = 4. De activiteiten die op het kritieke pad liggen, moeten dus extra goed in de hand gehouden worden. De duur van de verschillende activiteiten is hier als een vast gegeven aangenomen. Er zijn ook vormen van netwerkplanning waarbij de gebruikers rekening houden met optimistische en pessimistische schattingen. Hiermee zijn de onzekerheden in de planning in kaart te brengen.

Bij projecten is niet alleen de factortijd belangrijk; de kosten zijn dat ook. Die kunnen in het hier genoemde voorbeeld belangrijk worden als samenwerkende partijen een boete moeten betalen als het project te laat gereed dreigt te zijn. Door extra capaciteit in te zetten bij de activiteiten op het kritieke pad, is die vertraging te voorkomen. Die extra inspanningen brengen extra kosten met zich mee, die de leiding van het project moet afwegen tegen de te betalen boete bij te late oplevering. De meeste projecten zijn vele malen ingewikkelder dan het hiervoor gegeven gestileerde voorbeeld. Zulke ingewikkelde projecten zijn alleen goed te bewaken en te besturen met daarvoor speciaal ontwikkelde software.

Project in de sport: Mortonhall Golf Club

Mortonhall Golf Club, binnen de bebouwde kom van Edinburgh, zag het ledenaantal afnemen, net als veel golfclubs in Schotland. Het ledenbestand werd ouder, terwijl er niet genoeg aanwas was van jongere leden. De leiding van de club besloot na een strategische analyse dat er mogelijkheden lagen in 'family golf'. Zoals zoveel Schotse clubs waren de leden voornamelijk heren. Door het voor kinderen aantrekkelijk te maken zou het ledenaantal weer moeten kunnen stijgen. Voor hun moeders soms ook een reden om te gaan golfen. Om jeugdleden te interesseren organiseerde de club open dagen. Om het voor de jeugd leuk te maken was het nodig de clubfaciliteiten aan te passen. Jeugdleden moesten zich thuis voelen in het clubhuis, de contributie zou niet stijgen en jeugdleden konden vriendjes en vriendinnetjes meenemen voor een greenfee van drie pond. Een paar niet meer gebruikte holes werden omgebouwd tot een baan van vijf korte holes, waar de jeugd onder toezicht kon spelen. De eerste zeven holes van de bestaande baan kregen afslagplaatsen die ze voor de jeugd veel korter maakten. Daarvoor moesten de scorekaarten aan de inkorting aangepast worden. Naast de aanpassingen aan de baan was het nodig de nieuwe jeugdleden goed op te vangen en te begeleiden. Een groep leden was met veel plezier bereid dit te doen en de golfpro's werkten ook mee. Om de jeugd zich thuis te laten voelen in het clubhuis versoepelde men de kledingregels. Het hele project was succesvol. Het aantal jeugdleden steeg van 59 eind 2015 tot 101 eind 2016. Er is een wachtlijst voor jeugdleden.

Bron: interview Bernadette Giefer, clubmanager Mortonhall Golf Club, juli 2018

12.2.4 Organisatieaspecten

Voor het uitvoeren van een project zijn niet alleen het tijdsaspect en het kostenaspect van belang. Een project is een samenwerking tussen verschillende groepen die een eigen bijdrage aan het eindresultaat leveren. Die groepen kunnen afdelingen binnen een organisatie zijn, maar het is ook mogelijk dat verschillende organisaties aan een project meewerken. In alle gevallen is het nodig dat een project een duidelijke leiding heeft en dat er afspraken zijn over de samenwerking. Niet alleen in juridische zin (contracten), maar ook in organisatorische zin. Deze organisatorische aspecten komen in hoofdstuk 16 over coördinatie aan bod.

Geen 18? Geen alcohol!

Tegenwoordig geldt voor de verkoop van alle alcoholhoudende drank (meer dan 0,5% alcohol) een leeftijdsgrens van 18 jaar. In de Drank- en Horecawet staan onder andere de volgende regels waar supermarkten en horecazaken zich aan moeten houden:

- *Verkopers van alcoholhoudende drank stellen de leeftijd van jongeren vast via hun identiteitsbewijs. Dit is niet verplicht voor personen die duidelijk ouder zijn dan 18 jaar.*
- *De leeftijdsgrenzen staan duidelijk vermeld op de plaats waar de alcoholhoudende drank wordt verkocht.*
- *Personeelsleden in bedrijven waar alcoholhoudende drank wordt verkocht of verstrekt zijn minimaal 16 jaar en de leidinggevenden zijn minimaal 21 jaar.*

(1) Projectbeslissing

Een grote, landelijke keten van supermarkten krijgt signalen dat niet alle vestigingen de nieuwe regels consequent toepassen. Dat kan hoge boetes betekenen, in het ergste geval zelfs het tijdelijk sluiten van de winkel. Ook komen diverse vestigingen hierdoor soms negatief in het nieuws. De hoofddirectie wil daar iets aan doen.

Vastgesteld wordt dat het geen eenvoudig probleem is met kant-en-klare oplossingen. De ene winkel heeft meer problemen dan de andere met de nieuwe regels. Bovendien moet ook het publiek meewerken, dus ook zij moeten worden 'omgeturnd'.

Besloten wordt een project op te zetten.

(2) Projectvoorbereiding

Er wordt een projectteam samengesteld met mensen van het hoofdkantoor. De aangesloten winkels worden in twee groepen ingedeeld: de winkels die (vrijwel) geen en de winkels die veel problemen hebben om de nieuwe regels toe te passen. Dat hangt samen met het soort publiek dat de winkel bezoekt, met name wel of geen nabijheid van scholen. Voor elke groep winkels wordt een toegesneden communicatieplan gemaakt. Het projectteam wordt daartoe versterkt met externe deskundigen die voorlichtingsmateriaal moeten ontwerpen voor de klanten (flyers en posters in de winkels en 'sponsored content' in huis-aan-huiskranten). Ook wordt een trainingsprogramma ontwikkeld voor het winkelpersoneel. Er worden twee verschillende trainingen ('light' en 'heavy') ontworpen voor de twee groepen winkels. Die worden eerst elk in twee winkels getest. Een trainingsbureau wordt ingehuurd om de trainingen in alle 650 winkelvestigingen uit te voeren.

PRAKTIJK

Ten slotte wordt een tijdschema (doorlooptijd 4 maanden) en budget (in totaal € 350.000) voor de uitvoering vastgesteld, waarna de uitvoering kan starten.

(3) Projectuitvoering
Na de eerste maand vindt een tussentijdse evaluatie plaats. De 'light' trainingen lopen zoals gepland. De 'heavy' trainingen - met intensieve rollenspelen - roepen bij de deelnemers emoties op die niet met alcoholbeleid te maken hebben, maar met agressieve winkeldiefstal waar het personeel in die groep winkels relatief veel mee te maken heeft. Medewerkers barsten tijdens de training in tranen uit of lopen woedend weg omdat ze zich niet gesteund voelen door de leiding. De vakbonden bemoeien zich ermee en stellen dat de alcoholtraining moet worden vervangen door antiwinkeldiefstaltraining. Het probleem is in die winkels anders en groter dan was voorzien. Er moet dus worden bijgestuurd. De suggestie van de vakbond lijkt zinvol, maar is onmogelijk op te pakken binnen het tijdskader en budget van het lopende project. Maar gewoon doorgaan met de 'heavy' trainingen, alsof er niets aan de hand is, is ook geen optie. Daarom wordt binnen de projectorganisatie een comité opgezet met vertegenwoordigers van het winkelpersoneel om te bespreken wat er moet gebeuren. Het comité beveelt aan de 'heavy' trainingen te stoppen en te vervangen door 'light' trainingen, zonder rollenspelen. Zo krijgt al het personeel tenminste op tijd de minimaal noodzakelijke alcoholtraining en kan het project worden afgerond.

Tegelijk wordt beslist dat er een vervolgproject komt om iets te doen aan het winkeldiefstalprobleem. De kosten die in het afgeslankte alcoholproject worden bespaard worden bestemd om het vervolgproject voor te bereiden. Dit vervolgproject blijft hier verder buiten beschouwing.

(4) Projectafronding
Het project wordt afgerond door een serie tests in de winkels met behulp van 'mystery guests' om te zien of de alcoholtraining voldoende effect heeft gehad. Waar nodig krijgen winkels nog enige nazorg en begeleiding van maximaal twee maanden.
Daarna wordt het alcoholproject afgesloten met een evaluatie, waarna de verantwoordelijkheid voor de dagelijkse realisatie ervan wordt teruggelegd bij de chefs van de vestigingen.

(5) Projectborging
Om ervoor te zorgen dat het alcoholbeleid niet wegzakt, maar ook in de toekomst op peil blijft, ontvangen alle nieuwe medewerkers voortaan een korte alcoholtraining als onderdeel van hun inwerkprogramma. Ook worden periodiek mystery guests erop uitgestuurd om het alcoholbeleid in de praktijk te toetsen. Mocht dat beneden de maat blijken te zijn, dan krijgt de betreffende vestiging een korte 'nascholing'.

12.3 Vragen en opdrachten

1. **Planning: van productieplanning naar business process management suites**
   a. De indeling van de productieplanning van Canals laat steeds meer gedetailleerde planningsstadia zien. Leg uit waarom een goede productieplanning begint met een langetermijnplanning. Wat is het concrete resultaat van de langetermijnplanning?

   b. Wat wordt in de indeling van Canals verstaan onder werkdistributie? Geef een concreet voorbeeld van werkdistributie binnen een organisatie.

   c. Leg uit dat de grootte van aan te houden voorraden een belangrijke afweging vraagt van het management. Ga hierbij in op de voordelen en de nadelen van het aanhouden van voorraden.

   d. Waarvoor staat de afkorting MRP-II? Waarmee houdt MRP-II, in tegenstelling tot MRP-I (de voorloper van MRP-II), wel rekening?

   e. Welke rol spelen tussenvoorraden in de JIT-benadering?

   f. Waarvoor staat de afkorting ERP? Leg uit dat ERP kan worden gezien als een logisch vervolg op MRP-II.

   g. Bij bedrijven als IKEA, HEMA en Makro kunnen zowel medewerkers als klanten online en realtime zien of een artikel op voorraad is. Hoe wordt deze vorm van ERP ook wel genoemd?

2. **Projecten en netwerkplanning**
   a. Wat is een project?

   b. Wat is het doel van netwerkplanning?

   c. In figuur 12.5 is voor elke activiteit in project X een tijdsduur aangegeven in dagen. Bepaal de duur van het kritieke pad. Licht uw antwoord toe met een berekening.

   d. Leg uit waarom het management vooral zou moeten sturen op de activiteiten die op het kritieke pad liggen.

PRAKTIJK

Figuur 12.5 Relatiediagram project X

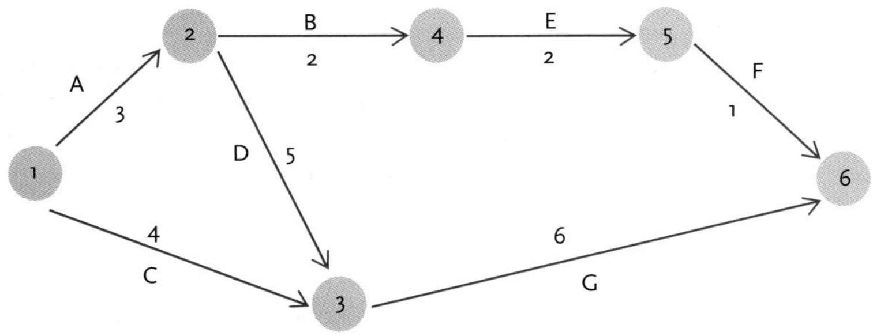

12.4 Oefencase: pak de zaken projectmatig aan

Het personeelsbestand van ESS is aan het vergrijzen; op niet al te lange termijn zal een groot deel van de medewerkers de pensioengerechtigde leeftijd bereiken. Instroom van jonge medewerkers is hard nodig, alleen al om het vertrek van de ouderen op te vangen. Eigenlijk moet die instroom groter zijn, want ESS heeft ook nog eens groeivoornemens.
Maar de instroom van jongeren verloopt niet vlot. Ten eerste trekt het werken in de techniek minder jongeren dan vroeger, dus minder jongeren volgen een technische opleiding. En degenen die een technische opleiding hebben gevolgd, hebben eerder de voorkeur voor een groot en bekend bedrijf, zoals Philips of Siemens, dan een bedrijf als ESS. Ze verwachten bij een grote werkgever meer interessant werk, doorgroeimogelijkheden en kansen op internationale ervaring. ESS kan daar wel iets tegenover stellen: een salariëring die gemiddeld net iets hoger ligt dan het bedrijfstakgemiddelde en een groeiend bedrijf, wat betekent dat daar ook loopbaankansen ontstaan. Verder is het een bedrijf met een goede reputatie en zicht op continuïteit. Ten slotte is het voor jongeren aantrekkelijk om werk te vinden in hun eigen regio, zodat ze in de buurt van hun familie en vrienden kunnen blijven wonen.

Het is nu begin december. Het hoofd Personeelszaken wil een campagne starten die uiterlijk 1 april moet beginnen en gedurende zes maanden zal doorlopen, tot en met september, en bedoeld is om ESS op het netvlies te krijgen bij technische schoolverlaters uit het mbo en afstudeerders uit het hbo. Het doel is om in die periode ongeveer twintig nieuwe jonge medewerkers binnen te halen.

Als assistent van het hoofd Personeelszaken wordt u gevraagd de netwerkplanning van een onderdeel van dit (meeromvattende) project op te stellen. Het betreft het deelproject 'pr-/communicatiecampagne van ESS op websites van technische opleidingen in Nederland'.

Er zijn diverse mogelijkheden voor een bedrijf als ESS om pr/communicatie te koppelen aan websites van opleidingen. Om te beginnen is door de afdeling Personeelszaken, in overleg met de afdeling Marketing, gekozen voor een campagne via een ESS-banner die aan opleidingen zal worden aangeboden om op hun websites geplaatst te worden. Daarin komt een link naar een ESS-presentatiefilmpje via YouTube en een link naar de pagina 'Stage en Werk bij ESS' op de ESS-website. Op Facebook wordt een volgersgroep voor ESS aangemaakt. Deelnemers daarin krijgen toegang tot een semibesloten deel van de ESS-website waar docenten, leerlingen en studenten informatie over vaktechniek, de ESS-producten en-diensten en beeldmateriaal kunnen downloaden voor lessen en werkstukken. Uiteraard is ESS bereid te betalen voor deze zichtbaarheid op de websites van opleidingen; het geld daarvoor komt uit het personeelswervingsbudget. Overige mogelijke acties richting opleidingen, zoals open dagen of excursies bij ESS of mogelijke gastdocentschappen vanuit ESS, vallen buiten dit deelproject, dat helemaal is toegespitst op het digitaal bereiken van de doelgroep.

De voorbereiding van de campagne kan op zijn vroegst na de kerstperiode, op 1 januari dus, ter hand worden genomen. Dat betekent dat daarvoor dertien werkweken (1 januari - 1 april) ofwel $5 \times 13 = 65$ werkdagen doorlooptijd beschikbaar is.

Opdracht
Betreft: project instroom jonge technische medewerkers.
Deelproject: pr-/communicatiecampagne voor ESS via websites van technische opleidingen.

Maak een netwerkplanning voor het deelproject:

a. Identificeer de benodigde projectactiviteiten; geef daarbij aan hoeveel tijd ze bij benadering zullen kosten en hoe ze samenhangen.
b. Maak het relatiediagram en geef het kritieke pad aan.
c. Zorg ervoor dat het kritieke pad niet langer is dan het beschikbare tijdvenster van 65 werkdagen.

12.5 Extra: Procesgericht organiseren

In paragraaf 12.1 signaleerden we dat in de jaren negentig van de vorige eeuw herontwerp van bedrijfsprocessen onder namen als business re-engineering en business process redesign (BPR) veel aandacht heeft gekregen. Ook nu is deze benadering nog actueel. In het ontwerp van organisatiestructuren, wat in deel III uitvoerig aan bod komt, kan de verdeling in hokjes belemmerend werken voor de doorstroom van het primaire werk. Bijvoorbeeld bij het aanvragen van een hypotheek kan de cliënt tot zijn ergernis merken dat het allemaal traag en bureaucratisch verloopt. Bij navraag bij de contactpersoon krijgt men dan te horen: 'Ja, maar dat ligt niet aan ons, uw aanvraag ligt nu bij afdeling A of B.' In de vorige paragrafen is stilgestaan bij hoe ICT kan bijdragen aan stroomlijning van processen en het verbinden van partijen daaromheen. Maar vaak is het nodig eerst de organisatie te herontwerpen, omdat de versnellende werking van ICT pas dan tot haar recht komt. Anders krijg je schampere opmerkingen als: 'Is dat vooruitgang? Vroeger was het hier een gewone puinhoop en nu is het een geautomatiseerde puinhoop.'
Processen lopen dwars door afdelingen heen. In de traditionele organisatie betekent dat een hindernisloop, zie het voorbeeld van de hypotheekaanvraag. Hammer en Stanton (1999) laten zien dat procesgerichtheid een andere manier van werken met mensen en middelen vraagt. Denk aan motivatie en belonen (hoofdstuk 9). Uiteindelijk is procesgerichtheid vooral klantgerichtheid. De ultieme maatstaf is of de klant tevreden is. Dat betekent dat het meten van prestaties per afdeling weinig zegt en het afstemmen van beloningen op afdelingsprestaties niet effectief is zolang de hele keten niet bijdraagt aan wat de klant verwacht. Dus: prestatiemeting moet het geheel omvatten, bijvoorbeeld de totale doorlooptijd van een hypotheekaanvraag. Of, in een ziekenhuis, de tijd tussen binnenkomst na doorverwijzing door de huisarts en het behandelen van de klacht, met alle tussenstappen, zoals: afspraak maken, intakegesprek, laboratoriumonderzoek, MRI-scan, consult van een aanpalend specialist, teambespreking over de patiënt en behandelingsplan. Als er een prestatieafhankelijke beloning is, zal deze gerelateerd moeten zijn aan de totale prestatie en dus eerder het karakter moeten hebben van een collectieve prestatiebeloning. Een volgende stap is werken in teams die zijn samengesteld uit vertegenwoordigers van de hokjes en die niet primair werken onder hun afdelingshoofd, maar onder een proceseigenaar. Training en ontwikkeling van mensen – zie hoofdstuk 8 – krijgt een andere inhoud, bijvoorbeeld meer gericht op samenwerkingsvaardigheden. En ten slotte krijgen loopbaanpaden een andere invulling. In de traditionele organisatie betekent carrière maken vooral omhoog klimmen. Die paden zijn er in een procesgerichte organisatie ook nog, maar er zijn daarnaast alternatieve paden die samenhangen met taakverbreding en steeds meer empowerment op uitvoerend niveau.

Procesgerichtheid is niet alleen iets wat de klant moet helpen. Ook intern zijn er grote verbeteringen denkbaar als de organisatie meer procesgericht wordt. Ashkenas et al. (2002) bepleiten *boundaryless organizations* – in meer dan één opzicht overigens – die ze illustreren aan de hand van het inkoopproces binnen GE Capital, de financialservices-poot van het conglomeraat General Electric. Daar moeten alle aankopen, of het nu om $ 20 of $ 20.000 gaat, hetzelfde bestelproces doorlopen met zes goedkeuringsstappen; veel papierwerk ondanks een eveneens bestaand ICT-systeem. Het proces blijkt drastisch vereenvoudigd te kunnen worden: aankopen beneden $ 2.500 krijgen een express-status, zonder benodigde goedkeuring vooraf. De meer kostbare en complexe aankopen komen onder toezicht van een procesmanager die over afdelingsgrenzen heen kan en mag managen.

12.6 Antwoorden

1. **Planning: van productieplanning naar business process management suites**
   a. Door uit te gaan van een langetermijnplanning wordt de productieplanning gekoppeld aan de strategie van de onderneming. Zo wordt voorkomen dat de productiecapaciteit op de langere termijn niet aansluit bij de koers van de organisatie. Het resultaat van de langetermijnplanning bestaat uit een of meer investeringsplannen.

   b. Werkdistributie is het concreet en gedetailleerd toedelen van het werk aan verschillende mensen en machines. Een voorbeeld is een schema dat wordt gebruikt bij de planning van ploegendiensten. Op deze schema's kunnen medewerkers zien wanneer ze moeten werken en wanneer ze vrij zijn.

   c. Het aanhouden van voorraden heeft zowel voordelen als nadelen. Een voordeel van het aanhouden van voorraden is dat de productie minder snel in gevaar komt. Zo is de organisatie minder gevoelig voor leverproblemen en kan de productie al op korte termijn worden vergroot, bijvoorbeeld in het geval van een spoedorder. Kortom, de kans op 'nee verkopen' is met het aanhouden van een grote voorraad veel kleiner. Het aanhouden van voorraden heeft als nadeel dat het geld kost (magazijnruimte, magazijnpersoneel en renteverlies op het vermogen dat in de voorraden is geïnvesteerd). Ook loopt een organisatie het risico dat de voorraad niet of moeilijk verkoopbaar wordt door technische veroudering of door fysiek bederf. De voor- en nadelen hiervoor moeten door het management goed worden afgewogen.

   d. MRP-II staat voor manufacturing resources planning. MRP-II houdt rekening met de beperkingen van de capaciteit (mensen, machines, geld).

   e. Geen, bij het just-in-timesysteem wordt gestreefd naar een productieproces zonder (tussen)voorraden.

   f. ERP staat voor enterprise resource planning. Bij MRP-II werden verschillende aspecten of processen rondom de inkoop en productie op elkaar afgestemd, zoals voorraadbeheer en productieplanning. Bij ERP worden niet alleen deze processen op elkaar afgestemd. De ERP-software zorgt ervoor dat hieraan ook financiële, verkoop-, marketing- en personele processen kunnen worden toegevoegd.

   g. ERP-II of een web-based ERP-systeem.

2. **Projecten en netwerkplanning**
   a. Bij een project werken mensen, afdelingen of bedrijven tijdelijk met elkaar samen om een van tevoren afgesproken resultaat te bereiken.

   b. Het doel van netwerkplanning is de doorlooptijd zo kort mogelijk te maken door de activiteiten binnen het project zo goed mogelijk op elkaar af te stemmen.

c. Het kritieke pad geeft aan hoelang het duurt voordat een project op zijn vroegst gereed kan zijn. Hier is dat 14 dagen. Uitleg: om het project te realiseren, moeten de activiteiten A tot en met G worden uitgevoerd. Er zijn drie paden te onderscheiden in het relatiediagram: (1) A, B, E en F, (2) A, D en G en (3) C en G. Het doorlopen van het eerste pad duurt 3 + 2 + 2 + 1 = 8 dagen. Pad 2 vraagt 3 + 5 + 6 = 14 dagen en het derde pad kost ten minste 4 + 6 = 10 dagen. Hieruit blijkt dat het project op zijn vroegst na 14 dagen kan worden afgerond. Het pad dat bestaat uit de activiteiten A, D en G is hier dus het kritieke pad.

Figuur 12.6 Weergave kritiek pad binnen project X

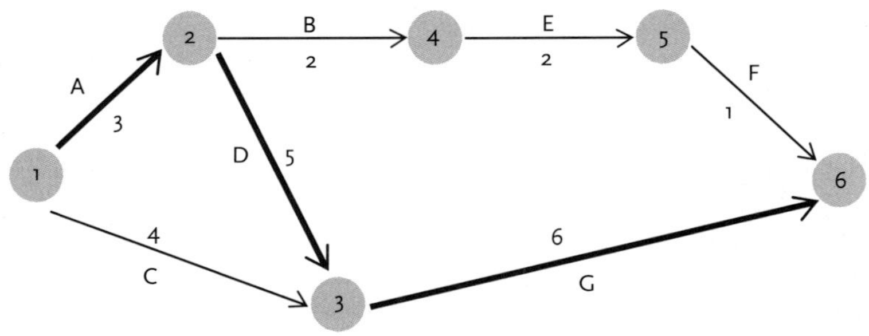

d. Elke vertraging op het kritieke pad leidt automatisch tot een vertraging van het gehele project (ga na!). Daarom moet het management vooral deze activiteiten goed in de hand houden.

12.7 Uitwerking oefencase[3]

Het relatiediagram ziet er als volgt uit:

Figuur 12.7 Relatiediagram deelproject pr-/communicatiecampagne

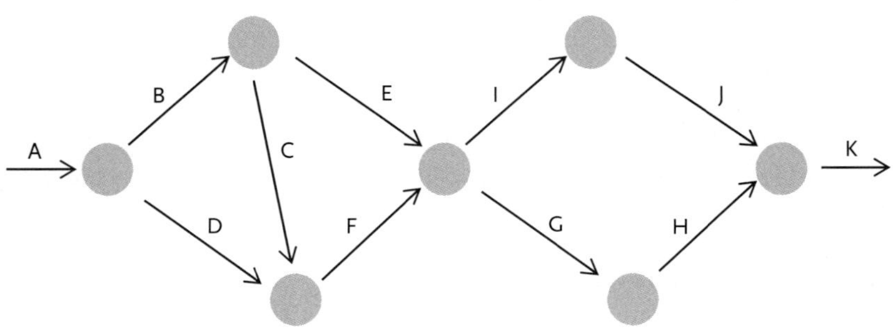

Bij invulling van aanvankelijk geraamde doorlooptijden van de activiteiten zal het deelproject de toegestane doorlooptijd overschrijden; het kritieke pad bedraagt 76 dagen, 11

3 Dit boek biedt alleen de samenvattende conclusie van de uitwerking. De complete uitwerking is te vinden op www.conceptuitgeefgroep.nl.

meer dan de toegestane 65 dagen. Er is ook nog een tweede pad waarlangs de toegestane tijd met 3 dagen wordt overschreden, zoals in figuur 12.8 is af te lezen.

Figuur 12.8 Aanvankelijk geraamde doorlooptijden

activiteiten	A	B	C	D	E	F	G	H	I	J	K	door-loop-tijd		
paden	5	16	8	12	20	20	12	10	3	8	5			
A-B-E-I-J-K	5	16			20				3	8	5	57	< 65 dgn	OK
A-B-E-G-H-K	5	16			20		12	10			5	68	> 65 dgn	niet goed
A-B-C-F-I-J-K	5	16	8			20			3	8	5	65	< 65 dgn	OK
A-B-C-F-G-H-K	5	16	8			20	12	10			5	76	> 65 dgn	niet goed/ kritieke pad
A-D-F-I-J-K	5			12		20			3	8	5	53	< 65 dgn	OK
A-D-F-G-H-K	5			12		20	12	10			5	64	< 65 dgn	OK

Door aanpassingen in de activiteiten A, B en C kan het deelproject toch binnen het tijdvenster van 65 dagen worden gepland, namelijk in 63 dagen, wat is te zien in figuur 12.9.

Figuur 12.9 Aangepaste doorlooptijden

activiteiten	A	B	C	D	E	F	G	H	I	J	K	door-loop-tijd		
paden	5	16	8	12	20	20	12	10	3	8	5			
A-B-E-I-J-K	3	8			20				3	8	5	47	< 65 dgn	OK
A-B-E-G-H-K	3	8			20		12	10			5	58	< 65 dgn	OK
A-B-C-F-I-J-K	3	8	5			20			3	8	5	52	< 65 dgn	OK
A-B-C-F-G-H-K	3	8	5			20	12	10			5	63	< 65 dgn	OK kritieke pad
A-D-F-I-J-K	3			12		20			3	8	5	51	< 65 dgn	OK
A-D-F-G-H-K	3			12		20	12	1-			5	62	< 65 dgn	OK

Literatuur

Aangehaalde en aanbevolen literatuur

Ashkenas, R., Ulrich, D., Jick, T. en Kerr, S. (2002). *The Boundaryless Organization*. San Francisco: Jossey-Bass.

Baan, J. (2010). *Business Operations Improvement*. Putten: Cordys Holding B.V.

Canals, P.M.T. (1985). *Productieplanning*. Den Haag: SAMSOM/NIVE.

Fisher, M.L. (1997). What is the Right Supply Chain for Your Product? *Harvard Business Review*, vol. 75, nr. 2, 105-116.

Gilbreth, F.B. (1911). *Motion Study*. New York: Van Nostrand.

Goor, A.R. van, Ploos van Amstel, M.J. en Ploos van Amstel, W. (2014). *Fysieke distributie: werken aan toegevoegde waarde*. Groningen/Houten: Noordhoff Uitgevers.

Grit, R. (2008). *Projectmanagement*. Groningen/Houten: Wolters-Noordhoff.

Hammer, M. en Champy, J. (1993). *Re-engineering the Corporation*. New York: Harper Business.

Hammer, M. en Stanton, S. (1999). How Process Enterprises Really Work. *Harvard Business Review*, vol. 77, nr. 6, 108-118.

Harvard Business Review (1989). *Managing Projects and Programs*. Boston: Harvard Business School Press. (17 artikelen uit Harvard Business Review)

Hendriks, H. (2014). *Procesmanagement in de praktijk*. Hilversum: Concept uitgeefgroep.

Herroelen, W. en Lambrecht, M. (1985). *Innovatie in productie. De strategische doorbraak*. Deventer: Kluwer.

Honert, A. van den en Broersma, H. (1995). *Leven en werken met projecten*. Malden: Post Academic Training.

Houten, T. van (2013). *Financial control van projecten*. Hilversum: Concept uitgeefgroep.

Janssen, P.en Craen J-P van (2011). *Projectmanagement volgens PRINCE2*. Amsterdam: Pearson Education.

Lee, H.L. (2010). Don't Tweak Your Supply Chain – Rethink it End to End. *Harvard Business Review*, vol. 88, nr. 10, 62-69.

O'Leary, D.E. (2000). *Enterprise Resource Planning Systems*. Cambridge: Cambridge University Press.

Onna, M. van en Koning, A. (2014). *De kleine Prince 2*. Den Haag: Academic Service.

Schouten, E. (2012). *Projectmatig werken in de praktijk*. Hilversum: Concept uitgeefgroep.

Taylor, F.W. (1917). *The Principles of Scientific Management*. New York: Harper.

Twijnstra, A., Keuning, D. en Caluwé, L. de (2002). *Organisatieadvieswerk*. Deventer: Kluwer.

Vaan, M.J.M. de (red.) (1988). *Just-in-Time*. Deventer: Kluwer Bedrijfswetenschappen.

Visser, H.M. en Goor, A.R. van (2015). *Werken met logistiek. Op weg naar supply chain management*. Groningen/Houten: Wolters-Noordhoff.

Womack, J.P., Jones, D.T., Roos, D. (1990). *The Machine that Changed the World*. New York: Rawson Associates

Wouters, S., Moeke D., Michiels, Sijbers, Y., Dufour, A., Schadewijk, M. van (2018). De doorlooptijd onder de loep, Logistiek, *Tijdschrift voor toegepaste logistiek*, nr. 6. p 8-21

13 Methoden: beheersen van kwaliteit

13. Kwaliteit komt voort uit kwaadheid

Onderscheidend vermogen

De Nederlandse Branchevereniging van Bioveehouders (BvBv) is opgericht om de belangen te behartigen van veehouders die milieubescherming, dierenwelzijn en voedselkwaliteit hoog in het vaandel hebben staan. Ze doen extra moeite en maken meer kosten om de consument een verantwoord vleesproduct te leveren. Daar staat tegenover dat biologisch vlees in de winkel meer geld oplevert, wat voor een deel de bioveehouders ten goede komt. Om zich te onderscheiden van 'kiloknallers' heeft de BvBv een goed zichtbaar vleeskeurmerk ingesteld. De leden van de BvBv mogen het keurmerk voeren als ze voldoen aan strenge bijbehorende eisen. Op de naleving ervan ziet de BvBv zelf toe.

De kruik gaat zolang te water...

Sommige leden van de BvBv nemen het niet nauw. Ze verrichten minder werk door bijvoorbeeld dieren op stal te laten staan, die eigenlijk naar buiten horen te gaan. Maar ja, er wordt toch bijna nooit gecontroleerd. En mocht een boer worden betrapt, dan komt die er met een waarschuwing van af. Zulke zaken worden rondverteld. Dat heeft weer tot gevolg dat andere veehouders nog een stapje verder gaan en bijvoorbeeld een illegaal verkregen groeihormoon aan hun vee toedienen. Op die manier zit de biobranche op een hellend vlak. De bonafide bioveehouders voelen zich in hun hemd gezet. "Ik doe mijn best, terwijl ik zo twee, drie 'collega's' kan aanwijzen die de boel oplichten."

.... tot hij barst

Op een kwade dag trekt zo'n boze bioveehouder aan de bel. Niet bij de BvBv, want daar heeft zij geen vertrouwen meer in, maar bij de kritische dierenwelzijnsorganisatie Wonder Dier (WD). Ze is boos op de malafide bioveehouders, maar nog veel meer op de lakse manier waarop de BvBv met het keurmerk omgaat. WD geeft dit signaal door aan een bevriende onderzoeksjournalist. En zo verschijnt er drie maanden later in de Blauwe Amsterdammer een vlammend artikel waarin de bioveehouderij en met name de BvBv aan de schandpaal wordt genageld.

Tot overmaat van ramp

Het venijn zit in de staart van het artikel. De journalist heeft achterhaald dat verdacht 'biovlees' niet binnen de Nederlandse grenzen blijft, maar ook in grote hoeveelheden naar ten minste twee buurlanden wordt weggesluisd. Onder deze omstandigheid kan een maatregel vanuit 'Brussel' niet uitblijven. Geen enkel stukje Nederlands biovlees mag nog worden geëxporteerd, zolang het keurmerk niet grondig is gesaneerd. Daarbij is een harde eis dat het toezicht op het keurmerk onafhankelijk moet zijn, dus van buiten de BvBv moet komen.

Deze case laat zien hoe kwaliteitsbewustzijn in een organisatie kan worden ingebouwd. Daarbij is het belangrijk dat er onafhankelijk toezicht is op de naleving en dat de spelregels worden gehandhaafd om het vertrouwen te behouden.

Kernstof

Kwaliteit is een begrip dat iedereen aanspreekt, maar niet altijd even gemakkelijk is om precies te beschrijven (paragraaf 13.1). Dat komt doordat in de loop der tijd de betekenis van het begrip ruimer is geworden. Een vroege en algemeen aanvaarde definitie van kwaliteit is: de mate waarin een *product of dienst* voldoet aan de wensen van de klant. Later ziet men in dat de kwaliteit van een product of een dienst bepaald wordt door de kwaliteit van de *processen* die dit product of deze dienst voortbrengen. De laatste jaren hangt kwaliteit ook af van de mate waarin een organisatie aandacht besteedt aan duurzaamheid en zich houdt aan maatschappelijke normen.
Het *belang van kwaliteit* voor de prestaties van een organisatie is groot (paragraaf 13.2). Het PIMS-programma laat zien dat bedrijven die producten en diensten met een hogere kwaliteit voortbrengen dan hun concurrenten, hogere winsten behalen. Ook Porter heeft dit effect aangetoond.
Aandacht voor kwaliteit bestaat al sinds het begin van de vorige eeuw (paragraaf 13.3). De scientific-managementstroming besteedt er al aandacht aan. De aanpak van de Amerikaanse kwaliteitsdeskundige Deming is door Japanse bedrijven overgenomen en heeft geleid tot een enorme kwaliteitsstijging van Japanse producten. In Nederland is INK opgericht om bedrijven te stimuleren en te helpen de kwaliteit te verhogen.
Moderne aanpakken om kwaliteit te verbeteren (paragraaf 13.4) hebben aan aantal kenmerken gemeenschappelijk:
- meten is weten;
- nadruk op processen;
- oog voor de klant;
- strategische aandacht voor kwaliteit;
- aandacht voor samenwerking.

Bij het *meten is weten* zijn de *zeven basisinstrumenten* die door Ishikawa zijn genoemd bekend geworden. Ishikawa stelt dat het gebruik ervan 90% van de problemen met kwaliteit kan helpen oplossen.
De *processen* (paragraaf 13.5) zijn te verbeteren met behulp van de plan-do-check-act-cyclus die Deming heeft ontwikkeld. Ook wordt de Six Sigma-cyclus gebruikt: define-measure-analyze-improve-control.
Het INK-model (paragraaf 13.6) om de kwaliteit van de organisatie te verbeteren, bestaat uit:
- tien *aandachtsgebieden*: vier *resultaatgebieden*, vijf *organisatiegebieden* en *verbeteren en vernieuwen* als verbindende schakel tussen resultaatgebieden en organisatiegebieden (paragraaf 13.6.1);
- vijf *fundamentele kenmerken* (paragraaf 13.6.2);
- twee *veranderwielen* (paragraaf 13.6.3);
- vier *dimensies* (paragraaf 13.6.4).

Organisaties die hun kwaliteit willen laten certificeren (paragraaf 13.7), kunnen dat door verschillende instanties en met verschillende methoden laten doen.
Bekend is de norm ISO 9001 voor kwaliteitsbeleid (paragraaf 13.7.1). Dit is een internationale norm die door verschillende onafhankelijke instanties wordt gehanteerd.
Ook het INK-model wordt wel gebruikt voor certificering op grond van de bevindingen van door INK samengestelde auditteams.

Binnen de zorgsector bestaan verschillende specifieke certificeringsaanpakken, onder andere HKZ (paragraaf 13.7.2) en PREZO (paragraaf 13.7.3).
Kwaliteit van diensten (paragraaf 13.8) verdient aparte aandacht. Dienstverlening wordt een steeds grotere sector in de economie van westerse landen. Diensten zijn anders dan tastbare producten (paragraaf 13.8.1). Specifieke succes- en faalfactoren zijn: responsiviteit, zorgvuldigheid, empathie, betrouwbaarheid en, voor zover mogelijk, tastbaarheid (paragraaf 13.8.2). Het klovenmodel (paragraaf 13.8.3) kan helpen problemen met de kwaliteit van dienstverlening op te sporen. Een goede afhandeling van klachten (paragraaf 13.9) kan helpen slechte ervaringen van klanten te compenseren. Klachten zijn ook sterke signalen voor een organisatie om de kwaliteit te verbeteren.

13 Methoden: beheersen van kwaliteit

Voor het succes van organisaties is de kwaliteit van producten en diensten belangrijk. Wat de kwaliteit van een product of dienst is, verschilt per klant. Vroeger zei men dat kwaliteit geld kost. Kwaliteit slaat dan op een bijzonder product waar een klant veel geld voor wil betalen. Vaak zijn die producten dan mooi afgewerkt en zijn dure materialen gebruikt. Goedkope producten kunnen ook van goede kwaliteit zijn, maar dan is de kwaliteit in de ogen van de klant iets anders dan die van dure producten. Door het toegenomen belang van kwaliteit zijn allerlei systemen ontwikkeld om ervoor te zorgen dat de organisatie de beste kwaliteit levert aan haar klanten. Verschillende aspecten van het kwaliteitsvraagstuk komen in dit hoofdstuk aan bod.

13.1 Wat is kwaliteit?

Kwaliteit is een begrip dat iedereen aanspreekt. Maar het is niet gemakkelijk om het precies te beschrijven. Dat komt doordat in de loop der tijd de betekenis van het begrip steeds ruimer is geworden. Een vroege en algemeen aanvaarde definitie van kwaliteit is: de mate waarin een *product of dienst* voldoet aan de wensen van de klant. Bij deze betekenis bestaat kwaliteitsbeheersing uit een kwaliteitscontrole aan het eind van het productieproces om na te gaan of het product of de dienst aan de gestelde specificaties voldoet. Later ziet men in dat de kwaliteit van een product of dienst bepaald wordt door de kwaliteit van de *processen* die het product of de dienst tot stand brengen. De laatste jaren laten klanten hun keus om een bepaald product of dienst te kopen ook afhangen van de mate waarin een organisatie aandacht besteedt aan *duurzaamheid* en *maatschappelijke normen en waarden.*

Commotie over salarisverhoging

Op 17 maart 2011 maakt ING bekend dat twee leden van de raad van bestuur over 2010 bonussen zullen ontvangen van 92% van het vaste jaarsalaris en één lid een bonus van 80%. Deze bonussen vallen nog net binnen de door banken en het kabinet afgesproken grens van 100% van het vaste salaris. De bonussen leiden tot grote kritiek van Kamerleden en maatschappelijke organisaties. Een paar dagen later maakt ING bekend dat voor de gepensioneerden het pensioen weer een jaar wordt bevroren. Veel ING-klanten stappen over naar een andere bank. Op 22 maart 2011 maakt ING bekend dat de drie bestuursleden toch afzien van de bonus over 2010. In dit voorbeeld zijn de klanten dus niet ontevreden over de kwaliteit van het product of de dienst of over de onderliggende productieprocessen. Ze zijn geschokt door en ontevreden met het in hun ogen onmaatschappelijke gedrag van de top van het bedrijf.

Jaren later, in maart 2018, komt een voorstel om de totale beloning van de topman met 50% te verhogen onder vuur te liggen. Niet alleen klanten zijn verontwaardigd en lopen weg, ook de politiek bemoeit zich ermee. Kamerleden en minister Hoekstra van Financiën veroordelen de verhoging. Een paar dagen later trekt ING het voorstel onder maatschappelijke en politieke druk in.

13.2 Belang van kwaliteit

Vroeger zei men dat kwaliteit geld kost en dus leidt tot lagere winsten. Uit onderzoek is gebleken dat die stelling onjuist is. Kwaliteit is juist goed voor de resultaten van het bedrijf. Het in hoofdstuk 5 besproken PIMS-programma (Buzzell en Gale, 1987) laat zien dat het rendement op het geïnvesteerde vermogen (ROI) van ondernemingen met producten van de hoogste kwaliteit met 32% ruim 10 procentpunten hoger ligt dan dat van ondernemingen die producten van een gemiddelde kwaliteit leveren. Daar is het ROI ongeveer 20%. Een hogere kwaliteit leidt dus tot een anderhalf maal hogere winstgevendheid.

Er zijn twee verklaringen voor deze hogere winstgevendheid. De eerste is dat een hogere kwaliteit in de ogen van de klant een hogere prijs mogelijk maakt. De tweede is dat die hogere kwaliteit leidt tot betere productieprocessen en dus tot lagere kosten. Dit onderzoek maakt duidelijk dat kwaliteit van de producten en diensten hand in hand kan gaan met kwaliteit van de productieprocessen.

Ook Porter (1985) heeft aangetoond dat superieure kwaliteit leidt tot superieure resultaten. Hij maakt daarbij de opmerking dat de hoge kwaliteit ook door de klant moet worden *opgemerkt*. Een bedrijf dat dezelfde hoge kwaliteit beter naar de klant weet over te brengen door expliciet daarover te communiceren, zal een hogere prijs voor het product kunnen vragen. De organisatie moet de hogere kwaliteit dus ondersteunen met acties gericht op de koper. Soms kan dit door advertenties in verschillende media. In andere gevallen is het beter het verschil in een persoonlijk contact te benadrukken. De manier waarop dit moet gebeuren, verschilt per bedrijfstak. Een manier die in de ene bedrijfstak succesvol is, kan in een andere mislukken. Zo is bekend dat in de zakelijke markt (*business-to-business*) persoonlijk contact en het opbouwen van een langetermijnrelatie met zorgvuldig gekozen afnemers goed werkt. Het kwaliteitsimago wordt dan langzaam opgebouwd, maar kan jarenlang stand houden. In de consumentenmarkt (*business-to-consumer*) gaat het om grote aantallen kortdurende, soms slechts eenmalige koopmomenten. De klant moet dan in een korte flits (impulsaankoop) van de kwaliteit overtuigd worden en bijvoorbeeld op zijn beeldscherm doorklikken naar de winkelwagen en meteen daarop zijn aankoop online afrekenen.

13.3 Korte historie van kwaliteitsmanagement

Het werk van Taylor (1911) besteedt voor het eerst nadrukkelijk aandacht aan zorg voor de kwaliteit. Hij verdeelt het leidinggevende werk in de fabriek in principe over acht verschillende managers, die elk verantwoordelijk zijn voor een aspect van het totale werk. Deze vorm van organiseren is bekend geworden als het achtbazenstelsel. Een van die bazen, de inspector, heeft de kwaliteitszorg als enige aandachtsgebied. Op dat gebied is zijn woord wet. In de vroegste praktijk komt kwaliteitszorg neer op het controleren van de gemaakte (tussen)producten. Overigens blijkt dan dat het door acht bazen leiding laten geven bij de werknemers tot problemen leidt. De achterliggende gedachte klopt wel: er zijn uiteenlopende aandachtsgebieden voor het management.
De grote aandacht voor kwaliteit als managementprobleem ontstaat in de jaren zeventig van de vorige eeuw. Dan blijkt dat producten uit Japan in kwaliteit vooruit zijn gegaan. Die stijging van de kwaliteit van de Japanse producten is trouwens te danken aan het feit dat daarbij gebruik is gemaakt van aanpakken die door Deming en Baldridge, Amerikaanse

adviseurs (!), zijn ontwikkeld. Amerikaanse bedrijven zelf hebben in die tijd weinig belangstelling om die aanpakken in te voeren, omdat de Amerikaanse producten op dat moment kwalitatief hoog staan aangeschreven. Japanse producten in die tijd zijn van slechte kwaliteit en doen het op de wereldmarkt niet goed. De verbetering die tot stand komt dankzij Deming en Baldridge verhoogt de kwaliteit van de Japanse producten enorm. 'Japans' komt zelfs voor 'kwaliteit' te staan, iets wat tien jaar daarvoor ondenkbaar is. De Amerikaanse bedrijven hebben last van de 'wet van de remmende voorsprong' en raken op achterstand. Pas later nemen Amerikaanse ondernemingen de lessen van Deming en anderen ter harte en schenken ze ook aandacht aan kwaliteitsverbetering.
Bedrijven als Johnson & Johnson en General Electric passen de zogeheten *Six Sigma*-aanpak[1] toe. In 1991 neemt in Nederland het ministerie van Economische Zaken het initiatief tot oprichting van het Instituut Nederlandse Kwaliteit. Dit moet een bijdrage leveren aan het verbeteren van de prestaties van Nederlandse bedrijven. Sinds 2000 is de officiële naam van dit instituut INK. Aanpakken om kwaliteit te verbeteren als die van Deming, Baldridge, Six Sigma en INK hebben een paar kenmerken gemeen:
- meten is weten;
- nadruk op processen;
- oog voor de klant;
- strategische aandacht voor kwaliteit;
- aandacht voor samenwerking.

In de volgende paragrafen volgt een korte beschrijving van technieken om feiten te ontdekken (meten is weten) en processen om de kwaliteit te verbeteren. Daarna komt de INK-benadering aan bod, die een integrale aanpak geeft. De elementen 'oog voor de klant', 'strategische aandacht voor kwaliteit' en 'aandacht voor samenwerking' worden in deel I behandeld.

13.4 Meten is weten

In veel benaderingen om kwaliteit te verbeteren speelt het verzamelen van gegevens een belangrijke rol. Het devies van Deming, een van de grondleggers van het kwaliteitsdenken, is 'meten is weten'. De Japanse kwaliteitspropagandist Ishikawa (1985) is van mening dat 90% van de problemen met kwaliteit op te lossen zijn door de zeven basisinstrumenten[2] te gebruiken. Het zijn instrumenten die vrijwel iedereen in een organisatie kan toepassen. In dit hoofdstuk is er nog een aan toegevoegd.
Deze acht instrumenten zijn:

1. *Ishikawa-diagram*, ook wel diagram van oorzaak en gevolg en visgraatdiagram genoemd. In dit diagram worden de oorzaken van kwaliteitsproblemen meestal opgesplitst in de volgende categorieën: personeel, processen, machines, materialen, omgeving en management. Het diagram kan eruitzien als in figuur 13.1:

[1] Het Six Sigma-niveau is een maatstaf voor het aantal afgekeurde producten. De naam verwijst naar statistiek. Produceren op 6σ-niveau betekent dat er 6 keer de standaarddeviatie (σ) zit tussen het gemiddelde kwaliteitsniveau en de afkeurgrens. Dat komt neer op 99,99966% goedgekeurde producten ofwel slechts 3,4 afgekeurde producten per miljoen eenheden. De Six Sigma-aanpak streeft dus naar perfectie.

[2] Voor een uitvoerige beschrijving van veel meer en ook meer geavanceerde instrumenten zie Tague (2004).

THEORIE

Figuur 13.1 Een Ishikawa-diagram

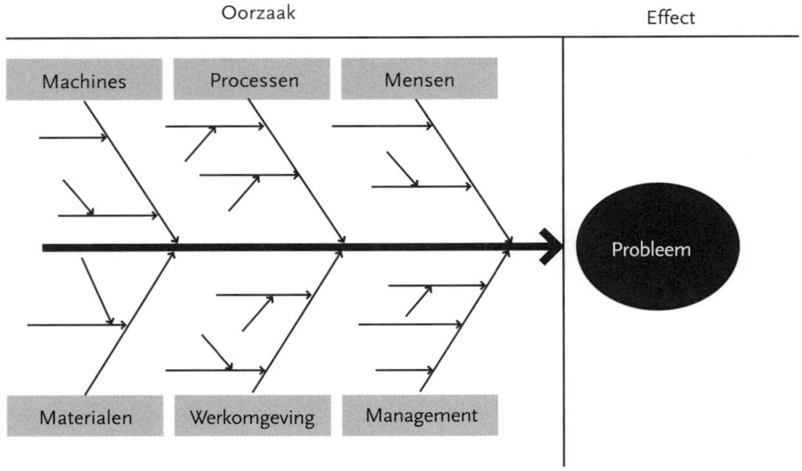

Uit het diagram kan bijvoorbeeld blijken dat een bepaald probleem voor het grootste deel te wijten is aan gebrekkige machines en voor een klein deel aan het management, terwijl materialen of mensen er part noch deel aan hebben.

2. *Afstreepformulier (check sheet)*. Dit is een voorgedrukt formulier waarop direct op de plaats waar gewerkt wordt de gevraagde gegevens geturfd worden. Die gegevens kunnen betrekking hebben op het aantal fouten en het soort fouten dat gemaakt is, en waar op een product de fout te zien is. Het afstreepformulier kan bijvoorbeeld ingevuld worden door een medewerker die aan een draaibank metaal bewerkt. Een afstreepformulier voor schilderwerk kan eruitzien als in figuur 13.2.

Figuur 13.2 Voorbeeld van een afstreepformulier voor schilderwerk

Afstreepformulier voor schilderwerk

Werkordernummer: 629555
Controleur: Al Kyder

Probleem	Frequentie
Schilfers	𝍸 𝍸 |||
Blaasjes	|||
Uitloper	𝍸	
Kras	
Onvoldoende dekking	𝍸 𝍸 𝍸 ||
Anders	

Op deze checklist wordt zichtbaar dat afgesprongen schilfers verf en onvoldoende dekking de meest voorkomende problemen zijn.

3. *Controlekaart*. Op deze kaart is aangegeven binnen welke grenzen de variatie in uitkomsten van een bewerking moeten liggen. Bij veel bewerkingen zijn er kleine afwijkingen in bijvoorbeeld de maat van het bewerkte product. Als van elk bewerkt product de precieze maat wordt genoteerd, is meteen te zien of die binnen de geaccepteerde grenzen ligt. Zijn er veel afwijkingen die buiten die grenzen liggen, dan is dat een signaal om te kijken of er een kwaliteitsprobleem is. Figuur 13.3 geeft een voorbeeld van een controlekaart.

Figuur 13.3 Voorbeeld van een controlekaart

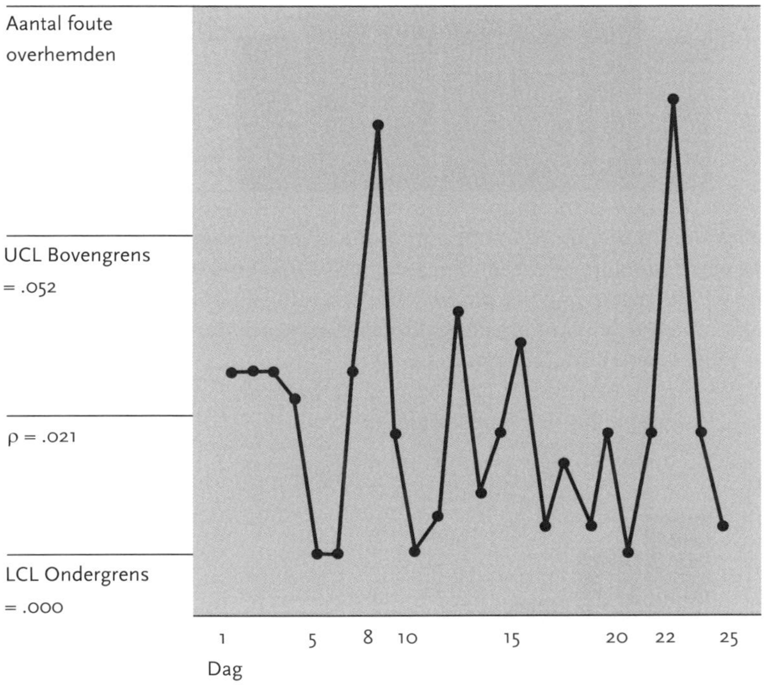

In dit voorbeeld gaat het om de productie van iets concreets, namelijk overhemden. Dagelijks wordt bijgehouden welk percentage door gebreken wordt afgekeurd. Het best is natuurlijk 0% afkeur (= LCL, lower control limit ofwel de ondergrens). Nog net toelaatbaar is 5,2% afkeur (= UCL, upper control limit ofwel de bovengrens). Op dag 8 en dag 22 is de bovengrens overschreden en moet worden nagegaan wat er op die dagen fout is gegaan en welke maatregelen er moeten worden genomen. Het niveau van 2,1% kan worden gebruikt als vroegtijdig waarschuwingssignaal. Als dat niveau al wordt overschreden, kan nog tijdig worden ingegrepen om mogelijk verder afglijden van de kwaliteit te voorkomen. De percentagecijfers (5,2 en 2,1) worden statistisch bepaald en kunnen onder andere afhangen van de feitelijke spreiding in uitkomsten enerzijds (weinig of veel spreiding) en risico's die men wil nemen (denk aan kosten!) anderzijds.

4. *Histogram*. Een histogram geeft weer hoe vaak iets zich heeft voorgedaan. Voor een histogram is dezelfde informatie te gebruiken als voor een controlekaart. De weergave verschilt wel. In plaats van achter elkaar weer te geven welke maten geproduceerd

zijn, wordt nu aangegeven hoeveel er van elke maat geproduceerd zijn. De frequentie wordt dus weergegeven zoals in figuur 13.4.

Figuur 13.4 Voorbeeld van een histogram

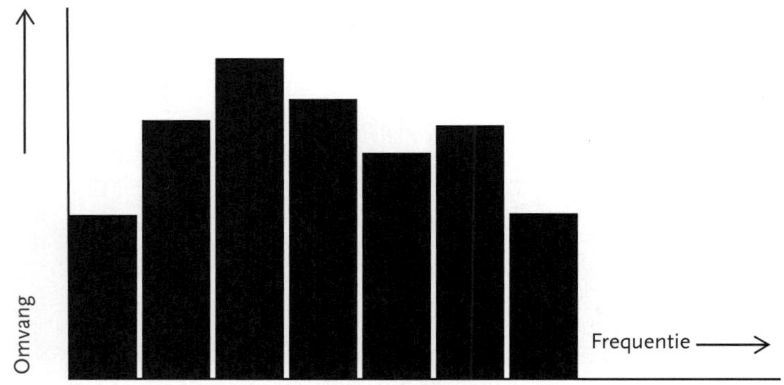

5. *Paretodiagram*. Dit diagram geeft de informatie uit een histogram weer in aflopende volgorde van frequentie. Het geeft dus weer welke maat het meest geproduceerd is. In plaats van de maten van het product kan bijvoorbeeld ook het soort afwijkingen (fouten) genoteerd worden. In een Paretodiagram wordt dan zichtbaar welke afwijking het meest voorkomt. Zie figuur 13.5.

Figuur 13.5 Voorbeeld van een Paretodiagram

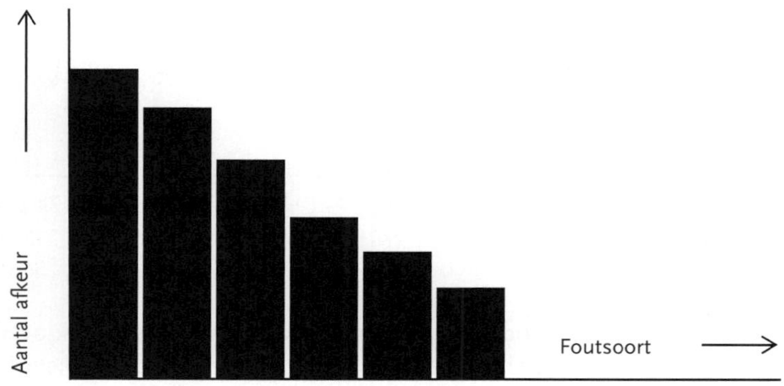

6. *Spreidingsdiagram*. Dit diagram (figuur 13.6) geeft alle waarnemingen weer met twee variabelen. Een variabele kan zijn de maat van het product na een bewerking. Een tweede kan zijn de snelheid waarmee de bewerking is uitgevoerd of het aantal dat is gemaakt nadat een machine is bijgesteld. Door nu alle waarnemingen in een diagram te plaatsen, wordt zichtbaar hoe het verband tussen de twee variabelen is. Dan kan zichtbaar worden dat na een bepaald aantal bewerkingen de nauwkeurigheid van de machine afneemt en dat deze bijvoorbeeld na elke honderd of duizend bewerkingen opnieuw moet worden afgesteld.

Figuur 13.6 Voorbeeld van een spreidingsdiagram

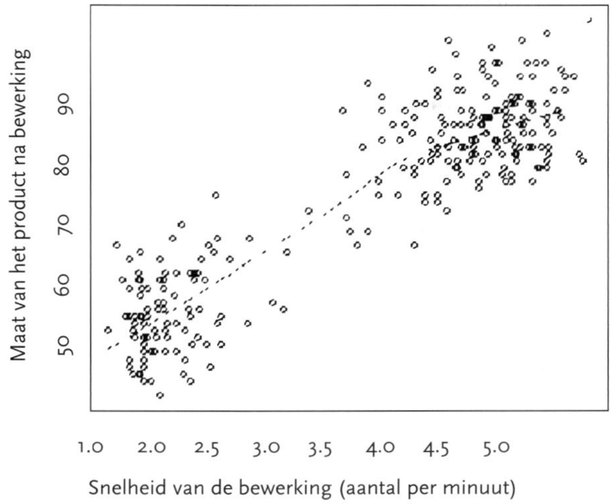

7. *Stratificatiediagram*. Informatie over de kwaliteit van producten en productieprocessen kan afkomstig zijn uit verschillende bronnen. Denk aan verschillende ploegen in een fabriek, gebruikte materialen, verschillende seizoenen enzovoort. Vaak wordt die informatie voor een hele afdeling bij elkaar gevoegd in een diagram. Daardoor verdwijnt het inzicht in de individuele prestaties. Met dit verschijnsel is van tevoren rekening te houden door aan de afzonderlijke waarnemingen een soort etiket te hangen. Figuur 13.7 laat zien dat een grote en nietszeggende spreiding in waarnemingen in wezen een duidelijk patroon laat zien als de bron van de waarneming getoond wordt. In het diagram lijkt het ijzergehalte in een bepaald product ogenschijnlijk willekeurig te zijn. Totdat we kunnen nagaan, door waarnemingen te labelen, dat het om producten uit drie verschillende bronnen gaat en dat per bron een significant verschil in ijzergehalte te zien is. Dat kan ertoe leiden dat met name in bron 3 (te laag ijzergehalte) iets moet worden bijgesteld.

Figuur 13.7 Voorbeeld van een stratificatiediagram

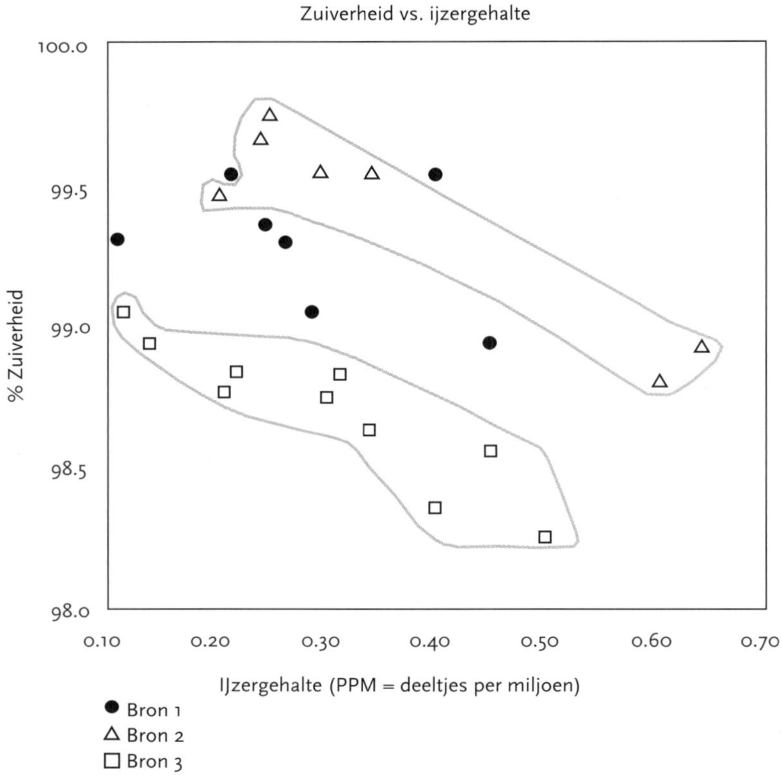

8. *Stroomdiagram*[3]. Een stroomdiagram (figuur 13.8) geeft weer uit welke stappen een deelproces bestaat. Een stroomdiagram kan ook een totaalproces beschrijven. Dan is de detaillering minder dan bij een deelproces. Inzicht in de opbouw van een proces (vgl. projecten en netwerkplanning uit het vorige hoofdstuk) maakt duidelijk welke delen van het proces welke andere delen beïnvloeden en kan zo een oorspronkelijke bron van fouten zichtbaar maken. In de figuur: afwijking X die aan het eind wordt geconstateerd, is afkomstig uit wat er twee stappen eerder in het proces is gebeurd.

3 Sommige benaderingen van kwaliteitsverbetering vervangen het stratificatiediagram door een stroomdiagram. Het is daarom hier als achtste instrument weergegeven.

Figuur 13.8 Voorbeeld van een stroomdiagram

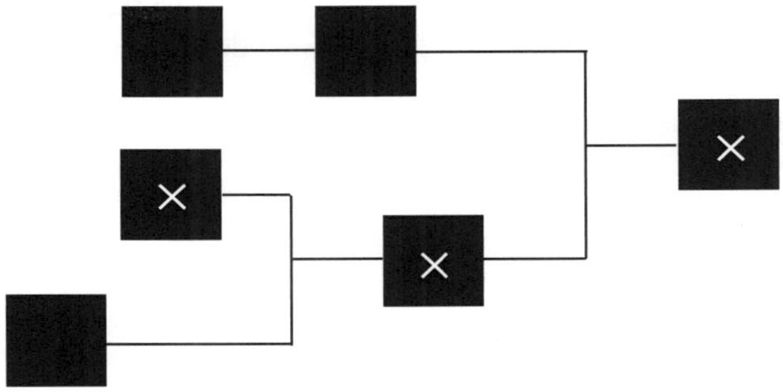

13.5 Processen om kwaliteit te verbeteren

Er zijn verschillende processen om kwaliteit te verbeteren. In de twee volgende paragrafen komen de PDCA-cyclus van Deming en de Six Sigma-benadering aan bod.

13.5.1 De PDCA-cyclus van Deming

Deming heeft de PDCA-cyclus beschreven die te gebruiken is om de kwaliteit te verbeteren. Deze cyclus is een *doorlopend proces* van plan, do, check en act. Figuur 13.9 geeft deze cyclus grafisch weer.

Figuur 13.9 De PDCA-cyclus van Deming

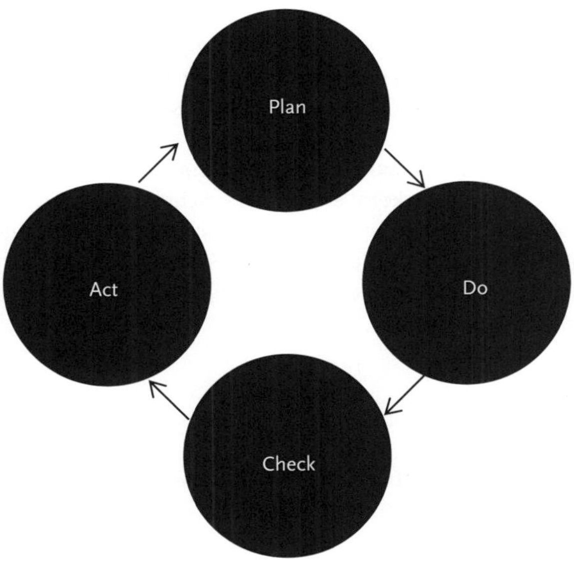

In de fase *plan* maakt de organisatie een plan voor de verbetering van de activiteiten die moeten leiden tot een hogere kwaliteit. In de fase *do* voeren medewerkers het plan uit. In de fase *check* gaat de organisatie na of de geplande verbetering ook tot stand is gekomen. In de fase *act* stuurt het management het verbeterproces eventueel bij aan de hand van de uitkomsten van de checkfase. Zijn de verbeteringen volgens plan gerealiseerd, dan kan het management besluiten die ook op andere plaatsen in de organisatie in te voeren. Daarna volgt weer een planfase en loopt de cyclus weer door. Het proces van kwaliteitsverbetering eindigt nooit. In Japan noemt men dit de kaizen-benadering, waar voortdurend kleine stappen leiden tot voortdurende verbetering. Dit in tegenstelling tot het (vroeger) bij veel westerse organisaties gevonden sprongsgewijze proces van kwaliteitsverbetering.

Deze cyclus is bijvoorbeeld te gebruiken bij afdelingen in een fabriek of binnen administratieafdelingen die hun kwaliteit willen opvoeren. Een groep medewerkers die de kwaliteit binnen de eigen afdeling onderzoekt, problemen oplost en op deze manier werkt aan kwaliteitsverbetering heet een *kwaliteitskring.*

13.5.2 Six Sigma-cyclus: DMAIC

In de Six Sigma-aanpak is ook een verbetercyclus voor bestaande producten en processen ontwikkeld. Deze kent de elementen D, M, A, I en C. Deze letters staan voor de Engelse termen *define, measure, analyze, improve en control.*
In de D(efine)-fase wordt het probleem beschreven en wordt er een projectorganisatie opgezet.
In de M(easure)-fase brengt men het te verbeteren proces in kaart en bepaalt men wat precies gemeten moet worden en hoe dat zal gebeuren.
In de A(nalyze)-fase analyseert men het proces en onderzoekt men mogelijkheden om dat te verbeteren.
In de I(mprove)-fase bepaalt men op welke manieren het proces verbeterd zal worden en wordt het nieuwe proces als proef gestart.
In de C(ontrol)-fase wordt het nieuwe proces als standaard neergezet en beschreven. Ook de gegevens om het proces te volgen worden bepaald. Eventuele terugval in kwaliteit wordt nauwlettend in het oog gehouden en er wordt, waar nodig, bijgestuurd. Voor het ontwerpen van nieuwe producten of nieuwe processen is een enigszins aangepaste cyclus opgezet.
De Six Sigma-aanpak werkt met taakgroepen. De aanpak werkt het best als het initiatief vanuit de top van de organisatie komt en daar ook zichtbaar steun van krijgt. Medewerkers van verschillende niveaus in de organisatie kunnen lid zijn van een of meer taakgroepen. Zij dragen aansprekende functienamen, zoals Executive Leader, Champion, Master Black Belt, Black Belt en Green Belt. De bijdrage aan een verbeterproject voor elke functie is duidelijk omschreven.

13.6 INK-managementmodel

In 1992 werd in Nederland het INK-managementmodel geïntroduceerd. Het is een vertaling van het EFQM-model dat eerder is ontwikkeld op initiatief van veertien presidenten van Europese multinationals. EFQM staat voor European Foundation for Quality Management. Deze stichting is opgericht om de kwaliteit van in Europa geproduceerde goederen te verhogen om de concurrentiestrijd met Aziatische en Amerikaanse ondernemingen te kunnen overleven. In 2008 is het INK-model herzien.

Het model is voor *verschillende doelen* te gebruiken:
1. Het kan dienen als referentiekader dat de verschillende onderdelen van de organisatie met elkaar in verband brengt.
2. Het kan dienen om een diagnose van de organisatie te maken, die daarna de mogelijkheden geeft voor verdere ontwikkeling.
3. Het kan dienen als nuttig middel voor het management om te sturen.

Het INK-model bestaat uit:
- tien aandachtsgebieden;
- vijf fundamentele kenmerken;
- twee veranderwielen;
- vier dimensies.

13.6.1 Tien aandachtsgebieden

Van de tien aandachtsgebieden zijn er vier *resultaatgebieden*.
- *Bestuur en financiers*: stellen strategische kaders vast en zorgen voor financiering.
- *Klanten en partners*: oordelen over de prestaties.
- *Medewerkers*: wat is de toegevoegde waarde (beloning, ontwikkeling) voor hen?
- *Maatschappij*: wat is de bijdrage op het vlak van maatschappelijk verantwoord ondernemen?

Vijf van de aandachtsgebieden zijn *organisatiegebieden*.
- *Management van processen*: hoe worden de processen opgezet en aangestuurd?
- *Strategie en beleid*: hoe wordt de visie vertaald naar concrete te behalen resultaten?
- *Management van medewerkers*: hoe worden de capaciteiten van de medewerkers benut?
- *Management van middelen*: in welke mate worden de middelen op een effectieve en efficiënte manier gebruikt?
- *Leiderschap*: hoe wordt leidinggegeven en hoe worden medewerkers geïnspireerd?

Het tiende aandachtsgebied, *verbeteren en vernieuwen*, verbindt de resultaatgebieden met de organisatiegebieden en moet zorgen voor continue verbetering en vernieuwing.
De organisatiegebieden geven aan wat de organisatie doet of zou moeten doen. De resultaatgebieden geven aan wat het de organisatie oplevert. Leidt bijvoorbeeld een nieuwe strategie of een betere sturing van het proces tot meer tevreden klanten?

De tien aandachtsgebieden worden in het INK-model met elkaar in verband gebracht, zoals in figuur 13.10.

Figuur 13.10 Het INK-managementmodel

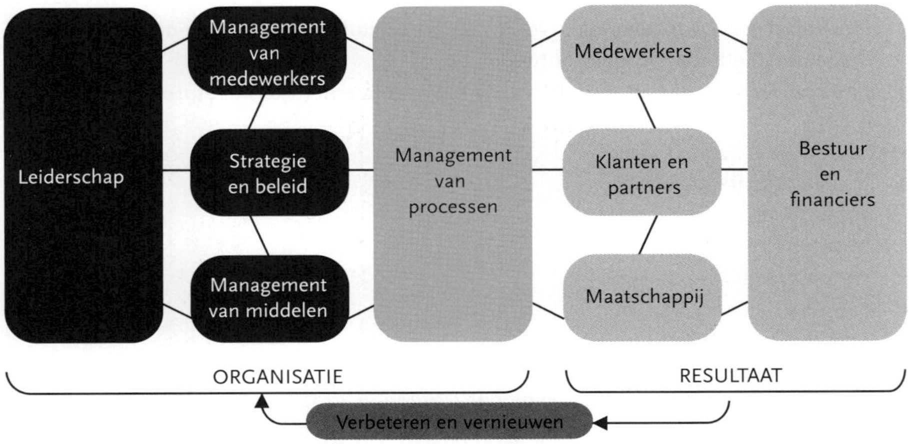

De vijf fundamentele kenmerken en de twee veranderwielen zijn van invloed op de manier waarop de organisatie functioneert. Ze liggen als het ware achter de aandachtsgebieden.

13.6.2 Vijf fundamentele kenmerken

De *vijf fundamentele kenmerken* zijn ontleend aan de praktijk van succesvolle organisaties in Europa. Die kenmerken zijn:

- *Inspirerend leiderschap*: uitdagende doelen stellen, luisteren en inspireren.
- *Bouwen op vertrouwen*: cultuur en competenties zijn de basis voor vertrouwen. Openheid over resultaten.
- *Samenwerking*: gezamenlijke verantwoordelijkheid voor succes, individuele doelen en die van organisatie lopen parallel.
- *Resultaatgerichtheid*: het bereiken van resultaten voor belanghebbenden is belangrijk.
- *Continu verbeteren en vernieuwen*: tijd voor aandacht en reflectie op verbetermogelijkheden.

13.6.3 Twee veranderwielen: PDCA-cyclus en IMWR-cirkel

Veranderen is een kwestie van emotie en rationaliteit. Het ene veranderwiel is het rationele, de plan-do-check-act-cyclus (paragraaf 13.5.1). Het andere is de meer emotionele en culturele IMWR-cirkel die bestaat uit inspireren, mobiliseren, waarderen en reflecteren. Samen geven ze het beeld dat in figuur 13.11 is te zien.

Figuur 13.11 De twee veranderwielen van het INK-managementmodel

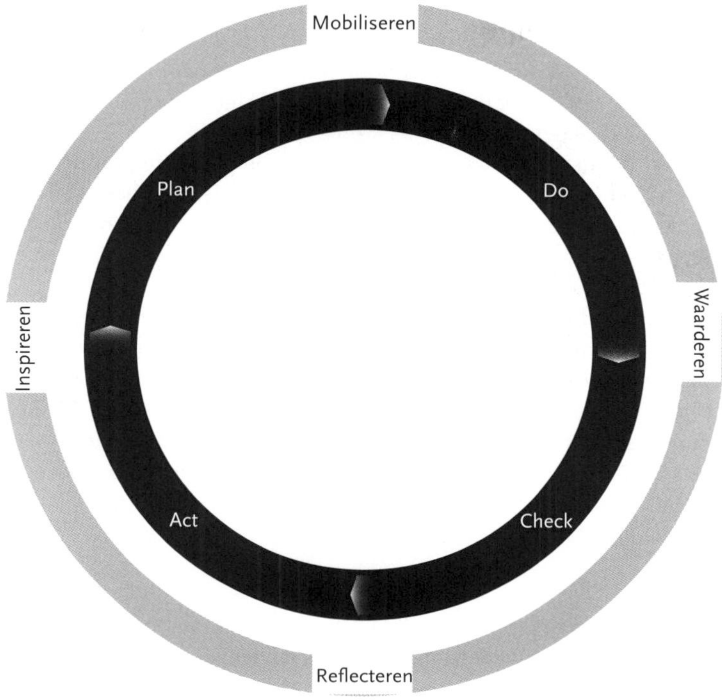

De samenhang zit in de behoefte aan doelgericht en planmatig werk in te bedden in en af te wisselen met regelmatig afstand nemen en bezinnen. Het is een moderne manier om te benadrukken dat werken en rusten beide nodig zijn. Vroeger was de traditionele werkweek vanzelfsprekend, afgewisseld met een even traditionele zondagsrust. Tegenwoordig zitten we in een continue 24 uurseconomie. Daarin is het nodig momenten van rust en afstand in te bouwen: *quality time*.

13.6.4 Vier dimensies

Binnen het INK-model worden vier dimensies onderscheiden. Een dimensie geeft aan op welk niveau van complexiteit naar de organisatie wordt gekeken. Zo is er de dimensie *activiteit*, de kleinste organisatorische eenheid. Een andere dimensie is het *proces*. Dit is een samenhangend geheel van activiteiten met een duidelijk product voor een interne of externe klant. De derde dimensie is de *organisatie*, die als geheel in de externe omgeving moet concurreren. De vierde dimensie is de *keten*, een totaal netwerk van samenwerkende partners die gezamenlijk producten en diensten produceren. Zo is er sprake van steeds bredere systeemgrenzen waarbinnen kwaliteit kan worden bevorderd.

INK kan organisaties op verschillende manieren helpen bij het verbeteren van de prestaties. Zo zijn er voorlichtingsbijeenkomsten en verschillende soorten trainingen en congressen. Ook zorgt INK voor kennisuitwisseling en audits. Voor organisaties die een uitzonderlijke prestatie leveren zijn er onderscheidingen en is er de INK-prijs.

13.7 Certificering

Kwaliteit is niet altijd naar buiten toe gemakkelijk zichtbaar of aantoonbaar te maken. Als een organisatie laat weten dat de kwaliteit van de geleverde producten en diensten hoog is, zal niet iedere klant dat direct voor waar aannemen. Het verwerven van een kwaliteitscertificaat, een verklaring van een onafhankelijke instantie, laat dan zien dat die claim op hoge kwaliteit terecht is.
Een organisatie kan bij verschillende instanties, na een grondige procedure, een certificaat verwerven. Het certificeringsonderzoek om te beoordelen of het keurmerk verleend kan worden, wordt gedaan door een onafhankelijke certificerende instelling (CI). Deze CI mag dus niet – met een andere pet op – betrokken zijn geweest bij eventuele advisering voorafgaand aan het onderzoek.
Een bekend voorbeeld is een ISO 9001-certificering, die op organisaties, groot of klein, in alle sectoren van toepassing kan zijn. Voor de zorgsector bestaan in Nederland verschillende andere certificeringsmogelijkheden. Daarvan hebben de HKZ-en de PREZO-certificering elk een eigen aanpak. Verder bestaat er de specifiek op ziekenhuizen en andere zorginstellingen toegesneden certificering van het Nederlands Instituut voor Accreditatie van Ziekenhuizen (NIAZ). De beoordelingscriteria van deze laatste zijn afgeleid van het in paragraaf 13.6. beschreven INK-model.

13.7.1 ISO-certificering

De International Organization for Standardization (ISO) is een niet-overheidsorganisatie waarin nationale standaardisatie-instituten uit 164 landen samenwerken. Voor Nederland is het Nederlands Normalisatie-instituut (NEN) aangesloten. In overleg worden internationale standaarden vastgesteld voor een groot aantal bedrijfstakken en sectoren. Inmiddels zijn in de loop der jaren meer dan 22.500 verschillende standaarden vastgesteld. De norm ISO 9001 is speciaal ontwikkeld om kwaliteitssystemen te beoordelen. Meer dan 1 miljoen bedrijven zijn ISO-gecertificeerd. De eerste norm (toen nog recommendation) is in 1951 voor het eerst gepubliceerd. In de jaren 1980 werd de eerste ISO-norm vastgesteld, later gevolgd door andere versies, vaak van toepassing in bepaalde sectoren of gebieden. De norm is erop gericht vast te stellen of de organisatie voldoet aan de wensen van de klanten en aan de wettelijke eisen die van toepassing zijn. Verder moet de organisatie de interne processen beheersen. Verschillende onafhankelijke organisaties zijn bevoegd (geaccrediteerd) om audits voor certificering uit te voeren. Een audit is een onderzoek waarbij wordt gekeken of medewerkers zich houden aan de opgestelde kwaliteitsvoorschriften. Er zijn adviesbureaus die organisaties kunnen helpen bij het opzetten van kwaliteitssystemen voordat ze het certificeringstraject ingaan. Nadat een organisatie een aanvraag voor certificering heeft ingediend, volgt de audit, die uit twee fasen bestaat. In de eerste fase wordt onder andere bekeken of de documentatie van het kwaliteitssysteem waarmee de aanvragende organisatie werkt, voldoet aan de eisen van de norm ISO 9001. In wezen beoordeelt de auditor in hoeverre de organisatie klaar is voor de volgende fase, waarin de eigenlijke toetsing gebeurt. Vaak leiden de bevindingen uit de eerste fase tot aanpassing van het bestaande kwaliteitssysteem. In de tweede fase vindt de eigenlijke beoordeling van het systeem en de werking ervan plaats. Als de uitkomst positief is, ontvangt de organisatie het ISO-certificaat. Om het certificaat te behouden, wordt minstens één keer per jaar een controleaudit uitgevoerd die positief moet uitvallen. In de verschillende fasen van het certificeringsproces krijgt de aanvragende organisatie niet alleen een oordeel over de stand van zaken, maar ook aanbevelingen voor verbetering.

13.7.2 HKZ-keurmerk

Het HKZ-keurmerk is ontwikkeld door de stichting Harmonisatie Kwaliteitsbeoordeling in de Zorgsector. Deze stichting is in 2012 samengegaan met NEN, een organisatie op het gebied van normontwikkeling en normtoepassing. Als kwaliteitsinstituut stelt HKZ normen op voor een groot aantal branches in de sector zorg en welzijn. Het eerste model is ontwikkeld in 1996 en het is herzien in 2008. Het model stelt het primaire proces, de behandeling van een cliënt, centraal. Om die cliënt heen staan ondersteunende rubrieken: beleid, medewerkers, ontwikkeling, werkomgeving, inkoop en documentatie. Daaromheen staat op organisatieniveau de PDCA-verbetercyclus (paragraaf 13.5.1). De elementen uit het HKZ-model zijn in figuur 13.12 schematisch weergegeven.

Figuur 13.12 Het HKZ-model 2008[4]

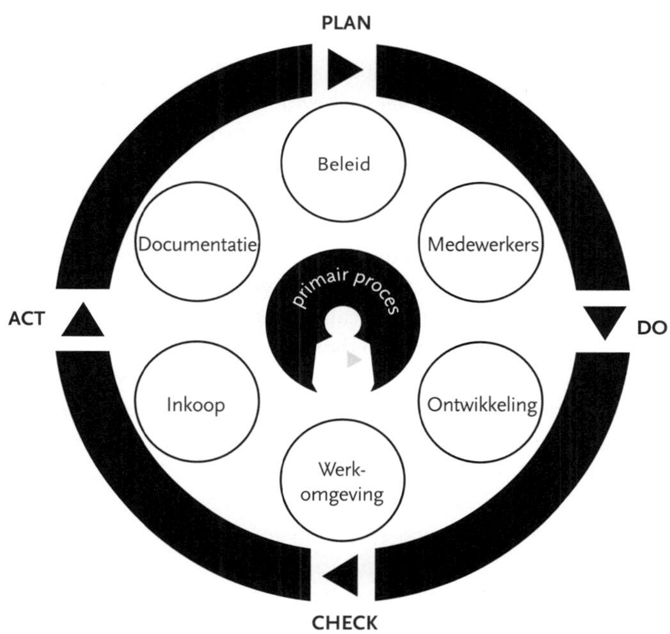

HKZ geeft kwaliteitskeurmerken en veiligheidskeurmerken uit. Om een HKZ-kwaliteitskeurmerk te verkrijgen moet het kwaliteitssysteem van een zorgorganisatie voldoen aan de HKZ-kwaliteitsnormen. Om een veiligheidskeurmerk te verwerven moet de organisatie voldoen aan de HKZ-veiligheidsnormen. Voor veel verschillende delen van de zorg zijn aparte normen ontwikkeld. Niet in alle normen zijn de zes gebieden nog terug te vinden, hoewel het model uit 2008 nog steeds op hoofdlijnen geldt. De normen worden, waar nodig, geactualiseerd. Zo is voor 2019 de herziening van de HKZ-norm Kleine organisaties gepland. Recent werden nieuwe normen ontwikkeld voor Ketenzorg, Persoonscertificatie en een brede norm voor heel Zorg & Welzijn. De ISO-compatibele HKZ-normen zijn aangepast aan ISO 9001:2015.

[4] HKZ heeft besloten het model niet meer op de website te plaatsen. In een reactie (april 2019) gaf HKZ aan dat het nog steeds de basis is voor de normen.

13.7.3 PREZO

PREZO is de samentrekking van de woorden PREstaties en ZOrg. PREZO is een kwaliteitssysteem dat is gericht op verschillende branches in de zorg. Denk bijvoorbeeld aan ergotherapie, gehandicaptenzorg, informele zorg, en verpleging, verzorging en thuiszorg (VVT). De aan de cliënt geleverde prestaties staan centraal in PREZO. Hier ligt een belangrijk verschil met ISO en HKZ. Die twee benaderingen kijken meer naar de vraag of de organisatie aan de voorwaarden voor een goede kwaliteit voldoet. Voor elk van de branches in de zorg is een branchespecifiek PREZO-model ontwikkeld. Figuur 13.13 geeft het PREZO-model 2017 weer zoals dat is ontwikkeld voor de VVT. Het model is een doorontwikkeling van het model uit 2014, die nodig was omdat per 1 januari 2017 het Kwaliteitskader Verpleeghuiszorg van kracht werd. Het model onderscheidt Domeinen, Pijlers en Voorwaarden. Voor elk van de drie zijn waarden omschreven die nagestreefd worden door het leveren van prestaties. Bij *Domeinen* staan de waarden en de prestaties voor de cliënt centraal:

Waarden	Prestaties
– Comfort	Woon- en leefsituatie
– Samen	Participatie
– Genieten	Mentaal welbevinden
– Vitaliteit	Lichamelijk welbevinden

De *Pijlers* maken duidelijk waar de cliënt op mag rekenen bij ondersteuning, communicatie, informatie en cliëntveiligheid:

Waarden	Prestaties
– Uniciteit	Persoonsgerichte zorg
– Transparantie	Communicatie en informatie
– Veiligheid	Cliëntveiligheid

De *Voorwaarden* geven aan waar de organisatie aan moet voldoen om de prestaties te kunnen waarmaken:

Waarden	Prestaties
– Vakkundigheid	Kwaliteit van medewerkers
– Ontwikkelen	Management en governance
– Kwaliteit	Sturen op kwaliteit
– Betrouwbaarheid	Bedrijfsresultaten

Figuur 13.13 Het PREZO-model voor de VVT-branche

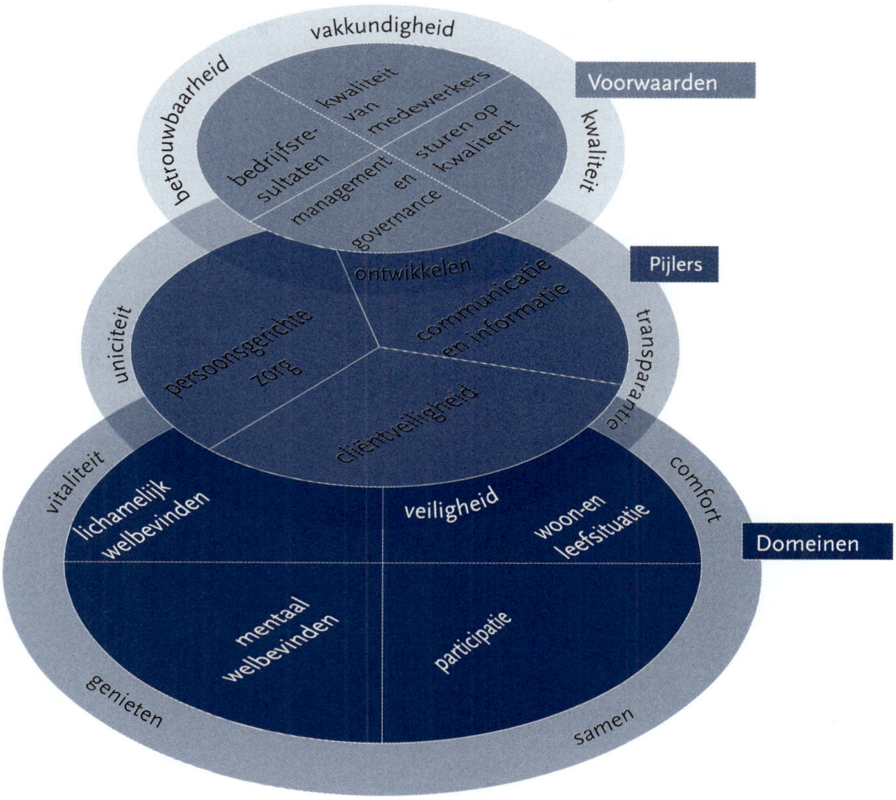

Elk van de genoemde waarden is verder uitgewerkt vanuit verschillende gezichtshoeken. Wij geven van één waarde een verdere uitwerking. De waarde Uniciteit is omschreven als: *mogen zijn wie je bent, erkenning krijgen*. De prestatie voor de cliënt is het ontvangen van zorg en ondersteuning afgestemd op zijn waarden, hulpvraag en wensen. Dit is vastgelegd in een individueel zorgleefplan. De uitwerking geeft daarbij nog als aanvullende waarden bij Uniciteit: *compassie, autonomie, respect en vrijheid*. Bij de beoordeling van de prestatie Persoonsgerichte zorg kijkt het PREZO-model naar 1) de dialoog met de cliënt, 2) het professionele handelen van medewerker en organisatie en 3) de uitkomsten van de persoonsgerichte zorg. Ook deze drie aspecten zijn weer verder uitgewerkt in concrete 'meetpunten'.
Het PREZO-keurmerk wordt, na een onderzoek in de praktijk van een organisatie, uitgegeven door Stichting Perspekt.

13.7.4 PREZO Care

PREZO Care is sinds januari 2019 beschikbaar en toepasbaar in alle sectoren van de langdurige zorg. Van geestelijke gezondheidszorg en jeugdzorg tot gehandicaptenzorg en verpleging, verzorging en thuiszorg. Dit kwaliteitsmodel gaat uit van universele waarden in de zorg. Denk aan: veiligheid, genieten, ontwikkelen en uniciteit. PREZO Care beschouwt kwaliteit op narratieve wijze. Het verhaal staat centraal en zet daarmee niet de meetbare kwaliteit, maar de merkbare kwaliteit voorop. Met de dialoog als basis helpt het te werken met waarden, regels, dilemma's en risico's die uit de verhalen naar boven komen. Dat wordt gedaan aan de hand van perspectieven en kwaliteitswijzers.

Het figuur toont het uitgangspunt van PREZO Care. *Waarden* zijn in principe individueel en tegelijk zijn er formele regels. Waar waarden en *regels* (onderling) botsen, ontstaan spanningsvelden (*dilemma's*). Bijvoorbeeld: een cliënt wil autonomie; de zorgprofessional vindt veiligheid belangrijk. Of: de zorgorganisatie wil tegemoetkomen aan de behoefte aan autonomie, maar dat zou indruisen tegen de formele regels. De dilemma's kunnen risicovolle keuzes met zich meebrengen, maar leiden uiteindelijk tot een *gedragen besluit*.
Er zijn altijd verschillende betrokkenen bij de zorgverlening. Denk aan de cliënt, naaste, zorgprofessional, bestuurder en toezichthouder. Zij kijken met hun eigen bril naar een bepaalde situatie. Ze hebben elk hun eigen verhaal of *perspectief*. De *kwaliteitswijzers* helpen de organisatie om de verhalen over kwaliteit te ordenen. Ze geven aan over welk deel van het werk of de organisatie een verhaal gaat. Hierdoor kunnen de juiste personen bij de besluitvorming worden betrokken.
Het keurmerk PREZO Care wordt, na een onderzoek in de praktijk van de organisatie, uitgegeven door Stichting Perspekt.

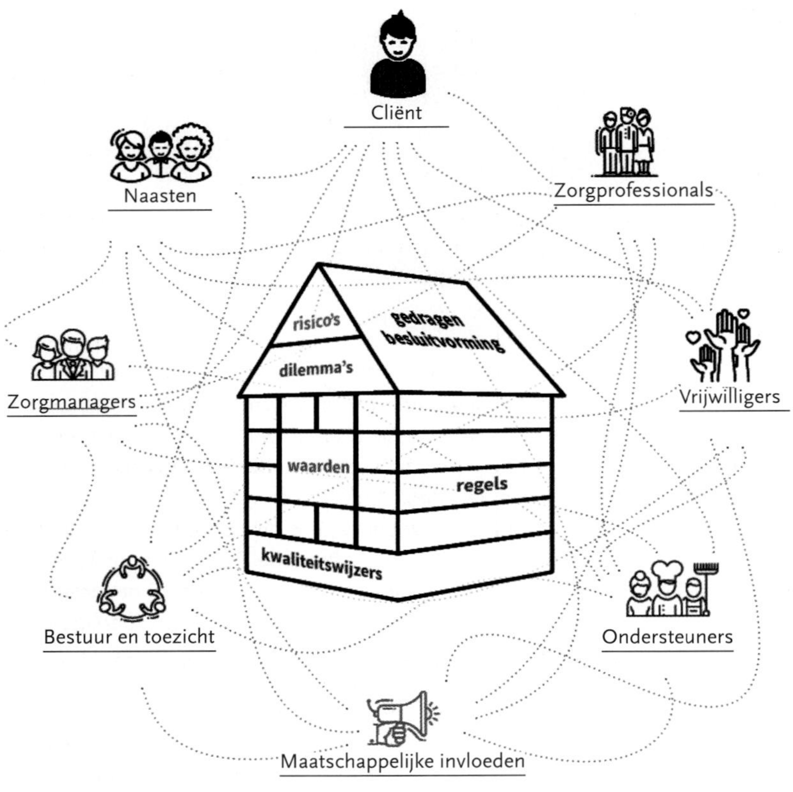

13.8 Kwaliteit van diensten

De voorgaande paragrafen behandelden voorbeelden van kwaliteit van producten en diensten. Deze paragraaf gaat nader in op diensten, omdat die in sommige opzichten lastiger zijn en daarom speciale aandacht vragen als het gaat om kwaliteit. Daarnaast worden in de samenleving diensten in het economische verkeer prominenter.

13.8.1 Diensten zijn anders

Kwaliteit van diensten is moeilijker te beheersen dan van producten, omdat diensten worden gekenmerkt door ontastbaarheid, gelijktijdigheid, vergankelijkheid en heterogeniteit. Dat wil zeggen: diensten zijn immaterieel; je kunt ze niet aanraken, proeven of eromheen lopen, zoals bij kleding, voedsel, een auto of een huis. Ze komen grotendeels tot stand in directe interactie tussen dienstverlener en afnemer.

> ***Interactie bij de huisarts***
> Wanneer je bij de huisarts zit voor een consult en de dokter uitzoekt wat eraan schort door vragen te stellen en hier en daar te voelen en reacties op te roepen, levert hij een dienst. Nadat je de spreekkamer verlaat, stopt dat proces. Je kunt diensten niet bewaren of opslaan in een magazijn. Ten slotte is de ervaring van een dienst heel persoonsgebonden; de huisarts moet zijn aanpak afstemmen op degene die voor hem zit: bij een oudere patiënt wat formeel (Hoe voelt u zich op dit moment?), bij een jongere wat vlotter (Zit je wel lekker in je vel?). Een angstige patiënt moet eerst op z'n gemak worden gesteld; een onzekere moet veel uitleg krijgen. De patiënt levert ook een bijdrage door te reageren, zelf vragen te stellen en suggesties te doen. Dienstverlening is een coproductie!

13.8.2 Specifieke succes- en faalfactoren

Parasuraman, Zeithaml en Berry (1988)[5] hebben in hun bekende SERVQUAL-model vastgelegd dat de kwaliteit van diensten afhangt van een aantal zaken die ze uiteindelijk in vijf factoren hebben samengevat: *responsiviteit, zorgvuldigheid, empathie, betrouwbaarheid* en, waar mogelijk, *tastbaarheid*. Wanneer de organisatie daar goed mee omgaat, zijn het succesfactoren, maar ze kunnen even gemakkelijk omslaan in faalfactoren. De factoren betekenen respectievelijk dat de organisatie snel reageert op de klant die contact zoekt of een vraag heeft, dat medewerkers de klant met kennis van zaken en tegelijk hoffelijk tegemoet treden, dat er inlevingsvermogen wordt getoond met begrip voor individuele omstandigheden van de klant, dat afspraken prompt worden nagekomen en dat de kwaliteit van de dienst zichtbaar en tastbaar wordt gemaakt.
Met het laatste doelen we bijvoorbeeld op de inrichting van de wachtkamer van de dokter (kapot, oud meubilair, beduimeld leesvoer of fris en modern ingericht met recente tijdschriften van enig niveau).

13.8.3 Managen van verwachtingen en het organiseren van een ervaring

Een dienst levert een ervaring op, neem bijvoorbeeld een bezoek aan de kapper. Of je na afloop tevreden of ontevreden bent, hangt ervan af of je kwaliteit hebt ervaren. Maar dat is niet alles; het hangt er ook van af welke verwachting je van tevoren had over die kwaliteit. Bij een hooggespannen verwachting ben je al gauw teleurgesteld. Bij een geringe verwachting valt het al gauw mee. Dit psychologisch principe wordt in de praktijk toegepast in 'verwachtingsmanagement'. Dat wil zeggen dat in de communicatie naar de potentiële klant ernaar wordt gestreefd dat de klant een realistisch verwachtingspa-

[5] Het SERVQUAL-model is in 1988 voor het eerst als artikel verschenen. Later zijn door de auteurs ook diverse boeken over het model en de toepassing ervan geschreven. Zie onder andere Zeithaml et al. (2017).

troon heeft. De verwachting en de ervaring moeten vrijwel overeenkomen (de ervaring is gelijk aan de verwachting). Eventueel mag er een positief verschil zijn (de ervaring is beter dan de verwachting), maar een negatief verschil moet zoveel mogelijk worden voorkomen (de ervaring is minder dan de verwachting). Als de verwachting niet wordt waargemaakt, is er sprake van een kloof. Parasuraman, Zeithaml en Berry (1988) hebben dat inzichtelijk gemaakt met hun 'klovenmodel'. De kloof tussen de verwachting en de ervaring (kloof 5) staat daarin centraal. Het model laat zien dat die kloof op vier manieren kan ontstaan:

- Kloof 1: wanneer het management van de organisatie geen goed zicht heeft op de verwachtingen van klanten, bijvoorbeeld doordat er geen goed marktonderzoek wordt gedaan.
- Kloof 2: wanneer de verwachtingen wel goed worden gezien, maar niet goed worden 'vertaald' in het ontwerp van de dienst, bijvoorbeeld doordat eisen van de klant niet serieus worden genomen en dus genegeerd.
- Kloof 3: wanneer het ontwerp van de dienst wel goed is, maar de uitvoerders van de dienst fouten maken, bijvoorbeeld doordat de interne communicatie gebrekkig is en de medewerkers niet goed zijn geïnstrueerd of gemotiveerd.
- Kloof 4: wanneer de externe communicatie gebrekkig is en bij de klant onjuiste (vooral te hoge) verwachtingen zijn gewekt, bijvoorbeeld doordat reclamemakers gouden bergen beloven, die niet realistisch zijn.

Volgens Parasuraman c.s. geldt: kloof 5 = kloof 1 + kloof 2 + kloof 3 + kloof 4.
Dit wil zeggen dat elk van de kloven 1, 2, 3 of 4 op zich al een kloof tussen verwachting en ervaring kan opleveren, maar dat er soms meer dan één kloof valt aan te wijzen, wat het ingrijpen vanuit het management des te dringender maakt.

Figuur 13.14 geeft het klovenmodel weer.

Figuur 13.14 Het klovenmodel

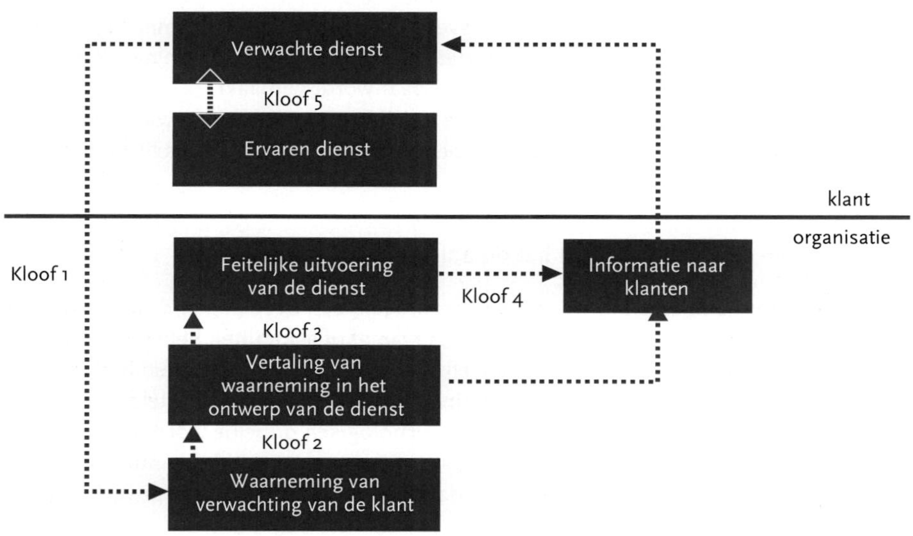

Met spoed bij de garage langs?
Neem bijvoorbeeld een garagebedrijf: klanten verwachten misschien dat ze zonder afspraak met een probleem kunnen langsrijden en dat ze dan meteen geholpen worden. Kloof 1 ontstaat als de directie van de garage dat niet doorheeft. Dan worden grote aantallen klanten steevast teleurgesteld en komen ze misschien nooit meer terug, ook niet als ze een nieuwe auto willen kopen. Stel dat de directie de verwachting van klanten wel goed ziet, dan kan alsnog kloof 2 ontstaan als de reparatieafdeling niet de instructie krijgt dat klanten met spoedproblemen met voorrang moeten worden geholpen. Kloof 3 doet zich voor als die instructie wel wordt gegeven, maar de medewerker aan de receptie klanten toch lang laat wachten of onverschillig bejegent. Overigens kan het garagebedrijf besluiten dat spoedreparaties de dagelijks al ingeplande werkzaamheden te veel verstoren en dat het daar niet aan kan beginnen. Maar dan moet het kloof 4 niet laten ontstaan: de garage hoort dan in haar communicatie (bijvoorbeeld via de website, in het keuzemenu na het opnemen van de telefoon of bij ontvangst aan de receptie) duidelijk te maken dat spoedproblemen niet meteen en vanzelfsprekend, maar bijvoorbeeld alleen in overleg kunnen worden opgepakt.

THEORIE

13.9 Afhandeling van klachten

Ondanks het nastreven van kwaliteit kan er toch regelmatig iets fout gaan. Sterker nog: er zál het nodige fout gaan en klanten zullen teleurgesteld zijn. De vraag is nu hoe daarmee moet worden omgegaan. Het is belangrijk dat dit goed gebeurt, om klanten alsnog te behouden, om ervan te leren (een klacht is een ongevraagd advies) en om in de organisatie het signaal af te geven dat klantgerichtheid serieus wordt genomen. Het is zelfs goed om klachten niet alleen niet te negeren, maar ze juist te stimuleren: 'Bent u tevreden, vertel het anderen. Hebt u een klacht, zeg het ons.' De praktijk wijst uit dat naast iedere klant die een klacht uit, er waarschijnlijk een veelvoud aan andere klanten is dat ontevreden is over hetzelfde, erover zwijgt tegenover de organisatie, maar het wel doorvertelt aan vrienden en kennissen.

Klachten snel, duidelijk en eerlijk afhandelen, dat is hét recept om de reputatie van de organisatie te redden. Een adequate afhandeling kan zelfs de relatie met de klant versterken en de kans dat de klant terugkomt vergroten, zo blijkt uit onderzoek. Om dat te bereiken, is een aantal voorwaarden nodig. Zoals bijvoorbeeld eerstelijnsmedewerkers goed instrueren en de nodige bevoegdheden geven klachten tot op zekere hoogte zelf af te handelen in plaats van deze door te schuiven. Verontschuldigingen alleen zijn soms niet voldoende. Een eventuele materiële compensatie moet in verhouding staan tot de omvang van eventuele schade of ongemak. Vaak zoekt men die in een vorm die de relatie in stand houdt. Bijvoorbeeld bij een klacht over een hotelovernachting kan men de klant een voucher geven voor een weekendarrangement of een dinerbon die hij op een later moment kan verzilveren.

13.10 Vragen en opdrachten

1. Kwaliteit en het belang van kwaliteit

a. Wat is de algemeen aanvaarde definitie van kwaliteit?

b. Als u spreekt over een product of dienst met een hoge kwaliteit, wat verstaat u dan zelf onder kwaliteit? Licht uw antwoord toe met een voorbeeld.

c. Michael Porter heeft aangetoond dat superieure kwaliteit leidt tot superieure resultaten. Welke belangrijke opmerking maakt Porter daarbij?

d. In hoofdstuk 6 wordt ingegaan op de door Porter onderscheiden laagstekostenstrategie en differentiatiestrategie. Met welke van deze positioneringsstrategieën kan het streven naar kwaliteit worden gecombineerd? Licht uw antwoord toe.

e. Waarin verschilt de manier waarop ondernemingen de kwaliteit van hun producten en diensten in de zakelijke markt communiceren van de manier waarop ondernemingen dat doen in de particuliere markt?

2. Korte historie van kwaliteitsmanagement

a. In de jaren zeventig van de vorige eeuw hadden Amerikaanse bedrijven op het terrein van kwaliteitsmanagement last van de 'wet van de remmende voorsprong'. Beschrijf kort met welk probleem Amerikaanse bedrijven te maken kregen en wat de oorzaak hiervan was.

b. De aanpakken om kwaliteit te verbeteren van Deming, Baldridge, Six Sigma en INK hebben een aantal kenmerken gemeen. Noem er drie.

c. Het Nederlandse INK-managementmodel is in 1992 geïntroduceerd in vervolg op een Europees initiatief. Waar was de aanleiding voor dat initiatief?

3. Meten is weten

a. Een van de door de Japanse kwaliteitspropagandist Ishikawa ontwikkelde basisinstrumenten voor het verbeteren van de kwaliteit is het Ishikawa-diagram. Hoe wordt dit diagram ook wel genoemd? Leg uit hoe organisaties dit diagram kunnen toepassen om de kwaliteit te verbeteren.

b. Wat is het verschil tussen een histogram en een Paretodiagram?

c. Welk(e) basisinstrument(en) in het kader van 'meten is weten' zou u binnen uw eigen organisatie willen toepassen? Licht uw keuze toe.

PRAKTIJK

4. **Processen om kwaliteit te verbeteren**
   a. In hoofdstuk 2 is het onderscheid gemaakt tussen descriptieve en prescriptieve of normatieve theorieën. Als wat voor soort theorie kan de PDCA-cyclus van Deming worden beschouwd? Licht uw antwoord toe.

   b. Waarin komen de PDCA-cyclus en de kaizen-benadering overeen, gelet op het proces van kwaliteitsverbetering dat wordt nagestreefd?

   c. Waarvoor staan de letters D, M, A, I en C in de Six Sigma-cyclus?

5. **Het INK-managementmodel**
   a. Noem twee doelen waarvoor het INK-managementmodel kan worden gebruikt.

   b. In het INK-managementmodel wordt onderscheid gemaakt tussen organisatiegebieden en resultaatgebieden. Wat is het verschil tussen organisatiegebieden en resultaatgebieden?

   c. Het INK-managementmodel kent twee veranderwielen. Welke twee veranderwielen zijn dat? Waarom worden twee veranderwielen gecombineerd binnen dit model?

6. **Certificering**
   a. Wat wordt verstaan onder de norm ISO 9001?

   b. Wat is een audit?

   c. Wat is het belangrijkste verschil tussen de HKZ- en de ISO 9001-benadering?

7. **Kwaliteit van diensten**
   a. In het SERVQUAL-model hangt de kwaliteit van diensten af van vijf factoren. Welke vijf factoren zijn dat?

   b. Welke dienst hebt u onlangs afgenomen? Hoe beoordeelt u deze dienst? Gebruik hiervoor de vijf factoren uit het SERVQUAL-model. Ziet u de factoren voor de betreffende organisatie als succes- of faalfactoren? Welke factor vindt u bij de beoordeling van deze dienst het belangrijkst? Waarom?

   c. In het klovenmodel ontstaat de eerste kloof als het management van de organisatie de verwachtingen van klanten niet goed percipieert. Geef twee mogelijke verklaringen voor het ontstaan van deze verkeerde perceptie of waarneming.

13.11 Oefencase: verbeter de kwaliteit

Montageploegen van ESS zorgen op locatie voor de inbouw van deuren en systemen. Het pasklaar inzetten van draaideuren en gebruiksklaar maken van elektronische systemen is specialistisch werk, wat bouwaannemers uitbesteden. ESS heeft ook onderhoudstechnici die ervoor zorgen dat de systemen het goed blijven doen. De gebruikers nemen daarvoor een onderhoudsabonnement, wat ESS een continue stroom van extra inkomsten oplevert, ook nu de wereldwijde crisis heeft geleid tot grote terugloop in de bouwsector.
De onderhoudsmensen zijn ook oproepbaar bij storingen. Dat is een verhaal apart. In een groot ziekenhuis kwamen laatst de automatische toegangsdeuren vast te zitten door een brandje in een schakelkast. De monteur van ESS kwam te laat opdraven, omdat hij de ingewikkelde onderhoudsklus waarmee hij bezig was niet zomaar kon onderbreken. De technische dienst van het ziekenhuis had toen zelf al een oplossing gevonden. Dat was niet met hoogwaardige (en dure) ESS-onderdelen, maar dat maakte ziekenhuispersoneel, patiënten en bezoekers niets uit. Het werkte allemaal tenminste weer. Erger was dat het ziekenhuis door deze ervaring besloot het onderhouds- en storingswerk voortaan zelf te blijven doen en dat ESS een belangrijke klant kwijt was.

Het voorgaande is een dramatisch verhaal, maar de laatste tijd zijn er meer klachten over de storingsdienst van ESS. Storingsmonteurs laten vaak lang op zich wachten, dat komt omdat ze van onderhoudswerk afgehaald moeten worden, zoals in het verhaal hiervoor. Maar er is meer aan de hand: klanten klagen dat monteurs weinig begrip tonen voor hun boosheid. 'Sorry hoor, maar ik heb ook mijn problemen' of 'Daar heb ik niks mee te maken, meneer; daarvoor moet u bij mijn baas wezen', zijn het soort antwoorden dat een opgewonden klant nog meer op de kast jaagt. En als de monteur aan de slag gaat, dan gebeurt het vaak dat hij niet de goede onderdelen bij zich heeft. Hij was die dag nu eenmaal een ander type deur aan het monteren en kon niet weten dat deze storing er opeens tussendoor zou komen. En dan wordt het algauw: 'Dit gaat vandaag niet meer lukken, ik zal het doorgeven en misschien komt er dan morgen iemand anders langs.' Als de boze klant dat niet pikt, kan de monteur niet anders zeggen dan: 'Ja, maar zo is het bij ons geregeld; ik kan u niets beloven.' Ook heeft de monteur niet altijd voor alle mogelijke storingen het juiste gereedschap bij zich. Laatst heeft een monteur daardoor het probleem alleen maar groter gemaakt toen hij – goedbedoeld – probeerde een vastgelopen glazen schuifdeur met grof geweld weer in beweging te brengen, want over het juiste afstelgereedschap beschikte hij niet. De deur versplinterde en de klant was nog verder van huis. Geen wonder dus dat er klachten bij ESS binnenkomen over de storingsdienst. De verantwoordelijke manager, het hoofd Onderhoud, haalt daarover gefrustreerd zijn schouders op: 'Alsof ik er iets aan kan doen; iemand hier heeft ooit verzonnen dat storingen moeten worden opgevangen door de reguliere onderhoudsploegen. Alsof storingen een zeldzaamheid zijn, maar dat is bij het intensieve gebruik van onze deuren nou eenmaal niet zo.' Hij legt de klachten dan ook maar naast zich neer en de klanten horen er niets meer over.
Zijn pleidooi voor een aparte storingsdienst, 24/7 beschikbaar en toegerust met alle noodzakelijke gereedschap en materialen, is door de directie afgewezen: 'Veel te duur. Stel dat ze een dag niets te doen hebben; laat ze in elk geval onderhoud doen.' Dat dit alles de reputatie van ESS geen goed doet, merken de verkopers, want potentiële klanten gaan steeds meer de zekerheid van gegarandeerde service en nazorg eisen en als de verkoper die niet kan toezeggen, dan haken ze af.

Opdracht

U bent de assistent van het hoofd Onderhoud. Hij heeft aan u gevraagd op een rijtje te zetten wat de problemen bij de storingsdienst zo hardnekkig maakt en wat hij bij de directie naar voren moet brengen om hen ervan te overtuigen dat het zo niet langer kan. Ook wil hij van u weten hoe het dan wel zou moeten.

Aan u wordt gevraagd het probleem te analyseren en suggesties voor een oplossing te doen.

13.12 Extra: Protocollen overboord, personeel blij

In veel organisaties in de zorg zijn protocollen ingevoerd om de kwaliteit van de zorg te verbeteren. Die protocollen hebben ook nadelen, zoals tijdverspilling en lagere motivatie van het personeel. Sommige zorgorganisatie gooien het roer om, zoals zorginstelling JP van den Bent.

De zorg kampt met personeelstekorten en een imagoprobleem, maar er zijn werkgevers die het wél lukt hun mensen tevreden te houden. Hoe doen zij dat?
Het hoofdkantoor van zorginstelling JP van den Bent, 'de JP' voor intimi, is een onopvallend kantoorpand op een bedrijventerrein in Deventer. Hier werken 35 mensen, maar de noeste arbeid wordt verricht op de 170 locaties in Noord- en Oost-Nederland. Daar verzorgen 3000 medewerkers zo'n 4000 cliënten, van mensen met autisme, psychiatrische problemen of verstandelijke beperkingen tot volwassenen met een zeer laag IQ.

Op het hoofdkantoor verdwijnt binnenkort de receptie. Ook hebben ze hier geen inkoop-, communicatie- of ICT-afdeling. Maatwerk is het codewoord voor de gang van zaken: op de locaties doen werknemers samen met de cliënten inkopen en als de website hapert, wordt hulp van buiten ingehuurd.

Personeelsproblemen in de zorg

- Met 1,2 miljoen werknemers is de zorgsector de grootste werkgever van Nederland.
- Het aantal vacatures loopt op. In 2022 is er naar verwachting een tekort van 100.000 tot 125.000 mensen.
- Zorgpersoneel lijdt onder de hoge werkdruk. Uit onderzoek van beroepsvereniging V&VN blijkt dat 69% vindt dat die het afgelopen jaar is toegenomen.

Directeur Ruud Klarenbeek (62) en stafmedewerker Tanja Scholten (54) zitten aan een vergadertafel. Samen hebben zij meer dan een halve eeuw ervaring in de zorg. Klarenbeek is een van de ontwikkelaars van de JP. Die scheidde zich in 1998 af van zorginstelling ASVZ. De toenmalige managers waren ontevreden over de organisatie die de cliënt centraal stelde. De JP wilde dat niet de cliënt, maar de relatie tussen medewerker en cliënt centraal stond. De gedachte is namelijk dat wie een goede dienstverlener wil zijn, goed voor de medewerkers moet zorgen.
Die werkwijze heeft resultaat: het ziekteverzuim onder het personeel ligt gemiddeld twee procentpunt lager dan gemiddeld in de sector en de stichting scoort hoog op lijstjes met populaire werkgevers. Ook de kwaliteit van zorg, die de instelling jaarlijks door een onafhankelijke partij laat meten, wordt door cliënten en hun verwanten hoog gewaardeerd.

Werknemerstevredenheid is hoog bij uw stichting. Waar zit 'm dat in?
Scholten: 'Van nieuwe medewerkers horen wij dat de ruimte die zij krijgen om naar eigen inzicht te handelen, hen het meeste aanspreekt.'

EXTRA

Klarenbeek: 'Wij verwachten van werknemers dat zij hun hersenen gebruiken, in plaats van over te schakelen op de automatische piloot. Het is de bedoeling dat mensen hun eigen verantwoordelijkheid nemen.' De JP trok wijze lessen uit de crisisopvang, waar vanwege de acute situaties sowieso een beroep wordt gedaan op het gezonde verstand van medewerkers.

Scholten: 'Je hebt daar geen invloed op wie er binnenkomt en je moet dus wel kijken naar het individu. Dan denk je bijvoorbeeld: "Deze cliënt is zo vies, die moet worden gewassen. Maar hij wil niet, dus niet nu, maar morgenochtend." We hebben een sterke doe-cultuur en die komt daarvandaan.'

De zorgsector hecht erg aan protocollen. U niet.
'Nee. Wij hebben drie protocollen en 37 richtlijnen, andere instellingen hebben er vaak honderden. Dat gaat ver: tot "wat te doen bij sneeuwoverlast" aan toe. Bij ons is daar geen vraag naar.'

De beslissingsbevoegdheid van het personeel gaat ver. Is ergens een tillift nodig, dan wordt de medewerker op de locatie geacht er zelf een te kiezen en te bestellen. Ook in zeer complexe situaties bestaat er geen protocol waarachter personeel zich kan verschuilen of op kan terugvallen.

Zo is er het voorbeeld van een epilepsiepatiënt die niet met het busje, maar met de fiets naar haar werk wilde. Na uitvoerig overleg tussen behandelaars en familie werd besloten om de vrouw te laten fietsen, ondanks het risico die de afgelegen route met zich meebracht. Op een dag ging het mis: ze kreeg onderweg een aanval, viel en verdronk in een plas water. Scholten: 'Dat is vreselijk. En toch kun je achteraf, ook met de ouders, samen concluderen dat er zorgvuldig is gehandeld.'

Bent u niet bang dat medewerkers belangrijke zaken over het hoofd zien, als er geen protocol is?
Scholten: 'Nee. In de zorg lijkt het soms of we met die protocollen alle risico's willen uitsluiten. Dat doen wij niet op die manier. Wij bespreken de risico's met elkaar en dat maakt het krachtig: het vergroot het bewustzijn.'

Teams mogen zelfstandig opereren. Op andere plekken mislukt dat vaak. Thuiszorgorganisatie Cordaan stopte vorig jaar met zelfsturende teams en zij zijn niet de eerste. Waarom werkt het bij jullie wel?
Klarenbeek: 'Het is niet van bovenaf opgelegd. De zelfstandigheid zit in de genen van onze organisatie. Dat heeft veel tijd nodig en kun je niet zomaar als systeem invoeren.'

Als het team er niet uitkomt, wie hakt dan de knoop door?
'Dan is er de teamcoördinator. Dat is geen klassiek leidinggevende, ik noem het eerder "een coach met mandaat".'

Medewerkers krijgen veel vrijheid. Hoe ver gaat dat?
'Soms zit iemand tijdelijk in een levensfase die niet handig is. Bij ons hoef je dan geen speciaal verlof op te nemen. Want waarom kan een mens het niet zelf regelen? Stel: je werkt 28 uur per week en je merkt dat die laatste 8 uur niet passen, wat de argumenten ook zijn. Maak eens een afspraak met de collega's: met twintig uur ga ik het redden.'

Dat vinden mensen lastig. Ze vragen: "Maar dan blijft iemand thuis en dan krijgt die toch die uren betaald?" "Ja".'

Frustrerend voor iemand die bijvoorbeeld geen kinderen heeft. Die krijgt dat niet.
'Klopt: we zijn allemaal ongelijk. Maar er is niets ongelijkers dan ongelijke mensen gelijk te behandelen.'

En als jij een keer iets hebt...
'Precies! En in teams gaat het daar dus over: kun je verdragen dat het verschillend is? En je weet wie de kantjes ervanaf loopt. Wij geloven in het zelfreinigend vermogen. Vertrouwen geven werkt. En het vergroot de loyaliteit van werknemers enorm.'

Bron: FD, 3 april 2019, p. 14-15

EXTRA

13.13 Antwoorden

1. Kwaliteit en het belang van kwaliteit

a. Kwaliteit is de mate waarin een product of dienst voldoet aan de wensen van de klant.

b. Bij een product kan worden gedacht aan de duurzaamheid (gaat het lang mee?), de mogelijkheden in gebruik en het design. Bij een dienst gaat het bijvoorbeeld om de snelheid waarmee de dienst is verleend, de vriendelijkheid van de dienstverlener en het uiteindelijke resultaat van de dienst.

c. De hoge kwaliteit moet wel door de klant worden opgemerkt. Dit vraagt van organisaties dat ze de kwaliteit van hun producten en diensten ook (kunnen) overbrengen naar de klant. Een bedrijf dat dezelfde hoge kwaliteit beter naar de klant weet over te brengen door dit goed te communiceren, zal een hogere prijs voor het product kunnen vragen.

d. Het streven naar kwaliteit kan met beide positioneringsstrategieën worden gecombineerd. In het geval van differentiatiestrategie zorgt een product of dienst met een hoge kwaliteit ervoor dat een organisatie zich in de ogen van haar afnemers onderscheidt van haar concurrenten. In het geval van laagstekostenstrategie zorgen efficiëntere productieprocessen voor lagere kosten en daarmee voor een lagere prijs voor dezelfde kwaliteit, dus een betere prijs-kwaliteitverhouding in de ogen van de afnemers.

e. In de zakelijke markt (*business-to-business*) gaat het met name om persoonlijk contact en het opbouwen van een langetermijnrelatie met zorgvuldig gekozen afnemers. Het opbouwen van een kwaliteitsimago gaat hier langzaam, maar kan vele jaren standhouden. In de consumentenmarkt (*business-to-consumer*) gaat het vaak om grote aantallen afnemers. Meestal gaat het om eenmalige koopmomenten en moet de klant zo vlug mogelijk van de kwaliteit overtuigd worden, zoals bij Tel Sell-commercials en bij – vaak vermakelijke – demonstraties van 'revolutionaire' kussens of schoonmaakmiddelen op braderieën.

2. Korte historie van kwaliteitsmanagement

a. In de jaren zeventig van de vorige eeuw stonden Amerikaanse producten hoog aangeschreven. Japan had in die tijd last van producten met een slechte kwaliteit. Dankzij Deming en Baldridge waren Japanse ondernemingen in staat de kwaliteit van hun producten enorm te verbeteren. Door hun goede reputatie vonden de Amerikanen het in eerste instantie niet nodig om hierop te reageren en raakten op achterstand. Pas later namen zij de lessen van Deming en anderen ter harte.

b. Meten is weten, nadruk op processen, oog voor de klant, strategische aandacht voor kwaliteit en aandacht voor samenwerking.

c. De aanleiding was de zwakker wordende concurrentiepositie van Europese producenten tegenover die uit Azië en Amerika. Het doel was en is sterker in die concurrentiestrijd te staan.

3. Meten is weten

a. Het Ishikawa-diagram wordt ook wel 'diagram van oorzaak en gevolg' of 'visgraatdiagram' genoemd. Met het Ishikawa-diagram worden de oorzaken van kwaliteitsproblemen in kaart gebracht. Hierdoor kan gericht worden gewerkt aan het oplossen ervan.

b. Het Paretodiagram geeft dezelfde informatie als een histogram weer, maar dan in aflopende volgorde van frequentie, waardoor in één oogopslag is te zien welke soorten fouten het ernstigst zijn.

c. Hier is het belangrijk dat het basisinstrument van uw keuze de kwaliteitsproblemen en de oorzaken ervan goed in kaart brengt.

4. Processen om kwaliteit te verbeteren

a. De PDCA-cyclus is een voorbeeld van een normatieve theorie. De cyclus laat zien welke stappen organisaties permanent zouden *moeten* zetten om de kwaliteit te verhogen. Het model heeft dus een voorschrijvend (prescriptief of normatief) karakter.

b. Beide benaderingen gaan ervan uit dat het proces van kwaliteitsverbetering nooit eindigt.

c. De letters D, M, A, I en C in de Six Sigma-cyclus staan voor de Engelse termen define, measure, analyze, improve en control.

5. Het INK-managementmodel

a. Als referentiekader om verschillende aspecten van de organisatie met elkaar in verband te brengen, om een diagnose van de organisatie te maken, als middel voor het management om te sturen.

b. De organisatiegebieden geven aan wat de organisatie doet of zou moeten doen. De resultaatgebieden geven aan wat het de organisatie oplevert.

c. De twee veranderwielen zijn de PDCA-cyclus en de cyclus die bestaat uit inspireren, mobiliseren, waarderen en reflecteren. De eerste cyclus – de PDCA-cyclus – is het rationele veranderwiel en de tweede cyclus is de meer emotionele en culturele cyclus. Beide cycli zijn nodig, omdat het INK-managementmodel ervan uitgaat dat veranderen een combinatie is van emotie en rationaliteit.

6. Certificering

a. De norm ISO 9001 is speciaal ontwikkeld om kwaliteitssystemen te beoordelen. Met deze norm kan worden vastgesteld of organisaties voldoen aan de wensen van de klant en aan de wettelijke eisen die van toepassing zijn. Verder moet de organisatie de interne processen beheersen.

b. Een audit is een onderzoek waarbij wordt gekeken of het kwaliteitssysteem op papier in orde is en of het in de praktijk ook echt werkt.

c. De ISO 9001-benadering is gebaseerd op een generiek model dat gebruikt kan worden binnen elke sector. De HKZ-benadering is daarentegen toegesneden op de sector zorg en welzijn; binnen deze sector maakt HKZ nog verschil tussen verschillende subsectoren, zoals apotheken en ziekenhuizen.

7. Kwaliteit van diensten

a. Responsiviteit, zorgvuldigheid, empathie, betrouwbaarheid en tastbaarheid.

b. De beoordeling van de dienst dient aan te sluiten bij de factoren die worden genoemd in het SERVQUAL-model.

c. Uiteenlopende oorzaken kunnen hier juist zijn:
- Het management denkt te weten wat de klant wil en is niet bereid te investeren in een gedegen marktonderzoek.
- Het management besteedt te weinig tijd aan het inwinnen van informatie direct van de klant.
- Tussen het uitvoerend personeel en het topmanagement zitten te veel managementniveaus, waardoor informatie van en over de klant het topmanagement niet, onvolledig of vervormd bereikt.

13.14 Uitwerking oefencase[6]

De problematiek is af te beelden in een Ishikawa-diagram (zie figuur 13.15).

6 Dit boek biedt alleen de samenvattende conclusie van de uitwerking. De complete uitwerking is te vinden op www.conceptuitgeefgroep.nl.

Figuur 13.15 Ishikawa-diagram voor het probleem van ESS

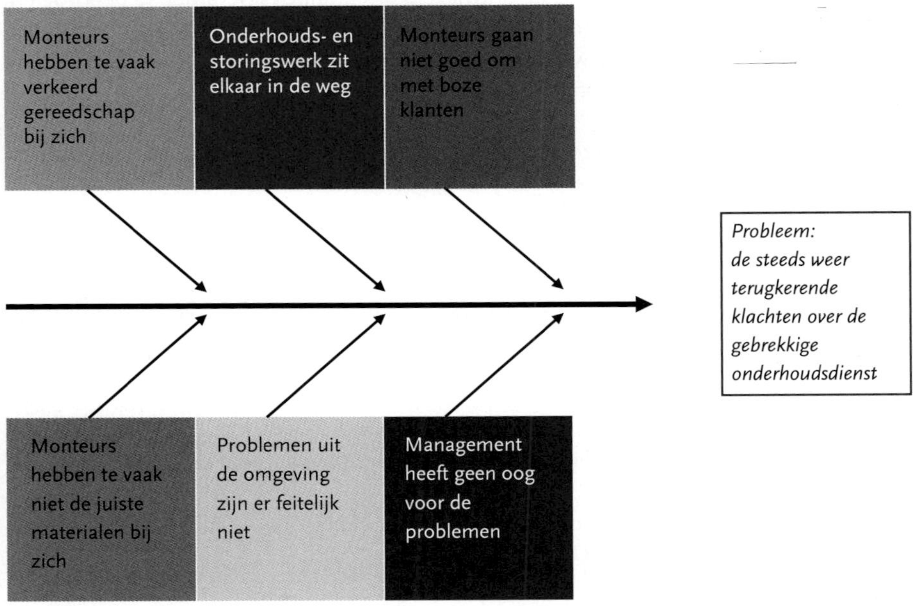

Legenda: hoe donkerder een deelprobleem is, des te meer draagt het bij aan het totaalprobleem.

Suggesties voor oplossing

Een reorganisatie ligt voor de hand, waarbij er een ontvlechting plaatsvindt van het onderhoudswerk en de storingsdienst. Aan het management moet duidelijk worden gemaakt dat dit de enige weg is om de problemen voortaan te voorkomen. De lichtere problemen zullen daarmee of verdwijnen of eenvoudiger worden om op te lossen.

Literatuur

Aangehaalde en aanbevolen literatuur

Bird, A. (2010). Leading through values: An interview with Paul Polman of Unilever. *McKinsey Quarterly*, nr. 1, 97-99.

Bonini, S. en Kaas, H.-W. (2010). Building a sustainable Ford Motor Company: An interview with Bill Ford. *McKinsey Quarterly*, nr. 1, 90-96.

Buzzell, R.D. en Gale, B.T. (1987). *The PIMS Principles. Linking Strategy to Performance.* New York: Free Press.

FD (2019). Protocollen overboord, personeel blij, 3 april , p 14-15

Garvin, D.A. (1988). *Managing Quality. The Strategic and Competitive Edge.* New York: Free Press.

Gelre Ziekenhuizen (2010). *Surgical Patient Safety System checklist.* Apeldoorn.

Gitlow, H.S. en Gitlo, S.J. (1987). *The Deming Guide to Quality and Competitive Position.* Englewood Cliffs: Prentice-Hall.

Heilbron, B. (2018). ING trekt salarisverhoging topman in, *NRC*, 13 maart.

HKZ (2008). Onderbouwing HKZ-model versie 2008.

Hopper, A.G. (1969). *Basic Statistical Quality Control.* New York: McGraw-Hill.

Imai, M. (1986). *Kaizen.* New York: Random House.

INK (2011). *Introductie: inhoud en toepassing van het INK-managementmodel.* Zaltbommel (3e ongewijzigde druk).

Ishikawa, K. (1985). *What is Total Quality Control? The Japanese Way.* Englewood Cliffs: Prentice Hall.

Looy, B. van, Gemmel, P. en Dierdonck, R. van (2003). *Services Management, an Integrated Approach.* Harlow: Prentice Hall.

Lubin, D.A. en Esty, D.C. (2010). The Sustainability Imperative. *Harvard Business Review*, vol. 88, nr. 5, 42-50.

Markey, R., Reichhheld, F. en Dullweber, A. (2009). Closing the Customer Feedback Loop. *Harvard Business Review,* vol. 87, nr. 12, 43-47.

Melker, G.P. (2010). *250 Managementbegrippen.* Groningen/Houten: Noordhoff Uitgevers.

Nidumolu, R., Prahalad, C.K. en Rangaswami, M.R. (2009). Why Sustainability is Now the Key Driver of Innovation. *Harvard Business Review*, vol. 87, nr. 9, 56-65.

Pande, P.S., Neumann, R.P. en Cavanagh, R.R. (2001). *The Six Sigma Way*. New York: McGraw-Hill.

Parasuraman, A., Zeithaml, V.A. en Berry, L.L. (1988). SERVQUAL: A Multiple-Item Scale for Measuring Consumer Perceptions of Service Quality. *Journal of Retailing*, vol. 64, nr. 1, 12-40.

Porter, M.E. (1985). *Competitive Advantage. Creating and Sustaining Superior Performance*. New York: Free Press.

Przekop, P. (2006). *Six Sigma for Business Excellence*. New York: McGraw-Hill.

Pyzdek, T. (2003). *The Six Sigma Handbook*. New York: McGraw-Hill.

Reichfield, F.F. en Sasser, W.E. (1990). Zero Defections: Quality Comes to Services. *Harvard Business Review*, vol. 68, nr. 5, 105-113.

Taguchi, G. en Clausing, D. (1990). Robust Quality. *Harvard Business Review*, vol. 68, nr. 1, 65-75.

Tague, N. (2004). *The Quality Toolbox*. Milwaukee: ASQ Quality Press.

Taylor, F.W. (1911). *Shop Management*. New York, Londen: Harper & Brothers. (Opnieuw uitgegeven in 2003 in *Scientific Management*. New York: Routledge.)

Taylor, F.W. (1911). *The Principles of Scientific Management*. New York, Londen: Harper & Brothers. (Opnieuw uitgegeven in 2003 in *Scientific Management*. New York: Routledge.)

Vaal, K. de, Pijl, O., Schijndel, B. van (2013) *Kwaliteitsmanagement in de praktijk*. Hilversum: Concept uitgeefgroep.

Wentink, T. (2014). *Kwaliteitsmanagement, bedrijfsvoering en organisatieontwikkeling*. Den Haag: Boom Lemma (3e, herziene druk).

Werbach, A. (2009). When sustainability means more than green. *McKinsey Quarterly*, nr. 4, 74-79.

Zeithaml, V.A., Bitner, M.J., Gremler, D.D. (2017). *Services management*. New York: McGrawHill

Geraadpleegde websites

www.hkz.nl

www.ink.nl

www.iso.org

www.perspektkeurmerk.nl

www.zorgvoorbeter.nl

Deel III
Organisatieontwerp: van strategie en operaties naar organisatiestructuur

'Een goede organisatiestructuur leidt niet uit zichzelf tot grote prestaties, evenmin als een goede grondwet grote presidenten garandeert of goede wetten een morele samenleving. Een slechte organisatiestructuur maakt echter goede prestaties onmogelijk, hoe goed de individuele managers ook zijn.'

Peter Drucker
Peter Drucker was auteur van veelgelezen managementboeken en artikelen in vooraanstaande managementtijdschriften. Jack Welch, voormalig Chairman van General Electric noemde hem 'de grootste denker over management van de twintigste eeuw'.

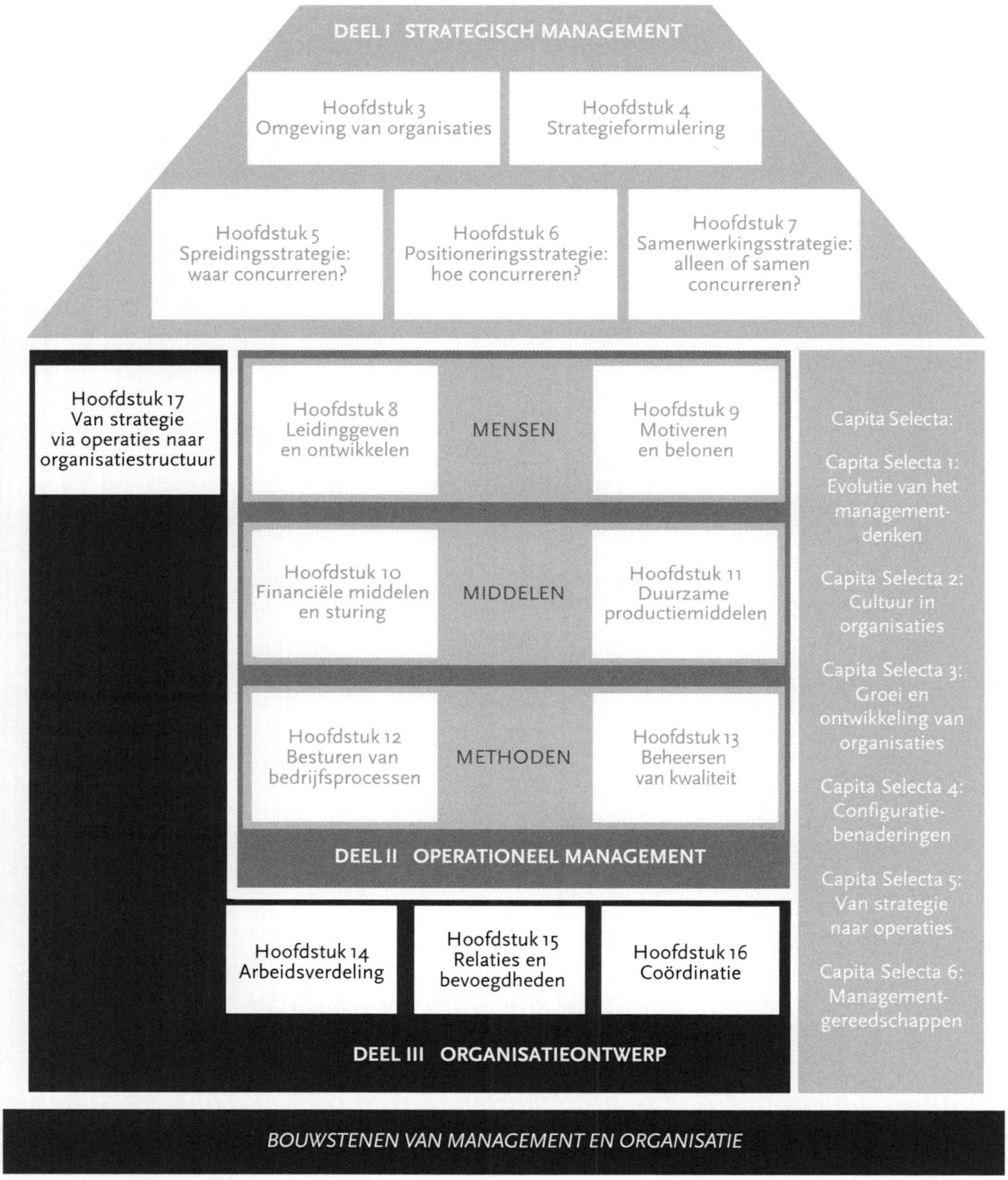
DEEL I STRATEGISCH MANAGEMENT
Hoofdstuk 3 Omgeving van organisaties
Hoofdstuk 4 Strategieformulering
Hoofdstuk 5 Spreidingsstrategie: waar concurreren?
Hoofdstuk 6 Positioneringsstrategie: hoe concurreren?
Hoofdstuk 7 Samenwerkingsstrategie: alleen of samen concurreren?
Hoofdstuk 17 Van strategie via operaties naar organisatiestructuur
Hoofdstuk 8 Leidinggeven en ontwikkelen
MENSEN
Hoofdstuk 9 Motiveren en belonen
Hoofdstuk 10 Financiële middelen en sturing
MIDDELEN
Hoofdstuk 11 Duurzame productiemiddelen
Hoofdstuk 12 Besturen van bedrijfsprocessen
METHODEN
Hoofdstuk 13 Beheersen van kwaliteit
DEEL II OPERATIONEEL MANAGEMENT
Hoofdstuk 14 Arbeidsverdeling
Hoofdstuk 15 Relaties en bevoegdheden
Hoofdstuk 16 Coördinatie
DEEL III ORGANISATIEONTWERP
Capita Selecta:
Capita Selecta 1: Evolutie van het management-denken
Capita Selecta 2: Cultuur in organisaties
Capita Selecta 3: Groei en ontwikkeling van organisaties
Capita Selecta 4: Configuratie-benaderingen
Capita Selecta 5: Van strategie naar operaties
Capita Selecta 6: Management-gereedschappen
BOUWSTENEN VAN MANAGEMENT EN ORGANISATIE

14 Arbeidsverdeling

14. Zorg voor structuur: van kleine kopieerwinkel tot printing-on-demand gigant

Van kopieerwinkel ...

In de jaren 90 van de vorige eeuw deed de personal computer zijn intrede bij bedrijven en in huishoudens. De zwart-witte matrixprintjes op kettingpapier waren goed genoeg voor intern gebruik. Moesten het nette printjes zijn dan bracht men een floppydisc naar de kopieshop van Gerard Baaijens. Die zorgde voor representatieve afdrukken.

... tot printshop ...

Laser- en inkjetprinters kwamen op de markt, werden full colour, en werden steeds goedkoper. Daardoor verloor Gerard werk. Hij ving dat op door het aanbieden van repro- plús bindwerk, met ringband of gelijmde rug. Voor dit laatste nam hij een medewerker in dienst. Zo werden talloze studentenscripties en familieboeken met handmatig ingeplakte afbeeldingen, maar ook zakelijke publicaties, bij Printshop Baaijens vervaardigd.

... tot Fotoboek.nl

Toen digitale fotografie oprukte en steeds meer mensen het internet ontdekten, zag Gerard een grote kans. Hij besloot zich te specialiseren in fotoboeken én zich op de hele Nederlandse markt te storten. Via de website van Fotoboek.nl kon de klant een boekformat kiezen en daarin zelf online foto's invoegen en van bijschriften voorzien. Binnen een jaar nam het werk enorm toe. Een medewerker met feeling voor ICT kwam erbij om het digitale werk in goede banen te leiden en eventuele storingen zo snel mogelijk op te lossen. Niet elke klant is online even handig, dus een telefonische helpdesk, ook tijdens avonden en weekenden, moest worden ingericht en bemenst. Voor het produceren van de bestelde fotoboeken moest worden geïnvesteerd in een volautomatische printstraat met het nodige vakbekwame personeel. Ook was een verzendafdeling nodig met inpak- en adresseermachines. Gerard kon al dat werk onmogelijk meer overzien en zelf aansturen. Een bedrijfsleider was nodig voor de dagelijkse leiding, zodat Gerard zich kon blijven richten op de verdere ontwikkeling van het geheel. Het winkeltje in de stad was intussen allang verwisseld voor een bedrijfspand op het industrieterrein.

... tot SelfPublishers.com

Steeds meer mensen schrijven boeken uit liefhebberij, zoals familieboeken met stambomen, maar ook verhalenboeken, romans en kinderboeken. En ook non-fictie, bijvoorbeeld reisverhalen. Traditionele uitgevers zien daar geen brood in: te amateuristisch, te riskant, te weinig opbrengst. Gerard springt echter vanuit zijn ervaring met fotoboeken in dit gat in de markt. Hij start online uitgeverij SelfPublishers.com. Auteurs kunnen hun boek uploaden en zelf beslissen hoeveel exemplaren ze nodig hebben. Slechts dat aantal wordt gedrukt volgens het principe van 'printing-on-demand'. Dat heeft meer gevolgen dan hij had voorzien. Mensen willen niet alleen boeken schrijven, maar ook gelezen worden. Aan de online uitgeverij wordt daarom een online webshop toegevoegd. Ook juridisch moeten stappen worden gezet rond bescherming van auteursrechten, privacybescherming en royalty's voor auteurs. Het selfpublishersconcept beperkt zich uiteindelijk niet tot Nederland. Binnen enkele jaren stromen ook schrijvers uit andere landen toe.

Deze case laat zien hoe een succesvolle, steeds groter en complexer wordende organisatie, zich strategisch ontwikkelt en tegelijk ook de organisatiestructuur moet mee-ontwikkelen.

Kernstof

In paragraaf 14.1 wordt opnieuw uitgelegd dat een organisatiestructuur meer is dan het organisatieschema. De organisatiestructuur bestaat uit:
- arbeidsverdeling;
- relaties en bevoegdheden;
- coördinatievoorzieningen.

Paragraaf 14.2 laat zien dat arbeidsverdeling tot stand komt op grond van het *kosten-* en het *bestuursmotief*. Een organisatiestructuur moet ervoor zorgen dat de organisatie de prestaties tegen zo laag mogelijke kosten (*kostenmotief*) levert. Het *bestuursmotief* moet ervoor zorgen dat de organisatie de gestelde doelen ook bereikt.
In *verticale richting* leidt het kostenmotief via verticale differentiatie tot het vormen van *lagen* of *niveaus* in de organisatie. Het bestuursmotief leidt tot *hiërarchering* (gezagsverhoudingen) tussen de lagen.
In *horizontale richting* leidt het kostenmotief tot (verschillende vormen van) functionalisatie. Het bestuursmotief leidt tot *afdelingsvorming*.
Functionalisatie (paragraaf 14.3.1) heeft twee hoofdvormen: *horizontale differentiatie* en *specialisatie*. Horizontale differentiatie is gericht op de *aard van de bewerking* of *handeling*. Zo ontstaan er afdelingen als Inkoop, Productie en Verkoop.
Specialisatie is gericht op de *eindprestatie*. Er ontstaan afdelingen die gericht zijn op *producten* (P-indeling), *geografische* gebieden (G-indeling) of *markten* (M-indeling).
De *voor- en nadelen* van de twee vormen van functionalisatie komen in paragraaf 14.3.2 aan bod. De F-indeling leidt vaak tot lagere kosten en interne gerichtheid van de medewerkers. De P-, G- en M-indelingen leiden soms tot hogere kosten, maar ook tot een meer op de klant gerichte houding.
Paragraaf 14.4 laat zien dat bij het kiezen voor een bepaalde vorm van arbeidsverdeling in een *concrete situatie* voor- en nadelen van de verschillende vormen tegen elkaar *afgewogen* moeten worden.
Paragraaf 14.5 behandelt de begrippen organieke en personele structuur. De *organieke structuur* is opgebouwd uit *afdelingen* op *verschillende niveaus*. De *invulling met functies* en *mensen* noemt men de *personele structuur*. *Taakverdeling en functievorming* vormen de *brug* tussen organieke en personele structuur. In deze paragraaf vindt u aanwijzingen voor een werkbare taakverdeling en functievorming.

14 Arbeidsverdeling

Als eerste bouwsteen van de organisatiestructuur komt in dit hoofdstuk de arbeidsverdeling aan de orde. Door de arbeidsverdeling wordt het werk verticaal en horizontaal over verschillende lagen en afdelingen verdeeld. Aan de basis van die verdeling liggen het kostenmotief en het bestuursmotief. De optimale manier van arbeidsverdeling bestaat uit het tegen elkaar afwegen van de voor- en nadelen van de verschillende vormen.

14.1 Wat is een organisatiestructuur?

Bij het woord organisatiestructuur denken waarschijnlijk veel mensen aan het organisatieschema, ook wel de 'hark' genoemd. Dat schema geeft informatie over hoe de organisatie gestructureerd is, bijvoorbeeld welke afdelingen en hoeveel lagen er zijn. Dat schema laat echter niet zien wat de afdelingen wel of niet mogen doen of beslissen of hoe ze met elkaar overleggen.

Organisatiestructuur is meer dan organisatieschema

Voor de afschaffing van deelgemeenten in 2014 vermelden de websites van Amsterdam, Almere en Den Haag dat de stad is opgedeeld in delen. In Amsterdam en Den Haag zijn er voor die delen stadsdeelkantoren, respectievelijk zeven en acht. Almere heeft wijkwinkels. Het lijkt dus of die drie steden min of meer dezelfde organisatiestructuur hebben. Ondanks de overeenkomst in woorden (stadsdelen, stadsdeelkantoren/wijkwinkels) zijn er grote verschillen in de organisatiestructuur van die steden. In Amsterdam hebben de stadsdelen een eigen bestuur en vergaande bevoegdheden. In Den Haag en Almere hebben de stadsdelen geen eigen bestuur en bevoegdheden. De stadsdeelkantoren/wijkwinkels zijn plekken waar de burger verschillende zaken met de gemeente kan regelen. Bijvoorbeeld het aanvragen van paspoorten, identiteitsbewijzen en vergunningen. Vertaald in elementen van de organisatiestructuur: alle drie de steden zijn verdeeld in gebieden (arbeidsverdeling) maar de bevoegdheden ervan lopen uiteen. Met het in werking treden van de Wet afschaffing deelgemeenten vervallen het eigen bestuur en veel van de bevoegdheden van de deelgemeenten in Amsterdam. Ook nu nog zijn er echter verschillen aan te geven tussen de drie steden wat betreft de bevoegdheden van de stadsdelen.

De gemeente Amsterdam kent zeven stadsdelen met elk een gekozen stadsdeelcommissie. Die commissie behartigt de belangen van bewoners en ondernemers en adviseert het stadbestuur over wensen voor de toekomst, inrichting van het stadsdeel en de uitvoering van werkzaamheden. Almere heeft ook zeven stadsdelen met elk een gebiedsteam dat vanuit het gebiedskantoor gebiedsgerichte activiteiten onderneemt. Het gaat dan om wijkontwikkeling, veiligheid en contacten met bewoners. Den Haag heeft acht stadsdelen en -kantoren waar burgers terecht kunnen voor informatie, diensten en producten van de gemeente. Sinds begin februari 2019 concentreert de gemeente sommige soorten dienstverlening op twee stadsdeelkantoren.

Bronnen: websites gemeenten Amsterdam, Almere en Den Haag.

Uit het voorbeeld van de drie steden is af te leiden dat de organisatiestructuur drie elementen heeft (vergelijk ook Kruisinga, 1956, en Keuning en Eppink, 2012).

- *Arbeidsverdeling*: welke afdelingen en hoeveel lagen zijn er?
- *Relaties en bevoegdheden*: hoe is de relatie tussen medewerkers en afdelingen geregeld, en welke beslissingen mag een medewerker nemen?
- *Coördinatievoorzieningen*: hoe is de onderlinge afstemming tussen afdelingen en medewerkers geregeld?

De organisatiestructuur is dus meer dan het organisatieschema. Om aan te geven dat het om meer gaat dan wat zichtbaar is in een organisatieschema, spreken Goold en Campbell (2002) over organisaties als 'gestructuurde netwerken'.

In dit hoofdstuk komt het eerste element van de organisatiestructuur aan bod: de arbeidsverdeling.

14.2 Arbeidsverdeling: verticaal en horizontaal

In elke organisatie van enige omvang is te zien dat er verschillende lagen bestaan en dat elke laag weer uit verschillende afdelingen bestaat. Dit is in een organisatieschema als in figuur 14.1 weergegeven.

Figuur 14.1 Voorbeeld van een eenvoudig organisatieschema

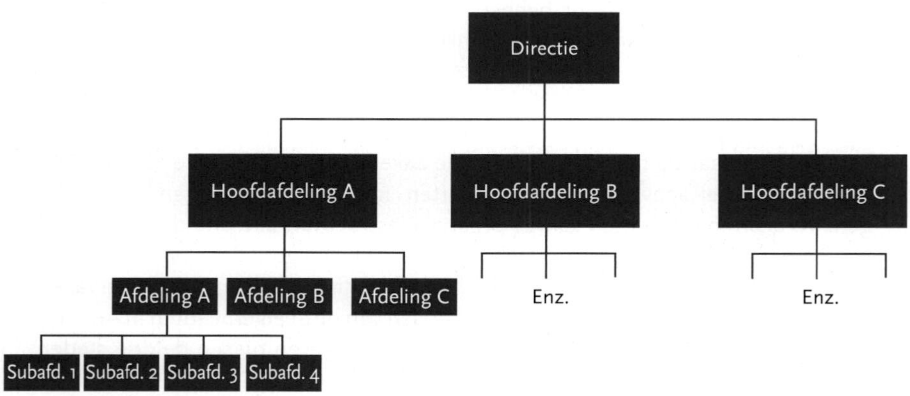

Zo'n indeling komt niet toevallig tot stand. Er moeten overwegingen zijn geweest om die vorm voor de organisatiestructuur te kiezen.
Kruisinga (1956) brengt naar voren dat er twee motieven (= overwegingen) zijn die een rol zouden moeten spelen bij het structureren van een organisatie. Het eerste is het *bestuursmotief* en het tweede het *kostenmotief*.
Het *bestuursmotief* hangt samen met het gezamenlijk bereiken van de doelen die de organisatie geformuleerd heeft. Alle handelingen en beslissingen in de organisatie moeten op dat doel gericht zijn. Daarvoor is leiding nodig. Kruisinga (1956, p. 18) formuleert het als volgt:

> *'De leiding moet op zodanige wijze in de organisatiestructuur worden verankerd dat er op alle niveaus van uitvoering eenheid van gezichtspunt en gelijkgerichtheid bij het handelen bestaat.'*

Het bestuursmotief moet met andere woorden leiden tot *eenheid van leiding* en daarmee tot een *effectieve* organisatie.
Het *kostenmotief* moet ervoor zorgen dat de taakverdeling en de uitvoering van taken met de laagst mogelijke kosten gepaard gaan. Het kostenmotief moet dus leiden tot een *efficiënte* organisatie.
Volgens Kruisinga staat het bestuursmotief boven het kostenmotief. Eenheid van leiding gaat boven efficiëntie. Het is beter het doel helemaal te bereiken, ook al is de organisatie dan minder efficiënt. Dat neemt niet weg dat het kostenaspect voldoende aandacht moet krijgen bij het ontwerpen van de organisatiestructuur.

Het belang van het bestuursmotief en het kostenmotief komt duidelijk naar voren bij de scope of control oftewel het *omspanningsvermogen* van een manager (zie ook paragraaf 14.5). Het omspanningsvermogen van een manager staat voor het aantal mensen dat hij direct en indirect op een goede manier aan kan sturen. *Direct* wil hier zeggen het aantal direct ondergeschikten dat een manager leiding kan geven. We noemen dit ook wel de '*span of control*' of de '*spanwijdte*'. *Indirect* gaat het om het aantal hiërarchische lagen waaraan een manager nog effectief leiding kan geven. Met andere woorden: hoe diep dringt de wil van de manager door in de organisatie? Dit wordt ook de '*depth of control*' of 'spandiepte' genoemd.

Het omspanningsvermogen hangt van veel factoren af, waaronder de persoonlijkheid en de ervaring van de leider. Maar ook de mate van delegatie, de deskundigheid van de medewerkers en het soort werk spelen mee. Dit betekent dat het omspanningsvermogen dus van situatie tot situatie verschilt. Het is belangrijk dat het omspanningsvermogen niet wordt overschreden, dit gaat ten koste van de eenheid van leiding (het bestuursmotief). Maar ook mag er geen sprake zijn van een 'onderschrijding' van het omspanningsvermogen, omdat dit ten koste gaan van de efficiency (het kostenmotief).

Volgens Kruisinga werken beide motieven in op de verticale en de horizontale uitbouw van de organisatiestructuur. Door het werk binnen organisaties te verdelen, ontstaan er verschillende niveaus (de hiërarchie). We noemen dit de verticale uitbouw van de organisatie. Per niveau moet het werk ook worden verdeeld. Dit wordt de horizontale uitbouw van de organisatie genoemd (Melker, 2010).

Wanneer je als buitenstaander een organisatie binnenwandelt, bijvoorbeeld een hotel annex restaurant, en ziet wat voor werk mensen doen, dan merk je al snel op dat er werk wordt gedaan wat relatief eenvoudig is en waarvoor betrekkelijk weinig kennis en kunde is vereist of waar niet veel van afhangt. Denk aan hotelkamers schoonmaken, afwassen in de spoelkeuken en bagagetransport. De beloning van dat soort werk is relatief laag. Iets ingewikkelder werk, waar het maken van fouten ernstiger gevolgen heeft, wordt door minder mensen gedaan. Denk aan de medewerkers aan de receptie of de bediening in het restaurant. Nog minder mensen doen gecompliceerd werk, zoals de verkoopmedewerker die ervoor moet zorgen dat grote partijen worden aangenomen of die aan reisorganisaties tientallen kamers tegelijk moeten zien te verhuren. Naarmate het werk ingewikkelder is en er meer van afhangt, zijn er minder mensen die dat soort werk doen en is het prijskaartje dat aan dat soort werk hangt hoger.
Door de totale hoeveelheid arbeid te rangschikken van de goedkoopste arbeid, waarvan er veel is, naar de duurste, waarvan er minder is, ontstaat er een zekere gelaagdheid. Kruisinga noemt dit *verticale differentiatie*. In de volgende afbeeldingen zien we het hoogst betaalde werk bovenin en het laagst betaalde onderaan. De figuren geven het streven

naar zo veel mogelijk efficiency weer door voor elke soort niet meer te betalen dan nodig is, gelet op de daarmee verband houdende kennis en kunde en het afbreukrisico.

Door verticale differentiatie ontstaan lagen in de organisatie, zoals figuur 14.2 weergeeft.

Om de gestelde doelen te bereiken, kunnen de verschillende lagen in de organisatie niet los van elkaar werken. Ze moeten met elkaar verbonden worden door middel van hiërarchische of gezagsverhoudingen. Het inbouwen van deze verhoudingen tussen de verschillende niveaus noemen we *hiërarchering*. Een hoger niveau in de organisatie stuurt het lagere niveau aan. Hiërarchering is dus de verticale werking van het bestuursmotief. We zien hier dat wat in de organisatie op grond van kostenoverwegingen is gesplitst (gedifferentieerd) weer met elkaar verbonden (geïntegreerd) moet worden, zodat het geheel effectief werkt.

Figuur 14.2 Het kostenmotief leidt in verticale zin tot lagen in de organisatie

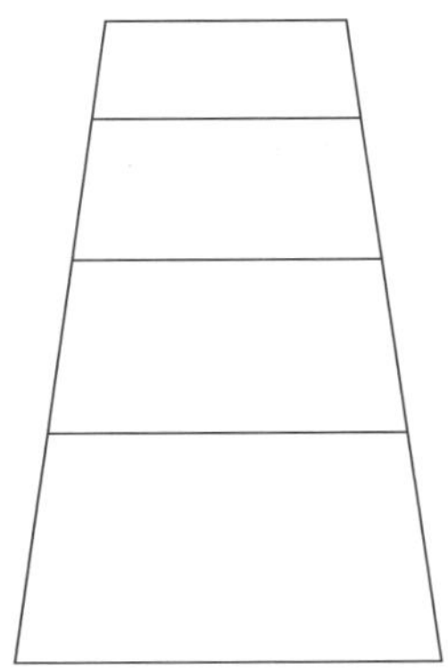

Door de hiërarchering wordt het werk op verschillende niveaus gesplitst in uitvoerend en leidinggevend werk. Elk niveau in de organisatie is uitvoerend naar het niveau erboven en leidinggevend naar het niveau eronder (zie ook Mintzberg, 1979, p. 71-72). Hoe lager in de organisatie, hoe meer het werk uitvoerend zal zijn. Dit is weergegeven in figuur 14.3.

Figuur 14.3 Het bestuursmotief leidt in verticale zin tot bevelsverhoudingen (hiërarchie)

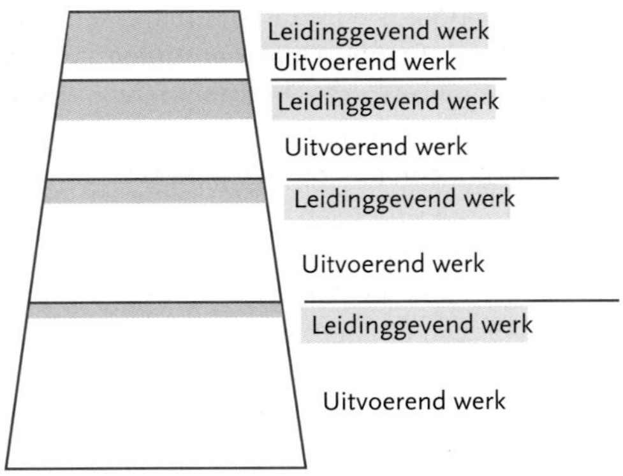

Als de organisatie groeit, bijvoorbeeld van een eenmanszaak naar een onderneming met eerst een, dan twee en vervolgens steeds meer medewerkers, zal niet alleen meer werk aan lagere niveaus worden toevertrouwd. Op alle niveaus zal de hoeveelheid werk toenemen. Ook hier is het nodig dat efficiënt wordt gewerkt. Op grond van het *kostenmotief* wordt daarom het werk gesplitst in gelijksoortige deelwerkzaamheden. Zolang de ondernemer nog alleen werkt, produceert hij alles van begin tot eind. Dat wil zeggen van ontwerp tot verkoop. Als de organisatie groeit, is het efficiënter als de verschillende medewerkers zich gaan toeleggen op werk dat op elkaar lijkt en waarin ze veel ervaring en routine kunnen krijgen. Zo zullen er medewerkers zijn die zich toeleggen op verschillende fasen van de productie en anderen op de verkoop. Dit noemt Kruisinga *functionalisatie*, zie figuur 14.4.

Functionalisatie doet zich niet alleen voor bij het hiervoor beschreven uitvoerende werk. Naarmate de organisatie groter wordt, is ook te zien dat elementen van het *leidinggevende werk* worden afgesplitst. Zo gaan medewerkers zich toeleggen op het geven van adviezen of het opstellen van voorschriften. Dit soort werkzaamheden wordt buiten de lijn geplaatst. Hierop gaat hoofdstuk 15 verder in.

Figuur 14.4 Het kostenmotief in horizontale zin leidt tot functionalisatie

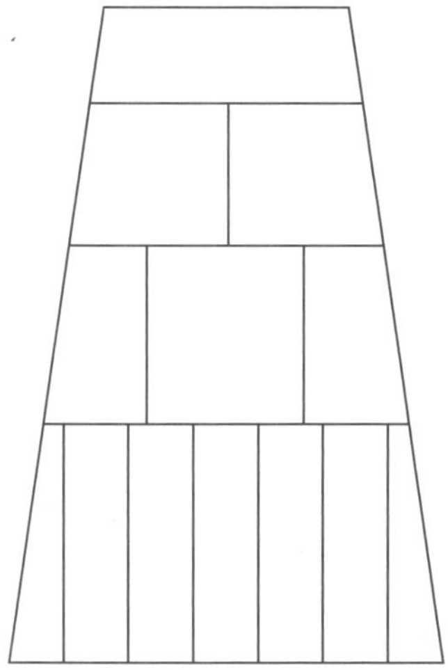

Door het verdelen van het werk op elk horizontaal niveau (functionalisatie) is de samenhang ertussen verbroken en dreigt de eenheid van leiding verloren te gaan. De werking van het *bestuursmotief op horizontaal niveau* moet de verbroken samenhang en daarmee de effectiviteit herstellen. Gelijksoortige werkzaamheden worden in grotere eenheden samengebracht, met een leider aan het hoofd. Kruisinga noemt dit *afdelingsvorming*, zie hiervoor figuur 14.5.

Figuur 14.5 Het bestuursmotief in horizontale zin leidt tot afdelingsvorming

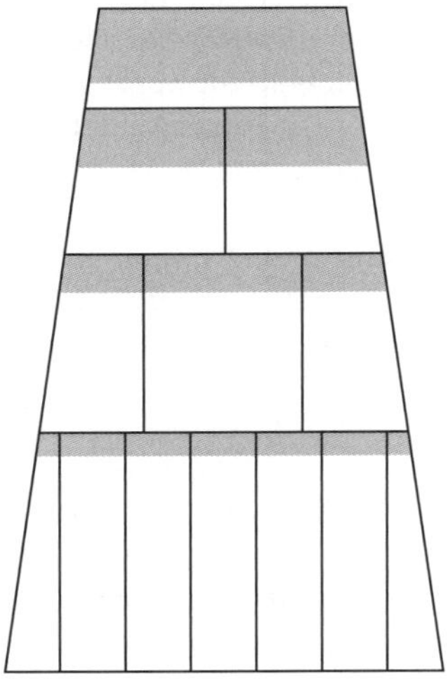

Het resultaat van de werking van bestuurs- en kostenmotief in verticale en horizontale richting leidt ten slotte tot een uitgewerkt organisatieschema, zie figuur 14.6. In dit schema is ook te zien dat onderdelen van leidinggevende werkzaamheden onder de topleiding zijn afgesplitst in afzonderlijke afdelingen die naast de lijn staan. De lijn, afkorting van het woord lijnmanagement, bestaat uit managers die direct of indirect leidinggeven aan het primaire proces binnen de organisatie.

Figuur 14.6 Bestuurs- en kostenmotief leiden uiteindelijk tot een organisatieschema

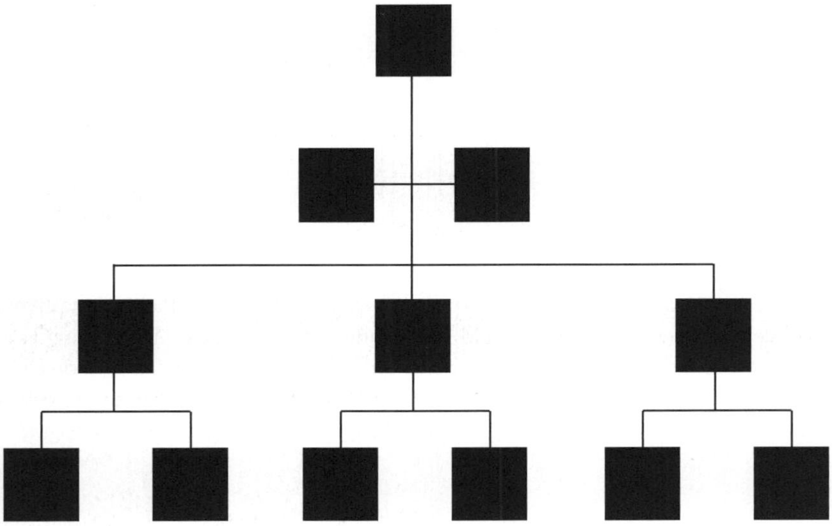

14.3 Functionalisatie verder uitgewerkt

In deze paragraaf komen eerst de verschillende vormen van functionalisatie aan bod. Daarna bespreken we de voor- en nadelen van die verschillende vormen.

14.3.1 Twee vormen van functionalisatie

Bij functionalisatie zijn volgens Kruisinga (1956, p. 18) twee hoofdvormen van arbeidsverdeling te onderscheiden:

- *Horizontale differentiatie*: gericht op de aard van de *bewerking* respectievelijk de *handeling*.
- *Specialisatie*: gericht op de *eindprestatie*.

Op basis van de *horizontale differentiatie* ontstaan afdelingen die zich toeleggen op bepaalde gelijksoortige bewerkingen of handelingen. In een klein bedrijf komt dat naar voren als er onder de directie uitvoerende afdelingen zijn als Inkoop, Productie en Verkoop. Door horizontale differentiatie van leidinggevend werk ontstaan er afdelingen als Personeelszaken of Administratie.
Door horizontale differentiatie kan het organisatieschema ingevuld worden zoals in figuur 14.7.

Figuur 14.7 Organisatieschema op basis van horizontale differentiatie

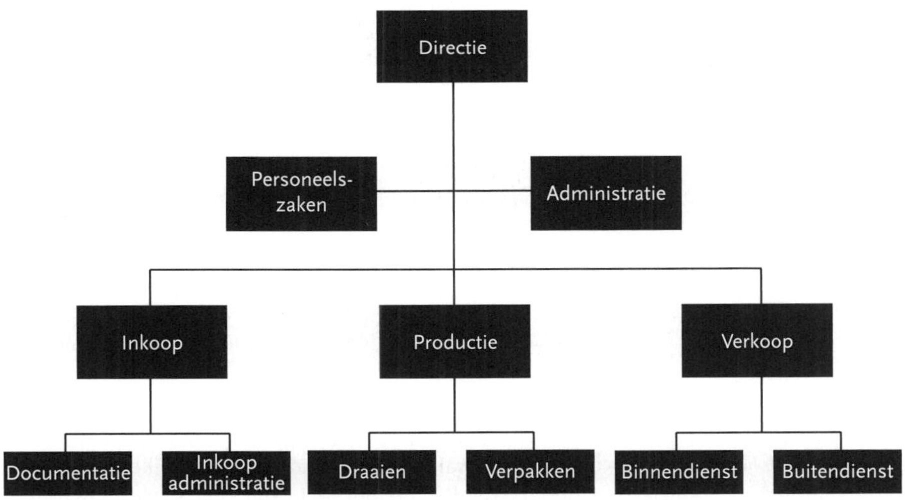

Als de arbeidsverdeling gebaseerd is op de *specialisatie*, dan kan het werk naar verschillende gezichtspunten worden opgesplitst. Dat zijn:

- product (P-indeling);
- markt (M-indeling);
- geografisch gebied (G-indeling).

Als gekozen is voor een *P-indeling*, dan zijn onder de topleiding afdelingen of werkmaatschappijen te zien die zich op een bepaald product richten. Binnen een werkmaatschappij vinden dan alle werkzaamheden plaats die nodig zijn om het product van begin tot eind voort te brengen. Bij een grote organisatie kunnen verschillende gelijksoortige werkmaatschappijen worden samengevoegd tot productdivisies.

Unilever

Unilever is in 1930 ontstaan door het samengaan van twee reeds langer bestaande ondernemingen: Margarine Unie uit Nederland ging samen met het Britse Lever Brothers, dat onder andere zeep en wasmiddelen produceerde. Hoewel er juridisch gezien twee eenheden bestaan, Unilever NV in Nederland en Unilever PLC in het Verenigd Koninkrijk, elk nog met een eigen beursnotering, worden ze als een eenheid geleid. Speciale clausules in de statuten van beide ondernemingen en drie afzonderlijke overeenkomsten maken dit mogelijk. Sinds 2009 is de leiding van Unilever in handen van de CEO Paul Polman.

De organisatiestructuur heeft drie pijlers onder de Executive Board bestaande uit de Chief Executive Officer en de Chief Financial Officer. De eerst pijler bestaat uit drie *categories* de hoofdproductgroepen: Beauty & Personal Care, Food & Refreshment en Home Care. Bekende merken zijn onder andere: AXE, Dove, Hellmann's, OMO, Lipton, Magnum, en Ben & Jerry's. De tweede pijler bestaat uit de drie *regions*, ten eerste Azië/ Afrika, Midden-Oosten, Turkije, Rusland, Oekraïne en Wit-Rusland (Asia/AMET/RUB), ten tweede Noord- en Zuid-Amerika, met Europa als derde regio. De *functions* vormen de derde pijler. Hoewel het jaarverslag niet alle functions noemt, is wel af te leiden dat die er zijn voor R&D, Supply chain management, Human Resources, Legal en Marketing en Communications. In het jaarverslag staat geen organisatieschema, alleen de hiervoor gegeven beschrijving.

Het Unilever Leadership Executive is het orgaan waarin leden van de Executive Board de presidenten van categories de presidenten van Unilever Noord-Amerika en Unilever Europa en de Chief Officers van de genoemde functions met elkaar overleggen over belangrijke besluiten.

De omzet in 2018 was € 51 miljard. De verdeling over de categories was: Beauty & Personal Care 40%, Food & Refreshment 40% en Home Care 20%. De omzet van de regions was: Asia/AMET/RUB 45%, Noord- en Zuid-Amerika 31% en Europa 24%.

Bij een *M-indeling* zijn onder de topleiding afdelingen gericht op verschillende soorten marktsegmenten. Een bekend onderscheid is bijvoorbeeld dat tussen de consumentenmarkt (*business-to-consumer*) en de zakelijke markt (*business-to-business*). Zo wordt bij veel banken het onderscheid gemaakt tussen zakelijke klanten en particulieren. De zakelijke klanten zijn dan verder nog onderverdeeld in de segmenten midden- en kleinbedrijf (mkb) en grootzakelijk. Bij particulieren is vaak te zien dat er een aparte afdeling is die zich bezighoudt met de meer vermogende particulieren (afdeling Private Banking of Preferred Customer(s)).

Bij een *G-indeling* is onder de topleiding een onderscheid te zien in afdelingen die zich richten op delen van landen, landen, landengroepen of hele werelddelen. Zo is de Brits-Nederlandse Unilever Groep opgedeeld in drie geografische gebieden: 1) Azië,

Afrika, Midden-Oosten, Turkije, Rusland, Oekraïne en Wit-Rusland, 2) Noord- en Zuid-Amerika, en 3) Europa. Enige jaren geleden waren de landen in Centraal- en Oost-Europa nog deel van een groep met Azië en Afrika. De Nederlandse overheid kent in zekere zin ook een geografische indeling, al is deze niet zo strikt hiërarchisch. Binnen Nederland zijn de verschillende provincies als een soort afdelingen te onderscheiden. De bestuurslaag onder de provincies bestaat uit de gemeenten.

14.3.2 Voor- en nadelen van de verschillende vormen van functionalisatie vergeleken

Om in een concrete situatie de meest passende vormen van arbeidsverdeling te kiezen, is het nodig de voor- en nadelen van de (hoofd)vormen van functionalisatie te kennen. Pas als de eisen die voortvloeien uit de strategie geformuleerd zijn, kan de organisatie een verantwoorde keuze maken. De omvang van de organisatie en de te verrichten werkzaamheden spelen daarbij een rol. Hier komt de relatie tussen strategie en structuur dus duidelijk naar voren.

Om de voor- en nadelen van horizontale differentiatie (F-indeling) en van specialisatie (P-, G- of M-indeling) duidelijk te maken, wordt uitgegaan van een middelgrote organisatie die drie producten vervaardigt en georganiseerd kan zijn volgens een F- of een P-indeling (zie figuur 14.8). Onder de topleiding zijn bij een F-indeling functionele afdelingen gevormd. Denk aan de afdelingen Inkoop, Productie en Verkoop. In het geval van een P-indeling zijn onder de topleiding productgroepen te zien. Binnen deze afdelingen is de organisatie volgens het F-criterium ingedeeld.

Figuur 14.8 Functionele en productgewijze organisatiestructuur

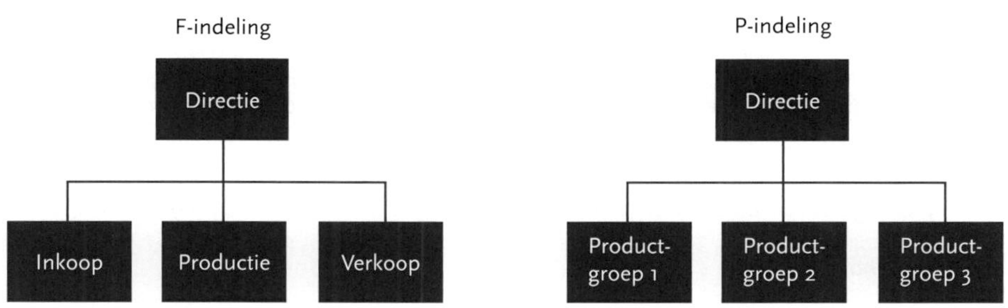

Voor- en nadelen van de F-indeling

Voordelen van de F-indeling zijn:
- *Hogere bezettingsgraad* van de afdeling. Bij dezelfde omvang van de omzet zijn de afdelingen beter bezet dan bij de P-indeling.
- Mogelijkheid van *mechanisering en automatisering*. Door de grotere productie per afdeling is het eerder mogelijk arbeid te vervangen door machines.
- *Centrale controle*. Alle lijnen komen bij de topleiding samen.
- Medewerkers ontwikkelen veel *routine*. Door de grote productie per afdeling is routine snel op te bouwen.
- Medewerkers op een afdeling *begrijpen elkaar goed*. Ze zijn allemaal met hetzelfde bezig, spreken dezelfde 'taal' en hebben dezelfde problemen en dezelfde kennis.

Tot de nadelen zijn te rekenen:
- *Eentonigheid* en eenvoud van het werk. Denk in een meest vergaande vorm aan de lopende band.
- *Coördinatie* kan lastig worden als er veel afstemming tussen afdelingen nodig is, bijvoorbeeld door veranderende wensen van klanten.
- Medewerkers zijn door de routine *weinig flexibel*.
- *Weinig mogelijkheid* om *algemene managementcapaciteiten* te ontwikkelen. Algemeen management (of general management) is alleen aan de top te vinden.
- *Weinig klantgericht*. Het contact met klanten en markten is alleen te vinden bij de topleiding en de verkoopafdeling. De afdelingen worden vaak als kostencentrum aangestuurd dat beoordeeld wordt op efficiëntie (zie ook paragraaf 10.3).

DuPont: de grenzen van een F-indeling overschreden
Het Amerikaanse chemieconcern DuPont is van oorsprong een fabrikant van springstoffen (Chandler, 1962). De organisatiestructuur is gebaseerd op een F-indeling. Zo zijn er afdelingen voor verkoop, productie en ontwikkeling. In de jaren aan het eind van de negentiende en het begin van de twintigste eeuw breidt de onderneming het productenpakket uit. Naast springstoffen worden dan ook verf en vernis geproduceerd, en worden er producten gemaakt van cellulose en verschillende kunststoffen, zoals kunstleer. De organisatiestructuur blijft gebaseerd op de F-indeling. De verkoopafdeling verkoopt alle producten en de productieafdeling fabriceert alle uiteenlopende producten. De combinatie van grote productspreiding gekoppeld aan een F-indeling is allesbehalve succesvol. Een onderzoeksrapport uit die tijd vermeldt: 'Hoe meer verf en vernis wij verkochten, hoe meer geld wij verloren.' Ondernemingen die alleen verf en vernis verkopen, zien de winst stijgen als de verkoop toeneemt. Na jaren van onderzoek en overleg besluit de topleiding rond 1920 over te gaan tot het opsplitsen van het bedrijf in divisies, dus over te gaan op een P-indeling. Na een overgangsperiode verdwijnen de verliezen en komen er weer winsten. De coördinatieproblemen, die ontstaan door een grote productspreiding gekoppeld aan een F-indeling met veel beslissingsbevoegdheden aan de top, waren voor deze organisatiestructuur te groot geworden. Een reorganisatie was nodig.

Bron: Chandler, 1962

Voor- en nadelen van de P- (of G- of M-)indeling

Hier komen alleen de voor- en nadelen van de P-indeling aan de orde. Die van de G- en M-indeling zijn daarmee vergelijkbaar.

De belangrijkste voordelen van een P-indeling zijn:
- *Samenhang* tussen werkzaamheden blijft in stand. Coördinatie over specifieke klantenwensen kan binnen de P-afdeling gebeuren.
- Door de grotere samenhang kan de *afdelingsplanning eenvoudiger* worden. *Levertijden* kunnen daardoor ook *korter* worden.
- *Communicatielijnen* zijn *korter*. Alleen problemen die de P-afdeling overstijgen, hoeven aan de top te worden voorgelegd.

- *Meer klantgerichtheid.* Meer medewerkers hebben te maken met hun klanten.
- *Meer* mogelijkheid om *algemene managementcapaciteiten te ontwikkelen.* Er zijn algemene managementposities te bekleden: één voor elke P-afdeling. Besturing vanuit de top kan gebeuren als *winstcentrum* (zie paragraaf 10.3). Hierdoor kunnen meer niveaus inzicht krijgen in de prestaties en in de manieren waarop de winst en/of de kwaliteit verbeterd kunnen worden.

Tot de nadelen zijn te rekenen:
- *Duplicering* van activiteiten en investeringen in machines. Elke P-afdeling heeft deze nodig om zelfstandig te kunnen werken. Dit leidt tot *hogere kosten.*
- *Minder specialistische kennis* aanwezig. Het is niet mogelijk om alle kennis per afdeling op hetzelfde niveau te krijgen als bij een F-indeling. Dat wel doen, leidt tot een stijging van de kosten.
- Door de beperktere hoeveelheid werkzaamheden wordt de *routine* ook *minder snel opgebouwd.* Dit kan leiden tot hogere kosten, zoals ook blijkt uit het in hoofdstuk 5 besproken experience-effect.
- De topleiding zal *minder klantencontacten* hebben. Dit maakt het soms lastiger om plannen goed te beoordelen.

Microsoft gaat van P- naar F-indeling
Satya Nadella is de CEO van Microsoft. Hij volgde in 2014 zijn voorganger Steve Ballmer op. Behalve met nieuwe producten en diensten hield hij zich ook bezig met het opnieuw opzetten van de organisatiestructuur van het bedrijf. Hij ging door met het kritisch bekijken van de businessunitstructuur, waar zijn voorganger Ballmer al mee was begonnen. "Het probleem met een structuur met business units, in het bijzonder met tech-ondernemingen, is dat productgroepen steeds veranderen. Geen enkele concurrent of innovatie houdt rekening met de productgroepen die je in huis hebt. Bij tech moet je de zaak opnieuw in elkaar schuiven. Dus wat we gedaan hebben is: we hebben de business units gemold. We hebben ze allemaal opgedoekt en zijn teruggegaan naar een functionele indeling. Er is nu één marketingafdeling, er is nu één afdeling voor business development. Er zijn een paar 'engineering'-afdelingen.
Bij de afweging van de bekende voor- en nadelen van een F-structuur tegen die van een P-structuur, heeft de F-structuur dus 'gewonnen'. Daarnaast speelt bij Microsoft mee dat het vasthouden aan een P-structuur voortdurend reorganiseren zou betekenen: de P verandert namelijk steeds."

Bron: Grossman, 2015

14.4 Arbeidsverdeling: een kwestie van afwegen en combineren

In de vorige paragraaf zijn de voor- en nadelen van de verschillende vormen van arbeidsverdeling besproken. Daarbij kwam naar voren dat de voordelen in een bepaalde situatie in een andere situatie nadelen kunnen zijn. Zo is een F-indeling aan te bevelen in een organisatie die maar één product of dienst voortbrengt. Dan kunnen de kosten laag zijn en de coördinatie is op het hoogste niveau verzekerd. Neemt de verscheidenheid in aantal producten of diensten toe, dan is het beter over te gaan op een P-indeling. De voordelen van die P-indeling moeten groter zijn dan het kostennadeel dat kan optreden als die organisatie klein is. Denk in dat verband aan de kosten van ICT die in organisaties absoluut en relatief toenemen. Vaak is er ook een gebrek aan bekwaam personeel. Het kan verstandig zijn de voordelen van de P-indeling te combineren met de voordelen van de F-indeling. Dat kan door wél een P-indeling te maken voor de voortbrenging van de producten en diensten, maar de ICT-activiteiten te centraliseren in een afdeling direct onder de topleiding. Iets dergelijks kan ook worden gedaan met inkoop; door die voor alle P-afdelingen gezamenlijk te doen, wordt een sterkere inkooppositie ingenomen en kunnen hogere kortingen worden bedongen.

In de meeste organisaties is daarom op verschillende niveaus en voor verschillende activiteiten een combinatie van vormen van arbeidsverdeling te zien. Ook in de loop der tijd is te zien dat afwegingen anders gemaakt worden. Zie bijvoorbeeld het organisatieschema van KPN zoals dat is af te leiden uit de KPN-website van februari 2016. Deze beschrijving noemt alleen de activiteiten die op de verschillende klantengroepen gericht zijn. Raad van bestuur en stafafdelingen worden onder het kopje 'Onze organisatie' niet genoemd.

Het jaarverslag over 2015 geeft wel de samenstelling van de raad van bestuur: Chief Executive Officer, Chief Financial Officer, Chief Commercial Officer en Chief Operating Officer. De samenstelling lijkt een beetje op die van het Unilever Leadership Executive: raad van bestuur, productgroepen en functions.

Figuur 14.9 Organisatieschema van KPN

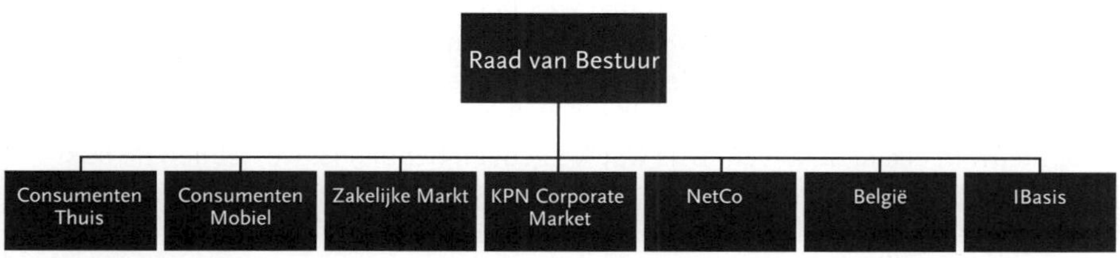

Bron: www.kpn.com

Uit het organisatieschema is af te leiden dat KPN een hoofdstructuur met een G-indeling heeft. De twee geografische gebieden zijn: Nederland en Internationaal.
Binnen de Nederlandse tak is de M-indeling (Consumenten Thuis, Consumenten Mobiel, Zakelijke Markt en KPN Corporate Market) gecombineerd met een P-indeling waar het NetCo betreft. In NetCo zijn de netwerkactiviteiten (= techniek) ondergebracht. Onder Consumenten Thuis vallen diensten als (interactieve) televisie, internet en vaste telefonie met als merken KPN, Telfort en Simyo. De Zakelijke Markt is gericht op de kleine en middelgrote klanten. KPN Corporate Market bedient multinationals en andere grote klanten.
De M-indeling binnen Nederland vloeit voort uit de verschillende eisen die deze marktsegmenten stellen. De individuele consument die misschien € 1.000 per jaar aan telecommunicatie besteedt, moet anders worden benaderd dan grote ondernemingen die miljoenen per jaar aan telecomdiensten uitgeven. Het aanbieden van capaciteit op de eigen infrastructuur aan andere telecomaanbieders is ondergebracht in de afdeling Corporate Market. Internationaal is KPN actief met iBasis, een grote speler op de internationale wholesale markt voor telefoniediensten. In België is KPN nog actief met Simyo en

Ortel Mobile. In 2015 verkocht KPN BASE, de op twee na grootste mobiele aanbieder in België. De verkoop is in februari 2016 afgerond.

Het onderbrengen van het netwerk in één afdeling (NetCo) heeft twee redenen. In de eerste plaats is het uit kostenoverwegingen niet haalbaar om aparte netwerken voor consumenten, de zakelijke markt en de andere telecombedrijven in stand te houden. Een tweede reden ligt in de wet- en regelgeving. KPN moet andere telecomaanbieders tegen betaling toegang tot het eigen netwerk verlenen. Met die andere telecombedrijven is KPN in felle concurrentie op de afzetmarkt. KPN is dus leverancier en concurrent van andere telecombedrijven. Om te zorgen voor een eerlijke concurrentie wordt geëist dat het netwerk in een aparte eenheid is ondergebracht. De toezichthouder op de telecommarkt, OPTA, ziet erop toe dat de tarieven die KPN aan andere aanbieders in rekening brengt de concurrentie niet verstoren.

De website noemt in 2019 niet meer de stafafdelingen en hulpdiensten. Voorheen was er nog sprake van de afdelingen en diensten als Strategy, Innovation & Technology, Human Resources, Legal en Corporate Center. Het ligt voor de hand dat het werk van deze afdelingen nog wel wordt gedaan. Dat ze niet meer genoemd worden, is misschien te verklaren uit de wens van KPN om sterk klantgericht te worden en om ook zo over te komen. Het noemen van stafafdelingen zou dat beeld kunnen vertroebelen.

Het jaarverslag over 2018 maakt duidelijk dat de organisatiestructuur is aangepast. De raad van bestuur is kleiner geworden: de Chief Commercial Officer maakt er geen deel meer van uit. iBasis is in 2018 verkocht en maakt na de afronding van de verkoop in februari 2019 geen deel meer uit van KPN. Daarmee is KPN weer een voornamelijk in Nederland opererend bedrijf. Daarmee is ook de G-indeling die in 2016 nog bestond vervallen. De operationele eenheden zijn: Consumer Market, Business Market, Wholesale en Network, Operations & IT (NOI). Vergeleken met 2016 is het onderscheid tussen Consumenten Thuis en Consumenten Mobiel opgeheven. KPN kent naast de raad van bestuur een Executive Committee. Dat bestaat behalve uit de CEO, CFO, COO en de leiders van de Consumenten Markt en de Business Markt, ook uit de chiefs van een aantal stafdiensten.

Euro leidt tot reorganisatie

Een groot internationaal werkend uitzendbureau heeft voor de invoering van de euro in vrijwel alle landen een rekencentrum dat onder andere de facturering aan de klanten verzorgt. Na de invoering van de euro besluit het concern een groot deel van de ICT-activiteiten in één centrum te concentreren. In termen van arbeidsverdeling gaat het uitzendbureau over van een G-indeling (rekencentra per land) op een F-indeling (een centrale ICT-afdeling). Het uitzendbureau berekent de besparing op tientallen miljoenen euro's. Een goedgekozen organisatiestructuur is van directe invloed op de kosten en dus ook op de winst en draagt daarmee direct bij aan de realisatie van de gekozen strategie.

14.5 Organieke en personele structuur

In de voorgaande paragrafen is aangegeven hoe de structuur van een organisatie kan worden ontworpen. Organisaties zijn weliswaar geen machines en werken ook niet als een machine, maar ze bestaan op dezelfde manier uit onderdelen (afdelingen) die voor een goed resultaat met elkaar kunnen samenwerken. De structuur die is opgebouwd uit afdelingen op verschillende hiërarchische niveaus noemt men ook wel de *organieke structuur*. Een organieke structuur kan alleen maar resultaten opleveren als er mensen met elkaar in samenwerken. De invulling met functies en met mensen noemt men de *personele structuur*. Het is duidelijk dat organieke en personele structuur elkaar moeten aanvullen. Een goed ontworpen organieke structuur kan zonder goede personele bezetting geen goede resultaten opleveren. Het omgekeerde is ook het geval. Goed gekwalificeerd personeel dat werkt in een slecht ontworpen organieke structuur zal niet de beste prestatie realiseren. Denk aan het voorbeeld van het internationale uitzendbureau. Hoe goed de medewerkers ook gekwalificeerd zijn en hoe goed ze ook samenwerken, de besparing van de centralisering van de ICT is daarmee niet te evenaren. Hierna komen *taakverdeling en functievorming*, als *brug* tussen organieke en personele structuur aan de orde. Met behulp van duidelijke taak- en functiebeschrijvingen is het beter mogelijk personeel te werven en te selecteren dat het best bij die functies past. Omgekeerd kan bij een bestaand personeelsbestand, dat de leiding in dienst wil houden, via een anders ingevulde taak- en functiebeschrijving een iets andere organieke structuur worden ontworpen.

Taakverdeling en functievorming

Luijk (1973) heeft aanwijzingen gegeven voor taakverdeling en functievorming in organisaties die nog steeds nuttig zijn. Taken zijn concrete werkzaamheden die verricht moeten worden. Het geheel van taken die aan iemand of een afdeling worden toegewezen, noemt hij een functie. Luijk gebruikt het voorbeeld van een hotel met een restaurant om zijn aanpak te verduidelijken. Om de concrete taken over de personeelsleden te verdelen, geeft hij zes criteria. De eerste twee zijn we al tegengekomen bij de bespreking van functionalisatie.

- *Doel* van de taken, welk resultaat moet worden bereikt? Zo zijn er taken die er samen op gericht zijn gasten te voorzien van spijs en drank in het restaurant of op het onderhoud van de tuin.
- *Karakter* van de taken. Om gasten een maaltijd te kunnen voorzetten, moet deze bereid worden in de keuken en daarna in het restaurant worden geserveerd. Bereiding en bediening hebben een verschillend karakter.
- *Vereiste bekwaamheden.* Het bijhouden van de administratie vereist andere bekwaamheden dan het werk in de linnenkamer.
- *Plaats* waar de taken verricht moeten worden. Veel heen-en-weergeloop over grote afstanden leidt tot tijdverlies en moet voorkomen worden.
- *Tijd* waarop de taken uitgevoerd moeten worden. Een nachtportier kan tussen de ontvangst van eventuele late gasten door ook nog wel wat werk doen voor het indekken van de ontbijttafels.
- *Outillage* die nodig is. Als die zeer duur in aanschaf is, moet die goed bezet worden. Als voor het uitvoeren van taken van verschillende afdelingen die outillage nodig is, is het goed de taken om de dure outillage te groeperen. Soms leidt dit tot uitbesteding. Voor het reinigen van sommige soorten vloerbedekking zijn dure machines

nodig die een klein hotel maar een paar keer per jaar nodig heeft. Om de kosten laag te houden, huren kleine hotels voor dit werk gespecialiseerde bedrijven in.

Luijk beveelt aan voor de taakverdeling en functievorming te beginnen met het eerste criterium, aangezien dat snel tot het beste resultaat leidt. De andere criteria zijn verfijningen. Bij het maken van taakverdelingen en het vormen van functies is, naast een aantal technieken, gezond verstand volgens Luijk nuttig.

Zijn eenmaal de functies gevormd, dan is het verstandig het eindresultaat te bekijken vanuit een aantal andere gezichtspunten.
- Is er sprake van een *redelijke dagtaak* voor iedereen? Is er op sommige plekken sprake van overbezetting of onderbezetting?
- Zijn er *lacunes*? Zijn concrete werkzaamheden niet toegewezen?
- Zijn er *doublures*? Sommige taken kunnen aan twee of meer functies zijn toegewezen.
- Is de organisatie *kwetsbaar*? Wat gebeurt er als iemand ziek wordt of plotseling vertrekt? Zijn er op belangrijke posities bijvoorbeeld eenpitters?
- Hoe is de *coördinatie* geregeld? Zorgt de functievorming voor zo weinig mogelijk noodzakelijke coördinatie?
- Wordt het *omspanningsvermogen* niet overschreden? Zijn er managers die te veel ondergeschikten hebben?
- Is de organisatie *flexibel* genoeg? Kan die aan veranderende omstandigheden worden aangepast?
- Geven de functies voldoende *arbeidsvoldoening*? Zijn ze niet te eentonig?
- Zijn er voldoende *ontwikkelingsmogelijkheden* voor de medewerkers?
- Is de organisatie te *bemensen*? Zijn er op de arbeidsmarkt voldoende geschikte kandidaten?

Als functies eentonig zijn, bestaan er drie aanpakken om die eentonigheid te verlichten. Zo kan de leiding besluiten *taakroulatie* in te voeren. De medewerkers veranderen dan van tijd tot tijd van functie. Dat zorgt voor variatie in het werk, maar vergroot meestal niet de ontwikkelingsmogelijkheden die bij routinematig werk niet altijd aanwezig zijn. Een andere mogelijkheid is *taakverrijking* waarbij bepaalde aspecten van het werk van de leidinggevende aan medewerkers worden overgedragen. Bij *taakverruiming* krijgt de medewerker er taken op hetzelfde niveau bij. Zo is het mogelijk een medewerker aan de lopende band meer handelingen achter elkaar uit te laten voeren.

In zijn benadering gaat Luijk uit van de concrete werkzaamheden die uitgevoerd moeten worden. In een kleine organisatie is dat een goed uitgangspunt, maar voor grote organisaties als Unilever en Shell is het ondoenlijk vanuit de concrete werkzaamheden op de werkvloer te komen tot een totale organieke structuur. Voor zulke grote organisaties is een benadering om vanuit de strategie via de operaties naar de structuur te komen, beter geschikt. Taakverdeling en functievorming, zoals Luijk aanbeveelt, blijven belangrijk, maar zijn dan meer gericht op detailuitwerking.

14.6 Vragen en opdrachten

1. **Arbeidsverdeling: verticaal en horizontaal**
   a. De organisatiestructuur kent drie elementen. Welke drie elementen zijn dit? Licht elk element kort toe.

   b. Wat is volgens u de belangrijkste functie van de organisatiestructuur? Zouden organisaties ook kunnen functioneren zonder formele organisatiestructuur? Waarom wel of niet?

   c. Volgens Kruisinga zouden het bestuursmotief en het kostenmotief een rol moeten spelen bij het structureren van organisaties. Licht beide motieven kort toe.

   d. Functionalisatie is volgens Kruisinga gebaseerd op het kostenmotief. Leg uit waarom functionalisatie plaatsvindt op basis van het kostenmotief.

   e. Wat is het belangrijkste nadeel van functionalisatie? Hoe moet dit volgens Kruisinga worden opgelost?

2. **Vormen van functionalisatie**
   a. Welke twee hoofdvormen van arbeidsverdeling zijn bij functionalisatie te onderscheiden?

   b. Functionalisatie kan leiden tot 'afdelingen die naast de lijn' staan. Wat wordt hiermee bedoeld?

   c. Binnen de huidige organisatiestructuur van Philips valt onder de raad van bestuur een drietal sectoren. Deze sectoren kunnen worden beschouwd als divisies. Het gaat om de sectoren 'Healthcare', 'Innovation, Group & Services' en 'Consumer Lifestyle'. De sector Healthcare richt zich op medische apparatuur die wordt gebruikt bij de preventies van ziekten, screening en diagnostiek. De sector Innovation, Group & Services is actief in de professionele en de consumentenmarkt en ontwikkelt en biedt verlichting voor woningen, winkels, ziekenhuizen en stadsverfraaiing. De sector Consumer Lifestyle richt zich op producten voor dagelijks gebruik zoals koffiemachines, televisies en scheerapparaten. Van welke indeling (F, P, G, M) is hier sprake? Licht uw antwoord toe.

   d. Waarom zal Philips voor deze indeling hebben gekozen? Welke andere indeling(en) zou(den) bij Philips in uw ogen ook in aanmerking komen? Licht uw antwoord toe.

   e. Noem twee nadelen van de indeling die door Philips is gekozen.

3. **De organieke en personele structuur en taakverdeling**
   a. Wat wordt verstaan onder de organieke en de personele structuur?

PRAKTIJK

b. Er wordt gesteld dat de organieke en de personele structuur elkaar moeten aanvullen. Wat wordt hiermee bedoeld?

c. Om te komen tot functies maakt Luijk onderscheid tussen zes criteria. Een van deze criteria is het karakter van de taken. Kunt u binnen uw eigen functie een voorbeeld geven van taken die een soortgelijk karakter hebben?

d. Wat is het verschil tussen taakverrijking en taakverruiming? Licht uw antwoord toe met een voorbeeld.

14.7 Oefencase: licht de structuur door

Uit de voorgaande beschrijvingen blijkt dat bij ESS sommige zaken goed gaan en dat andere beter zouden kunnen. Strategie (deel I) en operaties (deel II) zijn in de voorgaande hoofdstukken op allerlei aspecten geanalyseerd. Bij de analyse van ESS en de vraag hoe het bedrijf zich verder zou moeten ontwikkelen, is nu de structuur aan de beurt. In de praktijk is het zo dat problemen in strategie of operaties mede voortkomen uit de structuur. Dat wil zeggen dat de organisatie qua opbouw gebreken kan vertonen waardoor externe kansen of bedreigingen niet worden opgemerkt of opgepakt (strategie) of eenmaal genomen beslissingen intern niet goed worden uitgevoerd en afgehandeld (operaties).

Het externe bureau TME Management Consultants dat al was ingeschakeld bij de strategische verkenning voor ESS (zie hoofdstukken 5, 6 en 7) vervolgt die opdracht nu en gaat de structuur van ESS doorlichten. Het gaat er in de eerste plaats om de huidige structuur in kaart te brengen en kritisch door te lichten. Mogelijke alternatieven worden later onderzocht.

Opdracht
U bent als junior consultant bij TME bij de opdracht betrokken en u krijgt de vraag die hiervoor staat doorgespeeld, opgeknipt in een paar stappen:

a. Rangschik de taken binnen ESS conform de redenering van Kruisinga in verticale zin volgens het kostenmotief. Met andere woorden: maak de *gelaagdheid* van taken binnen ESS zichtbaar.
b. Groepeer vervolgens per laag taken die logisch gezien bij elkaar horen in samenhangende functies, conform de redenering van Kruisinga in horizontale zin volgens het kostenmotief. Met andere woorden: zet de stap naar *functionalisatie*.
c. Teken op basis hiervan het huidige *organisatieschema* van ESS in niveaus en afdelingen.
d. Analyseer hoe de vier mogelijke *gezichtspunten* (F, P, M, G) in de huidige lijnstructuur naar voren komen. Bespreek of dat voldoet of dat een of meer andere gezichtspunten in de lijnstructuur nadruk zou(den) moeten krijgen.

NB De staf- en hulpstructuur wordt in hoofdstuk 15 geanalyseerd.

U krijgt om te beginnen een lijst van taken (zie figuur 14.10) die binnen ESS te vinden zijn, in willekeurige volgorde. Daarmee gaat u aan de slag.
Deze lijst bevat vijftig taken. Het is duidelijk dat er binnen een organisatie als ESS een veelvoud van dit aantal taken bestaat. Maar voor de oefening in deze case is een aantal van vijftig voldoende en nog binnen een redelijke tijdsduur uitvoerbaar.

Figuur 14.10 Taken binnen ESS, nog ongeordend

Van: Ongeordend takencomplex binnen ESS ⇨	**Naar:** Gelaagdheid van taken binnen ESS op basis van het kostenmotief in verticale zin
1. Inkoop vlakglaspanelen	
2. Reizen en verblijf buitenland regelen	
3. Vergunningen aanvragen	
4. Bedrijfsfeesten en personeelsuitjes	
5. Storingen verhelpen bij klanten	
6. Kwaliteitscontrole	
7. Personeelskantine runnen	
8. Ontvangst bezoekers	
9. Boekhouding	
10. Bedrijfsjuridische zaken	
11. Marktonderzoek	
12. Tekenkamer en ontwerp	
13. Projectplanning	
14. Fabricage beveiligingssystemen	
15. Uittesten nieuwe toegangsconcepten	
16. Onderzoek nieuwe bewakingssystemen	
17. Socialemediabeleid	
18. Verkoop aan doe-het-zelfketens	
19. Contacten met scholen en opleidingen	
20. Bedrijfsontwikkeling	
21. Cao-onderhandelingen	
22. Montagewerkzaamheden	
23. Managementdevelopmentactiviteiten	
24. Verkoop buitenland	
25. Fabricage draaideuren	
26. Opslag van gereed product	
27. Verkoop aan zakelijke klanten	
28. Telefooncentrale bedienen	
29. Opleiding en bijscholing	
30. Schoonmaakwerk	
31. Productieplanning	
32. Beheer en onderhoud website	
33. Voor- en nacalculatie	
34. Werving en selectie medewerkers	
35. Inkoop metalen profielen	
36. Opslag van materialen	
37. Bedrijfsanalyse	
38. Investeringsplanning	
39. Inkoop verf	
40. Onderhoudswerk bij klanten	
41. Algemene directievoering	
42. Inkoop machines en gereedschappen	
43. Software ontwikkelen	
44. Deelname aan brancheactiviteiten	
45. Transport naar de bouwplaats	
46. Vakantie- en verlofdagen toekennen	
47. Langetermijnplanning	
48. Reclame maken	
49. Klachten afhandelen	
50. Presentatie op bouwbeurzen	

14.8 Extra: Een nieuwe organisatiestructuur?

In het bekende managementtijdschrift *Harvard Business Review* publiceren Michael Porter en James Heppelmann in oktober 2015 een artikel over het onderwerp hoe door nieuwe 'smart en connected' producten organisatiestructuren moeten veranderen. Die nieuwe producten krijgen veel meer functies en leveren ook extreem veel nieuwe data op. Dit heeft grote invloed op de manier waarop de kernfuncties van de organisatie opnieuw vorm moeten krijgen. Veel nieuwe producten bestaan uit een combinatie van hardware en software. Door het bijna voortdurend uitwisselen van informatie via die producten is het enorm belangrijk om de integriteit van de data en de ongestoorde werking van die producten te garanderen. Ontwerpprocessen gaan veranderen en daarmee ontstaat vaak ook de behoefte aan nieuwe kennis en kunde. Er ontstaat ook behoefte aan nieuwe mensen als het bestaande personeelsbestand niet goed is om te scholen. Door die nieuwe producten moeten afdelingen ook beter met elkaar leren coördineren. Ook moeten er geheel nieuwe afdelingen komen, bijvoorbeeld wat zij noemen een 'unified data organization' voor het verzamelen en verwerken van de enorme hoeveelheden nieuwe data. Verder is een zogenaamde Dev-Ops eenheid nodig die samen met de afdelingen IT, R&D, Manufacturing, en Service en support zorgen voor het up-to-date houden van producten en diensten en verder ook aftersales service verleent. Ook ontstaat behoefte aan wat de auteurs Customer Success Management noemen. Deze afdeling onderhoudt relaties met bestaande klanten en zorgt ervoor dat de klanten het maximale nut uit hun producten kunnen halen.
Het figuur geeft het door hen ontwikkelde nieuwe organisatieschema weer.

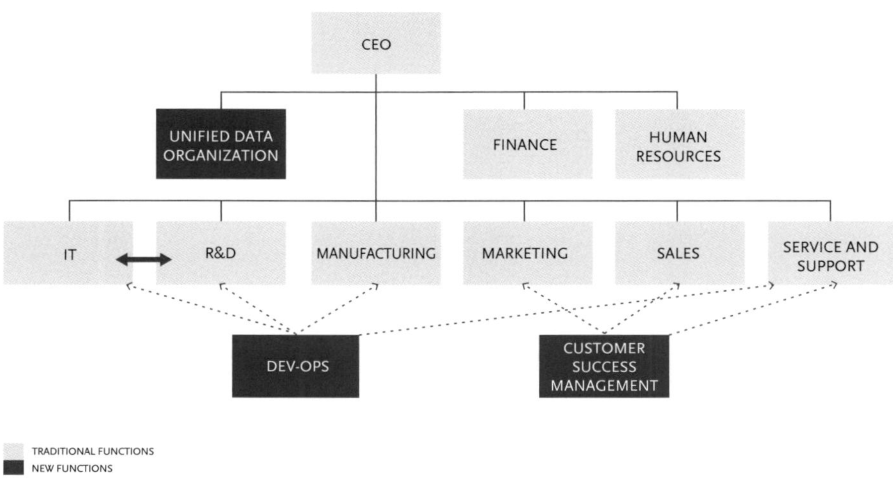

In dit organisatieschema zijn duidelijk de drie in paragraaf 14.1 beschreven elementen van de organisatiestructuur te herkennen. De nieuwe organisatiestructuur die nodig is om in te spelen op 'smart en connected' producten (zie ook Internet of Things) vraagt niet om andere elementen, maar wel om een nieuwe invulling van de elementen arbeidsverdeling, relaties en bevoegdheden en coördinatievoorzieningen.

14.9 Antwoorden

1. Arbeidsverdeling: verticaal en horizontaal

a. Arbeidsverdeling: welke afdelingen en hoeveel hiërarchische lagen zijn er? Het gaat bij arbeidsverdeling om de verticale en de horizontale uitbouw van de organisatie. Relaties en bevoegdheden: hoe zijn de relaties tussen medewerkers en afdelingen geregeld en welke beslissingen mag een medewerker nemen? Coördinatievoorzieningen: hoe is de onderlinge afstemming tussen afdelingen en medewerkers geregeld?

b. De organisatiestructuur zorgt ervoor dat het werk op een gecoördineerde manier wordt uitgevoerd en dat mensen en afdelingen die dingen doen waar ze goed in zijn. In kleine organisaties kan worden volstaan met een informele taakverdeling. Naarmate organisaties groter worden, ontstaat er meer behoefte aan een formele organisatiestructuur.

c. Bij het bestuursmotief gaat het erom dat alle werkzaamheden en beslissingen binnen de organisaties op elkaar worden afgestemd. Het kostenmotief schrijft voor dat de taakverdeling en de uitvoering van de taken tegen de laagste kosten moeten plaatsvinden. Bij het bestuursmotief staat dus de afstemming of coördinatie centraal, bij het kostenmotief gaat het om de efficiëntie.

d. Bij functionalisatie worden de taken op een hiërarchisch niveau verdeeld. Door taken met een soortgelijk karakter te combineren, ontstaat routine en kunnen medewerkers en afdelingen zich richten op die taken waarin zij goed zijn. Dit komt niet alleen de kwaliteit van het werk ten goede, ook de snelheid waarmee het werk wordt gedaan gaat op die manier omhoog. Zeker dit laatste leidt tot meer efficiëntie ('tijd is geld').

e. Het belangrijkste nadeel van functionalisatie is dat het proces wordt opgeknipt in verschillende delen. Met andere woorden: de samenhang tussen de verschillende handelingen wordt verbroken. De oplossing wordt door Kruisinga gevonden in afdelingsvorming.

2. Vormen van functionalisatie

a. Horizontale differentiatie en specialisatie.

b. Functionalisatie heeft niet alleen betrekking op het uitvoerende werk. Ook met betrekking tot het leidinggevende werk kan functionalisatie plaatsvinden. Hierdoor worden leidinggevende taken bij het lijnmanagement weggehaald en daarmee 'naast de lijn' geplaatst. Zo ontstaan staf- en hulpdiensten.

c. Hier is primair sprake van een productindeling (een P-indeling). Er zijn ook kenmerken van een M-indeling zichtbaar: de sector Healthcare richt zich op de gezondheidszorg en de sector Consumer Lifestyle richt zich primair op consumenten, alhoewel deze laatste sector ook producten verkoopt aan zakelijke afnemers.

d. Dit heeft vermoedelijk te maken met de grote verschillen tussen de producten en daarmee tussen de productgroepen. Anders gezegd: de eindprestaties per divisies verschillen sterk. Zo is het bijvoorbeeld niet logisch om de inkoop voor de drie productgroepen binnen één afdeling te houden (zoals in een F- of functionele indeling). Ook blijft de samenhang tussen activiteiten die verricht moeten worden voor één product behouden. De overige voordelen van de P-indeling gaan in het geval van Philips waarschijnlijk ook op. Alternatieve indelingen voor Philips zijn de G- en de M-indeling. Bij een G-indeling wordt het eenvoudiger om in te spelen op geografische verschillen, zoals bij de marketingactiviteiten. Bij een M-indeling zou de organisatie gemakkelijk in kunnen spelen op de specifieke wensen van bepaalde klantgroepen.

e. Zie hiervoor de nadelen van de P-indeling. Duplicering van activiteiten, het splitsen van specialistische kennis en het minder snel opbouwen van routine liggen ook bij Philips op de loer. Tussen divisies kunnen grote cultuurverschillen ontstaan.

3. De organieke en personele structuur en taakverdeling

a. De organieke structuur bestaat uit de afdelingen op de verschillende hiërarchische niveaus. Denk aan de aanduidingen divisie, businessunit, afdeling en team. Bij de personele structuur gaat het om de namen van de functies plus de namen van de betreffende personen.

b. Hiermee wordt bedoeld dat een organieke structuur alleen goed kan werken als de verschillende afdelingen en functies worden bezet door goede mensen. Omgekeerd geldt dat bekwame mensen het best tot hun recht komen als de organieke structuur klopt.

c. Hier zijn vele antwoorden mogelijk. Denk aan het voeren van beoordelings- en functioneringsgesprekken.

d. Bij taakverrijking worden 'rijkere' taken aan iemands taken toegevoegd. Dat wil zeggen dat iemand er taken bij krijgt die te maken hebben met zaken als werkverdeling, controle van het werk of planning. Bij taakverruiming krijgt iemand er alleen taken op hetzelfde niveau bij. In het geval van taakverrijking kan worden gedacht aan een apothekersassistente die de werkplanning overneemt van de apotheker. Een voorbeeld van taakverruiming is een productiemedewerker die het hout niet alleen meer zaagt, maar voortaan ook de gaten boort en het hout ook schaaft.

14.10 Uitwerking oefencase[1]

Ad a. Van ongeordend takencomplex naar verticale gelaagdheid
De taken worden tegen elkaar afgewogen op basis van het prijskaartje dat aan elke taak hangt, bijvoorbeeld op basis van het uurloon dat voor elke taak in de praktijk gebruikelijk betaald wordt.
Dat leidt tot de volgende tabel, waarin de taken zijn geordend in volgorde van hoog tot laag, wat overeenkomt met de volgorde van relatief dure tot relatief goedkope taken.

Ter verduidelijking staan twee voorbeelden met pijlen aangeduid: marktonderzoek is een relatief dure taak en komt in de verticale gelaagdheid op basis van prijs iets hoger terecht, montagewerkzaamheden is een relatief goedkope taak en komt in de uiteindelijke gelaagdheid op een lagere positie uit.

1 Dit boek biedt alleen de samenvattende conclusie van de uitwerking. De complete uitwerking is te vinden op www.conceptuitgeefgroep.nl.

ANTWOORD

Figuur 14.11 Taken ESS, van ongeordend naar geordend op basis van het kostenmotief. (hoe lichter de achtergrondkleur des te duurder de taak)

Van: Ongeordend takencomplex binnen ESS	Naar: Gelaagdheid van taken binnen ESS op basis van het kostenmotief in verticale zin
1. Inkoop vlakglaspanelen	Algemene directievoering
2. Reizen en verblijf buitenland regelen	Bedrijfsontwikkeling
3. Vergunningen aanvragen	Deelname aan brancheactiviteiten
4. Bedrijfsfeesten en personeelsuitjes	Langetermijnplanning
5. Storingen verhelpen bij klanten	Investeringsplanning
6. Kwaliteitscontrole	Bedrijfsanalyse
7. Personeelskantine runnen	Cao-onderhandelingen
8. Ontvangst bezoekers	Presentatie op bouwbeurzen
9. Boekhouding	Marktonderzoek
10. Bedrijfsjuridische zaken	Managementdevelopmentactiviteiten
11. Marktonderzoek	Werving en selectie medewerkers
12. Tekenkamer en ontwerp	Bedrijfsjuridische zaken
13. Projectplanning	Klachten afhandelen
14. Fabricage beveiligingssystemen	Productieplanning
15. Uittesten nieuwe toegangsconcepten	Vergunningen aanvragen
16. Onderzoek nieuwe bewakingssystemen	Boekhouding
17. Socialemediabeleid	Socialemediabeleid
18. Verkoop aan doe-het-zelfketens	Opleiding en bijscholing
19. Contacten met scholen en opleidingen	Kwaliteitscontrole
20. Bedrijfsontwikkeling	Reclame maken
21. Cao-onderhandelingen	Voor- en nacalculatie
22. Montagewerkzaamheden	Onderzoek nieuwe bewakingssystemen
23. Managementdevelopmentactiviteiten	Software ontwikkelen
24. Verkoop buitenland	Inkoop vlakglaspanelen
25. Fabricage draaideuren	Contacten met scholen en opleidingen
26. Opslag van gereed product	Reizen en verblijf buitenland regelen
27. Verkoop aan zakelijke klanten	Vakantie- en verlofdagen toekennen
28. Telefooncentrale bedienen	Projectplanning
29. Opleiding en bijscholing	Verkoop buitenland
30. Schoonmaakwerk	Uittesten nieuwe toegangsconcepten
31. Productieplanning	Fabricage beveiligingssystemen
32. Beheer en onderhoud website	Onderhoudswerk bij klanten
33. Voor- en nacalculatie	Tekenkamer en ontwerp
34. Werving en selectie medewerkers	Verkoop aan doe-het-zelfketens
35. Inkoop metalen profielen	Inkoop metalen profielen
36. Opslag van materialen	Beheer en onderhoud website
37. Bedrijfsanalyse	Verkoop aan zakelijke klanten
38. Investeringsplanning	Inkoop machines en gereedschappen
39. Inkoop verf	Fabricage draaideuren
40. Onderhoudswerk bij klanten	Montagewerkzaamheden
41. Algemene directievoering	Inkoop verf
42. Inkoop machines en gereedschappen	Storingen verhelpen bij klanten
43. Software ontwikkelen	Ontvangst bezoekers
44. Deelname aan brancheactiviteiten	Opslag van materialen
45. Transport naar de bouwplaats	Bedrijfsfeesten en personeelsuitjes
46. Vakantie- en verlofdagen toekennen	Telefooncentrale bedienen
47. Langetermijnplanning	Opslag van gereed product
48. Reclame maken	Personeelskantine runnen
49. Klachten afhandelen	Transport naar de bouwplaats
50. Presentatie op bouwbeurzen	Schoonmaakwerk

Ad b. Van verticale gelaagdheid naar (horizontale) functionalisatie per laag
Per horizontale laag in de organisatie worden taken die logisch gezien bij elkaar horen op basis van functievormingscriteria conform Luijk (zie hoofdstuk 14) bij elkaar gevoegd. Daaraan ligt ook weer het kostenmotief ten grondslag, namelijk dat het efficiënt is om taken die logischerwijs bij elkaar horen, onder te brengen in samenhangende functies. Kruisinga benoemt dit als functionalisatie.

Uitgaande van het vorige schema wordt elke taak onder een samenhangende functie gegroepeerd. Daarin wordt de gedetailleerde verticale gelaagdheid doorbroken, omdat duurdere en goedkopere taken logisch gezien bij elkaar horen en onder dezelfde functie worden geschaard. Alle taken die iets te maken hebben met personeel komen nu bijvoorbeeld terecht in de functie personeelszaken:

Cao-onderhandelingen
Managementdevelopmentactiviteiten
Werving en selectie medewerkers
Opleiding en bijscholing
Contacten met scholen en opleidingen
Vakantie- en verlofdagen toekennen
} Personeelszaken

Zodoende ontstaat een clustering van de taken in functies op verschillende niveaus.

Figuur 14.12 ESS: clustering op verschillende niveaus

Legenda:
DIR = Directie
R&D = Research & Development
MKT = Marketing
EB = Externe Betrekkingen
PZ = Personeelszaken
A&C = Administratie & Control
INK = Inkoop
PRD = Productie
VRK = Verkoop
BB = Bedrijfsbureau
FBR = Fabricage
MNT = Montage
MGZ = Magazijn
OND/STO = Onderhoud (incl. Storingen)
FD = Facilitaire Dienst

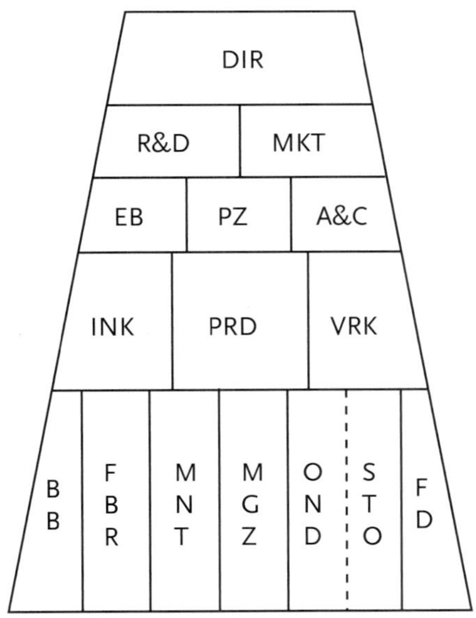

Ad c. Teken op basis hiervan het huidige *organisatieschema* van ESS

Figuur 14.13 ESS: huidig organisatieschema

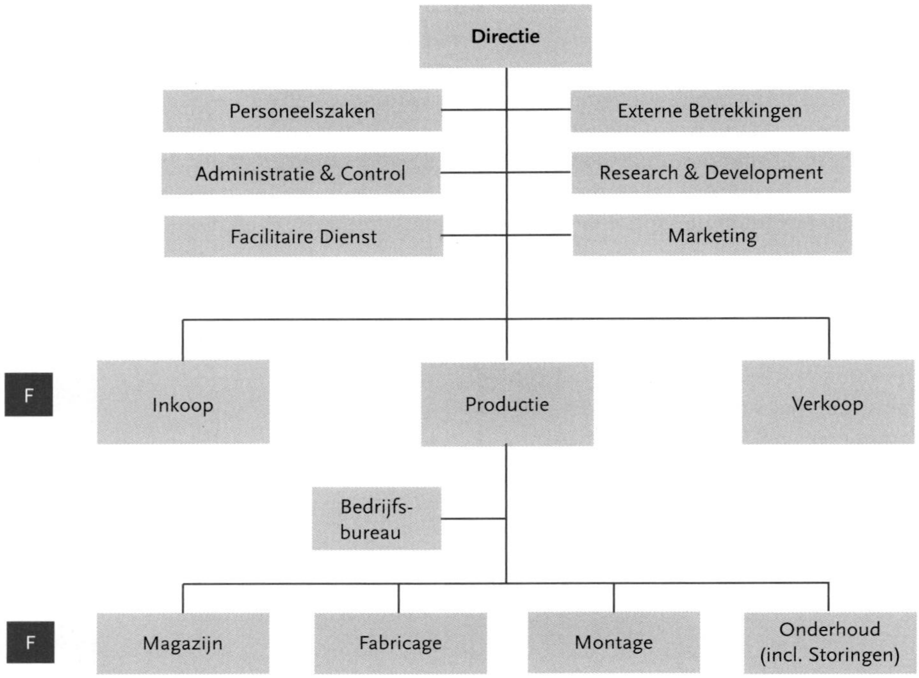

Ad d. Analyseer hoe de vier mogelijke *gezichtspunten* (F, P, M, G) in de huidige lijnstructuur naar voren komen

Er moet geconcludeerd worden dat de huidige lijnstructuur niet toereikend is om specialisaties, of het nu in P of in M of in G betreft, adequaat uit te voeren. Denk bijvoorbeeld aan geavanceerde draaideuren aan het assortiment toevoegen (andere P), huishoudelijke beveiligingsoplossingen (andere M) of expanderen naar meer landen (andere G). De huidige F-structuur is daar gewoonweg niet toe in staat. Als ESS zich geloofwaardig en met enige kans op succes in een of meer van de hiervoor genoemde specialisaties wil ontwikkelen, dan zal de huidige lijnstructuur met haar dominante gerichtheid op functies moeten worden aangepast. Hoofdstuk 15 komt hierop terug.

Literatuur

Aangehaalde en aanbevolen literatuur
De literatuur voor de vier hoofdstukken over organisatiestructuur is vrijwel gelijk. Daarom is alleen aan het eind van hoofdstuk 17 een lijst van aangehaalde en aanbevolen literatuur opgenomen.

15 Relaties en bevoegdheden

15. Centralisatie en decentralisatie: het gaat op en neer binnen een grote bank

Een grote bank
De HMF Bank is een internationale speler van Nederlandse origine. Met ruim 40.000 medewerkers, grotendeels in het buitenland, zit ze op de particuliere en de zakelijke markt. Vroeger was de bank een vertrouwde verschijning in het straatbeeld van stadswijken en dorpen. In de laatste tien jaar is het aantal filialen bijna gehalveerd. Deze ontwikkeling is nog niet ten einde. Toch krimpt de bank niet: het balanstotaal vertoont zelfs een stijgende trend.

Werken onder directe leiding van de top
Midden vorige eeuw werd de bank van bovenaf geleid. Op het hoofdkantoor kwamen alle lijnen samen. Zelfs een betrekkelijk eenvoudige transactie, zoals het verstrekken van een kleine en tijdelijke zakelijke lening, moest voor fiat de hoogste gelederen passeren. Ook voor particuliere transacties gold dit, bijvoorbeeld bij hypotheken voor een woonhuis. Filiaalmedewerkers waren toen nog betrekkelijk laag opgeleide uitvoerders. En in de vele kleine lokale vestigingen was de filiaalchef een 'meewerkend voorman'.

Bevoegdheden naar beneden verleggen
Enkele decennia later was de situatie veranderd. In de maatschappij waren mensen hoger opgeleid en mondiger geworden. Dat werd ook zichtbaar in organisaties en dus ook bij de bank. Een levenslange baan zonder veel perspectief werd voor velen een loopbaan met vooruitzichten. Er werd meer gedelegeerd; bevoegdheden werden lager in de lijn gelegd. Zo mocht een vestigingsdirecteur nu leningen tot 10.000 gulden (toen nog) zelfstandig verstrekken; hogere leningen, tot 100.000 gulden, met instemming van het regiokantoor. Voor wat daar bovenuit kwam moest het hoofdkantoor nog steeds goedkeuring verlenen.

De teugels weer aantrekken
Die vrijheid bleek toch riskanter dan gedacht. Na veel en soms gevoelige verliezen, onder andere door ondoordacht geld lenen aan klanten die failliet gingen, werden de decentrale bevoegdheden grotendeels weer ingetrokken en toezicht van bovenaf weer aangescherpt.

Schaalvergroting en meer verantwoordelijkheid
Het laatste decennium zijn kleine vestigingen opgeheven; grote filialen zijn ervoor in de plaats gekomen, die alle bancaire diensten aanbieden. Markt- en klantgericht handelen is de nieuwe norm. Bankiers moeten zich ondernemend opstellen. Cliënten willen snel worden bediend. Dat vraagt weer om meer bevoegdheden zo laag mogelijk in de organisatie.

Nieuwe maatregelen
Maar te grote vrijheid en te weinig toezicht blijkt een voedingsbodem voor witwaspraktijken. Forse boetes zijn uitgedeeld aan niet de minste banken. Eén moest zelfs een paar honderd medewerkers aantrekken om alle 'ongebruikelijke transacties' van de laatste jaren tegen het licht te houden. Tevens zijn de filialen aan strenge regels gebonden. Zo hebben ze niet langer de vrijheid zelfstandig nieuwe rekeningen te openen. Hierdoor

moet nieuwe toestroom van klanten uit criminele of zelfs terroristische kring worden voorkomen.

Deze case laat zien hoe bevoegdheden binnen een organisatie heel verschillend verdeeld kunnen zijn tussen top en werkvloer en hoe daarin grote slingerbewegingen kunnen zitten.

Kernstof

In organisaties bestaan verschillende soorten relaties (paragraaf 15.1). Zo zijn er *lijn*relaties, *staf*relaties, *functionele*, *laterale* en *diagonale* relaties. Lijnrelaties (paragraaf 15.1.1), ook wel hiërarchische relaties genoemd, vormen de basis van elke organisatiestructuur (lijnorganisatie). Een lijnmanager geeft *opdrachten*. Ondanks de voordelen van de eenvoud van deze relatievorm kleven er ook nadelen aan. Een belangrijke is dat het een manager kan *ontbreken* aan *specialistische kennis* op belangrijke gebieden.
Stafrelaties (paragraaf 15.1.2) worden ingesteld om dat nadeel op te vangen. Een stafmedewerker geeft alleen *advies* op bepaalde gebieden. De persoonlijke staf zorgt voor het stroomlijnen van het werk van de manager aan wie hij is toegevoegd. Door het invoeren van stafafdelingen ontstaat de *lijn- en staforganisatie*.
Iemand die in een *functionele relatie en bevoegdheid* (paragraaf 15.1.3) tot iemand anders in de organisatie staat, mag opdrachten geven over *de manier* waarop (hoe) een opdracht moet worden uitgevoerd, maar mag de opdracht om iets te doen (wat) zelf niet geven.
Laterale en diagonale relaties (paragraaf 15.1.4) zijn overlegrelaties met personen op *hetzelfde niveau* (lateraal) of met *andere afdelingen op andere niveaus* (diagonaal).
De *spreiding van beslissingsbevoegdheden* in de organisatie (mate van centralisatie en decentralisatie) komt in paragraaf 15.2 aan bod.
Verschillende *factoren* zijn hierop van invloed (paragraaf 15.2.1). Denk aan omvang, groeifase en complexiteit van de organisatie. Ook een rol spelen de veranderlijkheid van de externe omgeving, de mogelijkheden om snel te communiceren, de bekwaamheid van individuele managers en de managementfilosofie.
Bij het kiezen van de juiste mate van (de)centralisatie (paragraaf 15.2.2) zijn overwegingen: het *belang* van de beslissing, de *urgentie* en de *reikwijdte*. Ook speelt mee wie de beste *informatie* en *kennis* heeft.

15 Relaties en bevoegdheden

Het vorige hoofdstuk beschrijft hoe de arbeidsverdeling tot stand komt en welke factoren daarbij tegen elkaar moeten worden afgewogen. Door de arbeidsverdeling zijn in verticale richting verschillende lagen of niveaus in de organisatie tot stand gekomen. In horizontale richting zijn vanuit verschillende gezichtspunten (F, P, G of M) *uitvoerende afdelingen* gevormd en *afdelingen* die zich bezighouden met *delen van het leidinggevende werk*. Dit hoofdstuk gaat in op de relaties die tussen afdelingen en tussen de verschillende niveaus kunnen bestaan. Daarna komt de mate van *centralisatie of decentralisatie* van *beslissingsbevoegdheden* aan bod.

15.1 Welke soorten relaties bestaan er in organisaties?

In organisaties zijn de volgende soorten relaties te onderscheiden:
- *lijn*relatie;
- *staf*relatie;
- *functionele* relatie;
- *laterale* relatie;
- *diagonale* relatie.

15.1.1 Lijnrelatie

De lijnrelatie, ook wel hiërarchische relatie genoemd, is de vorm die in alle organisaties nodig is. Die relatie houdt in dat een functionaris op een hoger niveau in de organisatie een ondergeschikte opdrachten kan geven. De ondergeschikte behoort de opdracht uit te voeren en over de uitvoering verantwoording af te leggen. De leidinggevende houdt toezicht op de uitvoering, controleert de resultaten en stuurt waar nodig de uitvoering bij.
Als in een organisatie slechts lijnrelaties bestaan, dan spreekt men van een *lijnorganisatie*. De lijnorganisatie is de grondvorm van alle organisaties. Deze is in figuur 15.1 schematisch weergegeven.

Figuur 15.1 Lijnorganisatie

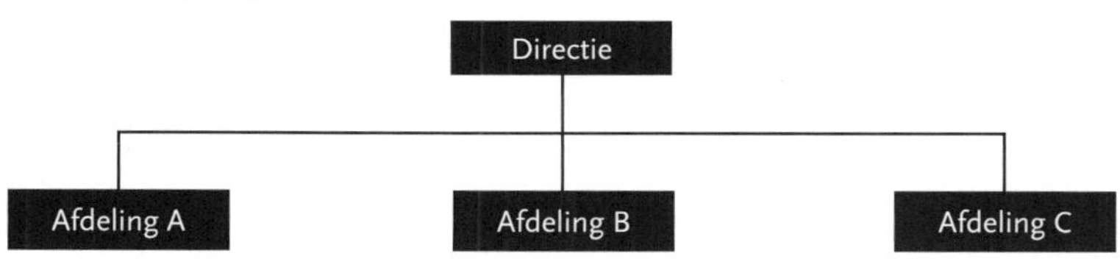

Een lijnorganisatie heeft zowel voordelen als nadelen.
Enkele voordelen van de lijnorganisatie zijn:
- *Eenheid* van bevel en eenheid van leiding.
- *Duidelijkheid*, de ondergeschikte weet wie zijn baas is.
- *Eenvoud*, er is maar één soort relatie tussen medewerkers.
- Opdracht en controle in *één hand.*
- *Snelle coördinatie.*

Enkele nadelen van de lijnorganisatie zijn:

- Een manager kan niet verstand van alles hebben, *specialistische kennis kan ontbreken.*
- Als er veel uitzonderingen op de planning zijn, kan de *besluitvorming vertragen* als alles via de top moet.
- Het voorkomen van verschillende niveaus in de lijn kan ook leiden tot een grotere kans op vervorming van berichten.

15.1.2 Stafrelatie

Een belangrijk nadeel van een lijnorganisatie is het ontbreken van specialistische kennis van bepaalde deelgebieden bij managers. Om dit nadeel op te vangen, kunnen staffunctionarissen worden aangesteld. Deze mogen geen opdrachten geven, maar hebben alleen de mogelijkheid gevraagd en ongevraagd advies uit te brengen aan de manager aan wie ze zijn toegevoegd. Een staffunctionaris staat dus buiten de lijn. Figuur 15.2 geeft een beeld van de basisstructuur van een lijn- en staforganisatie.

Figuur 15.2 Lijn- en staforganisatie

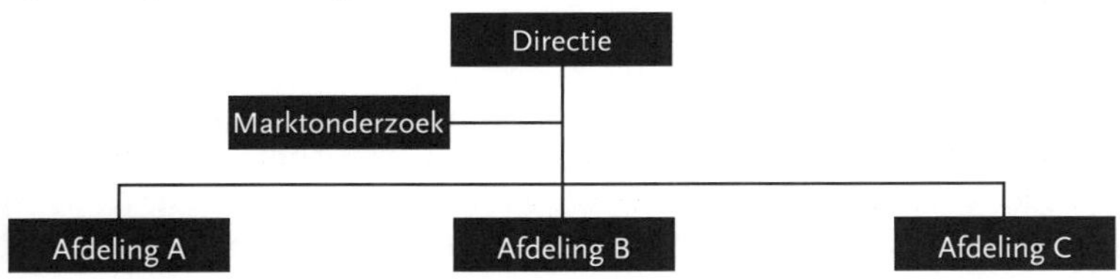

In organisaties zijn verschillende soorten staf te herkennen. Zo is er de *generalistische staf* die beschikt over een brede kennis van bepaalde gebieden en de manager daarover adviseert. Deze staf geeft de manager complete adviezen over wat te beslissen of hoe te handelen. Het advies komt letterlijk en figuurlijk vanaf de zijlijn, maar het is uiteindelijk *de manager* die *beslist* wat er gedaan wordt en die verantwoordelijk is voor het resultaat. De staf is alleen verantwoordelijk voor de *kwaliteit van het advies.* Ondanks de adviesrol kan een generale staf veel invloed hebben. In de praktijk blijkt bijvoorbeeld de staf van het Witte Huis veel meer invloed te hebben dan de term staf suggereert.
In veel organisaties is ook een *specialistische staf* aanwezig. Denk hierbij aan functionarissen met kennis op het gebied van recht, marktonderzoek of economie. Zij geven de manager op deelgebieden advies, waarna de manager de verschillende specialistische adviezen verwerkt tot een uiteindelijke beslissing. Als een generalistische staf aanwezig is, kan deze de manager helpen met het integreren van de deeladviezen.
Ook kan een *persoonlijke staf* aanwezig zijn. Tegenwoordig spreekt men van een personal assistent (PA). Deze zorgt voor het stroomlijnen van het werk van de manager. Denk aan het maken van afspraken, het verzamelen van informatie en het regelen van reizen. De persoonlijke staf (bijvoorbeeld een directiesecretaris) kan veel invloed hebben, omdat die bepaalt wie wel of wie niet een afspraak met de manager krijgt.

Het inbouwen van een stafrelatie in een lijnorganisatie leidt tot het ontstaan van een *lijn- en staforganisatie.*
Een belangrijk voordeel van de lijn- en staforganisatie is dat de stafafdelingen voorbereidend werk van de manager kunnen overnemen. Hierdoor krijgt de *manager meer tijd* om zich met andere zaken bezig te houden. Een ander voordeel is dat de specifieke kennis

en ervaring van de stafafdelingen helpt om tot *betere beslissingen* te komen. Beter kan hier betekenen *inhoudelijk beter*, maar ook *sneller*.

Snelle besluitvorming leidt tot meer winst
In veel sectoren is snelle besluitvorming van grote invloed op de resultaten. Daarbij kan het gaan om snel te achterhalen of bepaalde markten veranderen of om snel een product in een groot aantal landen op de markt te brengen. Op het gebied van consumentenelektronica bijvoorbeeld, is het een wetmatigheid dat de onderneming die het eerst met een goed product op de markt komt, de meeste winst kan behalen. Bij het realiseren van het first-to-market principe spelen staf- en functionele relaties een grote rol. Stafafdelingen kunnen informatie verzamelen over wat er in de markt verandert, terwijl R&D-afdelingen nieuwe producten en diensten kunnen ontwikkelen. Deze kunnen dat sneller en beter dan als er alleen lijnrelaties bestaan. Functionele afdelingen kunnen helpen om bijvoorbeeld wereldwijde supply chains snel aan te passen, zoals bij Unilever te zien is.

Bron: Eppink, 2014

THEORIE

Het inbouwen van staffuncties in een organisatiestructuur kent ook nadelen. Ondanks de goede bedoelingen is te zien dat er een *afstand* bestaat tussen de staffunctionaris en de lijnmanager. Als een stafafdeling zich in een ivoren toren terugtrekt en niet beseft dat de adviezen moeten helpen de dagelijkse praktijk te verbeteren, dan kan die afstand gaan groeien. Een staffunctionaris staat daarbij voor het *dilemma* dat hij enerzijds een kwalitatief hoogwaardig advies wil geven, terwijl het advies anderzijds niet altijd praktisch uitvoerbaar is. De staffunctionaris en de manager aan wie hij is toegevoegd, moeten die spanning onderkennen en voorkomen dat de adviezen door de lijn worden genegeerd.

15.1.3 Functionele relatie

De functionele relatie is voor het eerst door F.W. Taylor (1903) beschreven als onderdeel van het door hem ontwikkelde *achtbazenstelsel*. In dat stelsel heeft elke medewerker in de werkplaats acht bazen boven zich. Elk van die acht bazen kan op *zijn eigen gebied opdrachten* geven aan de medewerker. Zo is bijvoorbeeld een baas (*speed boss*) aangesteld om ervoor te zorgen dat er snel genoeg gewerkt wordt. Een andere is verantwoordelijk voor de kwaliteit (*inspector*). Zie ook paragraaf 8.2.1 over taakgericht leidinggeven en paragraaf 13.3 over kwaliteitsmanagement. Daarnaast zijn er bazen die zich bezighouden met de voorbereiding van het werk, onder andere de *order of work and route clerk*. Boven de acht bazen staat een bedrijfsleider, die een lijnrelatie met de bazen heeft. In het achtbazenstelsel is iedere baas dus verantwoordelijk voor één inhoudelijk aspect van het uitvoerende werk. Deze relatie wordt een functionele relatie genoemd. Het achtbazenstelsel kent enkele nadelen zoals onduidelijkheid als de verantwoordelijkheden niet nauwkeurig zijn omschreven. Ook kan het zijn dat de opdrachten van elk van de acht bazen niet met elkaar overeenstemmen. Om dergelijke redenen wordt het achtbazenstelsel in zijn zuivere vorm niet meer toegepast. Organisaties kennen echter nog steeds elementen van het achtbazenstelsel van Taylor. Wat is overgebleven, zijn de functionele bevoegdheden om op een beperkt gebied aan medewerkers opdrachten te geven. Het gaat hierbij om de bevoegdheid om te bepalen *op welke manier* (dus hoe) een opdracht moet worden uitgevoerd. *Wat* er moet worden uitgevoerd, volgt uit (hiërarchische) bevoegdheid van het lijnmanagement.

De organisatiestructuur met een functionele relatie ziet er bijvoorbeeld uit als in figuur 15.3. De afdeling Kwaliteitszorg geeft aanwijzingen over het verbeteren en waarborgen van de kwaliteit van de producten.

Figuur 15.3 Lijnorganisatie met functionele relaties

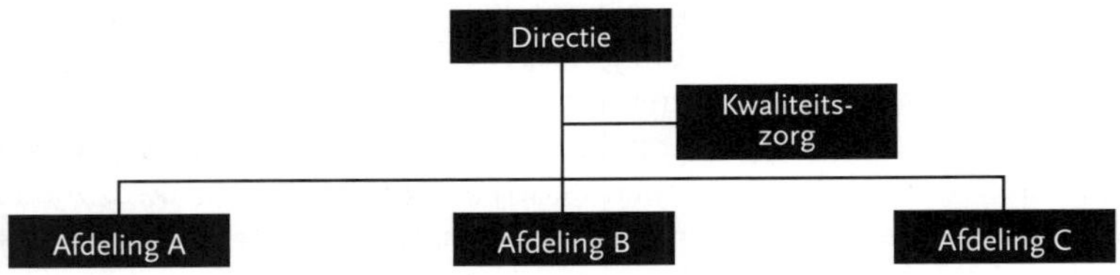

Het schema ziet er tekentechnisch uit als een lijn- en staforganisatie. Er staat immers ook een afdeling naast de lijn. Het *verschil zit in de aard van de relatie*. Een stafdienst kan alleen advies geven aan de manager die daarover een – eventueel afwijkende – beslissing neemt en die vervolgens zelf opdracht geeft aan de medewerkers die aan hem rapporteren. Een afdeling met een functionele relatie en bevoegdheid, ook wel hulpdienst genoemd, kan op een beperkt gebied rechtstreeks opdrachten geven aan de medewerkers met wie ze geen lijnrelatie hebben. De hulpdienst Kwaliteitszorg bepaalt bijvoorbeeld producteigenschappen als maat of kleur, waar de fabricageafdelingen niet van mogen afwijken. Hulpdiensten zijn op verschillende niveaus in organisaties te vinden. Direct onder de topleiding van een grote organisatie is er bijvoorbeeld een afdeling Administratie gevormd, die voor de gehele organisatie aangeeft hoe de administratie en de rapportage eruit moet zien. Hetzelfde geldt ook voor afdelingen als Personeelszaken of Humanresourcesmanagement en Inkoop. Die bepalen bijvoorbeeld salarisschalen respectievelijk welke procedures gevolgd moeten worden bij inkoop.

Het voordeel van hulpdiensten is dat door de gehele organisatie *dezelfde manier van werken* gevolgd wordt. Bedenk wat er zou gebeuren als elke afdeling in een organisatie zelf zou kunnen beslissen welke software en hardware aangeschaft wordt. Er zou een lappendeken ontstaan van systemen die moeilijk of niet meer met elkaar kunnen werken.
Een nadeel van de functionele relatie is dat de *eenheid van bevel* wordt *doorbroken*. Als de lijnmanager en de hulpdienst goed met elkaar afstemmen hoe er gewerkt gaat worden, hoeft het doorbreken van de eenheid van bevel niet te leiden tot het verlies van de eenheid van leiding.

Een organisatie die alle drie behandelde soorten relaties kent, kan eruitzien als in figuur 15.4. Deze geeft de organisatiestructuur aan van een organisatie met zowel een staf- als een hulpdienst.

Figuur 15.4 Organisatiestructuur met staf- en hulpdienst

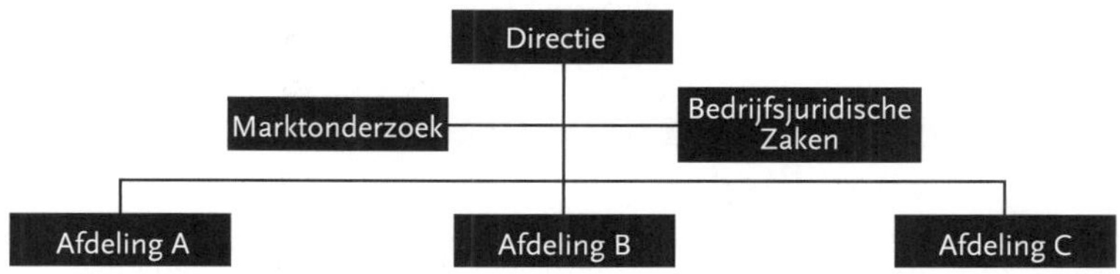

De kern van de drie soorten relaties is als volgt samen te vatten:
- lijnrelatie: bevoegdheid om opdrachten te geven;
- stafrelatie: bevoegdheid om adviezen te geven;
- functionele relatie: bevoegdheid om aanwijzingen te geven over de manier van werken.

Bedrijfsjuridische Zaken moet je raadplegen
In een grote onderneming krijgt de directie van de stafdienst Marktonderzoek adviezen over trends in de markt. Ook doet deze afdeling voorstellen over het te voeren productassortiment. De leiding kan die adviezen overnemen of ervan afwijken en vervolgens de afdelingen opdragen een bepaald assortiment op de markt te brengen. Daarbij moeten leveringscontracten met uiteenlopende afnemers worden afgesloten. De afdelingen moeten zich daarbij houden aan het standaardcontract dat de hulpdienst Bedrijfsjuridische Zaken opstelt en waarvan ze niet mogen afwijken. Waterdichte contracten opstellen is namelijk gespecialiseerd juridisch werk waar niet-deskundigen grote fouten in kunnen maken. Vandaar dat het standaardcontract van opzij door de hulpdienst wordt opgelegd. Eventuele afwijkingen waar klanten om vragen, mogen alleen in het contract worden opgenomen met uitdrukkelijke instemming van Bedrijfsjuridische Zaken.

Hoewel de bevoegdheden van afdelingen niet rechtstreeks uit het organisatieschema blijken, geeft de naam van een afdeling er wel een indicatie van. De precieze inhoud van de bevoegdheden staan meestal beschreven in taak- en functiebeschrijvingen (zie paragraaf 16.5).

15.1.4 Laterale en diagonale relatie

Ook deze twee soorten relaties zijn niet uit een organisatieschema af te lezen. Het bestaan ervan kan het functioneren van organisaties aanzienlijk verbeteren. Dit geeft aan dat een organisatiestructuur meer is dan het organisatieschema.
Een *laterale relatie* is een overlegrelatie tussen functionarissen op hetzelfde niveau in de organisatie. Denk aan het wekelijkse overleg tussen directieleden van een organisatie. Daarin wisselen ze informatie uit, bespreken ze concrete problemen en komen ze tot besluiten.
Een *diagonale relatie* is ook een overlegrelatie, maar dan tussen functionarissen van verschillende afdelingen op verschillende niveaus in de organisatie. Ook hier is het doel: uitwisselen van informatie over gezamenlijke problemen en het voorbereiden of

nemen van beslissingen. Doel van laterale en diagonale relaties is het verbeteren van de coördinatie. Dit onderwerp komt in hoofdstuk 16 uitgebreid aan de orde.

15.2 Mate van centralisatie en decentralisatie van beslissingsbevoegdheden

De manier waarop in een organisatie de beslissingsbevoegdheden zijn gespreid, is van invloed op het functioneren van een organisatie. Het maakt een groot verschil of de topleiding alle belangrijke beslissingen zelf wil nemen (= centralisatie) of dat ze beslissingen op lagere niveaus wil laten nemen (= decentralisatie). De mate van centralisatie en decentralisatie is onder andere van invloed op de snelheid waarmee beslissingen tot stand komen. Hoe meer beslissingen centraal moeten worden genomen, hoe langer dit duurt. Daardoor kan een beslissing te laat genomen worden en is een kans verloren gegaan.

Trage besluitvorming door centralisatie: Jo d'n Urste verkoopt voortaan Heineken-bier

Jo d'n Urste is misschien wel het bekendste café van Valkenswaard. In diezelfde plaats is ook de Dommelsche Bierbrouwerij gevestigd. Tussen brouwerij en café bestaan goede banden en het spreekt vanzelf dat de brouwerij er verguld mee is dat al vele jaren Dommelsch bier in het bekende café uit de tap komt. In 1968 koopt het Belgische Artois de brouwerij. Het hoofdkantoor staat in Leuven, ongeveer 100 kilometer ten zuidwesten van Valkenswaard. Het hoofdkantoor in Leuven beslist over het sluiten van contracten met cafés voor bierleveringen. Vaak moet een brouwerij behoorlijk investeren in het café bij het aangaan van een nieuw contract. Om die reden is de besluitvorming over dit punt gecentraliseerd. Op een bepaald moment wordt bekend dat het café mogelijk te koop komt en dat dus het contract voor levering van bier naar een ander kan gaan. Heineken wil al jaren bier aan Jo d'n Urste leveren, maar het is er nooit van gekomen. Ook Heineken is op de hoogte van de nieuwe mogelijkheid en doet snel een scherpe aanbieding aan de nieuwe exploitant. Het hoofdkantoor in Leuven is ook met een bod bezig, maar dat neemt veel tijd in beslag. Uiteindelijk sluit Heineken het nieuwe contract en verliest de Dommelsche Bierbrouwerij een prestigieuze horecagelegenheid in de eigen achtertuin als klant. De directeur van de brouwerij in Valkenswaard is er niet blij mee dat de concurrent nu bier levert aan zijn voormalige topklant.

Bron: persoonlijke communicatie.

15.2.1 Invloedsfactoren op de mate van (de)centralisatie

In een kleine organisatie speelt het vraagstuk van centralisatie en decentralisatie eigenlijk niet. Het is de topleider en tevens eigenaar die alle beslissingen neemt. Er zijn verschillende factoren die van invloed kunnen zijn op het besluit om besluitvorming te (de)centraliseren.

De behoefte aan decentralisatie kan ontstaan als de organisatie gaat groeien. Die *groei* kan in de *omvang* van de organisatie zijn, maar ook in de *complexiteit* van de organisatie.

Bij groei in omvang valt te denken aan de toename van het aantal verschillende producten en diensten die verkocht en geleverd worden. Ook kan het zijn dat nieuwe markten of nieuwe geografische gebieden betreden worden. Een toename in complexiteit is bijvoorbeeld het gevolg van verdergaande arbeidsverdeling: er komen steeds nieuwe afdelingen bij. Ook kunnen naast de bestaande lijnrelaties stafrelaties en/of functionele relaties worden ingebouwd.
De mate van *veranderlijkheid in de externe omgeving* kan van invloed zijn op de noodzaak om beslissingen meer te gaan decentraliseren. Zo hebben Burns en Stalker (1961) ontdekt dat succesvolle ondernemingen in zich snel ontwikkelende en dynamische bedrijfstakken meer decentralisatie kennen dan minder succesvolle. Een zekere mate van centralisatie is te vinden bij succesvolle ondernemingen in relatief stabiele bedrijfstakken.
De mate van *geografische spreiding* kan ook een rol spelen. Denk aan ambassadeurs die, toen telefonie en telegrafie nog niet bestonden, zelfstandig beslissingen moesten kunnen nemen. Het kon maanden duren voor er een antwoord kwam op een vraag die per schip aan de regering van het eigen land was gesteld. Dat maakte het nodig beslissingen decentraal door de ambassadeur te nemen.
De tegenwoordige *snelle communicatiemogelijkheden* kunnen er juist weer voor zorgen dat het mogelijk wordt beslissingen te centraliseren.
Als de organisatie onder *druk* komt, is vaak te zien dat beslissingen centraler genomen gaan worden. In een van de banken die betrokken is geweest bij de overname van ABN AMRO in 2007 was het gebruikelijk dat hogere functionarissen intercontinentaal altijd businessclass vlogen. Door de toenemende financiële druk op die bank werd die vanzelfsprekendheid afgeschaft en moest een manager die businessclass wilde vliegen daarvoor voortaan toestemming van de raad van bestuur hebben.

Geduld bij Canon op

In 2010 kocht het Japanse Canon de Nederlandse printerfabriek Océ in Venlo. Océ miste schaalgrootte en Canon wilde de basis verbreden en minder afhankelijk zijn van camera's. Ook kan het de positie in Europa vanuit Nederland versterken. Na de overname bleef een Nederlander de toppositie in het bedrijf bekleden. Begin 2018 vroeg de topman van canon Mick Asada een analyse van Océ te maken. Eind 2018 werd hij aangesteld als waarnemend operationeel directeur. Zijn analyse liet zien dat Océ in zeven van de laatste negen jaar verlies had geleden. Canon ziet in de 'commercial printing business' een van de vier categorieën die groei moeten opleveren. Dat proces wil Canon vanuit Japan strakker aansturen. Centralisatie dus.

Bron: FD, (2019). Voor Canon heeft autonomie Océ lang genoeg geduurd. 30 januari, p. 10

Ook de *bekwaamheid* van individuele managers kan van invloed zijn. Ervaren managers kunnen beter zelfstandig beslissingen nemen dan managers die nog maar kort in functie zijn. Hier ligt een duidelijke relatie met situationeel leiderschap, zoals dat onder andere door Hersey en Blanchard is beschreven (zie paragraaf 8.2.2).
De *managementfilosofie* of het mensbeeld van het topmanagement kan er ook aan bijdragen dat er meer decentralisatie komt. In sommige organisaties is te zien dat door

de persoonlijkheid van de topleider, vaak ook eigenaar van het bedrijf, belangrijke beslissingen juist niet op een lager niveau genomen worden. In paragraaf 8.2 kwamen de mensbeelden op basis van Theorie X en Y van McGregor aan bod.

15.2.2 Overwegingen bij het bepalen van de juiste mate van (de)centralisatie

Het is niet eenvoudig de beste mate van (de)centralisatie te bepalen. Net als bij het beslissen over de beste wijze van arbeidsverdeling en het instellen van verschillende soorten relaties, spelen ook hier weer elkaar tegensprekende overwegingen een rol. Hierna volgen een aantal van de belangrijkste overwegingen:
De eerste is het *belang* van een soort beslissing. Hoe belangrijker de beslissing, hoe hoger die in de organisatie genomen moet worden. Grote investeringen en wereldwijde reclamecampagnes zullen uiteindelijk altijd door de top goedgekeurd moeten worden. Beslissingen die grote financiële gevolgen hebben of die de reputatie van de organisatie kunnen raken, zijn altijd belangrijk. Soms verandert door de externe omstandigheden het belang van een soort beslissing.

Beslissingen gaan op en neer

In de periode voor de eerste oliecrisis van 1973 is voor KLM het inkopen van brandstof een aangelegenheid waarbij de topleiding nauw betrokken is. Contracten met oliemaatschappijen hadden de goedkeuring van de directie nodig. Door de enorme schaarste aan kerosine die door de oliecrisis ontstaat, die ook per land nog verschilt, is het voor de directie onmogelijk zich met de dagelijkse inkoop te bemoeien. Het kunnen kopen van brandstof is dan belangrijker dan de prijs die KLM moet betalen. Hier wordt dus een eerder gecentraliseerde besluitvorming gedecentraliseerd.

Het omgekeerde is het geval bij KNSM, een scheepvaartonderneming die met eigen schepen vaart, maar ook schepen chartert (huurt) als er capaciteit tekort is. Voor de oliecrisis is het charteren van schepen een beslissing die op een relatief laag niveau in het bedrijf genomen wordt, ook al gaat het om grote bedragen. Door de onzekere economische toestand die door de oliecrisis ontstaat, moet voortaan elke beslissing om een schip te charteren door de raad van bestuur worden goedgekeurd.

Bron: Eppink, 1979

Een volgende overweging is de *urgentie* van de beslissing. Hoe urgenter een beslissing is, hoe minder tijd verloren mag gaan. Als de urgentie hoog is en het probleem speelt zich laag in de organisatie af, dan kan door centralisatie een genomen besluit te laat komen. Is de beslissing niet urgent, dan hoeft centralisatie om deze reden alleen geen belemmering te zijn.
Een andere overweging is de *reikwijdte* van de beslissing. Heeft bijvoorbeeld een beslissing over de prijs van een product in land A invloed op de prijs die in land B berekend kan worden? Als dat zo is, dan kan de eventuele beslissing in land A pas genomen worden na afstemming met de manager in land B en na overleg met de regionale manager aan wie de twee landendirecteuren rapporteren.
Een volgende overweging is: waar in de organisatie is de meeste *informatie* en *kennis* aanwezig over een bepaald soort beslissing? Het is over het algemeen aan te raden de beslissing zo dicht mogelijk bij de beschikbare informatie en kennis te nemen.

Dit laatste heeft te maken met het beleid op management development (zie paragraaf 8.5). Als het topmanagement het aanwezige managementpotentieel verder wil ontwikkelen, dan kan zorgvuldig afgewogen decentralisatie aan het beleid bijdragen.

Positieve effecten van decentralisatie bij Philips: lokale relevantie
"We luisteren nog beter naar wat consumenten in verschillende delen van de wereld nodig hebben", aldus Frans van Houten eind juli 2013. Van Houten spreekt van 'lokaal relevante innovatie': het toespitsen van huishoudelijke producten op de regio. Zo verkoopt Philips in Frankijk een apparaat dat soep maakt en doet de Multicooker het goed in Rusland. In China is de Noodle Maker een groot succes, een machine die verse noedels binnen een kwartier kan maken. Ook is er in China veel belangstelling voor de luchtfiltersystemen van Philips. Dit vanwege de hardnekkige smog in Chinese steden. Als gevolg van het beter luisteren naar wat de consument wil, is het Eindhovense concern minder afhankelijk van de krimpende West-Europese markt.

Al in 2011 is de strategie van 'lokaal relevante innovatie' ingezet. De toen net aangetreden Van Houten wilde dat Philips sneller zou reageren op de voortdurend veranderende vraag van consumenten. Om dat te bereiken liet Philips de centrale aansturing gedeeltelijk los en kregen lokale managers meer bevoegdheden om zelfstandig besluiten te nemen. Met deze aanpassing van de organisatiestructuur wilde Van Houten bereiken dat Philips beter ging luisteren naar haar klanten en sneller lokaal relevante producten op de markt kon brengen. Dit is voor Philips een groot succes gebleken.

Laurus: gevolgen van overmatige decentralisatie
In het begin van deze eeuw besluit de topleiding van het inmiddels uiteengevallen en overgenomen supermarktconcern Laurus dat het personeel op lagere niveaus meer beslissingsmacht moet krijgen. In dat kader verdwijnt onder andere de centrale afdeling Inkoop. Deze beslissing is conform de toenmalige modetrend in het managementdenken. Die geeft aan dat empowerment moet en dat verplatting en verregaande decentralisatie daarbij horen. Bij Laurus moet elke afzonderlijke supermarkt weer zelf kunnen gaan inkopen. Het gevolg van de trend volgen is een enorme chaos in de bedrijfsvoering. Niet alleen verdwijnen de voordelen van centrale inkoop, ook de logistiek wordt veel minder efficiënt. Bronnen binnen het concern schatten de schade van het experiment op meer dan € 75.000.000. Het experiment is binnen twee maanden na de start afgeblazen.

Een van de kritische succesfactoren van supermarkten is een uitgebalanceerde logistiek. Door het decentraliseren van de besluitvorming naar de individuele supermarkten wordt de balans bij Laurus ernstig verstoord. De toenmalige topman die het experiment startte, verliest zijn baan binnen twee jaar na zijn aantreden, mede door verkeerde beslissingen.

Bron: persoonlijke communicatie

Bij het uitwerken van de optimale spreiding van beslissingsbevoegdheden zal in de meeste organisaties geen uniforme oplossing voor de gehele organisatie naar voren komen. Het

THEORIE

is ook niet nodig daarnaar te streven. Immers, de situaties in verschillende delen van de organisatie kunnen uiteenlopen. Dan is een uniforme aanpak juist sterk af te raden.
Beslissingen die de gehele organisatie betreffen, moeten aan de top genomen worden. Het gebied marketing in een grote bank bijvoorbeeld bestrijkt vraagstukken als het wereldwijde imago dat de leiding nastreeft, maar ook het programma voor een jaarlijkse dag voor het midden- en kleinbedrijf. Het is duidelijk dat het programma voor de dag voor het midden- en kleinbedrijf door de lokale vestiging wordt opgesteld, eventueel met hulp vanuit de bankregio. De lokale bank kent haar klanten en weet het best wat voor de klanten aantrekkelijk is. Inmenging vanuit de top kan averechts werken. De top zal besluiten over het na te streven wereldwijde imago. De bank zal grote internationale ondernemingen als klanten hebben. Dan is het goed om over de hele wereld eenzelfde imago te hebben.
Als het gaat om ICT in een bank, dan zal op dat gebied de centrale besluitvorming tot een redelijke mate van detail gaan. Immers, de systemen moeten op elkaar aansluiten, terwijl door centrale inkoop ook grote bedragen te besparen zijn. Dat betekent dat het lokale bankkantoor weinig of geen keuze heeft bij de aanschaf van hardware en software.

15.3 Vragen en opdrachten

1. Soorten relaties

a. Binnen organisaties worden verschillende soorten relaties onderscheiden. Welke soort relaties wordt ingebouwd bij hiërarchering (Kruisinga's tweede stap bij het structureren van organisaties)? Licht uw antwoord toe.

b. Wat is het verschil tussen de stafrelatie en de functionele relatie? Geef van beide relaties een concreet voorbeeld.

c. Het inbouwen van stafafdelingen heeft zowel voor- als nadelen. Noem twee voordelen en twee nadelen.

d. Als nadeel van de functionele relatie wordt genoemd dat de eenheid van bevel wordt doorbroken, maar dat dit niet ten koste hoeft te gaan van de eenheid van leiding. Leg uit dat het doorbreken van de eenheid van bevel hier niet ten koste hoeft te gaan van de eenheid van leiding.

e. Bent u het eens met de volgende stelling? 'De bevoegdheden van afdelingen kunnen worden bepaald aan de hand van het organisatieschema.'

2. Centralisatie en decentralisatie

a. Waarom speelt binnen kleine organisaties het vraagstuk van centralisatie en decentralisatie niet?

b. Geef aan welke invloed de twee mensbeelden van McGregor (Theorie X en Y) van het topmanagement vermoedelijk zullen hebben op de mate van (de)centralisatie binnen organisaties.

c. Welke benadering binnen de organisatiekunde gaat ervan uit dat de mate van decentralisatie afhangt van de specifieke situatie? Licht uw antwoord toe.

d. Geef een concreet voorbeeld van een situatie waarin het topmanagement er goed aan doet de besluitvorming te centraliseren en geef een voorbeeld waarbij het topmanagement de besluitvorming juist zou moeten decentraliseren.

15.4 Oefencase: onderzoek de ondersteuning

In het vorige hoofdstuk hebben we de organisatiestructuur van ESS in kaart gebracht. De lijnstructuur daarbinnen hebben we geanalyseerd en bekritiseerd. Nu vervolgen we de opdracht met de staf- en hulpstructuur. Dat wil zeggen dat we onderzoeken welke stafrelaties en functionele relaties in de huidige structuur zijn te herkennen en of deze voldoen gelet op de ontwikkeling die ESS heeft doorgemaakt en de ambities die het bedrijf nog heeft voor de toekomst.

Opdracht
U bent als junior consultant bij TME ook bij het vervolg van de opdracht betrokken. De opdrachten zijn:

a. Analyseer de stafrelaties en de functionele (hulp)relaties die in de huidige organisatiestructuur van ESS aanwezig zijn.
b. Ga na of deze relaties voldoende zijn of dat ze mogelijk aangepast of aangevuld moeten worden.

15.5 Extra: Eckart Wintzens notities – celdeling

Bron: Management Scope, 29 juni 2007
Door: Ilse Engwirda

Eckart Wintzen bouwde (1939-2008) 'zijn' eenmansbedrijf BSO uit tot een multinational met tienduizend medewerkers. Een gesprek over de managementfilosofie die hij hanteerde. 'Ik maak me zorgen over het bedrijfsleven in Nederland.'

Eckart Wintzen ontwikkelde een praktisch toepasbaar concept voor het managen van een bedrijf: de celstructuur. Via een management buy-out werd Wintzen in 1976 voor een tientje eigenaar van het verliesgevende Nederlandse dochterbedrijf van General Telephone. Hij noemde het BSO, Bureau voor Systeemontwikkeling. Toen het bedrijf naar meer dan vijftig medewerkers dreigde te groeien, splitste hij het in tweeën, twee 'cellen', die ieder binnen de standaarden van BSO alle vrijheid hadden om hun eigen gang te gaan.

Ze hadden hun eigen winst-en-verliesrekening en de nieuwe directeur werd een 'onderondernemer' met verregaande vrijheden. De nieuwe cellen moesten wel uiterlijk herkenbaar zijn als een bedrijf en door administratieve standaardisatie als samenhangend geheel goed gestuurd kunnen worden. Bovendien waren er allerlei eigen gewoontes die bij de standaard hoorden en die het gevoel van samenhang moesten versterken.

Ook deze twee cellen groeiden snel en splitsten zich volgens dit concept. Zo kon het bedrijf groeien, maar toch binnen iedere cel de sfeer van het kleine familiebedrijf behouden. In 1990 nam BSO Philips' automatiseringstak PASS over en veranderde de naam in BSO/Origin. Ondanks de sterke groei bleef de mensgerichte benadering en het celdelingsconcept gehandhaafd. BSO/Origin had dan ook geen enkele stafafdeling en slechts een klein hoofdkantoor. In 1996 had het onconventionele bedrijf zesduizend medewerkers in 21 landen en fuseerde het met Philips C&P tot het tienduizend koppen tellende Origin. Op dat moment nam Wintzen afscheid. In zijn onlangs verschenen boek *Eckart's Notes* vertelt hij over zijn ervaringen met celdeling.

Jouw celdelingsconcept creëert allemaal kleine en zo zelfstandig mogelijke vestigingen. Dat lijkt dwars te staan op de huidige ontwikkelingen. Hoe kijk je daartegenaan?
'Ik maak me zorgen over het bedrijfsleven in Nederland. Ik zie met al die fusies steeds meer ondoordringbare betonnen bunkers ontstaan, waarin het bovenin over miljarden gaat en waar onderin niemand meer tijd voor de klant heeft. De meeste van die bedrijven waar we over klagen zijn dienstverleners, de nutsbedrijven, de telecombedrijven. Probeer maar eens een vraag te stellen over je elektriciteits- of telefoonrekening. Die bedrijven draaien op eindeloze procedures, terwijl de wereld ingewikkelder is dan je in zo'n procedure kunt vangen. Waar het om gaat is in eerste instantie tijd voor die klant te maken, het plezier terug te brengen van een goede klantrelatie. Gebaseerd op dat plezier kun je een leuk én winstgevend bedrijf opbouwen. Of we daar behoefte aan hebben in deze wereld? Ik dacht van wel!'

De medewerkers in die bedrijven hebben nauwelijks bewegingsruimte. Hoe ver gaat de bewegingsvrijheid van de directeur van een cel?
'Een celdirecteur heeft bijvoorbeeld tot doel dit jaar zoveel omzet en zoveel winst te draaien, binnen de standaard van het bedrijf. How to get there? Kan me niet schelen. Als de directeur van tevoren ziet aankomen dat hij meer winst gaat draaien dan beloofd, dan kan hij dat geld op een leuke manier uitgeven, iets speciaals doen voor zijn klanten, zijn medewerkers. Dan komt het creatieve stuk van het onderondernemerschap. Koopt hij voor de hele groep kaartjes voor de musical *Tarzan* en gaan ze daarvoor ook nog eens duur eten, prima. Hij heeft dus een behoorlijk grote vrijheidsgraad in hoe hij het kan en wil doen.'

Zoals je in je boek schrijft over celdeling klinkt het zo gemakkelijk. Waarom zie je het dan zo weinig?
'Je moet in dit model afstand doen van een paar gewoontes die je hebt. Je spreekt een meetbare doelstelling af, bijvoorbeeld dat de celdirecteur zoveel omzet moet draaien, zoveel procent winst moet boeken en dat hij niet meer dan vijf procent van het personeel mag verliezen. Hoe hij die doelen moet bereiken, dat zeg je er niet bij. Je laat dat aan de persoon zelf over en iedereen doet dat anders. Daar zit het probleem. Je moet bereid zijn los te laten dat jij voorschrijft hoe het allemaal moet en met verbazing en plezier willen zien dat iemand het anders doet. We zijn zo gewend bij problemen het heft in eigen hand te nemen en het zelf even te doen. Maar dat werkt dus niet.'

Moet je iemand dan na het vaststellen van de doelen helemaal loslaten?
'Nee! Bij het concept van celdeling hoort ook een informeel coachingstraject. Je baas is je coach en houdt voortdurend contact met je. Hij herinnert je aan de doelstelling en wat de afgesproken kwaliteitsstandaards zijn. Verder deelt hij zijn ervaring en wijst hij op gevaren en mogelijkheden, vraagt je waarom je het op een bepaalde manier aanpakt. Contact moet er voortdurend zijn.'

En als het fout gaat?
'Als coach zul je soms met kromme tenen iemand iets zien doen waarvan je vindt dat het anders moet. Maar iedereen, ook iedere manager, heeft het recht om fouten te maken. Dat zijn de echte leermomenten. Zie je als coach dat de zaak bij voortduring ontspoort, dan is het coachgesprek zwaarder dan bij iemand die op koers ligt. De ergste straf die je zou kunnen uitdelen is dan wat ik noem 'ongevraagd advies' geven. In feite neem je dan het roer tijdelijk over. Dat wil helemaal niet zeggen dat die gecoachte persoon verder afgebrand is, het kan een leermoment zijn.'

In jouw celprincipe heb je een heel klein hoofdkantoor dat de standaards vaststelt en ontbreekt het aan stafafdelingen. Zijn mensen daar gelukkig mee?
'Je hebt te maken met een tegenkracht uit de eigen organisatie. Iedereen baalt van staffunctionarissen die in dure kantoren achterover leunen. Toch komt er juist vanuit de cellen ook een schreeuw om efficiency, om werk uit te kunnen besteden. Dan hebben we het over wagenparkbeheer, onderhoud, debiteurenbeheer, recruiting, dat soort dingen. Cellen vinden soms dat ze allemaal dubbel werk doen, als ieder dat voor zich moet leren doen. Ga je daarop in dan zit je binnen de kortste keren met een tropisch regenwoud aan centrale stafdiensten. Die dragen echter nauwelijks bij aan de effectiviteit en hebben de neiging steeds groter te worden. In feite gaat het meestal niet echt om angst voor dubbel werk, het gaat meestal om werk waar mensen gewoon geen zin in hebben.

Natuurlijk is debiteurenbeheer niet leuk, maar wie kent die klant beter dan de mensen uit de cel zelf? Of het op tijd inleveren van je urenadministratie. Het maakt uit of je dan door ene Pietje Puk van de administratie op het hoofdkantoor gebeld wordt, of dat de lokale assistente Hennie je aanspreekt en zegt dat je haar niet in de steek kunt laten, omdat zij vanmiddag de gegevens moet doorsturen. Naar Hennie kun je het niet maken om die uren niet aan te leveren. Binnen elke cel heb je een relatief groot vrienden- en samengehalte, het zijn familiebedrijfjes waarin iedereen elkaar kent.'

Wat is je probleem met stafafdelingen?
'Als je als middelmanager in een traditioneel bedrijf iets wilt veranderen, moet je met alle stafafdelingen overleggen. Je moet overal te biecht met je plan. Die stafafdelingen hebben ook weer iedereen in het bedrijf tot klant. Zo ontstaat er een enorme interne communicatie. Mag ik dan even vragen wie er nog met de klant praat? De computer of het callcenter dus, want dat is goedkoper en efficiënter en die zeuren tenminste niet. Wij zitten onderling zo veel te vergaderen over procedures, opleidingen, leaseauto's, reiskosten en kantoorkamers. Handboeken schrijven we erover vol. Al die wissewasjes vreten tijd en dat gaat ten koste van de uren die naar de klant hadden kunnen gaan. Geef nou eens wat meer attentie aan die klant. Dan heb je zelf minder frustraties, de klant krijgt meer kwaliteit en ieders leven is leuker. Het maakt je tot een mensenbedrijf.'

Heb je de hoop dat iedereen iets gaat doen met celdeling?
'Of dit het begin is van het grote celdelingsconcept in Nederland? Ik denk het niet. Wel staan er genoeg dingen in mijn boek die iedereen kan toepassen. Voor bedrijven die grote, complexe eindproducten bouwen kan het celdelingsprincipe niet. Dan kunnen cellen nooit zelfstandig winst maken en onafhankelijk van elkaar opereren. Maar voor iedereen staan er concepten in waarmee je je management kunt verbeteren. Ik zou al blij zijn als we tot een minder controlfreakerig managementconcept zouden kunnen komen. Vanwaar al die overmatige controle? Je neemt iemand toch aan voor een bepaalde plek omdat je vertrouwen hebt in zijn kunnen? Geef dat vertrouwen dan ook! Zeg dat mensen zelf mogen bepalen hoe ze hun doelen halen en daarbij zelf de redelijkheid in de gaten moeten houden.'

En wat is dan redelijk?
'Dat moet je vooral niet definiëren, laat dat maar aan de mensen zelf over. Je ziet achteraf de bonnetjes en de urenadministratie wel. Lijkt iemand veel meer kosten te maken dan de anderen, dan kom je daarop terug, laat je hem uitleggen waarom zijn kosten redelijk waren. Is dat niet overtuigend, dan kun je nog eens afstemmen over wat redelijk is, en daarna is het: volgende keer beter. Maar altijd pas achteraf; je spaart zeeën van tijd als je eerst uitgaat van iemands intelligentie en common sense.'

Je propageert meetbare doelstellingen voor iedereen, niet alleen voor directeuren.
'Je kunt met alle medewerkers meetbare mijlpalen afspreken, bijvoorbeeld dat de gemeten tevredenheid van de interne klanten van de IT-afdeling stijgt van 6,5 naar 7. De bonus daarvan is dat iedereen zelf ziet of hij haalt wat er van hem wordt verwacht. Dan heb je ook meteen dat verouderde concept van het functioneringsgesprek aan het einde van het jaar niet meer nodig. Hou daar toch mee op, heb je dan het hele jaar geen contact gehad? Je kunt beter elke maand even informeel contact hebben. Is het werk leuk, zit je goed in je vel, waar loop je tegenaan, hoe is het thuis, dat soort dingen. Dat hoor je gewoon te weten.'

Deze ideeën zijn nog geen gemeengoed in Nederland.
'Ik word bij veel bedrijven uitgenodigd om te spreken en dit soort dingen te helpen implementeren. Gek eigenlijk, want dit is toch allemaal common sense. Ik vertel je niks nieuws, hooguit is het nieuw om het in je bedrijf toe te passen.'

Zie ook: www.managementscope.nl/magazine/artikel/218-Eckart-Wintzen-BSO

15.6 Antwoorden

1. Soorten relaties

a. Bij hiërarchering worden lijn- of hiërarchische relaties ingebouwd. De lijnrelatie houdt in dat een functionaris op een hoger niveau in de organisatie ondergeschikten opdrachten kan geven. Lijnrelaties worden ingebouwd om de verschillende lagen met elkaar te verbinden. Een hoger niveau in de organisatie stuurt zo het lagere niveau aan. In termen van Kruisinga: hiërarchering is de verticale werking van het bestuursmotief.

b. Bij een stafrelatie is er sprake van een relatie tussen het lijnmanagement en staffunctionarissen, waarbij staffunctionarissen bevoegd zijn gevraagd én ongevraagd advies uit te brengen aan de lijn. Een voorbeeld is een stafafdeling Strategie, die de raad van bestuur adviseert bij het formuleren van een nieuwe concernstrategie. Bij een functionele relatie tussen het lijnmanagement en een hulpdienst heeft de hulpdienst de bevoegdheid op een beperkt gebied aanwijzingen te geven over de manier van werken. Een voorbeeld van een hulpdienst is een afdeling Personeelszaken die het lijnmanagement voorschrijft op welke wijze functioneringsgesprekken gevoerd moeten worden en welke formulieren er door de leidinggevende ingevuld moeten worden.

c. Stafafdelingen kunnen voorbereidend werk van managers overnemen, waardoor managers meer tijd overhouden om zich met andere (belangrijkere) zaken bezig te houden. Een ander voordeel van stafafdelingen is dat de kwaliteit van beslissingen toeneemt door de inbreng van specifieke kennis en ervaring van staffunctionarissen. Nadelen zijn dat er een te grote afstand is tussen de staffunctionaris en de lijnmanager en dat staffunctionarissen geen oog hebben voor de dagelijkse praktijk en adviseren vanuit een ivoren toren.

d. Bij het inbouwen van een functionele relatie krijgt een hulpdienst de (functionele) bevoegdheid op een beperkt gebied aanwijzingen te geven over de manier van werken. Dit betekent automatisch dat de eenheid van bevel wordt verbroken. Als de lijnmanager en de hulpdienst echter goed met elkaar afstemmen hoe er gewerkt gaat worden, hoeft het doorbreken van de eenheid van bevel *niet* te leiden tot het verlies van de eenheid van leiding.

e. Oneens. Een organisatiestructuur geeft globaal aan hoe de organisatiestructuur is opgebouwd, de exacte bevoegdheden blijken hier niet uit. De precieze inhoud van de bevoegdheden staat meestal beschreven in taak- en functiebeschrijvingen. Het organisatieschema is dus zeker niet hetzelfde als de organisatiestructuur.

2. Centralisatie en decentralisatie

a. Bij kleine organisaties is het doorgaans de topleider – en tevens de eigenaar – die vrijwel alle beslissingen neemt.

b. Bij Theorie X gaat het topmanagement ervan uit dat men lager in de organisatie verantwoordelijkheden wil vermijden en dat men daar weinig ambities heeft. Bij dit mensbeeld zal het topmanagement er de voorkeur aan geven zo veel mogelijk beslissingen zelf te nemen en zal er dus sprake zijn van een neiging tot centralisatie. Bij Theorie Y is het tegenovergestelde het geval. Als het topmanagement uitgaat van Theorie Y, ziet men leidinggevenden als mensen die niet alleen verantwoordelijkheden aanvaarden, maar die ook opzoeken. Bij dit mensbeeld zal het topmanagement beslissingsbevoegdheden eerder lager in de organisatie inbouwen (decentralisatie).

c. Het gaat hier om de contingentiebenadering. Deze benadering gaat ervan uit dat er geen universele theorieën zijn, maar dat de situatie bepaalt of een bepaalde theorie wel of niet opgaat. In het geval van centralisatie en decentralisatie zijn er diverse invloedsfactoren die bepalend zijn voor de mate van (de)centralisatie.

d. Wanneer een organisatie bijvoorbeeld in ernstige financiële nood verkeert, is het noodzakelijk dat de gehele organisatie gezamenlijk werkt aan een snelle oplossing van de problemen. Dit vraagt een sterke mate van centralisatie. Als blijkt dat de besluitvorming te traag verloopt doordat de lijn overbelast is, dan is het verstandig de besluitvorming te decentraliseren. Een trage besluitvorming kan bijvoorbeeld leiden tot een trage reactie op een plotselinge prijsverlaging door de concurrent of op een plotselinge prijsstijging van grondstoffen op de wereldmarkt.

15.7 Uitwerking oefencase[1]

Ad a. Analyseer de stafrelaties en de functionele (hulp)relaties die in de huidige organisatiestructuur van ESS aanwezig zijn.

In de structuur van ESS zijn zeven organisatieonderdelen te herkennen die niet in de (verticale) lijnstructuur zitten, maar die van opzij aan de lijn zijn aangehaakt. Zie het organisatieschema in het vorige hoofdstuk (figuur 14.13). Het gaat om de afdelingen:
Personeelszaken
Administratie & Control
Facilitaire Dienst
Externe Betrekkingen
Research & Development
Marketing
Bedrijfsbureau

De conclusies ad a. staan hierna samengevat in figuur 15.5.

1 Dit boek biedt alleen de samenvattende conclusie van de uitwerking. De complete uitwerking is te vinden op www.conceptuitgeefgroep.nl.

Figuur 15.5 Analyse van stafrelaties en (functionele) hulprelaties binnen ESS

Organisatie-onderdeel	Geeft adviezen?	Geeft aanwijzingen?	Conclusie over de relatie naar de lijn
Personeelszaken	nee	ja	Geheel een functionele relatie
Administratie & Control	deels	grotendeels	Primair een functionele relatie
Facilitaire Dienst	nee	nee	Noch een staf- noch een functionele relatie
Externe Betrekkingen	soms	meestal	Primair een functionele relatie
Research & Development	ja	nee	Geheel een stafrelatie
Marketing	ja	ja	Gemengde relatie
Bedrijfsbureau	nee	ja	Geheel een functionele relatie

Ad. b. Ga na of deze relaties voldoende zijn of dat ze mogelijk aangepast of aangevuld moeten worden.

Volgens Luijk kan vanuit de volgende gezichtspunten worden overwogen of bestaande functies voldoen, dus ook de functies die de zeven aangehaakte afdelingen vervullen (zie paragraaf 14.5):

Redelijke dagtaak voor iedereen?
Lacunes?
Doublures?
Kwetsbaarheid?
Coördinatie?
Omspanningsvermogen?
Flexibiliteit?
Arbeidsvoldoening?
Ontwikkelingsmogelijkheden?
Bemensing?

Samenvattende conclusie ad b.
Volgens de criteria van Luijk zijn er geen grote problemen bij de staf- en hulpfuncties die nu binnen ESS zijn aangebracht.
Het grootste risico zit in de kwetsbaarheid van een enkele functie en in het gegeven dat een organisatie als ESS met een relatief kleine omvang geen lang doorgaande carrièrepaden kan aanbieden aan medewerkers, met name niet aan staf- en hulpdienstmedewerkers. ESS zal het daarom moeten zoeken in extra aandacht en intrinsieke motivatoren.

Over het algemeen zijn bij zijlijnfuncties zoals die nu zijn geanalyseerd twee risico's voor de arbeidsvoldoening te onderkennen:

- Bij de staffuncties: dat hun adviezen en voorstellen niet serieus worden genomen of niet goed worden opgevolgd. Dat kan op den duur demotiverend werken. Bijvoorbeeld voor R&D: wanneer ze merken dat hun innovatieve ideeën in de fabriek niet worden gewaardeerd, laat staan geïmplementeerd, kan dat frustrerend werken. In het geval van ESS zijn daar signalen van (paragraaf 3.8), dus daar zou naar gekeken moeten worden.
- Bij de functionele (hulp)afdelingen: hun aanwijzende bevoegdheden kunnen bij lijnafdelingen als bedreigend of verstorend worden opgevat. De functionele relatie kan dan ontaarden in weerstand, wantrouwen en rebellie. Bij ESS is het meest sprekende voorbeeld op dit moment dat verkopers die zich willen inzetten voor de testmarkt voor particulieren door Personeelszaken een beloningssysteem krijgen aangeboden (opgelegd?) dat onaantrekkelijk is. Het vergroot hun animo om de overstap van de zakelijke naar de consumentenmarkt te maken bepaald niet, integendeel (zie paragraaf 9.4).

Literatuur

Lijst van aangehaalde en aanbevolen literatuur
Zie eind hoofdstuk 17.

16 Coördinatie

16. Afstemming binnen een scholengemeenschap

Voortgezet onderwijs
Het Arminicus College voor voortgezet onderwijs is verspreid over zes locaties in vier gemeenten. Er zijn in totaal 4400 leerlingen en 519 medewerkers. De dagelijkse leiding berust bij de directeur-bestuurder en drie adjunct-directeuren voor respectievelijk vmbo, havo en vwo. In een complexe organisatie als 'het Arminicus' is het nodig zaken duidelijk af te stemmen. Zie de volgende voorbeelden.

Toetsen en beoordelen
Vroeger liep de kwaliteit van proefwerken per docent en per vak vaak ver uiteen. En wanneer leerlingen bezwaar aantekenden tegen een beoordeling, gingen individuele docenten daar heel verschillend mee om: sommigen te soepel, anderen te streng. De oplossing: voortaan zou per schooltype en per vak één ervaren docent 'toetscoördinator' zijn. Deze krijgt vooraf proefwerken van de collega's ter inzage en adviseert over benodigde aanpassingen. Ook handelt deze per vak alle bezwaren uniform af. Deze oplossing werkte slecht: ze was te vrijblijvend voor de docenten en te belastend voor de coördinatoren. Een verdergaande oplossing kwam ervoor in de plaats: per schooltype een fulltime kwaliteitsmanager aanstellen. Die stelt een dwingende instructie op voor toetsen en beoordelen. Die wordt tevens de basis voor een bijscholingscursus 'toetsen en beoordelen' die verplicht is voor alle docenten. Voor klachtenafhandeling krijgt elk schooltype een vaste examencommissie die rechten en plichten van studenten en docenten formuleert en klachten afhandelt.

Groepsbijeenkomsten
De drie schooltypen, vmbo, havo en vwo, organiseren regelmatig bijeenkomsten waarvoor ouders en familie van leerlingen worden uitgenodigd, zoals een diploma-uitreiking of de opvoering van een toneelstuk of musical. Elke locatie beschikt daarvoor over een auditorium, dat ook door klassen van de andere locaties kan worden gebruikt, als dat nodig is. Tot voor kort was een telefoontje van een docent met de conciërge van de locatie voldoende om te reserveren. Totdat dit steeds vaker fout ging. Zoals door misverstanden over wat precies was afgesproken of verandering van een datum die niet was bevestigd. In plaats hiervan is op het intranet een online reserveringssysteem ingericht waarop ruimte kan worden gereserveerd en bevestigd, inclusief het vastleggen van contactgegevens en speciale wensen.

Tekort aan bevoegde docenten
Zoals veel scholen kampt ook het Arminicus met een tekort aan bevoegde docenten. Ziekmeldingen zorgen ook nog eens voor dagelijkse problemen voor de adjunct-directeuren. Uit nood heeft de adjunct-vwo enkele docenten uit havo en vmbo stiekem overgehaald om naar de vwo-kant over te stappen. Dat kon natuurlijk niet goed gaan. In het directie-overleg volgde een pittige discussie over dit 'oncollegiale gedrag'. De directeur gaf de vwo-adjunct een formele waarschuwing. Verder is vastgesteld dat docenten de vrijheid hebben om over te stappen. Dat kan zelfs in het schoolbelang zijn, om ze te

behouden. Maar zulke gevallen worden voortaan openlijk besproken en afgewogen tegen andere oplossingen, zoals een beroep op een pool van oud-docenten.

Deze case laat zien hoe langs elkaar heen werken is op te lossen door coördinatievoorzieningen. Opgepast: een te lichte oplossing kan tot nieuwe problemen leiden.

Kernstof

Coördinatie is nodig (paragraaf 16.1) om de samenhang tussen werkzaamheden te herstellen die door arbeidsverdeling (zie hoofdstuk 14) en het instellen van verschillende soorten relaties (zie hoofdstuk 15) is doorbroken.
Werkzaamheden en afdelingen kunnen op verschillende manieren met elkaar samenhangen (paragraaf 16.2).
Gepoolde samenhang (paragraaf 16.2.1) wil zeggen dat de afdelingen niet op elkaar zijn gericht, maar alleen op het management erboven.
Sequentiële samenhang (paragraaf 16.2.2) is aanwezig als de output van de ene afdeling de input van de volgende is. Denk hierbij aan het door een fabriek gaan van orderstromen. Deze vorm van samenhang komt boven op de hiervoor genoemde gepoolde samenhang.
Van *reciproque* of *wederkerige samenhang* (paragraaf 16.2.3) is sprake als er tussen twee afdelingen niet alleen sprake is van een sequentiële samenhang, maar als daarnaast een volgende afdeling het werk in de vorige afdeling beïnvloedt.

Er zijn drie groepen coördinatievoorzieningen (paragraaf 16.3) te onderscheiden.
De *elementaire coördinatievoorzieningen* (paragraaf 16.3.1) zijn: arbeidsverdeling, regels, (samengestelde) taakopdrachten, instructies, budgetten en gestelde doelen, hiërarchie en (digitale) informatiesystemen.
Planning kan als coördinatievoorziening (paragraaf 16.3.2) zowel voor de lange termijn als voor de korte termijn (concrete orders) ingezet worden.
Tot de *complexe coördinatievoorzieningen* (paragraaf 16.3.3) behoren direct contact, verbindingsrollen, werkgroepen, integratoren, de integratormanager en de matrixorganisatie.

Bij *alle soorten samenhang* zijn de *elementaire coördinatievoorzieningen* nodig (paragraaf 16.4). Voor het coördineren van *sequentiële samenhang* is als aanvulling hierop *planning* nodig. Als er reciproque samenhang is, zijn ook nog complexe coördinatievoorzieningen nodig.
In *taak- en functiebeschrijvingen* (paragraaf 16.5) liggen de afspraken over de arbeidsverdeling, de relaties en bevoegdheden en de coördinatievoorzieningen vast.

16 Coördinatie

De laatste bouwsteen of het laatste element van de organisatiestructuur is de manier waarop de coördinatie geregeld is. Welke coördinatievoorzieningen nodig zijn, hangt af van de manier waarop taken en werkzaamheden met elkaar samenhangen.

16.1 Waarom coördinatie nodig is

Hoofdstuk 14 behandelde het onderwerp arbeidsverdeling. Arbeidsverdeling houdt in dat werkzaamheden op grond van het kostenmotief over medewerkers worden verdeeld. Dit verbreekt de samenhang die tussen werkzaamheden bestaat. Om de gestelde doelen (= bestuursmotief) te kunnen bereiken, is het nodig de verdeelde werkzaamheden op elkaar af te stemmen. Het tot stand brengen van de *afstemming tussen werkzaamheden* van verschillende medewerkers of afdelingen noemt men *coördinatie*. Organisaties gaan soms over tot het instellen van coördinatoren zonder goed na te denken over wat de *kern* van het coördinatieprobleem in die specifieke situatie is. De coördinator moet het niet goed geanalyseerde probleem oplossen. Dit lukt niet altijd.

Coördinatoren zonder bevoegdheden

Een economische faculteit van een van de Nederlandse universiteiten heeft meer dan vijftien jaar geleden enkele vakgroepen ingesteld die voor een aantal opleidingen het onderwijs op hun vakgebied verzorgen. Hier ontstaat een coördinatieprobleem, omdat de vakgroepen het liefst zo weinig mogelijk verschillende cursussen verzorgen (vgl. kostenmotief), waardoor tijd vrijkomt om aan onderzoek te besteden (vgl. bestuursmotief). De verschillende opleidingen willen het liefst op hun opleiding toegesneden cursussen aanbieden (vgl. bestuursmotief). Om aan deze spanning tegemoet te komen, besluit het bestuur tot het instellen van parttime programmacoördinatoren voor de verschillende opleidingen. Deze zijn verantwoordelijk voor de inhoud en de kwaliteit van het onderwijs in de verschillende opleidingen. Een aantal van de aangezochte coördinatoren stelt dat ze de functie alleen kunnen uitoefenen als ze ook daarbij behorende bevoegdheden krijgen. Zonder echte bevoegdheden kunnen ze immers geen beslissingen nemen. Het bestuur besluit toch tot een coördinatorschap zonder bevoegdheden, waarbij de coördinator zaken onder de aandacht van het bestuur kan brengen. Het bestuur kan dan wel of niet een besluit over de kwestie nemen. De gekozen oplossing leidt tot veel overleg, maar niet tot verbetering. Na twee jaar besluit het bestuur de functie van programmacoördinator op te heffen. De gekozen oplossing (coördinatoren zonder bevoegdheden) lost het coördinatieprobleem niet op.

Opheffen waterschappen lost coördinatieprobleem niet op
In de politiek en ook in de pers komt regelmatig het voorstel aan bod de waterschappen op te heffen en bij de provincies onder te brengen. Ook zijn er voorstellen om het aantal waterschappen terug te brengen door fusies. Het verkleinen van het aantal waterschappen is al heel lang beleid. Sinds 2000 is het aantal in Nederland van 56 teruggebracht tot 21 begin 2019. Ongetwijfeld brengen fusies tussen waterschappen kostenvoordelen met zich mee door het samenvoegen van relatief kostbare activiteiten als ICT. Het opheffen van waterschappen leidt echter niet tot het verdwijnen van alle coördinatieproblemen. De geografische omvang van een waterschap wordt bepaald door het stroomgebied van een rivier of een stelsel van grote beken. Deze geografische grenzen lopen lang niet altijd gelijk met de provinciegrenzen. Zo is het werkgebied van het Wetterskip Fryslân de gehele provincie Friesland en een gedeelte van het Groningse Westerkwartier. Het werkgebied van het waterschap Vallei en Veluwe beslaat de provincie Gelderland, gedeelten van de provincie Utrecht en een klein deel van de provincie Overijssel. Bij het opheffen van waterschappen en het onderbrengen van de werkzaamheden bij provincies wordt het probleem van coördinatie tussen provincie en waterschap ingeruild voor het probleem van coördinatie tussen provincies.

16.2 Verschillende soorten samenhang

Thompson (1967) brengt naar voren dat werkzaamheden die in verschillende afdelingen van de organisatie plaatsvinden op drie manieren kunnen samenhangen. Afhankelijk van de soort onderlinge samenhang zijn verschillende soorten coördinatievoorzieningen geschikt. Gebruikt de organisatie een te 'zware' voorziening, dan besteedt de organisatie te veel tijd en energie aan het oplossen van het coördinatieprobleem. Een te 'lichte' voorziening die wordt ingezet, lost het coördinatieprobleem niet op.

16.2.1 Gepoolde samenhang

De minst ingewikkelde samenhang tussen afdelingen noemt Thompson *gepoold,* wat wil zeggen dat de afdelingen niet op elkaar zijn gericht, maar alleen op het management erboven. Vergelijk dit met een kompaswijzer die altijd naar hetzelfde punt wijst. Het werk in de ene afdeling heeft alleen *indirect* met dat van een andere afdeling te maken. De stadsdeelkantoren in Den Haag hangen bijvoorbeeld op deze manier met elkaar samen. Ze werken los van elkaar en hebben alleen via het stadsbestuur met elkaar te maken. De samenhang is indirect via het stadsbestuur. Die samenhang doet zich voor bij het opstellen van deelbegrotingen die moeten worden ingepast in de stadsbegroting. Eenzelfde soort samenhang is te zien bij lokale kantoren van banken en productdivisies van grote ondernemingen.
Schematisch ziet de samenhang eruit als in figuur 16.1.

Figuur 16.1 Gepoolde samenhang volgens Thompson (1967)

16.2.2 Sequentiële samenhang

Een meer ingewikkelde samenhang is te zien tussen afdelingen die verschillende fasen van het productieproces verrichten. De werkzaamheden in de twee afdelingen volgen elkaar op. Thompson noemt dit *sequentiële* of volgtijdelijke samenhang. Problemen in de eerste afdeling zullen tot problemen in de tweede afdeling leiden. Deze vorm van samenhang komt boven op de eerdergenoemde gepoolde samenhang.

Figuur 16.2 Sequentiële samenhang volgens Thompson (1967)

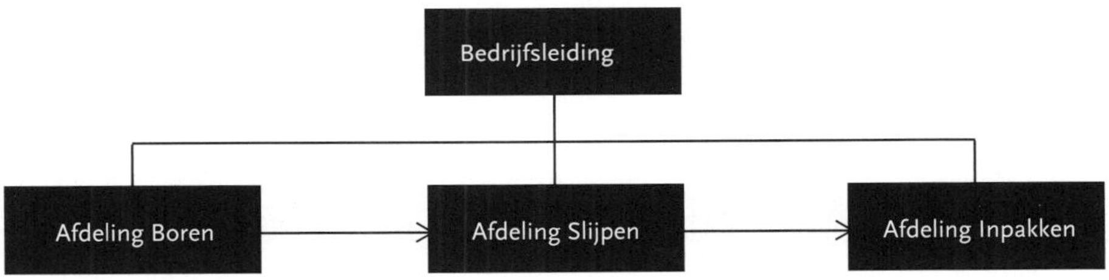

Niet alleen in fabrieken, zoals in figuur 16.2 is aangegeven, is deze vorm van samenhang te zien. Dezelfde samenhang is te zien bij het aanvragen van vergunningen bij provincies of gemeenten. Ook bij het afhandelen van verzekeringsschades zijn achtereenvolgens verschillende afdelingen betrokken.

16.2.3 Reciproque samenhang

Van *reciproque* of wederkerige samenhang is sprake als tussen twee afdelingen niet alleen sprake is van een sequentiële samenhang, maar als daarnaast een volgende afdeling het werk in de vorige afdeling beïnvloedt.
Dit is in figuur 16.3 aangegeven.

Figuur 16.3 Reciproque samenhang

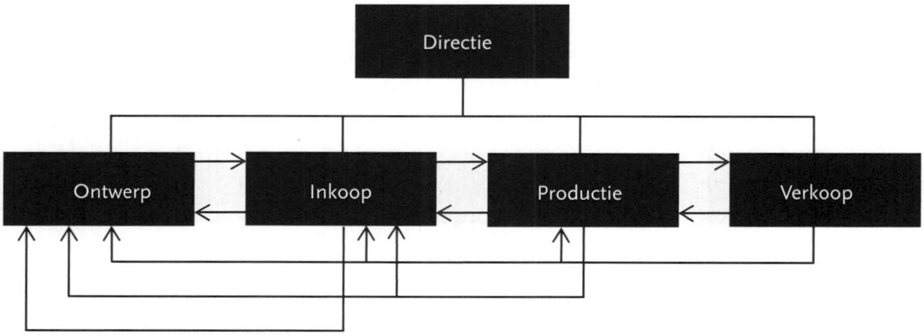

Deze soort samenhang is te zien bij het ontwerpen van nieuwe producten en diensten. Wat voor afdeling 1 een goed ontwerp is, hoeft dat voor afdeling 2 nog niet te zijn. Afdelingen 3 en 4 kunnen weer andere eisen stellen, die weer invloed hebben op wat op afdeling 1 en 2 mogelijk is. Dezelfde samenhang is te zien in grote internationale ondernemingen waar de wensen vanuit de verschillende geografische gebieden moeten worden afgewogen tegen de wensen vanuit de verschillende productgroepen of divisies.

Een lokaal radio- en televisiestation

Twee doelen beïnvloeden elkaar in grote mate: het verzorgen van goede en interessante uitzendingen en het verkopen van zo veel mogelijk reclamezendtijd. Dat valt onder twee verschillende afdelingen: de redactie en alle programma-uitvoerders aan de ene kant en de advertentieacquisitie die potentiële adverteerders, soms ook sponsors van een specifiek programma of een serie, benadert. Hoe meer reclametijd verkocht wordt, hoe hoger de inkomsten zijn en hoe meer geld er in de programmering kan worden gestopt, wat leidt tot publiekstrekkers die hoge kijk- en luistercijfers scoren. Dat maakt het RTV-station interessanter voor adverteerders of sponsors. De wederkerigheid of reciprociteit is in dit voorbeeld duidelijk herkenbaar. Ook is duidelijk dat er sprake kan zijn van een positieve spiraal (meer geld = betere uitzendingen = meer kijkers of luisteraars = meer reclame = meer geld) of een negatieve spiraal (minder inkomsten = minder of minder goede programma's = minder kijkers of luisteraars = minder adverteerders = minder inkomsten).

Coördinatieproblematiek is niet alleen te zien *binnen* organisaties. Ook *tussen* organisaties kan die zich voordoen. Denk aan het ontwerpproces van de Boeing 787 Dreamliner. Daar zijn vele ondernemingen bij betrokken in een groot aantal landen.
Binnen organisaties kan *reciproque* samenhang *boven op sequentiële* samenhang komen. De sequentiële samenhang doet zich bijvoorbeeld voor bij de dagelijkse productieprocessen, terwijl reciproque samenhang zich kan voordoen bij verbeteringsprocessen of projecten rondom productontwikkeling. Het is dan nodig beide soorten samenhang in eerste instantie *los van elkaar* te zien en de benodigde vormen van coördinatie overlappend in te bouwen.

16.3 Verschillende coördinatievoorzieningen

Zowel Thompson als Galbraith (1973, 1995) bracht naar voren dat hoe ingewikkelder de samenhang tussen werkzaamheden is, hoe meer het nodig is informatie over en weer uit te wisselen om tot goede oplossingen te komen. Die uitwisseling kost niet alleen tijd en dus geld, maar in de communicatie tussen afdelingen kunnen ook fouten optreden. Het is belangrijk om de organisatie zo in te richten dat zo weinig mogelijk informatie-uitwisseling nodig is. De coördinatievoorzieningen die beide auteurs beschrijven, zijn als volgt te groeperen: 1) *elementaire coördinatievoorzieningen*, 2) *planning* en 3) *complexe coördinatievoorzieningen*.

16.3.1 Elementaire coördinatievoorzieningen

Er zijn verschillende *elementaire coördinatievoorzieningen*. Een belangrijke daarvan is de manier van *arbeidsverdeling*. Als die gericht is op een doel (product, geografie of markt), dan is de samenhang binnen de gevormde afdelingen groot. Is de arbeidsverdeling gemaakt op basis van functie, dan moet de manager die boven de afdelingen staat zorgen voor de vereiste coördinatie. Hoofdstuk 14 besprak dat bij de keuze voor een arbeidsverdeling op basis van P, G of M, de leiding de kostennadelen ten opzichte van een F-indeling moet afwegen tegenover de voordelen van meer klantgerichtheid. De beperkte omvang van de organisatie kan dan leiden tot een keuze voor een F-indeling, omdat die lagere productiekosten met zich meebrengt, maar dat leidt dan wel tot hogere coördinatiekosten.

Een andere elementaire coördinatievoorziening is het opstellen van *regels* die medewerkers moeten volgen, het geven van *samengestelde taakopdrachten* (zie hoofdstuk 8) en het opstellen van *instructies*. Hiermee bereikt de leiding dat iedere medewerker weet wat hem te doen staat en ook wat een ander in een bepaalde situatie zal doen, waardoor overleg niet nodig is. In situaties die niet zijn voorzien in de regels, taakopdrachten of instructies is wel overleg nodig.

Budgetten en prestatiedoelen geven ook aan wanneer de noodzaak voor onderlinge afstemming ontstaat. Als de budgetten gehaald worden, net als de prestatiedoelen, is er geen noodzaak tot verder overleg. Galbraith stelt nog dat als de prestatiedoelen niet scherp worden gesteld, er zich minder uitzonderingen (die coördinatie nodig maken) voor zullen doen.

De *hiërarchie* is een natuurlijke coördinatievoorziening. Ondergeschikten zullen hun problemen met de samenwerking met andere afdelingen altijd aan hun chef kunnen voorleggen.

Hoewel ze geen onderdeel van de organisatiestructuur in de strikte zin van het woord zijn, ondersteunen *digitale informatiesystemen* de mogelijkheden om te coördineren in hoge mate. Informatiesystemen waar medewerkers van verschillende afdelingen toegang toe hebben, verminderen de noodzaak om op een persoonlijke manier informatie uit te wisselen. Informatie die medewerkers nodig hebben om hun werk te doen, is snel en betrouwbaar beschikbaar. Hier ligt een duidelijk verband met de in hoofdstuk 12 besproken systemen voor bedrijfsbesturing.

16.3.2 Planning als coördinatievoorziening

Planning is een coördinatievoorziening die meer in detail regelt hoe de werkstroom tussen afdelingen zal verlopen. Niet alleen het globale beeld van de productieprocessen is van belang. Het is ook nodig na te gaan hoe individuele orders door het bedrijf zullen lopen. Voor een uitgebreidere bespreking van planning wordt verwezen naar hoofdstuk 12.

16.3.3 Complexe coördinatievoorzieningen

Er zijn verschillende vormen van *complexe coördinatievoorzieningen*.
Een eerste is het *directe contact* tussen personen die incidentele gezamenlijke problemen moeten oplossen. Fayol wijst in zijn in 1916 gepubliceerde werk op deze mogelijkheid. Hij noemt die dan de 'passerelle' die moet voorkomen dat vragen alle hiërarchische niveaus, van beneden naar boven en terug, moeten doorlopen om een probleem op te lossen. De directe chefs van de betrokken medewerkers moeten het contact goedkeuren en op de hoogte worden gebracht van de uitkomst ervan.
Doen zulke problemen zich regelmatig voor, dan is het beter dit directe contact in de organisatiestructuur te verankeren door het instellen van *verbindingsrollen*, ook wel aangeduid als 'liaison'.
Werkgroepen zijn tijdelijke oplossingen om problemen op te lossen die zich tussen verschillende afdelingen voordoen. De in hoofdstuk 13 genoemde projectorganisatie is een voorbeeld van een tijdelijke werkgroep.
Teams zijn oplossingen als werk tussen afdelingen regelmatig afstemming vereist. Binnen de Rijksoverheid is er bijvoorbeeld een vast overlegorgaan in de vorm van een interdepartementale commissie tussen de ministeries die betrokken zijn bij het sociaaleconomische beleid. Ook in het bedrijfsleven worden regelmatig teams gevormd.
Verkoopmanagers uit verschillende landen hebben overleg om elkaar te informeren, maar ook om af te stemmen hoe grote internationale klanten benaderd moeten worden. Ondernemingen als Unilever en Nestlé hebben grote internationaal werkende supermarktketens als klant. Het prijsbeleid naar die klanten toe vraagt om internationale afstemming.

Zelfsturende teams
Het laatste decennium komt het begrip team ook voor in een andere betekenis dan hiervoor besproken. Dan gaat het om een groep medewerkers die binnen een afdeling gezamenlijk werkzaamheden uitvoeren. Soms is te zien dat die groep niet meer geleid wordt door een manager, maar zelfstandig veel beslissingen neemt. Er is dus sprake van decentralisatie van beslissingsbevoegdheden (zie 15.2). Men spreekt dan wel over zelfsturende teams, bijvoorbeeld bij een team van mensen dat zelfstandig een groep klanten bedient. Als zo'n team goed wil presteren, dan moeten de leden ervan de bekwaamheden hebben om die zelfstandigheid aan te kunnen. Als een organisatie besluit om over te gaan op zelfsturende teams is het dus nodig na te gaan of de leden ervan die bekwaamheden hebben. Overgaan op zelfsturende teams moet dus goed worden voorbereid en kan niet van de ene op de andere dag. Soms heeft het gaan werken met zelfsturende teams ook onverwachte bijwerkingen. Zo meldt Klompenhouwer (2018) dat bij medewerkers in een bedrijf 'het gevoel van waardering daalde.

Vroeger was er een manager die af en toe zorgde voor een schouderklopje, nu moesten collega's dat onderling bij elkaar doen. Ook nam het aantal burn-outs toe. Mensen gingen in overdrive. Als je alles zelf organiseert, zit je in een situatie waarin je veel verantwoordelijkheid en tegelijkertijd veel vrijheid krijgt'.

Bron: Klompenhouwer, 2018

Een *integrator* kan worden aangesteld als de afstemming tussen afdelingen een aanzienlijk probleem gaat worden. Een *integrator* heeft weinig formele bevoegdheden en moet door middel van zijn overredingskracht afdelingen tot overeenstemming zien te brengen.
Een *integratormanager* heeft wel bevoegdheden om afdelingen tot overeenstemming te brengen of zo nodig zelf beslissingen te nemen.
Een *matrixorganisatie* is de zwaarste voorziening die kan worden ingezet. Hierbij wordt de gehele organisatie niet langs één criterium van arbeidsverdeling opgesplitst, maar langs twee. De reden daarvoor is dat het managen van een organisatie vanuit één gezichtspunt (bijvoorbeeld F) veroorzaakt dat andere gezichtspunten (bijvoorbeeld P) onvoldoende aan bod komen. De leiding denkt dat het instellen van een integratormanager in een dergelijke situatie niet zwaar genoeg is. Met het invoeren van een matrixorganisatie wordt de eenheid van bevel doorbroken. In deze organisatievorm blijkt daardoor ook vaak de eenheid van leiding doorbroken te worden. Het behoud van de eenheid van leiding vraagt in een matrixorganisatie bijzondere aandacht van de topleiding.
Figuur 16.4 geeft de matrixorganisatie weer van een bedrijf dat in opdracht van klanten sportvelden van kunstgras aanlegt. Hier is sprake van een projectgerichte matrixorganisatie (zie ook 12.2). Bij grote multinationals is een matrixorganisatie als hoofdstructuur niet projectgericht, en dus tijdelijk, maar permanent. Vaak is daar een matrix met productgroepen/-divisies (P-indeling) en landen/regio's (G-indeling) te zien.

Figuur 16.4 Projectgerichte matrixorganisatie

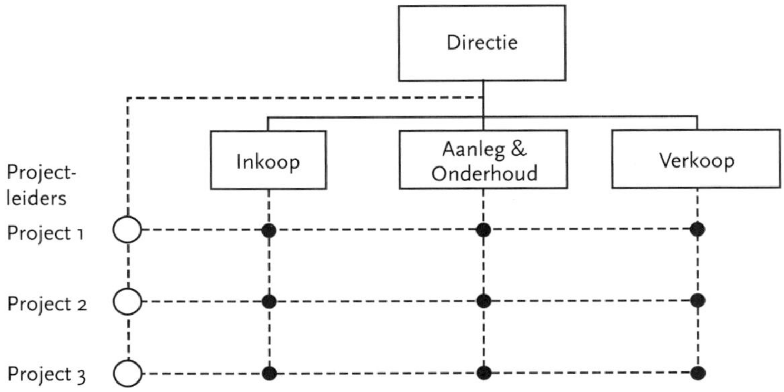

Bron: Melker, 2010.

16.4 Verband tussen soorten samenhang en daarbij passende coördinatievoorzieningen

In deze paragraaf komen de soorten samenhang die in 16.2 zijn besproken en de coördinatievoorzieningen die in 16.3 zijn uiteengezet samen.
In *alle drie* de soorten samenhang, te weten gepoold, sequentieel en reciproque, moeten de elementaire coördinatievoorzieningen aanwezig zijn. In alle drie de situaties is immers altijd sprake van gepoolde samenhang. Deze eenvoudigste vorm van samenhang is te coördineren met behulp van regels, taakopdrachten, instructies, budgetten, prestatiedoelen en hiërarchie.
Als aanvulling daarop zijn vaak digitale basisinformatiesystemen nodig.
In situaties waarin sprake is van *sequentiële samenhang*, waarbij het eindproduct van de ene afdeling de grondstof voor de volgende is, moeten de elementaire coördinatievoorzieningen aangevuld worden met een planning. Met behulp hiervan is de doorstroom van de ene afdeling naar de volgende afdeling goed te sturen.
Bij sequentiële samenhang zullen de digitale informatiesystemen deze toegenomen complexiteit moeten kunnen verwerken. Zie hiervoor hoofdstuk 12.
Als er sprake is van *reciproque samenhang* moeten meer coördinatievoorzieningen worden ingebouwd. Afhankelijk van de concrete situatie kunnen deze variëren van incidenteel direct contact tot soms een matrixorganisatie. In haar zuivere vorm (gelijke zeggenschap voor beide gezichtspunten) is deze zelden aan te treffen vanwege de problemen met de besluitvorming. Ook al tekent men een organisatie als matrixstructuur, dan is daarmee alleen de arbeidsverdeling weergegeven. De concrete beslissingsbevoegdheden zijn er niet uit af te lezen. Vaak krijgt het ene gezichtspunt dan meer gewicht dan het andere.

Ook hier zijn de organisatorische middelen aan te vullen met een uitbreiding van de digitale informatiesystemen. Bij ontwerpprocessen waar verschillende interne afdelingen of externe partners aan meewerken, kunnen de specificaties van het eindproduct in systemen worden opgeslagen. Eventueel aangebrachte wijzigingen kunnen direct in dit systeem ingevoerd worden, waarmee ze ogenblikkelijk beschikbaar zijn voor de andere betrokkenen.

Figuur 16.5 geeft het verband weer tussen soorten samenhang en te gebruiken coördinatievoorzieningen.

Figuur 16.5 Verband tussen soort samenhang en geschikte coördinatievoorzieningen

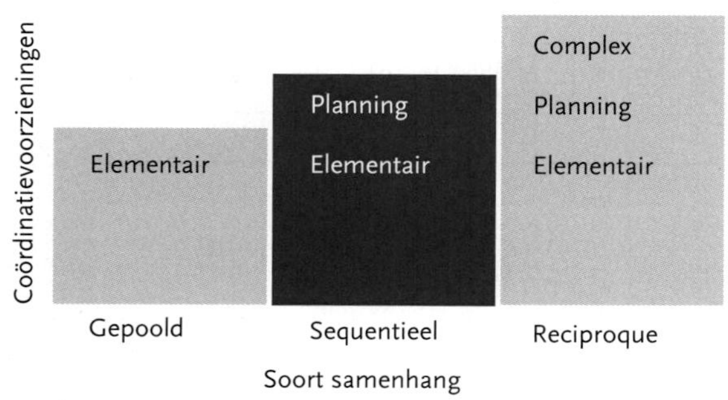

16.5 Taak- en functiebeschrijvingen

In de hoofdstukken 14 en 15 en in de voorgaande paragrafen is beschreven uit welke elementen de organisatiestructuur bestaat. Ook is aangegeven welke afwegingen gemaakt moeten worden om tot een zo goed mogelijke structuur te komen. Het eindresultaat van het organisatieontwerp is een organisatiestructuur. Naarmate de organisatie groter wordt, neemt het belang toe om deze ook schriftelijk vast te leggen. Daarmee wordt voor iedereen zichtbaar wat er is afgesproken. Deze structuur geeft aan hoe de organisatie gaat functioneren en hoe men gaat samenwerken. Een organisatiestructuur is daarom te zien als de afspraken die gemaakt zijn over het samenwerken om de gestelde doelen te realiseren.

Het vastleggen gebeurt in de vorm van taak- en functiebeschrijvingen. Deze kunnen betrekking hebben op grotere delen van de organisatie, bijvoorbeeld een afdeling, maar kunnen ook geschreven zijn voor werkgroepen of individuele functionarissen. Als de beschrijvingen gemaakt zijn voor grotere delen van de organisatie, hebben ze een globaler karakter dan als ze geschreven zijn voor iemand op uitvoerend niveau.

De volgende onderdelen zijn in een functiebeschrijving te vinden (vergelijk ook Luijk, 1973; Keuning en Eppink, 2012):

- de *typering* van de functie (wat is het doel ervan?);
- de *taken* die moeten worden uitgevoerd om het doel te bereiken;
- de *relaties* die met andere functionarissen of afdelingen moeten worden onderhouden;
- de *bevoegdheden* die aan de functie zijn toegekend.

Bij het maken van een taak- en functiebeschrijving is het nodig de duidelijkheid en precisie ervan af te wegen tegen de noodzaak om bij elke verandering weer een nieuwe te moeten maken. De beschrijving moet een evenwicht hebben tussen nauwkeurigheid en flexibiliteit. Waar dat evenwicht ligt, hangt af van de concrete functie en de concrete situatie.

In de organisatiestructuur ligt de zogenoemde *formele organisatie* vast. Dat is de manier waarop mensen in de organisatie zich behoren te gedragen. Daarnaast bestaat ook de *informele organisatie:* het gedrag dat niet is voorgeschreven, maar wel helpt om de organisatie te laten functioneren. Niet alles is van tevoren te voorzien, terwijl de formele organisatie in detail is uitgewerkt. De informele organisatie vangt deze kleine tekortkomingen vaak op. Als de informele organisatie op die manier werkt, *versterkt* zij dus de formele organisatie. Toch is het nuttig met regelmaat te bekijken of wat informeel wordt opgevangen, in de formele structuur moet worden ingebouwd. Het is belangrijk ervoor te zorgen dat de formele voorgeschreven werkwijze zo veel mogelijk in overeenstemming is met de werkelijkheid.

Als de informele organisatie de kop opsteekt en zelfs gaat tegenwerken, dan speelt er vaak een ander probleem dan een structuurprobleem. Een langzaamaanactie is een voorbeeld van het strikt werken volgens de formele regels, maar met de informele bedoeling de gang van zaken te verstoren. Langzaamaanacties zijn te zien als de werknemers druk willen uitoefenen op de werkgever, bijvoorbeeld bij looneisen of bij de eis om betere werkomstandigheden. Deze negatieve vorm van informele organisatie is niet op te lossen door de formele organisatie aan te passen.

16.6 Vragen en opdrachten

1. **Soorten samenhang**
   a. Differentiatie en coördinatie worden weleens gezien als complementaire krachten. Wat wordt hiermee bedoeld?

   b. Welke drie vormen van samenhang kunnen worden onderscheiden? Licht elke vorm kort toe.

   c. Van welke vorm van samenhang is sprake tussen verschillende winkels van Kruidvat? Licht uw antwoord toe.

   d. Van welke coördinatievoorzieningen zou er op het niveau van de winkels van Kruidvat idealiter sprake moeten zijn? Noem er vier. Licht uw antwoord toe.

   e. Wat wordt verstaan onder een matrixorganisatie?

   f. Wat kan worden gezegd over de eenheid van bevel en de eenheid van leiding binnen een matrixorganisatie?

2. **Taak- en functiebeschrijvingen**
   a. Uit welke onderdelen bestaat een functiebeschrijving? Noem er drie.

   b. De auteurs stellen dat er bij het opstellen van taak- en functiebeschrijvingen een evenwicht moet worden gevonden tussen nauwkeurigheid en flexibiliteit. Wat bedoelen zij daarmee?

   c. Wat wordt verstaan onder de formele en de informele organisatie?

   d. Bij televisieprogramma's als Radar, Kat in de zak, Opgelicht en voorheen Breekijzer worden organisaties voor het oog van de camera vaak geconfronteerd met klachten van consumenten. Welke eisen stellen deze programma's aan de informele organisatie?

16.7 Oefencase: toets de afstemming

In de vorige hoofdstukken zijn de arbeidsverdeling en de relaties plus bevoegdheden bij ESS uitgewerkt in de huidige situatie. Als derde aspect van de organisatiestructuur komt nu coördinatie aan bod. Van het drieledige structuurverhaal is dit letterlijk het sluitstuk, want coördinatievoorzieningen zijn de broodnodige middelen om scheiding en afstand in de organisatie te overbruggen. Die afstand is ontstaan door arbeidsverdeling in verticale en horizontale richting (hoofdstuk 14) en ook door de lijn enerzijds en staf- of hulpfuncties anderzijds te onderscheiden (hoofdstuk 15).

Opdracht

Als junior consultant bij TME vervolgt u de analyse van de ESS-organisatie. De opdrachten zijn:

a. Analyseer de coördinatievoorzieningen in de huidige ESS-structuur.
b. Ga na of deze voorzieningen voldoende zijn of dat ze mogelijk aangepast of aangevuld moeten worden.

16.8 Extra: Rollen van teamleden volgens Belbin

Een van de complexe coördinatievoorzieningen is een team (16.3.3). In een team werken mensen van verschillende afdelingen of organisaties samen om een vooraf gesteld doel te bereiken. Het succes van een team hangt volgens Belbin (2010), naast de aanwezige kennis en kunde, voor een belangrijk deel af van de samenstelling ervan. In een team moet een goede mix van kwaliteiten zijn om ervoor te zorgen dat de teamleden gezamenlijk alle voor succes noodzakelijke informele rollen kunnen spelen. Belbin kwam daarachter toen hij, samen met een wiskundige, een antropologe en een organisatiepsycholoog, teams aan managementgames liet deelnemen. De deelnemers moesten van tevoren een aantal psychologische tests doen. Tijdens de games werd hun gedrag geobserveerd. De samenstelling van het team bleek invloed te hebben op het succes. Door die samenstelling bewust te veranderen konden Belbin en zijn collega's uiteindelijk zelfs voorspellen welk team zou gaan winnen. Zo ontstond het concept van *teamrolmanagement*. Dat komt erop neer dat teamleden op drie manieren een bijdrage leveren:
- vanuit hun kennis en deskundigheid (hun *vak*: wat ze kennen en kunnen);
- vanuit hun taken en bevoegdheden (hun *functie*: wat ze moeten en mogen);
- vanuit hun persoonlijkheid (hun *karakter*: de manier waarop ze zich gedragen).

Het laatste is door Belbin als nieuwe kennis toegevoegd aan wat al bekend was. Als het erom gaat een team goed te laten functioneren, onderscheidt hij negen uiteenlopende teamrollen, die alle nodig zijn en elkaar aanvullen met elk hun sterke en zwakke kanten zoals figuur 16.6 laat zien.

Figuur 16.6 Teamrollen volgens Belbin (2010)

Domein	Teamrol	Sterktes	Zwaktes
Denken	Plant	Creatief/onconventioneel	Tegendraads/vergeetachtig
	Specialist	Diepgaand/geconcentreerd	Bekrompen/techneuterig
	Monitor	Logisch/oordelend	Te kritisch/ontmoedigend
Doen	Vormer	Aanjager/uitdager	Provocatief/kwetsend
	Uitvoerder	Praktisch/efficiënt	Inflexibel/behoudend
	Afmaker	Gewetensvol/zorgvuldig	Perfectionistisch/niets uit handen geven
Verbinden	Brononderzoeker	Extravert/netwerker	Snel verveeld/geen oog voor details
	Groepswerker	Gevoelig/diplomatiek	Besluiteloos/conflictvermijdend
	Coördinator	Doelgericht/ delegerend	Manipulatief/ werk afschuivend

EXTRA

Uit het overzicht wordt duidelijk dat een team waarin een of meer van deze rollen ontbreken, belangrijke kwaliteiten mist en risico's loopt het minder goed te doen dan een team dat 'volmaakter' is.
Overigens kan een teamlid soms meer dan één teamrol vervullen, want uit het onderzoek blijkt dat de meeste mensen twee teamrollen hebben die hen goed liggen. In die zin kan ook een klein team voldoende kwaliteiten in huis hebben.
Het Belbin-model wordt veel gebruikt om teams te trainen en inzicht te geven in sterke en zwakke kanten. Het geeft teamleden een 'taal' waarin ze het functioneren van het team bespreekbaar kunnen maken.

16.9 Antwoorden

1. Soorten samenhang

a. Differentiatie maakt coördinatie noodzakelijk. Door het werk te verdelen over diverse managementniveaus, afdelingen en/of functies (differentiatie) ontstaat de noodzaak om de werkzaamheden goed af te stemmen. Dit maakt coördinatie dus noodzakelijk.

b. Gepoolde samenhang (indirecte samenhang tussen afdelingen), sequentiële of volgtijdelijke samenhang (directe samenhang tussen afdelingen die na elkaar onderdelen binnen het proces verrichten) en reciproque samenhang (afdelingen die wederzijds van elkaar afhankelijk zijn).

c. Hier is sprake van een gepoolde samenhang. Net als bij de stadsdeelkantoren hangt het werk in de ene winkel van Kruidvat alleen indirect samen met dat in een andere vestiging.

d. Op het niveau van de winkels van Kruidvat volstaan elementaire coördinatievoorzieningen. Denk aan: de manier van arbeidsverdeling (horizontale differentiatie of specialisatie), regels, taakopdrachten, instructies, budgetten, prestatiedoelen en de hiërarchie. Ook digitale informatiesystemen zorgen voor de nodige coördinatie op dit niveau binnen Kruidvat.

e. De matrixorganisatie is een organisatievorm waarbij de organisatie niet langs één criterium van arbeidsverdeling (F, P, G of M) wordt opgesplitst, maar langs twee. Dit betekent dat medewerkers niet door één leidinggevende worden aangestuurd, maar door minstens twee. Dit laatste noemen we ook wel duaal management.

f. Binnen de matrixorganisatie worden medewerkers door (ten minste) twee leidinggevenden aangestuurd. Daarmee wordt de eenheid van bevel dus verbroken. De kans op tegenstrijdige opdrachten neemt daarmee toe. Dit betekent dat het werken in een matrixorganisatie de eenheid van leiding onder druk zet.

2. Taak- en functiebeschrijvingen

a. De typering van de functie, de taken die moeten worden uitgevoerd om het doel te bereiken, de relaties die met andere functionarissen of afdelingen moeten worden onderhouden en de bevoegdheden die aan de functie zijn toegekend.

b. Aan de ene kant is het bij het opstellen van taak- en functiebeschrijvingen van belang dat deze duidelijk genoeg zijn voor medewerkers (dit pleit voor nauwkeurigheid). Aan de andere kant is het niet wenselijk dat een wijziging in de organisatiestructuur tot veel aanpassingen van de beschrijvingen leidt (dit pleit voor flexibiliteit).

c. In de organisatiestructuur ligt de zogeheten formele organisatie vast. Dat is de manier waarop mensen in de organisatie zich behoren te gedragen. De informele organisatie bestaat uit het gedrag dat niet is voorgeschreven, maar wel helpt om de organisatie goed te laten functioneren.

d. Voor het oog van de camera is het belangrijk dat medewerkers in staat zijn te improviseren. Het kan dan belangrijk zijn om – waar nodig – af te wijken van de formele regels die zijn vastgelegd in de formele organisatie. Dit om verdere imagoschade te voorkomen.

16.10 Uitwerking oefencase[1]

Ad a. Analyseer de coördinatievoorzieningen in de huidige ESS-structuur.
Ad b. Ga na of deze voorzieningen voldoende zijn of dat ze mogelijk aangepast of aangevuld moeten worden.

Zoals in hoofdstuk 14 is vastgesteld, is de ESS-structuur nu opgebouwd vanuit F(unctioneel)-gezichtspunt; zo is af te leiden uit de hoofdopbouw direct onder de top. Ook in het niveau daaronder, in elk geval bij de afdeling Productie, is de indeling gemaakt vanuit F-gezichtspunt. Zie het organisatieschema in paragraaf 14.10, figuur 14.13.
De samenhang tussen deze afdelingen is op beide niveaus sequentieel:

Inkoop → Productie → Verkoop
en
Magazijn → Fabricage → Montage → Onderhoud

Dat betekent dat de minimaal benodigde coördinatievoorzieningen zijn: elementaire voorzieningen en planning. Hierna wordt gekeken of deze voorzieningen bij ESS aanwezig zijn en hoe deze functioneren.

Conclusie
De elementaire coördinatievoorzieningen en de voorziening 'planning', passend bij een sequentiële samenhang van een organisatie, zijn bij ESS niet meer voldoende. Dat heeft te maken met de toegenomen complexiteit in de omgeving en de eveneens toegenomen diversiteit intern. In feite moet de structuur van ESS zelf onder de loep worden genomen: het tekortschieten van de elementaire coördinatievoorzieningen en de planning is een indicatie dat de structuur aan verandering toe is. Zie ook wat hierover bij de case in hoofdstuk 14 al is opgemerkt:

> 'Geconcludeerd moet worden dat de huidige lijnstructuur niet toereikend is om specialisaties, of het nu in P of in M of in G betreft, adequaat uit te voeren. De huidige F-structuur is daartoe gewoonweg niet toe in staat. Als ESS zich geloofwaardig en met enige kans op succes in een of meer van de hiervoor genoemde specialisaties wil ontwikkelen, dan zal de huidige lijnstructuur met haar dominante gerichtheid op functies moeten worden aangepast.'

1 Dit boek biedt alleen de samenvattende conclusie van de uitwerking. De complete uitwerking is te vinden op www.conceptuitgeefgroep.nl.

Literatuur

Lijst van aangehaalde en aanbevolen literatuur
Zie eind hoofdstuk 17.

17 Van strategie via operaties naar organisatiestructuur

17. Ouderenzorg kan heel verschillende vormen aannemen

Vergrijzing en zorgbehoefte

Nederland kent 'dubbele vergrijzing': er zijn steeds meer ouderen die gemiddeld ook nog eens ouder worden dan eerdere generaties. Tel daarbij op dat de gemiddelde zorgbehoefte per persoon bij stijgende leeftijd omvangrijker, langduriger en complexer wordt. Op deze trend wordt ingespeeld door organisaties. Dat kan op heel verschillende manieren, bijvoorbeeld als het gaat om het aanbod van wonen met zorgverlening en aanverwante diensten. Hieronder twee uiteenlopende voorbeelden.

Het Hendrik Groenhuis

Mensen van 75 jaar en ouder die, op grond van hun inkomenssituatie, in aanmerking komen voor een sociale huurwoning, kunnen zich inschrijven voor het Hendrik Groenhuis wanneer ze een toenemende zorgbehoefte krijgen. Het 'huis' is in feite een groot flatgebouw met daarin 250 aanleunwoningen en 95 zorgwoningen, gelegen in een nieuwbouwwijk. De meeste bewoners zijn weduwe of weduwnaar en huren een eenkamerwoning.
De sfeer in het Hendrik Groenhuis is te typeren als 'volks'. Dat wil zeggen dat bewoners een leven achter de rug hebben als werknemer of als kleine zelfstandige.
Het Hendrik Groenhuis is eigendom van een landelijke woningcorporatie die zich strategisch positioneert als specialist in seniorenhuisvesting en zich daarop concentreert. De operationele zorg aan huurders wordt verleend door een externe partij: een regionale thuiszorgorganisatie, die lichte tot zeer intensieve zorg kan bieden.
Een tweehoofdige directie is verantwoordelijk voor de dagelijkse gang van zaken. Een zespersoons managementteam geeft leiding aan de uitvoerend medewerkers.

Villa Sorghstaete

Senioren met zorgbehoefte, afkomstig uit de hogere middenklasse voelen zich thuis in de exclusieve uitstraling van Villa Sorghstaete en de omliggende parkomgeving. Het zijn mensen die in hun werkzame leven arts of hoogleraar waren, dan wel hooggeplaatst bij een multinational of topambtenaar in de rijksdienst. De 'villa' is nieuwgebouwd en bevat 20 ruim opgezette appartementen en 12 studio's.
Villa Sorghstaete is eigendom van een investeringsmaatschappij voor institutionele beleggers die zich van oudsher strategisch richt op het hogere segment in de vrije huursector. De maatschappij en haar beleggers zien de vergrijzing en toenemende zorgbehoefte als een langetermijnkans voor een stabiel rendement op hun vermogen. Inmiddels is al een aantal zorgvilla's gerealiseerd. Deze worden alle verhuurd aan een vaste partnerorganisatie die operationeel actief is in de particuliere thuiszorg. In elke villa stelt ze een vestigingsmanager aan die leidinggeeft aan een gemengd team van vaste verzorgenden, helpenden en de huishoudelijke dienst. Specialistische zorg, bijvoorbeeld fysiotherapie, wordt ingehuurd.

Deze case laat zien hoe organisaties in dezelfde sector actief kunnen zijn, gericht op een maatschappelijk vraagstuk, maar met een verschillend motief en vanuit een verschillende achtergrond. Dat leidt tot verschil in strategie, een andere invulling van de operaties en tot verschil in de organisatiestructuur.

Kernstof

Succesvolle organisaties (paragraaf 17.1) hebben een goede strategie die goed wordt uitgevoerd. De operaties lopen dus voorspoedig. De organisatiestructuur die daarbij past, zorgt ervoor dat het operationele stuk van de organisatie is ingebed in taken en functies, bevoegdheden en coördinatievoorzieningen.
Organisaties met een *verschillende strategie* hebben *verschillende organisatiestructuren.*
De *spreidingsstrategie* (paragraaf 17.1.1) van een organisatie geeft de keuzes aan die gemaakt zijn over productspreiding, geografische spreiding en de mate van verticale spreiding. Een organisatie met één product(groep) heeft een functionele indeling en een hoge mate van centralisatie van de beslissingsbevoegdheid. De coördinatievoorzieningen zijn elementair. Naarmate de productspreiding toeneemt, zal op termijn de functionele indeling worden vervangen door een productindeling. Daarmee zal ook de decentralisatie toenemen. De organisatie heeft nog steeds voldoende aan elementaire coördinatievoorzieningen.
Als een organisatie haar werkgebied geografisch gaat uitbreiden, zal er, wanneer export als vorm is gekozen, niet veel veranderen. Mogelijk wordt de verkoopafdeling gesplitst in geografische gebieden. Bij het openen van buitenlandse vestigingen en het volgen van een multinationale strategie zal de organisatiestructuur overgaan van een functionele indeling naar een geografische indeling onder de topleiding. De mate van decentralisatie neemt toe. Als de landen waarin de organisatie werkt veel overeenkomsten vertonen qua producten, marketing, verkoop en wetgeving, dan zal de organisatie een globale strategie gaan volgen. Dit leidt meestal tot het verlaten van de geografische indeling onder de top en het overgaan op een productgewijze indeling. Belangrijke beslissingen worden meer gecentraliseerd vergeleken met een multinationale strategie. De behoefte aan coördinatie neemt toe.
Bij een strategie van toenemende *verticale spreiding* is het nodig om binnen de functionele indeling de verschillende fasen van het productieproces goed op elkaar af te stemmen. Dit leidt meestal tot zwaardere coördinatievoorzieningen.
Bij een *laagstekostenstrategie* (paragraaf 17.1.2) heeft de organisatie een functionele indeling, relatief veel centralisatie en alleen elementaire coördinatievoorzieningen. Een *differentiatiestrategie* vraagt vergeleken met een laagstekostenstrategie meestal zwaardere coördinatievoorzieningen. Deze zijn nodig om aan de snel wisselende eisen van de klanten te kunnen voldoen.
Het is niet goed mogelijk algemene uitspraken te doen over de eisen die vormen van strategische samenwerking met andere organisaties stellen aan de structuur van organisaties. Wel is aan te raden het samenwerken van de voorheen onafhankelijke organisaties als een project aan te pakken. Aandacht vanuit het topmanagement is ook belangrijk.
Als de strategie van organisaties zich van enkelvoudig naar gecombineerd ontwikkelt (paragraaf 17.2), heeft dit een aantal gevolgen. De *externe complexiteit* (markten, klanten, wetgeving) neemt toe, evenals de *interne complexiteit.* Deze bestaat uit *operationele, organisatorische* en *culturele complexiteit.* Sommige combinaties stellen te hoge eisen aan de mogelijkheid om die te vertalen in organisatiestructuren die ook in de praktijk goed functioneren.
Het verband tussen de snelheid van de omgevingsveranderingen en het ontwerpen van organisaties (paragraaf 17.3) staat al lang in de belangstelling.
Lorsch en Morse (1974) ontdekten dat mensen die succesvol werken in de verschillende afdelingen ook verschillende kenmerken hadden. Twee belangrijke kenmerken waren:

1) *integrative complexity*, het vermogen veel verschillende elementen met elkaar in verband te kunnen brengen en 2) *tolerance for ambiguity*, het kunnen werken in onzekere situaties. De laatste jaren komt het begrip *agility*, wendbaarheid, vaak naar voren: het snel kunnen reageren op onverwachte veranderingen in de omgeving (paragraaf 17.4) uitgewerkt, voor het beoordelen van de organisatiestructuur: zal deze het succesvol uitvoeren van de strategie mogelijk maken?

17 Van strategie via operaties naar organisatiestructuur

Dit hoofdstuk trekt de lijn vanuit de strategie, via de daaruit voortvloeiende operaties, naar de best passende organisatiestructuur. Eerst wordt dit behandeld voor de drie soorten spreidingsstrategieën en daarna voor de positioneringsstrategieën. Ten slotte komt de organisatorische uitwerking van een samenwerkingsstrategie kort aan bod. Sommige combinaties van strategieën stellen (te) hoge eisen aan organisaties.

17.1 Strategieën en passende organisatiestructuren

Succesvolle organisaties hebben een goede strategie die ook goed wordt uitgevoerd. De operaties lopen dus ook goed. De organisatiestructuur die daarbij past, zorgt ervoor dat het operationele stuk van de organisatie is ingebed in taken en functies, bevoegdheden en coördinatievoorzieningen.
Alle bouwstenen passen bij een succesvolle organisatie goed bij elkaar. Zoals in hoofdstuk 1 is gesteld, staan de bouwstenen op één lijn. Bovendien is de hele organisatie in lijn met de externe omgeving. Zie figuur 17.1.

Figuur 17.1 Omgeving, strategie, operaties en organisatiestructuur op één lijn

In deel I zijn het ontwikkelen en de inhoud van de strategie uitgebreid behandeld. In deel II zijn de bouwstenen van het operationele stuk van de organisatie beschreven: mensen, middelen en methoden. Deze beschrijving was algemeen: de directe relatie met de inhoud van de strategie is daarbij niet aan bod gekomen. In de hoofdstukken 14, 15 en 16 zijn de bouwstenen van de organisatiestructuur behandeld. Ook hier is de beschrijving los van de concrete operaties geweest. Paragrafen 17.1.1, 17.1.2 en 17.1.3 leggen de relaties tussen de inhoud van de strategie, de concrete operaties en handelingen en de passende organisatiestructuur. Daarbij wordt een concrete strategie vertaald in vereiste handelingen en operaties. Daarna wordt de organisatiestructuur beschreven die daar het best bij past. Ook worden resultaten uit onderzoeken naar de relatie tussen strategie en structuur kort weergegeven. Deze geven aan dat ook in de praktijk een bij een strategie passende organisatiestructuur gevonden is. Organisaties met een *verschillende strategie* hebben *verschillende organisatiestructuren.* Hieruit blijkt dus duidelijk het belang voor de praktijk van de situatieafhankelijke of contingentiebenadering.

17.1.1 Spreidingsstrategieën en passende organisatiestructuren

Productspreiding

Uit de voorgaande hoofdstukken is naar voren gekomen dat de meest eenvoudige organisatiestructuur de F(unctionele)-indeling met veel centralisatie van de besluitvorming is. De coördinatievoorzieningen zijn nog elementair. Zie het organisatieschema in figuur 17.2.

Figuur 17.2 Functionele organisatie

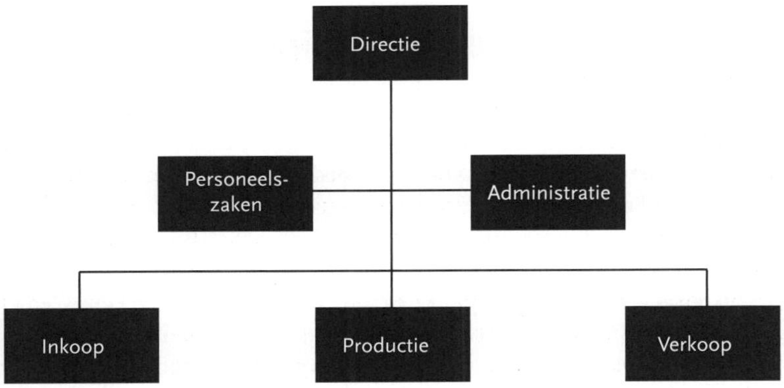

Als het productenpakket zich uitbreidt, kan dat in twee richtingen gebeuren: gerelateerd en ongerelateerd. Vaak zal uitbreiding beginnen met gerelateerde uitbreiding, mogelijk later gevolgd door ongerelateerde uitbreiding. De ervaring leert dat de sprong ineens naar ongerelateerde uitbreiding niet altijd succesvol is.

Bij gerelateerde uitbreiding neemt het productenpakket toe, maar er blijft verwantschap bestaan tussen de producten of diensten. Als de omzet het toelaat, zal de organisatie bij het doorgroeien op termijn de F-indeling verlaten en overgaan op een P(roduct)-indeling. Dat kan in de vorm van werkmaatschappijen voor elke productgroep of divisies als het om grotere eenheden gaat. Zie figuur 17.3.

Figuur 17.3 Productgewijze structuur

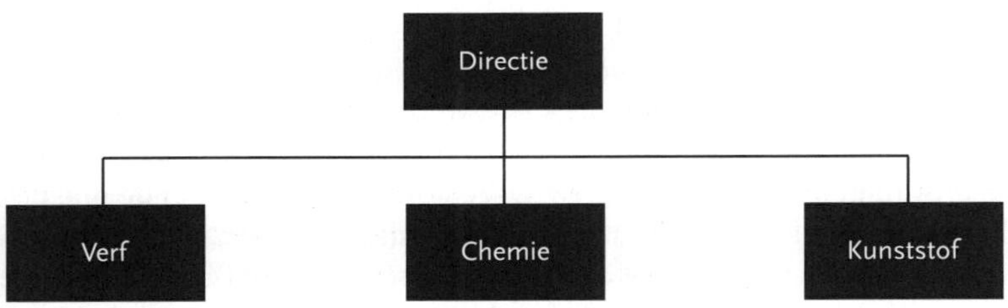

Het succes van die strategie hangt af van de mate waarin de organisatie in staat is de mogelijke voordelen van de verwantschap om te zetten in feitelijke voordelen. Met andere woorden: de organisatie moet in staat zijn synergie tot stand te brengen. Tegelijkertijd moet het streven zijn om zo veel mogelijk op de wensen van de klanten in te spelen. Hiermee is dus een bepaalde spanning aangegeven tussen uniformiteit en lage kosten enerzijds en inspelen op de klantenwensen en dus iets hogere kosten anderzijds. Dat brengt met zich mee dat uiteindelijk de topleiding knopen doorhakt als de werkmaatschappijen of divisies er niet uitkomen. Want complexere coördinatievoorzieningen moeten er in eerste instantie voor zorgen dat de knopen zo veel mogelijk op lagere niveaus dan de top worden doorgehakt. Er geldt immers dat binnen groter wordende organisaties steeds meer decentralisatie wordt ingebouwd. Direct overleg tussen werkmaatschappijen en divisies kan daarvoor zorgen. Staffunctionarissen onder de directie kunnen hierbij ook een belangrijke rol spelen. Eppink (2001) heeft laten zien dat centrale staven in ondernemingen die proberen synergie te realiseren vaak groter zijn dan in organisaties die synergie niet nastreven.

Bij ongerelateerde uitbreiding wordt de functionele indeling sneller verwisseld voor een productindeling. Tussen werkmaatschappijen of divisies ontbreekt nu de verwantschap die bij gerelateerde producten bestaat. Dat houdt in dat de topleiding niet meer gericht is op het realiseren van (horizontale) synergie. Ook zal op topniveau de informatie ontbreken om zich intensief met de besluitvorming in de werkmaatschappijen of divisies te bemoeien. Ook hoeft tussen de werkmaatschappijen onderling niet afgestemd te worden. In organisatorisch opzicht betekent dit dat er meer decentralisatie kan zijn en dat met eenvoudigere coördinatievoorzieningen volstaan kan worden. De topleiding zal sturen op basis van financiële informatie. Ook zal die zich nadrukkelijk bezighouden met het zoeken naar nieuwe mogelijkheden om verder te groeien. Qua tekening ziet het organisatieschema eruit als bij gerelateerde uitbreiding, maar de verschillen zitten in bijvoorbeeld de omvang van de staven en de mate van decentralisatie. Deze zijn niet te zien in organisatieschema's die alleen de soorten arbeidsverdeling en het aantal hiërarchische niveaus weergeven. Een organisatieschema geeft immers alleen weer hoe de organisatiestructuur er op hoofdlijnen uitziet.

Uit onderzoek van Channon (1973) en Rumelt (1974) komt naar voren dat naarmate de productspreiding toeneemt, meer organisaties onder het niveau van de topleiding overgaan van een functionele indeling naar een productindeling. Uit onderzoek van Young et al. (2000) komt naar voren dat naarmate divisies binnen een organisatie meer verwantschap hebben, er grotere staven zijn die meer invloed op de besluitvorming hebben. Het doel daarvan is meer (horizontale) synergie te realiseren. In dit onderzoek waren ruim honderd grote internationaal werkende ondernemingen betrokken. De hoofdkantoren ervan staan in zeven landen in vier werelddelen.

Geografische spreiding

Als een onderneming besluit buiten de landsgrenzen te gaan verkopen, is de eerste mogelijkheid dat te doen door te *exporteren*. Organisatorisch betekent dit dat de verkoopafdeling uitgebreid wordt met een onderafdeling die zich gaat richten op het buitenland. Als dezelfde soort afnemers in het buitenland bediend gaat worden, kan de bestaande werkwijze gebruikt worden. Soms betekent export ook het bedienen van andere klanten. Dat brengt mee dat de werkwijzen aangepast moeten worden. Als de verkoopafdeling in het eigen land supermarkten bedient, maar in het buitenland groothandels de afnemers worden, is het nodig de werkwijzen aan te passen. Het verkopen aan een groothandel stelt andere eisen aan verkopers dan het verkopen aan een supermarkt. Het businessmodel van een groothandel is anders, evenals de vorm van de waardeketen (zie paragraaf 4.3). Dat heeft bijvoorbeeld concreet invloed op de omvang van de verkopen, het soort verpakkingen en de verkoopondersteuning die nodig is.

Als de onderneming internationaal verder groeit, zijn er twee mogelijkheden. Welke vorm gekozen wordt, hangt af van de mate waarin de buitenlandse markten overeenkomsten vertonen (zie paragraaf 5.2.2).

Als gekozen is voor een *multinationale* strategie, dan is het belangrijk ervoor te zorgen dat het product en de dienstverlening zijn toegesneden op de kenmerken van de nieuwe markt. Bij voldoende omvang wordt de oorspronkelijke functionele indeling dan vervangen door een geografische indeling.

Onder de topleiding komen dan landengroepen in plaats van functionele afdelingen als Inkoop, Productie en Verkoop (zie figuur 17.4).

Figuur 17.4 Geografische indeling

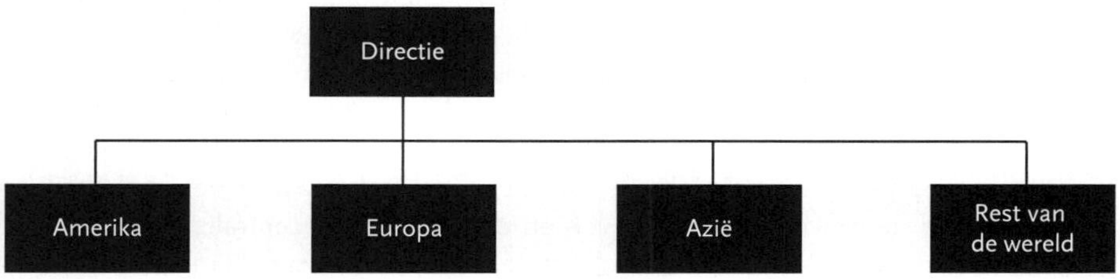

Aangezien het succes van een multinationale strategie ligt in het zo goed mogelijk inspelen op de individuele landen, ligt een grote mate van decentralisatie voor de hand. De top van het bedrijf kan de specifieke kenmerken van landen niet voldoende gedetailleerd weten om tot goede besluiten te komen. Lopen alle beslissingen wel via de topleiding, dan is in elk geval vertraagde besluitvorming het gevolg. Door die vertraging kan de kans op winst ook afnemen. Aangezien de landen allemaal relatief los van elkaar staan (gepoolde samenhang, zie paragraaf 16.2.1), zijn er alleen eenvoudige coördinatievoorzieningen nodig. De topleiding is verantwoordelijk voor de verdere geografische uitbreiding.

Door allerlei ontwikkelingen die in hoofdstuk 5 zijn besproken, kan de organisatie besluiten over te gaan op een *globale strategie*. Bij deze strategie komt het bereiken van schaalvoordelen op de voorgrond te staan. Daarnaast moet de organisatie de lokale voorkeuren niet uit het oog verliezen. Hierdoor ontstaat spanning tussen het behalen van schaalvoordelen (lage kosten) en het inspelen op de lokale wensen (hogere omzet). In veel gevallen is dan te zien dat de organisatie wordt ingedeeld in productdivisies. De verkoopinspanningen worden dan ondergebracht in op verschillende landen gerichte afdelingen.
Omdat het bereiken van schaalvoordelen belangrijk is, zal de mate van decentralisatie lager zijn. Meer beslissingen worden op hogere niveaus in de organisatie genomen. Ook zal er meer coördinatie tussen de wensen uit de verschillende landen nodig zijn, zeker bij het ontwerpen van de producten en diensten. Zowel Bartlett en Ghoshal (1989) als Yip (2003)

wijzen daarop. Young et al. stellen vast dat naarmate de buitenlandse omzet toeneemt, de omvang van het hoofdkantoor groeit. Ook dat wijst in de richting van meer coördinatie. Het is gemakkelijker bij de verkoopinspanning tegen lage kosten met de specifieke nationale wensen rekening te houden dan bij het ontwerpen van producten. Ontwerp is een dure activiteit, waarvan de kosten over zo groot mogelijke volumes moeten worden verdeeld. Elke verandering kost geld. Bovendien zijn er per land uiteenlopende wettelijke bepalingen over toelaatbare reclame-uitingen; die moet de organisatie in elk geval naleven op straffe van boetes en andere onplezierige maatregelen.

Figuur 17.5 P-indeling bij globale strategie

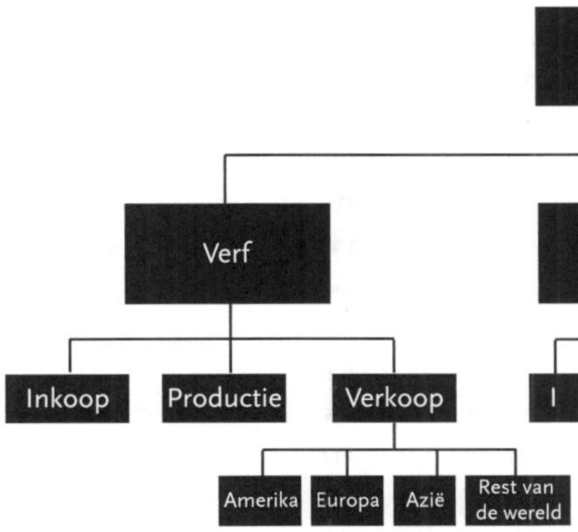

Philips is een onderneming die al sinds het begin van de twintigste eeuw internationaal actief is (Metze, 2004). De wensen in verschillende landen lopen dan zeer ver uiteen. In de loop der jaren worden de landenorganisaties relatief zelfstandige eenheden die verantwoordelijk worden voor productontwerp, productie en verkoop. Voor die tijd is dit een goede aanpak. Bovendien bestaat dan de Europese Unie nog niet en moet een exporteur invoerbelasting betalen als de producten het andere land binnenkomen. In sommige gevallen moeten er daarnaast exportheffingen in het eigen land betaald worden als de goederen schaars zijn. Het is duidelijk dat export dan geen haalbare kaart is. Binnenlandse aanbieders in die markten hebben veel lagere kosten. Het speelveld verandert als de eerste voorloper van de Europese Unie in 1956 wordt opgericht en geleidelijk de belasting op import verdwijnt. Ook de komst van Japanse aanbieders op de westerse markten (vanaf ongeveer 1970) verandert het speelveld. Deze nieuwe aanbieders voeren een strategie die *global* is. De producten voor alle markten zijn gelijk, behalve de vertaalde handleidingen en de stekkers van elektrische apparaten. Het duurt dan lange tijd voordat de Philips-organisatie aan de nieuwe werkelijkheid is aangepast en overgaat van een structuur met vrij zelfstandige landen naar een wereldwijde productorganisatie. Ook bij Unilever is in de loop der jaren een ontwikkeling te zien: naarmate markten voor bepaalde producten meer 'global' worden, worden ontwikkeling, marketing en productie meer vanuit het P-gezichtspunt aangestuurd dan vanuit het M-gezichtspunt (zie onder andere Eppink, 2014).

Zie onder andere Metze (1991 en 1997) Bartlett en Ghoshal (1989).

Verticale spreiding

Naar dit onderwerp is weinig empirisch onderzoek gedaan. Uit de onderzoeken die voor deze strategie relevant kunnen zijn, volgen de belangrijkste conclusies.

Uit de literatuur komt het beeld naar voren dat verticale spreiding gepaard gaat met een grotere behoefte aan coördinatie vergeleken met een onderneming die zich op minder stappen in de bedrijfskolom toelegt. Arbeidsverdeling is in een eenproductonderneming met een hoge mate van verticale spreiding gebaseerd op een *functionele indeling*. Zo kent bijvoorbeeld Tata Steel IJmuiden afdelingen waar het erts wordt verwerkt tot staal en afdelingen waar het staal vervolgens wordt verwerkt tot platen en staven. Er zijn ook afdelingen of grote fabrieken waar in een nog later stadium dit staal verder wordt verwerkt tot speciaal staal voor de automobielindustrie, voor de verpakkingsindustrie en voor de meubelindustrie. Minder verticaal geïntegreerde staalbedrijven, zoals de zogenaamde mini-mills in de VS, kennen minder afdelingen. De behoefte aan coördinatie tussen functionele afdelingen kan voor een deel opgevangen worden door de hiërarchie als eenvoudige voorziening. Dit leidt tot een *hogere mate van centralisatie* dan bij minder verticaal geïntegreerde ondernemingen. Uit verschillende onderzoeken blijkt dat er andere en zwaardere mechanismen nodig zijn.

Een eerste indicatie daarvoor is te vinden bij Woodward (1965). Zij onderzocht met haar team het verband tussen bepaalde organisatiekenmerken en succes. Het onderzoek leidde in eerste instantie tot onduidelijke resultaten. Uit haar onderzoek kwamen pas duidelijke relaties naar voren toen de vraagstelling werd uitgebreid met de vraag of er ook een verband was met de productietechnologie binnen de onderneming. Woodward maakt in dat verband een onderscheid tussen stuk- en kleineserieproductie, massaproductie en procesproductie (zie paragraaf 11.3). Denk in het laatste geval aan de chemische industrie. Verticaal geïntegreerde bedrijven hebben kenmerken van procesproductie, in die zin dat het product een aantal fasen doorloopt voor het gereed is. Het team ontdekte dat succesvolle ondernemingen in de procesindustrie duidelijk andere organisatorische kenmerken hadden dan bedrijven met stukproductie. Succesvolle bedrijven met procesproductie hadden een groter aantal hiërarchische niveaus, namelijk zes, terwijl succesvolle bedrijven met massaproductie er vier hadden en bedrijven met stukproductie slechts twee. Ook de verhouding tussen leidinggevend personeel en uitvoerend personeel is verschillend. In procesbedrijven hebben leidinggevenden op het uitvoerende niveau het kleinste aantal ondergeschikten, gemiddeld ongeveer twaalf personen. In bedrijven met massaproductie zijn dat er bijna vijftig en in bedrijven met stukproductie ruim twintig. De verschillen verklaart Woodward uit de verschillende eisen die het aansturen van het proces stelt. De resultaten uit haar onderzoek behoren tot de eerste die hebben geleid tot de situatieafhankelijke of contingentiebenadering.

Lorsch en Allen (1973) onderzochten de verschillen in organisatiekenmerken van vier conglomeraten en twee verticaal geïntegreerde ondernemingen. Het gaat hierbij om een kleine steekproef die inzicht geeft, maar die niet uitgelegd mag worden als een indicatie van hoe het moet. Conglomeraten hebben kleinere hoofdkantoren met minder functies dan verticaal geïntegreerde ondernemingen. Dit beeld komt overeen met de resultaten die bij productspreiding over conglomeraten gemeld zijn. Bovendien bemoeien in conglomeraten de hoofdkantoren zich alleen met beleidsvragen op de gebieden financiën, strategie, juridische zaken, industrial relations, marketing en productie. Inmenging in operationele zaken, met uitzondering van juridische zaken en op het terrein van industrial relations, was gering tot niet bestaand. In verticaal geïntegreerde ondernemingen bestaan alle hiervoor genoemde afdelingen ook, maar bij deze ondernemingen kunnen dergelijke afdelingen ook bij operationele kwesties op bemoeienis vanuit het hoofdkantoor rekenen. Een van de verticaal geïntegreerde ondernemingen had op het hoofdkantoor een afdeling Operations Research, terwijl er ook afdelingen waren die zich bezighielden met planning en scheduling, inkoop en onderzoek en ontwikkeling. De aangetroffen extra aandacht voor coördinatie is met de eerder gegeven verklaringen goed te onderbouwen.

17.1.2 Positioneringstrategieën en passende organisatiestructuren

Bij positionering worden twee strategieën onderscheiden: de laagstekostenstrategie en de differentiatiestrategie. De kritische activiteiten verschillen bij deze strategieën en daarom verschillen ook de bijpassende organisatiestructuren.

Laagstekostenstrategie

Bij een laagstekostenstrategie is het belangrijk dat niet alleen de kosten laag gehouden worden, maar ook dat eventuele afwijkingen van gemaakte plannen snel aan het licht komen. Dat geldt zowel voor aantallen geproduceerde eenheden, de efficiency enzovoort, als voor de vertaling ervan in geld. Hoe langer de prestaties achterblijven bij de plannen, hoe kostbaarder de afwijking wordt.
Wat arbeidsverdeling betreft, is een laagstekostenstrategie gebaat bij een *functionele indeling*. Deze leidt immers tot de laagste kosten per eenheid product. Een behoorlijke mate van *centralisatie* van de besluitvorming zorgt er ook voor dat de kosten laag blijven. Dat geldt ook voor het werken met *eenvoudige coördinatievoorzieningen*.

Differentiatiestrategie

Een differentiatiestrategie betekent dat producten en diensten zo veel mogelijk aansluiten bij de wensen van de afnemers. Ook moet het product aangepast worden op de specifieke wensen. Bij duurdere auto's zijn accessoires te koop die er niet zelden toe leiden dat de kale verkoopprijs met een behoorlijk bedrag verhoogd wordt. Op die accessoires zitten grote marges en de fabrikant is graag bereid die aan te bieden. De fabrikant moet goed op de hoogte zijn van de wensen van de klant en naar buiten uitstralen dat veel mogelijk is. Dat betekent dat er afdelingen Marketing en Verkoop moeten zijn, net als bij een laagstekostenstrategie, maar dat die ook een andere invulling krijgen. Zo zullen die waarschijnlijk groter zijn, terwijl de bemensing en de verkoopaanpak ook kwaliteit uitstraalt. Specifieke wensen van afnemers moeten goed op andere afdelingen worden afgestemd. Dit laatste betekent dat er behoefte is aan meer en zwaardere coördinatievoorzieningen.
Vertaald in kenmerken van de organisatiestructuur betekent het dat er direct onder de top een *functionele indeling* zal zijn. Binnen die functionele afdelingen kan een verdere verdeling naar product, markt of geografie plaatsvinden. Of dat het geval is, hangt af van de specifieke omstandigheden. Omdat er veel tussen afdelingen moet worden overlegd om aan de specifieke wensen tegemoet te komen, zal er meer *decentralisatie*

zijn dan bij een laagstekostenstrategie. Ook zullen er meer *ingewikkelde coördinatievoorzieningen* nodig zijn.

17.1.3 Samenwerkingsstrategieën en passende organisatiestructuren

De doelen van samenwerking tussen organisaties zijn in de praktijk verschillend. Soms gaat het om kostenbesparing en in andere gevallen om het vergroten van de omzet. Ook de vorm van de samenwerking kan uiteenlopen. Organisaties kunnen in een nieuwe eenheid opgaan bij een fusie of een overname. Voordelen zijn bovendien te bereiken door middel van *joint ventures* of strategische allianties. In alle gevallen betekent het dat de strategie verandert. Die nieuwe strategie stelt weer nieuwe eisen aan het operationele deel van de nieuwe organisatie. Dit moet op zijn beurt leiden tot een nieuwe structuur. Hoe een nieuwe strategie qua spreiding of positionering moet worden vertaald in een nieuwe organisatiestructuur is behandeld in 17.1.1 en 17.1.2.
Het organiseren van de samenwerking zelf kan vorm krijgen door middel van een projectorganisatie.

17.2 Combinaties van strategieën en gevaren ervan

In de voorgaande paragrafen is uiteengezet welke structuur het best past bij een bepaalde strategie. De strategie van een organisatie kan *enkelvoudig* zijn of *gecombineerd*. Als de organisatie een *enkelvoudige strategie* heeft, biedt de organisatie maar één product of dienst aan op één geografische markt. Er is daarbij sprake van geen of een geringe mate van verticale spreiding en één soort positionering. Bij een enkelvoudige strategie werkt de onderneming niet met derden samen. Denk aan een kleine bierbrouwerij die alleen voor de lokale markt produceert.
Als een organisatie een *gecombineerde strategie* heeft, biedt ze verschillende producten aan op diverse geografische markten, en concurreren de aangeboden producten en diensten op verschillende manieren met die van de concurrenten. Ook heeft de organisatie samenwerkingsverbanden met derden. Op het gebied van dranken kan men hier denken aan een bierbrouwerij die ook wijn, frisdranken en snacks onder veel merken over de hele wereld verkoopt en daarbij verschillende distributiekanalen inschakelt. De positionering van de merken verschilt, terwijl hetzelfde merk op verschillende geografische markten verschillende posities inneemt.

Naarmate het aantal combinaties van strategieën – en daarmee het aantal geleverde producten en diensten en positioneringen – toeneemt, groeit voor de onderneming de *complexiteit* op een aantal gebieden. Die complexiteit kan zowel extern als intern zijn.
Bij *externe complexiteit* valt te denken aan het steeds onduidelijkere beeld dat de afnemers van de producten en/of de merken kunnen krijgen. Ze kunnen zich gaan afvragen waar het merk nog voor staat.

Heineken is in Nederland een biermerk dat slechts iets hoger is gepositioneerd dan gemiddeld. In het buitenland is het echter een premium merk dat een veel hogere prijs kan vragen dan een gewoon pils. Naarmate meer bierdrinkers uit andere landen Nederland bezoeken, en in de supermarkt bier kopen, zal bij hen de vraag opkomen waarom Heineken-bier in Nederland relatief goedkoper is dan in hun eigen land.

Een ander aspect van de externe complexiteit is het aantal verschillende externe omgevingen die de onderneming moet bedienen. Die omgevingen hebben soms verschillende kenmerken. Denk in dit verband aan de verschillende soorten afstand die Ghemawat (2000) onderscheidde. Het niet duidelijk onderkennen van de verschillen kan leiden tot verkeerde beslissingen. Zo moeten multinationals onder andere rekening houden met fiscale verschillen tussen landen en kennen landen hun eigen aanbieders met wie deze ondernemingen de strijd aan moeten gaan.

Door de combinatie van strategieën ontstaat ook *interne complexiteit*. Deze is onder te verdelen in *operationele, organisatorische en culturele complexiteit*.
Van *operationele* complexiteit is sprake als door alle verschillende activiteiten het op elkaar aansluiten van bijvoorbeeld productielijnen of reclamecampagnes steeds ingewikkelder wordt. Ook het bereiken van schaal- en synergievoordelen wordt moeilijker naarmate een toenemend aantal producten erbij betrokken is. Indien de organisatie in meer landen actief is, zal bijvoorbeeld goed moeten worden nagegaan of een geplande wereldwijde reclamecampagne goed wordt ontvangen. Iets wat in het ene land als humoristisch opgevat wordt, is in een ander land misschien een belediging. De kans dat iets fout gaat, wordt groter naarmate de operationele complexiteit toeneemt.

Organisatorische complexiteit komt voort uit de verschillende eisen die elke afzonderlijke strategie aan de organisatie stelt. Bij de bespreking van elke soort strategie is in grote lijnen aangegeven welk organisatieontwerp daarbij past. Die eisen kunnen uiteenlopen. Zo stelt een laagstekostenstrategie andere eisen qua optimale mate van centralisatie dan een differentiatiestrategie. Ook de gewenste vorm van arbeidsverdeling kan verschillen. Als aan al die verschillende eisen binnen een organisatie moet worden voldaan, zal dit zelden zonder spanning gaan. In elk geval moet er coördinatie plaatsvinden. Dit kost tijd en menskracht en vergroot de kans op fouten of niet optimale of tijdige beslissingen.

De mate van *culturele complexiteit* (zie Capita Selecta 2) neemt toe als de gewenste manier van denken van mensen binnen de onderneming ook uiteen moet lopen. Zo zal bij een laagstekostenstrategie de aandacht intern gericht zijn, terwijl die bij een differentiatiestrategie op de klant zal zijn gericht. Ook de vraag of een onderdeel werkt met consumenten (*business-to-consumer*) of met zakelijke klanten (*business-to-business*) maakt verschil.

> Bekend is het voorbeeld van een marketeer die uit de fast-moving-consumer goods-divisie binnen het concern werd overgeplaatst naar een onderdeel dat in de business-to-business-sector zat. Toen naar voren kwam dat men voor een beslissing moest weten wat de klanten ervan zouden vinden, was zijn suggestie een bekend bureau in te huren dat binnen een paar weken vast wel met voorlopige resultaten kon komen. De directeur van de betrokken eenheid stelde toen voor dat hij de vijf betrokken afnemers die ochtend wel even zou bellen, dan kon men in de loop van die middag nog een beslissing nemen.

Niet altijd zullen manieren van denken zodanig uiteenlopen als in het voorgaande voorbeeld, maar een manager die naar een ander onderdeel van het bedrijf overgaat, neemt veronderstellingen over markten, klantengedrag en voordelen en nadelen van bepaalde distributiekanalen uit zijn vorige functie mee. Die blijven een tijd lang mede van invloed op zijn beslissingen. Als een organisatie een hoge mate van culturele complexiteit kent, moeten overplaatsingen genuanceerd gebeuren.

Het is belangrijk dat de leiding van een organisatie zich realiseert dat met het toenemen van het aantal combinaties in de strategie de complexiteit toeneemt. Om tegemoet te kunnen komen aan die toegenomen complexiteit zijn extra coördinatievoorzieningen nodig, terwijl die complexiteit het met succes overplaatsen van personeel lastiger maakt. De leiding moet zich in dergelijke gevallen nadrukkelijk afvragen of de toename van combinaties effectief is en tegen lage kosten te managen is. Als dat niet het geval is, kan de leiding beter kiezen voor een strategie die eenvoudiger is en minder uitvoeringsproblemen geeft.

17.3 Snelheid omgevingsveranderingen en organisatieontwerp

Het verband tussen snelheid van de omgevingsveranderingen en het ontwerpen van organisaties staat al lang in de belangstelling. Begin jaren 60 van de vorige eeuw ontdekten Burns en Stalker (1961) dat succesvolle ondernemingen in een snel veranderende omgeving een andere structuur hadden dan organisaties die met een stabiele omgeving te maken hadden. De eerste hadden een organische structuur, terwijl de tweede een mechanistische structuur hadden. Later bevestigden Lawrence en Lorsch (1967) hun bevindingen, maar zagen ook dat er binnen succesvolle ondernemingen verschillen tussen afdelingen te zien waren. Productieafdelingen in grote fabrieken hadden een veel formelere structuur dan bijvoorbeeld de marketingafdeling bij dat bedrijf. Onderzoeksafdelingen hadden vaak nog een minder formele structuur. Lorsch en Morse (1974) ontdekten dat mensen die succesvol waren in de verschillende afdelingen ook verschillende kenmerken hadden. Twee belangrijke kenmerken waren: 1) *integrative complexity*, het vermogen veel verschillende elementen met elkaar in verband te kunnen brengen, en 2) *tolerance for ambiguity*, het kunnen werken in onzekere situaties. Verder waren er verschillen in voorkeur voor geleid worden en het werken in groepen.
De laatste jaren komt het begrip *agility*, wendbaarheid, vaak naar voren in discussies over het snel kunnen reageren op onverwachte veranderingen in de omgeving, bijvoorbeeld op snel veranderende klantenwensen. Rigby et a. (2016) geven aan dat de oorsprong van het toepassen van het agilitydenken is te vinden in de ontwikkeling van software. Als agile-aanpakken noemen zij onder andere *scrum, kanban en lean development*. Zij maken duidelijk dat de aanpak van agile management inmiddels ook ver

buiten de softwaresector is te vinden. Rigby et al. (2016) geven aan dat agility niet altijd de beste aanpak is. Bijvoorbeeld niet als de marktcondities stabiel zijn, de eisen van de klant duidelijk en weinig veranderlijk zijn, vereiste innovatie beperkt is en tijdsdruk niet groot is. In tegenovergestelde gevallen is *agile werken* wel aan te raden.
In alle bovengenoemde onderzoeken en aanpakken speelt besluitvorming een grote rol. Het is belangrijk te bedenken dat snelle besluitvorming niet altijd hoeft te betekenen dat een organisatie ook kan uitvoeren wat zo snel is besloten. Een factor die kan beperken wat een organisatie kan gaan doen, ligt in de investeringen (zie onder andere Eppink, 1979). Een hoogovenbedrijf zal niet snel, of helemaal niet, kunnen overstappen op het produceren van auto's, ook al levert het bedrijf het staal dat ervoor nodig is. Ook de personele bezetting kan een beperking zijn. Als andere competenties nodig zijn, kan het een tijd duren voor de organisatie het eigen personeel verder ontwikkeld heeft, of nieuwe mensen heeft kunnen aantrekken.

17.4 Negen tests voor een goede organisatiestructuur

Goold en Campbell (2002) hebben negen tests ontwikkeld om na te gaan of een organisatiestructuur goed ontworpen is en dus ook tot goede resultaten kan leiden. Ze zijn te gebruiken om een al langer bestaande organisatiestructuur van tijd tot tijd te beoordelen. De tests zijn dan een soort apk-keuring voor organisatiestructuren. Uit die test kan duidelijk worden wat de zwakke plekken van de bestaande structuur zijn. Ook kan men de test gebruiken om te bepalen of een nieuw organisatieontwerp in de praktijk tot goede resultaten zal leiden. Goold en Campbell werkten deze tests in detail uit.

Figuur 17.6 Negen tests voor organisatieontwerp (ontleend aan Goold en Campbell, 2002)

Vier tests gaan na of de structuur past en vijf gaan na of de structuur goed ontworpen is.
De vier tests om te zien of een ontwerp 'past' zijn:
1. de *marktvoordeeltest*. De bedoeling is na te gaan of de organisatiestructuur voldoende aandacht heeft voor de operationele prioriteiten en de bedoelde bronnen van concur-

rentievoordeel in elke markt. Als er bijvoorbeeld belangrijke klantengroepen te onderscheiden zijn, kan men nagaan of er specifieke personen of afdelingen zijn die zich met deze groepen bezighouden.
2. de *ouderschapstest*. De bedoeling ervan is na te gaan of de topleiding, die vanuit een soort ouderrol toezicht heeft op de rest van de organisatie, voldoende aandacht heeft voor haar eigen verantwoordelijkheid als ouder om toegevoegde waarde aan het bedrijf te geven.
3. de *mensentest*. Hier moet men nagaan of de organisatiestructuur voldoende overeenkomt met de motivatie van mensen en hun sterke en zwakke punten.
4. de *uitvoerbaarheidstest*. Is er voldoende rekening gehouden met de factoren waarom het plan niet tot een succes kan leiden? Waar zitten de kansen op fouten? Er kunnen 99 redenen zijn waarom iets kan slagen. Als er één reden is waarom iets niet zal lukken en die is in een concrete situatie aanwezig, dan is een mislukking verzekerd. Dan helpen de 99 andere redenen niet.

De vijf andere tests gaan na of de organisatiestructuur *goed ontworpen* is.
1. de test op *specialistencultuur*. Worden afdelingen die om succes te bereiken bijzondere kenmerken *moeten* hebben voldoende beschermd tegen de neiging om te streven naar een dominante cultuur? (Zie voor cultuur Capita Selecta 2.)
2. de test op *problematische verbanden*. Houdt het ontwerp voldoende rekening met de kritieke relaties tussen afdelingen? Moeten er aanvullende coördinatievoorzieningen worden ingebouwd?
3. het testen van het organisatieontwerp op *overbodige lagen*. Leveren alle lagen die tussen het uitvoerende werk en de topleiding bestaan voldoende toegevoegde waarde of zijn sommige ervan (deels) overbodig?
4. de *verantwoordingstest*. Is voor alle afdelingen duidelijk welke resultaten ze moeten bereiken en zijn er systemen ingebouwd om de resultaten te meten en managers en medewerkers te motiveren tot goede prestaties?
5. de *flexibiliteitstest*. Kan de organisatiestructuur eenvoudig aan nieuwe strategieën of nieuwe plannen aangepast worden? Welke nieuwe strategieën zijn met deze structuur niet te realiseren?

17.5 Vragen en opdrachten

1. **Productspreiding**
   a. Er wordt onderscheid gemaakt in verschillende soorten samenhang tussen afdelingen. Van welke soort samenhang is er normaal gesproken sprake tussen productdivisies? Licht uw antwoord toe.

   b. Wat is het verschil tussen een gerelateerde en een ongerelateerde uitbreiding van het productenpakket? Licht uw antwoord toe met een voorbeeld.

   c. Leg uit waarom bij een ongerelateerde uitbreiding van het productenpakket een gecentraliseerde F-indeling niet langer geschikt is.

2. **Geografische spreiding**
   a. Waarom ligt bij een multinationale strategie een G-indeling onder de directie in combinatie met een grote mate van decentralisatie voor de hand?

   b. Van welke spanning is er sprake bij het ontwerpen van een organisatiestructuur van een onderneming die het besluit heeft genomen over te gaan op een globale strategie?

3. **Verticale spreiding**
   a. Leg uit waarom de arbeidsverdeling in een eenproductonderneming met een hoge mate van verticale spreiding meestal is gebaseerd op een functionele indeling.

   b. Van welke soort samenhang zal er meestal sprake zijn tussen functionele afdelingen bij een éénproductonderneming met een hoge mate van verticale spreiding? Aan welke coördinatiemiddelen is behoefte bij deze afdelingen? Licht uw antwoord toe.

4. **Positionering- en samenwerkingsstrategieën**
   a. Welke hoofdvorm van arbeidsverdeling ligt het meest voor de hand voor een onderneming die een laagstekostenstrategie heeft? Licht uw antwoord toe.

   b. Bespreek twee eisen die het voeren van een differentiatiestrategie stelt aan het ontwerp van de organisatiestructuur.

   c. Om de samenwerking met andere ondernemingen te organiseren, wordt vaak gebruikgemaakt van een projectorganisatie. Bedenk twee redenen waarom een projectorganisatie hiervoor een geschikte oplossing is.

5. **Combinaties van strategieën en gevaren ervan**
   a. Wat wordt bedoeld met een organisatie met een gecombineerde strategie?

PRAKTIJK

b. Wat wordt verstaan onder externe complexiteit? Licht uw antwoord toe.

c. Interne complexiteit wordt onderverdeeld in drie vormen. Welke drie vormen zijn dat? Licht elke vorm toe met een voorbeeld.

6. Negen tests voor een goede organisatiestructuur

a. Goold en Campbell hebben negen tests ontwikkeld om na te gaan of een organisatiestructuur goed ontworpen is en dus ook tot goede resultaten kan leiden. De negen tests zijn onderverdeeld in twee groepen. Welke twee groepen zijn dat?

b. Welke van de negen tests van Goold en Campbell sluit het best aan bij de uitgangspunten van de Human Relations-beweging? Licht uw antwoord toe.

17.6 Oefencase: reorganiseer het geheel: strategie, structuur, operaties

Figuur 17.7 Elk deel van het boek draagt bij aan analyse, beoordeling en aanpassing van ESS

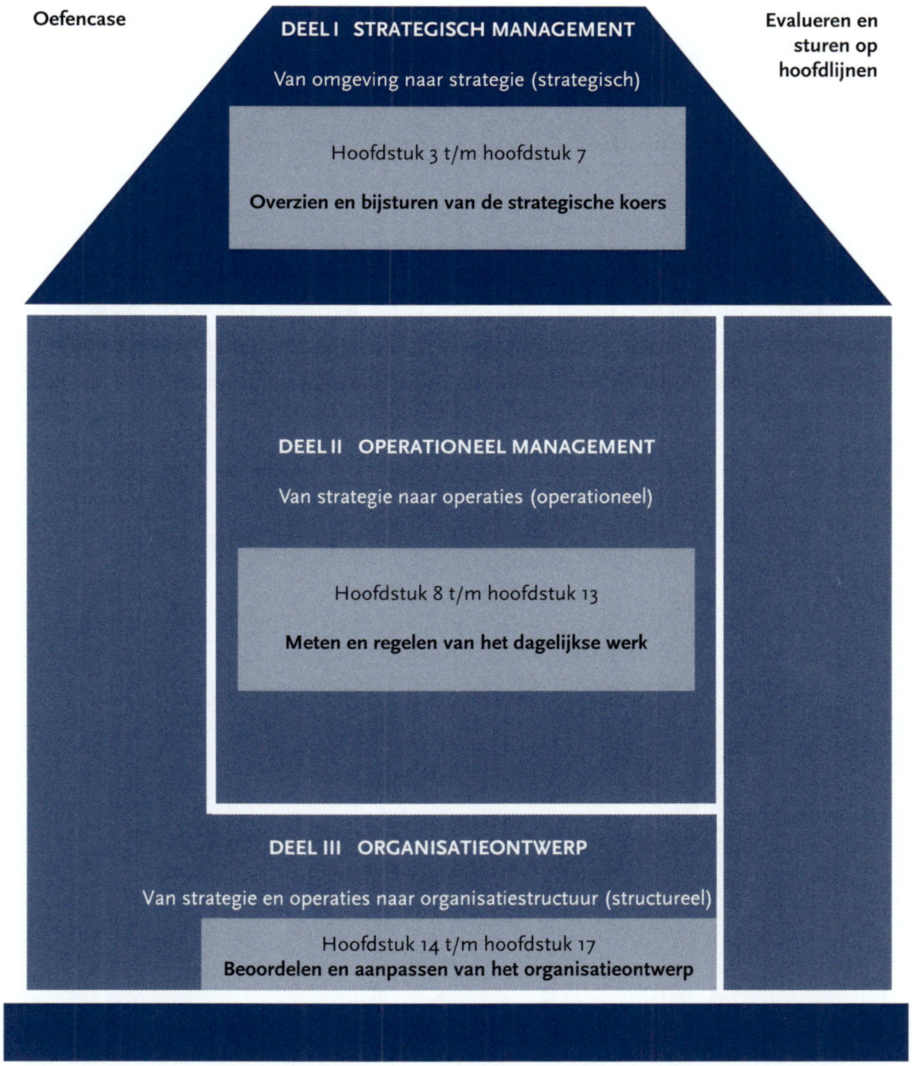

In dit afsluitende hoofdstuk komen de organisatiekundige deelanalyses bij elkaar die in de voorgaande hoofdstukken van ESS zijn gemaakt. Elke deelanalyse is vanuit een bepaalde theorie gemaakt, een bepaalde invalshoek dus. Geen enkele zienswijze heeft de wijsheid in pacht, maar bij elkaar leveren al die doorkijkjes een duidelijk beeld op van de situatie waarin ESS verkeert. Het volgende overzicht laat dat zien: de toepassing van theorieën uit elk deel van het boek levert inzichten op

PRAKTIJK

waarmee een bedrijf – in dit geval ESS – geanalyseerd en beoordeeld kan worden. In die zin is het boek te zien als een kist vol gereedschap. Ten eerste diagnostisch gereedschap: de koers kan worden geëvalueerd (strategisch), de werkwijze kan tot in detail worden nagemeten (operationeel) en de opbouw kan worden beoordeeld (structureel). Ten tweede hebben we hiermee ook gereedschap in handen waarmee het bedrijf kan worden bijgestuurd (strategisch), kan worden fijngeregeld (operationeel) of zelfs grondig kan worden verbouwd (structureel).

Figuur 17.8 Per hoofdstuk zijn een of meer stukken theorie op de case toegepast

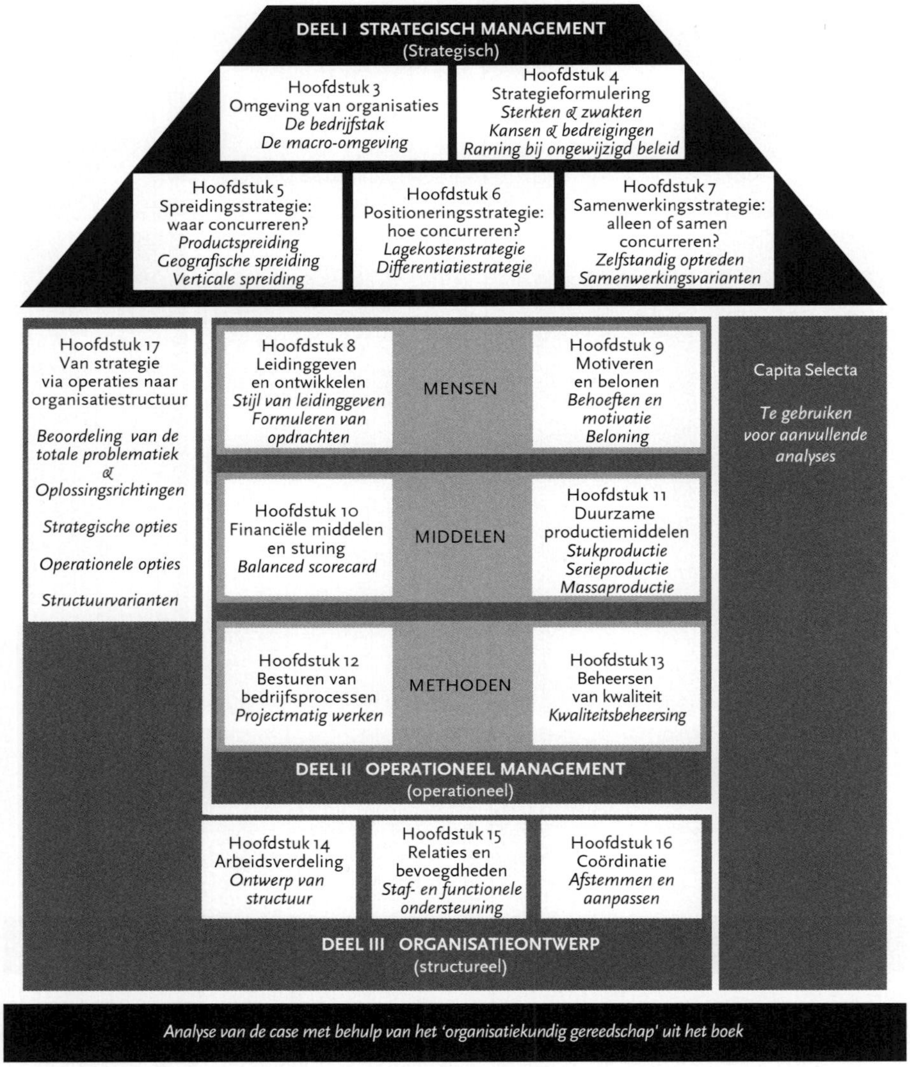

Elk hoofdstuk bevat meerdere stukken theorie die zijn toe te passen op de case, zoals figuur 17.8 laat zien.

Opdracht
Nu, aan het eind van het boek gekomen, bent u het stadium van junior consultant of medewerker ontgroeid. U krijgt daarom de eindproef voorgelegd om te laten zien dat u hebt bijgeleerd en er iets mee kunt.

a. Maak op grond van de deelanalyses die zijn gemaakt een samenvattende typering van de stand van zaken bij ESS. Wat is organisatiekundig gezien problematisch en vraagt om aanpak?

b. Welke oplossingsmogelijkheden ziet u voor ESS?

c. Welke oplossing zou u willen aanbevelen?

17.7 Extra: Buurtzorg: 'Wij doen niet aan strategische flauwekul'

Interviewer: Haico Meijerink, auteur: Paul Groothengel en beeld: Lex Draijer
Bron: Management Scope nummer 08, 2014

Jos de Blok is wars van het managementdenken dat domineert in de thuiszorg. 'Managers hebben een zorgvuldig opgebouwd ecosysteem om zeep geholpen.' Met het succesvolle Buurtzorg Nederland pakt hij het totaal anders aan. Je rijdt er eerst een paar keer voorbij. Zo bescheiden is het hoofdkantoor van Buurtzorg Nederland, gelegen op een bedrijventerrein in Almelo. De 8.300 medewerkers sturen zichzelf aan, daar hebben ze geen managers van het hoofdkantoor voor nodig. In verhalen over zelfsturing en netwerkorganisaties is Buurtzorg Nederland een veelgebruikt voorbeeld. Logisch, want het bedrijf is onwaarschijnlijk succesvol: het draait een jaaromzet van € 260 miljoen, de gemiddelde tevredenheid van zowel cliënten als medewerkers is al jaren torenhoog. Het bedrijf werd twee keer op rij uitgeroepen tot beste werkgever van Nederland. Management Team riep Jos de Blok in 2012 uit tot 'Gamechanger van het jaar'.
In 2006 richtte Jos de Blok met zijn vrouw Gonnie Kronenberg Stichting Buurtzorg Nederland op. Uit onvrede over de topzware managementlagen die de thuiszorg domineren, 'met alle pijn en ellende van dien'. De Blok gelooft in kleine onafhankelijke buurtteams die zelf hun roosters maken, collega's aannemen en zelf bepalen hoelang ze bij een cliënt blijven. De teams van Buurtzorg, met acht tot twaalf (wijk)verpleegkundigen en wijkziekenverzorgenden, richten hun eigen kantoor in en leveren thuiszorg aan zelfstandig wonende cliënten. Dit doen zij in nauwe samenwerking met de huisartsen, het ziekenhuis en het sociale netwerk van de buurt. Ze regelen zelf nascholing als dat nodig is, zijn volledig verantwoordelijk voor de zorg voor hun cliënten en bepalen zelf wat die nodig hebben.
De Blok en Kronenberg verafschuwen praktijken waarbij medewerkers van thuiszorgorganisaties precies moeten bijhouden hoeveel minuten ze aan welke verrichting besteden. Hun motto: medewerkers blijven zo lang als nodig is bij de cliënt. Van wassen en het verbinden van wonden, tot het geven van injecties en het aantrekken van steunkousen. Dat scheelt veel tijd en geld, vergeleken met andere organisaties waar al die handelingen zijn verdeeld over verschillende mensen. De welbespraakte De Blok ontvangt de interviewers Haico Meijerink en Thiemo van Spellen (ceo en cco van Sandd) samen met Kronenberg, die 'meer op de achtergrond' meewerkt.

Buurtzorg Nederland is uiterst succesvol, concurrenten nemen uw werkwijze over. Wat is uw beleid en strategie?
De Blok: 'Wij maken hier op ons hoofdkantoor geen beleid. En strategie vind ik heel onhandig, dat belemmert alleen maar onze manier van werken. Onze teams bedenken zelf hun strategie, wat ze handig vinden om wel of niet te doen. Ik heb hier in de afgelopen acht jaar nog nooit een strategische beleidsnota geschreven. Ik stuur helemaal niks.'
Kronenberg: 'Wat Jos wel doet, is bloggen. In die blogs beschrijft hij wat hij ziet gebeuren en wat hij relevant vindt. Zijn blogs worden goed gelezen door de medewerkers.'

Waar ontstaat dan de stip aan de horizon, waar u en uw teams enthousiast van worden?
De Blok: 'Die stip is er niet. Ik heb daar niks mee, met zo'n stip. Van daaruit moet je dan naar trends kijken, die je strategie vervolgens bepalen. Wij werken hier volgens een werkwijze die zich door de jaren heen heeft bewezen. Kijk, als jij net te horen hebt gekregen dat je kanker hebt en er moet van alles geregeld worden, dan zit je niet te wachten op een wijkverpleegkundige die met die stip aan de horizon in haar hoofd zit. Ons werk heeft altijd gedraaid om het opbouwen van relaties met cliënten, zonder al die strategische flauwekul eromheen. Sinds de jaren tachtig, toen zorgverleners op grote schaal met elkaar gingen fuseren en er grote zorgconcerns ontstonden, is de kern van onze dienstverlening gaandeweg verloren gegaan. Mensen waren, van hoog tot laag, meer bezig met stippen en strategieën dan met hun cliënten. Dat wilden wij met Buurtzorg Nederland doorbreken.'

Wat was er vroeger dan beter in de thuiszorg?
De Blok: 'Vanaf de jaren dertig zag je een gestage professionalisering in de wijkverpleging, die sterk verankerd was in de lokale infrastructuur. Een wijkverpleegkundig richtte zich op de relatie met de cliënt, bouwde een band op, kende de familie. Als er dan iets aan de hand was, kon de wijkverpleegkundige meteen een verstandige beslissing nemen. Het vak was hooggewaardeerd, de wijkverpleegkundige stond hoog in de hiërarchie van verpleegkundige beroepen. Je kwam er alleen tussen als je heel goed was. Kennis, vakmanschap, een lerende omgeving, dat ging allemaal hand in hand. Het team van verpleegkundigen regelde alles zelf. Er was wel een Nationale Kruisvereniging, die alleen wat basale dingen regelde en die zorgde voor een duidelijke standaard. Het vak werd gekenmerkt door een grote vrijheid en tegelijk grote verantwoordelijkheid. Een mooie combinatie. Nu, met de opkomst van allerlei handige, technologische toepassingen, kun je die basisprincipes van toen – denk bijvoorbeeld aan kennisdeling – veel makkelijker toepassen.'

U brak uw heao-studie in de jaren tachtig af om te gaan werken als verpleegkundige. Waarom?
De Blok: 'Ik vond economie destijds een mooi vak. Maar ik leerde alleen maar hoe organisaties hun rendementen konden maximaliseren. Dat leek mij nogal kortzichtig, rampzalig zelfs. Mijn invalshoek was toen al: wat levert datgene wat jij doet op voor degenen voor wie je het doet? Daarbij: we hebben de opdracht om verantwoord om te gaan met onze bronnen. Daar was toen weinig aandacht voor. Dus stopte ik met de heao en begon als verpleegkundige in een ziekenhuis. Zowel in een ziekenhuis als bij mensen thuis voel en zie je direct wat jouw toegevoegde waarde is. Begin jaren negentig raakte de zorgsector in de ban van het managementdenken. Managers die de ballen verstand hadden van wat wij deden op de werkvloer, hielpen het in vele jaren zorgvuldig opgebouwde ecosysteem om zeep. Het ging ze om zoveel mogelijk uren te schrijven, marktwerking was immers het devies geworden. Ook ik heb een tijd zo gedacht; ik volgde een MBA waar ik leerde dat je alles en iedereen in vakjes, thema's of wat dan ook, moet indelen. Dat je als manager moet regelen, besturen en dikke plannen moet schrijven. Dat deed ik in het begin, toen ik zelf leiding gaf, ook. Later realiseerde ik me dat zo'n werkwijze alleen maar de ontwikkeling van je organisatie belemmert. In onze sector zie je dat oudere wijkverpleegkundigen werden opgescheept met een coördinerende functie. Die zaten dan de hele week de lijstjes van hun collega's te controleren. Of die hun minuten wel aan de juiste activiteiten hadden besteed. Totaal onzinnig. Ik weet dat, omdat velen van hen naar ons zijn overgestapt. Hun grootste grief was dat ze

niet meer konden corrigeren wat ze fout zagen gaan. En dat ging ze echt aan het hart. Logisch, we hebben het wel over cliënten die in een terminale fase verkeren. Die echt pijn en ellende ervaren als er fouten worden gemaakt.'

Buurtzorg wordt steeds actiever in het buitenland, in landen als Zweden, Engeland en Japan. Ziet u daar dezelfde trends?
De Blok: 'In grote lijnen wel, even los van de gebruikelijke culturele verschillen. Ook in die landen hadden ze vroeger systemen waarbij wijkverpleegkundigen alles regelden voor hun cliënten, in nauw overleg met huisartsen en maatschappelijk werkers. En ook in die landen verkruimelde dat basismodel in de jaren tachtig en negentig, om plaats te maken voor allerlei ingewikkelde systemen en structuren. Professionalisering, dat was het adagium. Aangejaagd door financiers en managers die niet van de werkvloer komen. Dat leidde tot een kwaliteitsverarming en hogere zorgkosten. Werknemers werden beperkt in de dingen die ze zouden moeten doen en raakten gefrustreerd. En de cliënten raakten hun vertrouwde gezicht kwijt. Overigens is die professionalisering die je bij ons in de zorg zag gebeuren, ook aan de gang in het onderwijs. Dat is dusdanig georganiseerd, dat het tot slecht onderwijs leidt. Het gaat alleen maar om visiedocumenten, om de buitenkant. Terwijl leraren ondertussen steeds minder bezig zijn met wat ze zouden moeten doen. Onze manier van werken leidt tot betere uitkomsten, ook financieel; tot hogere tevredenheid van klanten en medewerkers. Daarbij: het is makkelijk en plezierig te organiseren, omdat de werkvloer zélf het beste weet hoe ze zich moet organiseren, en daartoe ook de kans krijgt.'

Als iedereen de nadelen van die professionalisering kan zien, waarom heeft 'het systeem' het dan toch gewonnen?
De Blok: 'Ha, goede vraag. Misschien wel deels door dit soort managementbladen, die er veel aandacht aan besteden. In onze sector heb je vakbladen als Skipr en Zorgvisie. Daar staat weinig visie in, en het gaat nog minder om de werkelijke zorg. Die artikelen gaan vooral over besturen, over marketing, te veel over de buitenkant. Wij proberen dat binnen onze organisatie om te draaien: het gaat om het maatschappelijk nut. Daarom hebben wij van meet af aan gekozen voor een stichtingsvorm. Dit werk past niet in een commerciële omgeving. Als je als werkgever aansluit bij de normen en waarden van de medewerkers, wordt het bedrijf echt iets van hen. Een zoöloog van Burgers' Zoo heeft onze werkwijze bestudeerd; hij legde mij vervolgens uit dat onze werkwijze heel dicht bij de natuur staat. Dat we dingen doen die in wezen heel logisch zijn en dat die zich daardoor vanzelf verder ontwikkelen. Heel interessant.'

Buurtzorg Nederland is vanaf het begin explosief gegroeid. Hoe heeft u geborgd dat Buurtzorg Nederland niet uitgroeit tot een type organisatie waar u niets van moet hebben?
De Blok: 'Borgen? Dat vind ik een foute term. Als je redeneert vanuit 'borgen', creëer je een taal waarin je mensen beperkt in hun dagelijkse werk. Er zit nog een element in dergelijk managementjargon: het werkt heel intimiderend voor verpleegkundigen en ziekenverzorgenden. De vraag is: wil je dat? Door onze manier van werken creëer je ruimte, ook in financieel opzicht. We ondersteunen onze 8.300 medewerkers vanuit dit bescheiden hoofdkantoor in Almelo.'
Kronenberg: 'In de eerste jaren deden we alles zelf. Ik heb zelf de administratie opgezet en verder uitgebouwd. We doen de administratie nu met veertig medewerkers. Zij bedenken zelf hoe hun werk beter kan, als dat nodig is. Daar hebben we geen managers voor nodig. De wijkverpleegkundigen van de teams registreren hun uren, wij zorgen dat

EXTRA

die uren bij de zorgkantoren c.q. de zorgverzekeraars worden gedeclareerd en dat de salarissen worden uitbetaald.'
De Blok: 'Wat ook flink scheelt in de kosten, is dat wij geen marketing- en communicatie-afdeling hebben. Ik werkte vroeger voor een andere grote thuiszorgorganisatie, daar hadden we alleen al zeven mensen op de PR-afdeling. Die maakten bladen en folders aan de lopende band, we leken wel een uitgeverij.'
Kronenberg: 'Wij doen vrijwel niets aan communicatie, extern of intern. We hebben alleen een intranet, daar publiceren we wat echt nodig is, denk aan nieuws over cao's of nieuwe regelgeving.'

Andere organisaties vragen u geregeld uw verhaal met hen te delen. Hoe reageren ze daar dan vervolgens op?
De Blok: 'Soms is de schrik groot. Dan zeggen ze dat ik maar makkelijk praten heb, omdat ik destijds met een nieuwe organisatie begon, zonder verleden. In onze sector zie je dat ook. Het callcenter doet de aanmelding van een nieuwe cliënt, de intaker doet het eerste bezoek en stelt het zorgplan op, dat gaat naar degene die dat plan moet uitvoeren, waarbij de planning van de bezoeken weer door een ander gedaan wordt. Die procesbenadering is echt vragen om problemen.'

17.8 Antwoorden

1. **Productspreiding**
   a. Tussen productdivisies is gewoonlijk sprake van gepoolde (en dus indirecte) samenhang. Binnen een P-afdeling vinden alle werkzaamheden plaats die nodig zijn om een product of een productgroep van begin tot eind voort te brengen, waardoor er geen samenhang is met wat er binnen de andere P-afdelingen gebeurt. We noemen dit gepoolde samenhang.

   b. Bij gerelateerde uitbreiding van het productenpakket worden producten (of diensten) aan het assortiment toegevoegd die lijken op de bestaande producten. Een voorbeeld van een gerelateerde uitbreiding is een onderneming die naast autoverzekeringen ook fietsverzekeringen gaat aanbieden. Bij ongerelateerde uitbreiding wordt het productenpakket uitgebreid met een product dat niet lijkt op de bestaande producten. Denk aan een cafébaas die start met het verhuren van solexen aan zijn gasten.

   c. Bij ongerelateerde uitbreiding wordt de functionele indeling meestal verwisseld voor een P-indeling. Dit heeft te maken met de grote verschillen tussen de producten. Zo verschillen de inkoop, de productie en de verkoop dusdanig dat het niet logisch is bijvoorbeeld de verkoopactiviteiten voor beide producten in één verkoopafdeling uit te voeren. Dat houdt in dat de topleiding niet meer gericht is op het realiseren van (horizontale) synergie. Ook zal op topniveau de informatie ontbreken om zich intensief met de besluitvorming in de P-afdelingen (werkmaatschappijen, divisies) te bemoeien. Tevens hoeft er tussen de werkmaatschappijen onderling niet meer afgestemd te worden. In organisatorisch opzicht betekent dit dat er meer decentralisatie kan zijn en dat men met eenvoudigere coördinatiemiddelen kan volstaan.

2. **Geografische spreiding**
   a. Bij een multinationale strategie is het belangrijk dat het product en de dienstverlening zijn afgestemd op de kenmerken van een land. Omdat de top van de onderneming onvoldoende inzicht heeft in de specifieke kenmerken van landen, ligt het voor de hand dat beslissingen genomen worden in de landen zelf (decentralisatie). Door te kiezen voor een G-indeling kunnen medewerkers zich volledig richten op de strategie en de realisatie ervan voor een bepaald land.

   b. Bij een globale strategie ontstaat er spanning tussen het behalen van schaalvoordelen (lage kosten) en het inspelen op de lokale wensen (hogere omzet).

3. Verticale spreiding

a. Een eenproductonderneming met een hoge mate van verticale spreiding houdt zich bezig met diverse schakels of geledingen uit de bedrijfskolom. Dit betekent dat er sprake is van een primair proces dat uit vele stappen of bewerkingen bestaat. Dan is het voor de hand liggend om een aantal functionele afdelingen te vormen rondom logisch samenhangende stappen binnen het proces, ook wel deelprocessen genoemd. Zo kent Shell deelprocessen als winning, raffinage en verkoop.

b. Sequentiële of volgtijdelijke samenhang. Hier is behoefte aan elementaire coördinatiemiddelen in combinatie met planning. Op deze manier kunnen de verschillende deelprocessen op elkaar worden afgestemd.

4. Positionerings- en samenwerkingsstrategieën

a. Bij een onderneming die een laagstekostenstrategie nastreeft, ligt een functionele indeling het meest voor de hand. De voordelen van deze vorm van arbeidsverdeling zijn onder andere het bereiken van een hogere bezettingsgraad per afdeling, meer mogelijkheden van mechanisering en automatisering en het ontwikkelen van routine.

b. Bij ondernemingen met een differentiatiestrategie moet er sprake zijn van een goede afstemming tussen afdelingen, zodat tegemoet kan worden gekomen aan specifieke wensen van klanten. Dit vraagt meer en zwaardere coördinatiemiddelen en meer decentralisatie dan bij organisaties met een laagstekostenstrategie.

c. Een projectorganisatie is geschikt voor tijdelijke werkzaamheden. Vanuit de organisatie kunnen – wanneer noodzakelijk – op elk moment mensen aan de projectorganisatie worden toegevoegd. Het werken in een projectorganisatie maakt het mogelijk op een flexibele manier samen te werken met mensen vanuit verschillende disciplines en kennisgebieden.

5. Combinaties van strategieën en gevaren ervan

a. Een organisatie met een gecombineerde strategie biedt verschillende producten en diensten aan op geografische markten en concurreert op verschillende manieren met concurrenten. Ook heeft de organisatie samenwerkingsverbanden met derden.

b. Bij externe complexiteit valt te denken aan het onduidelijkere beeld dat de afnemers van de producten en/of de merken kunnen krijgen. Zo kunnen ze zich gaan afvragen waar het merk nog voor staat, zoals bij Microsoft dat niet alleen meer software aanbiedt, maar ook spelcomputers (de Xbox). Een ander aspect van de externe complexiteit is het aantal verschillende (externe) omgevingen die de onderneming moet bedienen. Die omgevingen hebben verschillende kenmerken.

c. Bij interne complexiteit gaat het om de operationele, organisatorische en culturele complexiteit. Voorbeeld van operationele complexiteit: bij nationale reclamecampagnes moet ook rekening worden gehouden met verschillende lokale reclamecampagnes. Voorbeeld van organisatorische complexiteit: onduidelijkheden over de gewenste mate van decentralisatie door de introductie van nieuwe, ongerelateerde producten. Voorbeeld van culturele complexiteit: het bieden van service aan zakelijke klanten vraagt een andere benadering dan het bieden van service aan particulieren.

6. Negen tests voor een goede organisatiestructuur

a. Vier tests gaan na of de structuur past en vijf gaan na of de structuur goed ontworpen is.

b. De mensentest. Hier wordt nagegaan of de organisatiestructuur in voldoende mate overeenkomt met de motivatie van mensen en hun sterke en zwakke punten. Ook de Human Relations-beweging had met name aandacht voor de mens binnen organisaties. Specifiek ging het bij Human Relations om zaken als motivatie en sociale omstandigheden binnen de organisatie.

17.9 Uitwerking oefencase[1]

Ad a. Samenvattende typering van de situatie bij ESS

Bij elke organisatie kan de situatie organisatiekundig worden getypeerd door te kijken wat de stand van zaken is in drie opzichten: strategisch, operationeel en structureel. Ook kan gekeken worden welke belemmeringen verdere ontwikkeling in de weg staan.

Strategisch (figuur 17.9)

ESS heeft zich in het verleden ontwikkeld met zijn unieke toegangstechnologische kennis en kunde op de Nederlandse thuismarkt. ESS is behoorlijk ambitieus. Het bedrijf wil innovatief voorop blijven lopen door nog geavanceerdere toegangssystemen op de markt te brengen. Het wil grotere opdrachtgevers naar zich toe halen. Het bedrijf heeft eerste stappen gezet in het buitenland. Afnemers zijn bereid ook te betalen voor de nodige nazorg voor hun kostbare investering. Onderhouds- en storingsabonnementen horen erbij en betekenen langdurige klantrelaties en continue inkomsten. ESS heeft zelfs plannen om totale toegangsoplossingen – techniek plus bemensing – in de markt te gaan zetten. Op de zakelijke markt is ESS succesvol; nu lonkt ook de consumentenmarkt, waar ESS de eerste stappen zet. Kortom: de wereld en de toekomst zien er kansrijk en veelbelovend uit!

1 Dit boek biedt alleen de samenvattende conclusie van de uitwerking. De complete uitwerking is te vinden op www.conceptuitgeefgroep.nl.

Figuur 17.9

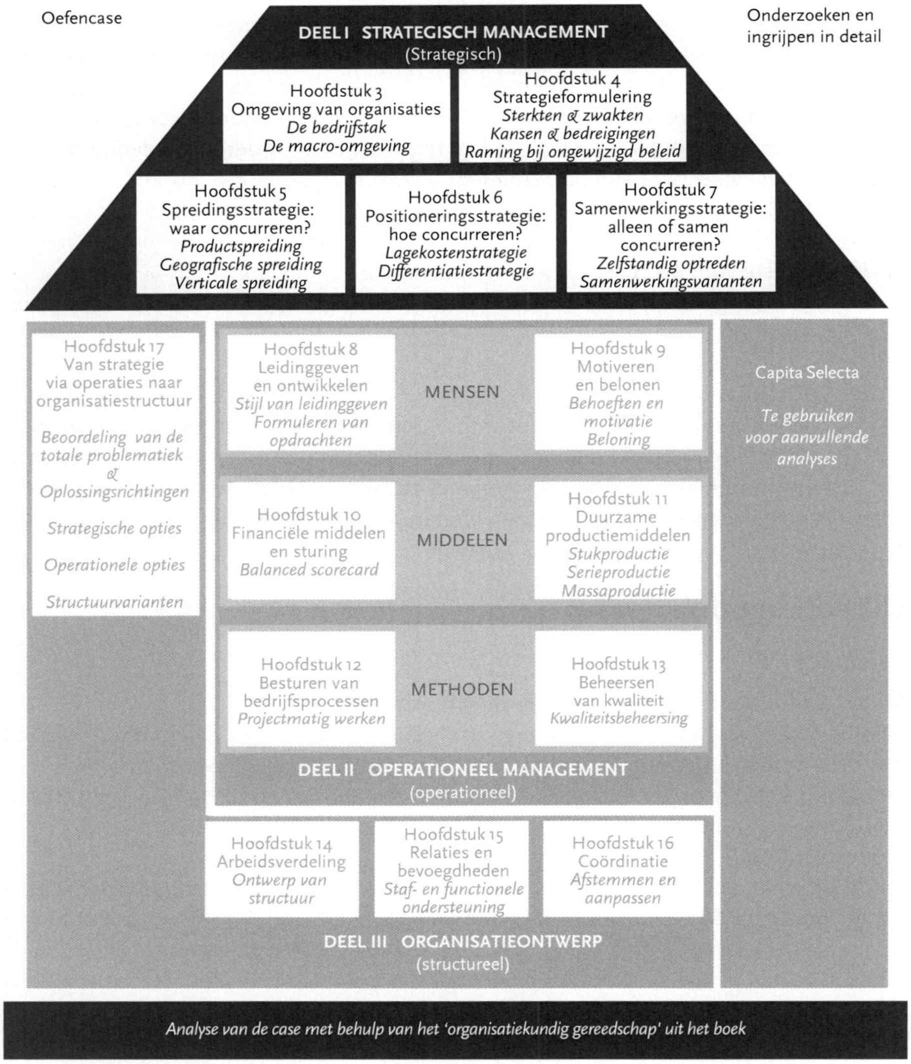
Oefencase
Onderzoeken en ingrijpen in detail
DEEL I STRATEGISCH MANAGEMENT
(Strategisch)
Hoofdstuk 3
Omgeving van organisaties
De bedrijfstak
De macro-omgeving
Hoofdstuk 4
Strategieformulering
Sterkten & zwakten
Kansen & bedreigingen
Raming bij ongewijzigd beleid
Hoofdstuk 5
Spreidingsstrategie: waar concurreren?
Productspreiding
Geografische spreiding
Verticale spreiding
Hoofdstuk 6
Positioneringsstrategie: hoe concurreren?
Lagekostenstrategie
Differentiatiestrategie
Hoofdstuk 7
Samenwerkingsstrategie: alleen of samen concurreren?
Zelfstandig optreden
Samenwerkingsvarianten
Hoofdstuk 17
Van strategie via operaties naar organisatiestructuur
Beoordeling van de totale problematiek & Oplossingsrichtingen
Strategische opties
Operationele opties
Structuurvarianten
Hoofdstuk 8
Leidinggeven en ontwikkelen
Stijl van leidinggeven
Formuleren van opdrachten
MENSEN
Hoofdstuk 9
Motiveren en belonen
Behoeften en motivatie
Beloning
Hoofdstuk 10
Financiële middelen en sturing
Balanced scorecard
MIDDELEN
Hoofdstuk 11
Duurzame productiemiddelen
Stukproductie
Serieproductie
Massaproductie
Hoofdstuk 12
Besturen van bedrijfsprocessen
Projectmatig werken
METHODEN
Hoofdstuk 13
Beheersen van kwaliteit
Kwaliteitsbeheersing
DEEL II OPERATIONEEL MANAGEMENT
(operationeel)
Capita Selecta
Te gebruiken voor aanvullende analyses
Hoofdstuk 14
Arbeidsverdeling
Ontwerp van structuur
Hoofdstuk 15
Relaties en bevoegdheden
Staf- en functionele ondersteuning
Hoofdstuk 16
Coördinatie
Afstemmen en aanpassen
DEEL III ORGANISATIEONTWERP
(structureel)
Analyse van de case met behulp van het 'organisatiekundig gereedschap' uit het boek

Maar in strategisch opzicht zijn er ook minpunten. ESS ervaart aan den lijve dat grootzakelijke afnemers gewend zijn eisen te stellen. En dat ze niet aarzelen je hardhandig aan gemaakte afspraken te houden of je aan de kant te schuiven als jouw prestaties beneden de maat zijn. ESS is overigens afhankelijk van die ene leverancier die speciaal glas maakt. Was ESS vroeger gewend voor zijn unieke producten met gemak hoge prijzen te kunnen bedingen, nu merkt ESS dat grootschalige orders ook betekenen: prijsonderhandeling en harder uitgespeeld worden tegen andere aanbieders. Het spel buiten de landsgrenzen blijkt trouwens veel te vergen, meer dan het werken in het vertrouwde Nederland. Van verdere buitenlandse uitbreiding van enige betekenis kan geen sprake zijn zolang ESS de hardnekkige neiging heeft alles zelf te blijven doen. Zorgelijk is bovendien de arbeidsmarkt waarop het moeite kost jong talent aan te trekken en te behouden. Kortom: aan uitdagingen heeft ESS ook geen gebrek!

Het is zeker dat ESS niet al zijn kansen tegelijk kan oppakken of al haar bedreigingen tegelijk kan weerstaan. ESS zal uit alle mogelijkheden een verstandige keuze moeten maken. Daar gaan we later op in (zie hierna onder Ad b. 'oplossingsmogelijkheden').

Of ESS externe strategische ambities zal kunnen waarmaken, de toekomstkansen zal grijpen en de uitdagingen zal oppakken, hangt overigens sterk af van de interne kwaliteit, om te beginnen van de operationele kant.

Figuur 17.10

Oefencase

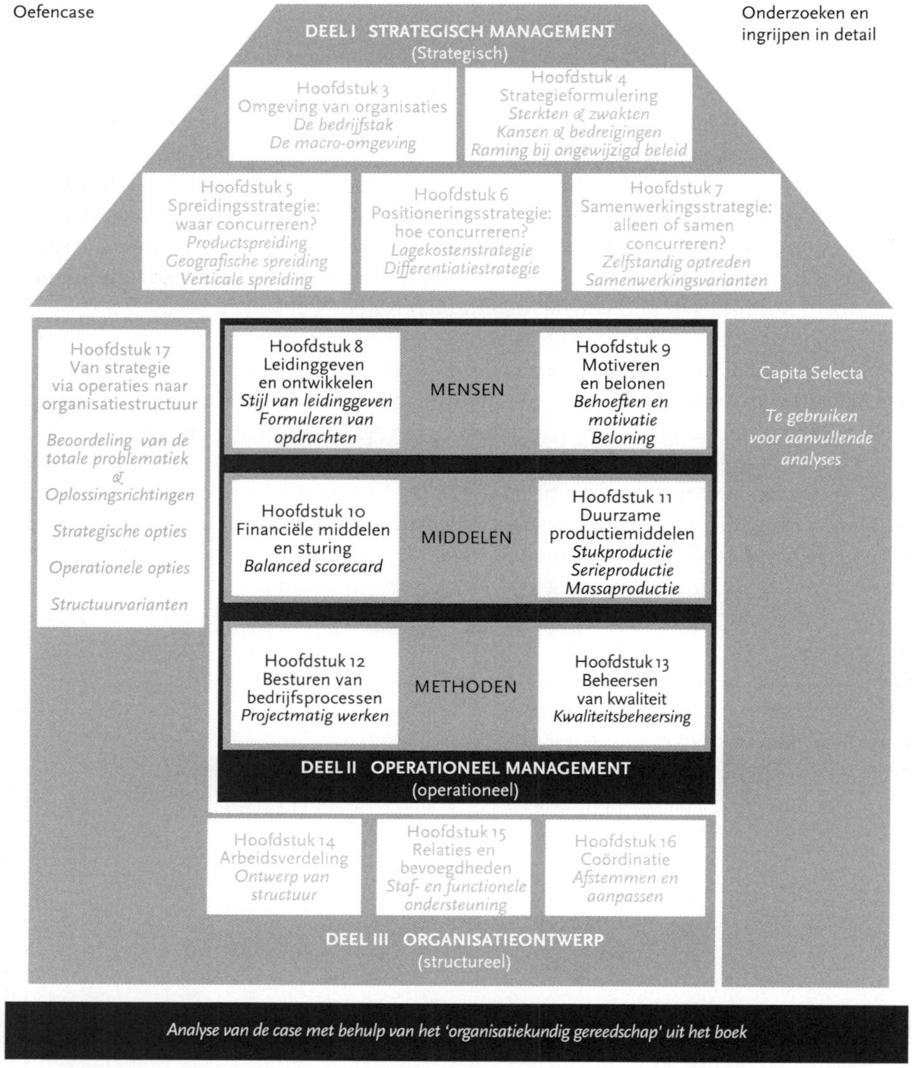

Operationeel (figuur 17.10)
Op de werkvloer stemt het plaatje niet vrolijk. De orders van grote klanten, hoe aantrekkelijk ook voor de omzetgroei, blijken in de fabriek lastig in te plannen. Het werk voor de kleine klanten, die ESS al lang trouw zijn, raakt erdoor in de knel. Verder zijn de stukprijzen bij grote opdrachten een stuk lager vanwege kortingen. Dat betekent dat er meer op de kosten moet worden gelet om daaraan nog iets te verdienen. Dat is men bij ESS niet gewend, waardoor het grote werk nauwelijks bijdraagt aan de winst. De aanschaf van enkele grotere bewerkingsmachines wordt overwogen om sneller en efficiënter te produceren. Dat is hoognodig, want nu staat de montage op de bouwplaats onder zware druk, omdat oplevertermijnen niet worden gehaald en boetes dreigen. Montageploegen worden nu zelfs gedwongen om fors over te werken, wat de sfeer niet ten goede komt. En dat is veroorzaakt doordat omzetgerichte verkopers te veel beloven aan afnemers.
Buitenlandse opdrachten zijn sowieso verlieslijdend, omdat al het werk vanuit Nederland wordt uitgevoerd.
De uitvoering van de test op de consumentenmarkt loopt in het honderd doordat ESS-verkopers, die daar hun twijfels over hebben, ook worden opgezadeld met een minder aantrekkelijke bonusregeling. Daarbij is duidelijk dat het produceren van massagoederen voor die markt in de bestaande fabriek niet mogelijk is.
De storingsdienst waar de abonnementhouders 7 dagen per week, 24 uur per dag, op menen te mogen rekenen, is een achilleshiel aan het worden. Monteurs die met regulier onderhoud bezig zijn, moeten dat om de haverklap loslaten als ze opgeroepen worden ergens een storing te verhelpen. Gevolg: de onderhoudsklant is boos want het werk schiet niet op en de storingsklant is boos want hij wordt niet snel genoeg geholpen.
Er loopt op het operationele vlak te veel tegelijk niet lekker. Een lichtpuntje is dat er een goed plan ligt om jonge technische schoolverlaters via digitale kanalen te interesseren voor ESS. Een pluspuntje is ook dat de leiding van ESS een *balanced scorecard* in gebruik heeft genomen en daarmee het operationele reilen en zeilen beter in de gaten kan houden. Maar alleen signalen krijgen is natuurlijk niet genoeg; er moet iets mee gedaan worden...

Veel van de operationele problemen komen voort uit de structuur van ESS die nog net zo is als vijftien jaar geleden, toen het bedrijf vooral in de regio actief was en langzaam in Nederland begon te groeien. Hoog tijd dus om de structuur kritisch te bezien en na te gaan welke alternatieven er zijn.

Figuur 17.11

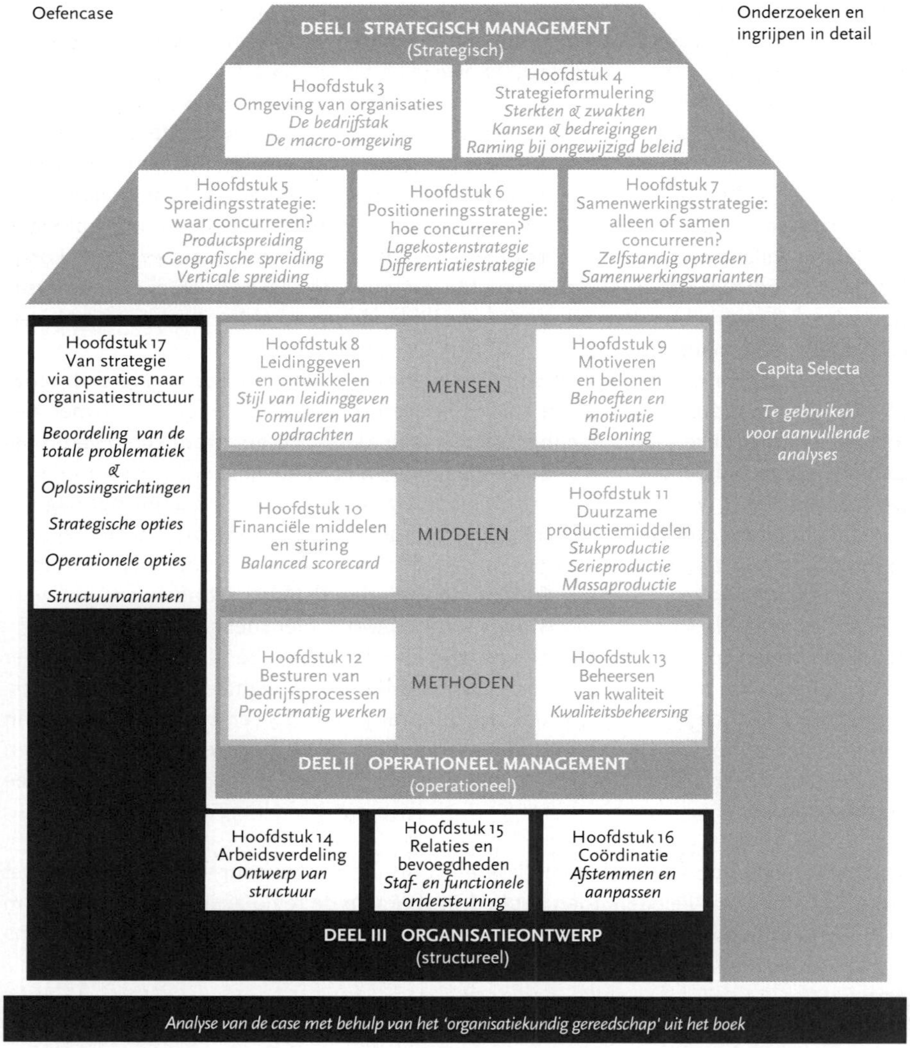
Oefencase
Onderzoeken en ingrijpen in detail
DEEL I STRATEGISCH MANAGEMENT
(Strategisch)
Hoofdstuk 3
Omgeving van organisaties
De bedrijfstak
De macro-omgeving
Hoofdstuk 4
Strategieformulering
Sterkten & zwakten
Kansen & bedreigingen
Raming bij ongewijzigd beleid
Hoofdstuk 5
Spreidingsstrategie:
waar concurreren?
Productspreiding
Geografische spreiding
Verticale spreiding
Hoofdstuk 6
Positioneringsstrategie:
hoe concurreren?
Lagekostenstrategie
Differentiatiestrategie
Hoofdstuk 7
Samenwerkingsstrategie:
alleen of samen
concurreren?
Zelfstandig optreden
Samenwerkingsvarianten
Hoofdstuk 17
Van strategie
via operaties naar
organisatiestructuur
Beoordeling van de totale problematiek
&
Oplossingsrichtingen
Strategische opties
Operationele opties
Structuurvarianten
Hoofdstuk 8
Leidinggeven
en ontwikkelen
Stijl van leidinggeven
Formuleren van
opdrachten
MENSEN
Hoofdstuk 9
Motiveren
en belonen
Behoeften en
motivatie
Beloning
Hoofdstuk 10
Financiële middelen
en sturing
Balanced scorecard
MIDDELEN
Hoofdstuk 11
Duurzame
productiemiddelen
Stukproductie
Serieproductie
Massaproductie
Hoofdstuk 12
Besturen van
bedrijfsprocessen
Projectmatig werken
METHODEN
Hoofdstuk 13
Beheersen
van kwaliteit
Kwaliteitsbeheersing
DEEL II OPERATIONEEL MANAGEMENT
(operationeel)
Capita Selecta
Te gebruiken
voor aanvullende
analyses
Hoofdstuk 14
Arbeidsverdeling
Ontwerp van
structuur
Hoofdstuk 15
Relaties en
bevoegdheden
Staf- en functionele
ondersteuning
Hoofdstuk 16
Coördinatie
Afstemmen en
aanpassen
DEEL III ORGANISATIEONTWERP
(structureel)
Analyse van de case met behulp van het 'organisatiekundig gereedschap' uit het boek

Structureel (figuur 17.11)
De organisatie van ESS, weergegeven in figuur 17.12, bestaat uit een directie met daaronder de functionele (F) afdelingen Inkoop, Productie en Verkoop. De productie is bij nader inzien het 'putje' van het bedrijf, waar werkelijk alles doorheen moet lopen: fabricage, opslag, montage, onderhoud, storingen, allemaal ook functionele (F) afdelingen. ESS heeft dus een hoofdstructuur die in de lijn op twee opeenvolgende niveaus functioneel is gericht op handelingen en deelhandelingen. Niets in de structuur doet vermoeden dat het producten- en dienstenpakket van ESS, vergeleken met vroeger, nu divers is en, volgens de ambitieuze plannen, nog diverser gaat worden. Evenzo laat niets in de structuur zien dat ESS met verschillende markten en segmenten te maken krijgt. De zakelijke markt wordt complexer nu naast de kleine afnemers ook het grootzakelijke segment wordt benaderd. En daar komt de consumentenmarkt bij en de ambitie om in het buitenland te expanderen. Het verhaal wordt eentonig: niets in de structuur laat zien dat ESS zijn geografische reikwijdte gestaag heeft uitgebreid, eerst binnen Nederland, maar nu ook in het omringende buitenland en met ook hier ambities om nog verder weg te gaan.
In de structuur vallen verder zes zijdelings aangehaakte afdelingen op, direct onder de directie, die deels stafdienst zijn, deels functionele hulpafdeling, deels van gemengde aard. En onder de bedrijfsleider van de productie is een bedrijfsbureau aangehaakt.

Figuur 17.12 Huidig organisatieschema van ESS

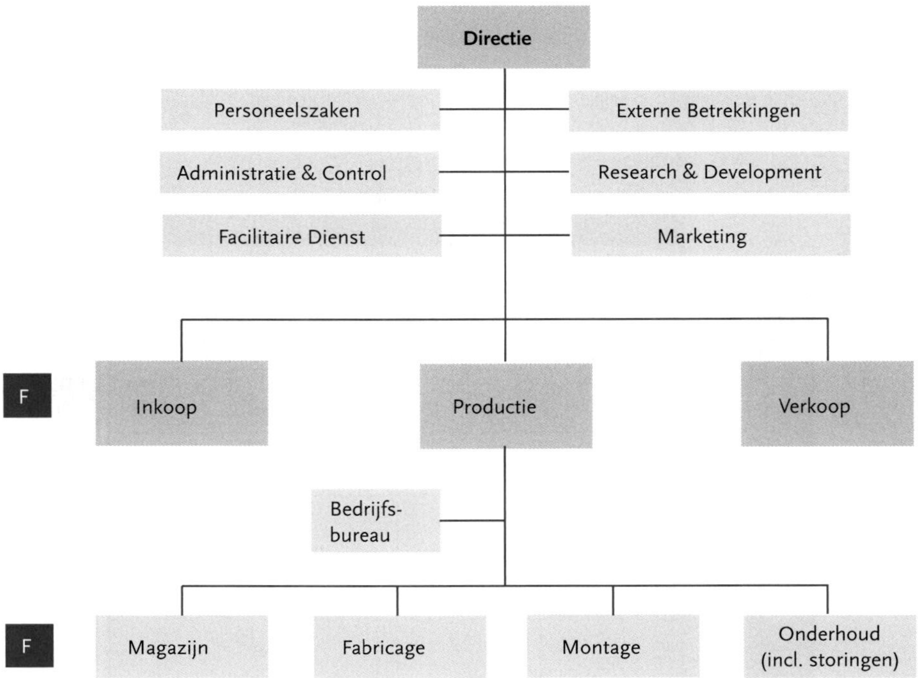

Nu wordt de operationele problematiek binnen ESS duidelijk en de moeite die ESS heeft om zijn strategische ambities waar te maken.

Met deze structuur zal ESS de strategische kansen die het heeft niet kunnen realiseren, noch de externe bedreigingen goed kunnen pareren, en daardoor zullen ook de operationele strubbelingen aan de orde van de dag blijven.

Organisatiekundig vergt de structuur als eerste een verandering. Herstructurering van de organisatie kan veel operationele problemen oplossen of in elk geval sterk verminderen. En als dat voor elkaar is, dan zal ESS pas in staat zijn de strategische ambities waar te maken. Maar dan moet eerst worden vastgesteld welke strategische koers ESS wil gaan varen.

Ad b. Welke oplossingsmogelijkheden ziet u voor ESS?

Strategische oplossingsmogelijkheden
In de zogeheten confrontatiematrix worden de kansen en bedreigingen afgezet tegen de sterkten en zwakten van het bedrijf. De confrontatiematrix heeft dezelfde opbouw als de raming bij ongewijzigd beleid (ROB) die in deel I, paragraaf 4.13, is opgesteld. Maar in dat stadium was er alleen een omgevingsanalyse gemaakt en waren de interne sterkten en zwakten nog niet uitvoerig onderzocht. Dat is in de delen II en III in de achtereenvolgende analyses per hoofdstuk gebeurd. Daarom kunnen we nu, aan het einde van deel III, de confrontatiematrix opstellen waarin de accenten soms anders liggen dan bij de ROB, omdat er nu meer inzicht is in operationele en structurele sterkten en zwakten. Daardoor wordt er anders tegen kansen en bedreigingen aangekeken dan in het begin. De confrontatiematrix is het sluitstuk van de SWOT-analyse en geeft aanwijzingen voor vier soorten mogelijke strategische acties: aanvallen, verdedigen, versterken of terugtrekken (eventueel: heroverwegen). SWOT staat voor Strengths – Weaknesses – Opportunities – Threats, ofwel: sterkten-zwakten-kansen-bedreigingen.

Figuur 17.13 SWOT-analyse → confrontatiematrix

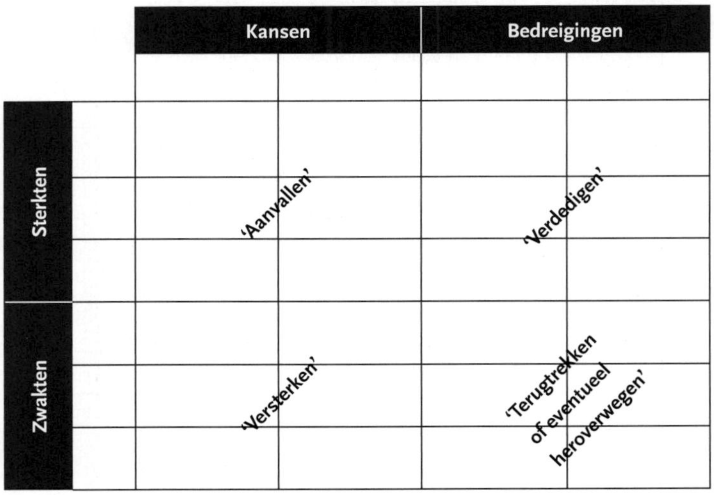

Doorgaans zijn er kansen, bedreigingen, sterkten en zwakten. Dat leidt ertoe dat een confrontatiematrix algauw omvangrijk en onoverzichtelijk is, zoals hierna is te zien voor ESS. En dan is de matrix in figuur 17.14 nog niet eens uitputtend.

Figuur 17.14 De confrontatiematrix geeft voor ESS inzicht in $9 \times 7 = 63$ mogelijke strategische actiepunten

		Kansen				**Bedreigingen**				
		A Grote zakelijke klanten met grote orders	**B** Zakelijke markt in het buitenland met grote omvang	**C** Consumentenmarkt voor particuliere beveiligingsoplossingen	**D** Full service concept van systemen plus bemensing	**E** Macht van grote zakelijke klanten	**F** Afhankelijkheid van één toeleverancier van speciaal glas	**G** Ongunstige arbeidsmarkt voor aantrekken van jong personeel	**H** Uitstroom van ervaren personeel	**I** Relatief sterke concurrentie in het buitenland
Sterkten	**1** Technologische voorsprong en innovatie	K/S **A/1**	K/S **B/1**	K/S **C/1**	K/S **D/1**	B/S **E/1**	B/S **F/1**	B/S **G/1**	B/S **H/1**	B/S **I/1**
	2 Reputatie en marktleiderschap	K/S **A/2**	K/S **B/2**	K/S **C/2**	K/S **D/2**	B/S **E/2**	B/S **F/2**	B/S **G/2**	B/S **H/2**	B/S **I/2**
	3 Totaalaanbod van ontwikkeling tot nazorg	K/S **A/3**	K/S **B/3**	K/S **C/3**	K/S **D/3**	B/S **E/3**	B/S **F/3**	B/S **G/3**	B/S **H/3**	B/S **I/3**
Zwakten	**4** Huidige organisatiestructuur	K/Z **A/4**	K/Z **B/4**	K/Z **C/4**	K/Z **D/4**	B/Z **E/4**	B/Z **F/4**	B/Z **G/4**	B/Z **H/4**	B/Z **I/4**
	5 Stijl van leidinggeven en motiveren	K/Z **A/5**	K/Z **B/5**	K/Z **C/5**	K/Z **D/5**	B/Z **E/5**	B/Z **F/5**	B/Z **G/5**	B/Z **H/5**	B/Z **I/5**
	6 Kwaliteitsproblemen	K/Z **A/6**	K/Z **B/6**	K/Z **C/6**	K/Z **D/6**	B/Z **E/6**	B/Z **F/6**	B/Z **G/6**	B/Z **H/6**	B/Z **I/6**
	7 Huidige bedrijfsleiding	K/Z **A/7**	K/Z **B/7**	K/Z **C/7**	K/Z **D/7**	B/Z **E/7**	B/Z **F/7**	B/Z **G/7**	B/Z **H/7**	B/Z **I/7**

4 Kansen × 3 Sterkten → 12 Aanvalsopties
4 Kansen × 4 Zwakten → 16 Versterkingsopties

5 Bedreigingen × 3 Sterkten → 15 Verdedigingsopties
5 Bedreigingen × 4 Zwakten → 20 Terugtrek- of Heroverwegingsopties

Omwille van de eenvoud in het afwegings- en besluitvormingsproces is het aan te raden de confrontatiematrix niet te groot te maken. Het is een kwestie van prioriteiten stellen. Welke kansen zijn de meest belovende? Welke bedreigingen zijn de ernstigste? Welke sterkten zijn de grootste? Welke zwakten zijn de zorgelijkste? De matrix in figuur 17.14 is gereduceerd van een 9 × 7 naar een 6 × 6 matrix:

- Het aantal kansen is teruggebracht tot de drie meest realistische; de kans om de markt op te gaan met het full-serviceconcept is het meest ver verwijderd van de huidige praktijk van ESS en valt daarom nu af.
- Het aantal bedreigingen is teruggebracht tot de drie die het meest hinderlijk zijn (de macht van grote klanten en de afhankelijkheid van een leverancier van speciaal glas) dan wel de gang van zaken met het oog op de toekomst het ernstigst dreigen te verstoren (het moeilijk werven en behouden van jongere medewerkers).
- Het aantal sterkten is op drie gehandhaafd.
- Van de zwakten is er één afgevoerd (de huidige bedrijfsleiding). Deze is als een zwakte te bestempelen omdat de huidige leiding een deel van problemen niet goed heeft opgemerkt, laat staan opgelost of voorkomen. Maar in hun voordeel pleit dat ze de ernst van de situatie nu toch inzien en externe hulp hebben gezocht.

Zo komen we uit bij de volgende, in omvang en complexiteit gereduceerde confrontatiematrix voor ESS.

Figuur 17.15 Gereduceerde SWOT- en confrontatiematrix voor ESS

		Kansen			Bedreigingen		
		Grote zakelijke klanten met grote orders	Zakelijke markt in het buitenland met grote omvang	Consumentenmarkt voor particuliere beveiligingsoplossingen	Macht van grote zakelijke klanten	Afhankelijkheid van één toeleverancier van speciaal glas	Ongunstige arbeidsmarkt voor aantrekken van jong personeel
Sterkten	Technologische voorsprong en innovaties						
	Reputatie en marktleiderschap						
	Totaalaanbod van ontwikkeling tot nazorg						
Zwakten	Huidige organisatiestructuur						
	Stijl van leidinggeven en motiveren						
	Kwaliteitsproblemen						

Invulling van deze matrix leidt tot de volgende conclusies.

'Aanvallen' (combinatie van kansen en sterkten)
Hier zou ESS dankzij zijn gecombineerde sterkten (technologische voorsprong en innovatief vermogen, reputatie en marktleiderschap en het totaalaanbod van ontwikkeling tot nazorg) de drie kansen (grote zakelijke klanten, zakelijke markt in het buitenland en consumentenmarkt voor particuliere beveiligingsoplossingen) in principe alle drie moeten kunnen pakken. Het is niet aan te raden deze drie aanvallen gelijktijdig in te zetten, omdat dit veel inspanning in menskracht en middelen zal vergen. Er moet gekozen worden om één strategische aanval eerst in te zetten en de andere pas later, nadat de eerste is geslaagd en voldoende houvast is verkregen. De vraag is welke van de drie aanvalsopties als eerste moet worden gekozen. Die afweging is te maken door te kijken naar slagingskans en afbreukrisico. Tabel 17.16 geeft dat weer.

Figuur 17.16 Afweging van strategische aanvalskeuzes

Criteria → Aanvalsopties ↓	Slagingskans	Afbreukrisico	Oordeel en keuze
Grote zakelijke klanten met grote orders	Relatief groot	Relatief groot	Doen
Zakelijke markt in het buitenland met grote omvang	Relatief gering	Relatief groot	Nu niet doen
Consumentenmarkt voor particuliere beveiligingsoplossingen	Gering	Groot	Niet doen en waarschijnlijk nooit doen

Toelichting:

- Grote zakelijke klanten met grote orders
  De slagingskans is relatief groot, want ESS heeft er al enige ervaring mee opgebouwd in Nederland. Wel heeft ESS intussen ook gemerkt dat grootzakelijke opdrachten riskanter zijn, doordat de opdrachtgevers strenger zijn (boeteclausules) en verstoringen in de productie en montage zich als een olievlek kunnen verspreiden. Het afbreukrisico is dus ook relatief groot.
  Oordeel en keuze: doen, maar wel gelijktijdig versterken, dat wil zeggen de zwakten van ESS wegwerken, omdat anders deze kans niet kan worden opgepakt. Zie hierna voor de acties die in het kader van versterken worden genomen.

- Zakelijke markt in het buitenland met grote omvang
  De slagingskans is relatief gering, want het is nu eenmaal lastiger de buitenlandse markt te betreden, daar een positie op te bouwen en die te kunnen handhaven. Dat komt ook door de sterkere concurrentie voor ESS in het buitenland. Wanneer een buitenlandse expansie mislukt, dan kost dat veel geld.
  Oordeel en keuze: niet nu doen. Eventueel pas later, nadat alles in Nederland beter loopt. Dus nu geen nieuwe landen erbij en de buitenlandse activiteiten beperken tot Duitsland en België, waar ESS al actief is, met enige moeite.

- Consumentenmarkt voor particuliere beveiligingsoplossingen
  ESS is hier voorzichtig begonnen in een testmarkt, waar nog weinig succes mee is behaald. Dat is geen wonder, want het gaat om producten waar ESS geen ervaring mee heeft en om klanten waar ESS geen relatie mee heeft. Helemaal nu ESS in meer vertrouwde marktsegmenten met vertrouwde producten al moeilijkheden heeft, is het ten zeerste af te raden door te gaan in de consumentenmarkt.
  Oordeel en keuze: nu in elk geval niet, maar wellicht ook later niet. De positie op de Nederlandse zakelijke markt weer op orde krijgen, is prioriteit nummer één. Daarna eventueel verder doordringen in het buitenland, maar ook daar nog steeds op de zakelijke markt. Dat zou vooralsnog de focus van ESS moeten zijn.

Nu de keuze is gemaakt om als ESS allereerst te focussen op de grootzakelijke Nederlandse markt en daar alle energie in te stoppen, is het zaak om die kans dan ook zo groot mogelijk te maken en wel door de zwakten die ESS heeft te versterken. Daarop gaan we hierna door.

'Versterken' (combinatie van kansen en zwakten)
ESS kan vanwege zijn zwakten (huidige organisatiestructuur, stijl van leidinggeven en motiveren, kwaliteitsproblemen) de kansen niet of in voldoende mate oppakken. Sterker nog: als ESS dat toch zou proberen, dan zou dat averechts kunnen uitpakken, met mislukte projecten en reputatieschade als gevolg. ESS moet dus zijn drie zwakten versterken om met kans op succes te kunnen gaan aanvallen. Versterkende acties moeten er dus vooral op gericht zijn de kansen op de grootzakelijke markt in Nederland zo goed mogelijk te benutten. In concreto moeten we dan kijken naar aanpassingen in de structuur en in de operaties die versterkend werken:

- De organisatiestructuur veranderen, zodat deze past bij de gekozen strategie (*structure follows strategy*) en geen problemen oproept die door een goede structuurkeuze te voorkomen waren geweest. Zie hierna voor structuurvarianten die mogelijk zijn en waaruit een keuze moet worden gemaakt.
- De stijl van leidinggeven en motiveren veranderen, zodat leidinggevenden en medewerkers zich bewust zijn dat de grootzakelijke markt een andere opstelling vergt. Zie hoofdstuk 8 en 9 waar dit al is geanalyseerd en waar ook oplossingsrichtingen zijn te vinden.
- De oorzaken van kwaliteitsproblemen aanpakken, zodat deze geen reputatieschade meer veroorzaken en geen afbreuk meer doen aan behoud van klanten. Zie hoofdstuk 13 voor de oorzaken en mogelijke aangrijpingspunten voor de oplossing.

Aanvullende maatregelen zijn nog te nemen op het terrein van:

- De wijze van productie: overgaan van stukproductie naar serieproductie. Zie hoofdstuk 11 voor analyse en oplossingsmogelijkheden.
- Projectmatig werken: grootschalige opdrachten daardoor meer systematisch en geordend aanpakken. Zie hoofdstuk 12 voor een voorbeeld (in een andere context) hoe projectmatig werken moet worden aangepakt.

'Verdedigen' (combinatie van bedreigingen en sterkten)
Behalve aanvallen en versterken moet ook nog worden gedacht aan verdedigen ofwel het pareren van bedreigingen met behulp van de sterkten die ESS zelf daartegenin kan brengen. Het gaat om:

- De macht van grote zakelijke klanten

Nu ESS ervoor gaat kiezen zich op dat marktsegment te gaan richten, is de dreiging die juist van dat segment uitgaat serieus te nemen. In hoofdstuk 8 is geanalyseerd wat er fout kan gaan als grootzakelijke opdrachten niet goed worden geformuleerd. Daarin ligt de eerste verdedigingslinie tegen deze dreiging: zorg ervoor dat afspraken goed worden vastgelegd en niet te snel in het nadeel van ESS worden geformuleerd om alleen maar die opdracht binnen te halen.

- De afhankelijkheid van één toeleverancier van speciaal glas
  Juist in grootzakelijke opdrachten kan deze afhankelijkheid enorm verstorende gevolgen hebben als er iets stagneert bij die toeleverancier. ESS zal moeten bekijken of er echt geen andere toeleveranciers te vinden zijn, desnoods buiten Europa. En ESS zal zich in zijn contracten met zijn opdrachtgevers beter moeten indekken tegen risico's die het karakter hebben van overmacht, maar waar een kwaadwillende afnemer toch van zou kunnen profiteren. Mocht een andere toeleverancier niet te vinden zijn, dan zou ESS in uiterste instantie kunnen overwegen zelf een eigen glasfabriek op te zetten (achterwaartse spreiding, zie hoofdstuk 5).

- Ongunstige arbeidsmarkt voor het aantrekken van jong personeel
  Deze dreiging is ernstig, want hiermee staat de toekomst van ESS op het spel. De sterkte die ESS hiertegenover kan inzetten is haar technologische geavanceerdheid en innovatie, alsmede haar goede reputatie. Daar zal ze op de arbeidsmarkt meer bekendheid aan moeten geven. In hoofdstuk 12 is een project gedefinieerd dat erop is gericht ESS stevig te promoten bij leerlingen en studenten in het technisch onderwijs.

Ten slotte moet nog worden gekeken naar terreinen die ESS eventueel moet prijsgeven of, als ze dat niet wil of kan, waar ESS een grote turnaround zal moeten maken.

Terugtrekken of eventueel heroverwegen (combinatie van bedreigingen en zwakten)
Aan geen van de drie dreigingen kan ESS ontlopen door zich terug te trekken, want ze hebben alle drie betrekking op de wens van ESS om in de grootzakelijke markt door te dringen. De zwakten die daar tegenover staan, laten een eenvoudig versterken niet toe. Dus moet ESS zich hier bezinnen op een effectieve turnaround. De richtingen daarvoor zijn hiervoor aangegeven onder het kopje verdedigen. Die komen erop neer dat een dreiging zo goed mogelijk moet worden gepareerd. Of, misschien nog mooier, dat er geprobeerd moet worden van een dreiging een kans te maken.
Bijvoorbeeld: de dreiging dat er in Europa maar één leverancier is voor speciaal glas kan ESS oppakken als een uitdaging om wereldwijd te zoeken naar een alternatieve leverancier of om eventueel zelf de productie van speciaal glas ter hand te nemen. Zulke opties gaan inderdaad ver, maar dat is ook de reden dat ze turnaround worden genoemd. Je moet echt bereid zijn je bedrijf een totaal andere wending te geven. Dat is niet eenvoudig, maar het kan soms de enige uitweg zijn die nog rest.

Structuurvarianten voor ESS
Nu we de vier soorten strategische acties voor ESS zijn langsgelopen, hebben we vastgesteld dat ESS zich primair gaat richten op de grootzakelijke markt, om te beginnen alleen in Nederland. Het moet duidelijk zijn dat ESS daarmee de kleinzakelijke markt niet vaarwel zegt. Ten eerste kan ESS zich dat niet veroorloven; op dit moment is de kleinzakelijke markt nog een *cash cow* (zie hoofdstuk 5). Ten tweede zal ook in de toe-

komst de kleinzakelijke markt interessant blijven als kweekvijver voor latere grootzakelijke klanten.

Als voorbeeld, passend in dit hoofdstuk over oplossingsrichtingen en -varianten, worden drie oplossingsmogelijkheden geboden, drie herstructureringsvarianten, die respectievelijk recht doen aan de toegenomen diversiteit in producten en diensten, aan de toegenomen complexiteit in markten en aan de steeds grotere geografische reikwijdte.

Van F- naar P-gerichtheid

Hiervoor is geconstateerd dat de huidige F(unctioneel)-gerichte structuur van ESS de toegenomen en nog toenemende diversiteit in producten en diensten (de toenemende P-gerichtheid) niet aankan. Om dat wel mogelijk te maken, is een herstructurering van de F-richting naar een P-richting nodig, zoals te zien is in figuur 17.17.

Figuur 17.17 Organisatieschema van ESS op het tweede niveau meer P-gericht

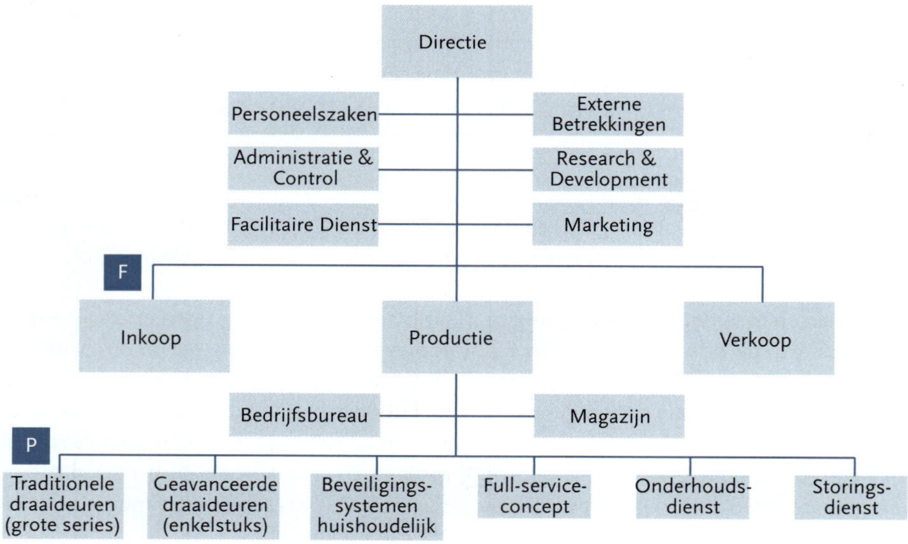

De F-richting op het eerste niveau is hier in stand gebleven, maar op het tweede niveau, onder productie, is aan de diversiteit in producten en diensten nu recht gedaan door daar aparte afdelingen voor in te richten. Daarmee wordt bereikt dat de diverse producten en diensten van ESS elkaar niet meer in de weg zitten en dat ze elk de specifieke aandacht krijgen die ze de kans geeft een succes te worden.

Van F- naar M-gerichtheid

In deze variant wordt aan de toegenomen complexiteit van de markten en marktsegmenten recht gedaan.

Figuur 17.18 Organisatieschema van ESS nog meer gemengd en met name meer M-gericht

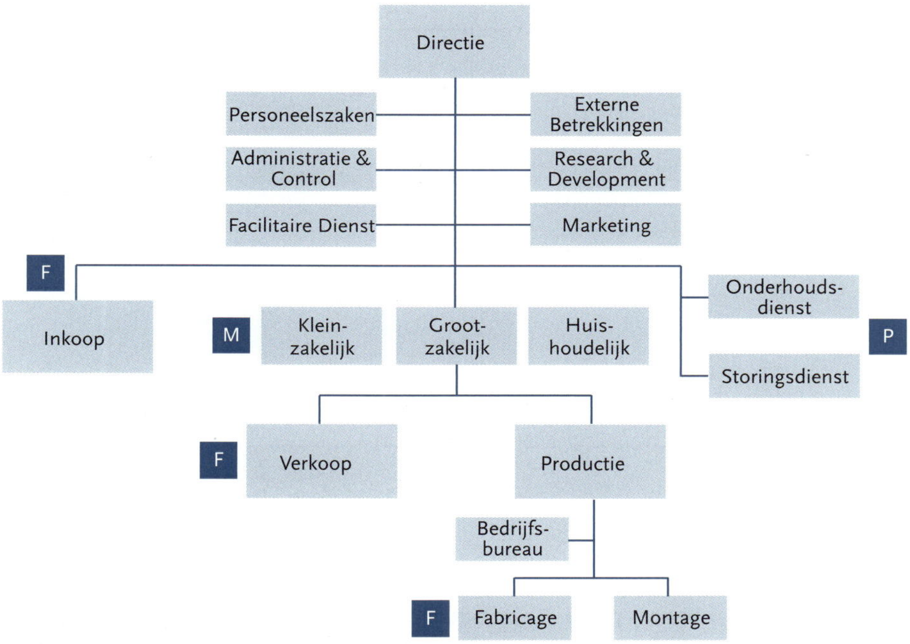

De verandering in hoofdstructuur is, vergeleken met de oorspronkelijke F-richting, nu meer gemengd naar P en vooral ook naar de M-richting gedraaid, naar drie marktsegmenten: kleinzakelijk, grootzakelijk en huishoudelijk. Daaronder zit nog (een deel van) de eerdere F-structuur. Met name is van belang dat elk marktsegment zijn eigen verkoopapparaat heeft, omdat elk segment een eigensoortige verkoopbenadering vergt. Omdat de aard van producten en de bijbehorende montagewerkzaamheden verschillen, zijn die twee onder elk onderdeel van de M-structuur verbijzonderd. Inkoop is daarbuiten gehouden en als een centrale functie overeind gebleven. Dat is vanwege te verwachten inkoopvoordelen, die beter te realiseren zijn vanuit één inkoopcentrum (= inkoopmacht) dan wanneer inkoop ook in delen zou zijn ondergebracht onder de M-afdelingen. De onderhouds- en storingsdienst zijn, net als in de P-variant hiervoor, uit elkaar getrokken, maar samen apart gezet als gespecialiseerde P-afdelingen die voor elk van de drie marktsegmenten inzetbaar zijn.

De substructuur onder kleinzakelijk en huishoudelijk is dezelfde als die onder grootzakelijk.

Van F- naar G-gerichtheid

Figuur 17.19 Organisatieschema van ESS primair G-gericht

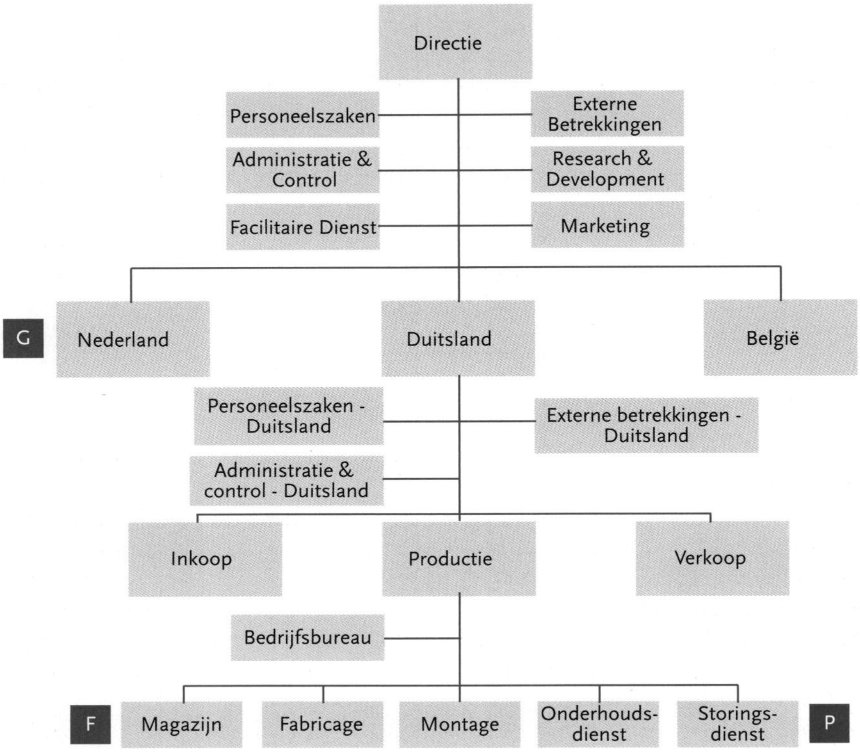

In deze variant is ervan uitgegaan dat ESS in ten minste drie landen zo veel werk heeft dat het te rechtvaardigen is per land een eigen ESS-vestiging te hebben. Op te merken is dat elke landenvestiging veel weg heeft van de oorspronkelijke Nederlandse F-gerichte structuur. Ook hier zijn de onderhouds- en storingsdienst apart gehouden als specialistische dienstverlenende afdelingen. De functionele afdelingen Administratie & Control, Personeelszaken en Externe Betrekkingen hebben nu per land een eigen afdeling. Dat is omdat de A&C-werkzaamheden per land goed en op korte afstand moeten worden bijgehouden, omdat de arbeidsmarkt en arbeidsverhoudingen per land sterk verschillen en omdat de externe relaties per land verschillend zijn, vooral de relaties met de overheden per land.
De substructuur onder Nederland en België is dezelfde als die onder Duitsland.

Relaties en bevoegdheden

De organisatieschema's die hiervoor zijn gepresenteerd maken veel duidelijk, maar niet alles. Ze laten vooral verschillende varianten van arbeidsverdeling zien, zoals in hoofdstuk 14 is behandeld. Het zijn van elkaar verschillende uitkomsten die voortkomen uit de systematiek volgens Kruisinga onder verschillende omstandigheden.

In de vier varianten zijn de relaties tussen lijn-, staf- en functionele hulpafdelingen, zoals behandeld in hoofdstuk 15, enigszins gevarieerd. Op zich zou daarin nog meer te veranderen zijn, afhankelijk van mogelijke veranderingen in de omgeving of in de interne situatie van ESS.
Dat geldt evenzeer voor de vraag in hoeverre beslissingsbevoegdheden gecentraliseerd of gedecentraliseerd zijn. Bijvoorbeeld in de G-gerichte variant wordt de centrale ondersteunende afdeling Personeelszaken herhaald binnen elke landenvestiging. De verhoudingen tussen PZ-centraal en PZ-nationaal kunnen qua beslissingsbevoegdheden verschillend worden ingevuld. Er is een bandbreedte van bevoegdheidsverdeling denkbaar. In het ene extreme geval is PZ-centraal oppermachtig en bepaalt die afdeling het totale PZ-beleid van ESS in elk land, bijvoorbeeld bij beloningssystemen, management-developmentprogramma's, werving-selectiespelregels enzovoort. In dat geval zijn de nationale PZ-afdelingen alleen maar uitvoerders van centraal PZ-beleid. In het andere extreme geval zijn de nationale PZ-afdelingen oppermachtig en kunnen zij geheel hun eigen PZ-beleid voeren. De centrale PZ-afdeling heeft dan bijvoorbeeld alleen een lichte afstemmingsrol, bijvoorbeeld in de uitwisseling van kennis en ervaringen tussen de haast autonome nationale PZ-afdelingen.

Coördinatiemiddelen

De hiervoor ontwikkelde varianten zijn bepaald niet de enige mogelijkheden, vele andere zijn nog denkbaar en onder omstandigheden beter.
De P-gerichte, de M-gerichte en de G-gerichte variant zijn bij uitstek geschikt wanneer respectievelijk P, M of G de dominantie zou hebben of krijgen bij ESS. Elke variant draagt daarbij impliciet zijn eigen nadeel in zich: in een P-variant wordt te weinig recht gedaan aan toenemende complexiteit in M-richting en in een G-variant te weinig aan toenemende diversiteit in P-richting. Om die mogelijke manco's op te vangen, is het mogelijk om tussen afdelingen coördinatiemiddelen aan te brengen, zoals in hoofdstuk 16 is behandeld.
Bijvoorbeeld in de G-variant hebben de landenvestigingen waarschijnlijk een gepoolde samenhang met elkaar, daar zijn slechts elementaire coördinatiemiddelen nodig, zoals budgetten, en doet de hiërarchie de rest. In de F-variant is sequentiële samenhang te verwachten tussen Inkoop, Productie en Verkoop. Daar zal naast elementaire coordinatie ook planning nodig zijn: inkoop-, productie- en verkoopplanning als één op elkaar afgestemd geheel. Een reciproque relatie is aanwezig tussen de storingsdienst enerzijds en verkoop anderzijds. Naarmate er meer ESS-toegangssystemen worden verkocht, zal de storingsdienst groter en professioneler kunnen en moeten worden. Naarmate de storingsdienst groter en professioneler wordt, kan Verkoop des te meer garantie toezeggen aan potentiële afnemers, wat leidt tot meer verkochte systemen, wat leidt tot het nog belangrijker worden van een goed functionerende storingsafdeling.

Ad c. Welke oplossing zou u willen aanbevelen?
Het uitgangspunt is *structure follows strategy.*

Geen van de drie hiervoor besproken structuurvarianten doet helemaal recht aan de strategische keuze die ESS heeft gemaakt:
- Focus op de grootzakelijke markt, zonder de kleinzakelijke markt te verwaarlozen of los te laten (M-aspect).
- De consumentenmarkt niet betreden (M-aspect).

- Het full-serviceconcept niet gaan oppakken (P-aspect).
- Wel aanwezig en actief blijven in Duitsland en België, maar voorlopig geen verdere expansie (G-aspect).

De volgende structuurvariant doet wel recht aan de strategische keuzes van ESS; hierin komen de hiervoor genoemde aspecten met betrekking tot F (2x), P, M en G tot hun recht.

Figuur 17.20 Organisatieschema van ESS, nieuwe situatie

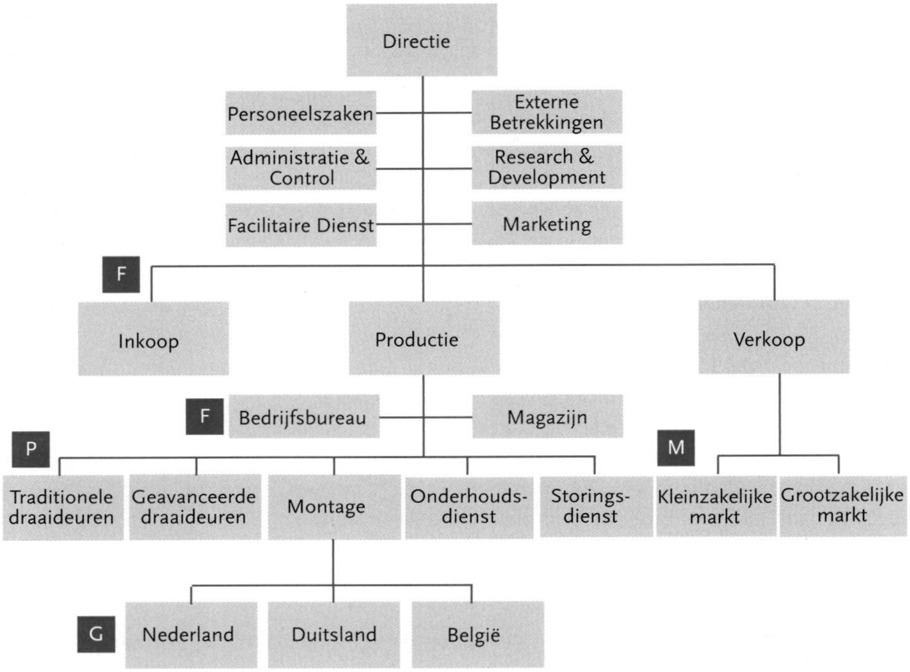

NB De structuuroplossing in figuur 17.20 is helemaal gericht op de strategische keuze die ESS voor dit moment doet, gebaseerd op allerlei afwegingen onder de nu gegeven omstandigheden. Het is goed mogelijk en zelfs waarschijnlijk dat ESS in de toekomst met gewijzigde omstandigheden te maken krijgt. Dan zal er weer een analyse moeten plaatsvinden van de situatie en de organisatie. Dat kan leiden tot andere structuuroplossingen die dan weer de meest passende zullen zijn.
Aan de operationele problemen, die er binnen ESS wel degelijk zijn, is hier weinig aandacht gegeven. Ze zullen door de voorgestelde duidelijke strategische koers voor een deel vanzelf oplossen. Ze bestaan dan niet meer, bijvoorbeeld het probleem om zowel de zakelijke als de consumentenmarkt door verkopers te laten benaderen die niet blij zijn met de verandering in motivatie en beloning (zie hoofdstuk 9). De herstructurering (reorganisatie) helpt vervolgens verder om een deel van de operationele problemen op te lossen. Bijvoorbeeld hoe de onderhoudsdienst en de storingsdienst elkaar in de weg zaten (nu dus niet meer). Wat er dan nog aan specifiek operationele problemen resteert, moet uiteraard wel worden opgelost. Zie de analyses en oplossingsvoorstellen die daarvoor in deel II zijn ontwikkeld, bijvoorbeeld ervoor zorgen dat er met grootzakelijke klanten hele goede en heldere contracten worden afgesloten.

Slotbeschouwing

In dit hoofdstuk kwamen de organisatiekundige deelanalyses bij elkaar die in de voorgaande hoofdstukken van ESS zijn gemaakt. Elke deelanalyse is vanuit een bepaalde theorie gemaakt, een bepaalde invalshoek dus. Geen enkele zienswijze heeft de wijsheid in pacht, maar bij elkaar leveren al die doorkijkjes een goed beeld op van de situatie waarin ESS verkeert.
Wat dat betreft, doet organisatiekunde denken aan het bekende verhaal van de blinde mannen en de olifant.
In een dorpje in India leefde een zestal blinde mannen samen in een huisje met een kleine jongen die voor ze zorgde. Op een dag stormde hij opgewonden naar binnen: 'Kom mee naar buiten, er is een olifant op het dorpsplein, je weet niet wat je meemaakt.' En hij leidde de mannen naar het plein. Blinden 'kijken' met hun handen, zo ook toen. Een van de mannen mompelde: 'Een olifant is een soort muur; hoever ik mijn armen ook uitstrek, er komt geen eind aan.' Een ander: 'Volgens mij is het een waaier die heen en weer beweegt, ik voel de wind.' 'Welnee, het is een sterke, kronkelende slang.' 'Het is een kromme speer met een punt.' 'Hou toch op, het is een boomstam zo dik dat mijn handen er niet omheen passen.' En de laatste: 'Jullie hebben het allemaal mis, het is een touwtje dat eindigt in een kwastje met harde haren.' De olifant, het gefriemel aan zijn lijf zat, trompetterde verontwaardigd en stampte weg, de mannen elk met een stukje van de 'puzzel' achterlatend, die bij elkaar toch een aardige indruk gaven van de werkelijkheid die ze die dag samen hadden onderzocht.

Figuur 17.21 Zes blinde mannen onderzoeken de olifant

Literatuur

Aangehaalde en aanbevolen literatuur

Ansoff, H.I. en McDonnell, E. (1990). *Implanting strategic management.* New York: Prenctice Hall.

Bartlett, C.A. en Ghoshal, S. (1989). *Managing Across Borders.* Boston: Harvard Business School Press.

Belbin, R.M. (2010). *Teamroles at work* (2nd edition). Londen en New York: Rouledge.

Bezigos, M. en Harter, J. (2016). Revisiting the matrix organization. *McKinsey Quarterly*, januari. www.mckinsey.com/insights/organization/revisiting_the_matrix_organization.

Bossidy, L. en Charan, R. (2002). *Execution: The Discipline of Getting Things Done.* Londen: Random House.

Burns, T. en Stalker, G.M. (1961). *The Management of Innovation.* Londen: Tavistock Publications.

Campbell, A. en Goold, M. (2000). *The Collaborative Enterprise.* Cambridge (Mass.): Perseus Books.

Chandler Jr, A.D. (1962). *Strategy and Structure: Chapters in the History of the Industrial Enterprise.* Cambridge (Mass.): MIT Press.

Channon, D.F. (1973). *The Strategy and Structure of British Enterprise.* Londen: Macmillan.

Cross, R., Rebele, R. en Grant, A. (2016). Collaborative Overload. *Harvard Business Review*, vol. 94, nr. 1-2, 74-79.

Dubbeldam, M., Goedmakers, W. en Otto, M. (red.) (2008). *Leven in structuren.* Amstelveen: Lenthe Publishers. Liber Amicorum prof. dr. D. Keuning.

Eppink, D.J. (1978). *Managing the unforseen: A study of flexibility.* Proefschrift Vrije Universiteit Amsterdam. Nederlandse uitgave 1979: Sturen bij het onvoorziene. Leiden/Antwerpen: Stenfert Kroese.

Eppink, D.J. (1979). Planning for Strategic Flexibility. *Longe Range Planning*, vol. 11, nr. 4, 9-15.

Eppink, D.J. (2001). Hoofdkantoren: hoofdrol of bijrol? *ESB*, vol. 86, nr. 4310, 428-431.

Eppink, D.J. (2014). Paul Polman and the revitalization of Unilever. In: Johnson, G., Whittington, R., Scholes, K., Angwin, D., en Regnér, P., *Exploring Strategy: Text and Cases.* Harlow: Pearson, 731-737.

Eppink, D.J. (2017). Paul Polman: turnaround and development of strategy at Unilever, in: Johnson, G., Whittington, R., Scholes, K., Angwin, D, Regnér, P. (2017). *Exploring strategy: Text and cases*. Harlow: Pearson.

Fayol, H. (1970). *Administration Industrielle et Générale*. Parijs: Dunod (oorspronkelijk 1916).

FD, (2019). Voor canon heeft autonomie Océ lang genoeg geduurd. 30 januari, p. 10.

Galbraith, J.R. (1973). *Designing Complex Organizations*. Reading (Mass.): Addison-Wesley Publishing.

Galbraith, J.R. (1995). *Designing Organizations. An Executive Briefing on Strategy, Structure and Process*. San Francisco: Jossey-Bass Publishers.

Gemser, G. en Leenders, M.A.A. (2011). Managing Cross-Functional Cooperation for New Product Development Success. *Long Range Planning*, vol. 44, nr. 1, 26-41.

Goold, M. en Campbell, A. (2002). *Designing Effective Organizations. How to Create Structured Networks*. San Francisco: Jossey-Bass.

Goold, M. en Campbell, A. (2002). Do You Have a Well-Designed Organization? *Harvard Business Review*, vol. 80, nr. 3, 117-124.

Grossman, L. (2015). How Microsoft got its groove back- and what's next, *Time*, 28 december-4 januari, 58-61.

Haas, M. en Mortensen, M. (2016). The Secrets of Great Teamwork, *Harvard Business Review*, vol. 94, nr. 6, 70-76.

Jones, G.R. (2004). *Organizational Theory, Design, and Change: Text and Cases*. Upper Saddle River, NJ: Pearson Education.

Keuning, D. en Wolters, M. (2007). *Structuur doorzien: Over ontwerp van organisatiestructuren*. Amsterdam: Pearson Education Benelux.

Keuning, D. en Eppink, D.J. (2012). *Management & Organisatie: Theorie en toepassing*. Groningen/Houten: Noordhoff Uitgevers.

Kiers, B. (2011). Thuiszorg Twente voert Buurtzorg-werkwijze in. Het werkt alleen zonder managers. *Zorgvisie Magazine*, vol. 41, nr. 5. (www.zorgvisie.nl).

Klompenhouwer, L. (2018). Er wordt veel klakkeloos overgenomen. *NRC*, 7 december, E9.

Kor, R. (2002). *Werken aan projecten*. Deventer: Kluwer.

Kunisch, S., Müller-Stevens, G. en Campbell, A. (2014). Why Corporate Functions Stumble. *Harvard Business Review*, vol. 93, nr. 12, 110-117.

Kruisinga, H.J. (1956). *De organisatiestructuur van het bedrijf*. Leiden: Stenfert Kroese.

Lawrence, P.R. en Lorsch, J.W. (1967). *Organization and Environment*. Boston: Div. of Research, Graduate School of Business Administration, Harvard University.

Lorsch, J.W. en Allen III, S.A. (1973). *Managing Diversity and Interdependence*. Boston: Harvard University.

Lorsch, J.W. en Morse, J.J. (1974) *Organizations and their members, a contingency approach*. New York: Harper & Row.

Luijk, H. (1973). *Taakverdeling en functievorming*. Alphen aan den Rijn: Samsom.

Melker, G.P. (2010). *250 managementbegrippen*. Groningen/Houten: Noordhoff Uitgevers.

Metze, M. (1991). *Kortsluiting: Hoe Philips zijn talent verspilde*. Nijmegen: SUN.

Metze, M. (1997). *Let's make things better*. Nijmegen: SUN.

Metze, M. (2004). *Ze zullen weten wie ze voor zich hebben. Anton Philips 1874-1951*. Amsterdam: Uitgeverij Balans.

Meyer, E. (2017). Being The Boss in Brussels, Boston and Beijng, *Harvard Business Review*, Vol. 95, nr. 4, p 70-77.

Mintzberg, H. (1979). *The Structuring of Organizations*. Englewood Cliffs, NJ.: Prentice-Hall.

Mintzberg, H. (1983). *Structures in Fives: Designing Effective Organizations*. Englewood Cliffs, NJ.: Prentice-Hall.

Porter, M.E. en Heppelmann, J.E. (2015). How smart, connected products are transforming companies. *Harvard Business Review*, vol.93, nr. 10, 96-114.

Prahalad, C.K. en Doz, Y.L. (1987). *The Multi-National Mission*. New York: Free Press.

Rigby, D.K., Sutherland, J. en Takeuchi, H. (2016). Embracing Agile. *Harvard Business Review*, Vol. 94, nr. 5, p. 40-50.

Rumelt, R.P. (1974). *Strategy, Structure and Economic Performance*. Boston: Harvard University.

Stopford, J.M. en Wells, L.T. (1972). *Managing the Multinational Enterprise*. New York: Basic Books.

Strikwerda, J. (2000). *Het ontwerpen van een organisatie. De concernstructuur*. Amsterdam: Financial Times/Prentice Hall.

Taylor, F.W. (1903). *Shop Management*. New York: American Society of Mechanical Engineers.

Thompson, J.D. (1967). *Organizations in Action*. New York: McGraw-Hill.

Veld, J. in 't (1985). *Analyse van organisatieproblemen*. Amsterdam/Brussel: Elsevier.

Wissema, J.G. (1987). *Unit management: Het decentraliseren van ondernemerschap*. Assen: Van Gorcum.

Wijers, G.J. (1994). *Horizontale synergie: De lastige praktijk van het realiseren van synergie bij gedecentraliseerde ondernemingen*. Assen: Van Gorcum.

Woodward, J. (1965). *Industrial Organization: Theory and Practice*. Londen: Oxford University Press.

Yip, G. (2003). *Total Global Strategy II*. Upper Saddle River (N.J.): Prentice Hall.

Young, D., Goold, M., Blanc, G., Bühner, R., Collis, D., Eppink, D.J., Kagano, T. en Semininario, G.J. (2000). *Corporate Headquarters. An International Analysis of Their Roles and Staffing*. Londen: Financial Times/Prentice Hall/Ashridge.

Geraadpleegde websites
www.philips.nl
www.unilever.com

Capita Selecta

1 Evolutie van het managementdenken

1.1. Inleiding

In dit deel wordt ingegaan op de historie van het denken over management. Door te weten hoe de managementtheorie zich de afgelopen decennia ontwikkeld heeft, is het mogelijk de theorieën en modellen uit dit boek in een historisch kader te plaatsen. Tevens komen de belangrijkste managementdenkers aan de orde: mensen die niet alleen een grote rol hebben gespeeld bij de ontwikkeling van het vakgebied, maar ook hun stempel hebben gedrukt op de ontwikkeling van de westerse maatschappij vanaf het begin van de twintigste eeuw.

De ontwikkeling van de managementtheorie is al vele decennia geleden begonnen. Dat is niet verwonderlijk: het vak van manager is al eeuwenoud. De bouw van de Egyptische piramiden zou niet mogelijk zijn geweest zonder strakke planning en aansturing. Hetzelfde geldt voor de organisatie van legers en de ontwikkeling van militaire strategieën. Napoleon was niet alleen keizer, hij voerde ook zijn legers aan en dacht na over manieren om zijn tegenstanders te slim af te zijn. Iets wat we tegenwoordig 'strategie' zouden noemen. Strategie, leidinggeven, planning en besluitvorming zijn al vele eeuwen oud en zijn minstens zo lang onderwerp van discussie.

Figuur 1 laat zien dat sinds het einde van de negentiende eeuw meerdere 'hoofdtheorieën' zijn ontwikkeld: de scientific management theory, de administrative management theory, de behavioral management theory, de management science theory en de organizational environmental theory[1]. Elke hoofdtheorie uit figuur 1 gaat uit van een eigen manier van kijken. Theorie of het Griekse *théoria* betekent 'manier van kijken'. Daardoor focust elke hoofdtheorie op specifieke managementvraagstukken. Hierop wordt in dit deel uitvoerig ingaan.

1 In dit boek worden de Engelse termen van Jones en George (2018) voor de hoofdtheorieën gebruikt, omdat deze termen zich maar lastig naar het Nederlands laten vertalen.

Figuur 1 Evolutie van het managementdenken (ontleend aan Jones en George, 2018)

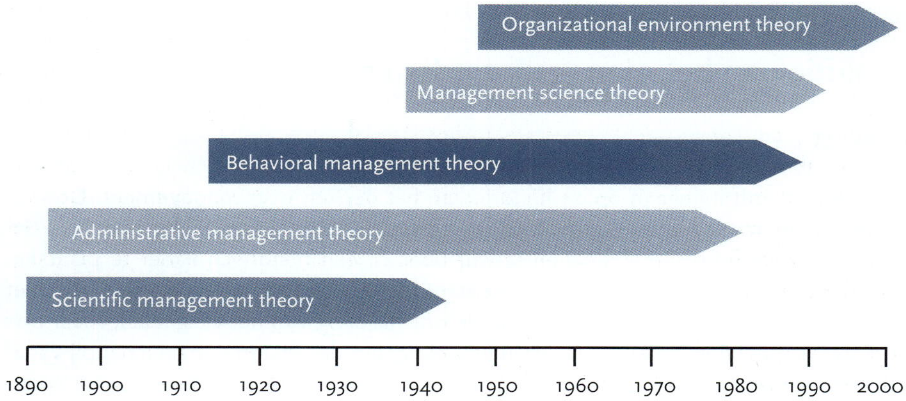

1.2. Scientific management theory: de start van het managementdenken

De start van de scientific management theory kan worden gekoppeld aan de publicatie van twee belangrijke werken van de Amerikaan Frederic Winslow Taylor: *Shop Management* uit 1903 en *Principles of Scientific Management* uit 1911. Wat deze boeken bijzonder maakt is dat kennis van en inzicht in management hierin *veralgemeniseerd* werden. Met andere woorden: Taylor beschreef zijn ervaringen die voor vele organisaties en daarmee voor uiteenlopende managers relevant waren. Voor die tijd was kennis over management vrijwel altijd gekoppeld aan een specifieke situatie of organisatie. Met het verschijnen van het werk van Taylor konden ook andere managers en organisaties (in de tijd van Taylor met name technisch-industriële bedrijven) leren van de lessen van Taylor. Kortom, vanaf het moment dat Taylor zijn standaardwerken schreef, was er sprake van heuse theorievorming.

Taylor en taakspecialisatie

De basis voor de scientific management theory werd gelegd door de Schotse wetenschapper Adam Smith. Smith introduceerde de principes van *taakspecialisatie*. Het belangrijkste werk van Adam Smith, *The Wealth of Nations* uit 1776, beschrijft de voordelen van het verdelen van het werk over verschillende mensen. Smith geeft in *The Wealth of Nations* het voorbeeld van een speldenfabriek waar één man zeker niet in staat zou zijn om 20 spelden per dag te maken, maar waar tien mannen samen zeker 48.000 spelden konden maken door de taken te verdelen. Taylor bouwde voort op de inzichten van Smith van ongeveer een eeuw eerder. De inzichten van Taylor hebben nog altijd veel invloed op het denken over organisaties. Taylor, ook wel de 'vader van het management' genoemd, had veel aandacht voor de efficiency en productiviteit binnen organisaties.

Taylor zou jurist worden, maar na zijn toelatingsexamen op Harvard werd studeren hem vanwege medische redenen afgeraden. In 1874 ging hij als machinebankwerker aan de slag bij een machinefabriek in Philadelphia. Vanaf 1878 klom hij bij een ander bedrijf, de Midvale Steel Company, op tot hoofd van de technische afdelingen. In diezelfde periode werd hij werktuigbouwkundig ingenieur. Taylor had zelf zeker geen motivatieproblemen en was goed in langetermijndenken. Het is dan ook niet toevallig dat Taylor zich niet verdiepte in motivatieproblemen van medewerkers. Volgens Taylor waren organisaties erbij gebaat om zoveel mogelijk routine bij hun medewerkers te ontwikkelen. Zijn oplossing was om het werkproces – en daarmee het werk – op te splitsen in vele kleine stappen en daarmee te verdelen onder de toen vele (vaak laagopgeleide) medewerkers. In deze periode van de opkomst van de massa-industrie en het inzetten van slecht Engels sprekende immigranten kwam dat goed van pas. Arbeid was relatief goedkoop en de meeste medewerkers hadden niet de kennis en ervaring om bijvoorbeeld een hele auto in elkaar te zetten. Doordat ze zich konden toeleggen op maar een van de vele handelingen, ontstond per medewerker al snel veel routine, wat de snelheid en daarmee de efficiëntie ten goede kwam. Dat dit geestdodend was en daarmee nauwelijks motiverend, was voor Taylor niet belangrijk. Het ging immers om het halen van een zo hoog mogelijke productiviteit.

Taylor is ook de bedenker van het scheiden van uitvoering en management. Hij noemde dit ook wel 'werkuitvoering' en 'werkvoorbereiding'. Mensen die het werk uit moeten voeren, moeten volgens Taylor niet belast worden met leidinggevende taken en leidinggevenden dienden niet belast te worden met uitvoerende taken. Ook hier was dus sprake van taakspecialisatie. Taylor is bekend om verschillende experimenten waarbij hij probeerde de productiviteit van medewerkers flink op te voeren. Als bleek dat de productiviteit inderdaad kon stijgen, dan vertaalde Taylor dat in zogenoemde 'objectief wetenschappelijke' normen, nieuwe procedures, werkmethoden, technieken en hulpmiddelen. Taylors wetenschappelijk vastgestelde normen kwamen tot stand via verschillende nieuwe methoden als tijdstudies en bewegingsstudies. Vandaar ook de term 'scientific management'.

Niet iedereen was overigens even blij met de inzichten van Taylor. Dit werd niet alleen veroorzaakt doordat de arbeiders zich gedwongen voelden harder te werken en geestdodend werk te doen. Dat kwam ook doordat zij bang waren dat een hogere productiviteit op den duur zou leiden tot werkloosheid. Als reactie op Taylors pogingen om de productiviteit te verhogen, probeerden arbeiders het werk dan ook juist te vertragen, hetgeen goed paste bij Taylors overtuiging – en frustratie – dat "*hardly a workman can be found who doesn't devote his time to studying just how slowly he can work.*" De opvattingen van Taylor hadden (en hebben) veel invloed gehad op het denken over management. Zijn ideeën over management zijn door autofabrikant Ford op grote schaal toegepast. De productiekosten van de bekende T-Ford, die werd gebouwd van 1908 tot 1927, konden op die manier laag worden gehouden.

Frank en Lillian Gilbreth

Het werk van Frank Gilbreth en later ook van zijn vrouw Lillian kan worden gezien als vervolg op het werk van Taylor. Frank en Lillian Gilbreth, die naast een gezin met twaalf kinderen samen een adviesbureau hadden, zochten net als Taylor naar de zogenoemde *one best way to do a job*. Net als bij Taylor stonden kosten en snelheid hierbij centraal. Om de *best way to do a job* te bepalen, maakten zij gebruik van soortgelijke technieken als Taylor. Zo maakten ze regelmatig filmopnamen van bepaalde productiehandelingen en analyseerden ze alle bewegingen om zo te kijken op welke onderdelen deze handelingen sneller en dus efficiënter konden. Lillian Gilbreth was een van de eerste vrouwelijke ingenieurs met een doctorstitel. Zij ontwierp de eerste pedaalemmer ter wereld en ook vond ze de schapjes in koelkastdeuren uit. In 1984, ruim 12 jaar na haar overlijden, verscheen er in Amerika een postzegel van 40 cent met het gezicht van Lillian Gilbreth. Ze werd ruim 93 jaar, Frank is niet ouder geworden dan 54 jaar.

Ook in de huidige tijd komen de ideeën van Taylor en de Gilbreths nog steeds terug. De scientific management theory komt tot uitdrukking in het streven van ondernemingen om de efficiëntie en productiviteit voortdurend te verhogen. Denk aan de automatisering door robots, de inzet van geavanceerde planningssoftware en 'lean management'. Ook het sluiten van filialen door banken om zo de kosten omlaag te brengen, past binnen deze manier van denken.

1.3. Administrative management theory

Vrijwel op hetzelfde moment dat de scientific management theory zich ontwikkelde in de Verenigde Staten, ontstond in Europa een nieuwe theorie die we tegenwoordig de administrative management theory noemen. 'Administrative' verwijst hier naar het streven naar een goede beheersing van het werk door middel van de organisatiestructuur en 'control'. Hoewel de scientific management theory en de administrative management theory veel overeenkomsten hebben, lag bij de administrative management theory de nadruk op het ontwikkelen van organisatiestructuren en controlsystemen. De scientific management theory was in vergelijking tot de administrative management theory meer gericht op de toepassing van technologische verbeteringen binnen productieprocessen. Maar zoals gezegd waren er grote overeenkomsten tussen beide theorieën.

Opvallend is dat de scientific management theory en de administrative management theory zich los van elkaar ontwikkelden. Dat zou in onze tijd van internet en talloze andere communicatietechnologieën ondenkbaar zijn. Twee belangrijke vertegenwoordigers van de administrative management theory zijn Max Weber en Henri Fayol. Max Weber is met name bekend geworden door zijn bureaucratietheorie. Fayol heeft voornamelijk bekendheid gekregen door zijn veertien managementprincipes.

Weber en zijn bureaucratietheorie
De ontwikkeling van de administrative management theory startte net als de scientific management theory rond 1900. Max Weber, geboren in 1854, was hoogleraar Sociologie en geldt als een van meest invloedrijke denkers op de terreinen van sociologie en organisatiestructuur. Weber introduceerde het begrip bureaucratie. Bureaucratie[2] staat tegenwoordig voor onnodig veel en ingewikkelde procedures, te veel regels en lang wachten. De bureaucratie, zoals Weber die voor zich zag, was echter een ideale manier van organiseren: een geoliede machine met een duidelijke taakverdeling, een heldere hiërarchie en veel geschreven regels en procedures. In Webers bureaucratie werd niets aan het toeval overgelaten. Voor alle denkbare situaties waren er regels en procedures die voorschreven hoe mensen moesten handelen. Voor improviseren en creativiteit was binnen de bureaucratie dus geen plaats. De mens werd gezien als 'rationele' uitvoerder en beslisser. Gezag werd bij Webers bureaucratie direct gekoppeld aan posities binnen

2 In de jaren negentig van de twintigste eeuw werd de bureaucratie van Weber verder uitgewerkt door Henry Mintzberg. Mintzberg maakte onderscheid tussen de machinebureaucratie en de professionele bureaucratie (zie Capita Selecta deel 4).

de organisatie en dus niet aan mensen. Weber vond functies dan ook belangrijker dan personen.

De bureaucratie als organisatievorm past goed bij de Duitse cultuur van Pünktlichkeit (punctualiteit), Ordnung (orde) en Gründlichkeit (zorgvuldigheid). En nog steeds worden Duitse bedrijven gekenmerkt door strikte hiërarchieën. Het is dus niet toevallig dat de bureaucratie als organisatievorm in Duitsland is ontwikkeld.

Fayol en zijn principes van management

Henri Fayol, geboren in 1841 in Frankrijk, had net als Taylor een technische achtergrond. Direct na zijn opleiding ging Fayol als jonge mijnbouwkundig ingenieur werken in de Franse mijnbouw. Fayol klom in zijn loopbaan op van junior staffunctionaris tot president-directeur van een groot Frans mijnbouwbedrijf. Fayol was van mening dat het vak van manager kon worden geleerd. Hij zag management dan ook niet als iets dat is aangeboren, maar veel meer als iets dat kan worden geleerd. Fayol liep echter tegen het probleem aan dat er nog geen geschikte theoretische modellen voorhanden waren die gebruikt konden worden bij het managementonderwijs. Daarom ontwikkelde Fayol een eigen model dat in 1916 verscheen in het *Bulletin de la Société de l'Industrie Minérale*. En nog in hetzelfde jaar kwam het model in boekvorm uit onder de titel *Administration Industrielle et Générale: Prévoyance-Organisation-Commandement-Coordination-Contrôle.*

In dit model deelde Fayol het werk van de manager op in vijf taken of functies:

1. prévoir: vooruitkijken in de tijd en het opstellen van een actieplan, in het Frans een *programme d'action*. Tegenwoordig zouden we dit strategische planning noemen;
2. organiser: het ontwerpen van de organisatiestructuur en het beschrijven van de taken, verantwoordelijkheden en beslissingsbevoegdheden;
3. commander: het geven van opdrachten en het geven van ondersteuning bij de uitvoering;
4. coordonner: zorgen voor de noodzakelijke afstemming of coördinatie zodat mensen en afdelingen niet langs elkaar werken;
5. contrôler: het controleren of het werk is uitgevoerd volgens het actieplan.

Deze vijf taken komen terug in de drie bouwstenen van management en organisatie. 'Prévoir' heeft betrekking op strategisch management, 'organiser' en 'coordonner' verwijzen naar het organisatieontwerp en 'commander' en 'contrôler' komen terug in de operatie.

Naast het opdelen van het werk van de manager in vijf functies kwam Fayol tot veertien principes van management. Deze principes waren volgens Fayol essentieel om de efficiency van het managementproces te verhogen. Hoewel Fayols veertien principes al meer dan een eeuw oud zijn, vormen zij nog steeds de basis van veel hedendaagse managementtheorieën. Veel van de principes van Fayol gaan over de organisatiestructuur. Het gaat hier om principes als arbeidsverdeling, de verdeling van bevoegdheden en verantwoordelijkheden, eenheid van bevel, eenheid van leiding en centralisatie.

1.4. Behavioral management theory

De ontwikkeling van de behavioral management theory kan worden gezien als tegenreactie op het werk van onder anderen Taylor en het echtpaar Gilbreth. Doordat het werk van Weber en Fayol pas in de jaren veertig van de twintigste eeuw vertaald is – Weber publiceerde in het Duits, Fayol in het Frans – zijn de vertegenwoordigers van de behavioral management theory verder gegaan waar Taylor en het echtpaar Gilbreth waren gestopt. Binnen de behavioral management theory stond het gedrag van managers centraal. Voortaan ging men ervan uit dat het gedrag van managers van invloed was op de motivatie van de medewerkers. Motivatie was binnen de behavioral management theory belangrijk om medewerkers goed te laten presteren en om zo de doelen van de organisatie te behalen. Hier wordt ingegaan op twee belangrijke vertegenwoordigers van de gedragsmanagementtheorie: Mary Parker Follett en Elton Mayo.

Het werk van Mary Parker Follett
In figuur 1 wordt duidelijk dat de behavioral management theory rond 1915 is ontstaan. Dit startpunt valt samen met de publicatie van *The New State*, een boek van Mary Parker Follett. Waar Taylor wordt beschouwd als de 'vader van het management', wordt Mary Parker Follett de 'moeder van het management' genoemd. Ze werd geboren in 1868 in Quincy, een kustplaats iets ten zuiden van Boston. Vanwege familieomstandigheden nam zij al op jonge leeftijd de organisatie van het hele gezin op zich. Tijdens haar studie volgde ze meerdere colleges op Harvard en in 1898 promoveerde zij cum laude aan het Radcliff College.

Als sociaal werker en manager werkte zij veel met jeugdigen. Ook adviseerde ze directeuren uit het industriële en bedrijfsleven. Daarmee begaf zij zich op een terrein waartoe vrouwen in die tijd eigenlijk geen toegang hadden. Tussen 1925 en 1933 hield zij vele lezingen in Londen en New York. In 1933, na een serie lezingen voor de London School of Economics, bracht ze een bezoek aan Boston. Daar werd ze ziek en overleed ze korte tijd later.

Nog altijd worden de ideeën van Mary Parker Follett toegepast, ook in Nederland. Waar de scientific management theory zich voornamelijk richtte op het verhogen van de efficiency en de productiviteit, had Mary Parker Follett juist aandacht voor zaken als motivatie, commitment en gedrag, thema's die binnen de scientific management theory in zekere zin ontkend werden. Haar baan als sociaal werker verklaart de belangstelling van Mary Parker Follett voor mensen en hun gedrag. In tegenstelling tot Taylor vond Mary Parker Follett dat medewerkers betrokken moesten worden bij het zoeken naar mogelijkheden om de manier van werken te verbeteren. Taylor ging onbewust uit van de 'alwetende manager', waar Mary Parker Follett hier juist medewerkers bij wilde betrekken. Ze was ervan overtuigd dat niet de manager, maar de medewerkers het meest weten van het werk dat zij zelf dag in dag uit doen. Dus waarom zou je deze kennis dan niet benutten? Voor managers zag zij met name een coachende en faciliterende rol. Dit stond haaks op de ideeën van Taylor, die van managers een sterk sturende en controlerende rol verwachtte. Daarmee is Mary Parker Follett de grondlegger van wat we tegenwoordig *dienend leiderschap* noemen. Een term die pas in 1970 is geïntroduceerd door Robert Greenleaf in zijn boek *The Servant as Leader*. Dat Mary Parker Follett de eigenlijke bedenker is van dit concept, weten maar weinig mensen. Maar ook hedendaagse managementconcepten als het zelfsturende team en empowerment komen voort uit haar ideeën. Bij empowerment wordt van medewerkers verwacht dat ze zelfstandiger werken, dat ze zelf verantwoordelijkheden kunnen dragen en dat ze zichzelf kunnen motiveren.

Volgens Mary Parker Follett moesten kennis en ervaring leidend zijn binnen organisaties en niet de hiërarchie. Gezag zou in haar ogen niet moeten worden bepaald door iemands positie of functie, maar door kennis en ervaring. Iets dat voor Taylor ondenkbaar was. We kunnen stellen dat Mary Parker Follett haar tijd ver vooruit was. Haar benadering was voor die tijd, die werd beheerst door de ideeën van Taylor, erg revolutionair.

Elton Mayo en de human relations theory

Net als de ideeën van Mary Parker Follett, kan ook de human relations theory worden gezien als reactie op de scientific management theory. Waar bij de scientific management theory de nadruk lag op efficiency, ging het bij de human relations theory om 'de mens achter de werknemer'. Elton Mayo, geboren in 1880 in Australië, geldt als grondlegger van de human relations theory. Voordat hij in 1926 ging werken aan de Harvard Business School, doceerde hij aan de Universiteit van Queensland en de Universiteit van Pennsylvania. Aan de Harvard Business School verwierf hij bekendheid met zijn Hawthorne-experimenten. Met deze experimenten legde hij de basis voor 'zijn' human relations theory, hoewel Mayo de experimenten niet zelf uitvoerde.

De wereldberoemde experimenten vonden plaats tussen 1924 en 1932 in de Hawthorne-fabrieken van de Western Electric Company in Chicago. Saillant gegeven is dat deze experimenten een scientificmanagementtheoretische insteek hadden waarbij de onderzoekers Roethlisberger en Dickinson zich richtten op de invloed van lichtsterkte op de prestaties van productiemedewerkers. De uitkomsten sloten echter niet aan bij de scientific nanagement theory. Bij één groep medewerkers, de experimentele groep, werd de lichtsterkte gevarieerd. Bij een andere groep, de controlegroep, werd deze juist constant gehouden. De onderzoekers verwachtten dat een toename van de lichtsterkte zou leiden tot een hogere productiviteit bij de experimentele groep. De productiviteit steeg daar inderdaad, maar wat zij niet konden verklaren is dat de productiviteit in de controlegroep ook steeg. Daarop besloten ze in 1927 het onderzoek voort te zetten en om Elton Mayo in te schakelen. Na verloop van tijd kwamen ze tot de conclusie dat de onderzoekers zelf deel waren geworden van het experiment. Blijkbaar had de aanwezigheid van de onderzoekers tot gevolg gehad dat de mensen het gevoel hadden gekregen 'ertoe te doen', zowel binnen de experimentele als binnen de controlegroep. Zij hadden aandacht gekregen en er was persoonlijke belangstelling voor hun geleverde prestaties. Mayo kwam tot de conclusie dat hun arbeidsprestaties niet alleen afhankelijk waren van de fysieke werkomstandigheden (waaronder de lichtsterkte) en financiële beloning, maar ook van sociale omstandigheden. Zo bleken zekerheid, erkenning en waardering belangrijk te zijn voor medewerkers. Tevens had Mayo aandacht voor de invloed van informele groepen en de leiderschapsstijl op de prestaties van medewerkers. Dit waren thema's die geen rol speelden binnen de scientific management theory.

De behavioral management theory staat haaks op de ideeën van Taylor. Warren Bennis typeerde de uitgangspunten van de human relations theory naderhand als 'mensen zonder organisatie', waar hij de scientific management theory omschreef als 'de organisatie zonder mensen'. Volgens Bennis was de theorie toe aan 'revisie' en dienden de scientific management theory en de human relations theory gecombineerd te worden. Bennis duidde zijn benadering aan met de toepasselijke term 'revisionisme'. In termen van Bennis gaat het binnen het revisionisme om de 'de organisatie én organisatie' (Keuning en Eppink, 2012). Het revisionisme is terug te zien bij meerdere leiderschapstheorieën, waaronder die van Fiedler, Blake en Mouton en die van Hersey en Blanchard (zie hoofdstuk 8). Bij deze leiderschapstheorieën wordt de aandacht voor de mens (de human relations theory) gecombineerd met aandacht voor de productie, hét aandachtspunt van de scientific management theory.

Theorie X en theorie Y van McGregor
Een andere toonaangevende theorie die past binnen de behavioral management theory is de theorie van Douglas McGregor (1906-1964). McGregor maakte onderscheid tussen twee mensbeelden, theorie X en theorie Y. Theorieën X en Y worden in paragraaf 9.1.1 besproken. Na meerdere studies, waaronder Bedrijfskunde en Sociale Psychologie, promoveerde McGregor in 1935 aan Harvard. In 1960 verscheen zijn boek *The Human Side of Enterprise* waarin hij de twee tegengestelde mensbeelden beschreef. Vlak voor zijn plotselinge dood – McGregor overleed aan de gevolgen van een hartaanval – beschreef hij samen met William Ouchi theorie Z. Theorie Z kan worden gezien als een reactie op de kritiek op zijn eerdere theorieën X en Y. Theorie Z gaat over het bevorderen van een stabiele werkomgeving, een gevoel van productiviteit en een hoge mate van tevredenheid onder werknemers.

1.5. Management science theory

De volgende benadering in het managementdenken wordt gevormd door de zogenoemde management science theory. Hoewel de management science theory geldt als een meer hedendaagse benadering, gaat de ontwikkeling van deze theorie terug tot de periode rond 1940. Science verwijst hier naar het gebruik van geavanceerde kwantitatieve methoden door managers. Doel van het toepassen van deze methoden is om de benodigde bronnen, denk hierbij aan mensen, machines, grondstoffen en informatie, zo efficiënt mogelijk te benutten. Daarmee is de nanagement science theory dan ook te zien als een moderne invulling of opleving van de inzichten vanuit de scientific management theory. Ook Taylor was immers geïnteresseerd in het verhogen van de efficiency binnen organisaties.

In tegenstelling tot de scientific management theory, de administrative management theory en de behavioral management theory bestaat de management science theory niet zozeer uit ideeën, inzichten of principes - denk aan de veertien principes van Fayol–, maar uit een groot aantal tools, dus 'gereedschappen', die managers kunnen inzetten bij het nemen van beslissingen. Deze tools worden steeds geavanceerder, zeker ook doordat computers steeds krachtiger worden en doordat informatie door het internet steeds makkelijker te verkrijgen, te verwerken en te delen is.

Jones en George (2018) verdelen het brede terrein van de management science theory onder in meerdere velden: kwantitatief management, operations management, total quality management en management information systems. De door Jones en George genoemde tools worden met name toegepast bij de strategische en operationele planning, het vestigingsbeleid, het bepalen van de benodigde voorraden gedurende het jaar, de kwaliteitsbewaking en het nemen van verschillende financiële beslissingen. Hoewel de pijl van de management science theory in figuur 1 eindigt rond 1990, is de ontwikkeling van deze theorie – of beter gezegd van deze tools – nog lang niet ten einde. Het is maar de vraag of de ontwikkeling van nieuwe kwantitatieve managementtools ooit nog zal eindigen. Zeker omdat het gebruik van informatie- en communicatietechnologie niet meer is weg te denken uit onze maatschappij. Sterker nog, ontwikkelingen als de 3D-printer zullen de inzet van arbeid zeer waarschijnlijk steeds minder noodzakelijk maken.

1.6. Organizational environment theory

De laatste hoofdtheorie die hier wordt besproken is de organizational environment theory. Die laat zien dat er tijdens de evolutie van het managementdenken steeds meer aandacht is gekomen voor de omgeving van organisaties. De scientific management theory, de administrative management theory en de behavioral management theory waren voornamelijk gericht op de organisatie zelf, zoals het zoeken naar efficiëntere productiemethoden, het vereenvoudigen van het productieproces, het ontwikkelen van regels en procedures en het motiveren van medewerkers. De organizational environment theory verruilde de eerdere interne focus – het navelstaren – voor een externe focus waarbij de aandacht uitging naar de externe omstandigheden of krachten die inwerkten op organisaties.

Vanaf 1950 begon de aandacht binnen het managementdenken zich meer te richten op de omgeving van organisaties, vandaar ook de term organizational environment theory. Onder invloed van Igor Ansoff, die ook wel de 'vader van het strategisch management' wordt genoemd, en later ook mensen als Porter, Hamel, Prahalad en Barney werd het strategievraagstuk in de jaren zestig steeds belangrijker en verschenen er steeds meer wetenschappelijke tijdschriften op dit gebied. Denk bijvoorbeeld aan het tijdschrift Long Range Planning dat in 1968 voor het eerst verscheen, met in de *Editorial Advisory Board* onder anderen Igor Ansoff. Binnen de organizational environment theory worden door Jones en George twee theorieën onderscheiden: de opensysteemtheorie en de contingentietheorie. Deze twee theorieën worden hier verder toegelicht[3].

De opensysteemtheorie
Binnen de opensysteemtheorie wordt de organisatie gezien als open systeem. Een open systeem staat op een of andere manier in relatie met zijn omgeving. Naast open systemen worden ook gesloten systemen onderscheiden. Als voorbeeld kan het geslotenecomomiemodel worden genoemd, waarbij wordt verondersteld dat er geen sprake is van interactie met het buitenland. Een gesloten systeem sluit zich volledig af van de omgeving en onderhoudt geen enkele interactie met de omgeving. Von Bertalanffy omschrijft gesloten systemen als *"systems which are considered to be isolated from the environment"*.

Ludwig von Bertalanffy, aan wie het maken van het onderscheid tussen open en gesloten systemen wordt toegeschreven, stelt dat van een open systeem moet worden gesproken wanneer energie wordt ingevoerd, getransformeerd en uitgevoerd door een organisme dat zichzelf handhaaft door een wisselwerking met de (externe) omgeving

3 Het werk van mensen als Igor Ansoff en Michael Porter kan worden beschouwd als een aparte theorie: de strategietheorie. De strategietheorie wordt door Jones en George echter niet als afzonderlijke theorie besproken. De strategietheorie is in hun beschrijving van de evolutie van het managementdenken het best te plaatsen binnen de organizational environment theory.

en een continu proces van opbouw en afbouw van cellen als componenten. In gewoon Nederlands: open systemen halen iets uit hun omgeving, de input, en zetten deze input om in een bepaalde output. Deze omzetting noemen we ook wel de throughput.

Dit kan concreter worden gemaakt door een organisatie als open systeem te zien (zie ook paragraaf 2.2.2). Een organisatie heeft bepaalde bronnen, resources, nodig om tot producten of diensten te komen. Deze bronnen, de input, zoals grondstoffen, energie, arbeid, geld en informatie, worden uit de externe omgeving gehaald en door middel van een transformatie- of conversieproces omgezet tot het eindproduct. Dit eindproduct wordt vervolgens verkocht aan de klant, dus een partij uit de omgeving van de organisatie. Met de opbrengst kunnen weer nieuwe bronnen worden ingekocht. Dit zorgt voor een doorlopend proces waarmee het open systeem, in dit voorbeeld de organisatie, zich kan handhaven in zijn omgeving.

De contingentietheorie

De contingentietheorie is ontwikkeld rond 1960 en heeft als motto 'situatieafhankelijkheid'. Contingentie wil dan ook zeggen: 'bepaald door de situatie'. De contingentietheorie gaat ervan uit dat er geen beste manier van organiseren bestaat. Wat de beste organisatiestructuren of controlsystemen zijn, hangt af van de kenmerken van de externe omgeving waarin een organisatie opereert. De contingentietheorie beperkt zich niet tot organisatiestructuren en controlsystemen. Ook op het terrein van leidinggeven zijn de nodige situatieafhankelijke theorieën ontwikkeld: het situationeelleiderschapsmodel van Hersey en Blanchard, het contingentiemodel van Fiedler en de path-goaltheorie van House.

Volgens de contingentietheorie is er op voorhand dus nooit een 'beste, voor alle situaties passende' organisatiestructuur of wijze van leidinggeven, dus 'one size *does not* fit all'. Wat het 'best' is, hangt altijd af van de specifieke situatie. Daarmee staan contingentie- of situatieafhankelijke theorieën haaks op zogeheten universele theorieën. Een universele theorie geeft aan hoe de werkelijkheid er altijd uitziet. Het zijn als het ware universeel geldige recepten voor succes. De praktijk leert echter dat lang niet in alle gevallen werkelijk succes volgt na toepassing van de aanbevelingen, of dat er veel uitzonderingen op de regel zijn. Met andere woorden: wat voor de ene organisatie een prima organisatiestructuur is, kan totaal ongeschikt zijn voor een andere organisatie.

Burns en Stalker zijn de grondleggers van de Contingentietheorie. Volgens Burns en Stalker dienen de keuze voor de organisatiestructuur en de wijze van control af te moeten hangen van de kenmerken van de externe omgeving. Bij de kenmerken van de externe omgeving kijken Burns en Stalker naar de mate van veranderlijkheid. Denk hierbij aan de verandering van toegepaste technologieën, de snelheid waarmee producten of modellen op de markt worden gebracht, de mate waarin en de snelheid waarmee nieuwe bedrijven de markt betreden en de stabiliteit van economische omstandigheden. In termen van Burns en Stalker is in een dynamische situatie behoefte aan een *organistische structuur*. In een organisatie met een organistische structuur worden beslissingen snel genomen. Dit vraagt van de organisatiestructuur dat beslissingen niet alleen in de top van de organisatie worden genomen. In de organistische structuur worden beslissingen verspreid in de organisatie genomen, dus ook op de lagere niveaus. Dit sluit aan bij de eerder besproken theorie van Mary Parker Follett, die stelde dat beslissingen daar genomen moeten worden waar de meeste kennis en ervaring aanwezig zijn. De organistische structuur sluit ook aan bij McGregors theory Y (zie paragraaf 9.1.1), waarbij ervan wordt uitgegaan dat ook mensen lager in de organisatie verantwoordelijkheden kunnen dragen en die dingen doen die goed zijn voor de organisatie.

In geval van een omgeving die wordt gekenmerkt door stabiliteit, zou er volgens Burns en Stalker sprake moeten zijn van een *mechanistische* structuur. Dit is een organisatie waarin beslissingen hoog in de organisatie worden genomen. Dit wordt een ook wel een gecentraliseerde organisatie genoemd (zie paragraaf 15.2). In de mechanistische structuur is sprake van veel hiërarchie en duidelijk omschreven taken en verantwoordelijkheden. Deze kenmerken zijn al eerder aan de orde gekomen bij de bureaucratietheorie van Weber. Verder gaat de mechanistische structuur uit van theory X van McGregor, waarbij controle van medewerkers belangrijk is en waarbij het eerstelijnsmanagement de beslissingen op de werkvloer neemt.

1.7. Resumerend

De ontwikkeling van het managementdenken bestaat uit meerdere hoofdtheorieën of -stromingen. Sommige theorieën volgen elkaar vloeiend op, waar andere theorieën haaks op elkaar blijken te staan. Door de verscheidenheid aan ideeën en opvattingen over managers en organisaties worden managers en wetenschappers uitgedaagd om deze ideeën en opvattingen af te wisselen en om organisaties dus te bekijken vanuit verschillende perspectieven, dus vanuit verschillende paradigma's.

Wat opvalt is dat oude theorieën en opvattingen hun waarde eigenlijk nooit zullen verliezen. Zo zal de aandacht voor efficiency nooit stoppen. Sterker nog, er worden dagelijks nieuwe manieren gevonden om de efficiency binnen organisaties te verhogen. En ook aandacht voor mensen blijft noodzakelijk. Te veel aandacht voor de mens leidt wellicht tot een (te) softe organisatie; te weinig aandacht voor de mens komt de productiviteit niet ten goede, zo weten we uit het onderzoek van Elton Mayo. De praktijk en ook de ontwikkeling van de theorie zijn een kwestie van vallen en opstaan. Sommige dingen blijken te werken, andere dingen juist niet. Zo kwam Taylor al snel tot de conclusie dat zijn meerbazenstelsel gedoemd was te mislukken. Of zoals Frits Duyff en Tony Eyk het zouden zeggen: "Da's mooi in theorie, maar 't is een ramp in de praktijk".

Hier kan ook worden verwezen naar het verhaal over de blinde mannen en de olifant (zie ook de uitwerking van de oefencase in hoofdstuk 17). Dit verhaal is gebaseerd op een gedicht van John Godfrey Saxe. In dit verhaal voelen zes blinden elk aan een ander deel van een olifant. Op basis van hun eigen waarneming komen de zes blinde mannen tot hun eigen conclusie. Een van de mannen denkt een slang te voelen, maar voelt in werkelijkheid de slurf van de olifant. Een andere voelt de staart en denkt dat hij een touw vast heeft. Geen van de zes mannen heeft het goed; elke blinde heeft maar een deel van de olifant gezien of eigenlijk gevoeld. Zo is het ook met de besproken managementtheorieën; geen van de theorieën biedt de volledige waarheid, maar in combinatie met de andere theorieën komen we een heel eind. Voor de manager betekent dit dat het noodzakelijk is om de verschillende (hoofd)theorieën af te kunnen wisselen en deze op het goede moment toe te passen.

Literatuur:

Jones, G.R. en George, J.M. (2018). *Contemporary Management*. New York: McGraw-Hill

Keuning, D., & Eppink, D.J. (2012). *Management & organisatie. Theorie en toepassing.* Groningen/Houten: Noordhoff Uitgevers

2 Cultuur in organisaties

2.1 Wat is cultuur?

Het begrip bedrijfscultuur is niet meer weg te denken uit discussies binnen organisaties, in de maatschappij en in de wetenschap. Toch is niet altijd duidelijk wat met dit begrip bedoeld wordt. Zelfs in boeken die over bedrijfscultuur gaan, is een definitie niet altijd te vinden. Een vroege definitie van bedrijfscultuur is door Hofstede (1984) gegeven als de 'collectieve mentale programmering die de ene groep mensen van de andere onderscheidt'. Veel andere schrijvers borduren voort op deze definitie.

> Het woord cultuur wordt gebruikt om te verklaren waarom dingen mis zijn gegaan. Het lag aan de cultuur dat het fout ging en daarmee is bijna al goedgepraat dat de fout is gemaakt en dat er niets aan te doen was. Op een seminar vroeg de spreker aan de zaal waarom de zo succesvolle Amerikaanse supermarktketen Walmart op de Duitse markt zo vreselijk veel geld verloren had met een poging die markt te betreden. Verschillende vingers gingen omhoog en de oorzaak van de mislukking was naar het algemene oordeel de Duitse cultuur. Toen de spreker doorvroeg wat er dan met die Duitse cultuur was, bleef men algemeenheden herhalen. De zaal was het erover eens dat het niet ging om Beethoven, Bach of Goethe. Enige concrete informatie kwam er verder niet. Walmart is een supermarktketen die als leus heeft: 'Every day low prices.' Nu bestaan er al vele jaren in Duitsland twee discountketens die de laagsteprijsstrategie misschien niet uitgevonden hebben, maar wel tot een hoog niveau van perfectie hebben gebracht. Dat zijn Aldi en Lidl. Geen van de bezoekers van het seminar bracht dit feit naar voren als reden dat de Duitse markt zo moeilijk te veroveren is. Het begrip cultuur betekent in dit geval dus verschillen in koopgedrag en concurrenten. Op die manier benoemd, wordt het begrip tastbaar, meetbaar en hanteerbaar. Met cultuur als abstract containerbegrip is weinig te doen.

Het begrip cultuur wordt in de managementliteratuur voor verschillen op diverse niveaus gebruikt. Het is te vinden als karakterisering van verschillen tussen *afdelingen*, tussen *organisatie en bedrijfstakken* en tussen *landen*. Deze drie soorten cultuur worden hier besproken.

2.2 Afdelingscultuur

Lawrence en Lorsch publiceerden in 1967 hun bekend geworden werk over de situatieafhankelijke visie op organisaties. Er blijken verschillen te bestaan tussen succesvolle ondernemingen en afdelingen daarbinnen in verschillende bedrijfstakken. Die verschillen noemen we nu *cultuurverschillen*. Sommige bedrijfstakken hebben als kenmerk dat er in de externe omgeving onzekerheid en complexiteit is, terwijl in andere juist het omgekeerde het geval is. Ook bestaan er tussen delen van de externe omgeving (zie hoofdstuk 3) verschillen in complexiteit (hoeveel externe factoren spelen mee en hoe hangen die onderling samen?) en onzekerheid (hoe voorspelbaar is de externe omgeving?). De onzekerheid voor een onderzoeksafdeling is bijvoorbeeld groter dan voor een productieafdeling die precies weet welke producten volgende week geproduceerd moeten worden. In succesvolle ondernemingen zijn de kenmerken van de afdelingen

afgestemd op het deel van de externe omgeving waar die afdeling mee te maken heeft. In succesvolle organisaties kunnen en moeten tussen afdelingen dus grote verschillen bestaan. Het bestaan van die verschillen is een voorwaarde voor succes. Lawrence en Lorsch noemen die verschillen differentiatie. (NB Dit is een andere betekenis dan waarin het woord in hoofdstuk 14 bij de bespreking van het kosten- en bestuursmotief is gebruikt.)
Differentiatie is in hun opvatting het verschil in cognitieve en emotionele oriëntatie tussen (managers op) verschillende functionele afdelingen.
De cultuurverschillen tussen afdelingen beschrijven zij aan de hand van vier kenmerken:
- *Doeloriëntatie*: een verkoopmanager zal bijvoorbeeld streven naar een hoge omzet door zo veel mogelijk aan de verschillende wensen van de klanten tegemoet te komen. De manager van de productieafdeling heeft de voorkeur voor een uniform product dat hij in grote aantallen en tegen lage kosten kan produceren.
- *Tijdoriëntatie*: voor een afdeling voor onderzoek en ontwikkeling zal de tijdshorizon meestal langer zijn dan voor een magazijn.
- *Interpersoonlijke oriëntatie:* op sommige afdelingen is de manager meer taakgeoriënteerd, terwijl op andere afdelingen de relatie meer aandacht krijgt.
- *Formaliteit van de structuur*: op een afdeling die de betalingen regelt, zullen strenge procedures bestaan, terwijl die op een onderzoeksafdeling minder streng zijn.

Aan de hand van deze kenmerken is het dus mogelijk cultuurverschillen duidelijk te beschrijven. Afhankelijk van de kenmerken van de externe omgeving moeten er grote of kleine cultuurverschillen tussen afdelingen bestaan. Met de kenmerken die Lawrence en Lorsch aangeven, wordt het begrip cultuur van een abstract en weinig zeggend containerbegrip een begrip dat *meetbaar* en daarmee ook *hanteerbaar* wordt. Natuurlijk kunnen cultuurverschillen tussen afdelingen soms tot onderlinge spanningen leiden. Door aandacht te besteden aan de besluitvorming kunnen deze, voor succes noodzakelijke, spanningen in creatieve oplossingen worden omgezet.

2.3 Bedrijfs(tak)cultuur

Horringa geeft al in 1966 aan dat er tussen bedrijfstakken en bedrijven verschillen bestaan in wat hij *klimaten* noemt. Tegenwoordig noemen we die klimaten culturen.
De verschillen in culturen ontstaan onder andere door verschillen in *kritieke activiteit* van organisaties. Een kritieke activiteit is de activiteit die een organisatie bijzonder goed moet uitvoeren om succesvol te kunnen zijn. Hij geeft geen uitputtende indeling van klimaten, maar noemt onder andere het *inkoperklimaat*, het *modeklimaat*, het *ingenieursklimaat* en het *serviceklimaat*. Het inkoperklimaat is te vinden bij ondernemingen waarbij de inkoopactiviteit dominant is, denk aan handelsondernemingen. Het modeklimaat is te vinden in ondernemingen die bijvoorbeeld telkens weer nieuwe kledingcollecties moeten maken of nieuwe horloges, dus in ondernemingen die hun succes deels moeten hebben van snelle creatieve processen. Het ingenieursklimaat ziet men in organisaties die ingewikkelde producten of diensten voortbrengen, denk aan elektriciteitscentrales en waterbouwkundige werken. Het serviceklimaat komt men tegen bij dienstverlenende organisaties als banken en ziekenhuizen. Horringa merkt nog op dat het klimaat van invloed is op de manier waarop in die verschillende klimaten gewerkt en overlegd wordt.

Sanders en Neuijen (1988) definiëren bedrijfscultuur als de 'gemeenschappelijke verstandhouding van de leden van en belanghebbenden bij het bedrijf. Deze gemeenschappelijke verstandhouding heeft betrekking op hoe het dagelijks in de onderneming toegaat'. De cultuur van een bedrijf komt op een aantal manieren tot uiting. Zij laten dat zien aan de hand van een model dat uit lagen bestaat als de schillen van een ui (zie figuur 1).

Figuur 1 Uitingsvormen van bedrijfscultuur als de schillen van een ui, ontleend aan Sanders en Neuijen (1988)

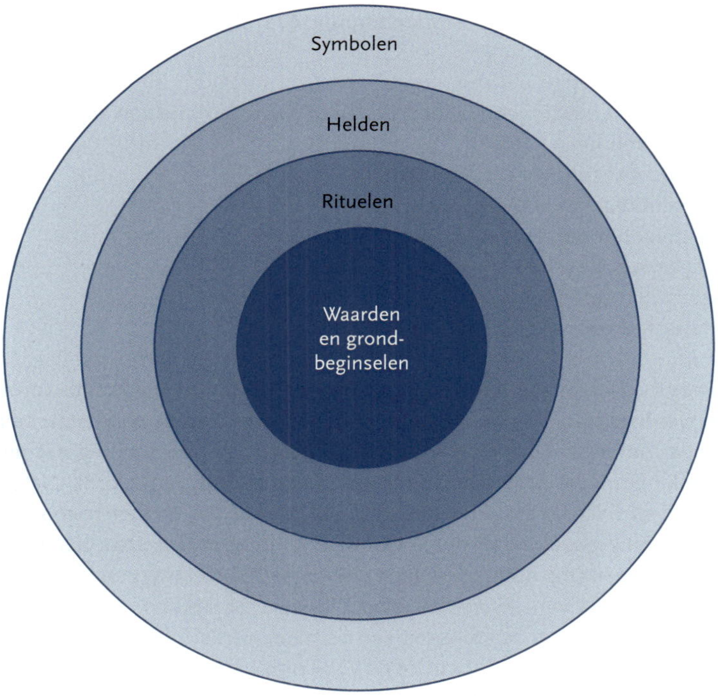

Symbolen zijn voorwerpen, woorden of handelingen die tot uitdrukking brengen wat de organisatie wil zijn of wil betekenen. Symbolen zijn dus zichtbaar, tastbaar of hoorbaar en goed waar te nemen. Huisvesting is ook een uiting van cultuur. Als een kantoor op een industrieterrein staat (lage kosten) in plaats van in de binnenstad (duur), dan is dat een symbool van kostenbewustzijn of eenvoud van de topleiding.
Helden of antihelden zijn echte of denkbeeldige personen die de leden van de organisatie bewonderen of verafschuwen. Helden staan voor gedrag dat goed is voor het succes van de organisatie. In veel bedrijven hebben de oprichters een heldenstatus, denk aan Anton en Gerard Philips of de gebroeders Van Doorne (DAF Trucks). De kenmerken van helden zijn een indicatie van de selectiecriteria die gelden bij de aanname van nieuw personeel of promotie van mensen die al langer bij het bedrijf werken. Woord en daad gaan daarin niet altijd samen. Zo hebben sommige universiteiten als officieel beleid dat docenten die goed kunnen doceren ook hoogleraar kunnen worden. De praktijk laat echter zien dat alleen onderzoekers die publiceren in hooggekwalificeerde weten-

schappelijke tijdschriften hoogleraar kunnen worden. De onderzoekers zijn daar dus de helden en niet degenen die het grootste deel van het onderwijs verzorgen.
Rituelen zijn gewoonten en gebruiken die extra betekenis geven aan bepaalde gebeurtenissen. Het overhandigen door de directeur van een gouden horloge als cadeau bij een 25-jarig dienstjubileum bij een bedrijf geeft aan dat het bedrijf een lang dienstverband op prijs stelt.
Waarden en grondbeginselen brengen tot uitdrukking wat de organisatie goed of slecht, mooi of lelijk en rationeel of niet-rationeel vindt. Sommige organisaties brengen waarden en grondbeginselen expliciet tot uitdrukking in een *value statement* of als onderdeel van een *mission statement*. Een organisatie kan vastleggen dat het belang van de klant boven dat van de aandeelhouder gaat of dat ze veel belang hecht aan natuur- en milieuwaarden.

Sanders en Neuijen beschrijven de bedrijfscultuur aan de hand van zes tegenstellingen. De cultuur van bedrijven kan zijn:
- procesgericht tegenover resultaatgericht;
- mensgericht tegenover werkgericht;
- organisatiegebonden tegenover professioneel;
- open tegenover gesloten;
- strak gecontroleerd tegenover losjes gecontroleerd;
- pragmatisch tegenover normatief.

Procesgerichte bedrijven zijn formeel ingesteld en proberen risico's te vermijden. De regels zijn hier belangrijk. Bij resultaatgerichte bedrijven zijn de resultaten belangrijk en zijn de regels minder belangrijk. Sanders en Neuijen zijn van mening dat dit kenmerk waarschijnlijk het meest zegt over de cultuur in een bedrijf.
Mensgerichte bedrijven geven medewerkers het gevoel dat er met hun problemen en behoeften rekening wordt gehouden. In werkgerichte bedrijven staat het werk voorop.
In bedrijven met een *organisatiegebonden* cultuur is het werknemerschap van grote invloed op de identiteit van de medewerker: 'Ik werk bij Philips.' In een professionele cultuur bepaalt het beroep de identiteit van de medewerker: 'Ik ben accountant.'
Bedrijven met een *open cultuur* staan open voor nieuwkomers en invloeden van buiten. Bedrijven met een gesloten cultuur houden het liefst alles bij het oude en doen soms geheimzinnig.
Strak gecontroleerde bedrijven hebben veel regels die moeten worden nageleefd. Kosten worden in de hand gehouden en vergaderingen beginnen precies op tijd. Strakke controle is in sommige bedrijfstakken van groot belang. Wie gaat vliegen, wil graag dat de gezagvoerder alle checklists voor het vertrek heeft afgerond. Aan het maken van fouten zitten grote gevolgen.
Bedrijven met een *pragmatische* cultuur komen graag tegemoet aan de wensen van de klant, ook al moeten de regels daarvoor een beetje worden omgebogen. In het andere geval moet de klant zich meer aanpassen aan wat het bedrijf voorschrijft.
Tussen de kenmerken van de cultuur kan enige overlap bestaan. Denk aan resultaatgerichtheid, losse controle en een pragmatische cultuur.

Soms kan zich de situatie voordoen dat de bestaande cultuur in een bedrijf niet meer aansluit bij de eisen uit de externe omgeving. Dan is een cultuuromslag nodig. Sanders en Neuijen geven aan dat een cultuuromslag niet eenvoudig is. De topleiding en veel medewerkers zullen zich waarschijnlijk tegen die verandering gaan verzetten. Als de druk maar groot genoeg wordt, zal de organisatie gedwongen zijn zich aan te passen.

Doet zij dat niet, dan is een faillissement niet uitgesloten. Om een cultuuromslag te realiseren is een sterke leiding vanuit de top nodig. Als die niet het voorbeeld van de nieuwe manier van denken en doen geeft, zullen medewerkers op lagere niveaus weinig geloof hechten aan woorden die niet door daden gevolgd worden. De twee auteurs geven verder twee andere manieren aan om de cultuur in een bedrijf te veranderen. Dat kan door het aantrekken van nieuw personeel dat de nieuwe cultuur al kent. Ook promotie en ontslag van medewerkers die al in dienst zijn kunnen daarbij helpen. Verder kunnen trainingen en opleidingen en het buiten de deur bij andere bedrijven kijken helpen de cultuur te laten veranderen.

Tot eind jaren tachtig van de vorige eeuw was het huidige KPN onderdeel van het directoraat-generaal PTT (dat stond voor: het Staatsbedrijf der Posterijen, Telegrafie en Telefonie) van het ministerie van Verkeer en Waterstaat. Aan het hoofd stond de directeur-generaal PTT. Het bedrijf stond onder directe controle van de Tweede Kamer; deze keurde immers de begroting van het ministerie van Verkeer en Waterstaat goed. De minister was verantwoordelijk voor het functioneren van de PTT en moest daarover in de Tweede Kamer verantwoording afleggen. Op een bepaald moment was binnen de PTT het idee opgekomen om naast de traditionele zwarte telefoontoestellen ook grijze op de markt te brengen. Een goed initiatief om meer omzet te maken. Het gevolg van deze actie was dat er in de Tweede Kamer vragen werden gesteld met als thema: 'Is het wel nodig om die grijze toestellen te gaan verkopen?' Het zal duidelijk zijn dat een dergelijke strakke controle op detailniveau door de politiek verhindert dat er geïnnoveerd wordt. Door de liberalisering van de telecommunicatiemarkt omstreeks 1990 is het speelveld aanzienlijk veranderd. Er zijn nu concurrenten die er voor 1990 niet waren, toen de PTT nog monopolist was. Met de liberalisering worden de resultaten belangrijker ten koste van het nauwkeurig naleven van de regels. De cultuuromslag die toen is ingezet, werd geleid door managers uit het bedrijfsleven: Wim Dik (daarvoor topman bij Unilever Nederland) wordt voorzitter van de raad van bestuur van de inmiddels in nv-vorm gegoten voormalige overheidsdienst. Ben Verwaayen (daarvoor directeur bij een Nederlandse dochteronderneming van Alcatel) gaat dan de telecomdivisie leiden. De cultuuromslag in de jaren negentig is enorm en maakt van de oude bureaucratische PTT een moderne en slagvaardige onderneming.

2.4 Nationale cultuur

Op het gebied van internationale cultuurverschillen hebben twee Nederlanders baanbrekend werk verricht: Geert Hofstede en Fons Trompenaars. Beiden hebben hun onderzoek in eerste instantie gedaan ten behoeve van twee grote multinationale ondernemingen. Die hebben in veel landen dochterondernemingen en plaatsen ook veel personen naar andere functies in andere landen over.

Hofstede
Het onderzoek van Hofstede begint eind jaren zestig van de vorige eeuw. Het verzamelen van gegevens over cultuurverschillen en het analyseren ervan gaat nog steeds door. In zijn boek *Culture's Consequences* (1984) gaat Hofstede uit van vier dimensies die de cultuur van een land bepalen. Dat zijn:

- *machtsafstand*: de mate waarin mensen met minder macht in een land accepteren dat ze weinig of geen invloed hebben. Nederland scoort laag op machtsafstand, landen in Zuid-Amerika hoog;
- o*Onzekerheidsvermijding*: de mate waarin mensen in een land er een voorkeur voor hebben om alles onder controle te hebben. Dit kan leiden tot veel voorschriften en regels. Landen als Japan en België scoren hoog op deze dimensie, Engeland scoort laag;
- *individualisme*: de mate waarin een individu belangrijker is dan de groep. Amerika scoort hier hoog en Japan laag;
- *masculiniteit*: de mate waarin mannelijke waarden als concurrentiedrang en assertiviteit meer waardering krijgen of juist het omgekeerde. Vrouwelijke waarden zijn onder andere dienstbaarheid en bescheidenheid. Japan is een masculiene samenleving, terwijl Zweden en Nederland een meer feminiene cultuur hebben.

Later voegt Hofstede (Hofstede, Hofstede en Minkov, 2010) nog een vijfde en zesde dimensie toe aan de oorspronkelijke vier:
- *langetermijnoriëntatie*: de mate waarin in een land de lange termijn belangrijker is dan de korte termijn. Japan scoort hoog op deze maatstaf, Amerika laag;
- *overgave* tegenover *terughoudendheid*: in hoeverre geeft men in een land toe aan de wens alle behoeften voor een prettig leven te bevredigen, of is men daarin terughoudend?

Het is belangrijk hier te vermelden dat in elk land de genoemde dimensies aanwezig zijn. Het verschil tussen landen bestaat uit de mate waarin een dimensie voorkomt. Een hoge score op een dimensie, bijvoorbeeld machtsafstand, betekent dat er meer mensen zijn met die karaktertrek dan in een land dat daarop laag scoort, maar dat betekent niet dat er geen andere meningen te vinden zijn. De door Hofstede beschreven culturen per land blijven veranderen, maar niet plotseling. Ze zijn onderhevig aan krachten als contacten met andere landen en wetenschappelijke ontdekkingen. De invloed van de sociale media en internet kunnen op termijn leiden tot verschuivingen in cultuur, maar die verschuivingen zullen waarschijnlijk geleidelijk zijn. De cultuur van een land heeft invloed op de manier waarop in dat land organisaties en de maatschappij functioneren. Het kennen van de cultuur kan het succes van een dochteronderneming in dat land vergroten. Ook het zakendoen met klanten of leveranciers in een land kan succesvoller worden als goed met de cultuurverschillen rekening wordt gehouden.

Trompenaars en Hampden-Turner

In samenwerking met Hampden-Turner heeft Trompenaars ook verschillen in nationale culturen onderzocht. Zij beschrijven aanvankelijk culturen aan de hand van zeven dimensies (Hampden-Turner en Trompenaars, 1993, 2000; Trompenaars, 1993; Trompenaars en Hampden-Turner 2001). Net als Hofstede ontdekken zij ook dat er in alle landen mensen te vinden zijn die hoog of laag scoren op die dimensies. Het verschil zit in de mate waarin een dimensie hoog of laag scoort. In een recente publicatie bespreken Trompenaars en Woolliams (2011) de vijf belangrijkste.

De vijf dimensies of, zoals zij ze noemen, dilemma's, zijn:

1. Beheersen wij de omgeving of beheerst de omgeving ons? Bijna 80% van de ondervraagde Amerikanen, Britten, Australiërs en Canadezen is van mening een grote invloed te kunnen uitoefenen op de omgeving. Van de Chinezen was het percentage 40 en van de Russen 50.

2. Wat is belangrijker, regels of relaties? In landen als de VS en Engeland zijn regels 'heilig' en worden geen uitzonderingen gemaakt, ook al is men goede vrienden. In landen als China, Rusland en India gaan relaties boven regels.
3. Is falen de verantwoordelijkheid van een team of van een individu? In een land als de VS zijn mensen individualistisch en competitief ingesteld. Die instelling kan leiden tot grote prestaties, maar ook tot interne tegenstellingen. In landen met een meer collectivistische instelling is de verantwoordelijke vaak niet aan te wijzen, of wil men die niet aanwijzen.
4. Hoeveel identificeren wij ons met onze fouten? In sommige culturen zijn mensen in staat fout en persoon los van elkaar te zien. Gaat er iets fout, dan is dat iets waar je van kunt leren, zonder dat de maker van de fout als persoon ook fout is. In het voormalige Oost-Duitsland kon men persoon en fout moeilijker scheiden.
5. Ontlenen wij onze status aan prestatie of aan positie? In landen waar prestaties belangrijker zijn dan formele posities nemen mensen meer initiatief dan in landen waar prestatie minder telt. In zulke landen leveren prestaties en inspanningen de medewerker niets op.

Trompenaars, Hampden-Turner en Woolliams geven aan dat succesvolle bedrijven in staat zijn de tegenstellingen die in de dimensies zitten met elkaar te verzoenen (*reconcile*). Het gaat dus niet om een keuze, maar om het in de praktijk vinden van oplossingen die aan beide gezichtspunten tegemoetkomen. Dit vraagt veel creativiteit van de organisatie. Een Nederlander gaat nu eenmaal niet denken als een Italiaan of omgekeerd. Het denken in termen van of-of moet plaatsmaken voor denken in en-en.

Het spreekt vanzelf dat ook meer concrete zaken van belang zijn bij het werken in verschillende landen. Zo is het noodzakelijk de gebruiken in een land goed te kennen. Gedrag dat in Nederland gewoon is, bijvoorbeeld met de benen over elkaar zitten, is in het Midden-Oosten buitengewoon beledigend; je laat iemand anders niet tegen je schoenzolen aankijken. In Japan leg je een visitekaartje niet op tafel, maar dat geef je met twee handen aan de ander. Zijn kaartje bekijk je aandachtig voor het op te bergen. Ook is het belangrijk opmerkingen goed te interpreteren. Als een Engelsman zegt dat een idee *'interesting'* is, dan is dat een beleefde manier om te zeggen dat hij er notie van heeft genomen, maar er eigenlijk niet verder over wil praten. Als een Japanner tegen een medewerker zegt dat hij misschien iets moet doen, is dat voor die medewerker een duidelijke opdracht die hij beter meteen kan uitvoeren. Over veel van deze praktische kanten van het samenwerken met mensen uit andere landen is interessante en op elk land toegesneden informatie te verkrijgen. Internationale Kamers van Koophandel en ambassades zijn daarvoor onder andere contactpunten. Ook zijn er commerciële aanbieders die trainingen en opleidingen verzorgen.

Cultuurverschillen verdienen vooral aandacht als mensen uit verschillende landen moeten gaan samenwerken. Dat kan zijn in het kader van het ontwikkelen van nieuwe producten of diensten, fusies, overnames of strategische allianties. De aandacht die besteed wordt aan het managen van de cultuurverschillen hangt volgens Hall (1995) af van twee factoren. De eerste is de mate van *interactie*, het met elkaar in contact staan van mensen. Er kan veel of slechts incidenteel contact zijn. De tweede factor is de *interdependentie* tussen het werk dat verschillende mensen uitvoeren. Als wat de ene medewerker doet weinig of geen invloed heeft op wat de andere doet, is die interdependentie gering. Indien wat de een doet van grote invloed is op het resultaat van de ander, is er sprake van hoge interdependentie. Beide factoren brengt Hall samen in de cultuurimpactmatrix in figuur 2.

Figuur 2 Cultuurimpactmatrix, ontleend aan Hall (1995)

Interactie \ Interdependentie	Hoog	Laag
Veel	Hoog	Laag
Weinig	Gemiddeld	Laag of afwezig

Afhankelijk van de soort cultuurverschillen en de grootte ervan, moet het management veel of weinig aandacht aan die cultuurverschillen besteden. Na een grondige analyse van de situatie kan het management kiezen welke concrete acties genomen moeten worden. Het is dus geen automatisme dat bij grote cultuurverschillen altijd grote acties nodig zijn.

Cultuurverschillen of tegengestelde belangen?

Toen Air France in 2003 KLM wilde overnemen, vroeg een journalist aan Leo van Wijk, toenmalig president-directeur van KLM, wat hij zou gaan doen aan het overbruggen van de cultuurverschillen tussen KLM en Air France. Het antwoord was dat hij belangrijker zaken aan zijn hoofd had dan cultuurverschillen. Dat antwoord moet waarschijnlijk met een korreltje zout worden genomen. Uiteraard is er aandacht aan cultuur besteed, maar dat gebeurde al werkend. De met de overname beoogde kostenbesparingen werden sneller bereikt dan gepland was. In die zin is de overname een succes geworden. Veel medewerkers van beide bedrijven hebben samengewerkt aan concrete projecten die concrete resultaten hebben opgeleverd. Dat samenwerken geeft ook inzicht in en begrip voor elkaars culturen. Uiteindelijk worden de medewerkers beoordeeld op de behaalde resultaten. Als die er zijn, zal het met het leven met verschillende culturen wel goed zitten.

De problemen die zich de laatste jaren tussen het Air France-deel en het KLM-deel voordoen, hebben waarschijnlijk meer met uiteenlopende belangen te maken, dan met verschillen in cultuur.

Literatuur

Beugelsdijk, S., Maseland, R. en Hoorn, A. van, (2015). Are Scores on Hofstede's Dimensions of National Culture Stable over Time? A Cohort Analysis, *Global Strategy Journal*, vol. 5, nr. 3, 223-240.

Davies, S.M. (1984). *Managing Corporate Culture*. Cambridge, Mass.: Ballinger Publishing.

Deal, T.E. en Kennedy, A.A. (1982). *Corporate Cultures. The Rites and Rituals of Corporate Life*. Reading, Mass.: Addison-Wesley Publishing.

Eppink, D.J., Ulijn, J. en Heijden, B. van der (2010). Managing Potential Conflicts in a European Banking Alliance in ICT: Study of Intro- and Mutual Perception Combined for a Cultural Fit, in: Ulijn, J., Duysters, G. en Meijer, E. (red.). *Strategic Alliances, Mergers and Acquisitions. The Influence of Culture on Successful Cooperation*. Cheltenham: Edward Elgar.

Hall, W. (1995). *Managing Cultures. Making Strategic Relationships Work*. Baffins Lane: John Wiley & Sons.

Hall, W. en Eppink, D.J. (1992). Strategic Alliances in the Airline Industry, *Journal of Strategic Change*, vol. 1, nr. 6, 341-348.

Hampden-Turner, C. en Trompenaars, F. (1993). *The Seven Cultures of Capitalism*. New York: Doubleday.

Hampden-Turner, C. en Trompenaars, F. (2000). *Building Cross-Cultural Competence. How to Create Wealth from Conflicting Values*. New Haven & London: Yale University Press.

Hofstede, G. (1984). *Culture's Consequences. International Differences in Work-Related Values*. Beverley Hills: Sage Publications.

Hofstede, G., Hofstede, G.J. en Minkov, M. (2010). *Cultures and Organizations. Software of the Mind*. New York: McGraw-Hill.

Horringa, D. (1966). *Ondernemingsbestuur in de moderne samenleving*. Utrecht: Marka-boeken.

Lawrence, P.R. en Lorsch, J.W. (1967). *Organization and Environment. Managing Differentiation and Integration*. Boston: Division of Research, Graduate School of Business Administration, Harvard University.

Lorsch, J.W. en Morse, J.J. (1974). *Organizations and Their Members: a Contingency Approach*. New York: Harper & Row Publishers.

Neuijen, J.A. (1992). *Diagnosing Organizational Cultures. Patterns and Continuance and Change*. Groningen: Wolters-Noordhoff.

Sanders, G. en Neuijen, J.A. (1988). *Bedrijfscultuur: diagnose en beïnvloeding*. Assen/Maastricht: Van Gorcum.

Trompenaars, F. (1993). *Zakendoen over de grens. Leren omgaan met andere culturen*. Amsterdam/Antwerpen: Uitgeverij Contact.

Trompenaars, F. en Hampden-Turner, C. (2001). *21 Leaders for the 21st Century. How Innovative Leaders Manage in the Digital Age*. Oxford: Capstone Publishing.

Trompenaars, F. en Voerman, E. (2008). *Grenzeloos leiderschap. Zeven dilemma's van Servant-Leadership in beeld gebracht*. Amsterdam: Business Contact.

Trompenaars, F. en Woolliams, P. (2011). Lost in Translation, *Harvard Business Review Web Exclusive*.

Woodward, J. (1965). *Industrial Organization: Theory and Practice*. Londen: Oxford University Press.

Geraadpleegde websites

www.geert-hofstede.com

3 Groei en ontwikkeling van organisaties

Organisaties die langer bestaan, worden niet alleen maar groter en ouder. De uitdagingen uit de externe omgeving waarvoor ze staan, worden anders. Op die andere uitdagingen moet de organisatie een antwoord vinden. Van binnenuit komen er nieuwe eisen op het management af waarop het management ook moet reageren. In de loop der tijd zijn verschillende theoretische modellen ontwikkeld om aan te geven wat de uitdagingen zijn en hoe erop geantwoord kan worden. Twee daarvan komen in dit hoofdstuk aan **de orde**: het groeimodel van Scott (1970) en het model van Greiner (1998). Aanvullingen op het model van Greiner zijn ontwikkeld door Keuning (2006) en door Keuning en Eppink (2012).

3.1 Het fasemodel van Scott

Scott onderscheidt drie fasen in de groei van een organisatie.
In de *eerste fase* is de organisatie nog klein en doet de eigenaar-directeur het meeste werk nog zelf. Er werken maar een paar medewerkers en er is sprake van weinig formaliteit. In de *tweede fase* ontwikkelt de kleine organisatie zich tot een echte organisatie met afdelingen die aan de directeur rapporteren. In de *derde fase* ontwikkelt de organisatie zich tot een gedecentraliseerde divisieorganisatie. De activiteiten die de organisatie onderneemt, lopen steeds meer uiteen.
In de praktijk zullen lang niet alle organisaties die klein beginnen deze volledige ontwikkeling doormaken. Soms is de markt niet groot genoeg en soms streeft de eigenaar-directeur niet naar enorme groei.
In de fasen die elkaar opvolgen moeten de verschillende managementaspecten steeds anders (situatieafhankelijk) ingevuld worden. Die managementaspecten zijn:
- *Strategie*: wie bepaalt de strategie en hoe is de strategie ingevuld?
- *Structuur*: welke vorm van arbeidsverdeling ligt het meest voor de hand? Wat is de gewenste mate van centralisatie?
- *Onderzoek en ontwikkeling*: op welke plaatsen in de organisatie moeten onderzoek en ontwikkeling plaatsvinden en op welke programma's moet de organisatie zich richten?
- *Prestatiemeting*: wie doet dat op basis van welke informatie?
- *Beloning*: welke beloningssystematiek moet worden toegepast?
- *Beheersing*: wie is of zijn verantwoordelijk en met welke systemen vindt deze beheersing plaats?

In deze aspecten zijn de drie bouwstenen strategie, operaties en structuur duidelijk te herkennen.
In de *eerste fase* bepaalt de eigenaar zelf de strategie en is de structuur eenvoudig met de eigenaar als beslisser. Onderzoek en ontwikkeling zijn de verantwoordelijkheid van de eigenaar, die zelf kijkt wat de prestaties zijn. Een beloningssysteem bestaat niet en de eigenaar controleert alles en stuurt bij waar dat nodig is.
In de *tweede fase* blijft de eigenaar nauw betrokken bij het formuleren van de strategie, die kan inhouden dat nieuwe producten of diensten worden ontwikkeld en dat nieuwe markten worden betreden. Ook verticale spreiding is een mogelijkheid. De structuur van de organisatie wordt formeler en onderzoek en ontwikkeling worden ondergebracht in een zelfstandige afdeling. Het meten van de prestaties wordt objectiever, net als de

beloningssystematiek. De eigenaar delegeert meer naar lagere niveaus en er komen meer regels en beleidslijnen.
In de *derde fase* wordt de strategieformulering meer gestructureerd. De organisatiestructuur kent divisies en verdergaande decentralisatie. De afdeling Onderzoek en Ontwikkeling werkt ook aan nieuwe producten en diensten. Prestatiemeting gaat aan de hand van financiële maatstaven en marktaandelen. Beloning is systematisch en voor de top vaak gekoppeld aan geleverde prestaties. Het beheersingssysteem gebruikt financiële cijfers en marktinformatie om bij te sturen.

De beschrijving van de drie fasen van ontwikkeling geeft een goed inzicht in hoe de managementproblematiek met het groeien van de organisatie verschuift. De beschrijving is overigens geen voorschrift, maar geeft aan welke nieuwe vragen het management zich moet stellen bij het verder groeien. Uit de praktijk blijkt dat eigenaren die in de eerste periode van de ontwikkeling van het bedrijf succesvol zijn geweest, de verdere groei niet goed meer kunnen leiden. Het is voor hen moeilijk om beslissingen aan jongere en op veel punten minder ervaren managers over te laten. Ook andere mensen van het eerste uur kunnen die groei lang niet altijd mogelijk maken. Deze natuurlijke ontwikkeling zien we terug in het model van Greiner.

3.2 Het model van Greiner

Greiner ontdekt dat in de ontwikkeling van organisaties perioden van geleidelijke ontwikkeling (evolutie) worden afgewisseld door periodes van crisis (revolutie). In elk van de fasen zijn verschillende managementpraktijken te herkennen die in de volgende fase aan de nieuwe omstandigheden worden aangepast. Hij maakt een onderscheid in vijf fasen die elk worden afgesloten met een crisis, omdat de oude praktijken niet goed genoeg meer zijn om succes te blijven behalen. Greiner geeft de crisis na fase 5 nog geen naam. De fase van ontwikkeling waarin een organisatie zich bevindt, hangt af van de omvang van de organisatie en de leeftijd.
Het soort bedrijfstak waarin de organisatie actief is, heeft invloed op het tempo van ontwikkeling. Een snelle bedrijfstak met een hoge groei (denk aan smartphones of tablets) zal sneller leiden tot een grote organisatie dan een bedrijfstak waarin de groeivoet lager is.

Greiner geeft dit als volgt weer (zie figuur 1).

Figuur 1 Het groeimodel van Greiner

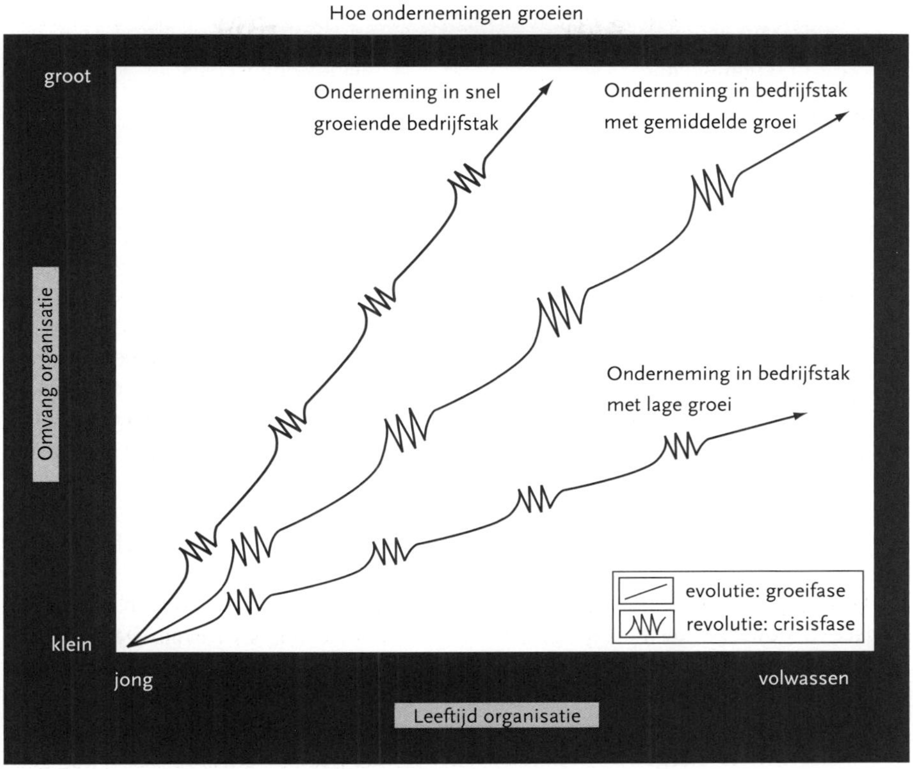

Greiner geeft aan dat in elke fase van de groei de volgende aspecten van het werk van de manager anders worden ingevuld.

1. Wat staat in het brandpunt van het management?
2. Hoe ziet de organisatiestructuur eruit?
3. Van welke leiderschapsstijl van het topmanagement is er sprake?
4. Hoe ziet het beheersingssysteem eruit?
5. Hoe ziet de basis van de beloning van de top eruit?

Greiner onderscheidt zes groeifasen met elk een verschillende oorzaak van de groei. Na elke fase ontstaat een crisis, zoals weergegeven in figuur 2.

Figuur 2 Groeifasen en crises

Fase	Groei door	Crisis
1	creativiteit	leiderschapscrisis
2	richting geven	autonomiecrisis
3	delegatie	beheersingscrisis
4	coördinatie	bureaucratiecrisis
5	samenwerking	interne groei
6	extra-organisationele oplossingen	?

In fase 1 groeit het bedrijf door de creativiteit van de leider, vaak de pionier-oprichter en enige eigenaar. Door de informele manier van werken en de neiging van de eigenaar veel werk zelf te blijven uitvoeren en daarnaast alle beslissingen zelf te blijven nemen, ontstaat rond dat soort leiderschap spanning die tot een crisis leidt. Het kost soms moeite de leider ervan te overtuigen dat hij de organisatie anders moet gaan aansturen. Druk vanuit de raad van commissarissen kan, als het echt niet anders kan, helpen de verbeteringen af te dwingen. Vaak ook zijn de adviezen van de accountant of de bank al voldoende om een eind te maken aan de crisis.

In fase 2 wordt plaatsgemaakt voor lager geplaatste managers met eigen deelbeslissingsbevoegdheden, terwijl de eigenaar volstaat met richting aangeven. Daarmee kan het bedrijf verder groeien. Wanneer de leider te veel richtinggevend blijft, ontneemt dat de lagere managers groeikansen en geeft dat het gevoel dat ze geen belangrijke beslissingen kunnen nemen. Tevens worden medewerkers en leidinggevenden ingeperkt door taakstellende budgetten en prestatienormen die worden opgelegd. Zij voelen zich in hun eigen ontwikkeling en hun positie beperkt, wat leidt tot de autonomiecrisis.

In fase 3 hebben lagere managers meer echte beslissingsbevoegdheid die ze gedelegeerd krijgen en die zij mogen gebruiken. Dit kan bij de leider het gevoel oproepen of ook feitelijk zo zijn, dat hij geen overzicht meer heeft en de zaak niet meer in de hand heeft. Hierdoor ontstaat de beheerscrisis.

In fase 4 worden daarom formele systemen ingevoerd voor financiële rapportages, strategische planning enzovoort. Dit kan doorslaan in te veel regeltjes en verplichtingen die van bovenaf zijn opgelegd wat het snel nemen van goede beslissingen in de weg kan staan. Het gevolg is de bureaucratiecrisis.

In fase 5 verlaat de organisatie het bureaucratische model en geeft meer ruimte aan spontaniteit en informele samenwerking. De formele en afstandelijke systemen zijn vervangen door directe afstemming en overleg. Ook dat kan de organisatie weer tot verdere groei brengen, maar ook dat kan op een bepaald moment ontaarden in een vergadercultuur. Hierdoor ontstaat een nieuwe crisis door een gebrek aan interne groeimogelijkheden.

In fase 6 wordt de oplossing hiervoor gezocht in het aangaan van verbanden met andere organisaties. Denk daarbij aan fusies en overnames, het aangaan van strategische allianties, wederzijdse participaties met andere organisaties en netwerken. Tot welke crisis deze fase zal leiden, kan Greiner nog niet beschrijven. De signalen daarvoor ontbreken nog.

De belangrijkste les van Greiners model is dat elk succes op den duur zijn eigen valkuil graaft. In de eerste plaats geeft het model aan welke verschijnselen in een organisatie kunnen wijzen op problemen die op komst zijn. Het model heeft dus een signaleringsfunctie. In de tweede plaats geeft het aan hoe de organisatie anders moet gaan functioneren om opnieuw succesvol te worden. Het geeft dus mogelijkheden voor verbetering aan. In de derde plaats wijst Greiner er nog op dat een probleem voor een zekere tijdsduur opgelost kan zijn, maar dat een nieuw probleem zich weer zal voordoen. Het is zaak voortdurend op zijn hoede te zijn.

Aangehaalde en aanbevolen literatuur

Greiner, L.E. (1998). Evolution and Revolution as Organizations Grow, *Harvard Business Review*, vol. 76, nr. 3, 55-68 (aangepaste versie van het oorspronkelijke artikel uit 1972).

Keuning, D. (2006). *Groei en ontwikkeling van een bedrijf.* Groningen/Houten: Wolters-Noordhoff.

Keuning, D. en Eppink, D.J. (2012). *Management & Organisatie. Theorie en toepassing.* Groningen/Houten: Noordhoff Uitgevers.

Ross, J.E. en Kami, M.J. (1973). *Corporate Management in Crisis: Why the Mighty Fall.* Englewood Cliffs, N.J.: Prentice-Hall.

Rumelt, R.P. (1974). *Strategy, Structure and Economic Performance.* Boston: Division of Research, Graduate School of Business, Harvard University.

Scott, B.R. (1970). *Stages of Corporate development* (Part I), Harvard Business School, Note 371-294.

Woodward, J. (1965). *Industrial Organization: Theory and Practice.* Londen: Oxford University Press.

Zwan, A. van der (1990). *Koplopers en achterblijvers. Effectiviteit in beleid en management.* Baarn: Anthos/Bosch & Keuning.

4 Configuratiebenaderingen

4.1 Inleiding

Een configuratie is een samenstel van onderdelen die in een bepaalde vorm vaak voorkomen (vgl. Meyer et al., 1993). In de organisatietheorie zijn bekende configuratiebenaderingen ontwikkeld en beschreven door Miles en Snow (1978, 1994), Miles et al. (1978) en Mintzberg (1979, 1983) en, in vervolg daarop, door Mintzberg et al. (1998, 2009). In moderne termen kan men spreken van vormen van een holistisch[1] beeld van organisaties. In de managementpraktijk en in veel opleidingen wordt het 7S-model (Peters en Waterman, 1981) vaak gebruikt en behandeld. Strikt genomen is het geen configuratietheorie als die van Miles en Snow en van Mintzberg, maar het model geeft wel een holistisch beeld van de organisatie.

Deze drie benaderingen komen hierna aan de orde. Ze hebben in de wetenschap en in de praktijk veel aandacht gekregen. Behalve een korte weergave van hun gedachten komen ook uitkomsten van empirisch onderzoek naar die theorieën aan bod. Tot slot is er aandacht voor de praktische toepasbaarheid van deze configuratiebenaderingen

4.2 Miles en Snow

4.2.1 De configuraties

Succesvolle organisaties hebben volgens Miles en Snow organisatiekenmerken die goed op elkaar én op de omgeving aansluiten. Het is het hele pakket van strategie, structuur en processen dat het succes bepaalt (zie o.a. Miles et al., 1978, p. 550; Miles en Snow, 1994, p. 3). In hun eerste verkennende onderzoek, in de jaren zeventig van de vorige eeuw, zagen zij dat in de sector van het uitgeven van schoolboeken heel verschillend opererende uitgevers succesvol waren (Ketchen, 2003, p. 97). Die studie besloeg 16 ondernemingen. Een volgende studie omvatte 49 organisaties in de elektronica en de voedselverwerkende industrie. Een derde onderzoek richtte zich op 19 ziekenhuizen. In hun boek (Miles en Snow, 1978) onderscheiden zij vier configuraties, waarvan er drie goed aansluiten op de kenmerken van de omgeving van de organisatie. Deze leiden tot succes, terwijl de vierde, de reactor, slechte prestaties laat zien.
De drie succesvolle configuraties zijn:
- *prospector* (verkenner of goudzoeker);
- *defender* (verdediger);
- *analyzer* (analist).

De *prospectororganisatie* is voortdurend actief op zoek naar nieuwe mogelijkheden in de markt. Er is veel vernieuwing in de producten en diensten. De organisatie wil als eerste met iets nieuws komen. Er is veel aandacht voor productontwerp en marktonderzoek. Het productieapparaat en de processen zijn tamelijk flexibel. In grote organisaties is er sprake van een productdivisiestructuur (zie paragraaf 14.3). Er is veel decentralisatie, waarbij de top vooral stuurt op prestaties. Het typische planningsproces is: act -> evaluate -> plan.

1 Holos is de Griekse term voor 'geheel'.

De *defenderorganisatie* heeft een beperkte en stabiele lijn van producten en diensten. Het streven is de efficiency te verhogen door het bereiken van schaalgrootte. Er is vaak sprake van marktpenetratie (zie paragraaf 4.6). Onderzoek en ontwikkeling richten zich op het verbeteren van de processen en van het product. De productie vindt plaats in grote volumes met gespecialiseerde apparatuur. De organisatiestructuur is veelal functioneel ingedeeld (zie paragraaf 14.3). Besluitvorming is gecentraliseerd, waarbij plannen een grote rol spelen. Het planningsproces verloopt als volgt: plan -> act -> evaluate.

De *analyzerorganisatie* heeft een stabiele, maar wel veranderende lijn van producten en diensten. Innovatie van producten en diensten wordt zorgvuldig gepland. De analyzer is als tweede op de markt met iets nieuws. Onderzoek en ontwikkeling richten zich op verbetering van het proces en aanpassing van het product. In de productie is er sprake van ontwikkeling gevolgd door productie met lage kosten. De organisatiestructuur heeft kenmerken van een matrixorganisatie van projecten in combinatie met een functionele hoofdindeling. Stabiele onderdelen worden gemanaged met behulp van plannen, terwijl de vernieuwingsprojecten op voortgang beoordeeld worden. Het planningsproces heeft de volgende fasen: evaluate -> act -> plan. Analyzers nemen een positie in tussen prospectors en defenders.

De *reactororganisaties* hebben tijdelijk weinig succes. De onderzoekers hebben hiervoor drie verklaringen. De eerste is dat sommige reactors geen duidelijke strategie hebben geformuleerd. Aansluiting met de omgeving loopt daardoor steeds meer uit de pas. De tweede verklaring is dat sommige reactors niet de juiste organisatiestructuur en processen hebben ontwikkeld om de strategie te verwezenlijken. Ook al sluit die aan op de omgeving, dan is gebrek aan succes te wijten aan interne tekortkomingen. De derde verklaring is dat sommige reactors de strategie en interne structuur en processen niet laten meegroeien met de veranderingen in de omgeving. Bij reactors zijn in de loop der tijd twee ontwikkelingen te zien. Soms weten ze zich om te vormen tot een van de drie andere vormen waardoor ze weer succesvol worden. Soms verdwijnen ze door een overname door een andere onderneming of door een faillissement.

Deze vier configuraties zijn in figuur 1 samengevat:

Figuur 1 De vier configuraties van Miles en Snow (1978)

	Strategie	Omgeving	Organisatie-kenmerken
Prospector	Innoveren. Zoeken naar nieuwe markten. Groei. Neemt risico's.	Dynamisch. Groeiend.	Creatief. Innovatief. Flexibel. Gedecentraliseerd.
Defender	Bescherm markt. Bezuinig. Behoud markt.	Stabiel.	Strakke controle. Gecentraliseerd. Productie-efficiency. Weinig overhead.

	Strategie	Omgeving	Organisatie-kenmerken
Analyzer	Handhaaf huidige markt. Gematigde innovatie.	Gematigde verandering.	Strakke controle én flexibiliteit. Efficiënte productie. Creativiteit.
Reactor	Strategie onduidelijk. Reactie op veranderingen. Met de stroom mee.	Kan in elke omgeving voorkomen.	Onduidelijke organisatie. Hangt af van specifieke situatie.

Bron: aangepast overgenomen uit Miles et al. (1978b)

4.2.2 *Empirisch onderzoek naar de configuraties van Miles en Snow*

Doty et al. (1993) stellen vast dat de configuratietheorieën van Miles en Snow en van Mintzberg intuïtief sterk aanspreken. Er is echter weinig empirisch onderzoek naar gedaan. Dat geldt in het bijzonder voor de theorie van Mintzberg, die een synthese is van onderzoek van anderen. De configuraties van Miles en Snow komen voort uit hun eigen empirische onderzoek. Het is dus niet algemeen geldend vastgesteld dat bestaande organisaties die overeenkomen met de configuraties effectief zijn.

Voor de empirische test van beide configuratietheorieën hebben de onderzoekers dezelfde organisaties geanalyseerd. De verzamelde informatie was toegesneden op de door Miles en Snow genoemde kenmerken van omgeving, structuur en strategie. De criteria om effectiviteit te meten waren dezelfde als die voor de test van de theorie van Mintzberg. De steekproef waar de resultaten op gebaseerd zijn, is dus dezelfde voor de twee tests. Hierdoor zijn de uitkomsten goed vergelijkbaar.

Het meest opvallende resultaat van de studie is volgens Doty et al. het niveau van steun voor de configuraties van Miles en Snow. Zij stellen dat een goede afstemming (fit) tussen omgevingssituatie, structuurkenmerken en strategie een goede voorspeller is voor de effectiviteit van organisaties.

Hambrick (1983) heeft op een aantal deelaspecten de typologie van Miles en Snow onderzocht. Hij kon daarvoor gebruikmaken van de database van het PIMS-programma (zie paragraaf. 5.1.1). Naast gegevens over bedrijfstakken bevat deze database ook gedetailleerde informatie over duizenden aan het programma deelnemende *businessunits*. Hambrick merkt op dat de auteurs de effectiviteit niet erg specifiek en nauwkeurig omschreven vaststelden.
Hij stelt op grond van zijn analyses vast dat *defenders* in alle situaties hoog scoren op winstgevendheid en *cashflow*. *Prospectors* lieten, anders dan *defenders*, toenemende marktaandelen zien, maar alleen in innovatieve bedrijfstakken. Alleen daar worden de extra kosten en risico's goedgemaakt. In niet-innovatieve bedrijfstakken zijn *prospectors* bezig met onnodige aanpassingen aan producten en diensten. Dit gaat ten koste van winst en *cashflow*.

Hambrick kon de verschillen tussen *prospectors* en *defenders* bevestigen die men kan verwachten op grond van de beschrijving van Miles en Snow. *Prospectors* hebben hoge kosten voor research & development en marketing, die voor de vernieuwing moeten zorgen. *Defenders* zijn kapitaalintensief, hebben een hoge productiviteit per werknemer en lage directe kosten. Die kenmerken moeten leiden tot efficiency.

4.3 Mintzberg

4.3.1 De configuraties

Mintzberg (1979, 1983) komt in zijn benadering tot vijf configuraties. In later werk met Ahlstrand en Lampel (2009) komen er nog twee bij. Een configuratie is volgens Mintzberg een natuurlijk cluster van de volgende elementen: coördinatiemechanismen, ontwerpparameters en situatiebepalende factoren (1979, p. 299; 1983, p. 151). Wat coördinatiemechanismen en ontwerpparameters betreft grijpt Mintzberg terug op wat men de klassieke ontwerpmogelijkheden kan noemen. Hij beschrijft onder andere vormen van arbeidsverdeling (*job specialization*), afdelingsvorming (*unit grouping*), laterale relaties (*lateral linkages*) en vormen en mate van decentralisatie.

Volgens Mintzberg is een organisatieontwerp opgebouwd uit vijf componenten:

1. de operationele kern (*operating core*): hier komen producten en diensten tot stand;
2. de strategische top (*strategic apex*): deze bepaalt de strategie;
3. de middenmanagers (*middle line*): deze verbinden de top met de operationele kern;
4. de technische staf (*technostructure*): deze zorgt voor de technische ondersteuning van de operationele kern en de analytische ondersteuning van de strategische top. Denk aan onderhoudsdienst, marktonderzoek, public relations enzovoort (zie paragraaf 15.1.2);
5. de ondersteunende staf (*support staff*): deze vervult een grote diversiteit aan diensten voor het primaire proces, denk aan HRM, juridische zaken, kantines, veiligheid enzovoort (zie paragraaf 15.1.3).

In figuur 2 is de algemene vorm van een organisatie weergegeven (Mintzberg 1979, p. 20).

Figuur 2 Algemene vorm van een organisatie

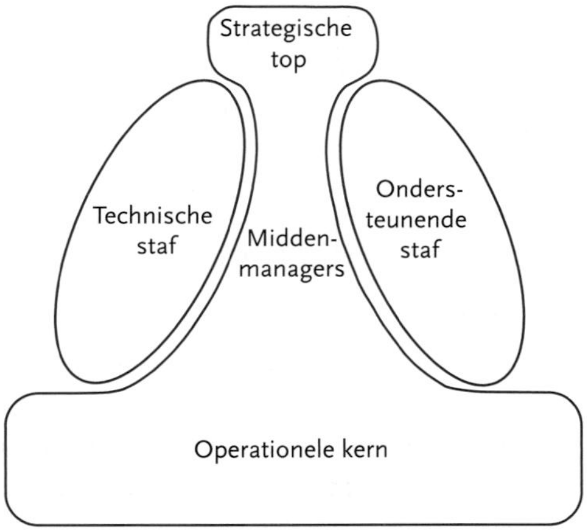

Mintzberg onderscheidt in zijn vroegere werk (1979, 1983) vijf verschillende configuraties. Deze zijn door hem uit de bevindingen van andere onderzoekers afgeleid. Zijn

boek uit 1979 *The Structuring of Organizations* heeft als ondertitel *A Synthesis of the Research*. Het boek bevat geen verwijzingen naar door Mintzberg zelf uitgevoerd empirisch onderzoek naar de configuraties! Dat is geen kritiek, maar het is belangrijk dat te constateren om de oorsprong van de configuraties goed op waarde te kunnen schatten. Die zijn door Mintzberg niet uit eigen empirisch onderzoek voortgekomen. Dit in tegenstelling tot de configuraties van Miles en Snow.
De vijf configuraties zijn:

1. *Eenvoudige structuur*. Denk aan een eenvoudig productiebedrijf. Dit is de configuratie waarin de strategische top het belangrijkste onderdeel is. Direct toezicht door de top zorgt voor de coördinatie en de besluitvorming is erg gecentraliseerd. Mintzberg geeft deze configuratie (die hij later de ondernemende organisatie noemt) als volgt weer:

Figuur 3 Eenvoudige structuur

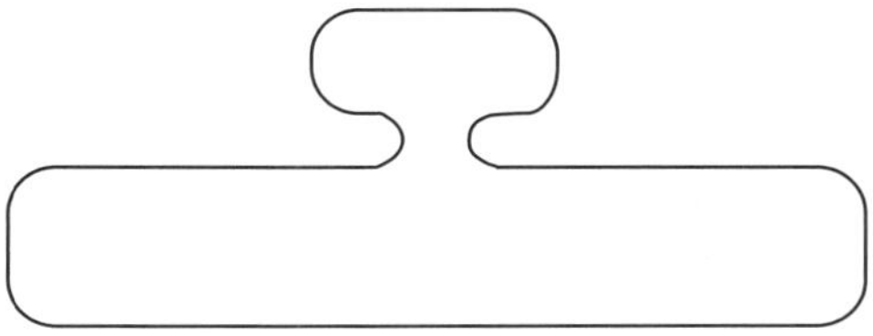

2. *Machinebureaucratie*. Dit is bijvoorbeeld een productiebedrijf dat zich in de loop der jaren ontwikkeld heeft tot een geoliede machine. In deze configuratie zorgt standaardisatie van de werkprocessen voor de coördinatie, is de technische staf het sleutelonderdeel en is er enige horizontale decentralisatie[2]. Deze configuratie is weergegeven in figuur 4.

Figuur 4 Machinebureaucratie

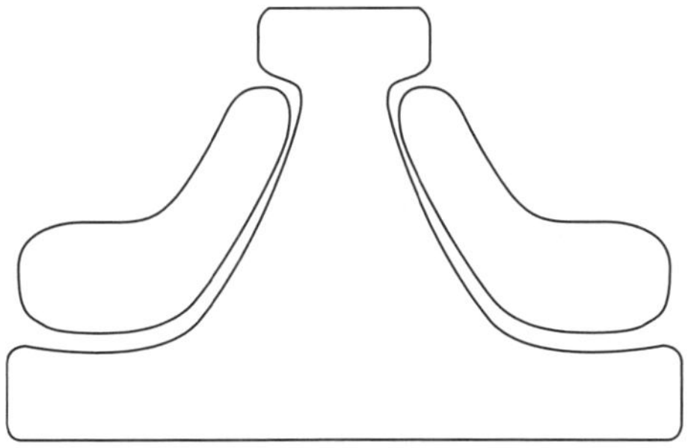

In later werk vervangt Mintzberg de term 'bureaucratie' door 'organisatie'.

3. *Professionele bureaucratie*. Denk aan een accountantskantoor of een ziekenhuis. Coördinatie gebeurt door het standaardiseren van vaardigheden. De operationele

2 Bij horizontale decentralisatie worden bepaalde bevoegdheden in horizontale richting overgedragen, bijvoorbeeld aan specialistische hulpdiensten. Bij verticale decentralisatie worden beslissingsbevoegdheden naar een lager organisatieniveau verplaatst (Keuning en Eppink, 2012).

kern is het sleutelonderdeel en er is sprake van horizontale en verticale decentralisatie. Later noemt Mintzberg dit de professionele organisatie. Deze configuratie is weergegeven in figuur 5.

Figuur 5 Professionele bureaucratie

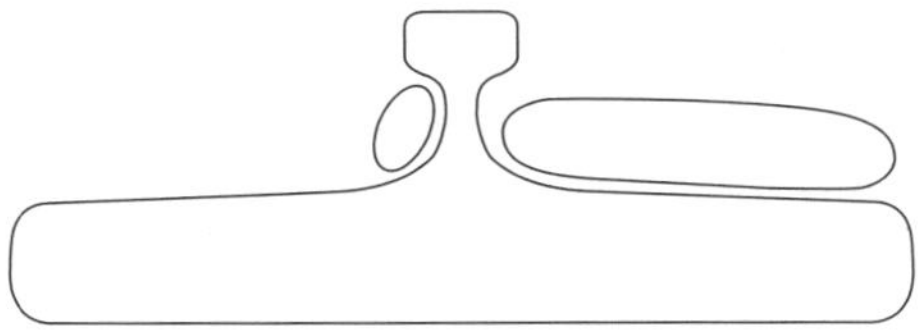

4. *Divisieorganisatie*. Denk aan een bedrijf met verschillende product- of klantengroepen die tamelijk los van elkaar kunnen bestaan. Coördinatie vanuit het hoofdkantoor gaat door middel van standaardisatie van de output. Middenmanagers vormen het sleutelonderdeel en er is beperkte verticale decentralisatie.

Figuur 6 Divisieorganisatie

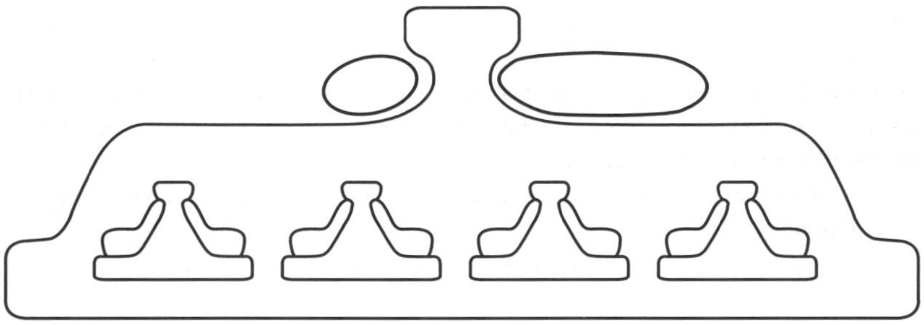

5. *Adhocratie*. In een adhocratie vinden veel projecten plaats die steeds de inzet van verschillende specialisten vragen. Denk aan het uitvoeren van een adviesopdracht of het ontwerpen van een vliegtuig. Coördinatie komt tot stand door verschillende vormen van wederzijdse aanpassing (zie paragraaf 16.3.3). In het algemeen is de ondersteunende staf het sleutelonderdeel, terwijl er sprake is van selectieve decentralisatie. De projecten vinden een plaats onder de permanente organisatie. Een adhocratie ziet er als volgt uit:

Figuur 7 Adhocratie

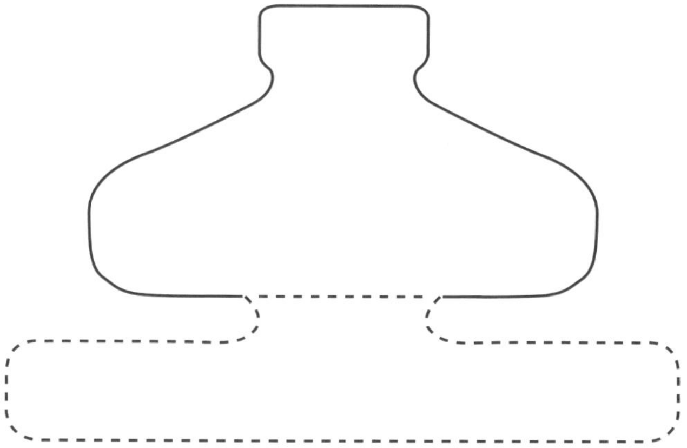

Configuraties: beïnvloedende factoren
Naast de vijf configuraties noemt Mintzberg vier factoren die de situatie waar de organisatie zich in bevindt, karakteriseren. Deze zijn:

1. *Leeftijd en omvang* van de organisatie: hoe groter en ouder de organisatie is, hoe meer de structuur ontwikkeld zal zijn en hoe meer formaliteit er zal zijn.
2. *Productietechniek*: is er sprake van massaproductie of stukproductie of vormen daar tussenin? Succesvolle bedrijven met stukproductie hebben andere structuurkenmerken dan die met massaproductie (zie paragraaf 11.3).
3. *Kenmerken* van de omgeving: is deze dynamisch of stabiel, complex of eenvoudig, vriendelijk of vijandig?
4. *Macht*: hoeveel macht oefent de omgeving uit? Hoe is de macht intern verdeeld?

Vervolgens koppelt Mintzberg de elementen structuur en situatie aan elkaar. Hij gebruikt daarbij niet, zoals in het onderzoek van Miles en Snow, de strategie als koppeling tussen omgeving en organisatie (zie ook Inleiding, p. 16).
De *eenvoudige structuur* is te vinden bij een jonge en kleine organisatie met een niet al te ingewikkelde productietechniek. De omgeving is eenvoudig en dynamisch. De eigenaar/manager heeft behoefte om veel macht uit te oefenen.
De *machinebureaucratie* is oud en groot met een goed beheersbare productietechniek. De omgeving is eenvoudig en stabiel. De omgeving heeft veel invloed.
De *professionele bureaucratie* bevindt zich in een complexe en stabiele omgeving. De productietechniek laat uitvoerders relatief veel vrijheid. Er is regulering vanuit de omgeving.
De *divisieorganisatie* bedient verschillende markten met producten of diensten. Vaak zijn die groot en oud. Er is veel behoefte aan macht bij middenmanagers.
De *adhocratie* bevindt zich in een complexe en dynamische omgeving. De organisatie is jong, zeker het operationele deel. De productietechniek is zeer goed ontwikkeld.
In een latere publicatie van Mintzberg, Ahlstrand en Lampel (1998, 2e druk 2009) voegen de auteurs twee nieuwe configuraties toe.

De zesde configuratie in de reeks is de missionaire organisatie (ideologische organisatie). Deze heeft als kenmerken een sterke cultuur en weinig arbeidsverdeling. De waarden en normen binden de organisatieleden en houden de organisatie in stand. Er is bijna een pure vorm van decentralisatie. De ideologische organisatie ziet er als volgt uit:

Figuur 8 Missionaire organisatie

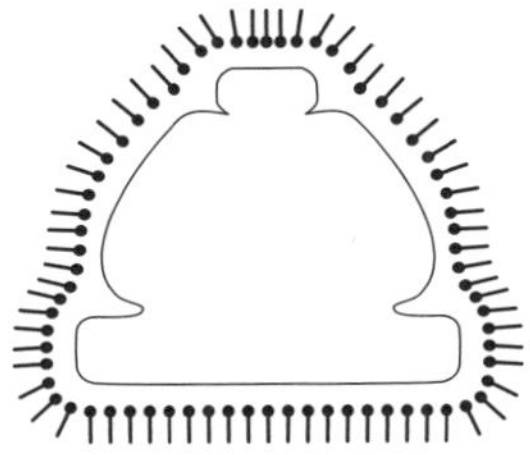

Mintzberg et al. geven aan dat bepaalde religieuze organisaties deze vorm hebben. Daarbij is op te merken dat de Rooms-Katholieke Kerk als organisatie met een duidelijk ideologisch karakter juist wel een structuur heeft die veel arbeidsverdeling en hiërarchie kent. Sommige protestantse kerkgenootschappen kennen niet de hiërarchie van de Rooms-Katholieke Kerk, maar kennen wel bepaalde vormen van arbeidsverdeling. Daar is ook geen sprake van pure decentralisatie. De figuur lijkt aan te geven dat de missionaire organisatie onder druk van buiten staat. Dit kenmerk beschrijven de auteurs echter niet.

De zevende configuratie is de politieke organisatie. Deze organisatie is intern zeer verdeeld. Er is geen stabiel machtsevenwicht en er zijn veel conflicten die niet zelden uit de hand lopen. De politieke organisatie ziet er als volgt uit:

Figuur 9 Politieke organisatie

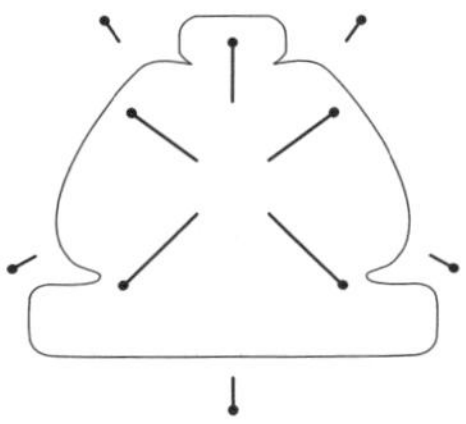

De ondertitel van *Structures in Fives* (Mintzberg, 1983) is *Designing Effective Organizations*. Dit suggereert dat Mintzberg zelf onderzoek heeft gedaan naar de effectiviteit van de door hem onderscheiden oorspronkelijke vijf configuraties. In zijn boek *The Structuring of Organizations* (1979) noemt hij de vier factoren die de situatie kenmerken nog hypothesen (zie bijvoorbeeld p. 227). Ook in het boek van 1983 herhaalt hij deze hypothesen bij de bespreking van de situatiekenmerken (zie onder andere p. 123). Zonder een empirische test van de prestaties van de configuraties worden ze, in elk geval in de ogen van veel lezers van het boek, tot effectieve configuraties verheven. Op verschillende symposia en in lezingen heeft Mintzberg aangeven dat zijn theorie beschrijvend is en niet voorschrijvend. Toch lijkt het erop dat hij met zijn boek *Structures in Fives - De-*

signing Effective Organizations stilzwijgend de overstap naar een voorschrijvende theorie heeft gemaakt. Het is daarom interessant te zien hoe de configuraties in de praktijk te herkennen zijn en hoe ze presteren.

4.3.2 *Empirisch onderzoek naar de vijf configuraties van Mintzberg*

De configuratiebenadering van Mintzberg heeft zo mogelijk nog meer aandacht gekregen dan die van Miles en Snow. Doty et al. (1993) stellen vast dat de hiervoor beschreven configuratietheorie intuïtief sterk aanspreekt, maar dat er weinig empirisch onderzoek is gedaan. Het is dus niet algemeen geldend vastgesteld dat bestaande organisaties die overeenkomen met de configuraties ook werkelijk effectief zijn. Doty et al. merken op (p. 1224) dat het niet eenvoudig is de typologie van Mintzberg te meten en de ontwerp- en contextvariabelen te beoordelen. Het is nodig de structuurkenmerken vast te stellen, evenals de factoren die de omgeving van de organisatie bepalen. Tot slot moeten deze samenkomen in de vijf onderscheiden configuraties. Zij hebben ruim honderd organisaties in kaart gebracht door middel van vragenlijsten die met een tussenperiode van een jaar moesten worden ingevuld. Hiermee werden veranderingen binnen en buiten de organisatie zichtbaar gemaakt. De onderzoekers formuleerden twee hypothesen. De eerste had betrekking op de *typologie* en de tweede op de *theorie* van Mintzberg. De eerste hypothese was dat de vijf configuraties op meetmoment 1 geassocieerd kunnen worden met een unieke omgevingssituatie en dat de structuurkenmerken op meetmoment 2 geassocieerd kunnen worden met die op meetmoment 1. De tweede hypothese was dat een organisatie met een juiste afstemming tussen organisatieontwerp en omgevingssituatie effectiever zou zijn dan een organisatie met een onjuiste afstemming. Voor *geen van beide* hypothesen is steun in de empirie gevonden. Op meetmoment 1 had 74% van de onderzochte organisaties een configuratie die *niet consistent* was met de omgevingssituatie. Op meetmoment 2 gold dat voor 65% van de organisaties. Ook voor hypothese 2 kon geen steun worden gevonden. Er was *geen significant verschil* in effectiviteit tussen organisaties die wel en organisaties die niet op de omgevingssituatie afgestemde structuurkenmerken hadden. Deze uitkomsten stonden in schril contrast met wat de onderzoekers hadden verondersteld.

4.3 Het 7S-model

Het 7S-model is door het Amerikaanse internationale adviesbureau McKinsey in de jaren zeventig van de vorige eeuw ontwikkeld. Het is beroemd geworden door de publicatie in het boek *In Search of Excellence* van Peters en Waterman (1981). Bij de ontwikkeling ervan waren ook de hoogleraren Athos van Harvard en Pascale van Stanford betrokken.

Pascale en Athos geven aan dat als een Amerikaanse manager problemen heeft met de prestaties van zijn onderneming, hij/zij geneigd zal zijn verbetering te zoeken in een andere Strategie, Structuur of andere Systemen. In hun studie van succesvolle Japanse onderneming zagen Pascale en Athos dat er naast aandacht voor die drie elementen ook veel aandacht was voor factoren die de eerste drie levend maken. Dat zijn personeel (Staff), vaardigheden (Skills), Stijl en overkoepelende doelen (Superordinate goals). Dat laatste is in het bekende Mckinsey-model omgedoopt tot Shared values, omdat dit begrip al binnen McKinsey werd gebruikt. Het bekende McKinsey-model is hieronder weergegeven.

Figuur 10 7S-model van McKinsey (Peters en Waterman 1981, p. 10)

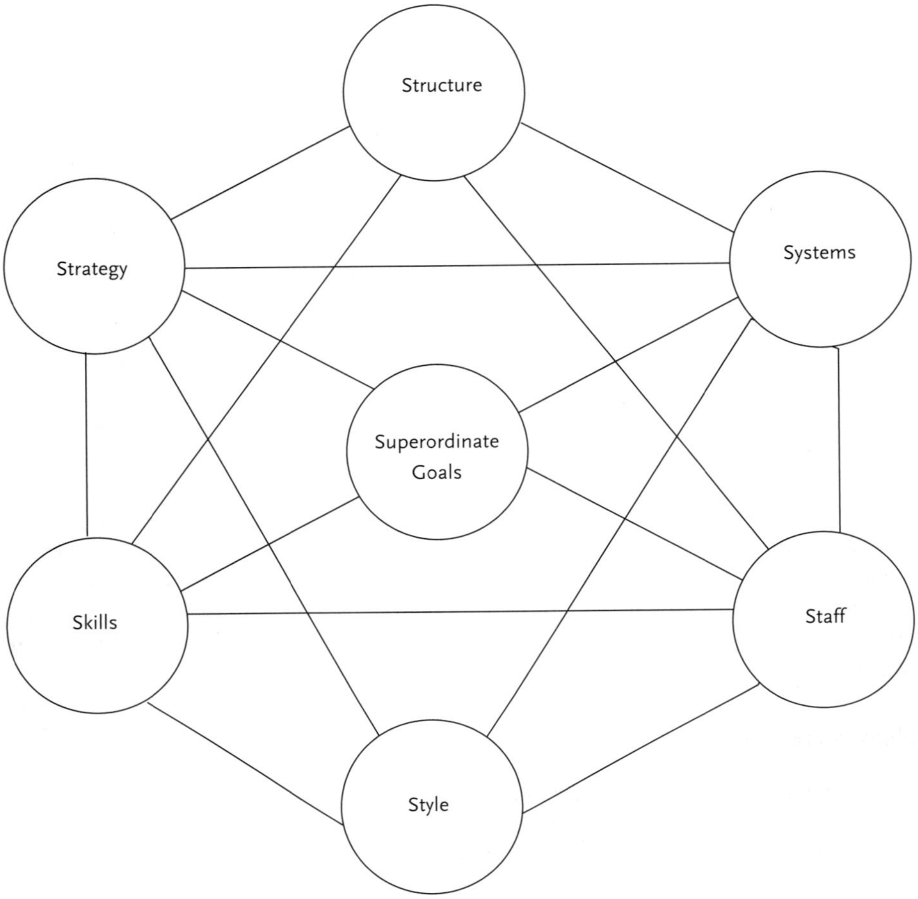

Het is opvallend dat in Peters en Waterman (2981) geen expliciete beschrijving te vinden is van de 7 S'en. Het model wordt op p 9-11, 24 en 280 gemeld, maar niet verder beschreven.[3]

De beschrijving van de 7 S'en is wel summier te vinden in Pascale en Athos (1981). Vertaald:

Strategy:	plan of acties die leiden tot het alloceren van de schaarse bronnen van de onderneming om gestelde doelen te bereiken;
Structure:	kenmerken van de organisatie (bijv. functioneel, gedecentraliseerd etc.);
Systems:	voorgeschreven rapporten en routinematige processen, zoals vergaderplannen.

3 Ook valt op dat de acht basisprincipes, die uitgebreid en met veel voorbeelden door Peters en Waterman (1981) beschreven zijn, tegenwoordig weinig aandacht meer krijgen. Dit in tegenstelling tot het verder weinig uitgewerkte 7S-model. Die principes zijn: 1) bias for action, 2) stay close to the customer, 3)autonomy and entrepreneurship, 4) productivity through people, 5) hands-on, value driven, 6) stick to the knitting, 7) simple form, lean staff en 8) simultaneous loose-tight properties.

Staff:	'demografische' beschrijving van belangrijke personeelscategorieën binnen de onderneming (bijv. ingenieurs, ondernemers, MBA's). 'Staff' is *niet* bedoeld in termen van lijnstaf;
Style:	kenmerken van het gedrag van managers bij het bereiken van de organisatiedoelen, ook de cultuur van de organisatie;
Skills:	onderscheidende bekwaamheden van 'key' personeel van de onderneming als geheel;
Superordinate goals:	de significante betekenissen en leidende begrippen die een organisatie op haar leden overbrengt.

Het model is te gebruiken om een organisatie vanuit de 7 S'en te beschrijven, een zogenaamde 'Ist-situatie'. Het biedt een format aan, maar laat daarbij over aan degene die beschrijft wat er wel en niet in de beschrijving komt te staan. Dit komt door het gebrek aan operationalisatie van de 7 S'en. Ook McKinsey (2019) biedt niet veel meer operationalisatie aan. Om het model te gebruiken voor het vaststellen van een 'Soll-situatie' geldt hetzelfde, met dien verstande dat vanuit de geformuleerde strategie de voor succes nodige invulling van de overige S'en vereist is.

Ook voor het 7S-model geldt dat toepassing ervan niet vanzelfsprekend tot betere prestaties leidt. Toepassing ervan vraagt om operationalisering van de 7 S'en en ook het goed in beeld hebben van de strategie om die te vertalen naar de vereiste invulling van de andere S'en. Overigens bleek na het verschijnen van het boek dat het met een groot aantal van de excellente ondernemingen slecht ging: ze verdwenen of werden overgenomen.

4.5 Slotopmerkingen

Uit de resultaten van de in het voorgaande kort weergegeven empirische onderzoeken naar de drie configuratiebenaderingen is de conclusie te trekken dat enige voorzichtigheid met het volgen van de conclusies van configuratiedenken in de praktijk geboden is. De configuraties van Mintzberg leiden niet tot superieure resultaten. Tussen de effectiviteit van *prospectors* en *defenders* bestaan verschillen die niet naar voren komen in de theorie van Miles en Snow. Het is dus nodig verder te kijken dan de *algemene kenmerken* van de configuraties. Als een defenderstrategie, bijvoorbeeld, succesvol kan zijn, is het nodig die voor de eigen organisatie te vertalen in een *concrete* strategie. Daarvoor is strategieformulering als in deel I beschreven een voorwaarde. Daaruit moet volgen welke concrete producten en diensten de organisatie op welke markten wil aanbieden. Ook moet de strategie *concreet* aangeven wat het concurrentievoordeel is. Deze strategie moet dan weer omgezet worden in *concrete* operaties (deel II), die moeten plaatsvinden binnen een *uniek* organisatieontwerp (deel III). Dit leidt *uiteindelijk* tot een *op maat gesneden* configuratie (hoofdstuk 17).
Ook voor het 7S-model geldt dat toepassing ervan niet vanzelfsprekend tot betere prestaties leidt. Toepassing ervan vraagt om operationalisering van de 7 S'en en ook het goed in beeld hebben van de strategie om die te vertalen naar de vereiste invulling van de andere S'en. Overigens bleek na het verschijnen van het boek dat het met een groot aantal van de excellente ondernemingen slecht ging: ze verdwenen of werden overgenomen.
Verder valt nog op te merken dat om goede resultaten te bereiken in organisaties verschillen tussen afdelingen moeten bestaan. Een productieafdeling moet anders georganiseerd zijn dan een onderzoeksafdeling of een verkoopafdeling (zie Capita Selecta 1, Lawrence en Lorsch, 1967). Ook moeten de kenmerken van medewerkers op die afdelin-

gen daarbij passen (Lorsch en Morse, 1974). Het is dus niet verstandig om alle afdelingen op dezelfde manier te organiseren, te bemensen en aan te sturen. Om in termen van Mintzberg te blijven: ook al is een organisatie te karakteriseren als een adhocratie, dan zullen er altijd afdelingen zijn die kenmerken moeten hebben van een bureaucratie, denk bijvoorbeeld aan de administratie. Creativiteit is goed, maar niet in de boekhouding. Zo geldt ook bij een machinebureaucratie dat afdelingen voor de ontwikkeling van producten en de verkoop ervan 'losser' georganiseerd moeten zijn dan de productieafdeling.

Literatuur

Doty, D.H., Glick, W.H., Huber en G.P. (1993). Fit, Equifinality and Organizational Effectiveness: A Test of Two Configurational Theories. *Academy of Management Journal*, vol. 34, nr. 6, 1196-1250.

Hambrick, D.C. (1983). Some Tests of the Effectiveness and Functional Attributes of Miles and Snows' Strategic Types. *Academy of Management Journal*, vol. 26, nr. 1, 5-26.

Ketchen, D.J. Jr. (2003). An Interview With Raymond E. Miles and Charles C. Snow. *Academy of Management Executive*, vol. 17, nr. 4, 97-104.

Lawrence, P.R. en Lorsch, J.W. (1967). *Organization and Environment. Managing Differentiation and Integration*. Boston: Division of Research, Graduate School of Business Administration

Lorsch, J.W. en Morse, J.J. (1974). *Organizations and their members: a contingency approach*. New York: Harper & Row Publishers.

McKinsey, (2019). Enduring Ideas: The 7-s Framework. https://mckinsey.com/business-functions/strategy-and-corporate-finance/our-insights/enduring-ideas-the-7-s-framework.

Meyer, A.D., Tsui, A.S. en Hinings, C.R. (1993). Configurational Approaches to Organizational Analysis. *Academy of Management Journal*, vol. 36, nr. 6, 1175-1196.

Miles, R.E. en Snow, C.C. (1978a). *Organizational Strategy, Structure and Process*. New York: McGraw-Hill. (Heruitgave als 'Classic Edition' (2003). Stanford, CA: Stanford Business Classics.)

Miles, R.E., Snow, C.C., Meyer, A.D. en Coleman, H.J. Jr. (1978b). Organizational Strategy, Structure, and Process. *Academy of Management Review*, vol. 3, nr. 3, 546-562.

Miles, R.E. en Snow, C.C., (1994). *Fit, Failure & The Hall of Fame. How Companies Succeed or Fail*. New York: Free Press.

Mintzberg, H. (1979). *The Structuring of Organizations. A Synthesis of The Research*. Englewood Cliffs, NJ: Prentice Hall.

Mintzberg, H. (1983). *Structures in Fives. Designing Effective Organizations*. Englewood Cliffs, NJ: Prentice Hall.

Mintzberg, H., Ahlstrand, B. en Lampel, J. (2009). *Strategy Safari. The Complete Guide Through the Wilds of Strategic Management.* (2nd edition). Harlow: Prentice Hall.

Pascale, R.T., Athos, A.G. (1981). The Art of Japanese Management. Applications for American Executives New York: Warner Books

Peters, T.J., Waterman, R.H. (1981). In Search of Excellence. Lessons from America's Best Run Companies. New York: Warner Books.

5 Van strategie naar operaties: een voorbeeld op hoofdlijnen[1]

Met name in de top van organisaties is, terecht, veel aandacht voor strategie en de ontwikkeling ervan met het oog op de toekomst en het inspelen op externe veranderingen. Daarin zit een zeker risico van 'verziendheid', namelijk dat de top over het hoofd ziet dat veranderingen in strategie ingrijpende consequenties op kortere termijn hebben voor de interne gang van zaken binnen de organisatie. Strategie moet operationeel gemaakt worden ('handen en voeten krijgen'). Als dat niet gebeurt blijft het mooiste strategische vergezicht een 'papieren tijger'. In dit stuk wordt, met een vereenvoudigd voorbeeld, uiteengezet hoe een strategie kan worden vertaald naar operationeel handelen in afdelingen.
Om strategische plannen succesvol uit te voeren is een vlekkeloze implementatie nodig. Daarvoor moet de organisatie eerst de strategie vertalen in kritieke kerntaken. Dat zijn taken die doorslaggevend zijn voor het succes. Die kritieke kerntaken moeten daarna weer omgezet te worden in veranderingen in de factoren mensen, middelen en methoden (zie de hoofdstukken in deel II) in de verschillende afdelingen.
Schematisch is dit als volgt weer te geven:

Figuur 1 Vertaling van strategie naar operaties per afdeling.

Strategie ========→ kritieke kerntaken =====→ per afdeling:
Mensen
Middelen
Methoden

Laten we als voorbeeld twee automobielfabrikanten nemen. Beide willen de omzet vergroten. Fabrikant A wil dat doen door auto's tegen lage kosten te bouwen en te verkopen, terwijl fabrikant B de omzetvergroting wil bereiken door een betere kwaliteit auto's (productdifferentiatie) met een hogere prijs aan te bieden (zie 6.1 Porters generieke strategieën). De gevolgen voor de afdelingen (die ook onderdeel van de waardeketen zijn, zie 4.3 en 5.1.2) zijn heel verschillend. Bij de eerste fabrikant zal de nadruk liggen op het verlagen van de kostprijs per eenheid product. Dat is onder andere te bereiken door vaste en variabele kosten per auto te verlagen. Denk aan het verlagen van ontwikkelingskosten (vast) en het goedkoper inkopen en produceren (variabel). Fabrikant B zal ervoor moeten zorgen dat het product beter is dan dat van concurrenten en dat verschil ook aan de toekomstige kopers duidelijk moeten maken. Bijvoorbeeld door reclame en de uitstraling van de showrooms.
De vertaling van de strategie van fabrikant A naar kritieke kerntaken per afdeling en de veranderingen per afdeling voor de factoren mensen, middelen en methoden zou bijvoorbeeld als volgt kunnen zijn. De meest betrokken afdelingen zijn:
- 1 productontwikkeling;
- 2 inkoop;
- 3 productie;
- 4 marketing;
- 5 verkoop.

[1] Deze tekst is een bewerking van: Eppink, D.J. (1988). *Strategisch management*, Syllabus IBW.

1 Productontwikkeling
Het verlagen van de kosten brengt voor de afdeling Productontwikkeling mee dat met hetzelfde geld meer of betere resultaten tot stand komen, of dat hetzelfde resultaat met lagere kosten bereikt wordt. Kritieke kerntaken kunnen zijn:

Selectie van veelbelovende gebieden
Dit kan tot gevolg hebben dat minder projecten met grote risico's gestart worden, met als gevolg lagere totale kosten.

Onderzoek naar beschikbare licenties en platforms[2]
Hiermee worden verschillende effecten bereikt. In de eerste plaats behaalt de fabrikant tijdwinst als een licentie wordt genomen. De nieuwe auto komt eerder op de markt en verdient daarmee de ontwikkelingskosten sneller terug. Ook wordt het vastekostenbestanddeel van de productontwikkeling lager en mogelijk vervangen door een royaltyregeling waardoor die voorheen vaste kosten ook nog variabel worden. Ook neemt het risico af; men koopt een bestaand en bewezen procedé of product.

Toepassingsgerichter werken
De fabrikant besluit de fundamentele research te vervangen door het minder riskante doorontwikkelen van bestaande producten of onderdelen. Een soort recycling van technologie dus.

Deze kerntaken kunnen voor de afdeling Productontwikkeling de volgende consequenties hebben:

Mensen
Hierbij is te denken aan:
- bijscholing van personeel;
- aantrekken van nieuwe medewerkers;
- afvloeien van huidige medewerkers.

Middelen
- aanschaf nieuwe apparatuur of afstoten van bestaande apparatuur;
- scherpere budgettering.

Methoden
- invoeren nieuwe innovatieprocessen;
- bedrijfsbrede projectplanning;
- invoeren procedures bij aangaan licentiecontracten.

[2] Een platform is het 'onderhuidse' deel van een auto, dat onder andere bestaat uit bodemplaat, stuurinrichting, wielophanging en aandrijflijn. Het is zeer duur om te ontwikkelen. Verschillende modellen van fabrikanten zijn vaak gebouwd op hetzelfde platform, iets dat de kosten per auto verlaagt. Soms maken verschillende fabrikanten gebruik van eenzelfde platform. Het uiterlijk van de op eenzelfde platform gebouwde modellen verschilt wel vaak.

2 Inkoop
In veel productiebedrijven maken de kosten van in te kopen grondstoffen en onderdelen vaak een groot deel van de kostprijs uit. Het verlagen van de kosten van de in te kopen onderdelen is dus van groot belang en kan leiden tot de volgende kerntaken:

Vergroten inzicht in marktaanbod
Hierdoor kunnen de inkoopvoorwaarden beter worden. Verschillen tussen aanbieders worden helderder.

Scherper onderhandelen
Door het betere inzicht kan de onderneming beter onderhandelen bij het afsluiten van inkoopcontracten.

Betere voorraadbeheersing
Met een betere voorraadbeheersing dalen de kosten van het aanhouden van voorraden. Denk aan rente, risico en opslagkosten.
Deze kerntaken kunnen voor de afdeling Inkoop de volgende consequenties hebben:

Mensen
Denk aan:
- training in onderhandelen;
- training in opbouw en bijhouden van documentatie;
- vervanging c.q. uitbreiding van personeel.

Middelen
- ICT-systemen: hardware en (business process management) software;
- aansluiting op databases;
- abonnementen bij onderzoeksbureaus;
- scherpere budgettering en kostenbewaking.

Methoden
- afstemmen inkoop op verkoop en productie (just-in-time);
- offerteprocedures aanscherpen.

3 Productie
In de maakindustrie zijn de productiekosten vaak een groot deel van de totale kosten. Het verlagen ervan draagt dus belangrijk bij aan het realiseren van een laagstekostenstrategie. Dit kan leiden tot de volgende kerntaken:
Kostenverlaging/efficiëntieverbetering

Verkorten van levertijden
Het verkorten van de levertijd zorgt ervoor dat de capaciteitskosten van het productieapparaat per auto lager worden.

Verbeteren van kwaliteit van het productieproces
Door het verbeteren van het productieproces kan de verspilling verminderen, met als direct gevolg lagere kosten.

Invoeren ploegendienst
In kapitaalintensieve bedrijven stijgt de productie bij gelijkblijvende investeringen. Arbeidskosten kunnen mogelijk stijgen.

Deze kerntaken kunnen de volgende consequenties hebben voor de afdeling Productie:

Mensen
Denk aan:
- bijscholing;
- vervanging: selectie;
- verandering van omvang;
- aanpassing beloningssysteem.

Middelen
- verbeteren lay-out;
- robotisering;
- vergroten flexibiliteit van productieapparaat.

Methoden
- just-in-timeproductie;
- kwaliteitsverbetering/kaizen;
- lean-productie;
- kostenbewaking.

4 Marketing
Deze afdeling kan door het maken van goede analyses bereiken dat de kosten per auto kunnen dalen. Er is sprake van een indirect effect op de kostprijs. Kerntaken kunnen zijn:

Analyseren van afzetpatronen
Door een nauwkeurige analyse van de afzetpatronen kan soms bereikt worden dat de productie gelijkmatiger plaatsvindt. Misschien stijgen de kosten van het aanhouden van iets grotere voorraden, maar deze zijn kleiner dan de besparingen op de vaste kosten van het productieapparaat.

Analyseren van winstgevendheid product/afnemersgroep/distributiekanalen
Deze analyse brengt in veel bedrijven aan het licht dat er grote verschillen in winstgevendheid bestaan tussen producten, afnemersgroepen en distributiekanalen. Hierop inspelen kan leiden tot hogere marges en/of kostendaling.

Verbeteren marketingmix
Niet alle onderdelen van de marketingmix zijn van even groot belang voor de kostprijs. Door na te gaan hoe effectief elk onderdeel is (bijvoorbeeld reclame) kunnen kosten lager worden.

Deze kerntaken kunnen voor de afdeling Marketing de volgende consequenties hebben:

Mensen
Denk aan:

- bijbrengen nieuwe kennis (online aanpak);
- veranderen personeelsbestand.

Middelen
- vernieuwing ICT-systemen (bijvoorbeeld CRM);
- reclamemateriaal, druk en online;
- passende uitstraling showrooms;
- overwegen online verkoop van auto's.

Methoden
- marktonderzoek (ook online);
- samenwerking met financiële afdeling m.b.t analyses;
- klanttevredenheid onderzoeken: wat vindt de klant belangrijk.

5 Verkoop
Autofabrikanten verkopen meestal niet zelf hun auto's, maar verkopen die via een importeur en dealers. Toch heeft de fabrikant wel invloed (via contracten) op het proces van fysieke distributie en verkoop. Kerntaken kunnen zijn:

Vergroten omzet
Het vergroten van de omzet bij gelijkblijvende verkoopkosten leidt tot een daling van die kosten per verkochte auto. Dit werkt ook door in de reclamekosten.

Verlagen distributiekosten
Hier is te denken aan het transport van de auto's naar de importeur of de uiteindelijke dealer. Deze keten kan mogelijk tegen lagere kosten doorlopen worden als, bijvoorbeeld, voorraden bij de importeur en dealer lager worden. Denk aan rente, ruimte en risico van het houden van die voorraad. Tot de distributiekosten horen ook het afleveringsklaar maken van de auto. Vaak gebeurt dat bij de dealer, maar misschien kan een deel al in de fabriek gebeuren.

Deze kerntaken kunnen voor de afdeling Verkoop de volgende consequenties hebben:

Mensen
- instructie over nieuwe modellen;
- bijscholing;
- kleding en taalgebruik passend bij doelgroep;
- beloningssysteem voor verkopers.

Middelen
- toezien op juiste uitstraling showrooms;
- beschikbaar informatiemateriaal (druk/online);
- fysieke distributie.

Methoden
- omzetplanning;
- verkoopstatistieken per model/verkoper;
- after-sales service.

De topleiding moet al deze verschillende operaties in de afdelingen in de eerste plaats goed coördineren. Daarbij is het nodig voor de verschillende afdelingen budgetten ter beschikking te stellen, inclusief normen waaraan de prestaties later gemeten kunnen worden. Budgettering (10.2) is in dit verband een belangrijk middel. Als de fabrikant ook niet-financiële prestaties wil meten, is de balanced scorecard (10.5) een nuttig middel.
Tot zover de uitwerking van fabrikant A, die gekozen heeft voor een laagstekostenstrategie. Het zal duidelijk zijn dat in het geval van fabrikant B, die een differentiatiestrategie volgt, eenzelfde redenering te volgen is, maar dan wel met andere kritieke kerntaken en de vertaling ervan naar mensen, middelen en methoden.
Met dit stuk is de samenhang tussen deel I en deel II van dit boek met een praktijkvoorbeeld enigszins gedetailleerd uitgewerkt. In de praktijk moet hierna nog een stap volgen. Bij een gegeven strategie en de bijpassende operaties moet ook een passende organisatiestructuur worden ontworpen. Deze derde stap komt aan de orde in deel III. In het laatste hoofdstuk 17 worden de drie stappen in hun samenhang gepresenteerd.

6 Overzicht van gereedschappen ('managementtools') voor de analyse van bedrijfskundige vraagstukken en het vinden van praktische oplossingen

Het boek Bouwstenen van management en organisatie is erop gericht de gebruiker kennis te laten maken met de *theorie van organiseren en leidinggeven*. Tegelijk is het boek gericht op de toepassing van die kennis in de *managementpraktijk*. Bij elkaar worden in het boek een kleine honderd toepasbare modellen of concepten gepresenteerd. Hieronder staan ze op een rij, in volgorde van de hoofdstukken van het boek, met verwijzing naar de vindplaats. Het zijn de gereedschappen die de manager kan hanteren bij de ontwikkeling van zijn of haar organisatie of organisatieonderdeel.

Voorafgaand

1. Inleiding
   - Samenhang van drie managementopgaven: strategie, operaties en organisatieontwerp

2. Management, organisatie en besluitvorming
   - Organisatie als systeem van input, throughput en output (2.2)
   - Fasen in besluitvorming (2.4.1)
   - Krachtenveldanalyse (2.4.1)
   - Beslissingsmatrix (2.4.1)
   - Beslissingsboom (2.4.1)
   - Ethiek en besluitvorming (2.4.2)

Deel I Strategisch management

3. Omgeving van organisaties
   - Vijfkrachtenmodel volgens Porter in de meso-omgeving (3.1)
   - DESTEP-factoren in de macro-omgeving (3.2)
   - Voorspellingstechnieken (3.5)

4. Strategieformulering
   - Model van strategieformulering (4.1)
   - SWOT-analyse (4.1, 4.3, 4.4)
     in combinatie met
   - Confrontatiematrix (4.6)
   - Waardeketen (value chain) volgens Porter (4.3)
   - Raming bij ongewijzigd beleid (4.5)
   - Product-marktmatrix (eenvoudig) volgens Ansoff (4.6)
   - Product-marktmatrix (uitgebreid) (4.6)
   - Drie dimensies van strategie (4.6)
   - Criteria bij de keuze uit strategische alternatieven (4.7)

5. Spreidingsstrategie: waar concurreren?
   - PIMS-programma (5.1.1)
   - Kernbekwaamheden volgens Hamel en Prahalad (5.1.2)
   - 'Parenting'-voordeel volgens Goold en Campbell (5.1.2)

- Productlevenscyclus en cashflowcyclus (5.1.3)
- Ervarings- of leerkromme (5.1.3)
- Financiële levenscyclus (5.1.3)
- Boston Consulting Group (BCG) portfoliomatrix (5.1.3)
- Directional Policy Matrix (5.1.3)
- Soorten afstanden tussen landen volgens Ghemawat (5.2.2)
- Vier krachten van globalisatie volgens Yip (5.2.2)
- Bedrijfskolom (5.3)
- Innovatie-bekwaamhedenmatrix volgens Chesbrough en Teece (5.3.3)

6. Positioneringsstrategie: hoe concurreren?
   - Concurrentiestrategieën volgens Porter (6.1, 6.2 en 6.3)
   - Concurrentiestrategieën volgens Treacy en Wiersema (6.1)
   - 'Strategy canvas' volgens Kim en Mauborgne (6.3.2)
   - Vier-actiesraamwerk volgens Kim en Mauborgne (6.4)
   - De vier hoekstenen van concurrentievoordeel volgens Peteraf (6.7)

7. Samenwerkingsstrategie: alleen of samen concurreren?
   - Noodzaak voor samenwerking (7.1)
   - Doelen van samenwerking (7.2)
   - Alternatieven bij samenwerking (7.3)
   - Stappen tot samenwerking (7.4)
   - Resultaten van samenwerking (7.5)

Deel II Operationeel management

8. Mensen: leidinggeven en ontwikkelen
   - Bronnen van invloed of macht volgens Kotter (8.1)
   - Managerial grid volgens Blake en Mouton (8.2.1)
   - Driedimensionale benadering volgens Reddin (8.2.2)
   - Situationeel leiderschapsmodel volgens Hersey en Blanchard (8.2.2)
   - Transactioneel en transformationeel leiderschap (8.2.3)
   - SMART-criteria bij het stellen van doelen (8.3.2)
   - Management by objectives (MBO) volgens McGregor en Drucker (8.3.3)
   - Kenmerken van effectieve medewerkers volgens Covey (8.4.3)

9. Mensen: motiveren en belonen
   - Behoeftenhiërarchie volgens Maslow (9.1.1)
   - Motivatie-hygiënebenadering volgens Herzberg (9.1.1)
   - Theorie X en Y volgens McGregor (9.1.1)
   - Verwachtingstheorie volgens Vroom (9.1.2)
   - Soorten beloningsstelsels (9.2.2)

10. Middelen: financiële middelen en sturing
    - Budgettering en samenhang tussen budgetten (10.2)
    - Typen afdelingen bij financiële sturing (10.3)
    - Balanced scorecard volgens Kaplan en Norton (10.5)

11. Middelen: duurzame productiemiddelen
   - Soorten productiemiddelen (11.1)
   - Soorten productieprocessen (11.3)
   - Aandachtspunten bij aanschaf (11.6)

12. Methoden: besturen van bedrijfsprocessen
   - Planningsstadia volgens Canals (12.1.1)
   - Material requirements planning (MRP-I en -II) (12.1.2)
   - Just-in-timebenadering (JIT) (12.1.3)
   - Enterprise resource planning (ERP) (12.1.4)
   - Lean management (12.1.5)
   - Projectmatig werken en netwerkplanning (12.2.2)
   - Procesgericht organiseren volgens Hammer en Stanton (12.5)

13. Methoden: beheersen van kwaliteit
   - Basisinstrumenten voor kwaliteitsverbetering volgens Ishikawa (13.4)
   - PDCA-cyclus volgens Deming (13.5.1)
   - Six Sigma-cyclus (DMAIC) (13.5.2)
   - INK-managementmodel (13.6)
   - HKZ-keurmerkmodel (13.7.2)
   - PREZO-keurmerkmodel (13.7.3)
   - Klovenmodel (SERVQUAL) voor kwaliteitsmanagement(13.8.3)

Deel III Organisatieontwerp

14. Arbeidsverdeling
   - Organisatieschema (14.2)
   - Bestuursmotief en kostenmotief (14.2)
   - Vormen van functionalisatie met voor- en nadelen (F, P, G en M) (14.3)
   - Organieke en personele structuur (14.5)
   - Taakverdeling en functievorming volgens Luijk (14.5)

15. Relaties en bevoegdheden
   - Soorten relaties (15.1)
   - Centralisatie en decentralisatie (15.2)

16. Coördinatie
   - Soorten samenhang (16.2)
   - Coördinatievoorzieningen (16.3)
   - Formele organisatie en informele organisatie (16.5)

17. Van strategie via operaties naar organisatiestructuur
   - Samenhang tussen strategie en passende organisatiestructuren (17.1)
   - Externe en interne complexiteit (17.2)
   - Negen tests voor een organisatieontwerp volgens Goold en Campbell (17.3)
   - Samenhang tussen externe veranderlijkheid en interne beweeglijkheid (17.4)

Capita Selecta

1. Evolutie van het managementdenken
   - Zes hoofdtheorieën

2. Cultuur in organisaties
   - Drie soorten cultuur (3.1)
   - Uitingsvormen van bedrijfscultuur volgens Sanders en Neuijen (3.1)
   - Typerende tegenstellingen in bedrijfscultuur volgens Sanders en Neuijen (3.1)
   - Dimensies van nationale culturen volgens Hofstede (3.1)
   - Dilemma's van nationale culturen volgens Trompenaars en Hampden-Turner (3.1)
   - Cultuurimpactmatrix volgens Hall (3.1)

3. Groei en ontwikkeling van organisaties
   - Groeimodel volgens Scott (2.1)
   - Groeimodel volgens Greiner (2.2)

4. Configuratiebenaderingen
   - Succesvolle configuraties volgens Miles en Snow (4.2)
   - Algemene organisatievorm, uitgewerkt in vijf configuraties volgens Mintzberg (4.3)
   - Het 7S-model volgens Peters en Waterman (4.4)

5. Van strategie naar operaties
   - Vertaling van brede organisatiestrategie via kerntaken naar toegespitste operaties per afdeling (4.1)

Index

C

D

N

O

P